刑事法
最新判例分析

前田雅英

弘文堂

刑事判例の重要性——序にかえて

1 はじめに

　この25年間、刑事司法に携わっておられる多くの実務家の皆さんに講義をする機会を与えていただいてきた。弁護士、裁判官、裁判所事務官、検察官、法務事務官、警察官の方々に実に多くの回数、講義を聴いていただいた。とりわけ、特別捜査幹部研修所、警部任用科、警部補任用科では、3万人を超える方々にお話をさせていただいてきたことになる。

　そこでは、刑事法解釈の最も肝要な部分に絞って講じてきたが、その際には、「生きた法」としての判例の重要性を強調してきたつもりである。そして、「法」は動くものであり、それを動かす最前線で仕事をすることの意義を強調してきた。ただ、「重要だ」と強調する割には、判例の説明に費やした時間が十分でなかった憾みが残る。さらに、講義を聴いていただいた方々に、その後の動きを何らかの形でお伝えできないもどかしさを感じてきた。

　そのような中で、2010年夏から4年間にわたって、警察学論集に連載の場を与えていただいた。絶好の機会なので、現場の捜査官にとって重要な最新の判例をやや詳しく紹介し、刑事法の動きを解説することを試みた。刑事実務の世界では、刑法と刑事訴訟法を切り分けて議論することは不可能に近い。実際の刑事司法の場で現実に使える刑法解釈、具体的な結論と結びつけられた刑事手続の考え方が重要なのである。本書は、そのような形で連載したものを、読みやすい形で整理し直したものである。

2　裁判員制度と刑事司法の転換

　裁判員裁判制度が定着した。2009年8月6日に、はじめて裁判員による裁判の判決が言い渡された当時から、マスコミは連日、裁判員裁判を肯定的に扱い、国民の意識も、刑事裁判の大きな転換を認める方向に動き出したように思われる。このような「風」をつくりだした最も大きな情報は、参加した裁判員の会見内容であったように思われる。非常に真摯な、ややもすれば訥々とした説明は、視聴者に非常に強い印象を与えたように思う。正解のない問題で、非常に大変であり、つらかったというような発言が見られたが、皆「やってよかった」というのである。「やってみたが、楽だったので、またやってみたい」というのではなく、「大変だったがやりがいがあった」というのである。ある裁判員は「社会の問題が他人事でなくなった」と述べている。これまでは、刑事事件に関心がなかったわけではないが、あくまで専門家が解決すべきもので、他人事だったというのである。しかし、裁判員を務めてみて、犯罪にいたる状況を目の当たりにして、「社会というもの」に直面したことがよかったというのである。

3 法解釈の変化の方向性

　もちろん、今でも「刑事裁判は、専門家に任せるべきだ」という批判も根強い。日本の刑事裁判には、諸外国に比してさほどの問題があるわけではないとも考えられる。日本の法律実務家は国民の常識を汲み上げて、国民が納得のいく裁判を行ってきたと高く評価してきた。ただ、今回の裁判員裁判の動き出しの様子を見ていると「より一層国民の常識が反映されそうだ」という方向性が見えてきた。「法曹が国民の常識を身につけることとは別のルートで、刑事裁判に国民の規範意識が投影され、司法はよりよいものとなる」と感じられるのである。
　裁判員により市民感覚を裁判に注入するメリットが、裁判員の参加から想定される「判断のバラツキ」等のマイナスを上回るものと期待できそうである。これまで、「いろいろな人が裁判員になる」という言い方の背後に、「めちゃくちゃな主張をする人が入ってきたらどうするのだ」という意識もあったように思う。しかし、これまでの裁判員裁判の報道を見ていると、それが杞憂であったように思われるのである。
　もちろん、裁判員の参加を可能とするために導入された「刑事手続の改革」の評価も注視しなければならない。たとえば、直接主義・口頭主義が重視される結果、「当事者のパフォーマンス能力で、有罪・無罪が動いてよいのか」という問題が生じると指摘されている。たしかに、表現の仕方に精力を傾けすぎるのは問題であろう。また、事件の種類によっては、直接主義に一定の制約をかけなければならない場合も出てくるかも知れない。その意味で、常に制度そのものに修正を加えていく柔軟な心構えが必要なように思われる。

4 「専門家」の意義

　これまでの裁判も、国民の常識とは無関係ではあり得なかった。特に、「結論」は、国民の納得が強く意識されてきたが、その「理由付け」も、「裁判員から見ても腑に落ちるもの」でなければならなくなった。一般の国民には到底理解してもらえない「過度に緻密な、難解な議論」は、今後消えていくであろう。ただ、そのようなものを使いこなせる集団としての「専門家」の意義は、実はもともと大きくはなかったのであるが。
　「法理論」も、「はじめてそれを聞いた裁判員にある程度理解してもらえるのか否か」というテストが待っているのである。このような流れは、裁判員制度の導入を決定した時点である程度予想されていた。ごく最近の判例は、「裁判員裁判」を、何らかの形で意識してきたはずである。これから検討していく最新の判例は、そのような流れの中にあることを認識しておかねばならない。
　ただ、「わかりやすかった」ということが、常にプラスのシンボルとなりうるとは限らない。「わかりやすくする」ことで真相が変形することは許されない。「わかりやすさ」が「微妙な差を無視しろ」ということに繋がってはならない。もちろん、裁判員に「未必の故意」という単語は難しいので、検事が「ほぼ確実に死ぬ行為とわかって刺した」という言い回しを用いたと

しても、それは妥当である。これに対して、「実務は認容説のはずだ」という批判も存在しうる。そして、手術の際に「ほぼ確実に死ぬとわかって切ったが、死んで欲しくはなかった」という医師に、殺意を認めるのかという、批判も考えられないこともない。しかし、包丁を胸に刺して殺害した事案において裁判員に殺意の有無を判断してもらうには、「ほぼ確実に死ぬ行為とわかって刺したか否か」は、適切な言い換えなのである。

5　わかりやすさと正確さ

　ここで何より重要なのは、蓋然性説を採用するか、認容説を採用するかで差が生じるような事案が出てきた場合に、裁判員に向かって「認容説が正しいから故意はない」という解釈を、裁判官が押しつけることは許されないという点である。裁判官と裁判員が話し合って、この具体的な事実を基に考えれば「殺意がない」という結論にいたることが、同説の妥当性を基礎づけるという面があるのである。そして、その作業は、必ずしも「わかりやすい」わけではない。

　そして、「死ぬことの蓋然性」を認識している執刀医に、「殺意がある」とするかどうかは、「正当な医療行為の認識で行っていること」をどのように理論構成するかとも不可分に結びつく。誤想防衛論等の学説上争いのある問題と背中合わせである。しかし、裁判員が関連する問題全体を視野に入れた、合理的な故意論を理解していなければ、具体的な事案における故意の有無を判断できないというわけでは、もちろんない。逆に、故意説が妥当なのか制限責任説が妥当なのか、それとも厳格責任説が妥当なのかというような議論も、「正当防衛と信じて行った場合には、殺意はないと考えますか」という質問を裁判員に行うことを想定することによって決着が導かれる面があるのである。

　裁判員制度の定着は、法律実務の判断と市民感覚の距離を狭めるというより、法理論と「市民感覚の注入された実務」との距離をさらに一層狭めることになるように思われる。もちろん、専門家として確立した法曹の存在があるからこそ、裁判員が市民感覚を「注入」することが可能となることは忘れてはならない。その意味で、学説が実務と一体化することもあり得ない。しかし、それぞれが相手の存在を、より一層意識しなければならなくなり、より尊重していくことが要請されていくのである。

　　　2014年2月

　　　　　　　　　　　　　　　　　　　　　　　　　　　　　　　　　前　田　雅　英

目　次

刑事判例の重要性――序にかえて　iii
凡　例　xi

第1編　刑法総論

第1講　実行行為の把握と故意
【基本判例1】　東京高判平成13年2月20日（判時1756号162頁） ……………………… 2
【基本判例2】　最1小決平成16年3月22日（刑集58巻3号187頁） ……………………… 5

第2講　構成要件の実質的解釈―公務員の政治活動
【基本判例1】　最2小判平成24年12月7日（刑集66巻12号1722頁） …………………… 10
【基本判例2】　最2小判平成24年12月7日（刑集66巻12号1337頁） …………………… 14

第3講　明確性の理論と合憲的限定解釈
【基本判例1】　最3小判平成19年9月18日（刑集61巻6号601頁） ……………………… 19

第4講　刑法上の因果関係の判断基準
【基本判例1】　仙台地判平成20年6月3日（裁判所webサイト） ……………………… 22
【基本判例2】　東京高判昭和56年7月27日（刑月13巻6＝7号453頁） ………………… 27

第5講　児童買春周旋罪と「未成年」であることの認識
【基本判例1】　東京高判平成15年5月19日（家月56巻2号171頁） ……………………… 31

第6講　事故調査と過失責任
【基本判例1】　最1小決平成22年10月26日（刑集64巻7号1019頁） …………………… 34
【基本判例2】　最2小決平成19年3月26日（刑集61巻2号131頁） ……………………… 38

第7講　欠陥車事故・電車事故と企業・組織の責任
【基本判例1】　最3小決平成24年2月8日（刑集66巻4号200頁） ……………………… 42
【基本判例2】　神戸地判平成24年1月11日（裁判所webサイト） ……………………… 45

第8講　過失犯における結果の予見可能性の認定
【基本判例1】　最2小決平成21年12月7日（刑集63巻11号2641頁） …………………… 50

第9講　実行行為の特定と正当防衛
【基本判例1】　最1小決平成20年6月25日（刑集62巻6号1859頁） …………………… 56
【基本判例2】　最1小判平成21年7月16日（刑集63巻6号711頁） ……………………… 60

第 10 講　誤想過剰防衛
　【基本判例 1】　大阪地判平成 23 年 7 月 22 日（判タ 1359 号 251 頁） ………………… 64
　【基本判例 2】　東京地判平成 20 年 10 月 27 日（判タ 1299 号 313 頁） ……………… 68

第 11 講　刑事責任能力
　【基本判例 1】　最 1 小決平成 21 年 12 月 8 日（刑集 63 巻 11 号 2829 頁） ………… 71
　【基本判例 2】　最 2 小判平成 20 年 4 月 25 日（刑集 62 巻 5 号 1559 頁） …………… 75

第 12 講　共謀共同正犯とその認定
　【基本判例 1】　最 1 小決昭和 57 年 7 月 16 日（刑集 36 巻 6 号 695 頁） …………… 81
　【基本判例 2】　最 1 小決平成 15 年 5 月 1 日（刑集 57 巻 5 号 507 頁） ……………… 85

第 13 講　経済事犯と正犯・共同正犯
　【基本判例 1】　最 1 小決平成 23 年 1 月 26 日（刑集 65 巻 1 号 1 頁） ……………… 90
　【基本判例 2】　最 1 小決平成 22 年 5 月 31 日（判タ 1385 号 126 頁） ……………… 94

第 14 講　承継的共同正犯
　【基本判例 1】　最 2 小決平成 24 年 11 月 6 日（刑集 66 巻 11 号 1281 頁） ………… 97
　【基本判例 2】　東京高判平成 17 年 11 月 1 日（東高時報 56 巻 1 ＝ 12 号 75 頁） … 101

第 15 講　不作為の共同正犯
　【基本判例 1】　東京高判平成 20 年 10 月 6 日（判タ 1309 号 292 頁） ……………… 104
　【基本判例 2】　大阪高判平成 13 年 6 月 21 日（判タ 1085 号 292 頁） ……………… 108

第 16 講　幇助犯の成立要件
　【基本判例 1】　最 3 小決平成 23 年 12 月 19 日（刑集 65 巻 9 号 1380 頁） ………… 112

第 17 講　間接正犯と共同正犯と教唆
　【基本判例 1】　松山地判平成 24 年 2 月 9 日（判タ 1378 号 251 頁） ……………… 119
　【基本判例 2】　最 1 小決平成 13 年 10 月 25 日（刑集 55 巻 6 号 519 頁） ………… 124

第 18 講　死　刑
　【基本判例 1】　最 3 小判平成 21 年 4 月 21 日（判タ 1297 号 127 頁） ……………… 128

第 2 編　刑法各論

第 19 講　傷害の意義
　【基本判例 1】　最 3 小決平成 24 年 1 月 30 日（刑集 66 巻 1 号 36 頁） …………… 134

第 20 講　危険運転致死傷罪の現状
　【基本判例 1】　最 1 小決平成 20 年 10 月 16 日（刑集 62 巻 9 号 2797 頁） ………… 138
　【基本判例 2】　佐賀地判平成 19 年 5 月 8 日（判タ 1248 号 344 頁） ……………… 141

【基本判例3】 最3小決平成23年10月31日（刑集65巻7号1138頁） ……………… 143

第21講　保護責任者遺棄致死罪の認定
【基本判例1】 札幌地判平成15年11月27日（判タ1159号292頁） ……………… 147
【基本判例2】 最3小決平成1年12月15日（刑集43巻13号879頁） ……………… 151

第22講　住居侵入罪の理解の変化
【基本判例1】 最2小判平成21年11月30日（刑集63巻9号1765頁） ……………… 155

第23講　ネット社会と名誉毀損
【基本判例1】 最1小決平成22年3月15日（刑集64巻2号1頁） ………………… 160
【基本判例2】 最3小判平成22年4月13日（民集64巻3号758頁） ……………… 163

第24講　秘密の刑事法的保護
【基本判例1】 最2小決平成24年2月13日（刑集66巻4号405頁） ……………… 168
【基本判例2】 東京地判平成13年3月7日（判タ1085号306頁） ………………… 171

第25講　警察官の職務と業務妨害罪
【基本判例1】 東京高判平成21年3月12日（高刑集62巻1号21頁） …………… 174
【基本判例2】 広島高判平成14年11月5日（判時1819号158頁） ……………… 178

第26講　「法は家庭に入らず」の変容
【基本判例1】 最1小決平成20年2月18日（刑集62巻2号37頁） ……………… 182
【基本判例2】 仙台高秋田支判平成19年2月8日（判タ1236号104頁） ………… 185

第27講　利益強盗罪について
【基本判例1】 東京高判平成1年2月27日（高刑集42巻1号87頁） …………… 189
【基本判例2】 東京高判平成21年11月16日（判タ1337号280頁） ……………… 193

第28講　詐欺罪の「欺く行為」とその個数
【基本判例1】 最1小決平成22年7月29日（刑集64巻5号829頁） ……………… 197
【基本判例2】 最2小決平成22年3月17日（刑集64巻2号111頁） ……………… 201

第29講　刑法246条の2と虚偽の情報
【基本判例1】 最1小決平成18年2月14日（刑集60巻2号165頁） ……………… 205
【基本判例2】 東京地判平成24年6月25日（判タ1384号363頁） ………………… 208

第30講　OA機器と文書偽造
【基本判例1】 札幌高判平成17年5月17日（高検速報155号） ………………… 213
【基本判例2】 東京高判平成20年7月18日（判タ1306号311頁） ……………… 217

第31講　児童ポルノとわいせつ物とネット犯罪
【基本判例1】 最2小決平成20年3月4日（刑集62巻3号85頁） ……………… 220
【基本判例2】 岡山地判平成9年12月15日（判タ972号280頁） ………………… 222

第 32 講　売春防止法の「周旋」の解釈
　【基本判例 1】　最 1 小決平成 23 年 8 月 24 日（刑集 65 巻 5 号 889 頁） ………………… 225

第 3 編　刑事訴訟法

第 33 講　裁判員裁判の合憲性
　【基本判例 1】　最大判平成 23 年 11 月 16 日（刑集 65 巻 8 号 1285 頁） ………………… 230
　【基本判例 2】　最大決平成 23 年 5 月 31 日（刑集 65 巻 4 号 373 頁） …………………… 235

第 34 講　捜査と違法収集証拠排除
　【基本判例 1】　最 3 小決平成 21 年 9 月 28 日（刑集 63 巻 7 号 868 頁） ………………… 237
　【基本判例 2】　最 2 小判平成 15 年 2 月 14 日（刑集 57 巻 2 号 121 頁） ………………… 240

第 35 講　所持品検査の限界
　【基本判例 1】　最 1 小決平成 15 年 5 月 26 日（刑集 57 巻 5 号 620 頁） ………………… 244
　【基本判例 2】　最 3 小判昭和 53 年 6 月 20 日（刑集 32 巻 4 号 670 頁） ………………… 248

第 36 講　令状執行のための留め置き行為の適法性
　【基本判例 1】　東京高判平成 21 年 7 月 1 日（判タ 1314 号 302 頁） …………………… 252
　【基本判例 2】　最 3 小決平成 6 年 9 月 16 日（刑集 48 巻 6 号 420 頁） ………………… 256

第 37 講　公訴権の適切な行使
　【基本判例 1】　最 3 小決平成 25 年 6 月 18 日（刑集 67 巻 5 号 653 頁） ………………… 259
　【基本判例 2】　最 1 小決昭和 55 年 12 月 17 日（刑集 34 巻 7 号 672 頁） ……………… 262

第 38 講　重大な捜査の違法性があるとされた最近の判例
　【基本判例 1】　東京地判平成 24 年 2 月 27 日（判タ 1381 号 251 頁） …………………… 266
　【基本判例 2】　東京地判平成 23 年 3 月 30 日（判タ 1356 号 237 頁） …………………… 269

第 39 講　届出義務と黙秘権
　【基本判例 1】　最 3 小判平成 16 年 4 月 13 日（刑集 58 巻 4 号 247 頁） ………………… 274
　【基本判例 2】　最 1 小判平成 9 年 1 月 30 日（刑集 51 巻 1 号 335 頁） ………………… 277

第 40 講　サイバー犯罪に関する法改正と捜査方法
　【基本判例 1】　最 2 小決平成 10 年 5 月 1 日（刑集 52 巻 4 号 275 頁） ………………… 281

第 41 講　訴因変更の要否
　【基本判例 1】　最 3 小決平成 21 年 7 月 21 日（刑集 63 巻 6 号 762 頁） ………………… 285
　【基本判例 2】　最 2 小決平成 24 年 2 月 29 日（刑集 66 巻 4 号 589 頁） ………………… 289

第 42 講　故意と共謀の認定
　【基本判例 1】　最 3 小決平成 25 年 4 月 16 日（刑集 67 巻 4 号 549 頁） ………………… 293

【基本判例2】　東京地判平成24年4月26日（判タ1386号376頁） ················ 297

第43講　犯行再現写真の使用方法と証拠能力
　　【基本判例1】　最1小決平成23年9月14日（刑集65巻6号949頁） ················ 300
　　【基本判例2】　最2小決平成17年9月27日（刑集59巻7号753頁） ················ 303

第44講　刑事訴訟法321条1項の「供述不能」の解釈
　　【基本判例1】　最3小判平成7年6月20日（刑集49巻6号741頁） ················ 307
　　【基本判例2】　東京高判平成22年5月27日（高刑集63巻1号8頁） ················ 310

第45講　自白の任意性と自白獲得方法の違法性
　　【基本判例1】　最3小決平成1年7月4日（刑集43巻7号581頁） ················ 314
　　【基本判例2】　東京高判平成14年9月4日（判時1808号144頁） ················ 317

第46講　黙秘権の不告知と供述の証拠能力
　　【基本判例1】　東京高判平成22年11月1日（判タ1367号251頁） ················ 322
　　【基本判例2】　浦和地判平成3年3月25日（判タ760号261頁） ················ 325

第47講　犯罪事実の証明
　　【基本判例1】　最1小決平成19年10月16日（刑集61巻7号677頁） ················ 329
　　【基本判例2】　最3小判平成21年4月14日（刑集63巻4号331頁） ················ 332
　　【基本判例3】　最3小判平成22年4月27日（刑集64巻3号233頁） ················ 335
　　【基本判例4】　最2小判平成21年9月25日（判タ1310号123頁） ················ 339

第48講　同種前科による証明
　　【基本判例1】　最3小決昭和41年11月22日（刑集20巻9号1035頁） ················ 343
　　【基本判例2】　最2小判平成24年9月7日（刑集66巻9号907頁） ················ 346

第49講　控訴審と上告審の判断のあり方—専門性と国民の意識の調整
　　【基本判例1】　最1小判平成24年2月13日（刑集66巻4号482頁） ················ 352

第50講　控訴審の審判の対象—本位的訴因と予備的訴因
　　【基本判例1】　最1小決平成25年3月5日（刑集67巻3号267頁） ················ 359
　　【基本判例2】　最大決昭和46年3月24日（刑集25巻2号293頁） ················ 362

　判例索引 ··· 366

凡 例

1 【判旨】欄で判例集などから直接に引用した部分は、「　」で囲んだ。
　この部分に含まれる判例の引用は、適宜簡略化した。
2 法令・条文の引用については、大方の慣行によった。
3 判例・文献等の引用についての主な略記は、以下の略語表によった。

◆判例・判例集略語

大判（決）	大審院判決（決定）
最判（決）	最高裁判所判決（決定）
高判（決）	高等裁判所判決（決定）
地判（決）	地方裁判所判決（決定）
家判（決）	家庭裁判所判決（決定）
刑録	大審院刑事判決録
刑集	大審院刑事判例集、最高裁判所刑事判例集
判決全集	大審院判決全集
裁判集刑	最高裁判所裁判集刑事
裁時	裁判所時報
高刑集	高等裁判所刑事判例集
下刑集	下級裁判所刑事裁判例集
東高時報	東京高等裁判所刑事判決時報
高裁刑裁特	高等裁判所刑事裁判特報
高裁刑判特	高等裁判所刑事判決特報
高検速報	高等裁判所刑事裁判速報
刑月	刑事裁判月報
刑裁資料	刑事裁判資料
家月	家庭裁判月報
判時	判例時報
判タ	判例タイムズ
新聞	法律新聞
評論	法律評論

◆文献略語

前田・総論	前田雅英『刑法総論講義〔第5版〕』（東京大学出版会・2011）
前田・各論	〃　　『刑法各論講義〔第5版〕』（東京大学出版会・2011）
池田＝前田・刑事訴訟法講義	池田修＝前田雅英『刑事訴訟法講義〔第4版〕』（東京大学出版会・2012）

第1編

刑法総論

第1講　実行行為の把握と故意

> **論点**
> ▶ 実行行為（構成要件該当行為）は、主観面も考慮して認定されるのか。
> ▶ 形式的には、複数に見える行為が「一個」「一連」の実行行為と解されるには、どのような事情が必要か。

【基本判例1】　東京高判平成13年2月20日（判時1756号162頁）

事実の概要

被告人Xは、妻である被害者Aからヒモ呼ばわりされたり、家賃の負担もしていないので早く出て行けなどと罵られたことに激昂し、台所から包丁を取り出してAに向かって行き、驚いて逃げようとしたAを居間に仰向けに押し倒して馬乗りになり、殺意をもって、包丁でAの胸部等を数回突き刺した。Xは、重傷を負ったAが玄関から逃げ出そうとするや、包丁を持ったまま後を追ってこれを居間に連れ戻し、日ごろから有していたAの愛人契約等の疑いを晴らすために詰問したところ、Aはこれを認めて謝罪した。そこで、Xは、台所へ包丁を置きに行ったが、Aはその隙にベランダに逃げ出した上、両足をベランダ手すりに乗せ、背中をベランダの外側に向けて、膝を曲げた状態で、手すり伝いに隣家に逃げ込もうとしていた。Xは、Aを連れ戻そうと考え、声をかけることもなく、Aに摑みかかったところ、Aがこれを避けようとしてバランスを崩し、ベランダから転落して死亡した（突き落とす意図は認定されていない）。Aの死因は、ベランダから落下して地面に激突したことにより生じた背部ならびに胸部打撲による外傷性ショックであった。

第1審判決は、これらの事実やXの捜査段階の供述を前提として、Xの殺意は、Aがベランダから転落して死亡するまでの間一貫して継続しており、また、XがAに対して摑みかかった行為とAが転落死した結果との間には因果関係があるから、Xには殺人既遂罪が成立するとした。

控訴審の弁護人は、Xには殺意はなく傷害罪が成立するにすぎず、また、本件は、Xの加害行為後のAの転落事故により致死の結果を生じたもので、Xには責任がない旨主張したのに対して、本判決は、第1審の認定した事実関係を基本的に是認し、Aを刺突した時点においてXに殺意があり、殺意はAに摑みかかった行為の時まで継続していたと認定した。

判旨

控訴棄却。「Xは、刺突行為を終え、本件包丁を流しに戻した後も、Aを自己の支配下に置いておけば出血多量により死に至るものと思っていたため、Aが玄関から逃げようとするのを連れ戻し、また、ベランダから逃げようとしたAを連れ戻してガス中毒死させようと考えて、摑まえようとしたものである。刺突行為により相当の出血をしているAが、地上からの高さが約24.1mもあるベランダの手すり伝いに逃げようとしたのも、このままXの監視下にあれば死んでしまうと考え、命がけで行った行為と解される。

そうすると、**Xの犯意の内容は、刺突行為時には刺し殺そうというものであり、刺突行為後においては、自己の支配下に置いて出血死を待つ、更にはガス中毒死させるというもの**であり、その殺害方法は事態の進展に伴い変容しているものの、**殺意としては同一**といえ、刺突行為時からAを摑まえようとす

第1講　実行行為の把握と故意

る行為の時まで殺意は継続していたものと解するのが相当である。
　次に、ベランダの手すり上にいるAを摑まえようとする行為は、一般には暴行にとどまり、殺害行為とはいい難いが、本件においては、Xとしては、Aを摑まえ、X方に連れ戻しガス中毒死させる意図であり、Aとしても、Xに摑まえられれば死に至るのは必至と考え、転落の危険も省みず、手で振り払うなどしてXから逃れようとしたものである。また、刺突行為からAを摑まえようとする行為は、一連の行為であり、Xには具体的内容は異なるものの殺意が継続していたのである上、Aを摑まえる行為は、ガス中毒死させるためには必要不可欠な行為であり、殺害行為の一部と解するのが相当であり、本件包丁を戻した時点で殺害行為が終了したものと解するのは相当でない。更に、XのAを摑まえようとする行為とAの転落行為との間に因果関係が存することは原判決が判示するとおりである。以上によれば、Xが殺人既遂の罪責を負うのは当然である」。

▶▶▶ 解　説

1　実行行為の重要性

　実務上、最も重要な実体刑法上の概念は実行行為であるといってよい。具体的に事案を処理していく上では、まずいかなる構成要件に該当するのかを検討しなければならない。構成要件の客観的側面は、行為と結果、そしてその間の因果関係から構成されていると説明されるが、行為が重要である。それと同時に、主観的構成要件要素（通常は故意）の有無が検討される。両者がそろってはじめて構成要件該当性が認められるのは当然であるが、後述のように、主観面を視野に入れないと実行行為と結果が特定し得ないことに注意しなければならない[1][2]。

　各構成要件が予定する行為を実行行為という。殺人罪の実行行為は、「人を殺す行為」であるが、「殺す」行為とは、たまたま死の結果を生ぜしめた行為のすべてを含むのではなく、類型的に人の死を導く行為でなければならない。結果をいかに強く意欲・意図したとしても、それだけでは殺人罪を実行したとはいえない。

　刑法は、あらゆる「利益」を保護するわけではないし、さらに、たとえば財産のような刑法上保護すべき法益であっても、すべての態様の侵害行為から保護するわけではない。処罰の範囲を明確なものとする必要から、そして、実際にしばしば起こることが予想されるため禁圧する要請の強い類型に限定するという観点から、窃取（窃盗罪）、騙取（詐欺罪）、喝取（恐喝罪）等の特定の侵害態様に限って処罰する。その意味で、いかなる構成要件に該当するかは、その構成要件の予定する実行行為が存在するか否かにかかっている場合が多い。そして、構成要件の中核をなす実行行為を行うから、「正犯」と認めうるといえる。実行行為を開始することが「実行の着手」であり、未遂犯としての処罰が規定されている場合、この実行行為の開始といえるか否かが、処罰の可否を決定する最も主要な要素となる。

1）　被疑者が猟銃を発射し、人が死亡した事案において、被疑者に殺意が認定できれば、発砲行為は、刑法199条の実行行為に該当する可能性が生じる。しかし、殺意を立証するだけの証拠が集まりそうにもない場合でも、傷害致死罪や過失致死罪の実行行為性を吟味しなければならない。実行行為性は、構成要件ごとに「客観的に」異なると説明することは可能である。「殺す」行為と「過って殺す」行為は客観的にも異なりうるからである。殺人罪と過失致死罪は、外形的には、人間の生命を侵害する行為として共通性を有するが、当該構成要件が予定する実行行為を成り立たせる危険性の程度に差は存在しうるとも考えられる。

2）　そもそも、「何罪の実行行為か」は、故意が特定されなければ論じ得ない。人が犬を連れて歩いているところに銃弾を撃ち込む行為は、人を殺そうとしたら殺人罪の実行行為であるが、犬を殺そうとしたのならば器物損壊（動物傷害）罪の実行行為なのである。

2　実行行為の「個数」

　具体的な犯罪行為は、細かく分析すれば、ほとんどの場合、多数の行為の集合体である。一個の実行

行為が、どの時点から開始され、いつ終了したと見るかの判断は、やはり規範的評価を伴わざるを得ない。別の言い方をすれば、一個の実行行為なのか複数のものなのかの判断は、難しい。

【基本判例1】のXの行為は、①激昂して台所から包丁を取り出してAに向かって行き、②驚いて逃げようとしたAを居間に仰向けに押し倒して馬乗りになり、③殺意をもって、包丁でAの胸部等を数回突き刺し、④重傷を負ったAが玄関から逃げ出そうとするや、包丁を持ったまま後を追ってこれを居間に連れ戻し、⑤日ごろから有していたAの愛人契約に関する疑念を詰問し、⑥包丁を置きに行ったところAがその隙にベランダに逃げ出し、手すり伝いに隣家に逃げ込もうとしていたので掴みかかり、⑦Aがこれを避けようとしてバランスを崩し、ベランダから転落して死亡したという段階に分けられる。

①は、殺意があるとすれば、殺人の未遂になるか否かが問題となり、②は暴行、③は殺人未遂、④は暴行（逮捕）が成立しそうである。そして⑤は脅迫の成否が問題となり、⑥は暴行で、⑦について傷害致死が成立しそうである。

しかし、①から④まで（第1行為）は、まとめて考えねばならず、⑤から⑦の後半の行為（第2行為）も完全に1つのものと見るべきことに異論は少ないであろう。問題は、その両者をも*一体*と考えられるかである。

この点、第1行為のみを実行行為と把握し、それと最終結果の因果関係を問題にする見解も見られる。殺人の実行に着手した後、行為者の行為が介在したような場合を早すぎた構成要件実現と呼ぶ場合もある。第1の行為を実行行為と解して、その後の介在事情（第2行為も含め）の因果関係を問題にするのである。

しかし、【基本判例1】のXの場合、殺害行為である刺突行為は終了し、その後別個に掴みかかる行為がなされてAが死亡したと評価すべきか否かこそが問題なのである。Xは、一貫してAを殺害しようとして、殺害行為を複数行ったのである。最後の「掴みかかる行為」もAを連れ戻してガス中毒死させるための行為の一部であった。そうだとすると、そもそも「犯人自身の行為の介在した場合の因果関係」を問題とするまでもなく、包丁で刺した後、さらにベランダで掴みかかる行為も、一個の殺意に基づく一個の殺人行為と解することが可能となる。

3 実行行為の実務的把握

【基本判例1】の原審は、殺意はAがベランダから転落して死亡するまでの間一貫して継続しており、また、XがAに対して掴みかかった行為とAが転落死した結果との間には因果関係があるから殺人既遂罪が成立するとした。

これに対し東京高裁は、①Aを刺し殺そうというXの殺意は、刺突行為後においては、自己の支配下に置いて出血死を待ち、また、ベランダから逃げようとしたAを連れ戻してガス中毒死させるという内容に変化しているが、殺意としては同一といえ、結局、刺突行為時からAに掴みかかった行為の時まで*殺意が継続していた*と認定した上で、②手すり上にいるAを掴まえようとする行為は、Aを掴まえX方に*連れ戻しガス中毒死させる意図*であり、AとしてもXに掴まえられれば死に至るのは必至と考え、転落の危険も省みず、手で振り払うなどしてXから逃げようとしたものであり、③*Aを掴まえようとする行為は一連の行為で、ガス中毒死させるためには必要不可欠な行為であり、殺害行為の一部とするのが相当である*ことを挙げて、本件包丁を戻した時点で殺害行為が終了したものとするのは相当でないとしたのである。

Xの行為の立件を考える際に、刺突行為と掴みかかる行為を区別し、刺突行為を殺人の実行行為と解すると、刺突行為と最終的な死との因果関係を立証することになる。両者を区別した上で、掴みかかる行為を殺害の実行行為とすれば因果関係の存在は明確であるが、Xの行為の把握として、刺突行為と完全に切り離してしまうと掴みかかる行為に殺害の実行行為性と殺意を認めることが微妙となる。そもそも、本件の実体から離れてしまう面がある。裁判所は、刺突行為と掴みかかる行為の一連の実行行為と把握したのである。

殺害しようとピストルを数発発射したが命中せず、しばらく追跡した後、発射した弾丸で殺害した場合、全体として一個の殺人である。たしかに【基本判例1】の場合、Xの詰問に対しAが謝罪したので、Xは包丁を置きに行ったところ、Aはその隙に

ベランダに逃げ出したという経緯はある。そこで、Xの行為はここで切断して考えるべきようにも思われる。しかし、同一室内での短時間の事態であり、しかも「殺意」という意味では連続しているといえよう。一旦包丁を置きに行った以上、その後の掴みかかる行為の際の「殺意」は全く新たに生じたものとは評価し得ないと思われる。

【基本判例 2】　最 1 小決平成 16 年 3 月 22 日（刑集 58 巻 3 号 187 頁・判時 1856 号 158 頁）

事実の概要

(1)　被告人 Y は、夫の A を事故死に見せかけて殺害し生命保険金を詐取しようと考え、被告人 X に殺害の実行を依頼し、X は、これを引き受けた上、他の者に殺害を実行させようと考え、C、D および E を仲間に加えた。Y は、殺人の実行の方法については X らにゆだねていた。

(2)　X は、実行犯 3 名の乗った自動車を A の運転する自動車に衝突させ、示談交渉を装って A を犯人使用車に誘い込み、クロロホルムを使って A を失神させた上、A 使用車ごと崖から川に転落させて溺死させるという計画を立て、平成 7 年 8 月 18 日、実行犯 3 名にこれを実行するよう指示した。実行犯 3 名は、助手席側ドアを内側から開けることのできないように改造した犯人使用車にクロロホルム等を積んで出発したが、A を溺死させる場所を、自動車で 1 時間以上かかる当初の予定地から近くの港に変更した。

(3)　同日夜、X から、A が自宅を出たとの連絡を受けた実行犯 3 名は、市内の路上において、計画どおり犯人使用車を A 使用車に追突させた上、示談交渉を装って A を犯人使用車の助手席に誘い入れ、午後 9 時 30 分ころ、D が、多量のクロロホルムを染み込ませてあるタオルを A の背後からその鼻口部に押し当て、C もその腕を押さえるなどして、クロロホルムの吸引を続けさせて A を昏倒させた（第 1 行為）。その後、実行犯 3 名は、A を約 2 km 離れた港まで運んだが、X を呼び寄せた上で A を海中に転落させることとし、X に電話をかけてその旨伝えた。同日午後 11 時 30 分ころ、X が到着したので、X および実行犯 3 名は、ぐったりとして動かない A を A 使用車の運転席に運び入れた上、同車を岸壁から海中に転落させて沈めた（第 2 行為）。

(4)　A の死因は、溺水に基づく窒息であるか、そうでなければ、クロロホルム摂取に基づく呼吸停止、心停止、窒息、ショックまたは肺機能不全であるが、いずれであるかは特定できない。A は、第 2 行為の前の時点で、第 1 行為により死亡していた可能性がある。

(5)　X および実行犯 3 名は、第 1 行為自体によって A が死亡する可能性があるとの認識を有していなかった。しかし、客観的にみれば、第 1 行為は、人を死に至らしめる危険性の相当高い行為であった。検察官は、実行犯 C らは、本件拉致現場でクロロホルムを吸引させて A を失神させると、その後は、A の失神状態を利用して予定した殺害行為である海中に転落させる行為を行っていること、また、拉致現場と港とは、自動車の走行距離で 2 km あまり、走行時間は数分程度しか離れていないこと、したがって、X や C らは、クロロホルムを吸引させる行為は、A を拉致し自動車で転落させる場所まで運ぶのを容易にする手段にとどまらず、事故死と見せかけて溺死させるという予定した直接の殺害行為を容易にし、かつ確実に行うための手段にもなるとの考えを有していたとして、殺人罪で起訴し、第 1 審・原審ともに、殺人既遂罪の成立を認めた。

それに対し弁護人は、X・Y らは、クロロホルムで A を気絶させようと考えていたにすぎず、それによって殺害できるという可能性を認識していなかった等と主張して上告した。さらに、第 1 行為から第 2 行為までの場所的離隔や時間的間隔を考えると、両者は別々の行為と考えるべきであるとした。

決定要旨

上告棄却。「実行犯3名の殺害計画は、クロロホルムを吸引させてAを失神させた上、その失神状態を利用して、Aを港まで運び自動車ごと海中に転落させてでき死させるというものであって、**第1行為は第2行為を確実かつ容易に行うために必要不可欠なものであったといえること、第1行為に成功した場合、それ以降の殺害計画を遂行する上で障害となるような特段の事情が存しなかったと認められる**ことや、第1行為と第2行為との間の**時間的場所的近接性**などに照らすと、**第1行為は第2行為に密接な行為**であり、実行犯3名が**第1行為を開始した時点で既に殺人に至る客観的な危険性が明らかに認められる**から、その時点において殺人罪の実行の着手があったものと解するのが相当である。また、実行犯3名は、クロロホルムを吸引させてAを失神させた上自動車ごと海中に転落させるという一連の殺人行為に着手して、その目的を遂げたのであるから、たとえ、実行犯3名の認識と異なり、第2行為の前の時点でAが第1行為により死亡していたとしても、殺人の故意に欠けるところはなく」実行犯3名については殺人既遂の共同正犯が成立するものと認められる。そして、実行犯3名はX・Y両名との共謀に基づいて上記殺人行為に及んだものであるから、X・Y両名もまた殺人既遂の共同正犯の罪責を負うものといわねばならない。したがって、X・Y両名について殺人罪の成立を認めた。

▶▶▶ 解　説

1　行為の一個性

【基本判例2】の場合も、Aにクロロホルムを吸引させて失神させた第1行為と、自動車ごと海中に転落させて溺死させる第2行為との関係が問題となる。クロロホルムを吸引させた行為によりAが死亡していた可能性のある場合に関し、第1行為自体によってAが死亡する可能性があるとの認識を有していなかったとしつつ、①第1行為は第2行為を確実かつ容易に行うために必要不可欠なものであったといえること、②第1行為に成功した場合、それ以降の殺害計画を遂行する上で障害となるような特段の事情が存しなかったと認められること、③第1行為と第2行為との間の時間的場所的近接性などを挙げて、第1行為は第2行為に密接な行為であり、第1行為を開始した時点ですでに殺人に至る客観的な危険性が明らかに認められるから、その時点において殺人罪の実行の着手があったものと解するのが相当であるとした。

「3カ月後に殺そうと計画して毒薬を用意し隠しておいたら、被害者がそれを胃薬と誤信して飲んで死んでしまった」というような場合は、まだ実行に着手する以前の段階で結果が生じたのであり、実行行為が認められない。しかし、本件では第1行為時に殺人の実行行為性が認められるのであり、殺人既遂罪の成立を検討しなければならない。行為者の犯意を形式的に理解すると、溺死させるつもりなので第1行為時に故意は存在せず、殺意がない以上第2行為からしか殺害の実行行為は始まり得ないとも見えるが、最高裁は、明確に着手を認めた。実行行為性を認めるだけの客観的危険性の存在を認定したとともに、第1行為時に殺意を認定したのである。

2　名古屋高判平成19年2月16日

この点で参考になるのが、名古屋高判平成19年2月16日（判タ1247-342）である。

被告人Xが自動車を被害者Aに衝突させてAを転倒させ、その場でAを刃物で刺し殺すという計画を立てて、自動車をAに衝突させた事案について[1]、名古屋高裁は、「Aに逃げられることなく刃物で刺すために必要であり、そして、Xの思惑どおりに自動車を衝突させてAを転倒させた場合、それ以降の計画を遂行する上で障害となるような特段の事情はなく、自動車を衝突させる行為と刃物による刺突行為は引き続き行われることになっていたのであって、そこには同時、同所といってもいいほどの時間的場所的近接性が認められることなどにも照ら

すと、自動車をAに衝突させる行為と刺突行為とは密接な関連を有する一連の行為というべきであり、Xが自動車をAに衝突させた時点で殺人に至る客観的な現実的危険性も認められるから、その時点で殺人罪の実行の着手があったものと認めるのが相当である」と判示した。さらに、「Aを殺害するために連続して行われるべき第1の行為と第2の行為との間に時間的場所的に近接性が認められ、第1の行為の時点で殺害の結果発生に至る客観的、現実的危険性が認められる場合、第1の行為自体において、殺害の結果が発生せず、Xにおいても第1の行為自体での殺害の結果発生を意図していなくとも、第1の行為時に殺人の実行行為に着手したものと認めるのが相当であり、これは予定されていた第2の行為に及んでいないとしても、同様と考えられる」としたのである[2]。

1) Xは、罹患していた妄想型の統合失調症の影響により、Aを刃物で刺し殺し、その場で自分も死ぬしかないなどと考え、路上を歩行中のAに低速の自動車を衝突させて路上に転倒させ、刃物でその身体を突き刺して殺害するとの計画を立て、これに用いるため、午後1時ころ、N市内で包丁1本を購入し、同日午後2時ころ、同市内のレンタカー店において、乗用車を借り受けるなどの準備を整えた上、Aの後をつけ回し、遅くとも同日午後6時ころからAが現れるのを待ち受け、午後6時20分ころ、Aを発見し、Aに低速の自動車を衝突させて転倒させた上で、所携の包丁でその身体を突き刺して殺害するとの意図の下に、歩行中のAの右斜め後方からX運転の自動車前部を時速約20kmで衝突させて、Aを同車のボンネット上に跳ね上げて後頭部を同車フロントガラス付近に打ち付け、路上に落下させるなどし、その衝撃によって、加療約50日間を要する傷害を負わせたものの、刃物で突き刺すことを翻意して中止し、殺害の目的を遂げなかったという事案である。

第1審は、殺人未遂の訴因に対して、自動車を衝突させた行為は、刺す行為の準備にすぎず、その時点でXに殺意があったとまで認めることはできないとして傷害罪の限度で有罪認定したのに対し、検察官が、殺意を認めることができるとして控訴した。

2) ただ、Xは犯行時に心神耗弱状態であったとし、また、殺人の実行行為の着手はあるものの、実行行為が終了する前のAが軽傷しか負っていない段階でその後の行為の続行を自発的に中止したものであるから、中止未遂が成立するとした。

3　実行行為の具体的認定

本件も、被告人の実行行為をどう捉えるか微妙な事案である。【基本判例2】の事案は、計画と異なった経過をたどったものの被害者は死に至った事例であるのに対し、本件では被害者が死亡しておらず、被告人が第1行為（自動車による衝突）の後に第2行為（刃物による刺突）に及んでいない点も異なっている。しかし、名古屋高裁は、【基本判例2】が示したのと同様の判断枠組を提示した上、第1行為の時点で実行の着手があると判断している。

被告人の主観的計画を重視する立場では、殺人の実行行為は「刺殺」に求められ、本件第1行為は準備行為にすぎず、殺人予備罪ないし暴行（傷害）に止まることになる。しかし、実行行為の開始時は、客観的な「結果発生の危険性」をも考慮しなければならない。

名古屋高裁は、【基本判例2】の基準を用いて「Xが、まずAに自動車を衝突させることにしたのは、Aを刃物で刺し殺す前提として、身のこなしの速いAに逃げられないよう、その動きを止めるというにあり、Xの計画では、2つの行為が連続して行われ、密接な関連を持つことが明らかで、統合的に評価すべきである」とし、行為の連続性を重視した。たしかに実行の着手は、犯罪実行の最も中核的行為（本件では包丁で刺す行為）にのみ認められるのではなく、これに接着あるいは密接なる行為をも含めて理解すべきであることには異論が少ないであろう。

4　実行行為時の故意の認定

実行行為を基礎づける「結果発生の危険性（可能性）」そのものは、客観的な問題で、具体的時点の危険性が行為者の認識や願望により増減しないことは当然である。認識等は、構成要件を特定するための故意の存否に際し問題となる。警察官だと思ってライフル銃で狙撃したが、狙ったのが精巧にできた人形だった場合、いかに「警察官が立っている」と思い込んで発砲したとしても危険性は高まらない。逆に、警察官を人形だと思って、心臓めがけて発砲した場合、死の危険が十分に存在する以上、殺人罪の客観的な側面である実行行為性を認めざるを得ないと表現することは可能である。ただ、犯罪の成立範

囲は、客観的構成要件要素のみでなく、主観的構成要件要素によっても確定されるのである[3]。

実行の着手も、故意と無関係ではあり得ない。刑法43条は、未遂を「犯罪の実行に着手してこれを遂げなかった」場合と定義している。それゆえ、類型的に実行行為性の認められる行為が開始された時点で、未遂処罰が可能となると考えられてきた。ただ、何罪の実行行為かは、主観面抜きには判断し得ないのである。

逆にいえば、故意犯が成立するには、実行行為の始まる時点で故意を認定し得なければならない。この点、【基本判例2】は、「クロロホルムを吸引させてAを失神させた上自動車ごと海中に転落させるという一連の殺人行為に着手して、その目的を遂げたのであるから、たとえ、……認識と異なり、第2行為の前の時点でAが第1行為により死亡していたとしても、殺人の故意に欠けるところはな」いとして、故意を認定している。

しかし、一方で最高裁は、それと矛盾するように見える「事実のまとめ」を行っている。客観的にみれば第1行為は、人を死に至らしめる危険性の相当高い行為であったとしつつ、「被告人X及び実行犯3名は、第1行為自体によってAが死亡する可能性があるとの認識を有していなかった」と明確に認定しているのである。そうだとすると第1行為時には殺意はないとしているようにも見える。

しかし、殺意とは、一般人ならば殺人罪の違法性を認識できるであろうだけの事実の認識である。第1行為自体によって死亡する可能性があるとの認識はなくても、「人を死に至らしめる危険性の相当高い行為」である「クロロホルムを嗅がせること」を、クロロホルムであることなどの認識をもって行っている。そして、クロロホルムで殺せるとは思っていないが、「絶対死ぬことはない」と表象していたわけでもない。さらに当該行為は第2行為を確実かつ容易に行うために必要不可欠なものであり、第1行為に成功すればそれ以降の殺害計画を遂行する上で障害となるような特段の事情は存在しないし、両者は時間的場所的に近接した密接な行為なのである。そのような一連の行為を行うことを表象しつつ第1行為を行った以上、実行行為時に殺人罪の故意は十分に認定しうるといえよう。

前述の名古屋高判平成19年2月16日の場合も、実行の着手時の行為、すなわち「四輪自動車を時速約20kmでAの背後から衝突」させる行為自体でAを死亡に至らせることがあることは経験則上明らかであり、殺意に欠けることはないとされた。時速20kmで背後から衝突させることの認識は、未必の殺意に必要な「死の蓋然性」の認識を伴うといえよう。そして、着手時に、その場で刺し殺そうと明確に考えていたのであるから、故意非難は十分に可能と考えられる。

3）レジの金銭を窃取する目的で侵入した者が、レジから離れたところで商品に触れてしまっても、窃盗罪の実行行為に着手したとはいえない（最判昭和23・4・17刑集2-4-399参照）。その意味で、盗もうと意図した客体について着手を考えるべきようにも思われる。しかし、たまたま触れただけでは、故意をもって客観的・類型的に窃取行為、すなわち相手の所持の侵害を開始したと評価し得ないのである。故意は実行行為時に存在していなければならない。また、財産犯の場合は、財物との物理的距離のみで着手時期が決まるのではなく、窃取、詐取、強取などの類型性が問題となる。たしかに、客観的に窃盗行為を開始したものの、実はその物を窃取する認識が欠ける場合も全く考えられないではないが、その場合には、主観面で窃盗の故意が欠けるから、窃盗未遂としても処罰し得ないことになる。ただし、窃盗の故意に、具体的に特定の財物を奪う認識が必要だというわけではない。何らかの財物を奪うと認識すれば足りる。

5　因果関係の錯誤

【基本判例2】では、行為者の予定と異なった因果経過をたどって結果が発生しており、その点で故意の存在が否定されるのではないかという問題が生じる。そして最高裁は、クロロホルムを吸引させて失神させた上、自動車ごと海中に転落させるという一連の殺人行為に着手して、その目的を遂げたのであるから、認識と異なり第1行為により死亡していたとしても、殺人の故意に欠けるところはないとした。故意には結果の認識と実行行為を行う認識は必要だが、因果経過の認識は必要ないのである。思い描いていた因果経過と大きな離齬が生じても故意は存在しうる。

多数説は、因果の具体的態様・経緯まで正確に認識する必要はないが、因果関係の基本的（重要）部

分の認識は必要であるとしてきた。たとえば、「行為から結果にいたる因果の経路についての認識がなければ、その結果について規範の問題が与えられない」とする。

しかし、「現に生じた因果経過の重要部分の予見がなければ故意がない」とはいえない。殺そうとして刀で切りかかり軽傷を負わせたところ、病院に運ぶ救急車の事故で死亡した場合、「事故死」という因果の重要部分の予見がなくても殺意はある。相手を殺そうという意図の下に、刀で切りつけるという「人を殺すに適した行為」であること（実行行為性）の認識があれば、現に生じた突飛な因果経過を認識していなくとも、規範の問題は与えられる。犯罪行為の際に、因果経過の概要を常に認識しているわけではない。結果発生の危険性を内包する実行行為の認識があれば十分なのである。また、実行行為と結果を認識しつつも相当因果関係を外れる因果経過を想い描いて犯行に及んだ場合に、殺意が否定されるわけではない。そして、因果関係の認識を加味しなければ犯罪類型の特定ができないこともないのである。

この点、因果関係の錯誤は、事実の錯誤の一種であり、錯誤が重大であれば故意が否定されると有力に主張されてきた。そしてその重大性の判断基準としては、「相当因果関係の範囲内か否か」が用いられてきた。このような形で、因果関係の錯誤をも事実の錯誤として重視するのは、故意を「構成要件の認識」と定義することが一般的だからであろう。因果関係という主要な構成要件要素に関して重大な齟齬がある以上、故意の成立を否定すべきだと考えるのである。しかし、それはあまりに形式的な議論である。故意責任を問うためには、因果関係の認識は必須ではない。

因果関係の錯誤論では、①行為時に、犯罪（構成要件）事実としての相当な因果関係の認識が存在すれば故意が認められ、②現実に生じた因果経過が相当因果関係の枠内のものであれば、認識と構成要件の枠内で符合して故意は阻却されないということになる。そこで、①相当因果関係の埒外にある因果経過を認識していたが相当な因果経過をたどった場合と、②因果経過が予見していなかった不相当なものであった場合に故意が阻却される。

しかし、重要な錯誤か否かは、結局、因果経過が相当因果関係の範囲内にあるか否かで決定される以上、その判断基準は客観的な因果関係論と同一に帰し、独立に論ずる意味はほとんどない。さらに、そもそも、実行行為性の認識と結果発生の認識が存在する場合には、相当性を欠く因果経過の認識を有していたとしても、故意責任は否定し得ない。刀で切りつけた後、運ばれた病院の医師の特異な医療過誤によって死亡すると考えたところ、刀の傷がもとでその場で死亡した場合、殺人罪の故意が欠けるとはいえないであろう。殺意を持って重傷を負わされた被害者が、運ばれた病院で火災により死亡した場合、殺人罪の故意が否定され、重傷を負わせた行為者はせいぜいが過失致死罪とするのは無理がある。殺人未遂も殺人既遂も「殺意」の内容に差があるわけではないので、因果関係の錯誤が重要なため故意が阻却される以上は、「行為者には、過失犯が問題とされるにとどまる」（大塚仁『刑法の焦点Ⅰ 錯誤』（有斐閣・1984）44頁）とされてきたのである。また、「結果が発生する危険性が高まった時点までは故意があったが、結果が発生した段階では錯誤により故意がなくなった」というような説明は不自然であろう。

その意味でも、【基本判例2】は妥当な内容を判示している。

第2講　構成要件の実質的解釈——公務員の政治活動

論点
- ▶公務員の政治行為を禁ずる国家公務員法102条1項等は、処罰が過度に広汎ではないか。また構成要件として明確か。
- ▶処罰の対象となる「政治的行為」である、「公務員の職務の遂行の政治的中立性を損なう行為」の解釈基準。

【基本判例1】　最2小判平成24年12月7日（刑集66巻12号1722頁・判タ1385号106頁）〔有罪〕

事実の概要

被告人Xは、厚生労働省大臣官房統計情報部社会統計課長補佐として勤務する国家公務員（厚生労働事務官）であったが、N党を支持する目的で、平成17年9月10日午後0時5分ころ、東京都世田谷区所在の警視庁職員住宅の各集合郵便受け合計32か所に、同党の機関紙合計32枚を投函して配布したとして、国家公務員法110条1項19号（平成19年改正前のもの）、102条1項、人事院規則14-7（政治的行為）6項7号の罰条で起訴された。7号には「政党その他の政治的団体の機関紙たる新聞その他の刊行物を発行し、編集し、配布し又はこれらの行為を援助すること」と規定されている。Xがこのような形で機関紙の配布行為を行ったことは、証拠上明らかであるとされた。

Xは、本件当時、厚生労働省大臣官房統計情報部社会統計課長補佐であり、庶務係、企画指導係および技術開発係担当として部下である各係職員を直接指揮するとともに、同課に存する8名の課長補佐の筆頭課長補佐として他の課長補佐等からの業務の相談に対応するなど課内の総合調整等を行う立場にあった。また、国家公務員法108条の2第3項ただし書所定の管理職員等にあたり、一般の職員と同一の職員団体の構成員となることのない職員であった。

第1審判決は、本件罰則規定は憲法21条1項、31条等に違反せず、本件配布行為は本件罰則規定の構成要件にあたるとして、Xを罰金10万円に処し、原審も、第1審判決を是認して控訴を棄却した。

これに対しX側は、本件罰則規定は、過度に広汎な規制であり、かつ、規制の目的、手段も相当でないこと、公安警察による濫用や人権侵害を招くので、憲法21条1項、15条、19条、31条に違反し、国家公務員法102条1項による「政治的行為」の人事院規則への委任は白紙委任であるから、本件罰則規定は憲法31条、41条、73条6号に違反し、法益侵害の危険がない本件配布行為に本件罰則規定を適用することは、憲法21条1項、31条に違反するなどと主張して上告した。

判　旨

最高裁は以下のように判示して、上告を棄却した。

まず、国家公務員法102条1項は、行政の中立的運営を確保し、これに対する国民の信頼を維持することをその目的とするものと解されるが、国民は、憲法上、表現の自由（21条1項）としての政治活動の自由を保障されており、法令による公務員に対する政治的行為の禁止は、国民としての政治活動の自由に対する必要やむを得ない限度にその範囲が画されるべきものであるとし、同法102条1項にいう「政治的行為」とは、「公務員の職務の遂行の政治的中立性を損なうおそれが、観念的なものにとどまらず、現実的に起こり得るものとして実質的に認められるもの」を指し、同項はそのような行為の類型の具体

な定めを人事院規則に委任したものと解するのが相当である」とし、その委任に基づいて定められた規則6項7号についても、「同号が定める行為類型に文言上該当する行為であって、公務員の職務の遂行の政治的中立性を損なうおそれが実質的に認められるものを同号の禁止の対象となる政治的行為と規定したものと解するのが相当である」とした。そして、その「おそれ」は「勤務外の行為であっても、事情によってはその政治的傾向が職務内容に現れる蓋然性が高まることなどによって生じ得る」とした。

そして、「公務員の職務の遂行の政治的中立性を損なうおそれが実質的に認められるかどうかは、当該公務員の地位、その職務の内容や権限等、当該公務員がした行為の性質、態様、目的、内容等の諸般の事情を総合して判断するのが相当である。具体的には、当該公務員につき、指揮命令や指導監督等を通じて他の職員の職務の遂行に一定の影響を及ぼし得る地位（管理職的地位）の有無、職務の内容や権限における裁量の有無、当該行為につき、勤務時間の内外、国ないし職場の施設の利用の有無、公務員の地位の利用の有無、公務員により組織される団体の活動としての性格の有無、公務員による行為と直接認識され得る態様の有無、行政の中立的運営と直接相反する目的や内容の有無等が考慮の対象となるものと解される」とした。

本件罰則規定が、憲法21条1項、15条、19条、31条、41条、73条6号に違反するかについては、「本件罰則規定による政治的行為に対する規制が必要かつ合理的なものとして是認されるかどうかによることになるが、これは、本件罰則規定の目的のために規制が必要とされる程度と、規制される自由の内容及び性質、具体的な規制の態様及び程度等を較量して決せられるべきものである」とし、「公務員の職務の遂行の政治的中立性を損なうおそれが実質的に認められる政治的行為を禁止することは、国民全体の上記利益の保護のためであって、その規制の目的は合理的であり正当なものといえる」と判示した。表現の自由としての政治活動の自由を規制する面があるが、「禁止の対象とされるものは、公務員の職務の遂行の政治的中立性を損なうおそれが実質的に認められる政治的行為に限られ、このようなおそれが認められない政治的行為や本規則が規定する行為類型以外の政治的行為が禁止されるものではないから、その制限は必要やむを得ない限度にとどまり、前記の目的を達成するために必要かつ合理的な範囲のものというべきである。そして、上記の解釈の下における本件罰則規定は、不明確なものとも、過度に広汎な規制であるともいえないと解される」とした。また、規制の対象となる政治的行為の定めを人事院規則に委任しているからといって、憲法上禁止される白紙委任にあたらないことは明らかであるとし、「本件罰則規定は憲法21条1項、15条、19条、31条、41条、73条6号に違反するものではないというべき」であるとした。

構成要件該当性に関しては、「Xは、厚生労働省大臣官房統計情報部社会統計課長補佐であり、庶務係、企画指導係及び技術開発係担当として部下である各係職員を直接指揮するとともに、同課に存する8名の課長補佐の筆頭課長補佐（総括課長補佐）として他の課長補佐等からの業務の相談に対応するなど課内の総合調整等を行う立場にあり、国家公務員法108条の2第3項ただし書所定の管理職員等に当たり、一般の職員と同一の職員団体の構成員となることのない職員であったものであって、指揮命令や指導監督等を通じて他の多数の職員の職務の遂行に影響を及ぼすことのできる地位にあったといえる。このような地位及び職務の内容や権限を担っていたXが政党機関紙の配布という特定の政党を積極的に支援する行動を行うことについては、それが勤務外のものであったとしても、国民全体の奉仕者として政治的に中立な姿勢を特に堅持すべき立場にある管理職的地位の公務員が殊更にこのような一定の政治的傾向を顕著に示す行動に出ているのであるから、当該公務員による裁量権を伴う職務権限の行使の過程の様々な場面でその政治的傾向が職務内容に現れる蓋然性が高まり、その指揮命令や指導監督を通じてその部下等の職務の遂行や組織の運営にもその傾向に沿った影響を及ぼすことになりかねない。したがって、これらによって、当該公務員及びその属する行政組織の職務の遂行の政治的中立性が損なわれるおそれが実質的に生ずるものということができる」として、本件配布行為は本件罰則規定の構成要件に該当するとした。

▶▶▶ 解　説

1　罰則規定自体の合憲性

　最高裁まで争われて注目されてきた、いわゆるポスティング行為にかかわる刑事責任に関する判断である（住居侵入罪の成否が問題となった例については第22講参照）。ただ、【基本判例1】【基本判例2】は、ともに公務員の政党機関紙等の配布行為の可罰性が問題となったにもかかわらず、前者は有罪、後者は無罪だったのである。

　【基本判例1】および【基本判例2】は、公務員による「配布行為」の可罰性が問題となった。公務員の政治活動に刑罰を科することの可否については、様々なレベルでの議論が存在する。まず、(1)公務員の政治活動を刑事罰の対象とする本件罰則規定は、表現の自由を侵しそれ自体が違憲であるかという点である。そして、合憲だとしても、(2)処罰範囲が不明確なので違憲であるという主張も強い。特に規則に、犯罪となる行為の主要部分を「白紙委任」してよいのかという論点である。その上に、(3)処罰範囲が広すぎるので違憲だとの主張が存在するのである。

　【基本判例1】は、(1)の点に関し、①国家公務員法102条1項は、行政の中立的運営を確保し、これに対する国民の信頼を維持するものだが、②国民の政治活動の自由を制限するものである以上、必要やむを得ない限度にその範囲が画されるべきものであり、③「政治的行為」とは、政治的中立性を損なうおそれが「現実に起こり得るものとして実質的に認められるもの」に限られ、④行為の類型の具体的な定めを委任された人事院規則6項7号もそのような政治的行為を規定したものと解するとした。その上で、⑤政治的中立性を損なうおそれが実質的に認められる政治的行為を禁止することは、必要かつ合理的な範囲のものというべきであるとし、その合憲性を認めたのである。その範囲では、昭和50年以降の最高裁の基本的考え方は維持されているように見える。現に、政党の機関紙を配布した行為を有罪としたのである。ただ、問題は、「政治的中立性を損なう実質的なおそれ」の範囲なのである。【基本判例2】では、同じ第2小法廷が、非常に類似した行為について「実質的なおそれ」が欠けるとしている。

2　処罰範囲の明確性と過度の広汎性

　最高裁は、(2)(3)の点に関しても、このような「解釈の下における本件罰則規定は、不明確なものとも、過度に広汎な規制であるともいえない」とし、「規制の対象となる政治的行為の定めを人事院規則に委任しているからといって、憲法上禁止される白紙委任に当たらないことは明らかである」とし、その意味でも合憲であるとしたのである。

　日本の罪刑法定主義の考え方には、「国民から見て不明確な文言を含む刑罰規定は、憲法31条に違反し無効である」という明確性の理論が含まれている。最大判昭和50年9月10日（刑集29-8-489）は、「刑罰法規の定める犯罪構成要件があいまい不明確のゆえに憲法31条に違反し無効であるとされるのは、その規定が通常の判断能力を有する一般人に対して、禁止される行為とそうでない行為とを識別するための基準を示すところがなく、そのため、その適用を受ける国民に対して刑罰の対象となる行為をあらかじめ告知する機能を果たさず、また、その運用がこれを適用する国又は地方公共団体の機関の主観的判断にゆだねられて恣意に流れる等、重大な弊害を生ずる」からであることを指摘した。

　ただ、【基本判例1】は、本件罰則規定は、不明確なものではないとした。たしかに、「政党その他の政治的団体の機関紙たる新聞その他の刊行物を……配布」する行為は、不明確とは言いにくい。しかし、第2小法廷は、政治的中立性を損なう実質的なおそれのあるものに限定する「解釈の下」における本件罰則規定が明確だとしたのである。

　明確性の理論は、法規それ自体の明確性を問う理論であるが、わが国の判例は、不明確のゆえに違憲だとする主張に対し、「法規が一見不明確に見えても、一定の解釈を行えば明確となる」という判断を示すことが多い。不明確な条文でも解釈を加えることにより合憲だとされてきたことに注意しなければならない（田宮裕「刑法解釈の方法と限界」『平野龍一先生古稀祝賀論文集（上）』（有斐閣・1990）56頁）。

3 解釈の明確性

ただ、行為時に不明確な条文を、行為後になされる解釈により、行為者にとって明確なものにすることはできない。「不明確な刑罰法規は国民の行為時の予測可能性を奪い、萎縮効果をもたらす」という問題は、事後的解釈では解消し得ないのである。そして【基本判例1】の場合には、処罰範囲を明確にするための「限定解釈」ではなく、処罰範囲が不当なものとならないようにするための「限定解釈」なのである。

たしかに、処罰範囲が不明確であるという視点ではなく、不当に広い処罰範囲を含む刑罰法規の存在そのものが国民の利益を害するので、刑罰法規を違憲無効とする場合が考えられなくはない。たとえば、最大判昭和35年1月27日（刑集14-1-33）は、許可が必要な高周波器での治療を無許可で行った行為が、あん摩師、はり師、きゅう師及び柔道整復師法違反に問われた事案につき、同法は人の健康に害を及ぼすおそれがあるから無許可の行為を処罰するのであって、本件行為はそのおそれが全くない可能性があるとして、原審に差し戻した（結局は差戻審で有罪となった）。判例は、人の健康に害を及ぼすおそれが全くない行為は、形式的に構成要件に該当するかに見えても処罰しないとしたのである。最高裁は、過度に広い処罰範囲を含むから法規そのものが違憲無効となるか否かを吟味したというより、構成要件が予定する「処罰に値するだけの国民生活への侵害性（その危険性）」の有無を慎重に判断したのである。これを、合憲的限定解釈と呼ぶこともできよう。

しかし、このような限定解釈を施すと、その「実質的解釈（限定解釈）」が不明確ではないかという問題が生じる。たとえば、「淫行」処罰に関する最大判昭和60年10月23日（刑集39-6-413）では、条文に示された「淫行」という文言は不明確とはいえないとして、条例を合憲とした上で、「淫行」を「性交一般」と解して広く処罰するのは違憲であるとし、「自己の性的欲望を満足させるための対象として扱っているとしか認められないような性交又は性交類似行為」等の処罰に限定するから合憲であると判示した。そこで、そのような「限定解釈」が明確か否かが改めて問題とされた。「淫行」概念そのもの以上に、この解釈は不明確であるようにも思われたからである。そして、最大判昭和48年4月25日（刑集27-4-547）は、国家・地方公務員の争議のあおり罪に関する合憲的限定解釈である「二重の絞り論」を「曖昧な解釈」で違憲であるとした（【基本判例2】解説4参照）。条文のみならず、それから導かれる解釈も形式的で明確なものでなければならないとしたのである。この最大判昭和48年4月25日の考え方を徹底すると、本件の限定解釈も違憲とされる余地もあった。

しかし、合理的な（合憲的な）処罰範囲を求めて限定解釈を行えば、それによって導かれる構成要件は、一定程度「曖昧化」せざるを得ない。条文と同様に、それに関する裁判官の「解釈」まで、「国民の誰から見ても分かりやすく明確なもの」でなければならないとするわけにはいかない。国民が認識することが期待される条文は明確でなければならず、その条文の解釈は、その文言から一般人が導き得ない範囲に広がってはならないが、一般人が条文から最も導きやすい「明確な解釈」のみが裁判の場で許容されるわけではない。その意味で、【基本判例1】が「このような解釈の下における本件罰則規定」が明確だとしたのは、妥当なのである。

4 構成要件解釈と合憲的限定――「政治的中立性を損なう実質的なおそれ」の意義

何より重要なのは、最高裁が、本件Xの行為には、「政治的中立性を損なう実質的なおそれ」が認められるとした点である。「おそれ」は「勤務外の行為であっても、事情によってはその政治的傾向が職務内容に現れる蓋然性が高まることなどによって生じ得ると」して有罪としたのである。

そして、実質的構成要件解釈の基準として、「当該公務員の地位、その職務の内容や権限等、当該公務員がした行為の性質、態様、目的、内容等の諸般の事情を総合して判断するのが相当である」とし、具体的な考慮要素としては、①当該公務員につき、指揮命令や指導監督等を通じて他の職員の職務の遂行に一定の影響を及ぼしうる地位（管理職的地位）の有無、②職務の内容や権限における裁量の有無、③当該行為につき、勤務時間の内外、国ないし職場の施設の利用の有無、④公務員の地位の利用の有無、⑤公務員により組織される団体の活動としての性格の

有無、⑥公務員による行為と直接認識されうる態様の有無、⑦行政の中立的運営と直接相反する目的や内容の有無等を挙げたのである。

そして、Xは、部下である各係職員を直接指揮するとともに、筆頭課長補佐（総括課長補佐）として他の課長補佐等からの業務の相談に対応するなど課内の総合調整等を行う立場にあり、国家公務員法108条の2第3項ただし書所定の管理職員等にあたり、一般の職員と同一の職員団体の構成員となることのない職員であったものであって、指揮命令や指導監督等を通じて他の多数の職員の職務の遂行に影響を及ぼすことのできる地位にあったとして、①の点を重視しXが政党機関紙の配布という特定の政党を積極的に支援する行動を行うことについては、それが勤務外のものであったとしても、国民全体の奉仕者として政治的に中立な姿勢を特に堅持すべき立場にある管理職的地位の公務員が殊更にこのような一定の政治的傾向を顕著に示す行動に出ているのであるから、裁量権を伴う職務権限の行使の過程の様々な場面でその政治的傾向が職務内容に現れる蓋然性が高まり、その指揮命令や指導監督を通じてその部下等の職務の遂行や組織の運営にもその傾向に沿った影響を及ぼすことになりかねないとしたのである。

配布行為が、勤務時間外である休日に、国ないし職場の施設を利用せずに、それ自体は公務員としての地位を利用することなく行われたものであること、公務員により組織される団体の活動としての性格を有しないこと、公務員であることを明らかにすることなく、無言で郵便受けに文書を配布したにとどまるものであって、公務員による行為と認識しうる態様ではなかったことなどを考慮しても、構成要件該当性は否定できないという実質的判断が示されたのである。

【基本判例2】　最2小判平成24年12月7日（刑集66巻12号1337頁・判タ1385号94頁）〔無罪〕

事実の概要

被告人Yは、社会保険庁T社会保険事務局M社会保険事務所に年金審査官として勤務していた厚生労働事務官であるが、平成15年11月9日施行の第43回衆議院議員総選挙に際し、N党を支持する目的をもって、(1)同年10月19日午後0時3分ころから同日午後0時33分ころまでの間、東京都中央区所在のB不動産ほか12か所にN党の機関紙および同党を支持する政治的目的を有する無署名の文書であるT民報号外を配布し、(2)同月25日午前10時11分ころから同日午前10時15分ころまでの間、同区所在のC方ほか55か所にN党機関紙号外およびT民報号外を配布し、(3)同年11月3日午前10時6分ころから同日午前10時18分ころまでの間、同区所在のD方ほか56か所に党機関紙号外等を配布した。この行為が国家公務員法110条1項19号（平成19年改正前のもの）、102条1項、人事院規則14-7（政治的行為）6項7号、13号（5項3号）にあたるとして起訴された。

6項7号には「政党その他の政治的団体の機関紙たる新聞その他の刊行物を発行し、編集し、配布し又はこれらの行為を援助すること」、13号には「政治的目的を有する署名又は無署名の文書、図画、音盤又は形象を発行し、回覧に供し、掲示し若しくは配布し又は多数の人に対して朗読し若しくは聴取させ、あるいはこれらの用に供するために著作し又は編集すること」と規定されている。

Yがこれらの配布行為を行ったことは、証拠上明らかであると認定された。

Yは、本件当時、M社会保険事務所の国民年金の資格に関する事務等を取り扱う国民年金業務課相談室付係長として、来庁した1日当たり20人ないし25人程度の利用者からの年金の受給の可否や年金の請求、年金の見込額等に関する相談を受け、これに対し、コンピューターに保管されている当該利用者の年金に関する記録を調査した上、その情報に基づいて回答し、必要な手続をとるよう促す業務を行っていた。この社会保険事務所の業務については、すべての部局の業務遂行の要件や手続が法令により詳細に定められていた上、相談業務に対する回答はコンピューターからの情報に基づくものであ

ため、Yの担当業務は、全く裁量の余地のないものであった。さらに、Yには、年金支給の可否を決定したり、支給される年金額等を変更したりする権限はなく、保険料の徴収等の手続に関与することもなく、社会保険の相談に関する業務を統括管理していた副長の指導の下で、専門職として、相談業務を担当していただけで、人事や監督に関する権限も与えられていなかった。

第1審判決は、本件罰則規定は憲法21条1項、31条等に違反せず合憲であるとし、本件配布行為は本件罰則規定の構成要件にあたるとして、Yを罰金10万円、執行猶予2年に処した。

これに対し、原判決は、本件配布行為は、裁量の余地のない職務を担当する、地方出先機関の管理職でもないYが、休日に、勤務先やその職務と関わりなく、勤務先の所在地や管轄区域から離れた自己の居住地の周辺で、公務員であることを明らかにせず、無言で、他人の居宅や事務所等の郵便受けに政党の機関紙や政治的文書を配布したことにとどまるものであると認定した上で、本件配布行為が本件罰則規定の保護法益である国の行政の中立的運営およびこれに対する国民の信頼の確保を侵害すべき危険性は、抽象的なものを含めて、全く肯認できないから、本件配布行為に対して本件罰則規定を適用することは、国家公務員の政治活動の自由に対する必要やむを得ない限度を超えた制約を加え、これを処罰の対象とするものと言わざるを得ず、憲法21条1項および31条に違反するとして、第1審判決を破棄し、Yを無罪とした。

判 旨

検察側の上告に対し、最高裁は以下のように判示して、上告を棄却した。

まず、【基本判例1】と同様の考え方で、**本件罰則規定は、禁止の対象とされるものが、公務員の職務の遂行の政治的中立性を損なうおそれが実質的に認められる政治的行為に限られ、このようなおそれが認められない政治的行為や本規則が規定する行為類型以外の政治的行為が禁止されるものではないから、その制限は必要やむを得ない限度にとどまり、前記の目的を達成するために必要かつ合理的な範囲のものというべきである。そして、上記の解釈の下における本件罰則規定は、不明確なものとも、過度に広汎な規制であるともいえないと解されるなどとして、本件罰則規定は憲法21条1項、31条に違反するものではない**とした。

その上で、「本件配布行為が本件罰則規定の構成要件に該当するかを検討するに、本件配布行為が本規則6項7号、13号（5項3号）が定める行為類型に文言上該当する行為であることは明らかであるが、公務員の職務の遂行の政治的中立性を損なうおそれが実質的に認められるものかどうかについて、前記諸般の事情を総合して判断する。

前記のとおり、Yは、社会保険事務所に年金審査官として勤務する事務官であり、管理職的地位にはなく、その職務の内容や権限も、来庁した利用者からの年金の受給の可否や年金の請求、年金の見込額等に関する相談を受け、これに対し、コンピューターに保管されている当該利用者の年金に関する記録を調査した上、その情報に基づいて回答し、必要な手続をとるよう促すという、裁量の余地のないものであった。そして、本件配布行為は、勤務時間外である休日に、国ないし職場の施設を利用せずに、公務員としての地位を利用することなく行われたものである上、公務員により組織される団体の活動としての性格もなく、公務員であることを明らかにすることなく、無言で郵便受けに文書を配布したにとどまるものであって、公務員による行為と認識し得る態様でもなかったものである。これらの事情によれば、本件配布行為は、管理職的地位になく、その職務の内容や権限に裁量の余地のない公務員によって、職務と全く無関係に、公務員により組織される団体の活動としての性格もなく行われたものであり、公務員による行為と認識し得る態様で行われたものでもないから、**公務員の職務の遂行の政治的中立性を損なうおそれが実質的に認められるものとはいえない。そうすると、本件配布行為は本件罰則規定の構成要件に該当しない**というべきである。

以上のとおりであり、Yを無罪とした原判決は結論において相当である。なお、原判決は、本件罰則規定をYに適用することが憲法21条1項、31条に違反するとしているが、そもそも本件配布行為は本件罰則規定の解釈上その構成要件に該当しないためその適用がないと解すべきであって、上記憲法の各規定によってその適用が制限されるものではないと解されるから、原判決中その旨を説示する部分は相当ではないが、それが判決に影響を及ぼすものでないことは明らかである」とした。

さらに、検察官の上告趣意が判例違反を主張した点については、最大判昭和49年11月6日（刑集28-9-393）は、特定の地区の労働組合協議会事務局長である郵便局職員が、同労働組合協議会の決定に従って選挙用ポスターの掲示や配布をしたというもので、勤務時間外の行為であっても、その行為の態様からみて当該地区において公務員が特定の政党の候補者を国政選挙において積極的に支援する行為であることが一般人に容易に認識されうるようなものであったとして、本件とは事案が異なるとした。

▶▶▶ 解　説

1　無罪の理由

最高裁第2小法廷は、類似の事案にもかかわらず、公務員Yの政党機関紙配布等の行為を構成要件に該当しないとした。公務員の職務の遂行の政治的中立性を損なうおそれが実質的に認められるものかどうかについて、【基本判例1】と同様の「諸般の事情」を総合して判断したにもかかわらず、異なった結論が導かれた。

具体的には、Yは、①社会保険事務所に年金審査官として勤務する事務官であり、管理職的地位にはなく、②その職務の内容や権限も、裁量の余地のないもので、③本件配布行為は、勤務時間外である休日に、国ないし職場の施設を利用せずに、④公務員としての地位を利用することなく行われたものである上、⑤公務員により組織される団体の活動としての性格もなく、⑥公務員であることを明らかにすることなく、無言で郵便受けに文書を配布したにとどまるものであって、公務員による行為と認識しうる態様でもなかったという点を挙げ、「公務員の職務の遂行の政治的中立性を損なうおそれが実質的に認められるものとはいえない」として、本件配布行為は本件罰則規定の構成要件に該当しないとしたのである。

【基本判例1】と【基本判例2】で、結論が逆になったのは、①管理職か否か、②裁量性のある職務か否かの差異なのである。

2　【基本判例2】の原審判決

【基本判例1】の第1審、原審も有罪であったが、【基本判例2】の原審は第1審を覆して無罪の判断を示し、最高裁の判断がより注目されていた面があった。

原審の東京高判平成22年3月29日（判タ1340-105）は、「本法及び本規則による公務員の政治活動の禁止は、対象とされる公務員の職種や職務権限、勤務時間の内外等を区別することなく定められている上、政治的行為の態様についても、地方公務員法と大きく異なることなどに照らし、過度に広範な規制とみられる面があることや、現在の国民の法意識を前提とすると、公務員の政治的行為による累積的、波及的影響を基礎に据え、上記禁止規定が予防的規制であることを強調する論理にはやや無理があると思われる面があり、本件罰則規定を全面的に合憲とした、猿払事件最高裁大法廷判決の審査基準である、いわゆる『合理的関連性』の基準によっても全く問題がないとはいえないものがある」とした上で、その規制目的は正当であり、過度の広汎性ゆえに問題のある事例については、本件罰則規定の具体的適用の場面で適正に対応することが可能であること等を考えると、「本件罰則規定それ自体が、直ちに、憲法21条1項及び31条に違反した無効なものと解するのは合理的でない」とした。

ただ、配布行為等の処罰は国民の信頼の確保を保護法益とする抽象的危険犯と解されるが、表現の自由を制約するものであることを考えると「具体的危

険まで求めるものではないが、ある程度の危険が想定されることが必要である」とし、本件配布行為は、裁量の余地のない職務を担当する、管理職でもないYが、休日に、勤務先やその職務と関わりなく、勤務先の所在地や管轄区域から離れた自己の居住地の周辺で、公務員であることを明らかにせず、無言で、他人の居宅や事務所等の郵便受けに政党の機関紙や政治的文書を配布したにとどまるものである以上、「法益を侵害すべき危険性は、抽象的なものを含めて、全く肯認できない」として、本件罰則規定を適用することは、憲法21条1項および31条に違反するとしたのである。この判断は、実質的には、【基本判例1】と全く同一のものといってもよい。

3 補足意見の「合憲的憲法解釈」と「構成要件解釈」

ところが、【基本判例2】に付された補足意見は、「本件配布行為は、本件罰則規定に関する上記の法令解釈によれば、公務員の職務の遂行の政治的中立性を損なうおそれが実質的に認められない以上、それだけで構成要件該当性が否定される。この点について、原審は、本件配布行為の内容等に鑑みて、本件罰則規定を適用することが違憲となるとして、Yを無罪とすべきであるとしている。これは、本件のような政治的行為についてまで、刑罰による規制を及ぼすことの問題を考慮した上での判断であり、実質的には、本件の多数意見と同様に、当該公務員の職務の遂行の政治的中立性に与える影響が小さいことを実質的な根拠としていると解され、その苦心は理解できるところではある。しかしながら、表現の自由の規制立法の合憲性審査に際し、このような適用違憲の手法を採用することは、個々の事案や判断主体によって、違憲、合憲の結論が変わり得るものであるため、その規制範囲が曖昧となり、恣意的な適用のおそれも生じかねず、この手法では表現の自由に対する威嚇効果がなお大きく残ることになろう。個々の事案ごとの政治的行為の個別的な評価を超えて、本件罰則規定の一般的な法令解釈を行った上で、その構成要件該当性を否定することが必要であると考えるゆえんである」としているのである。

原審の東京高判平成22年3月29日は、<u>適用違憲</u>の手法を用いるもので不当だとするのである。その理由は、適用違憲では、個々の事案や判断主体によって、違憲、合憲の結論が変わり、その規制範囲が曖昧となり、恣意的な適用のおそれも生じかねず、表現の自由に対する威嚇効果がなお大きく残るというのである。

しかし、多数意見の実質的構成要件解釈、すなわち前記①～⑥の「諸般の事情」を考慮して、「政治的中立性を損なうおそれが実質的に認められないので構成要件に該当しない」とするのと、東京高裁の、「管理職でないYが、休日に、勤務先やその職務と関わりなく、勤務先の所在地や管轄区域から離れた自己の居住地の周辺で、公務員であることを明らかにせず、無言で、他人の居宅や事務所等の郵便受けに政党の機関紙や政治的文書を配布したにとどまる、法益を侵害すべき危険性のない行為を処罰するのは違憲だから、無罪とする」とするのと、判断の明確性で、いかほどの差があるのであろうか。補足意見のいう「個々の事案ごとの政治的行為の個別的な評価を超えて、一般的な法令解釈を行った上で、その構成要件該当性を否定する」ということが、どれだけ表現の自由への威嚇効果を減じるのか、はなはだ疑問である。威嚇効果をなくすということを強調すれば、最大判昭和48年4月25日（刑集27-4-547）の主張したように、「曖昧な解釈」も禁じられるべきことになるのが自然である。ただ、少なくとも、裁判員裁判が定着しつつある時期に、このような「抽象論」を強調して、原審を批判する必要性は少ないように思われる。

4 社会の変化と公務員の政治活動規制

ただ、重要なのは、東京高判平成22年3月29日の指摘している、「無罪」の実質的論拠である。国家公務員法による政治的行為の禁止は、法体系全体から見た場合、様々な矛盾がある上、郵政関係公務員の政治的活動等について見れば明らかなように、時代の進展、経済的、社会的状況の変革の中で、国民の法意識も変容し、表現の自由、言論の自由の重要性に対する認識はより一層深まってきており、公務員の政治的行為についても、組織的に行われたものや、他の違法行為を伴うものを除けば、表現の自由の発現として、相当程度許容的になってきているように思われるという指摘である。

公務員の政治活動を刑事罰の対象とすることの当否、その範囲等を含め、新たな視座に立って検討する姿勢は必要であるように思われる。

戦後の日本の司法界において、公務員の政治活動や労働運動の規制の問題は、最も激しく争われてきたものであった。国家公務員法98条2項は、国家公務員の同盟罷業、怠業その他の争議行為を禁止し、さらに何人も、これらの違法な行為を企て、またはその遂行を共謀し、そそのかし、もしくはあおってはならないと規定し、同110条1項17号は、その禁止規定を担保するために、何人たるを問わずこれらの争議行為などの遂行を共謀し、そそのかし、もしくはあおり、またはこれらの行為を企てた者を処罰している。ただ、この法規制に関して、判例は揺れ動いた。そして、「あおり行為」「そそのかし行為」の限定の手段として可罰的違法性が登場してきた。すなわち形式的には「あおり」に該当する行為につき、一定程度の違法性（処罰に値する違法性）が必要であるとして、あおり概念を限定したのである。そしてこのような試みも、「合憲的限定解釈」と結びついて発展してきた。

最高裁は、地方公務員法に関する都教組事件判決（最大判昭和44・4・2刑集23-5-305）、国家公務員法に関する全司法仙台事件判決（最大判昭和44・4・2刑集23-5-685）における合憲的限定解釈によって、その処罰範囲を限定した。しかし、4年後の全農林警職法事件判決（最大判昭和48・4・25刑集27-4-547）によってその態度を急転換し、表面上この限定解釈を否定したのである。そして最高裁は、岩手教組事件判決（最大判昭和51・5・21刑集30-5-1178）によって、全農林判決の趣旨を地方公務員法に関する事案にまで拡げた。

一方、昭和30年代から40年代にかけて、公務員などの「禁止された争議行為ないしそれに随伴する行為」について、労働組合法1条2項を用いて正当化しうるかという点も激しく争われた。公共企業体等労働関係法17条1項等で禁止された争議行為につき、その正当化の可否が激しく争われたのである。

この問題に関する下級審裁判例の激しい争いに決着をつけたのが最判昭和38年3月15日（刑集17-2-23）であった。同判決は、争議行為が禁止されている以上、労働組合法1条2項を適用して「正当性の限界如何を論ずる余地」はないとして違法一元論を採用し、現業公務員の行為を処罰したのである。

それに対し、最大判昭和41年10月26日（刑集20-8-901：東京中郵事件判決）は、①公務員等の争議行為を禁止することは違憲ではないが、②労働基本権の制限は必要最小限に限られ、特に刑事制裁は必要やむを得ない場合に限られるべきであるとし、③公共企業体等労働関係法上違法な争議行為であっても必ずしも刑罰法規の予定する違法な行為とは限らないとして、違法な争議行為に労働組合法1条2項の適用を認めたのである。

ところが、昭和48年、最高裁は全農林判決等により、公務員の労働基本権に関する評価を再び大きく修正するとともに、その刑事法的評価についても厳しい態度を示し、最大判昭和52年5月4日（刑集31-3-182：名古屋中郵事件判決）が、東京中郵事件とほぼ同一の事案に関し、「およそ争議行為として行われたときは公労法17条に違反する行為であっても刑事法上の違法性を帯びることはないと断定するのは、相当でない」と判示した。

今、判例が、「また逆の方向に流れを変えようとしている」と過剰に評価するのは誤りである。ただ、「全農林、名古屋中郵事件判決で、基本的な方向性は固まった」として、具体的な争点に合せた新たな解釈を展開することを怠ることも、許されない。表面上の「構成要件（解釈）は明確でなければならないか」「違法性は法領域ごとに相対的であり得るのか」というような理論の対立の「水面下」にある、社会の動き、国民の意識の変化に、常に敏感でなければならない。

第3講　明確性の理論と合憲的限定解釈

---論点---
▶ 刑罰法規を限定的に解釈すれば「明確」になる場合があるのか。

【基本判例1】　最3小判平成19年9月18日（刑集61巻6号601頁・判タ1252号100頁）

事実の概要

広島市では、「特攻服」と呼ばれる服装をした多数の暴走族集団が市内の広場や公園等を占拠し、一部が覆面をした状態で、円陣を組んで座り込み、大声を出すなどのい集ないし集会を繰り返し、市民らに不安を与えて社会問題化していた。広島市はこれを規制するために、広島市暴走族追放条例を設け、同条例16条1項において、「何人も、次に掲げる行為をしてはならない」と定め、その1号として「公共の場所において、当該場所の所有者又は管理者の承諾又は許可を得ないで、公衆に不安又は恐怖を覚えさせるようない集又は集会を行うこと」を掲げた。そして、本条例17条は、「前条第1項第1号の行為が、本市の管理する公共の場所において、特異な服装をし、顔面の全部若しくは一部を覆い隠し、円陣を組み、又は旗を立てる等威勢を示すことにより行われたときは、市長は、当該行為者に対し、当該行為の中止又は当該場所からの退去を命ずることができる」とし、本条例19条は、この市長の命令に違反した者は、6月以下の懲役または10万円以下の罰金に処するものとした。

被告人Xは、暴走族構成員約40名と共謀の上、広島市繁華街にある公共広場において、暴走族グループ名を刺しゅうした「特攻服」を着用するなどして威勢を示して、公衆に不安または恐怖を覚えさせるような集会を行い、広島市長の権限を代行する広島市職員から、集会を中止して広場から退去するよう命令を受けたが、これに従わず、引き続き同所において集会を継続したことから、上記中止・退去命令に違反するものとして起訴された。

Xは、上記各規定の文言が不明確であり、また、規制対象が広範で、さらに、本条例のような集会の規制は憲法21条1項の集会の自由の保障を侵害するとして、憲法31条、21条1項に違反すると主張した。第1審・原審とも、その合憲性を肯定したのに対し、Xは同様の理由で上告した。

判旨

上告棄却。最高裁は、①本条例の暴走族の定義が社会通念上の暴走族以外の集団が含まれる文言となっており、②禁止行為の対象および市長の中止・退去命令の対象も社会通念上の暴走族以外の者の行為にも及び得ることなど、規定の仕方が適切でなくその文言どおりに適用されると、規制の対象が広範で憲法21条1項および31条との関係で問題があるとした上で、以下のように判示した。

「本条例の目的規定である1条は、『暴走行為、い集、集会及び祭礼等における示威行為が、市民生活や少年の健全育成に多大な影響を及ぼしているのみならず、国際平和文化都市の印象を著しく傷つけている』存在としての『暴走族』を本条例が規定する諸対策の対象として想定するものと解され、本条例5条、6条も、少年が加入する対象としての『暴走族』を想定しているほか、本条例には、暴走行為自体の抑止を眼目としている規定も数多く含まれている。……本条例が規制の対象としている『暴走族』は、本条例2条7号の定義にもかかわらず、暴走行為を目的として結成された集団である本来的な意味における暴走族の外には、服装、旗、言動などにおいてこのような暴走族に類似し社会通念上これと同視す

ることができる集団に限られるものと解され、したがって、市長において本条例による中止・退去命令を発し得る対象も、Xに適用されている『集会』との関係では、本来的な意味における暴走族及び上記のようなその類似集団による集会が、本条例16条1項1号、17条所定の場所及び態様で行われている場合に限定されると解される。

　そして、このように限定的に解釈すれば、本条例16条1項1号、17条、19条の規定による規制は、広島市内の公共の場所における暴走族による集会等が公衆の平穏を害してきたこと、規制に係る集会であっても、これを行うことを直ちに犯罪として処罰するのではなく、市長による中止命令等の対象とするにとどめ、この命令に違反した場合に初めて処罰すべきものとするという事後的かつ段階的規制によっていること等にかんがみると、その弊害を防止しようとする規制目的の正当性、弊害防止手段としての合理性、この規制により得られる利益と失われる利益との均衡の観点に照らし、いまだ憲法21条1項、31条に違反するとまではいえないことは、最大判昭和49年11月6日（刑集28-9-393）、最大判平成4年7月1日（民集46-5-437）の趣旨に徴して明らかである」。

▶▶▶ 解　説

1　明確性――憲法上の要請

　憲法31条に、実質的に規定されている罪刑法定主義の基本は「犯罪と刑罰が、国民の意思に基づいて、事前に法律に定められていなければならない」ということにある。しかし、「事前に法律で定めさえすればよい」という、罪刑法定主義の形式的理解には疑問が提起されてきている。

　まず、犯罪と刑罰は明確に定められていなければならないという明確性の理論が主張され、定着してきている。罪刑法定主義は、あらかじめ明確な条文により犯罪行為を国民に明示することにより、①何が犯罪行為であるかを告知して、国民に行動の予測可能性を与え、②同時に法執行機関の刑罰権の濫用を防止するとされる。この考え方は、刑罰規定が国民の行為規範となっていることを前提としている。国民は、刑罰法規を認識して行動するのであり、それゆえに、「国民から見て不明確な文言を含む刑罰規定は、憲法31条に違反し無効である」と考えるのである（最大判昭和50・9・10刑集29-8-489）。

　明確性の理論は、「国民は条文を認識して違法行為を思いとどまる」という発想を前提にし、国民から見て不明確な条文は罪刑法定主義に反すると考える。だが、条文は様々なニュアンスを含まざるを得ない「言語」により構成されており、明確化するといっても限界がある。「国民誰もが容易に処罰の限界を知り得るような条文以外は違憲無効である」と

するわけにはいかない。また、評価の分かれる規範的要素を含んだ条文が、常に論理的に罪刑法定主義に違反するわけでもない。記述的で明確な条文が望ましいが、現実の処罰の必要性は、一定の規範的で抽象的な犯罪類型をもたらさざるを得ない。

　問題は、どこまで明確でなければならないかという点にある。そしてそこでも、実質的衡量が問題となる。①明確な文言によって得られる国民の行動の自由の利益と、刑罰権の濫用が防止される利益に対し、②現代社会において当罰性の高い行為を処罰することにより得られる国民の利益が比較衡量されなければならない[1]。

1）　最決平成10年7月10日（刑集52-5-297）は、鮮魚商が、肉中のワックスが体内で消化吸収されず下痢などを起こすアブラソコムツという魚を販売した行為が食品衛生法4条2号の「有害な物質」を販売したことにあたるとした。「有害な物質の販売」という犯罪行為は、文言が抽象的で適用範囲もかなり漠然としたものになっているとしつつ、「通常の判断能力を有する一般人の理解において、具体的にアブラソコムツにつきその適用があるかどうかという判断を可能ならしめる基準が読み取れるということができる」として明確性を認めた原審の判断を維持した。

2　合憲的限定解釈

　明確性の理論は、法規それ自体の明確性を問う理論であるが、わが国の判例は、不明確のゆえに違憲

だとする主張に対し、「法規が一見不明確に見えても、一定の解釈を行えば明確となる」という判断を示すことが多い。不明確な条文でも解釈を加えることにより合憲だとするのである。【基本判例1】もそのような判断を示した。

しかし、このような限定解釈を施すと、その「実質的解釈」が明確であるか否かが別個に問題となる。たとえば、「淫行」処罰に関する最大判昭和60年10月23日（刑集39-6-413）では、条文の「淫行」という文言は不明確ではないが、「淫行」を「性交一般」と解して広く処罰するのは違憲であるとし、「自己の性的欲望を満足させるための対象として扱っているとしか認められないような性交又は性交類似行為」等の処罰に限定すれば合憲であるとした。そこで、そのような「限定解釈」が明確か否かが問題とされた。「淫行」概念そのもの以上に、この解釈は不明確であるようにも思われるのである。

【基本判例1】においても、藤田裁判官は、表現の自由を規制する法令の規定について合憲限定解釈をすることが許されるのは、「その解釈により規制の対象となるものとそうでないものとが明確に区別され、かつ合憲的に規制し得るもののみが規制の対象となることが明らかにされる場合でなければならず、また、一般国民の理解において、具体的場合に当該表現行為等が規制の対象となるかどうかの判断を可能ならしめるような基準を、その規定自体から読み取ることができる場合でなければならないというべきである」とし、「通常人の読み方からすれば、ある条例において規制対象たる『暴走族』の語につき定義規定が置かれている以上、条文の解釈上、『暴走族』の意味はその定義の字義通りに理解されるのが至極当然というべきであ」ると批判された。

3　裁判と国民の規範意識

しかし、合理的な（合憲的な）処罰範囲を求めての限定解釈を認める以上は、それによって導かれる構成要件は、一定程度曖昧化せざるを得ない。条文と同様に、それに関する裁判官の「解釈」まで、国民の目からみて明確でなければならないとする必要はない。国民が認識することが期待される「条文」は明確でなければならない。そして、その条文の解釈は、条文の文言から一般人が導き得ない範囲に広がってはならない。その範囲で立法は法適用者をコントロールする。しかし、一般人が条文から最も導きやすい「明確な解釈」のみが裁判官に許容されるわけではない。条文の示した枠内で、具体的に妥当な処罰範囲を探求する場合はもとより、憲法的視点などから条文の形式的文言と離れて処罰範囲を限定する場合等は、国民が条文から当然には導けない「解釈」を示すことも許される。

【基本判例1】において最高裁は、本条例16条、17条そのものの明確性については、「各規定の文言が不明確であるとはいえないから、所論は前提を欠く」として退けている。

問題は、本条例の「暴走族」を、暴走行為を目的として結成された本来的な意味における暴走族と、「服装、旗、言動などにおいてこのような暴走族に類似し社会通念上これと同視することができる集団」に限定して解釈することの合理性である。

多数意見は、限定的解釈の合理性を前提に、市長において本条例による中止・退去命令を発しうる対象も、Xに適用されている「集会」との関係では、本来的な意味における暴走族および上記のような類似集団による集会が、本条例16条1項1号、17条所定の場所および態様で行われている場合に限定されるとするのである。

立法者の設定した処罰範囲は、あらゆる具体的事態を想定して設定されたものではなく、条文を具体的事案にあてはめて処罰範囲を確定する場合には、裁判官による解釈がなされなければならない。そして、ある程度不明確であったり、広汎な処罰範囲を含む条文が存在せざるを得ない。それは、場合によっては司法機関の判断による補完が予定されている。重要なことは、その作業に際して、国民の規範意識が拠り所とされなければならないという点なのである。

【基本判例1】は、これまでの最高裁の「合憲的限定解釈論」を踏襲したものであるが、目的の正当性、弊害防止手段としての合理性、規制により得られる利益と失われる利益との衡量判断は、ぎりぎりのものであった。全国各地で同種条例制定を要請する問題が発生してきていることを考えると、実務上重要な意義を有する判例といえよう。

第4講　刑法上の因果関係の判断基準

> **論　点**
> - ▶行為時に特殊な併存事情と行為後の介在事情は区別して論ずべきか。
> - ▶「判断基底に含めるか否か」という判断と、それを前提とした相当性判断は、どのような関係にあるのか。
> - ▶「相当性」の具体的判断基準。

【基本判例1】　仙台地判平成20年6月3日（裁判所webサイト）

事実の概要

(1)　被告人Xは、平成19年11月13日夜から翌14日午前1時過ぎころにかけてX方で被害者A（当時18歳）と過ごしていたところ、Aが他の男と食事をしていたことを知って逆上し、嫉妬心等からAの携帯電話機を二つ折りに壊すなどしたが、興奮を抑え切れず、玄関から逃げ出そうとしたAに対し、玄関ドア付近でその背中を蹴飛ばして頭部を金属製の玄関ドアに打ち当てた上、反動で床に仰向けに転倒させ、立ち上がったAに対し、両手でその頭髪を摑んで同玄関ドアに2、3回後頭部を打ち付け、さらにXは、左右の手拳でAの両頬部を殴り、続けてその腹部を殴打する暴行を加えた。

(2)　Aは、悲鳴を上げ、裸足のままX方を飛び出して逃走し、X方から約158m離れた地点まで疾走し、通行人に対し「助けてください」と言ったが、その場に崩れ落ちるようにして倒れ、意識を失い、その後救急搬送先の病院で死亡した。

(3)　Aには、左冠状動脈開口部の先天的な位置異常があり、運動等により心臓の活動が高まると血液増加により血流供給に障害が起こるおそれがあった。異常があることはAも知らなかったが、Aは、中学3年生時の平成13年の夏ころにランニング中に倒れて意識を失うなどした経験から激しい運動を控えていた。Xは、Aが、小学生時代に倒れたことがあることや、中学生時代にランニング中に倒れて意識を失い、救急車で搬送されたことを知っていたほか、平成19年に仙台に来た後、電車に乗り遅れそうになり走って電車に乗ったAから、心臓が苦しかったなどと聞かされたことがあった。

(4)　解剖時にAに認められた頭皮下や左頬部の皮下出血は加療約1週間程度のものであり、本件暴行がAの心臓の活動等にどのような影響を及ぼしたかは明らかでなく、冠状動脈異常を有していることから、上記逃走行為に基づく運動負荷により心臓の活動が著しく亢進して血流供給に障害が起こり、急性循環不全に陥って死亡したものと認められる。

判　旨

「Xの暴行とAの死亡との間の因果関係について検討するに、傷害致死罪における致死の原因たる暴行は、必ずしもそれが死亡の**唯一の原因又は直接の原因であることを要するものではなく**、Aの身体にある高度の病変と**暴行とがあいまって死亡の結果を生じた場合であっても、因果関係を肯定する余地がある**（最判昭和46・6・17刑集25-4-567等）ところ、本件暴行は、密室内で自分より体が小さく力の弱い女性であるAに対し、背後から蹴り付けたり、頭部を摑んで金属製ドアに複数回打ち付け、続けざまに手拳で両頬や腹部を殴打するなどという執拗で相当に強度の危険なものであり、そのため、Aは、強い恐怖を感じ、大声を出して裸足のまま約158mもの距離を必死に走り、通行人に助けを求めている。相

当強度の暴行を立て続けに加えられたＡが、恐怖心から必死に逃走するのは当然のことであり、その逃走行為がＡが有していた冠状動脈異常に作用して死因となった急性循環不全を引き起こしたものである。世の中には、心臓等の持病を抱えて脆弱な体質ながら通常の社会生活を送っている者が少なからず存在しており、本件のような暴行及びその後の逃走行為がその持病等に作用して死亡の結果が生じることもあり得ることであり、ＸがＡの冠状動脈異常を認識していたか否かに拘わらず、**本件暴行により恐怖を覚えたＡが逃走し、それがＡの冠状動脈異常に作用して急性循環不全を誘発したのであるから、本件暴行とＡの死亡との間には因果関係がある**といえる」。

「確かに、本件暴行によりＡが直接受けた頭皮下及び左頬部の皮下出血は加療約１週間程度のものに過ぎないが、本件暴行の態様は、Ａの背後からいきなり足蹴にし、頭髪を摑んで玄関ドアに後頭部を打ち付け、両頬を左右の拳で殴打し、腹部も殴りつけるという危険かつ執拗なものである上、ＸがＡ逃走後も怒りに任せてＡの所持品を燃やしたり壊したりした状況に照らしても、相当の強度で加えられたものと認められ、本件暴行の危険性の程度は決して小さくなく、悲鳴を上げ、裸足のまま戸外へ飛び出したＡの恐怖が大きかったことも明らかであり、Ａが必死の逃走行為に出たことは当然というべきである。そして、Ａの逃走行為がＡの冠状動脈異常に直接的に作用したのであるから、弁護人指摘の事情〔略〕は、因果関係の認定を妨げる事情とはいえない。

次に、**弁護人は、Ａの冠状動脈異常は、本件後初めて明らかになったもので、何人も知り得ない異常な介入事情であり、また、激しい運動をさせてはならないという具体的な認識も欠いていたから、ＸはＡ死亡の結果を予見し得なかった旨主張するが**、Ａに心臓疾患のような特殊事情がなかったならば致死の結果を生じなかったと認められ、かつ、行為者が行為当時、その特殊事情を知らず、致死の結果を予見できなかった場合においても、**暴行と特殊事情があいまって致死の結果を生じさせれば因果関係を認める余地がある上**、本件において、Ｘは、前記のとおり、Ａがランニング中に倒れて意識を失ったことがあることや、仙台に来てからもＡが走って電車に乗った際に心臓が苦しかったと話すのを聞いて知っていたのであるから、本件**暴行に及んだ時点で、Ａが激しい運動、特に走ることに脆弱な体質であることを認識していたと認められ**、Ａの脆弱な体質とあいまって生死に関わるような重篤な症状を招来することが予見できなかったとはいえない。したがって、Ｘが行為当時にＡ死亡の結果を予見できる可能性が必要であるとしても、本件暴行とＡの死亡との間の法的因果関係は否定されない」。

▶▶▶ 解　説

1　学説の因果関係論の差

刑法上の因果関係が問題になるのは、行為時に特殊な併存事情（被害者が異常体質で、それが寄与して死亡したような場合）、介在事情（ケガをさせたところ、入院した病院の火災で焼死したような場合）が存在する場合である。【基本判例１】は、その両者が問題となった例といえよう。

刑法の因果関係を認めるには、まず、当該行為が存在しなければ当該結果が発生しなかったであろうという関係（「あれなくばこれなし」の関係：**条件関係**）が必要だとされる。ここで、条件関係は、かなり広い範囲で認められることに注意しておかなければならない。たとえば、殴って軽傷を与え救急車で病院に運ぶ途中で交通事故により死亡した場合でも、殴ることと「死」の条件関係は存在する。殴らなければ救急車には乗らず、救急車に乗らなければ死ぬことはなかったからである。

そして、条件関係があれば刑法上の因果関係を認める考え方を**条件説**と呼ぶ。ただ、条件関係を厳密にたどっていくと、因果関係は、論理的には無限に広がっていく可能性もある。射殺された「死」と条件関係のある行為をたどって行くと、ピストル発射から始まって、殺人者を産むことにまで及ぶとの議論がなされたことすらあった。

実務の視点からは、**相当因果関係説**が現在でも支

配的であると考えてよいといえよう。行為時を基準に、一般人の目で見て「行為と結果の結びつきの相当性」、「通常その行為からその結果が発生することが相当と認められるか否か」を判断する点に特徴がある。少なくとも、戦後のわが国では、圧倒的な地位を占めてきた。

最近、有力に主張されている客観的帰属論は、事後的に、現に生じた因果経過をも考慮に入れて結果の帰責関係を認定するものだとするが、事後的評価といっても、行為時における「危険性」の判断を一切排除することは不可能で、そこには規範的評価の問題を含まざるを得ず、「結果の相当性」、「結果発生が一般人から見て相当か否か」という判断と連続性を有するといわざるを得ない。

相当因果関係説の内部では、(a)客観説、(b)主観説、(c)折衷説の対立が存するとされてきた。ただ、どの学説も、行為時に一般人を基準に相当性を判断する。対立のポイントは、いかなる事情を基礎に相当性を判断するかにあった（判断基底の問題）。

平野龍一博士が、現実に因果関係が問題となる事案を、「行為時に行為者が認識し得なかった特殊な事情が既に存在したために結果が発生した事案」と、「行為後に特殊な事情が介入した事案」に整理された（平野龍一『刑法総論 I』（有斐閣・1972）143頁）。前者の類型は、「行為者の行った一見したところ危険性の低い行為が、そのような重大な結果を実現したと評価できるのか」という問題であり、ほぼ、判断基底の問題に対応する。後者は「当該結果は、実行行為から生じたのか、それとも介在事情が主たる原因で生じたのか」という問題と表現することができる。

判断基底に関し、(a)客観説は、行為時に発生した全事情と、予見可能な行為後の事情を基礎に相当性を判断する。これに対し、(b)主観説は、行為者が行為時に認識した、または認識し得た事情を基礎に相当性を判断する。そして、(c)折衷説は、行為時に一般人が知り得た事実および行為者が特に知っていた事情を基礎とする。そして、折衷説が最も有力とされてきた。行為者が被害者の頭を叩いたところ、外見上は全く異常がないのに被害者が脳梅毒に罹患しており脳組織が異常に弱くなっていたため死亡した場合、折衷説によれば、一般人からは被害者の脳組織の異常はわからない以上、相当因果関係が否定される。この結論が、折衷説を多数説化する原動力の1つであったといえよう。しかし、「一般人が知り得ない異常があり、それと相まって結果が発生した場合にも帰責しうる」という考え方が何故誤りなのであろうか。そして、そもそも、一般人が知り得ない異常とはどのような場合を指すのであろうか。

従来、理論的に「説の当否」を確定する議論がなされてきた。たとえば折衷説に対し、「犯人がその事実を知っていた場合には因果関係があるのに、知らなかった場合には、全く同じ状況で同じ行為をしたのに因果関係がなくなるということは、通常の『因果関係概念』から離れすぎる」という批判があった。客観説の側から、「あたかも、『危険な行為も、目をつぶって行えば安全である』というが如き議論である」とされた。しかし、因果関係が純粋に客観的・事後的なものでなければならないわけではない。この対立を実質的に見れば、行為時の特殊な事情の「低い予見可能性」を根拠に因果性を否定すべきなのか否かの対立であるといえよう。行為時の特殊事情を認識して行う行為者が皆無でない以上、認識しにくくても帰責すべきであると考える余地はあり、そのような具体的事情の下で、因果関係の有無を裁判官・裁判員が判断するのである。

2 【基本判例1】の意義

しかし、判例を分析すると、行為時に特殊な併存事情と行為後の介在事情を明確に区別することは不合理であり、「判断基底に含めるか否か」という判断と、それを前提とした相当性判断が連続的であるということが明らかになる。

【基本判例1】は、Xが、X方において、Aに強度の暴行を加えた結果、AがXのさらなる暴行から逃れるため、室内から裸足のまま約158mにわたり走って逃走し、左冠状動脈開口部の先天的位置異常を有するAが路上において急性循環不全に陥りその場に転倒し、市内の病院において急性循環不全により死亡したというものである。平野博士が分類した、①「行為時に行為者が認識し得なかった特殊な事情が既に存在したために結果が発生した事案」に該当するようにみえるが、行為のしばらく後に急性循環不全という予見が困難な介在事情が発生したのであり、②「行為後に特殊な事情が介入した事案」

に該当するといえなくもない。「Aが走って逃げた」ことが介在事情ともいえる。

そのような視点から、判例を俯瞰してみると、そもそも、行為時の判断なのか、行為後の介在事情が問題となるのかが区別しにくい事例が多いことに気づく。たとえば、列車事故で多数人の過失が競合するような場合（最決昭和35・4・15刑集14-5-591）であり、判例は「他の過失が同時に多数競合し、或は時の前後に従って累加的に重なり、又は他の何らかの条件が介在し、しかもその条件が結果発生に対して直接且つ優勢なものであり、問題とされる過失が間接且つ劣勢なものであったとしても、……右過失と結果との間にはなお法律上の因果関係ありといわなければならない」として処理している（さらに最決昭和36・1・25刑集15-1-266、最決昭和49・7・5刑集28-5-194等参照）。

また、血友病の事案である岐阜地判昭和45年10月15日（判タ255-229）も、被害者の受傷から死亡までの経緯には、同人とその家族ならびに医師の不注意が競合的に介入したものと合理的に疑う余地があるとした上で、「極めて稀な病気の一である血友病に罹患していたもので、同人の死亡についてはこの血友病が最重要の影響を及ぼし、これに同人とその家族ならびに医師の不注意が加わって不幸な結果を発生させたものと疑う余地が」あるとして因果関係を否定した。行為後の介在事情の存在も併せて考慮されている。

しかし「行為時の異常な併存事情」と構成するか「特殊な介在事情」とするかで、結論が異なってしまうのは不合理である。その点、仙台地裁は、最判昭和46年6月17日を引用して「傷害致死罪における致死の原因たる暴行は、必ずしもそれが死亡の唯一の原因又は直接の原因であることを要するものではなく、Aの身体にある高度の病変と暴行とがあいまって死亡の結果を生じた場合であっても、因果関係を肯定する余地がある」とした。そして、心臓等の持病を抱えている者が少なからず存在しており、本件のような暴行およびその後の逃走行為がその持病等に作用して死亡の結果が生じることもありうるとし、本件暴行によりAが直接受けた傷害結果は加療約1週間程度のものにすぎないが、本件暴行の危険性の程度は決して小さくなく、強い恐怖心を生ぜしめて必死の逃走行為に出ざるを得なくしたので

あり、この逃走行為がAの冠状動脈異常に直接的に作用したのであるから、因果関係を認定しうるとしたのである。これが、判例の因果関係の判断方式なのである。

3 相当性の判断の内実

判例を分析すると、その因果関係の判断は、「実行行為が行為時の特殊事情や行為後の介在事情と相まって結果を生ぜしめたものと認められるか否か」であるといってよい（最判昭和46・6・17刑集25-4-567、最判昭和25・3・31刑集4-3-469）。そして、「判断基底（判断の基礎として考慮する事情）」と「判断基準（判断基底を基に行う相当性判断の基準）」を分けず、また、行為時・行為後の事情を区別することもなく統一的に判断し、そして、「相まって」生じたのか、「併存（介在）事情が原因で」生じたのかという「基準」で因果関係の有無を判断しているように思われる。

そして、「相まって」ということから、実行行為が必ずしも「主たる原因」である必要はなく、実行行為と結果の中間に、犯罪行為が介在しても、それ以前の実行行為に帰責されることを認めてきた。戦前から、一貫して「直接の原因である必要はない」ということを強調してきた。

判例は、他の原因があったとしても、実行行為の危険性が、結果に具体化したと評価して良いか（相当性があるか）を問題にするが、条件関係があれば因果関係を認め、「極めて偶然なものを除く」にすぎない。医療過誤の介在はもとより、医師の血液型を間違えた輸血により死亡した場合でも、因果関係を認める。判例は、行為時の「われわれの経験則上予想しえない事情」が存在した脳梅毒事件等でも、因果関係を認める。

> (イ) 実行行為に存する結果発生の確率の大小
> (ロ) 介在事情の異常性の大小
> (ハ) 介在事情の結果への寄与の大小

ただ、判例は、「結果発生の蓋然性の程度」「予見可能性の程度」のみによって因果関係の有無を判断してはいない。現実の因果関係判断においては、複数の事情を総合評価して「結果を帰責させるべき」か否かを判断せざるを得ない。より具体的には、①実行行為そのものの危険性（行為時における結果発生

の蓋然性の程度）だけでなく、②行為時併存事情・行為後介在事情の異常性（予見可能性の低さ）、③実行行為と併存・介在事情の最終結果への寄与度の比較等が重要である。わが国の刑法解釈において用いるべき、「実行行為が行為時の特殊事情や行為後の介在事情と相まって結果を生じさせたか否か」という判断は、行為時と行為後の全事情を視野に入れて、上記の①②③を総合したものと理解するのが最も自然である。

4　行為の危険性の大小と行為時併存の異常性の程度

【基本判例1】の事案は、どちらかといえば、「行為者の行った一見したところ結果発生の危険性の低い行為が、死の結果を実現したと評価できるか」という問題であるといえよう。最高裁は、①路上に突き飛ばしたところ、被害者の心臓に異常が存在し心筋梗塞のため死亡した場合にも、傷害致死罪を認め（最決昭和36・11・21刑集15-10-1731）、②暴行を加えたところ被害者に心臓疾患が存したため急性心臓死した事案についても「暴行が特殊事情と相まって致死の事情を生ぜしめたものと認められる」として致死についての因果関係を認めてきた（最判昭和46・6・17刑集25-4-567）。③最判昭和25年3月31日（刑集4-3-469）も、顔面（左眼）を蹴って全治10日の傷害を与えたところ、被害者の脳組織が脳梅毒に罹患していたため異常に弱っており、そのために死亡した事案についても、傷害致死と評価している。ただ、「外傷として左側上下眼瞼は直径約5粍〔cm〕の部分が腫脹し暗紫色を呈し左眼の瞳孔の左方角膜に直径0.5粍〔cm〕の鮮紅色の溢血」が残る程度の暴行なのである。

学説は、一般人からは認識できない「脳梅毒による脳の高度の病的変化」に起因する死亡まで、10日で治る傷害を負わせた者に帰責させるのは不当だとして、判例の因果関係判断は厳しすぎると批判してきたのである。しかし、顔面を蹴っているのに、「その行為が致死にいたる危険性の高い行為でないから傷害罪にとどまる」という評価が絶対的に正しいという根拠はどこにあるのであろうか。そもそも、10日間外傷が消えないほど強く左眼を蹴って、その結果脳に異常が発生して死亡した場合に傷害致死を認めることは、むしろ自然だともいえる。もちろん、「顔を人差し指で軽く小突いたら、脳の異常のため死亡した」というのであれば、「致死の結果を帰責するのは酷である」という結論は、多くの支持を得るであろう。しかし、その行為自体で死に至る危険性が高度でなければ、一般人から見てその行為自体だけで死が発生することが相当でなければ因果関係が認められないというわけではない。【基本判例1】でも、加害は全治7日にすぎない。しかし、必死で逃走せざるを得ない恐怖心を生ぜしめるに足るものであり、そのことと、被害者の循環器の異常が相まって結果が発生したのである。

やはり、行為自体の危険性の程度と、行為時の異常事情の「異常性の程度」との総合評価でなければならない。この点は、【基本判例2】で検討する、「行為後の介在事情の事例」と一体化して考えなければならない。

相当因果関係説を採用しても、客観説に立てば、①②③の事案はすべて結果発生は相当なものとなる。脳梅毒や心臓疾患を前提に結果発生の蓋然性を判断すれば、当然相当性は認められる。その意味では、判例が客観的相当因果関係説であると分類することも可能である。しかし、判例は起こった事情をすべて考慮して（行為時に認識したものと仮定して）因果関係を認めているわけでもない。やはり、行為の危険性の程度と判断基底事情の異常性の程度との総合評価なのである。

致死の結果を帰責するには、行為の有する危険性の「射程内」の結果が発生した場合に限られる。加えた行為からおよそ発生しそうもない結果が生じた場合には帰責し得ない。しかし、科学的に条件関係が認定できる以上は、直接の死因（異常な病変など）が行為時には予見不可能でも、死の結果を伴う可能性のある暴行を加えたのだとしたら、重い結果は帰責されるといえよう。少なくとも、暴行の故意は存在する以上、いかに行為時に被害者の身体に異常が存在していても、条件関係が認められる結果が帰責し得ない場合は、ほとんど考えられない。

第4講　刑法上の因果関係の判断基準

【基本判例２】　東京高判昭和 56 年 7 月 27 日（刑月 13 巻 6 = 7 号 453 頁）

事実の概要

被告人 X は、自動車運転の業務に従事するものであるが、昭和 54 年 6 月 3 日午前 3 時 35 分ころ、大型貨物自動車を運転し、栃木県下の道路を U 市方面から K 市方面に向かい時速約 55 km で進行中、前方左右を注視し、進路の安全を確認しつつ進行し、事故の発生を未然に防止すべき業務上の注意義務があるのに、一時前方の信号機の信号に気を奪われて前方注視を欠いて進行した過失により、道路左側に停止していた普通乗用自動車を前方約 15 m の地点にはじめて発見し、同車に自車左前部を衝突させて、同車を前方に押し出し、同車をしてその前方に立っていた A（当時 21 歳）、B（当時 21 歳）の両名に衝突させ、よって A に対し加療約 1 カ月間を要する頚椎ねんざ、顔面挫創、右膝打撲擦過創の傷害を負わせるとともに、B をして同年 6 月 8 日午前 0 時 50 分 K 市内 C 病院において、腎破裂に基づく尿毒症により死亡するに至らせたというものである。

ただ、B は、入院治療を受けた際、担当医師 D が誤って ABO 式不適合輸血をしたことにより尿毒症を併発し、これも原因となって死亡したのではないかが争われた。

判　旨

「原判決挙示の関係証拠によれば、X の過失に基づき、昭和 54 年 6 月 3 日午前 3 時 35 分ころ発生した本件交通事故により、B が負傷し、即日 C 病院に入院して医師 D の治療を受けたが、同月 8 日午前 0 時 50 分尿毒症により死亡したことが明らかであるところ、〔証拠によれば〕B が元来 O 型血液の保持者であるのに、右の入院中、入院当日から 5 日間内に合計 2400 ml の A 型血液の輸血を受けたことを認めることができる。……そして、鑑定人 E の当審公判廷における供述によると、O 型血液保持者に A 型血液を大量に輸血した場合には急性腎機能不全を経て尿毒症により死亡する事態が或る程度の確率で起り得ることが認められる。しかし、同鑑定人作成の鑑定書によれば、B が死亡前左側の腎臓に腎実質のみならず被膜腎杯にまで及ぶ傷害、すなわち高度の腎破裂を受けていたこと、このような重症の左腎破裂及びその他の筋組織の挫滅等の外傷が、これらに伴い生じるショック状態によって左右の腎臓をショック腎の状態に陥らせ、急性腎機能不全を生ぜしめる原因となったこと、他方で、同人に対する診療録や治療中の諸検査結果からは、不適合輸血によって急性腎機能不全を招来する場合に大きな役割をはたす高度の血管内溶血反応の発生した徴候が窺えないこと、結局同人に生じた急性腎機能不全が右の不適合輸血に基づく血管内溶血反応のみにより発生した可能性が少ないこと、しかし、右不適合輸血が腎破裂を含む外傷とこれに伴うショックに競合して急性腎機能不全の発生又は進行に関係した可能性も否定できないこと、また鑑定人 E 及び証人 F の当公判廷における各供述により B の死因である尿毒症の原因が急性腎機能不全であることをそれぞれ認めることができる。

以上の事実によれば、B が急性腎機能不全を経て尿毒症により死亡した原因は、少なくとも前記不適合輸血のみであるとは認め難いから、X の過失に基づく本件交通事故による前記外傷のみであるか、又は、この外傷と不適合輸血双方の競合であるかのいずれかであるといわなければならない。しかし、このいずれの場合にもこの外傷が同人の死亡の少なくとも一原因をなしていることは確実であるといわなければならない。ところで、刑法上過失の行為と他人の死亡との間に因果関係があるというためには、過失と結果との間に経験則上通常予想し得る範囲内でのいわゆる条件関係（原因結果の関係）があることをもって足り、当該過失が、結果発生の唯一または直接の原因であることを要するものではなく、他の要因と相まって結果を生じさせた場合をも包含すると解するのが相当である。そうであれば、本件において、B が、本件の交通事故により左腎破裂及びその他筋組織の挫滅等の外傷を受け、これを少なくとも一原因として死亡するにいたったことが認められる以上、その治療の過程においてなされた D 医師

の不適合輸血が死亡原因として競合しているか否かにかかわらず、Xの過失とBの死亡との間に刑法上の因果関係を認めることができる」。

▶▶▶ 解 説

1 行為後の介在事情と客観的帰責

行為時に特殊な事情が存在した場合以上に、行為後に特殊な事情が介在した場合には、行為時の視点の「その結果が発生することが相当か」という「単一の予見可能性的判断」は合理性がない。事後的な視点から「結果にいたる因果経過が相当なものと解しうるか」という問題設定の方が、判断を明確なものとすることができる。結果を発生させるだけの危険性を有する行為が結果と結びつくのか、行為の有する危険性が具体的な結果に現実化したといえるのかという問題である。そうだとすると、相当因果関係論についての3説の対立は、ほとんど意味を持たない。行為時の判断であることを徹底すれば、行為後の介在事情の評価については、ほとんど差が生じないからである。客観説でも、一般人が予見可能な介在事情に限定するのであり、すべての因果経過を踏まえた上で判断するわけではない。しかし、実務上要請されている因果関係判断の主要部分というのは、結果から因果経過を逆にたどって見出された行為に結びつけてよいか否かという判断であり、認定し得た全事情を基礎に、結果を行為に帰責するか否かを判定する作業なのである。

【基本判例2】は、前方不注意により自動車を被害者に衝突させて、運ばれた病院がO型血液保持者である被害者にA型血液を大量に輸血し急性腎機能不全を経て尿毒症により死亡させたというものである。ここでは、事故時に「病院での異型輸血により生じた死」が予見可能なものであるかという問題の立て方は不合理なのである。死は、衝突による傷害に加え異型輸血の介在も相まって生じたのであり、それを「過失致死」と評価してよいのかが問題なのである。

そして、【基本判例2】は、【基本判例1】や前述の2つの最高裁判例（最判昭和25・3・31刑集4-3-469、最判昭和46・6・17刑集25-4-567）とほぼ同様の言い回しを用いて因果関係の存否を判断している。「結果発生の唯一または直接の原因であることを要するものではなく、他の要因と相まって結果を生じさせた場合をも包含すると解する」と。

【基本判例1】と【基本判例2】が同じ判断枠組みを使っているとすると、判例は、平野博士の二分類は用いていないように見える。しかし、「他の要因と相まって結果を生じさせた場合」のうち、事後的に第三者の行為が介在したような場合には、枠組みを工夫する必要がある。その介在事情に帰責すべきといえる場合もあるからである。

2 実践的判断枠組み

行為後に予想外の事情が介在して結果が発生した場合、単に「結果発生の相当性」を判断枠組みにするのでは妥当な結論を導くことは難しいし、「現に生じた因果経過がどれだけ突飛だったのか」だけで結果の帰属関係を判別することも妥当でない。第三者や被害者の行為が介在して結果が発生した場合に、行為者の実行行為に結果を帰属せしめうるか否かは、(a)実行行為の結果発生への寄与度（行為の危険性の大小）に加え、(b)介在事情の異常性（および実行行為との関連性の強さ）の大小が勘案されなければならない。さらに、(c)介在事情の結果への寄与度の大小も、因果性を認めるか否かに影響する（前田・総論197頁参照）。

死の結果を帰責しうるかを例に考えてみよう。①(a)問題となる実行行為が生命侵害の可能性が高いもので、現に被害者に瀕死の重傷を負わせたような場合には、危険性の低い行為により軽傷を負わせたにすぎない場合に比し、死の結果への寄与度が高い（最決平成2・11・20刑集44-8-837参照）。(a)危険性の高い行為が実行され現実に瀕死の重傷を負わせた場合には、(b)実行行為と介在事情の関連性の強さや、(c)介在行為の結果への寄与度を検討するまでもなく帰責が認められよう。半日後に死ぬような重傷を負わせた行為が入院中の死の結果と因果的に結びつかない

のは、地震により病室で圧死したり、以前から恨みを持っていた全くの第三者が被害者を故意に射殺した場合のように、極めて偶然的な場合に限られるのである。

逆に、②構成要件に該当性する実行行為ではあるものの、結果発生の危険性が極めて小さい場合には、死を招く介在事情が実行行為によって必然的に惹起されたような例外的場合を除き、結果は介在事情によって惹起されたと評価される。そして③行為の危険性が両者の中間である場合には、(b)と(c)を加味して総合判断することになるが、介在事情が圧倒的に重大な場合でない限り、原則として実行行為に結果が帰属するとするのが、判例の考え方である。

なお、(b)介在事情の異常性は、単純に「介在事情それ自体が突飛か」を問題にするのではない。介在事情が実行行為との関係でどの程度の通常性を有するかが吟味されなければならない。そして、実行行為が介在事情を誘発したものであるか否か（行為の危険性が介在事情の発生に影響した程度）も重視される。具体的には、①行為者の実行行為が導因となって必然的に引き起こしたのか、②そのような行為に付随してしばしば起こるものなのか、③めったに生じないものなのか、④実行行為とは全く無関係に生じたものなのかにより、次第に因果性が否定されやすくなる。その判断に付加するものとして、介在事情そのものがどれだけ特殊なことなのかが考慮される。

(c)介在事情の結果への寄与の度合いも、結果の帰責判断にとって重要である。ただ、先に述べたように、すでに実行行為により生じていた瀕死の状態に、後に暴行行為が加わることにより死期がわずかに早まったにすぎない場合であれば、具体的な死亡は介在行為により生じたように見えても、当初の実行行為に帰責される。行為の危険性が重大でない場合であっても、因果性を切断するには先行の行為を圧倒する事情が介在する必要があるのである。

因果関係の存否が実際に最も問題になるのが、行為者の実行行為と結果発生との間に第三者の行為が介在する場合である。特に、【基本判例2】のように、医師の過誤が介在する場合が最も問題となる。傷害を負わせたところ搬送された病院の医師の過誤で被害者を死亡させた場合、(a)実行行為によって生じた傷害が重篤であれば因果性は認められよう。さほど重大でない傷の場合でも、(b)実行行為が治療行為を必然に近い形で導いたのであり、手術などが常に成功するとは限らないという経験的事実が認められる以上、(c)医師が故意に危険を拡大する措置をとったり、酩酊して手術を行うなどの重大な過失行為の介在でもない限り、医療行為が死の主因となることは考えにくい。その結果、医療過誤が介在したことによって、死の結果が帰責されなかった判例は見あたらないのである。

運転を誤り人を轢いた後、被害者が後続車に轢き殺された場合にも、轢いた行為と死の結果には因果関係が認められよう（大阪高判昭和52・11・22判時885-174参照）。(b)轢いて路上に放置されれば、再び他車に轢かれることは十分考えられ、被告人の行為が後続車による轢殺を招いたといえる場合も多いであろうし、(c)後続車運転者の行為はせいぜい過失行為であり、それが当初の事故を完全に凌駕する事案は非常にまれだと思われる。

3　判例と学説の実質的差

【基本判例2】で問題となった異型輸血に関しては、小林充教授が、「刑法における因果関係論の方向」（白山法学創刊号（2005）4頁）において、教授が関与された東京地判昭和34年8月29日（白山法学同号28頁以下に引用されている）を素材として非常に興味深い指摘をされた。「被告人が被害者に菜切り包丁を突き刺し、被害者は病院に搬送されたところ、そこでの不適合輸血（血液型を誤った輸血）により死亡したが、証拠によれば、被告人が被害者に負わせた刺傷は普通の外科的手術によってはとうてい助かる見込みのないほど致命的な重傷であって、仮に不適合輸血がなされなかったとしても、被害者が早晩死ぬことは確実と認められるという事案につき、被告人の行為と被害者の死亡との間に因果関係を肯定したものであった。その後、ある学者の集まりの席で、この話をしたところ、現在の学説の大多数はこの事案につき因果関係を否定するだろうという意見がほとんどであった。しかし、裁判官経験者及び現職裁判官に意見を求めたところ、そのほとんどが因果関係を認めてよいという内容であった。私も、最近の因果関係理論をも参考としつつ改めて検討しても、この判決の結論が是認できると考える」とされたの

である。
　たしかに、傷害を負わせて入院させたところ、病院の不適合輸血という重大な過失行為が介在して死亡した以上、その死は相当性の範囲を超えていると考えた学者が多かったと思われる。それに対して、判例は、小林教授の指摘の通り、因果性を認めてきた。そして【基本判例2】にも見られるように、裁判所の因果関係における実質的評価は、戦後ほぼ一貫して変わらない。
　もちろん、実行行為により生じた初めの傷害の程度等、具体的な事実を踏まえなければならない。同じく、異型輸血が介在したといっても、東京地判昭和34年8月29日と【基本判例2】では、微妙に異なる。【基本判例2】は、被害者が急性腎機能不全を経て尿毒症により死亡した原因は、少なくとも不適合輸血のみであるとは認め難いという事実が認定されており、本件交通事故による外傷のみが原因であるか、または、この外傷と不適合輸血双方の競合であるかのいずれかであるという事案である。しかし、このいずれの場合にもこの外傷が同人の死亡の少なくとも一原因をなしていることは確実であり、そのように事実が認定されている場合に刑法的因果関係を認めたのである。
　この判例の判断は、行為時に認識し得ない異常な条件が存在した場合に関するものと、当然のことではあるが、連続性を有する。そもそも、行為時の異常なのか、行為後の異常な介在事情なのかも相対的である。脳梅毒で脳に異常があったとしても、眼の部分を「10日も外傷が残るほど強く」蹴れば致死の結果は帰責されると考えるし（最判昭和25・3・31刑集4-3-469）、重大な傷害で入院させれば、異型輸血と相まって死亡しても致死の結果を認めるのである。
　因果関係の領域でも、理論を精緻化することにより妥当な結論が得られると考えていた時期も存在した。しかし、具体的事実を踏まえ、国民の常識に則った結論を地道に探求しそれを積み上げていく努力が何より必要なのである。もちろん、本講でも示したように、解決すべき問題それ自体の特性から、判断に用いるべき材料の範囲が決定されてくる面はある。しかしそもそも、客観説や主観説が結論の先取りを含むものであることも肝に銘じておかねばならない。

第 5 講　児童買春周旋罪と「未成年」であることの認識

> **論点**
> ▶ 行政刑罰法規と構成要件要素の認識。

【基本判例 1】　東京高判平成 15 年 5 月 19 日（家月 56 巻 2 号 171 頁・判時 1883 号 153 頁）

事実の概要

　被告人 X に対する本件公訴事実の概要は、「B が神奈川県 A 市内のマンション居室を事務所として営む売春クラブの従業員であった X が、

　(1)　B と共謀の上、平成 13 年 10 月 31 日ころ、前記事務所において、C´こと C（当時 17 歳）との間で、同児童をして、不特定の男客を相手に対償を受けて性交させ、その対償を同児童と分配取得する旨を約し、もって人に売春させることを内容とする契約をし（売春防止法違反）、

　(2)　B および前記売春クラブの従業員であった D（原審相被告人）と共謀の上、C が 18 歳に満たない児童であることを知りながら、平成 13 年 12 月 2 日から同月 7 日までの間に、前後 3 回にわたり、いずれも同市内のアパート居室において、男性遊客に対償を供与させた上、同人に C を引き合わせ、同児童をして、前記遊客を相手に陰茎を口淫させるなどの性交類似行為をさせ、もって児童買春の周旋をすることを業とするとともに 18 歳に満たない児童に淫行をさせ（児童買春等処罰法違反、児童福祉法違反）、

　(3)　B および D と共謀の上、C が 18 歳に満たない児童であることを知りながら、同月 9 日および同月 10 日の前後 2 回にわたり、同県 I 市内の各ホテル客室において、男性遊客 2 名にそれぞれ対償を供与させた上、同人らに C を引き合わせ、同児童をして、前記遊客らを相手に性交をさせ、もって児童買春の周旋をすることを業とするとともに売春の周旋をし、かつ、18 歳に満たない児童に淫行をさせた（児童買春等処罰法違反、売春防止法違反、児童福祉法違反）」というものである。

　これに対し、原判決は、罪となるべき事実として、本件公訴事実(2)および(3)と同旨の事実を認定し、この事実に係る児童福祉法違反、児童買春等処罰法違反、売春防止法違反の各罪の成立を認め、これらを科刑上の一罪として取り扱い、X を懲役 1 年 2 月および罰金 50 万円に処した。

判　旨

　破棄自判。東京高裁は「児童買春周旋罪は、児童買春をしようとする者とその相手方となる児童の双方からの依頼又は承諾に基づき、両者の間に立って児童買春が行われるように仲介する行為をすることによって成立するものであり、このような行為は児童買春を助長し、拡大するものであることに照らし、懲役刑と罰金刑を併科して厳しく処罰することとしたものである。このような児童買春の周旋の意義や児童買春周旋罪の趣旨に照らすと、同罪は、被周旋者において児童買春をするとの認識を有していること、すなわち、当該児童が 18 歳未満の者であるとの認識をも有していることを前提にしていると解されるのである。実質的に考えても、被周旋者に児童買春をするとの認識がある場合と、被周旋者が前記のような児童の年齢についての認識を欠く結果、児童買春をするとの認識を有していない場合とでは、児童買春の規制という観点からは悪質性に差異があると考えられる。もっとも、このように解することについては、客観的には児童の権利が著しく侵害されているのに、周旋者が児童の年齢を 18 歳以上で

あると偽ることにより児童買春周旋罪の適用を免れることになって妥当ではないとの批判も考えられるが、このような場合でも周旋者を児童淫行罪や売春周旋罪により処罰をすることが可能であるし（なお、児童の年齢や外見によっては、そもそも18歳以上であると偽ることが困難な場合も考えられる。）、前記のような児童買春の周旋の意義や児童買春の規制という観点からすると、被周旋者において、前記のような児童の年齢についての認識を有しているか否かは、やはり無視することができない事情である」とし、「以上を前提として、本件について検討すると、関係証拠によれば、XらはCを原判示の遊客3名に引き合わせるに当たり、Cの年齢を告げておらず、また、当時17歳のCがその外見から18歳未満であることが明らかな状況にあったともいえないことが認められるのであり、参考人として取調べを受けた前記遊客らの司法警察員に対する各供述調書謄本の内容にも照らすと、前記遊客らがCが18歳未満の者であるとの認識を有していたとは認められず、この点について、原判決が前記と異なる事実認定をしているとは認められない。したがって、本件では、被周旋者である前記遊客らが前記のような児童の年齢に関する認識を欠いているので、Xらについて児童買春周旋罪は成立しないというべきである。

そうすると、原判決は、児童買春等処罰法5条の解釈適用を誤って児童買春周旋罪（同法5条2項）の成立を認め、Xに対して罰金刑を併科したものであり、この誤りが判決に影響を及ぼすことは明らかである。したがって、この点でも原判決は破棄を免れない」と判示した。

▶▶▶ 解　説

1　被周旋者の「児童買春」の認識

児童買春周旋罪を立件するため、被周旋者において「相手方が18歳未満の児童であること」の認識を有することを挙証するのは困難が伴うということになろう。遊客の供述が得られない場合に、周旋者が児童の年齢を偽っていたという事実があれば、被周旋者にそれと異なる認識の存在を認定することは難しい。しかしそうなると、児童買春を禁圧するために「周旋行為」を重く処罰することにした立法趣旨の達成が、著しく困難となる。ただ、理論的には、「罪刑法定主義」「責任主義」等を挙げて、「残念ながら処罰を限定せざるを得ない」ということになるように見える。ところが、静岡家判平成16年5月6日（判時1883-158）は、児童買春に関し、被周旋者に被害児童が18歳未満の者である旨の認識がない場合について、児童買春周旋罪の成立を認めたのである。

2　静岡家判平成16年5月6日

静岡家裁は、被周旋者には被害児童が18歳未満の者である旨の認識がないので、本件につき児童買春周旋罪は成立しない旨の主張に対し、「児童買春等処罰法は、児童に対する性的搾取及び性的虐待から児童の権利を擁護することを目的として制定された法律であるところ、児童買春を周旋する行為は、被周旋者において児童買春を行う認識があるか否かを問わず、周旋行為自体により、児童に対する性的搾取及び性的虐待のおそれを生ぜしめるものであり、そのために、児童買春罪から独立し、同罪よりも重く処罰しているものと解されるところであり、児童買春罪に該当する行為を助長拡大する行為のみを処罰の対象としているものとは解しがたい。また、児童買春周旋罪が成立するためには、被周旋者において相手方が18歳未満の児童であることの認識を要するものと解すると、周旋者が児童の年齢を偽ることにより安易に同罪の適用を免れることになるが、かかる結果が法の趣旨と合致するものとは考えがたい」[1]と判示した。

これに対し、【基本判例1】の東京高判平成15年5月19日は、児童買春周旋罪が成立するためには、周旋行為がなされた時点で、被周旋者において被害児童が18歳未満の者であることを認識している必要があるとしたのである。両者の比較を通して、「周旋」解釈の限界を検討したい。

1) 静岡家判平成16年5月6日の罪となるべき事実は、「相被告人Aは無店舗型風俗業を営むものであり、被告人両名は、その従業員として稼働していたも

のであるが、上記3名は共謀のうえ、B（当時16歳）が、満18歳に満たない児童であることを知りながら、平成15年12月5日午前4時27分ころ、静岡市内ホテル××号室において、遊客であるCに対し、前記Bを児童買春の相手方として引き合わせたうえ、そのころ、同所において、同児童をして、前記Cを相手に口淫等の性交類似行為をさせ、もって児童買春の周旋をし、児童を淫行させた」というものであった。

3 【基本判例1】の評価

東京高裁は、児童買春周旋罪を、①児童買春をしようとする者と児童の双方からの依頼または承諾に基づき、両者の間に立って児童買春が行われるように仲介する行為とし、②このような行為は児童買春を助長し、拡大するものであるから、懲役刑と罰金刑を併科して厳しく処罰すると解する。そこで、③同罪は、被周旋者において児童買春をするとの認識を有していること、すなわち、当該児童が18歳未満の者であるとの認識をも有していることを前提にしていると解されるとするのである。ただ、同条の解釈として「18歳未満の者であるとの認識」が必須であることが導かれるというわけではない。

むしろ、静岡家判平成16年5月6日のいうように、児童買春等処罰法は、児童に対する性的搾取および性的虐待から児童の権利を擁護することを目的としており、風俗環境・性的秩序を対象とする売春防止法等とはかなり異なった側面を有する。その意味で、児童買春を周旋する行為は、被周旋者において児童買春を行う認識があるか否かを問わず、「児童買春の周旋行為自体」により、児童に対する性的搾取および性的虐待のおそれを生ぜしめるものであり、児童買春罪から独立させて同罪よりも重く処罰していると解することも十分可能である。児童買春罪に該当する行為を助長拡大する行為のみを念頭に置いているわけではないともいえよう。やはり問題は、児童買春等処罰法の予定している「法益」がどの程度害されるのかという実質的議論なのである。

その点、東京高裁は、④被周旋者に児童買春をするとの認識がある場合と、その認識を有していない場合とでは、児童買春の規制という観点からは、悪質性に差異があるとする。たしかに、被周旋者の児童買春の認識の有無で、差が存在することは否定できない。また、児童と知っている客に周旋する行為を禁圧すれば、ある程度「児童買春」を抑止しうるとはいえよう。しかし、客が児童と思わなくとも「児童が売春行為を行うことを、周旋者がそれと認識しつつ仲介する行為」は、児童の権利擁護の視点からは、決して軽視し得ない。

この解釈においては、当然、「客観的には児童の権利が著しく侵害されているのに、周旋者が児童の年齢を18歳以上であると偽ることにより児童買春周旋罪の適用を免れることになって妥当ではない」という刑事政策的視点も考慮される。そして、東京高裁は、周旋者は、児童買春周旋罪に該当しなくても、児童淫行罪や売春周旋罪により処罰をすることが可能であるとする。しかし、周旋が常に「淫行をさせる」に該当するわけではなく、売春防止法6条違反では、刑が軽い。児童の保護をより実質化しようとしている国民の規範意識の流れの中では、児童に対する性的搾取および性的虐待から児童の権利を守るために、児童買春周旋罪の成立を認めるべきであり、条文の解釈として、それは十分可能なのである。

第6講　事故調査と過失責任

> **論点**
> ▶航空機事故や医療事故については、刑事責任を問うことなく原因究明に徹するべきだという議論は、妥当か。
> ▶他の行為者の行為が介在した場合の過失責任。

【基本判例1】　最1小決平成22年10月26日（刑集64巻7号1019頁・判タ1340号96頁）

事実の概要

（1）　被告人である航空管制官Xは、同じく管制官である被告人Yの指導監督を受けながら、レーダーを用いる航空路管制業務の実地訓練として、航空路管制業務に従事し、YはXの訓練監督者として指導監督を行い、航空交通の安全確保のため航空路管制業務に従事していた。X、Yは、衝突するおそれがある双方の航空機の機長らに対して、上下に相反する回避措置をとるよう音声により指示する機能（「RA」）を有する航空機衝突防止装置が装備されていることを知っていた。ただ、本件当時、RAと管制指示が相反した場合の優先順位については規定されていなかった。また、日航運航規定では、「機長がRAに従って操作を行うことが危険と判断した場合を除き、RAに直ちに従う」とされていた。

（2）　平成13年1月31日午後3時54分15秒ころ、静岡県上空において、西方に向かっていた日航907便が、その飛行計画経路に従って左旋回を開始したことにより、飛行計画経路に従ってその南方を西方から東方に向かい航行していた日航958便に急接近したため、異常接近警報が作動した。そこで、Xは、958便を降下させる指示を出すことを意図したが、便名を907便と言い間違えて、958便とほぼ同高度を上昇中の907便に対し降下するよう指示した。Yも、Xが958便に対し降下指示をしたものと軽信し、便名の言い間違いに気付かなかった。

（3）　907便の機長Cは、907便を降下させるための操作を開始したところ、航空機衝突防止装置が、上方向への回避措置の指示（「上昇RA」）を発した。C機長は、上昇RAが発せられていることを認識したが、①目視による回避操作が可能と考えたこと、②907便はすでに降下の体勢に入っていたこと、③958便の上を十分高い高度で回避することが必要だが、降下の操作を行っていたため、エンジンの加速に時間がかかると思ったこと、④空気が薄い高々度において、不十分な推力のまま不用意に機首上げ操作を行うと、失速に至ってしまうという事態が考えられたこと、⑤Xによる降下指示があり、管制官は907便を下に行かせて間隔設定をしようとしていると考えたこと、⑥958便が航空機衝突防止装置を搭載しているか否か、それが作動しているか否か分からず、958便が必ずしも降下するとは考えなかったことを根拠に降下の操作を継続した。

（4）　他方、同時刻、958便の航空機衝突防止装置が下方向への回避措置の指示（「降下RA」）を発し、機長は同指示に従って降下の操作を行ったため、907便と958便はともに降下をしながら水平間隔を縮めて著しく接近し、C機長は、両機の衝突を避けるために、急降下の操作を余儀なくされ、そのため、907便に搭乗中の乗客らが跳ね上げられて落下し、57名が負傷した。

　第1審が、誤指示は過失行為としての実質的危険性を有するものとは認められないし、相当因果関係があったともいえないとして無罪を言い渡したのに対し、原審は、①降下誤指示と乗客の負傷との間には相当因果関係が認められ、②907便に降下指示を出した時点で、急接近した両機が、接触・衝突

を回避するために何らかの措置をとることにより、907 便の乗客に負傷という結果が生じるおそれがあるという「因果の経過の基本的部分」について予見可能性があったとし、③X は、958 便を降下させる指示をしていれば本件結果を回避できたのに、④907 便を降下させるという、実質的にみても極めて危険な管制指示を行ったのであるから、本件降下指示が刑法上の注意義務に違反することは明らかであるとした。それに対し弁護側が、本件降下指示は危険なものではなく、また本件ニアミスとの間には因果関係がない上に、接近する事態が生じることを予見できなかった等として上告した。

決定要旨

上告棄却。「X が航空管制官として担当空域の航空交通の安全を確保する職責を有していたことに加え、本件時、異常接近警報が発せられ上昇中の 907 便と巡航中の 958 便の管制間隔が欠如し接触、衝突するなどのおそれが生じたこと、このような場面においては、巡航中の 958 便に対して降下指示を直ちに行うことが最も適切な管制指示であったことを考え合わせると、X は本来意図した 958 便に対する降下指示を的確に出すことが特に要請されていたというべきであり、同人において 958 便を 907 便と便名を言い間違えた降下指示を出したことが航空管制官としての職務上の義務に違反する不適切な行為であったことは明らかである」とした。そして、「このような状況の下で、X が言い間違いによって 907 便に降下指示を出したことは、ほぼ同じ高度から、907 便が同指示に従って降下すると同時に、958 便も降下 RA に従って降下し、その結果両機が接触、衝突するなどの事態を引き起こす高度の危険性を有していたというべきであって、業務上過失傷害罪の観点からも結果発生の危険性を有する行為として過失行為に当たると解される。X の実地訓練の指導監督者という立場にあった Y が言い間違いによる本件降下指示に気付かず是正しなかったことも、同様に結果発生の危険性を有する過失行為に当たる」とし、「907 便の C 機長が上昇 RA に従うことなく降下操作を継続したという事情が介在したことは認められるものの、……同機長が上昇 RA に従わなかったことが異常な操作などとはいえず、むしろ同機長が降下操作を継続したのは、X から本件降下指示を受けたことに大きく影響されたものであったといえるから、同機長が上昇 RA に従うことなく 907 便の降下を継続したことが本件降下指示と本件ニアミスとの間の因果関係を否定する事情になるとは解されない。そうすると、本件ニアミスは、**言い間違いによる本件降下指示の危険性が現実化したものであり、同指示と本件ニアミスとの間には因果関係がある**」とした。そして「異常接近警報により 907 便と 958 便が**異常接近しつつある状況にあったことを認識していたのであるから、言い間違いによる本件降下指示の危険性も認識できた**というべきである。また、……航空機衝突防止装置に関する X・Y の知識を前提にすれば、958 便に対して降下 RA が発出されることは、X・Y において十分予見可能であり、ひいては 907 便と 958 便が共に降下を続けて異常接近し、両機の機長が接触、衝突を回避するため急降下を含む何らかの措置を採ることを余儀なくされ、その結果、**乗客らに負傷の結果が生じることも予見できた**」とした。

そして、Y についても、「X が 958 便に対し降下指示をしたものと軽信して、その不適切な管制指示に気付かず是正しなかったことも、X による不適切な管制指示を直ちに是正して上記事故の発生を未然に防止するという、X の実地訓練の指導監督者としての業務上の注意義務に違反したものというべきである。そして、これら過失の競合により、本件ニアミスを発生させたのであって、X・Y につき業務上過失傷害罪が成立する」とした。

解　説

1　事件の再発防止と刑事責任

　本判決で最も実質的な争点は、櫻井龍子裁判官の反対意見の次の部分に示されている。「航空機の運航のように複雑な機械とそれを操作する人間の共同作業が不可欠な現代の高度システムにおいては、誰でも起こしがちな小さなミスが重大な事故につながる可能性は常にある。……本件のようなミスについて刑事責任を問うことになると、将来の刑事責任の追及をおそれてミスやその原因を隠ぺいするという萎縮効果が生じ、システム全体の安全性の向上に支障を来す旨主張するが、これは今後検討すべき重要な問題提起であると考える」。

　最近、医療の世界でも、同様の議論がなされ、刑事責任とは切り離された「医療事故調査委員会」の設置に向けた議論がなされている（前田雅英「医療過誤と重過失」法学会雑誌49巻1号（2008）83頁以下）。

　法的責任を問題にすると事故の再発防止に必要な十分な情報が得られないという議論は、まさに櫻井裁判官が今後検討すべきだとする「刑事責任を問うと、ミスやその原因を隠ぺいするという萎縮効果が生じ、システム全体の安全性の向上に支障を来す」というものなのである。「医療事故調」を法的責任から切り離すべきだとする立場は、その論拠として、①航空機事故に関しては　国交省の事故調査委員会が存在し、刑事責任はあまり問題とされないという点と、②米国では、医療過誤について刑事責任が問われることはないという点を挙げている。しかし、【基本判例2】に関連して検討する星周一郎教授の、「アメリカにおける医療過誤に対する刑事法的対応」（法学会雑誌50巻2号（2010）187頁）によれば、米国でも医療過誤に刑罰が適用され、近時その数が増えているとされている。そして、①の航空機事故や列車においても、日本では刑事責任が問われているばかりでなく、事故調の報告書は、刑事裁判の証拠として重視されているのである（笹倉宏紀「事故調査報告書の証拠能力について」研修713号（2007）3頁）。

　そして、本件において、宮川光治裁判官は、補足意見として「事故の原因を調査する専門的機関と捜査機関の協力関係に関しては検討すべき課題があるが、本件のような行為について、刑事責任を問わないことが、事故調査を有効に機能させ、システムの安全性の向上に資する旨の所論は、政策論・立法論としても、現代社会における国民の常識に適うものであるとは考え難く、相当とは思われない」とする。たしかに、事故の再発防止は重要であり、その観点から、刑事訴追のシステムを調整することは考えられるが、一部に見られる「医療過誤や航空機事故は一切刑事責任の埒外に置くべきである」という類の議論には与し得ない。刑法211条などの主体である「人」から、医師を除くような解釈論は、国民の支持を得られない。問題は、やはり、航空機の運航や医療の担う価値を考量して、具体的に過失責任を論じていく作業なのである。

2　過失の実行行為性

　本件では、過失の実行行為性、行為の実質的危険性の存否が争われた。第1審は、「航行中の航空機2機が最も接近した時点で、両機間に1000フィートの垂直間隔が確保されていた場合、両機間には接触・衝突の危険性のない間隔が保たれていたというべきである」とし、「Xの907便に対する降下の指示は、その指示によっても1000フィートの垂直間隔が確保されるものと認められる以上、その段階では907便と958便の接触・衝突を招く危険性のある行為ということはできず、907便の乗客らの負傷という結果を発生させる実質的な危険性のある行為と認めることもできない」とし、過失行為としての実質的危険性を有するものとは認められないとした。

　これに対し、原審は、言い間違えて907便を降下させるという、実質的にみても極めて危険な管制指示を行ったのであるから、Xの本件降下指示が刑法上の注意義務に違反することは明らかであるとする。第1審は、両機がほぼ同一高度で急接近する状況下で958便が巡航を続けることを前提とし、あるいは、907便が降下のための操作を現に行っている最中に起きたRA発出を「その後の事態の流れ」と評価した点などで、誤った前提に立つもので是認することはできないとしたのである。

　最高裁も、本件の場面においては、958便に対して降下指示を直ちに行うことが最も適切な管制指示

であり、便名を言い間違えた降下指示を出したことが航空管制官としての職務上の義務に違反する不適切な行為であったことは明らかであるとし、907便への降下指示は、接触、衝突するなどの事態を引き起こす高度の危険性を有していたというべきであって、結果発生の危険性を有する行為として過失行為にあたるとした。宮川裁判官は補足意見で、「Xが管制指示を誤ったこと及びYが訓練監督者としてこれを是正しなかった結果、907便は降下RAに従って降下する958便と異常に接近し、衝突の危険が生じたのであるから、X・Yの行為は実質的に危険性のある行為であったというべきである」と指摘する。異常接近警報が発せられ上昇中の907便と巡航中の958便の管制間隔が欠如し、接触、衝突するなどのおそれが生じたこと、このような場面において、便名を間違えて指示を出すことが、実質的危険性を欠くとすることはできないといえよう。

3 過失犯の因果関係

相当因果関係説の「一般人からみて通常その行為からその結果が発生することが相当か」という判断は、それを「行為時に立った相当性判断」に純化すると、過失犯の責任要素である結果の予見可能性判断とほぼ重なる。ただ、客観的構成要件要素としての客観的帰責（因果関係）は、行為後に生じた具体的な因果経過をも視野に入れて客観的に判断されるものであり、介在した事情によっては、「第三者（介在行為を行った者）に結果を帰責すべきで、行為者には結果は結びつかない」というような政策的な考慮をも含む。それに対して、責任要素としての予見可能性判断は、行為者の主観的な認識内容も考慮に入れて行為時における責任非難の可否を問うのである。その意味で、主観的構成要件要素である予見可能性と客観的構成要件要素である因果関係とは明確に区別しうる。

たしかに、2で検討したように、過失犯の実行行為は結果発生の危険性を孕むものでなければならないが、実行行為性に要求される危険性は低いもので足りる。さらに因果関係においては「行為時における当該行為の有する結果発生の可能性」に加えて、行為後の異常な介在事情を勘案した帰責判断が中心となる。

本件において櫻井裁判官は、①C機長が本件降下指示以外の諸事情も考慮した上で降下継続を独自に決断し、②降下継続の根拠の1つである「失速のおそれ」は客観的には誤っており、907便の航空性能が十分周知されていなかったことがあり、③管制官の指示とRAが相反した場合にはRAが優先し、RAに反する操作は非常に危険なものであることを教育・訓練すべきであったのに、不十分なものにとどまっていたことを考え合わせると、上昇RAに反した907便の降下継続は、法的な意味での因果関係の有無を検討する上では、異常な介在事情と評価すべきで因果関係は認められないとした。

これに対し、宮川裁判官の補足意見は、C機長が、Xから降下指示を受けすでに降下操作を行って降下の体勢に入っていたこと等を考慮し、自らの判断で合理的と考えた結果として、上昇RAとは異なる管制指示に従った操作を選択したことを、因果関係を遮断するほどの異常な介在事情であると評価することは相当でないとした。

たしかに、C機長が上昇RAに従うことなく降下操作を継続したという事情が介在しているが、管制指示とRAが相反した場合に関する規定内容や降下操作継続の理由（事実の概要(3)⑤）を見ると、上昇RAに従わなかったことが異常な操作などとはいえず、むしろ同機長が降下操作を継続したのは、Xから本件降下指示を受けたことに大きく影響されたものであったといえるから、降下指示とニアミスとの間の因果関係を否定する事情になるとはいえない。ニアミスは、言い間違いによる本件降下指示の危険性が現実化したものであると解される。

4 過失犯の予見可能性

第1審は、X・Yには、本件異常接近およびこれに起因する907便の乗客らの負傷という結果の発生につき、予見可能性ないし予見義務があったとは認められないとした。これに対し原審は、X・Yには、「急接近した両機が、接触・衝突を回避するために何らかの措置を採ることにより、907便の乗客に負傷という結果が生じるおそれがあるという『因果の経過の基本的部分』について予見可能性があった」としたのである。

これに対し、櫻井裁判官は、「本件当時、航空機衝

突防止装置が作動しRAが発出されたか否かについて、管制卓レーダー画面などを通じて管制官が即座に確実に把握できるシステムは構築されておらず、実際に、X・Yが両機におけるRAの発出に関する連絡を受けたのは本件ニアミス発生後である。このように航空機衝突防止装置がいつ、いかなるRAを発するかについて具体的な情報が航空管制官に提供されるシステムにはなっていなかったことに照らすと、航空機衝突防止装置の機能の概要等を知っていたにすぎないX・Yにおいて、両機へのRAの発出時期及びその内容を具体的に予見することができたと認めることはできない。また、航空機衝突防止装置に関するX・Yの知識を前提に、RAが両機に発せられること自体はある程度予見できたとしても、そもそも航空機衝突防止装置は、航空機が異常接近しつつある状況の中で、一方の機に上昇の、他方に降下の指示を出すことによって衝突を防止する装置なのであるから、その指示に反することは極めて危険な行為であって、907便が上昇RAに反して降下を続けたということは、X・Yにとって予想外の異常な事態であったといってよい」として両機が異常接近することについて、処罰を基礎づけるほどの予見可能性は認められないとした。

判例は、最終結果の予見可能性を直接吟味することが困難な場合に、それを認識すれば一般人ならば結果を予見しうるだけの中間項（因果経過の基本的（重要）部分）を設定し、中間項の予見可能性があれば最終結果の予見可能性があるとする。この中間項は、その予見があれば、一般人ならば次の中間項ないし最終結果の認識が十分に可能なものでなければならない。そして本件において問題にすべき中間項は、両機の異常接近である。907便が上昇RAに反して降下を続けたということの予見可能性は、必ずしも重要でない。異常接近の警報が出るような状況の中で、誤った航空管制を行えば異常接近は予見可能であり、その結果、両機の機長が接触、衝突を回避するため急降下を含む何らかの措置をとることを余儀なくされ、その結果、乗客らに負傷の結果が生じることも予見できたといえるのである。

【基本判例2】　最2小決平成19年3月26日（刑集61巻2号131頁）

事実の概要

大学医学部附属病院において患者を取り違えて手術したという業務上過失致傷の事案である。

具体的には、患者A（当時74歳、身長約166.5cm、体重約54kg、心臓の手術が予定されていた）と、患者B（当時84歳、身長約165.5cm、体重約47.3kg、強く肺がんが疑われたため開胸手術等が予定されていた）を、病棟看護師が1人で搬送し、手術室付近で手術室看護師に引き渡した際、患者の名前を取り違えて手術室に運んだ上、それぞれの手術を担当した麻酔医、執刀医、助手医、主治医らは、手術の過程において、顔付きや髪型等の外観がかなり異なるなど、患者の同一性に疑念を抱かせるような数々の予兆が認められたにもかかわらず、きちんと確認しないままに手術を行い、Aに全治約2週間の右側胸部切創等、Bに全治約5週間の胸骨正中切開等の傷害を負わせたというものである。

執刀医、麻酔医、看護師の合計6名が起訴され、第1審では患者の受渡しを行った看護師、手術に関与した手術室看護師が禁錮刑、その他には罰金刑が言い渡された。ただ、麻酔医Xは注意義務を尽くしたとして無罪とされた。ところが、原審である東京高裁は、麻酔医についても業務上の過失を認めた。本決定が対象としたのは、麻酔医X（免許取得後5年）の刑事責任である。

Xは、Zの下の手術チームに、主治医（麻酔担当）として参加した。なお、主治医の中での最終的な責任者は決まっておらず、同病院では、患者にリストバンドを着用させるなど、その同一性を確認する格別の手段も講じられていなかった。Xは、手術前日、Aの手術の担当として術前回診をし、これらの結果やカルテ等を確認していた。

Xは、手術当日、医師として最初に手術室に入り、手術台に横たわっていたBに、「Aさん、おはよ

うございます」などと声をかけると、Bがうなずいたため、その容貌等の身体的特徴や問診によってAであるかを確認せず、その後、酸素吸入をしつつ、点滴により麻酔を開始し、患者の口に気管内挿管をする際に、患者の歯の状態が事前に聞いていたのと異なっていたこと、心臓の手術なのに剃毛がされていなかったこと、患者の右側頭部の毛髪が以前に見たAの髪と異なり、髪が白くて短かったことなどに気付いたにもかかわらず、それ以上の確認をしなかった。そして胸骨正中の切開が開始され、執刀医のZは、経験したことのない所見の著変に疑問を持ったが、手術は続行された。

Aに対しても、意識的に患者の同一性の確認をすることなく、入れ替わりに気付かないまま麻酔を開始し、その後入室した執刀医兼主治医が、患者の同一性を確認することなく手術を開始し、結局は腫りゅうの発見に至らずに、肺の裏側にあったのう胞を切除して縫縮し、手術を終えた。

原判決は、Xに麻酔前の同一性確認義務と、麻酔導入後患者の同一性に疑念を抱いた後の注意義務違反を認め、傷害結果について過失を認定した。

決定要旨

上告棄却。最高裁は、「医療行為において、対象となる**患者の同一性を確認することは、当該医療行為を正当化する大前提であり、医療関係者の初歩的、基本的な注意義務**であって、病院全体が組織的なシステムを構築し、医療を担当する医師や看護師の間でも役割分担を取り決め、周知徹底し、患者の同一性確認を徹底することが望ましいところ、これらの状況を欠いていた本件の事実関係を前提にすると、手術に関与する医師、看護師等の関係者は、他の関係者が上記確認を行っていると**信頼**し、自ら上記確認をする必要がないと判断することは許されず、各人の職責や持ち場に応じ、重畳的に、それぞれが責任を持って患者の同一性を確認する義務があり、この確認は、遅くとも患者の身体への侵襲である麻酔の導入前に行われなければならないものというべきであるし、また、**麻酔導入後であっても、患者の同一性について疑念を生じさせる事情が生じたときは、手術を中止し又は中断することが困難な段階に至っている場合でない限り、手術の進行を止め、関係者それぞれが改めてその同一性を確認する義務がある**というべきである」として、①麻酔導入前にあっては、患者への問いかけや容貌等の外見的特徴の確認等、患者の状況に応じた適切な方法で同一性を確認する注意義務があり、②麻酔導入後においても、同一性について疑いを持つに至った時点で確実な確認措置をとるべきであると判示した。

▶▶▶ 解　説

1　刑事過失と再発防止

近時、医療事故と医療関係者の法的責任の問題、医療安全の問題が、大きな社会的関心事となってきている。もともと、医療事故の被害者が民事的な処理に不満を持ち、刑事司法に訴える傾向が強まってきていた。そして平成11年に、本事件と都立広尾病院事件が報じられた。後者は、看護師が点滴薬を取り違えて準備し、他の看護師がそれを患者に注入し患者が死亡した事件であった。両事件が、社会に医療不信を招く契機となったことは明らかであろう。このような大病院ですらこれほど重大な過誤を犯すという事実から、医療全体がそのような体質を持っているのではないかとの漠然とした疑念が生じた（さらに、広尾病院事件[1] [2]では死亡診断書の虚偽記載がなされ、事故を隠ぺいする病院の姿勢がマスコミ等で厳しく指弾された）。このような医療事故はほとんどの場合、医師に対する行政処分が、刑事処分が行われた後に、しかもそのうちの一部のみに課されており、結局、刑事処分以外に第三者的立場で死因を明らかにする場はないと、より強く意識されていった。

しかし、一方で、「医療崩壊」が盛んに論じられ、医師の責任の緩和が主張されているのである。平成18年2月における福島県立大野病院の産婦人科医

師逮捕は、「これでは、産婦人科医のなり手がいなくなってしまう」という議論を惹き起こし、医療事故に対する刑事処分という対応は、医療事故の真相究明と再発防止に適合しないという主張が、医師側からなされるようになってきた。

平成17年6月、日本学術会議も広尾病院事件の裁判を契機に、「異状死等について」と題して提言を行うことになった。提言の内容は、異状死体の届出制度の立法の趣旨からすれば、社会秩序の維持のためにも届出の範囲は領域的に広範であるべきであり、異状死体とは、①純然たる病死以外の状況が死体に認められた場合のほか、②まったく死因不詳の死体等、③不自然な状況・場所などで発見された死体および人体の部分等もこれに加えるべきであるというものであった。ただ、医師側は、何をもって異状死体・異状死とするかについては、その階層的基準が示されなければならないとしていた。そしてその後、医師側の議論の高まりは見られるものの、「医療事故調査委員会」の議論はまとまっていない。争点は、調査委員会の調査結果を、法的処理と結びつけるか否かにあるといってよい。

刑事司法の側から見れば、事故調査委員会で選別された事案のみを刑事手続に載せるということも考えられるが、医療界の対応が事故調査委員会で「完結」するというのであれば、少なくとも本件や広尾病院事件のような重大な過失の存在する事件に関しては、現在の刑事過失の処理を維持せざるを得なくなろう。

1) 東京地判平成13年8月30日（判時1771-156）は、医師法21条にいう死体の「検案」とは、医師が、死亡した者が診療中の患者であったか否かを問わず、死因を判定するためにその死体の外表を検査することをいい、医師が、死亡した者が診療中の患者であったことから、死亡診断書を交付すべき場合であると判断した場合であっても、死体を検案して異状があると認めたときは、医師法21条に定める届出義務が生じるものと解すべきであるとした。
2) さらに、広尾病院事件では、ミスをおかした看護師の業務上過失致死事件ばかりでなく、事後処理にあたった主治医、病院長、そして監督者たる東京都衛生局の責任が問われることになった。そしてその際、医師法21条が注目されることになったのである。医師らが、患者死亡確認後24時間以内に警察に届出をしなかったとして医師法21条違反で起訴されたからである。そして有罪が確定する。このような経過の中で、平成12年8月、当時の厚生省は国公立病院に対して、医療事故が生じた場合、積極的に警察に届け出るよう促す指示を出し、次いで私立大学病院、特定機能病院に範囲を拡大した。いくつかの医学会も警察届出のためのガイドラインを発表して、医療事故に警察が関与する方向性を強めた。

2　米国の医療過誤の刑事責任

アメリカでは再発防止の観点が徹底され、医療過誤についての刑事責任追及はなされていないという議論がされることがあるが、それは誤りである。星周一郎教授の「アメリカにおける医療過誤に対する刑事法的対応」（法学会雑誌50巻2号（2010）187頁）によれば、刑事訴追は実際になされている。ただ、不注意により患者を危険にさらしたことそれ自体ではなく、危険を発生させたことを認識したのに、それを意識的に軽視する「無謀」か、認識すべきであったのに認識しなかったことが「注意の標準からの著しい逸脱」にあたる過失の場合に処罰されているのである。医師に対する処罰は、萎縮医療を生む、あるいは防衛的医療となり医療費の高騰につながる、といった主張が有力で、刑事処罰は否定されているというわけではない。そして、アメリカにおいて、従来十分に機能しているとされてきた刑事処分以外の伝統的な医療の質の確保手段・行政処分等の医師に対する統制手段に対して、その実効性に対する不信感が生じてきており、それが刑事医療過誤事件の数を増加させる要因になっていることも指摘されている。また、刑事処罰を激しく批判する意見書を出したアメリカ医師会などの医療関連団体も、「無謀かつ未必の故意的」（reckless and wanton）な医療過誤に関して医師が刑事処分を受けること自体は認めているという指摘は重要である（同論文224頁）。

やはり、わが国の「事故調査委員会」の議論でも盛んに論じられた「重大な過失」については、刑事責任の道を残さざるを得ない。アメリカでも、その医療措置が「注意の標準からの著しい逸脱」、すなわち「重大で正当化し得ない危険」を生じさせた場合には刑事処罰がなされているということは、日本の事故調査委員会を構想する上でも非常に参考になる。わが国でも、たとえば、危険な手術の結果患者

を死亡させたとしても、それが医学上必要であり、医療水準に則ったものであり、患者に対する十分なインフォームドコンセントがあるのであれば、正当業務行為として正当化されうる。過失犯の成否を考えても、注意義務違反が否定される。現在でも、実は、重大な注意義務に違反した行為に限定した立件がなされているという面もあるのである。

3　日本における医療過誤事件の現状

　医療過誤刑事事件は、決して減ってはいない。著名事件だけでも有罪が言い渡されたものはかなりある。大学病院において、前立腺癌の男性に対し高度先進医療とされる腹腔鏡下前立腺全摘術が施行された際、同人の陰茎背静脈叢から大量出血が発生し、約1カ月後に低酸素脳症による脳死に起因する肺炎によって同人が死亡した事案について、本術式を施行した医師3名に、いずれも本術式を完全に施行する知識、技術および経験がなく、本術式を避けるべき業務上の注意義務を怠ったとして、それぞれ過失が認められた東京地判平成18年6月15日（判例集未登載、慈恵医大青戸病院事件）、大学附属病院の耳鼻咽喉科の患者の主治医が、抗がん剤の投与計画の立案を誤り、抗がん剤を過剰投与するなどして患者を死亡させた医療事故において、耳鼻咽喉科科長に業務上過失致死罪が成立するとした最決平成17年11月15日（刑集59-9-1558）、集中治療室（ICU）において低酸素性脳症の傷害を負わせた医療事故ついて、臨床研修医の過失責任を認めた広島地判平成15年3月12日（判タ1150-302）、看護師らが、患者に投与する薬剤を誤り、死亡させた事案について、それぞれ禁錮1年執行猶予3年、禁錮8月執行猶予3年の有罪判決を言い渡した東京地判平成12年12月27日（判時1771-168）などである。

　医療過誤で刑事責任を追及されるのは、本件のような初歩的ミスの事案が多い。取り違えた看護師、それに気付かずに執刀した医師に、注意義務違反が認められることに関しては、争いがないといえよう。これらの事案を刑事制裁の外に置くことはできない。

4　医療と信頼の原則

　ただ、医師の責任が過度に追及されるべきでないことも、当然である。このことは、本件のようなチーム医療の場合に、特に問題となる。信頼の原則が働き、執刀医などには過失責任が及ばないという主張が考えうるという点である。医療における信頼の原則のリーディングケースとされる、札幌高判昭和51年3月18日（高刑集29-1-78）は、当時2歳半の患者の手術に際して、その手術自体は成功して患者の障害を除くことができたものの、手術に用いられた電気メスのケーブルを誤接続したため、患者の右下腿部に重度の熱症が生じ、そのために同下腿部切断のやむなきに至った事案に関し、手術にあたった執刀医と、電気メスに関する器具の操作にあたった介助看護婦が起訴され、介助看護婦Bには電気メス側ケーブルと対極板側ケーブルとを誤接続した過失があるとしたが、執刀医については、「ベテランの看護婦であるBを信頼し接続の正否を点検しなかったことが当時の具体的状況のもとで無理からぬものであったことにかんがみれば、注意義務の違反があったものということはできない」とした。

　これに対して、本件では、取り違えた看護師に加えて、麻酔導入前に患者の同一性確認の十分な手立てをとらず、麻酔導入後患者の同一性に関する疑いが生じた際に確実な確認措置をとらなかった大学病院の麻酔科医師に注意義務違反が認められた。チーム医療の場合に、常に信頼の原則が働き、執刀医などには過失責任が及ばないというわけではない。本件では役割分担、特に患者の同一性の確認担当者が明確に特定しておらず、さらに麻酔医なども、患者の入れ違いに気付きうる立場にあった以上、過失責任は免れないといわざるを得ない。医師の責任を軽減するには、それなりの「体制」をつくることも必要なのである。

　なお、本件は20名の共同作業として行われたものであり、各人の過失内容も患者の同一性確認の懈怠であることから、過失の共同正犯と構成することも考えられたが、最高裁では過失の単独正犯として処理されている。麻酔医の責任のみが問題となった関係もあるが、個々の行為者ごとに注意義務の内容を特定していく方が、現実的であるように思われる。

第7講　欠陥車事故・電車事故と企業・組織の責任

> **論点**
> ▶事故原因の解明の程度と刑事過失責任。
> ▶具体的事故原因の予見可能性は必要か。
> ▶安全装置の設置義務と企業幹部の責任。

【基本判例1】　最3小決平成24年2月8日（刑集66巻4号200頁・判タ1373号90頁）

事実の概要

　三菱自工製の大型トラックのフロントホイールハブが走行中に破損したために、前輪タイヤ等が脱落し、歩行者らを死傷させた事故について、同トラックの製造会社で品質保証業務を担当していたXとYが、同種ハブ装備車両につきリコール等の措置をとるという業務上の注意義務を怠ったとして起訴された。ハブは、トラック・バス等の前輪のタイヤホイール等と車軸とを結合するための部品で、破損することが基本的に想定されていない重要保安部品であった。

　被告人Yは三菱自工の品質保証部門のグループ長であったが、平成4年6月、三菱自工製のトラックの左前輪のハブ（Dハブ）が走行中に輪切り破損し、左前輪タイヤがタイヤホイール、ブレーキドラムごと脱落するという事故を担当し、重要度区分を最重要と分類したが、リコール等の正式な改善措置を回避するなどの目的で「秘匿情報」の扱いとした。ハブの輪切り破損の原因はハブの摩耗にあり、摩耗の原因は使用者側の整備不良等にあるとする「摩耗原因説」に従って社内処理がなされ、リコール等の改善措置は実施されなかった。その後も、ハブの輪切り破損事故が14件発生し、さらに平成11年6月、高速道路上でバスの右前輪ハブが走行中に輪切り破損して、タイヤがタイヤホイールおよびブレーキドラムごと脱落した事故（中国JRバス事故）が発生した際にも、事故原因につき調査を行わずに摩耗原因説に従った処理をし、リコール等の改善措置を講じなかった。

　被告人Xは、平成11年当時、品質保証部門の部長の地位にあり、Yらからハブの輪切り破損事故が発生していたことなどを告げられたにもかかわらず、リコール等の改善措置を実施するための措置を何ら講ずることはなかった。そのような状況の中で、平成14年1月10日午後3時45分ころ、片側2車線の道路の第2車線を時速約50kmで走行中の三菱自工製大型トラクタの左前輪ハブが輪切り破損し、左前輪がタイヤホイールおよびブレーキドラムごと脱落し、脱落した左前輪が、歩道上にいた29歳（当時）の女性に背後から激突し、同女を頭蓋底骨折等により死亡させ、一緒にいた児童2名にも、各全治約7日間の傷害を負わせた。

　業務上過失致死傷罪で起訴されたX・Yに対して、第1審は過失責任を認め、原審も、ハブの強度不足の疑いによりリコールをしておけば、事故は確実に発生せず、事故の原因が摩耗によるものであったと仮定しても事故発生を防止できたとして結果回避可能性を認め、過失責任を認めた。

決定要旨

　弁護側の上告に対し、最高裁は、以下のように判示して、上告を棄却した。
　まず、予見可能性の点について、基本的に破損することが想定されていなかったハブが、走行中に輪切り破損するという事故が7年余りの間に16件も発生し、三菱自工社内でも、人身事故の発生につな

がるおそれがある重要情報と分類しており、中国JRバス事故事案の処理の時点において、ハブの強度不足のおそれが客観的に認められる状況にあったとした上で、Yは、品質保証部門のグループ長として、「中国JRバス事故事案の処理の時点で、上記事情から、三菱自工製のハブに強度不足のおそれがあることを十分認識していたと認められるし、中国JRバス事故を含む過去のハブ輪切り破損事故の事故態様の危険性等も踏まえれば、リコール等の改善措置を講じることなく強度不足のおそれがあるDハブを装備した車両の運行を放置すればDハブの輪切り破損により人身事故を発生させることがあることを容易に予測し得た」とし、Xも、「品質保証部門の部長として、中国JRバス事故事案の処理の時点で、Yから報告を受けて、同事故の内容のほか、過去にも同種の輪切り破損事故が相当数発生していたことを認識していたと認められる。Xとしては、その経歴及び立場からみて、中国JRバス事故事案の処理の時点で、同事故の態様の危険性等に照らし、リコール等の改善措置を講じることなく強度不足のおそれがあるDハブを装備した車両の運行を放置すれば、その後にDハブの輪切り破損により人身事故を発生させることがあることは十分予測し得た」とした。

　そして、すでにハブの輪切り破損事故が続発しており、中国JRバス事故車両について異常摩耗が認められたからといって、ハブの強度不足のおそれをX・Yが認識し得なかったとはいえないとした。

　結果回避義務の点については、ハブの強度不足のおそれの強さや、予測される事故の重大性、多発性に加え、その当時、三菱自工が事故関係の情報を一手に把握していたことも踏まえると、リコール等の改善措置に関する業務を担当する者においては、刑事法上も、リコール等の改善措置をとり、強度不足に起因するDハブの輪切り破損事故の更なる発生を防止すべき注意義務があったとした。そして、Xには、ハブに強度不足のおそれがあることを把握して、Yらに対し原因調査を指示し「リコール等の改善措置を実施するための社内手続を進める一方、運輸省担当官の求めに対しては、調査の結果を正確に報告するなどして、リコール等の改善措置の実施のために必要な措置を採り、強度不足に起因するDハブの輪切り破損事故が更に発生することを防止すべき業務上の注意義務があった」とした。

　そして、「これらの事情を総合すれば、Dハブには、設計又は製作の過程で強度不足の欠陥があったと認定でき、本件事故も、本件事故車両の使用者側の問題のみによって発生したものではなく、Dハブの強度不足に起因して生じたものと認めることができる。そうすると、本件事故は、Dハブを装備した車両についてリコール等の改善措置の実施のために必要な措置を採らなかったX・Yの上記義務違反に基づく危険が現実化したものといえるから、両者の間に因果関係を認めることができる」と判示した。なお、田原睦夫裁判官の反対意見がある。

▶▶▶ 解　説

1　事故と過失責任

【基本判例1】では、「事故原因がどこまで解明されれば刑事責任を問い得るか」が争点となった。田原裁判官の反対意見は、「本件は一般に広く用いられている工業技術にかかる製品の瑕疵の有無及びその瑕疵に関する関係者の予見可能性の有無が基本的な論点となっている事件であり、その審理に当たっては科学技術的な観点からの十分な立証がなされるべきものであるにかかわらず、本件記録を検討する限り科学技術的な検証は極めて不十分であると言わざるをえず、かかる不十分な証拠関係の下に『Dハブには、設計又は製作の過程で強度不足の欠陥があったと認定でき〔る〕』とする多数意見には到底与することができない」としているのである。科学的な真相の解明があってはじめて、検討すべき予見可能性の「対象」が確定するし、事故車両はその運行者により改造が加えられ過酷な条件の下で供用されていたことが窺える以上、因果関係の有無についてもさらに審理が尽くされるべきだとしたのである。

2 事故原因の科学的解明

フロントホイールハブは、前輪タイヤホイール等と車軸とを結合する堅ろうな部品で、本件多数意見も、「ハブは、自動車会社関係者や運輸事業関係者等の間では、車両使用者が当該車両を廃車にするまで破損しない」とされ、「破損することが基本的に想定されていない重要保安部品であって、車検等の点検対象項目にはされていなかった」としている。三菱自工で開発、製造されたハブは、開発された年代順にA、B、C、D、D'、E、Fの通称を付された7種類のものがあり、【基本判例1】が対象とした事故では、Dハブが問題となった。

問題は、原判決が、「事故の原因がDハブの強度不足であると断定できるだけの証拠もない」としている点である。反対意見の指摘とも通じる面があろう。それに対して、多数意見は、事故原因を「Dハブの強度不足」であると認定したのである。

その根拠は、事実の概要に示した事情の下で、①ハブが、10年弱の間に40件輪切り破損しており、その中にはハブの摩耗の程度が激しいとはいえない事故事例も含まれていたこと、②本件事故後に行われた実走行実働応力試験において、強度不足の欠陥があることを推認させる実験結果を得ていること、③三菱ふそうが、平成16年3月24日にDハブ等を装備した車両につき強度不足を理由としてリコールを届け出た際、Dハブに強度不足があったことを自認していたこと、④社内で採用され続けた摩耗原因説も、Dハブの輪切り破損の原因が専ら整備不良等の使用者側の問題にあったといえるほどに合理性、説得性がある見解とはいえないというものであった。

【基本判例1】のような事案において、事故原因の認定が、客観的で科学的な証拠によるべきであるということはいうまでもないが、一般の証拠認定と同じように、証拠の「評価」は伴わざるを得ない。上記②の実走行実働応力試験等で「強度不足の欠陥があることが原因であると確定できる実験結果」が得られない限り、有罪にできないわけではない。欠陥があることを推認させる実験結果であれば、その他の事情を総合して、原因と推認することは可能である。反対意見のように、科学技術的な検証は極めて不十分で強度不足の欠陥が原因とは認定し得ないと解するか、多数意見のような事情で「原因は強度不足」であると断定するかは、規範的評価の差である。

3 実行行為と事故原因の具体的解明

たしかに原審は、ハブの強度不足が事故原因であるとは特定しなかった。ただ、原審は、「Dハブの強度不足の疑いによりリコールをしておけば、Dハブの輪切り破損による本件事故は確実に発生していなかったのであり、本件事故の原因が摩耗による輪切り破損であると仮定しても、事故発生を防止できたのであるから、リコールしなかったことの過失を認めることができる」として結果回避可能性を肯定した。

たしかに、【基本判例1】において最高裁の設定した注意義務も「リコール等の改善措置を採り、強度不足に起因するDハブの輪切り破損事故の更なる発生を防止すべき注意義務」であり、そうだとするとその前提となる事故原因についても、リコール等の措置を要請するだけの危険性の認識があればよいということになりそうである。すなわち、事故が、ハブの強度不足によるか、それ以外の原因（たとえば摩耗）により生じたのかは重要ではなく、「リコールなどしなければ何か事故が起こりそうである」と思えばよいということにもなる。

そして原審は、ハブの強度不足の疑いによりリコールをしておけば、ハブの輪切り破損による本件事故は、原因が摩耗による輪切り破損であると仮定しても、その発生を防止できたのであるから、リコールしなかったことの過失を認めることができるとして結果回避可能性を肯定し、X・Yの過失を認めた。

しかし、【基本判例1】の多数意見は、本件の注意義務は、「あくまで強度不足に起因するDハブの輪切り破損事故が更に発生することを防止すべき業務上の注意義務」であり、「Dハブに強度不足があったとはいえず、本件事故がDハブの強度不足に起因するとは認められないというのであれば、本件事故は、X・Yの上記義務違反に基づく危険が現実化したものとはいえないから、X・Yの上記義務違反と本件事故との間の因果関係を認めることはできない」としたのである。

> ① 改善措置によりハブの破損事故の発生を防止すべき注意義務
> ② 改善措置により強度不足に起因するハブの破損事故の発生を防止すべき注意義務

しかし、東京高裁のいうように、同種自動車のリコールが行われていたならば、本件事故は防げたとはいえる。そして、刑事責任に繋がるリコール等の改善措置を要請する事情は、「強度不足に起因するハブの輪切り破損事故」の発生の可能性には限られない。ただ、ユーザーの側の異常な使用態様による事故であれば、それがある程度の件数報告されたとしても、リコールに結びつかないのは当然である。摩耗原因説が、それに近い内容を有するのだとすれば、「強度不足説か摩耗原因説かは特定できないが、いずれかの原因で、事故が多発している以上、リコール等すべきだったという刑事上の注意義務が存在する」という議論は、苦しいのである。「どんな使い方をされるか分からない」「何が起こるか分からない」という事情だけでは、リコール等の改善措置を行う義務を基礎づけるだけの「結果発生の可能性」とは、少なくとも現在の日本においては、評価し得ない（前田・総論293頁参照）。

なお、事故の原因の細かい機序が科学的に完全に明らかにならなくても、法的には原因と認定できる場合は存在しうる。Aという事情かBという事情かのいずれかが原因であることは明らかであるが、いずれともはっきりしないような場合、A、B両事情を発生させたり、除去しうるのに除去しなかった行為者には、過失責任を問いうる。

4 事故原因とその予見可能性

刑事過失責任を問うには、具体的な結果の予見可能性が必要とされることが多い。しかし、【基本判例1】の場合、X・Yに29歳の被害女性の頭蓋底骨折等による死や、一緒にいた児童2名の全治約7日間の傷害の予見可能性があったかを検討するわけではない。まして、本件事故の発生の具体的な因果経過の予見可能性を論じる必要はない。

ただ、判例は表面上、因果関係の基本的部分の予見可能性を重視している。もとより、結果の予見可能性にプラスして、因果経過の予見可能性がなければならないとしているわけではない。判例は、最終結果の予見可能性を直接吟味することが困難な場合に、それを認識すれば一般人ならば結果を予見しうるだけの中間項（因果経過の基本的（重要）部分）を設定し、中間項の予見可能性があれば最終結果の予見可能性があるとするのである。この中間項は、その予見があれば、一般人ならば次の中間項ないし最終結果の認識が十分に可能なものでなければならない。そのことを前提としてはじめて、中間項の予見可能性を結果の予見可能性に置き換えることができるのである（最決平成12・12・20刑集54-9-1095）。

そうだとすれば、【基本判例1】の事案においても、「強度不足に起因するハブの破損」が認定されたとしても、過失責任を問うには、それを予見する可能性が必須とはいえない。ただ、「何らかの事故の予見可能性」では足りない。一般人ならば次の中間項ないし最終結果の認識が十分に可能であるとはいえないからである。そして、本件においては、強度不足によるハブの破損は、十分予見可能なものであった。その意味で、本件の中間項は「強度不足に起因するハブの輪切り破損事故」なのである。

【基本判例2】 神戸地判平成24年1月11日（裁判所webサイト）

事実の概要

被告人Xは、平成5年4月20日から、JR西日本において、鉄道事業に関する安全対策の実質的な最高責任者を務めてきた。そして、同社は、福知山線からJR東西線への列車乗り入れを円滑にするため、兵庫県尼崎市内の福知山線上り線路の右方に湾曲する曲線の半径を600mから304mにする線形変更工事を行った。

鉄道業界では、危険性が高い曲線に対しても、列車を自動的に減速・停止させる機能を有するATS

（自動列車停止装置）を整備する必要があると認識され、JR 西日本においても、半径 450 m 未満の曲線に ATS を順次整備しており、X も安全対策室長等としてこれを主導していたところ、曲線半径を半減させる他に類例を見ない本件線形変更工事により、本件曲線の半径がこの基準を満たすことになった上、福知山線に加速性能の高い新型車両を大量に導入し、X の主導の下、本件曲線手前の直線を制限速度である 120 km/h ないしこれに近い速度で走行する快速列車の本数を大幅に増加させるなどの大規模な本件ダイヤ改正を行ったことにより、運転士が適切な制動措置をとらないまま列車を本件曲線に進入させた場合、列車が本件曲線で脱線転覆する危険性を格段に高めていた。

　本件線形変更工事の完成を控えた平成 8 年 12 月 4 日、JR 北海道函館線の半径 300 m の曲線において、貨物列車が速度超過により脱線転覆する事故が発生し、JR 西日本では、同月 25 日に開催された X が出席する鉄道本部内の会議において、ATS が整備されていれば防止できた事故例として紹介された。そして、本件曲線に個別に ATS を整備することは安価かつ容易な工事により可能であった。

　X は、本件曲線で速度超過による脱線転覆事故が発生する危険性および本件曲線に ATS を整備すれば容易に同事故を回避できることを認識していたのであるから、本件線形変更工事および本件ダイヤ改正の実施にあたり、自己が統括する安全対策室等の職員に対し、本件曲線に ATS を整備するよう指示すべき業務上の注意義務があったのにこれを怠り、本件曲線の制限速度を従前の 95 km/h から 70 km/h に変更し、運転士に制限速度を遵守するよう指導しておけば事故防止措置としては十分であると安易に考え、線形変更後の本件曲線に ATS を整備しないままこれを列車運行の用に供し、転覆限界速度を上回る速度で本件曲線手前の直線を走行する列車を運行した過失により、平成 17 年 4 月 25 日午前 9 時 18 分ころ、福知山線宝塚駅発片町線同志社前駅行きの快速列車を運転していた運転士が適切な制動措置をとらないまま、転覆限界速度を超える約 115 km/h で同列車を本件曲線に進入させた際、本件曲線に ATS が整備されていなかったため、あらかじめ自動的に同列車を減速させることができず、同列車を転覆させて線路脇のマンションの外壁等に衝突させるなどし、同列車の乗客 106 名を死亡させるとともに、乗客 493 名に傷害を負わせた。

判旨

　神戸地裁は、本件の速度超過による脱線転覆の危険性について、本件曲線の転覆危険率は高く、ランカーブ上の曲線手前の区間の運転速度が転覆限界速度を超える列車が存在し、本件曲線は、曲線手前の区間での許容速度からの減速操作の誤りに起因する速度超過が生じた場合、列車の脱線転覆が生じる危険性を有していたとした上で、当時、鉄道事業者に曲線への ATS 整備は法令上義務づけられておらず、曲線に ATS を整備していた事業者は一部にとどまり、そのような鉄道事業者についてもその整備基準は様々で、転覆の危険度の高いあるいは転覆のおそれのある曲線を個別に判別して、速度超過による脱線転覆を防止できる ATS を整備することが行われていたとは認められないとし、X も本件曲線について計算上の転覆限界速度の認識はなかったとした。

　神戸地裁は、X に注意義務違反を肯定するためには、本件の死傷結果について予見可能性が認められ、そのような予見可能性を前提として、本件曲線に ATS を整備するよう指示する結果回避の措置をとらなかったことが、その立場に置かれた者について要求される行動基準を逸脱し、結果回避義務違反といえることが必要であるとし、X の本件曲線に対する脱線転覆の危険性の認識の有無を慎重に認定する。

　そして、①過去に事故が起きた曲線と本件曲線の間には、曲線半径の類似点以外があるとは認められず、過去の事故例が、JR 西日本管内に多数存在する半径が同程度の曲線の中から、本件曲線の脱線転覆の危険性の認識を抱かせるものとは考え難いとし、②JR 西日本においても、半径 450 m 未満の曲線に ATS を順次整備しており、X も安全対策室長等としてこれを主導していたが、ATS-P の整備の要

否と個別の曲線が客観的に速度超過による脱線転覆の危険性を有するかは別の問題であり、JR西日本の大阪支社管内だけでも、本件曲線のように本線かつ駅間の半径304m以下の曲線は80か所存在し、線形変更後の曲線半径が脱線転覆の危険性に影響を与えるものでもないとした。

③Xが出席した会議で紹介された平成8年12月のJR北海道函館線の半径300mの曲線における脱線転覆事故は、本件事故とは事故の様相が大きく異なるもので、本件脱線転覆の危険性の認識につながるものでもなく、④本件曲線の手前の制限速度は本件曲線の転覆限界速度を上回っていた点は、本件曲線手前での福知山線上り快速列車の標準的な運転速度はせいぜい100km/h程度であり、Xが制限速度差を認識したとしても、本件曲線の脱線転覆の危険性の認識につながるものとは考え難いとした。

検察官が、論告に至って、「運転士が、何らかの理由により、転覆限界速度を超える速度で本件曲線に列車を進入させること」について予見可能性があれば足り、「いつかは起こり得るという程度に予見し得るもの」であれば足りると主張したのに対し、神戸地裁は、予見の対象とされる転覆限界速度を超えた進入に至る経緯は漠然としたものであり、結果発生の可能性も具体的ではない。このような意味で結果発生が予見可能の範囲内にあることを予見可能性というのであれば、その内実は危惧感というものと大差はなく、結果発生の予見は容易ではなく、予見可能性の程度は相当低いものといわざるを得ないとしたのである。そして、その程度の予見可能性の下での結果回避義務を考えると、①鉄道事業者において個別の曲線について転覆限界速度を比較することにより転覆の危険性を把握してATS整備の要否を検討することは行われておらず、②鉄道事業者に曲線へのATS整備は法令上義務づけられておらず、曲線にATSを整備していた事業者は一部にとどまり、③福知山線への路線単位のATS-P整備の決定がXの判断のみによってできるわけではなく、④本件ダイヤ改正は、福知山線上り快速列車の列車ダイヤに大幅な余裕を持たせる内容であるなどの事情を踏まえると、⑤Xが鉄道本部長当時に行われた本件線形変更工事により、転覆の危険度の高い本件曲線が新たに使用開始されたものであり、⑥本件曲線へのATS地上子の整備そのものは容易であったことなどの事情を考慮しても、「上記の予見可能性の下で、Xが、本件曲線を個別に指定し、ATSを整備するよう指示しなかったことが、大規模な鉄道事業者の安全対策の責任者としての立場に置かれた者について要求される行動基準を逸脱し、結果回避義務違反となるものとはいえない」とし、Xに対し無罪を言い渡した。

▶▶▶ 解説

1 本件の訴訟経過

約600名の死傷者を出した、本件事故は非常に注目を浴び、直接の過失行為者と考えられる運転手が死亡し不起訴処分となる中で、平成21年7月8日、神戸地検がX社長(当時)を、業務上過失致死傷罪で在宅起訴した。

そして、Xの上司役員は、Xから報告を受けていなかったとして、本件事故当時の社長を含めて関係する役員は不起訴処分とされた。しかし、平成21年10月22日、神戸第一検察審査会は、JR西日本の歴代社長3人について、「起訴相当」と議決した。そして、平成21年12月4日、神戸地検が3名について再び不起訴処分としたにもかかわらず、検察審査会は平成22年3月26日再び起訴相当と議決し、平成22年4月23日、指定弁護士により3名に対する起訴がなされた。また、平成22年1月29日には、業務上過失致死傷容疑で書類送検され神戸地検が不起訴とした元運輸部長2人について、神戸第一検察審査会が不起訴不当を議決している。

そのような中で、平成24年1月11日、神戸地裁はJR西日本のXに対し、「危険性を認識していたとは認められない」などとして無罪判決を言い渡し、確定した。

2 過失論の発展と予見可能性の意義

第二次世界大戦後、日本の過失犯論は、新過失論

が形成・発展という形で、大きく展開していく。新過失論の理論的特色は、①過失犯は違法性のレベルですでに故意犯と異なると主張し、②結果予見可能性中心の過失概念を結果回避義務中心に変更した点にある。予見可能性中心の旧過失論では、結果と因果関係が存在し、それに加えて予見可能性が認められればすべて処罰されることになるが、それでは処罰範囲が広すぎるとし、予見可能性があっても、結果回避の義務を果たせば過失犯は成立しないとしたのである。そして、結果回避義務を客観的な一定の行為基準として設定し、客観的注意義務とする。この客観的注意義務違反が過失の違法要素なのである。

しかし、新過失論の真の特色は、医療行為や自動車運転行為等の社会的有用性を重視して、結果回避義務を緩やかに設定することにより、過失の処罰範囲を限定することにあった。社会の円滑な発展のためには、100点満点の結果回避義務を要求すべきではなく、合格最低限の60点の回避措置さえ尽くせば十分であるとされた（藤木英雄『過失犯の理論』（有信堂・1969）60頁）。たとえば、自動車の運転に際し、過度の安全のための措置を要求すると交通渋滞を招き、社会全体の発展にとってマイナスであるとされたのである。

しかし、昭和40年代に入ると、日本の過失犯論は、再び大きく方向を転換する。公害犯罪などの多発状況を背景に、新過失論の目差した過失犯処罰の限定とは逆の過失処罰拡大の動きが生じ、不安感説（危惧感説）として結実するのである。

不安感説は、(1)結果回避義務中心の過失犯論であるという意味では新過失論と同一であるが、(2)結果回避義務の内容については、被害の重大性に鑑みその内容を非常に厳格なもの、比喩的には前述の100点満点のものとする点で、新過失論とはまさに逆の方向性を持った理論であり、(3)結果回避義務を課す前提として、具体的結果の予見可能性は不要で、行為になんらかの不安感（危惧感）が伴えば足りるとした理論であった。ただ、不安感説は、「その不安感を払拭するだけの、いわば軽い結果回避措置を要求するだけなので、過酷な結果にはならない」と説明していたのである。

そして、最高裁も、徹底した不安感説を採用しているわけではない。課すべき結果回避義務を基礎づけるだけの結果の予見可能性は、要求してきたといえよう。

3　ホテルニュージャパン火災事件判決

不安感説を採用した森永ヒ素ミルク事件判決をきっかけに、監督過失・安全施設設置義務が盛んに論じられるようになった。上位者が下の人間を監督しなければならないという事態は、それ以前にも存在していたが、新過失論により過失処罰を限定しようとした時期には、むしろ直接行為者の過失すら限定的に解すべきだとされたのである。「経営者の施すべき安全施策は経営の発展を阻害しない範囲でよい」とする当時の発想は、監督責任論とは「方向性」が逆であった。不安感説論者は、被監督者の不適切な行為・ミスにより結果が発生することについての不安感を根拠に広く監督過失を主張した（板倉宏「監督過失」警察学論集40巻10号（1987）54頁）。

本件の審理の中で、検察官が「管理過失責任を認めた判例」として援用したホテルニュージャパン火災事件判決（最決平成5・11・25刑集47-9-242）なども、その時期の判例である。ただ、同決定は、消防当局から繰り返し改善等を指導され、ホテルの代表取締役であった当該事件の被告人も建物に「防火管理上の問題点が数多く存在することを十分に認識していた」事案において、「防火管理体制の不備を解消しない限り、いったん火災が起これば、発見の遅れや従業員らによる初期消火の失敗等により本格的な火災に発展し、従業員らにおいて適切な通報や避難誘導を行うことができないまま、建物の構造、避難経路等に不案内の宿泊客らに死傷の危険の及ぶおそれがあることを容易に予見できた」とされ、このような予見の容易性を前提に、「スプリンクラー設備又は代替防火区画を設置する」などとして防火管理体制を確立しておくべき義務を認めたのである。

4　結果回避義務と結果予見可能性の関係

本件でも、何らかの理由により列車が転覆限界速度を超えて本件曲線に進入し、転覆して脱線に至り死傷結果がいつかは起こり得るということは、認められよう。その意味での不安感・危惧感は存在する。そしてそれも、低い「予見可能性」とはいいうる。

ただ、どの程度の予見可能性があれば過失責任を問いうるかは、具体的事実を前提に、最終的には「処罰に値するか否か」という観点から判断される。そして、それと結びつく結果回避措置との関係で、総合的に判断されなければならない。

そして、刑事責任を追及する場合には、「鉄道事業を営む上で責任ある地位にある以上、どのような形でもよいから結果を発生させないようにすべき義務があった」とするわけにはいかない。刑法211条の実行行為に該当する作為・不作為を特定しなければならない。【基本判例2】の事案の場合には、結局「本件曲線を個別に指定してATS-P又はATS-SW整備を指示すべき結果回避義務」に絞り込まれていった。そうだとすると、ATS設置を命じるべき手がかりとなる事実の予見可能性が認定されなければならない。それは、「何らかの理由により列車が転覆限界速度を超えて本件曲線に進入し、転覆して脱線に至り死傷結果がいつかは起こり得る」という予見可能性では足りない。

そして、神戸地裁の認定したところを前提にすれば、当時、本件曲線へのATS整備を義務づける法令等の定めはなく、鉄道業界においてもATSの整備対象となる曲線の基準は様々であった。そして、Xは部下などから本件曲線の危険性あるいはATS整備の必要性等について何らの進言を受けることもなく、本件曲線の脱線転覆の危険性も認識しておらず、本件曲線に直ちにATSを整備すべきとの認識もなかったというのである。そうだとすれば、Xに刑事過失を認めるのは困難である。

5　企業組織体責任論と社長の責任

たしかに、検察官が主張するとおり「鉄道事業者は、常に鉄道事故や鉄道交通の安全性等に関する情報収集や調査・研究を怠らず、あらかじめ発生し得るあらゆる事態を想定し、事故の発生を未然に防止し得るよう、万全の安全対策を講じるべき高度の責務を負っている」とはいえよう。「鉄道事業者に要求される安全対策という点からみれば、本件曲線の設計やJR西日本の転覆のリスクの解析及びATS整備の在り方に問題が存在し、大規模鉄道事業者としてのJR西日本に期待される水準に及ばないところがあった」という点についても異論は少ない。

ただ、神戸地裁は、過失犯は個人に刑事法上課せられる注意義務を怠ったことを処罰の対象とするものであり、鉄道事業者としての責務は、注意義務違反・予見可能性が認められないとの判断を左右するものではないとする。そして、実際にJR西日本においてX以外に必要な指示を出せる者がいなかったとしても、Xの注意義務違反を肯定するに足りる予見可能性は認められないとの結論は左右されないとするのである。

このような「刑事責任と事業者の社会的・倫理的責任の峻別論」は通説的なものである。しかし、30年以上前から、「企業の社会的責任を、刑事責任の中にも組み込むべきだ」という主張がなされ、学会でも議論を重ねてきた。その代表的なものが、企業組織体責任論であった（前田・総論96頁）。企業組織体活動を、その活動を分担する個人の行為とは独立に、全体的に捉えて行動基準違反の有無を論じた後に、各個人の過失責任を検討する考え方で、個人から切り離して法人の刑事責任を認め、その後個人に刑事責任を割り付けていくことにより、社長などの上位者を、企業組織体の内の地位に応じて重く処罰する考え方であった（藤木英雄『刑法講義総論』（弘文堂・1975）249頁）。実質的には、本件のような場合にも、「安全対策の研究や情報の収集を懈怠していた者ほど刑事責任を免れることになるのではないか」という指摘は、かなりの説得性を有する。この点については、たとえば、原発に象徴されるような危険な活動において、「地震や津波によって引き起こされるかも知れない事故のシミュレーションは行いませんでした」「危険情報の収集を担当する部門は作りませんでした」というようなことがあれば、それによって構成要件該当性のある結果が発生した場合に刑事過失を問いうることは十分に考えられる。程度の差はあるかも知れないが、鉄道事業も同様であろう。ただ、やはり現在の日本においては、過去の事故経験などを踏まえて、交通事業者としての一般人の水準から見て、非難に値する「予見可能性」は認定されなければならない。

第8講　過失犯における結果の予見可能性の認定

> **論点**
> ▶ 事故の直接原因が、行為時に認識し得ない場合についても、過失責任は認められるか。
> ▶ 刑事過失を問うには、事故発生の機序の予見可能性まで必要か。

【基本判例1】　最2小決平成21年12月7日（刑集63巻11号2641頁・判タ1316号150頁）

事実の概要

　被告人Xは、国土交通省近畿地方整備局の課長として、被告人Yは、出張所長として、被告人Zは、明石市治水担当参事として、被告人Wは、同市土木部海岸・治水課長として、明石市大蔵海岸通先の砂浜および突堤の維持および管理を行い、公園利用者等の安全を確保すべき業務に従事していた。同砂浜は、北側が階段護岸に接し、東側および南側がかぎ形の突堤（以下「かぎ形突堤」という）に接して厚さ約2.5mの砂層を形成し、かぎ形突堤は、ケーソンを並べて築造され、ケーソン間の隙間の目地にはゴム製防砂板が取り付けられ、砂が海中に吸い出されるのを防止する構造になっていた。しかし、海水の作用により同防砂板が摩耗して破損し、その破損部分から砂層の砂が海中に吸い出されて砂層内に空洞が発生して成長し、同空洞がその上部の砂の重みによって自ら崩壊して同砂浜表面が陥没した。さらに、平成13年1月ころから同年4月ころまでの間、かぎ形突堤南部分内側の砂浜表面に多数の陥没が発生したため補修工事が行われたものの、その後もかぎ形突堤南部分および東部分内側の砂浜において陥没発生が継続し、抜本的な砂の吸出防止工事を実施しなければ、かぎ形突堤に接した砂浜において、砂層内で成長した空洞が、その上部に乗った公園利用者等の重みによって崩壊して陥没し、公園利用者等の生命、身体に危害が加わるおそれがある状態に至っていた。X・Y両名は、同年5月から6月にかけて、Wらから、同防砂板が破損し砂層の砂が海中に吸い出されて同砂浜表面の陥没を食い止めることができない旨説明を受け、かつ、国土交通省による抜本的な砂の吸出防止工事の実施方の要望を受けた。Zは、同年1月から6月にかけて、同海岸・治水課職員から、同防砂板が破損し砂層の砂が海中に吸い出されて同砂浜表面の陥没を食い止めることができないことおよび姫路工事事務所に対して国土交通省による同工事の実施方を要望したことの各報告を受けていた。Wは、同年1月から6月にかけて、同防砂板が破損し砂浜表面の陥没を食い止めることができないことを自ら確認し、また、同海岸・治水課職員からその旨報告を受け、同年5月から6月にかけて、同事務所に対して国土交通省による同工事の実施方を要望していた。被告人らは、同砂浜の陥没発生のメカニズムおよび陥没発生の可能性のある砂浜の範囲が判然とせず、かぎ形突堤に接した砂浜のいかなる箇所で人の生命、身体に対する危害が惹起される陥没等が発生するか分からなかったのであるから、同メカニズムおよび同範囲を確定するための調査ならびに同工事が終了するまでの間、Xらは、自ら、あるいは明石市緑化公園協会等に指示して、かぎ形突堤に接した砂浜一帯に人が立ち入ることがないようバリケード等を設置し、同砂浜陥没の事実およびその危険性を表示するなどの安全措置を講じ、もって、陥没等の発生により公園利用者等が死傷に至る事故の発生を未然に防止すべき業務上の注意義務があったのに、これを怠った。同年11月以降も同砂浜の陥没発生が継続していたことを知っていたにもかかわらず、同砂浜南端付近の表面に現出した陥没の周囲のみにカラーコーン等を設置する措置で事足りると軽信し、いずれも漫然同安全措置を講じることなく放置した各過失の競合により、同年12

月30日午後零時50分ころ、かぎ形突堤東部分内側の砂浜において、V（当時4歳）が、かぎ形突堤の目地部に取り付けられた防砂板の破損により砂が吸い出され、砂層内に発生し成長していた大規模な空洞上を小走りで移動中、同児の重みによって同空洞を崩壊させて瞬時に陥没孔を発生させ、同児を同孔内に転落させて崩れ落ちた砂によって埋もれさせ、よって、そのころ、同児に窒息による低酸素性・虚血性脳障害の傷害を負わせ、同14年5月26日午後7時3分、病院において死亡するに至らしめたものである。

　第1審は、各被告人が、砂浜および突堤の維持管理を行い、その安全を確保すべき業務に従事していたことは認めたものの、本件事故についての予見可能性は認められないとして、各被告人に無罪を言い渡した。これに対し、検察官が控訴したところ、原審は、予見可能性を認めて事件を神戸地裁に差し戻したため、各被告人が上告した。

決定要旨

　最高裁は、ほぼ原判決に依拠して、事実関係を以下のようにまとめた。「本件事故は、東側突堤中央付近のケーソン目地部の防砂板が破損して砂が海中に吸い出されることによって砂層内に発生し成長していた深さ約2m、直径約1mの空洞の上を、Vが小走りに移動中、その重みによる同空洞の崩壊のため生じた陥没孔に転落し、埋没したことにより発生したものである。そして、被告人らは、本件事故以前から、南側突堤沿いの砂浜及び東側突堤沿い南端付近の砂浜において繰り返し発生していた陥没についてはこれを認識し、その原因が防砂板の破損による砂の吸い出しであると考えて、対策を講じていたところ、南側突堤と東側突堤とは、ケーソン目地部に防砂板を設置して砂の吸い出しを防ぐという基本的な構造は同一であり、本来耐用年数が約30年とされていた防砂板がわずか数年で破損していることが判明していたばかりでなく、実際には、本件事故以前から、東側突堤沿いの砂浜の南端付近だけでなく、これより北寄りの場所でも、複数の陥没様の異常な状態が生じていた」。

　そして争点となった、結果の予見可能性に関して、「以上の事実関係の下では、被告人らは、本件事故現場を含む東側突堤沿いの砂浜において、防砂板の破損による砂の吸い出しにより陥没が発生する可能性があることを予見することはできたものというべきである。したがって、本件事故発生の予見可能性を認めた原判決は、相当である」。なお、今井功裁判官の反対意見が付されている。

▶▶▶ 解　説

1　過失犯の中核概念としての予見可能性と中間項

　平成22年5月11日、東京地裁は、パロマ工業製湯沸かし器による一酸化炭素中毒事故に関し、パロマ工業元社長らに業務上過失致死罪の成立を認めた（1審で確定。東京地判平成22・5・11判タ1328-241）。一酸化炭素中毒事故は、直接には、すでに死亡し起訴されなかった者による湯沸かし器不正改造によってもたらされたが、改造は特別な技術を必要としない簡単な作業で、修理担当者が故障の際の応急措置としてしばしば行っていたもので、社長らは、問題の機種で不正改造による死傷事故が発生することを予見することが可能で、安全対策を講ずべき業務上の注意義務を怠ったとした。そして、事故防止のために、問題の機種を対象に注意喚起をし、不正改造の有無を点検、回収する必要があったとした。パロマは自ら、またはサービスショップの伝票などから、問題の機種の設置場所を相当高い割合で把握でき、本件事故までに点検や回収することは可能だったし、被告人はその地位や役割に照らすと、注意喚起の徹底や点検、回収措置を講じ、本件事故の発生を未然に防ぐことができたとしたのである。ここでは、やはり結果の予見可能性が重要な論点であった。

【基本判例１】の核心部分は、①実際の事故死を導く因果経路の重要部分である「砂層内に空洞が発生して成長し、同空洞がその上部の砂の重みによって自ら崩壊して同砂浜表面が陥没すること」の予見が必要かという点である。そして、その認識が必要だとすると、②本件事故現場付近を含む東側突堤に接した砂浜において、通常人が危険であると感じるような陥没が発見されていなければ過失は認められないのかどうかが問題となる。

2 事故現場付近の砂浜表面の陥没の存否

第１審は、「結果発生の予見可能性とは、内容の特定しない一般的、抽象的な危惧感ないし不安感を抱く程度では足りず、特定の構成要件的結果及びその結果の発生に至る因果関係の基本的部分の予見可能性を意味するものと解すべきであるが、この予見可能性の有無は、当該行為者の置かれた具体的状況下に、これと同様の地位、状況に置かれた通常人を当てはめて判断すべきものである」とする。問題は、「因果関係の基本的部分」とは何かであり、大きな空洞が砂層内に発生していたことがそれにあたるのかという点と、具体的状況下に通常人を当てはめて行う判断の内容なのである。

判例は表面上、因果関係の基本的部分の予見可能性を重視している。【基本判例１】では「砂の吸い出しによる陥没」「空洞の発生」の予見可能性である。ただ、結果の予見可能性にプラスして、因果経過の予見可能性がなければ過失犯が成立しないとしているわけではない。判例は、最終結果の予見可能性を直接吟味することが困難な場合に、それを認識すれば一般人ならば結果を予見しうるだけの中間項を設定し、それを「因果経過の基本的（重要）部分」と表現しているように思われる。中間項の予見可能性があれば最終結果の予見可能性があるとするにすぎない。この中間項は、その予見があれば、一般人ならば次の中間項ないし最終結果の認識が可能なものでなければならない。そのことを前提としてはじめて、中間項の予見可能性を結果の予見可能性に置き換えることができるのである（前田・総論315頁）。

神戸地裁は、砂浜の表面に現に一定程度の大きさの陥没が発生していれば（Ⅰ）、砂層内に空洞が発生すること（Ⅱ）が予見可能であるか否かを論じるまでもなく、バリケード等の設置や陥没発生の危険表示等といった結果回避措置（安全措置）を講じるべきであるとする。たしかに、過失責任を基礎づける死の結果の予見可能性は存在したということに異論は少ないであろう。そこで、Ⅰの認識（可能性）が問題となる。

```
Ⅰ  現場砂浜の陥没痕の認識
         ↓
Ⅱ  空洞の発生
         ↓
Ⅲ  空洞崩落事故
         ↓
Ⅳ  死
```

この点に関して、第１審は、本件事故現場付近を含む東側突堤に接した砂浜において、通常人が危険であると感じるような陥没は発見されていなかったとした。

それに対して原審は、本件事故以前から、東側突堤沿いの砂浜の南端付近だけでなく、これより北寄りの場所でも、複数の陥没様の異常な状態が生じていたことを認定し、本件事故現場を含む東側突堤沿いの砂浜において、防砂板の破損による砂の吸い出しにより陥没が発生する可能性があることを予見することができたとして予見可能性を認めた。

最高裁も、「南側突堤と東側突堤とは、ケーソン目地部に防砂板を設置して砂の吸い出しを防ぐという基本的な構造は同一であり、本来耐用年数が約30年とされていた防砂板がわずか数年で破損していることが判明していたばかりでなく、実際には、本件事故以前から、東側突堤沿いの砂浜の南端付近だけでなく、これより北寄りの場所でも、複数の陥没様の異常な状態が生じていた」と、原審の認定を維持し、結果の予見可能性を認めた。

今井裁判官の反対意見は、まさにこの点を争うものであった。本件事故発生付近の砂浜において陥没があったのを見た旨の５人の証言については、１審判決が、①目撃時から証言時までの間に３年ないし４年という時間的間隔があり、②陥没発生の場所があいまいであるなどとして、陥没の存在は認定できないとしたのに対し、原審はこれらの証言から、平成12年夏ころから13年10月ころまでに東側突堤北方の砂浜でも複数の陥没様の異常な状態が生じていたことが推認されるとした。今井裁判官は、「たま

たま本件砂浜を訪れた一般市民が発見できる程度の陥没があったのにもかかわらず、常時砂浜を管理していた市や公園協会、工事事務所の職員が、長期にわたってこれを見落としたということは考えにくい」として、この点について何らの証拠調べをすることなく、1回の期日で結審をし、第1審の認定を覆した原審の判断は維持できないとしたのである。

後述のように、この点のみが予見可能性の判断を決したものではないが、捜査実務の視点からは、陥没痕の存在の立証が有罪無罪を分けるキーポイントであったことを確認しておくべきである。

3　空洞発生の認識可能性

神戸地裁は、砂浜の表面に何の異常も認められない場所については、当該場所が危険であると判断する前提事実として、大きな空洞が砂層内に発生することが予見可能であるか否かという点が、極めて重要な要素になるとした。

そして、砂層内に発生した巨大な空洞が崩壊して砂浜表面に陥没孔が発生することは、土木工学上よく知られた一般的な現象であるとされていたかを検討する。Ⅰがなくても Ⅱ の認識が可能か否かを問題とした。これが肯定されるのであれば、砂浜表面に特段の異常が認められない区域においても、その上に人が乗った場合に、砂層内の空洞が崩壊し陥没孔が発生して上に乗った人が落ち込み、死傷の結果が生ずる具体的危険性についての予見可能性を肯定する余地があると考えられる。しかし、第1審は「砂層内に空洞が発生して巨大化し、空洞が崩壊して砂浜表面に陥没孔が発生することは、土木工学上よく知られた一般的な現象である」ということは認められないとした。

ただ、検察官は、「被告人らは、同砂浜の陥没発生のメカニズム及び陥没発生の可能性のある砂浜の範囲が判然とせず、当該砂浜全体のいかなる箇所で陥没等が発生するか分からなかった」ことを前提として主張を行っていた。それを超えて、「人が死傷に至るまでの具体的な因果経過を訴因に掲げているわけではない」としていた。検察官は、もともと、本件での予見の対象は、「かぎ形突堤に接した砂浜のどこかで、人の生命、身体に対する危害が惹起される陥没等が発生すること（Ⅲ）」であり、「砂層内に空洞が生じることの予見までは不要」としていたのである。そして、本件事故現場付近を含む砂浜においても、複数の陥没が発見されており、陥没が発生する区域と陥没が発生しないと合理的に認められる安全な区域とを識別することができない状態にあったのであるから、砂浜全域において、陥没の発生箇所がさらに拡大することも容易に予測できたとしたのである。

それに対して、神戸地裁は、認定できる陥没のうち本件事故現場から最も近いものでも、約60mの距離があるのであって、「砂浜表面に格別の異常がなくとも、地下において人が落ち込むような空洞が存在しているなどの異常が生じていることを窺わせるような特段の事情のない限り、砂浜の表面に現実に発生していた陥没の位置からして、被告人らにおいて、本件事故現場付近にも同様に、それに落ち込めば人が死傷するに至る危険を感じるような陥没が発生する具体的な危険があると予見することができなかったとしてもやむをえない」とした。

4　砂防板破損と砂の吸い出し

検察の主張である、「かぎ形突堤に接した砂浜の中であれば、そのどこかで、人の生命、身体に対する危害が惹起される陥没等が発生すること」の予見可能性を基礎づけるのには、橋渡しをする中間項が必要となる。それは、現に生じた「空洞の発生」の予見ではないのである。

この点、最高裁の多数意見は、「砂防板破損による砂の吸い出し」という中間項を設定する。本件陥没現場ではない「南側突堤沿いの砂浜及び東側突堤沿い南端付近の砂浜において繰り返し発生していた陥没についてはこれを認識し、その原因が防砂板の破損による砂の吸い出しであると考えて、対策を講じていたところ、南側突堤と東側突堤とは、ケーソン目地部に防砂板を設置して砂の吸い出しを防ぐという基本的な構造は同一であり、本来耐用年数が約30年とされていた防砂板がわずか数年で破損していることが判明していた」ことも重視して[1]、本件事故発生の予見可能性を認めた。

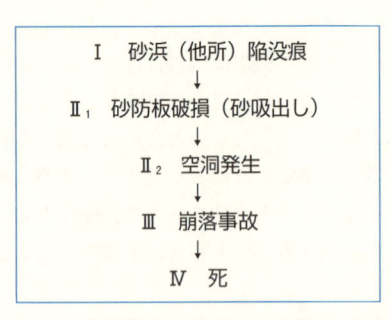

```
  Ⅰ  砂浜（他所）陥没痕
        ↓
  Ⅱ₁ 砂防板破損（砂吸出し）
        ↓
  Ⅱ₂ 空洞発生
        ↓
  Ⅲ  崩落事故
        ↓
  Ⅳ  死
```

　たしかに、予見可能性を否定した神戸地判も、①明石市が平成13年4月に行った調査の結果、南側突堤沿いの3か所で防砂板の損傷が判明し、被告人4名を含め関係者の間では、少なくとも、当該陥没の発生とその位置に設置された防砂板の破損に何らかの関係があると理解されていた。

　②本件事故当時、防砂板の耐用年数は30年程度とされていたが、明石市が平成13年4月に行った調査の結果、防砂板の破損が前記の3か所で確認されており、砂浜表面に陥没が繰り返し発生していた現場の下に設置されていた防砂板の破損は、その耐用年数よりはるかに短期間のうちに進行していた。

　③本件砂浜で発生していた南側突堤沿いの陥没は、平成13年に入って3度補修工事を実施しても再発していたものであり、その発生を食い止めるには、原因を究明した上、抜本的な補修工事を実施する必要があったが、その調査や工事は実施されていなかった。

　④本件砂浜の南側突堤沿いに発生していた陥没の中には、最大で東西約3m、南北約2m、深さ約1.7mという人の生命に対する危害が惹起されるおそれがある大きさの陥没が生じており、陥没に対する抜本的な補修工事が実施されていないという状況下では、同程度の大きさの陥没が、従前から陥没が発生していた付近に再び発生する可能性があった。

　⑤本件砂浜は、昼夜を問わず人の立入りが可能であったから、立入防止策が講じられていない場所において④のような大きさの陥没が発生した場合には、その存在に気付かずに、あるいは、好奇心から陥没孔に近づいた人が、その周辺部の砂の崩壊等が原因で陥没孔内に転落するなどし、生き埋めになるなどして死亡するに至る可能性があった、という事実は認めていたのである。

　これに対して、今井裁判官は、東側突堤北方の本件事故発生現場付近の砂浜で陥没があったことが認定できない以上、本件事故発生の予見可能性は認められないとした。

　たしかに、波の強さ等で砂の流出量が大きく異なることはありうる。しかし、同じ構造で構築され、同じ防砂板が使われている以上、連続する砂浜の一部で陥没が発生し、その原因が防砂板の破損であることが認識されていたとすれば、同様の防砂板が用いられているのであるから、砂の吸い出し（空洞の発生）は予見可能であったというべきであろう。そしてそれは、刑事過失を基礎づけうるものといえよう。ただ、最高裁は、事故発生現場付近の陥没痕の存在も認定していることも忘れてはならない。

1) 前述のように「実際には、本件事故以前から、東側突堤沿いの砂浜の南端付近だけでなく、これより北寄りの場所でも、複数の陥没様の異常な状態が生じていた」ことも認定している。

5　ガス爆発事故との比較

　大阪高判平成3年3月22日（判タ824-83）は、昭和45年に発生した、大阪市の地下鉄の建設工事現場でのガス爆発事故（79名が死亡し、379名が負傷）に関し、「構成要件的結果の発生に至る因果関係の基本的部分とは、通常、一般人がそれを認識すれば結果の発生を予見しうる事実であるから、右基本的部分について予見可能性があれば、構成要件的結果の発生についても予見可能性があることになる。本件において、本件継手が抜け出せば人の死傷を伴う重大な結果を招来することは、一般人にとって容易に予見し得るところであり、結局、『本件継手の締結力に欠陥があり、あるいは欠陥を生じて継手が抜け出す事実』を構成要件的結果発生に至る因果関係の基本的部分ととらえ、これについて予見可能性があれば、構成要件的結果の発生について予見可能性のあることが認められる」として、工事関係者の過失責任を認めた。直接見ることのできない土の中での変化の予見可能性という意味で、【基本判例1】を理解する上で有意義である。

　原審の大阪地裁は、本件の予見可能性の有無の判定は、「本件継手の締結力の欠陥、あるいはそれにより生ずる継手の抜出し」の予見可能性の有無に帰着

第8講　過失犯における結果の予見可能性の認定

するとした。そして、その際には、現に締結力に欠陥が存する（ないし存し得ること）や欠陥の原因の具体的な認識（ないしその可能性）は不要だとし、「抜止め防護の施工が工法上要求されるとの点につき認識可能性があれば足る」とした。中間項としての因果経過の重要部分の予見可能性を問題にしているのである。すなわち、住民の死傷の結果の予見が可能でかつ継手の抜出しの予見も可能でなければならないとされているわけではない。死傷の結果を直に判定するかわりに、これを容易にする「中間項」として「継手の抜出し」が問題とされている。

```
┌─────────────────────────┐
│ Ⅰ　パイプ継手の抜出し　　│
│　　　　　↓　　　　　　　│
│ Ⅱ　ガスの漏出　　　　　│
│　　　　　↓　　　　　　　│
│ Ⅲ　ガス爆発事故死　　　│
└─────────────────────────┘
```

ガス爆発に伴う死傷事故の場合には、従来から死傷の結果そのものではなく、ガスの漏出の予見可能性が問題とされてきた（秋田地大館支判昭和37・4・12下刑集4-3＝4-300、新潟地高田支判昭和43・8・7下刑集10-8-845、札幌高判昭和53・3・28刑月10-3-221、大阪高判昭和56・10・20判タ456-182、静岡地浜松支判昭和60・11・29判時1176-60）。どのような形で着火・爆発するかはともかく、充満したガスの爆発により死傷の結果が生じることは容易に予見可能であり、「ガス漏出の予見可能性」の判断により「爆発に依る死傷結果の予見可能性」を判定しうるからである。ただ、ガスの漏出の態様・経過はかなり複雑なため「漏出」につきさらにもう1つの中間項を設定する必要がある。本件の場合「継手の抜出し」もその例といえよう。宙吊されたガス導管の継手が抜け出せば、死傷を導くガスの噴出が生じることは十分予見可能で、中間項として用いることは許されよう。それでは、被告人等に「継手の抜出し」の予見は可能であったのであろうか。本件事案に関しては、予見可能性はもとより予見すら存在したと認定された。その意味で本件の過失責任の判断は大阪高裁の事実認定を前提をする限り全く問題がないといえよう。

ただ、原判決は傍論としてではあるが、「本件の具体的な抜出し」や「抜出し原因」の予見可能性は不要で、一般的な「抜止め防護の施工が要求されること」の予見可能性があれば足るとしている点に注意する必要がある。

たしかに本件事案の場合、現実に発生した継手抜出しの具体的機序・原因を予見し得なくても過失責任は問いうる。しかし何らかの形・原因で「抜け出すこと」は予見可能でなければならない。その意味で「抜止め防護の必要性の認識可能性」で足るとしたのは、きちんとした中間項を設定せず危惧感説に近い過失認定を行ったようにも見える。しかし、原審大阪地裁も「その施工が要求されること自体継手が抜け出す可能性を前提とするからである」と明示していることからみて、あくまで最終結果の予見可能性を基礎づけうる「継手の抜出しの予見可能性」を要求していたと評価すべきであろう。そして、原審も指摘するとおり、継手の締結力に現に欠陥があったとか、あるいは欠陥が生じること、そしてその原因について具体的な認識ないし認識可能性のあることは必ずしも必要ないのである。

第 9 講　実行行為の特定と正当防衛

> ─論　点─
> ▶反撃を加え侵害者の抵抗がなくなった後の追撃をどこまで防衛行為と評価するのか。
> ▶防衛行為の個数は、どのように認定されるか。
> ▶財産権を防衛するために身体の安全を侵害しても、防衛手段としての相当性の範囲にあるといえるか。

【基本判例 1】　最 1 小決平成 20 年 6 月 25 日（刑集 62 巻 6 号 1859 頁・判タ 1272 号 67 頁）

事実の概要
(1)　被告人 X（当時 64 歳）は、屋外喫煙所の外階段下で喫煙し、屋内に戻ろうとしたところ、被害者 A（当時 76 歳）が、その知人である B および C と一緒におり、A は、「ちょっと待て。話がある」と X に呼びかけた。X は、以前にも A から因縁を付けられて暴行を加えられたことがあり、今回も因縁を付けられて殴られるのではないかと考えたものの、同人の呼びかけに応じて、ともに喫煙所の外階段西側へ移動した。

(2)　X は、同所において、A からいきなり殴りかかられ、これをかわしたものの、腰付近を持たれて付近のフェンスまで押し込まれた。A は、さらに X を自己の体とフェンスとの間に挟むようにして両手でフェンスをつかみ、X をフェンスに押し付けながら、ひざや足で数回けったため、X も A の体を抱えながら足を絡めたり、け り返したりした。そのころ、2 人がもみ合っている現場に B および C が近付くなどしたため、X は、1 対 3 の関係にならないように、B らに対し「おれはやくざだ」などと述べて威嚇した。そして、X をフェンスに押さえ付けていた A を離すようにしながら、その顔面を 1 回殴打した。

(3)　すると、A は、その場にあったアルミ製灰皿（直径 19 cm、高さ 60 cm の円柱形）を持ち上げ、X に向けて投げ付けた。X は、投げ付けられた同灰皿を避けながら、同灰皿を投げ付けた反動で体勢を崩した A の顔面を右手で殴打すると、A は、頭部から落ちるように転倒して、後頭部をタイルの敷き詰められた地面に打ち付け、仰向けに倒れたまま意識を失ったように動かなくなった（第 1 暴行）。

(4)　X は、憤激のあまり、意識を失ったように動かなくなって仰向けに倒れている A に対し、その状況を十分に認識しながら、「おれを甘く見ているな。おれに勝てるつもりでいるのか」などと言い、その腹部等を足げにしたり、足で踏み付けたりし、さらに、腹部にひざをぶつける（右ひざを曲げて、ひざ頭を落とすという態様）などの暴行を加えた（第 2 暴行）。A は、第 2 暴行により、肋骨骨折、脾臓挫滅、腸間膜挫滅等の傷害を負った。

(5)　A は、付近の病院へ救急車で搬送されたものの、6 時間あまり後に、頭部打撲による頭蓋骨骨折に伴うクモ膜下出血によって死亡したが、この死因となる傷害は第 1 暴行によって生じたものであった。

第 1 審判決は、X が A に対し第 1 暴行と第 2 暴行を加えて傷害を負わせ、病院で死亡させたものであり、過剰防衛による傷害致死罪が成立するとし、X に対し懲役 3 年 6 月の刑を言い渡した。これに対し、原審は、X の第 1 暴行については正当防衛が成立するが、第 2 暴行については、A の侵害が終了している上、防衛の意思も認められず、正当・過剰防衛が成立する余地はないから、X は第 2 暴行

第9講　実行行為の特定と正当防衛

によって生じた傷害の限度で責任を負うべきであるとして、懲役2年6月の刑を言い渡した。

弁護側は、第1暴行と第2暴行は一体のものと評価すべきであり、前者について正当防衛が成立する以上、全体につき正当防衛を認めて無罪とすべきである等として、上告した。

決定要旨

上告棄却。事実の概要の「事実関係の下では、第1暴行により転倒したAが、Xに対し更なる侵害行為に出る可能性はなかったのであり、Xは、そのことを認識した上で、専ら攻撃の意思に基づいて第2暴行に及んでいるのであるから、第2暴行が正当防衛の要件を満たさないことは明らかである。そして、両暴行は、時間的、場所的には連続しているものの、Aによる侵害の継続性及びXの防衛の意思の有無という点で、明らかに性質を異にし、Xが前記発言をした上で抵抗不能の状態にあるAに対して相当に激しい態様の第2暴行に及んでいることにもかんがみると、その間には断絶があるというべきであって、急迫不正の侵害に対して反撃を継続するうちに、その反撃が量的に過剰になったものとは認められない。そうすると、両暴行を全体的に考察して、一個の過剰防衛の成立を認めるのは相当でなく、正当防衛に当たる第1暴行については、罪に問うことはできないが、第2暴行については、正当防衛はもとより過剰防衛を論ずる余地もないのであって、これによりAに負わせた傷害につき、Xは傷害罪の責任を負うというべきである。以上と同旨の原判断は正当である」。

▶▶▶ 解　説

1　実行行為の個数の重要性

第1講で「構成要件該当性のある実行行為」の特定作業が、実はかなり困難であることを説明した。特に、一見すると第1行為と第2行為の2つに分かれるように見える場合に、それをまとめて「一個」とみるにはどのような事情が必要なのかを検討し、特定作業における故意の存在の重要性を指摘した。実は、正当防衛を論じるにあたっても、ほぼ同様の問題が存在するのである。

正当防衛とは、急迫不正の侵害に対し自己または他人の権利を防衛するためにやむを得ずにした行為である。構成要件に該当しているにもかかわらず、不可罰となる。正当防衛の根幹は、「急迫不正の侵害に対する防衛行為」という点にある。そして、具体的防衛行為について、それがやむことを得ないものなのか、すなわち正当防衛か過剰防衛か（さらにはそれにも該当しないのか）が吟味される。

2　「防衛行為」該当性

判例は「防衛行為性」の判断について、客観的に「防衛するため」に行ったと認められるかを重視している。後に本講で扱う最判平成21年7月16日【基本判例2】は、「被告人らの権利を防衛するために本件暴行を行ったか否か」を慎重に吟味している。しかし、判例は、防衛行為と呼べるか否かにおいて、あたかも199条の殺人行為と呼ぶには殺意を認定し得なければならないのと同じ意味で、主観面も重視している。【基本判例1】の最決平成20年6月25日は、「両暴行は、時間的、場所的には連続しているものの、Aによる侵害の継続性及びXの防衛の意思の有無という点で、明らかに性質を異にし」一個の防衛行為とはいえないとする。そして、後述の最決平成21年2月24日も、「被告人が被害者に対して加えた暴行は、急迫不正の侵害に対する一連一体のものであり、同一の防衛の意思に基づく一個の行為と認めることができるから、全体的に考察して一個の過剰防衛」となるとしている。

犯罪の成否は、実務上も、そして多数の学説上も、①構成要件該当性、②違法性、③有責性の順に判断されていることは疑いない。そこで、防衛行為も、構成要件該当性判断における実行行為性を前提に考えるべきであって、複数の暴行を加えた事案でも、

57

その全体が一個の構成要件行為にあたるのであれば、その全体が正当防衛にあたるか、過剰防衛にあたるか等を判断することになると考えるのが自然である（両者は目的・効果が異なるので別異の判断構造を有するとすることも可能である）。

各構成要件の実行行為が問題となる場合には、主観的構成要件要素である故意を無視することはできない。故意犯の場合、実行行為時に故意を伴わなければ構成要件該当性は認められないので、殺人罪の実行行為性は、「殺意」が生じたと認められる部分についてのみ吟味する意味がある。そもそも、「何罪の実行行為を問題とするのか」は、故意が特定しなければ論じ得ない。その意味で、判例が「防衛行為といえるか否か」を判断する際に、認識内容を問題にするのは、理解しうる。

ただ、急迫不正の侵害に対し防衛するためにやむを得ずにした行為であると認識して行為した場合、構成要件事実を認識していても、故意非難を行うことができず、不可罰となる。判例・多数説によれば、防衛の意思でやむを得ない行為であると認識して実行すれば、客観的に正当防衛でなくとも、犯罪とはならない。このような認識が、犯罪の成否に影響することは疑いないが、それを「行為の違法性を阻却する」ということの論拠する必要はない。また、正当防衛を「違法・責任阻却事由」と構成するのは、議論の混乱をもたらすであろう。

3　防衛行為の個数

そして、一個の防衛行為といえるか否かは、基本的には、行為の客観的一個性と「急迫不正の侵害」との対応関係によって決定されることを確認しておかねばならない。最判平成9年6月16日（刑集51-5-435）は、XがAに突然背後から鉄パイプで頭部を殴打されたので鉄パイプを取り上げようとしてもみ合いになり、一旦逃げ出したところ、追って来たAが、2階通路端の転落防止用手すりの外側に勢い余って上半身を前のめりに乗り出した姿勢になり、Aがなおも鉄パイプを手に握っているのを見て、Xは、Aの左足を持ち上げて同人を手すりから約4m下のコンクリート道路上に転落させた行為について、転落させたXの行為が正当防衛にあたるかが問題となった事案で、原審がすでに急迫不正の侵害は終了していたとするのに対し、転落させなければ、間もなく態勢を立て直した上、再度の攻撃に及ぶことが可能であったのであり、急迫不正の侵害は、Xが上記行為に及んだ当時もなお継続していたとした（ただ、防衛のためにやむを得ない程度を超えたものとして過剰防衛を認めた）。実質的には、①攻撃が一応中断するに至った経緯、②攻撃者と防衛者の力関係、③中断前に行った防衛行為と中断後に行った防衛行為の侵害の重大性などを中心に行為の一個性が判断されなければならない。各時点での主観面は、これらの事情の中に組み込まれることになる。

急迫不正の侵害が完全に終了し、その因果的影響が消えた後には、いかに主観的に「防衛の意思」で反撃しても、防衛行為とは認められない。正当防衛が問題となる事例においては、細かく分析すれば、急迫不正の侵害の影響が弱まったように見えても、防衛者の恐怖心なども加味すれば、一連のものと見なければ不自然な場合が多い。急迫不正の侵害が終了していたか否かは、形式的には判断できないのである。

最判昭和34年2月5日（刑集13-1-1）は、「同一の機会における同一人の所為を分解し、趣旨を異にする2つの法律を別々に適用するが如きことは、立法の目的に副わない措置であつて、到底許されない所である」として、被害者による急迫不正の侵害に対し、自己の生命身体を防衛するため、鉈をもって反撃的態度に出、最初の一撃によって被害者が横転し防衛者に対する侵害の態勢が崩れ去ったにもかかわらず、はなはだしい恐怖、驚愕、興奮、狼狽により、引きつづき3、4回にわたり追撃的行為に出た事案を、一個の防衛行為として過剰防衛と評価した原審判断を是認している。量的過剰防衛を認めた代表判例といえよう。その後、下級審は、首を絞めて殺害した行為（東京高判平成6・5・31判タ888-246）、ナイフによる侵害行為がやんだ後、動かなくなった侵害者に暴行を加え失血死させた行為（東京地判平成9・9・5判タ982-298）、侵害者の攻撃が止んだ後、共犯者の1人がとどめをさした場合（富山地判平成11・11・25判タ1050-278）等を一連の防衛行為と評価し、過剰防衛とした。他方、包丁で刺した相手がぐったりした後、さらに首を絞め続けた行為については過剰防衛にもならないとされた（津地判平成5・4・28判タ819-201）。

4 最決平成20年6月25日と最決平成21年2月24日の差

ここで、同じ第1小法廷は、防衛行為の一個性に関し、全く矛盾するように見える判断を示した。最決平成21年2月24日（刑集63-2-1）は、次のように判示したのである。

覚せい剤取締法違反の罪で起訴され、拘置所に勾留されていた被告人が、同拘置所内の居室において、同室の者に対し、折り畳み机を投げ付け、その顔面を手拳で数回殴打するなどの暴行を加えて同人に加療約3週間を要する左中指腱断裂および左中指挫創の傷害を負わせたとして、傷害罪で起訴された事案である。

弁護側は、被害者の方から被告人に向けて同机を押し倒してきたため、被告人はその反撃として同机を押し返した行為（第1暴行）から傷害結果が生じたのであり、同行為は急迫不正の侵害に対する防衛手段として相当性が認められるのであり、同机に当たって押し倒され、反撃や抵抗が困難な状態になった被害者に対し、その顔面を手拳で数回殴打したこと（第2暴行）は、防衛手段としての相当性の範囲を逸脱しているかも知れないが過剰防衛による傷害罪が成立する余地はなく、暴行罪が成立するにすぎないと主張した。

これに対し第1小法廷は「しかしながら、前記事実関係の下では、被告人が被害者に対して加えた暴行は、急迫不正の侵害に対する一連一体のものであり、同一の防衛の意思に基づく一個の行為と認めることができるから、全体的に考察して一個の過剰防衛としての傷害罪の成立を認めるのが相当であり、所論指摘の点は、有利な情状として考慮すれば足りるというべきである」と判示したのである。

【基本判例1】の最決平成20年6月25日は、口論になったAがその場にあったアルミ製の大きな灰皿をXに向けて投げ付けたので、XがAの顔面を右手で殴打しその場に転倒させた第1暴行の後、後頭部を地面に打ち付けたAは意識を失ったように動かなくなったところ、Xは、憤激のあまり、なおも第2暴行を加え肋骨骨折等の傷害を負わせ、第1暴行を原因として6時間あまり後に死亡させたという事案であるのに対し、「急迫不正の侵害に対して反撃を継続するうちに、その反撃が量的に過剰になったものとは認められない」とし、正当防衛にあたる第1暴行については、罪に問うことはできないが、第2暴行については、正当防衛はもとより過剰防衛を論ずる余地もないとした。

同じ第1小法廷が約半年の間を置いて出した、「一見逆の方向性を持つ判断」である。しかし、両者に矛盾があるわけではない。

5 防衛行為の一個性判断の実質

最決平成20年6月25日は、「第1暴行により転倒したAが、Xに対し更なる侵害行為に出る可能性はなかったのであり、Xは、そのことを認識した上で、専ら攻撃の意思に基づいて第2暴行に及んでいるのであるから、第2暴行が正当防衛の要件を満たさないことは明らかである。そして、両暴行は、時間的、場所的には連続しているものの、Aによる侵害の継続性及びXの防衛の意思の有無という点で、明らかに性質を異にし、Xが前記発言をした上で抵抗不能の状態にあるAに対して相当に激しい態様の第2暴行に及んでいることにもかんがみると、その間には断絶があるというべきであって、急迫不正の侵害に対して反撃を継続するうちに、その反撃が量的に過剰になったものとは認められない。そうすると、両暴行を全体的に考察して、一個の過剰防衛の成立を認めるのは相当でな」いとしたのである。ここでは、すでに抵抗不能の状態にあるのに、そしてそのことを認識しているのに、相当に激しい攻撃を加えたことが重視され、第2暴行は「防衛行為」とはいえないと判断したのである。

一方、最決平成21年2月24日は、「本件傷害と直接の因果関係を有するのは第1暴行のみであり、同暴行を単独で評価すれば、防衛手段として相当といえる」という原判決の判断を前提としつつ、第1暴行と第2暴行を分けて考えるのは妥当でなく、全体的に考察して一個の過剰防衛としての傷害罪の成立を認めるのが相当であり、防衛行為として相当な第1暴行から傷害結果が生じた点は、有利な情状として考慮すれば足りるとした。

それに対しては、当然、傷害結果が「違法性のない」第1暴行によって生じたものであることを認める以上、第2暴行が防衛手段としての相当性の範囲を逸脱していたとしても、過剰防衛による傷害罪が

成立する余地はなく、暴行罪が成立するにすぎないということになりそうである。まして、最決平成20年6月25日の存在を考えれば、両暴行を分けて考えることも十分に可能であったようにも見えるのである。

しかし、最決平成21年2月24日の事案は、被害者が机にあたって押し倒され、反撃や抵抗が困難な状態になったといっても、最決平成20年6月25日の事案のように、意識を失って動けなくなった後の攻撃とは異なるといえよう。やはり、拘置所内の居室における争いであり、侵害の急迫性が喪失したとはいえず、一連の防衛行為といわざるを得ない。

第1暴行が、それのみを取り出せば「手段として相当」であったとしても、それが含まれる「分断して考えるべきではない一連の過剰防衛行為」から傷害が生じたときには、その傷害結果を正当化することはできない。刑事の帰責において因果性は重要であるが、刑法207条の存在に示されているように、規範的評価は不可避である。

【基本判例2】 最1小判平成21年7月16日（刑集63巻6号711頁・判タ1336号61頁）

事実の概要

原判決の認定および記録によれば、本件の事実関係は次のとおりである。

(1) 本件建物およびその敷地は、Dの亡父が所有していたところ、その持分の一部は、同人から贈与または相続により取得した者を経て、E不動産が強制競売または売買により取得した。本件当時、登記上、本件建物については、DおよびE不動産がそれぞれ2分の1ずつの持分を有する一方、その敷地については、E不動産、被告人X、Dほかが共有しており、そのうちE不動産は264分の83の持分を有していた。E不動産は、これらの持分を平成15年12月ころまでに取得したものである。

(2) F宅建は、平成3年に本件建物の賃借人の地位を取得し、平成17年9月、それまで他の会社に転貸されていた本件建物の明渡しを受けた。そして、F宅建は、同年10月ころ、建設会社に本件建物の原状回復および改修の工事を請け負わせた。また、そのころ、XおよびDは、本件建物の一部に居住し始めるとともに、これをF宅建の事務所としても使用するようになった。ところが、その後、E不動産の関連不動産会社である株式会社Gの従業員が上記建設会社の作業員らに対して上記工事を中止するように申し入れ、同年11月には、本件建物に取り付けられたばかりのガラス10枚すべてをE不動産関係者が割るなどしたことから、上記建設会社は、工事を中止した。

そこで、F宅建は、同年12月、改めて別の建設会社に上記工事の残工事を請け負わせたところ、E不動産の従業員であるBがほとんど毎日工事現場に来ては、上記建設会社の作業員に対し、本件建物の工事差止めを求めて裁判で争っているから工事をしてはならない旨申し向けて威圧的に工事の中止を求め、その工事を妨害した。また、E不動産は、上記建設会社に対し、工事の中止を求める内容証明郵便を送付したり、F宅建から支払われる請負代金額の3倍の保証金を支払うので工事から手を引くよう求めたりし、上記建設会社がこれを断ると、E不動産関係者は、今後広島で無事に仕事をすることができると思うななどと申し向けて脅迫した。平成18年に入ると、Bのほかにも、E不動産の従業員と称する者が、毎日、工事開始から終了まで本件建物前に車を止めて張り付き、作業員らにすごむなどしたため、上記建設会社も工事を中止した。

そして、E不動産は、その工事が続行されないように、本件建物の周囲に残っていた工事用足場をG名義で買い取った上、本件建物の入口付近に鉄パイプを何本も取り付けて出入り困難な状態とし、「足場使用厳禁」等と記載した看板を取り付けるなどした。その後も、E不動産関係者は、本件建物の前に車を止めて、F宅建を訪れる客に対して立入禁止である旨を告げるなどした。また、E不動産は、同年1月ころ以降、建設業者が本件建物に立ち入らないようにするため、その立入りを禁止する旨表

示した看板を本件建物の壁面等に取り付けたところ、被告人らに外されたりしたため、その都度、同様の看板を本件建物に取り付けることを7、8回繰り返した。

(3)　一方、E不動産は、平成17年11月、本件建物の2分の1の共有持分権に基づく妨害排除請求権を被保全権利として、D、XおよびF宅建を相手方として、本件建物の増改築工事の中止および続行禁止ならびに明渡し断行を求める仮処分を申し立てたが、却下され、即時抗告を申し立てた。広島高等裁判所は、平成18年9月、F宅建はE不動産が本件建物の持分を取得する以前から本件建物について賃借権を有しており、Dは本件建物の共有持分権を有し、XはF宅建の代表者またはDの妻として本件建物を占有しているから、E不動産は、F宅建に対しても、DおよびXに対しても、本件建物の明渡しを請求できない旨、F宅建は賃貸借契約において本件建物の大修繕や改良工事の権限が与えられているから、E不動産はF宅建による工事の中止や続行禁止を求めることもできない旨判示して、E不動産の上記即時抗告を棄却し、これが確定した。

(4)　Bは、平成18年12月20日に取り付けた立入禁止の看板の一部がはがされたりちぎられたりしているのを発見したので、同月22日午後7時10分ころ、立入禁止の看板3枚を本件建物に取り付けるため、Cらとともに本件建物前に行った。Bの依頼により、CおよびHは、立入禁止の看板1枚を自動車から下ろし、その裏面全面に接着剤を付け、はしごを本件建物西側の壁面に立て掛けるなど、本件看板を取り付ける作業を開始した。本件看板は、縦91cm、横119.9cm、厚さ0.3cm、重さ2.5kgのものであり、「立入禁止　広島地方裁判所においてD、Aおよび㈲F宅建と係争中のため本件建物への立入を禁ずる。所有者株式会社E不動産」等と記載され、「立入禁止」の文字は赤色で他の文字より大きく、「広島地方裁判所」および「係争中」の文字もそれぞれ赤色で表示され、その他の文言は黒色で表示されている。

(5)　前記のとおりCらが本件看板を本件建物の壁面に取り付ける作業を開始したところ、XおよびDがやってきて、何をするんだなどと大声で怒鳴り、Xは、Cの持っていた本件看板を強引に引っ張って取り上げ、裏面を下にして、本件建物西側敷地と歩道にまたがる地面へ投げ付け、その上に乗って踏み付けた。Bは、Xが本件看板から降りた後、これを持ち上げ、コーキングの付いた裏面を自らの方に向け、その体から前へ10cmないし15cm離して本件看板を両手で持ちCに渡そうとした。そこで、Xは、これを阻止するため、Bに対し、市道の車道の方に向かって、その胸部を両手で約10回にわたり押したところ、Bは、約2m後退し、最後にXがBの体を右手で突いた際、本件看板を左前方に落として、背中から落ちるように転倒した。

なお、BがXに押されて後退し、転倒したのは、Xの力のみによるものではなく、Bが大げさに後退したことと本件看板を持っていたこととがあいまって、バランスを崩したためである可能性が否定できない。

(6)　Bは、本件当時48歳で、身長約175cmの男性であり、Xは、本件当時74歳で、身長約149cmの女性である。Xは、本件以前に受けた手術の影響による右上肢運動障害のほか、左肩関節運動障害や左肩鎖関節の脱臼を有し、要介護1の認定を受けていた。

原判決は、本件暴行につきXを有罪とした上で、XはBらによる本件看板の設置を阻止しようとして本件暴行に及んだものであるが、前記(3)のとおり即時抗告棄却決定においてE不動産がXらに対して本件建物の明渡しや工事の中止等を求める権利がない旨判断されていること等からすれば、Bが本件看板を本件建物に設置することは、違法な行為であって、従前の経緯等をも考慮すると、嫌がらせ以外の何物でもないというべきであるとし、Bによる違法な嫌がらせが本件の発端となったことは、刑の量定にあたって十分考慮しなければならない旨判示し、Xを科料9900円に処した。

判 旨

最高裁は正当防衛の成否について、以下のように判示した。

「検討するに、Bらが立入禁止等と記載した本件看板を本件建物に設置することは、Xらの本件建物に対する前記(3)の共有持分権、賃借権等を侵害するとともに、F宅建の業務を妨害し、Xらの名誉を害するものといわなければならない。そして、Bの依頼を受けたCらは、本件建物のすぐ前において本件看板を取り付ける作業を開始し、Xがこれを取り上げて踏み付けた後も、Bがこれを持ち上げ、付けてくれと言ってCに渡そうとしていたのであるから、本件暴行の際、Bらはなおも本件看板を本件建物に取り付けようとしていたものと認められ、その行為は、Xらの上記権利や業務、名誉に対する急迫不正の侵害にあたるというべきである。

そして、Xは、BがCに対して本件看板を渡そうとしたのに対し、これを阻止しようとして本件暴行に及び、Bを本件建物から遠ざける方向に押したのであるから、Bらによる上記侵害からXらの上記権利等を防衛するために本件暴行を行ったものと認められる。

さらに、Bらは、前記(2)および(4)のとおり、本件建物のガラスを割ったり作業員を威圧したりすることによって被告人らが請け負わせた本件建物の原状回復等の工事を中止に追い込んだ上、本件建物への第三者の出入りを妨害し、前記(3)の即時抗告棄却決定の後においても、立入禁止等と記載した看板を本件建物に設置するなど、本件以前から継続的にXらの本件建物に対する権利等を実力で侵害する行為を繰り返しており、本件における上記不正の侵害はその一環をなすものである。一方、XとBとの間には前記(6)のような体格差等があることや、前記(5)のとおりBが後退して転倒したのはXの力のみによるものとは認め難いことなどからすれば、本件暴行の程度は軽微なものであったというべきである。そうすると、本件暴行は、Xらの主として財産的権利を防衛するためにBの身体の安全を侵害したものであることを考慮しても、いまだBらによる上記侵害に対する防衛手段としての相当性の範囲を超えたものということはできない。

以上によれば、本件暴行については、刑法36条1項の正当防衛として違法性が阻却されるから、これに正当防衛の成立を認めなかった原判決は、事実を誤認したか、同項の解釈適用を誤ったものといわざるを得ない」。

▶▶▶ 解 説

1 必要性と相当性

正当防衛の根幹は、「急迫不正の侵害に対する防衛行為」という点にあるが、最も判断が困難なのは、防衛として行った行為がやむことを得ないものなのか否か、すなわち正当防衛か過剰防衛か（さらにはそれにも該当しないのか）という点にある。そこには、国民の規範意識が直接的に投影し、状況に応じて微妙に変化していくものだからである。国家によっても、結論は異なる。

従来、「やむを得ずにした」という要件は、必要性の問題と位置づけられてきた。そして、必要性は、防衛者の反撃が侵害行為を排除するために必要な合理的手段の1つであることと解されることが多かった。権利を守るのに不要な行為以外は必要性の要件を満たすということにいたる。そこには、ドイツの広い正当防衛概念の影響が見られる。現行刑法典の立法者は、着物1枚を守るために犯人を殺傷することもやむを得ないことであると考えていたようである（倉富勇三郎＝平沼騏一郎＝花井卓蔵監修・高橋治俊＝小谷二郎共編『刑法沿革綜覧』(1925) 883頁）。

しかし、わが国では、同じ必要性という言葉を用いても、反撃行為が権利を防衛する手段として必要最小限度の行為でなければならない趣旨であるという理解が有力となる。ドイツに比し、かなり厳格に正当防衛の成立範囲を限定しようとする。「相手の

侵害から退避可能な場合には常に退避する必要がある」とはいえないが、できるだけ加害・危険の少ない手段が選択されなければならないとする考えが有力なのである。

2　判例の相当性判断

それに対して、わが国の判例は、正当防衛の「やむを得ずにした」か否かを、必要性より相当であるか否かを中心に判断する傾向が強い。相当性とは、まず第1に守るべき法益に比べ防衛行為がもたらした侵害が著しく不均衡ではないという結果の相当性を意味するが（相対的法益権衡）、防衛行為と侵害（攻撃）行為の危険性の均衡という、手段の相当性をも含む。同様の傷害結果でも、素手で殴るのと凶器を用いるのとでは、行為の有する危険性に差があり、これは違法性判断においても考慮されるからである[1]。

屈強な侵害者の暴行に対し、菜切包丁を構えて脅迫して防衛した事案（最判平成1・11・13刑集43-10-823）、腹部を蹴られたのに対し手拳で顔面を殴り、路面に頭部を強打させ重傷を負わせた事案（東京高判平成8・12・4判タ950-241）、胸ぐらをつかまれたのに対し、顔面を殴打し転倒させ死亡させた事案（千葉地判平成9・12・2判時1636-160）につき、相当性が認められてきた。

ただ、本件のように、財産権を守るために身体を害する行為が防衛行為として相当とされることは、わが国では例外的である。そのことを象徴しているのが、【基本判例2】の第1審、原審である。非常に軽い刑ではあるが、有罪とせざるを得ないと考えた最大の理由は、財産権侵害であるにもかかわらず物

理力を行使したという点であると考えられる。

ただ、本件の場合には、被害者側のこれまでの一連の不当な態度に加え、体力の著しい差、被告人が要介護者であること等があり、相当性が認められたといえよう。

本件によって、「判例の正当防衛判断」に変化の兆しが見られるとすることも不可能ではないが、事実関係をしっかりみておくことが重要である。

1) <u>防衛手段の相当性は、防衛手段の必要最小限度性</u>と密接不可分の関係にある。最判昭和44年12月4日（刑集23-12-1573）は、「刑法36条1項にいう『已ムコトヲ得サルニ出テタル行為』とは、急迫不正の侵害に対する反撃行為が、自己または他人の権利を防衛する手段として必要最小限度のものであること、すなわち反撃行為が侵害に対する防衛手段として相当性を有するものであることを意味」すると判示している。近時の判例は、「必要最小限度の手段性」を相当性と呼ぶ傾向にある。

実際の相当性の判断は、まず、①防衛と無関係ないし不要な行為は排除されるが（必要性判断）、これは事実上、客観的な「防衛するため」といえるか否かの判断と重なる。実質的に重要なのは相当性判断で、②相対的法益権衡（侵害法益と守るべき利益との均衡）と、③行為の相当性判断、すなわち侵害行為の危険性と攻撃行為の危険性考量および、行為の必要最小限度性（他の軽微な防衛手段を採用する容易性）の判断からなる。それを補うものとして、④攻撃者の不正の度合いや、防衛者が侵害を十分に予見できる状況にあったかなども考慮される。守るべき利益を上回る重大な侵害結果の場合には、他の手段がかなり困難である場合にのみ必要性が認められる。また、侵害を十分予見できた場合は、より軽微な防衛方法の選択が容易だったことになる。

第10講　誤想過剰防衛

> 論点
> ▶誤想過剰防衛には、どのような類型が存在するのか。
> ▶防衛状況が存在すると誤信し、しかも相当な範囲を超えた反撃行為を行った場合は、いかに処断されるのか。

【基本判例1】　大阪地判平成23年7月22日（判タ1359号251頁）

事実の概要

被告人Xは、大阪市内所在の自宅において、平成22年9月19日午後7時ころ、実弟A（被害者）と口論になり、Aの使っていたコップを床にたたきつけて割るなどした上、Aの携帯電話を2つに折って投げ捨てた。これに立腹してXに駆け寄ったAが、手拳で1回、Xの顔面を殴打し、さらに、後退しつつ前かがみになったXの顔面等を手拳で複数回殴打した。Xは後方に追い込まれて、Aともみ合いになり、Aの背後から腕を首に回して締めつけたところ、Aが窒息死したという傷害致死の事案である。

Xが上記の日時場所において、上記行為によってAを死に至らしめたこと、Aから顔面を手拳で殴打されるなどの暴行を加えられたことは、証拠上明らかであるとされた。ただ、①Xは、Aの首を締めていることを認識していたのか、②正当防衛ないし誤想防衛が成立するかが争われた。

大阪地裁は、Xには、Aの首を締めていたという認識があったと認めるに足りる十分な証拠はなく、Aの首の辺りを腕で押さえ込み、Aの動きを封じようとする認識にとどまっていたとの合理的な疑いが残ると判断した上、Xは、防衛のため相当な行為をするつもりで誤ってその限度を超えたものであり、防衛行為が過剰であることを基礎づける事実の認識に欠けていたのであるから、Aに対する傷害致死罪の故意責任を問うことはできず、Xは無罪であるとした。

判旨

大阪地裁は、正当防衛ないし誤想防衛の成否に関し、以下のように判示した。

「Xは、Aが使っていたコップを床にたたきつけて割るとともに、水差しを床にたたきつけ、Aの携帯電話を2つに折って投げ捨てており、これがAの怒りを一定程度誘発するべき違法行為であったことは否定できない。しかし、Aはこれに対して、Xに上記のような暴行を加えているのであり、物を壊す行為と人を傷つける行為とを比較すれば、Aの行為は、Xによる物を壊す行為の違法性の程度を大きく超えているといえる。

また、本件先行行為は、上記のとおり、Aの怒りを誘発し得るものであったが、XとAが7、8年間、殴り合いの喧嘩をしておらず、その間、XとAとの間で暴力が振るわれたという事実は認められないことからすると、Xにとって、Aが本件先行行為に応じて、Xの歯が折れるほどの暴力を振るうなどということは、予想外の出来事であったと考えるのが自然であり、Xが、**Aの攻撃を予期していたという事実は認められない**。さらに、既に述べたように、XはAの首を締めることを認識していたとは認め難いこと、Xの検察官調書によれば、本件事件以前にXとAが殴り合いのけんかをした際、XはAに力では到底かなわないことを認識していた事実が認められ、そのような状況において、Xが素手で、Aに対

して積極的に攻撃を加えようと思い立つとは考え難いこと、XとAは普段は仲が悪いわけでは決してなかったことなどからすると、Xが本件事件当時、Aに対して積極的に危害を加える意思を有していたとは認められない。

そして、XがAに対する怒りもあるものの、自己の身を守ろうという意思を抱いて行動していたことは明らかであり、もっぱらAに危害を加える意思であったとは到底認められない。

以上によれば、本件事件当時、Xは、急迫不正の侵害に当たるAの攻撃に対して反撃が正当化される状況の下、防衛のために公訴事実記載の行為に及んだものといえる。

もっとも、人の急所である首を締めるという行為は、人の生命を侵害する重大な危険を含む行為であるから、Aの攻撃に対する防衛行為としては許容範囲を超え、相当性に欠けるものであった。

しかし、本件では、上記のとおり、XにAの首を締めているという認識があったと認定することはできず、XはAの首の辺りを腕で押さえ込み、Aの動きを封じようとする認識にとどまっていたという前提で判断せざるを得ない。そして、このようなXの認識していた事実を基礎とし、本件事件当時Xが置かれていた状況等を考慮すれば、Xの認識上、XがAに対してした行為は、Aの攻撃から身を守る防衛行為として許容範囲を超えておらず、相当性を有するものと認められる。そうすると、Xは、防衛のため相当な行為をするつもりで誤ってその限度を超えたものであり、防衛行為が過剰であることを基礎づける事実の認識に欠けていたのであるから、Xの行為は誤想防衛に当たり、Xに対し、Aに対する傷害致死罪の故意責任を問うことはできない」。

▶▶▶ 解　説

1　【基本判例１】の正当防衛の考え方

【基本判例１】の実質的な争点は、XがAの首を締めていることを認識していたのか否かであった。そして、大阪地裁は、Xは、Aの首の辺りを腕で押さえ込み、Aの動きを封じようとする認識にとどまっていたとの合理的な疑いが残るとした。

そして、Xがコップを床にたたきつけて割るなどし、Aの携帯電話を２つに折って投げ捨てた「Aの怒りを一定程度誘発するべき違法行為」があったとしても、Aの行為は、Xによる物を壊す行為の違法性の程度を大きく超えており、Xにとって予想外の出来事であったと考えられ、Xが本件事件当時、Aに対して積極的に危害を加える意思を有していたとは認められないとして、防衛のためにした行為であることを認定する（最決平成20・5・20刑集62-6-1786参照。さらに最判昭和50・11・28刑集29-10-983、最判昭和60・9・12刑集39-6-275参照）。

ただ大阪地裁は、Xの行為は人の生命を侵害する重大な危険を含む行為であるから、客観的にみて防衛行為として相当性を欠くと認定し、その上で、Aの首を締めているという認識がなく、Aの首の辺りを腕で押さえ込み、Aの動きを封じようとする認識にとどまっていたのであるから、防衛行為が過剰であることを基礎づける事実の認識に欠けており、誤想防衛として、傷害致死罪の故意責任を問うことはできないとしたのである。

2　誤想過剰防衛論の混迷

正当防衛の成立に必要な客観的要件を現実には具備していないのに、これがあるものと誤信して、防衛の意思で反撃行為を行った場合を誤想防衛という（前田・総論114頁）。かつて誤想過剰防衛に関する学説には、かなり混乱がみられた。その理由は、①誤想防衛を事実の錯誤とみるか法律の錯誤とするかにつき説が激しく対立していたことに加え、②そもそも、誤想過剰防衛とはいかなる事案を指すのかということ自体曖昧な面があったこと、さらに③誤想過剰防衛の事案が、事実を誤ったのか評価を誤ったのか判然としない場合が多いことなどが考えられる。そして、④結論を「誤想防衛か過剰防衛」という二者択一的に捉える従来の理論の問題性もあった。ただ、①の点に関し、判例は、誤想防衛と認定されれ

ば、行為者に故意非難を向け得ないということを前提としており、現在、激しい対立は残っていないといえよう。

かつての学説は、故意犯の成立を否定し過失犯の余地を認める誤想防衛説と故意犯の成立を認める過剰防衛説が対立し、判例は後者の説に従うとする説が多かった。誤想防衛説は、誤想過剰防衛の事例を、急迫性に関する誤信がなければ、その次の相当性を超えることもなかったのであり、基本的に誤想防衛であると理解する。それゆえ、故意犯は成立し得ず、せいぜい過失犯が問題となるとする。これに対し、過剰防衛説は、誤想防衛といえるのは「誤って認識した不正の侵害に対して防衛行為が相当性を持つ場合」のみであるとし、過剰な行為である以上故意犯の成立は否定し得ず、過剰防衛として刑の減免が認められるにすぎないとする。

しかし、誤想防衛か過剰防衛か、さらには過失犯が成立するのか故意犯が成立するのかという二者択一的問題の立て方自体に疑問がある。過剰防衛（故意犯）と誤想防衛（過失犯）は必ずしも対立するものではなく、故意犯が否定されて過失犯が成立する場合にも過剰防衛として刑の減免の余地は考えられるのである。①故意犯の成否の問題と②36条2項の減免の効果を認めるのか否かの問題は、次元の異なるもので、別個に論じる必要がある。

3　誤想防衛と誤想過剰防衛
　　　——誤想過剰防衛の3類型

一般に誤想過剰防衛として論じられる事例には3つの類型が存在する。1つ目は、【基本判例1】のパターンであり、(a)急迫不正の侵害は存在しているが相当性の程度を超え、しかも超えていることに認識を欠く（相当だと思っていた）場合である（68頁表②の類型）。相当性の程度を超えていることの認識があれば過剰防衛となるが、その点に誤想があるため相当な防衛行為を行っていた以上、故意非難はできず[1]、判例もこの類型も「誤想防衛」と呼ぶ。

ただ、通常、誤想過剰防衛という場合、急迫不正の侵害が存在しないのに（客観面）、存在すると誤信し（主観面）、しかも相当性の程度を超えた場合を意味する。この事例は、相当性に関する認識内容により、2つに大別される。(b)相当な防衛行為を行う認識の場合（表⑤の類型：判例は誤想防衛と呼ぶ）と、(c)相当性を超える行為を認識して行う場合（表⑥の類型：判例は誤想過剰防衛と呼ぶ）である。両者は類似するが、その罪責は異なり、この区別が誤想過剰防衛に該当するか否かの分水嶺なのである。この点は、【基本判例2】において検討する。

1）東京地判平成14年11月21日（判時1823-156）は、3人が共同して防衛行為を行い被害者を窒息死させた事案において、1人の反撃行為が防衛行為の相当性の範囲を逸脱していたが、それを認識していなかった他の2名には誤想防衛が認められるとして無罪を言い渡した。たしかに過剰性の認識を欠く者は、他の者の不相当な行為について過失がない限り、不可罰とされるべきである。

4　故意犯の成否

【基本判例1】のように「急迫不正の侵害に対し、相当だと主観的には思って行為している場合」、つまり(a)の事例（表の②）については、故意犯の成立は認め得ない。行為者の主観面に着目すれば、急迫不正の侵害の点に関しても、また「やむを得ない」という点に関しても、主観的には完全に正当防衛として行為する認識が存在することになり、行為者に故意非難を向けることはできないからである。ただ、行為を相当だと誤信したことに過失があれば過失致死罪の成立が認められる（過失致死罪が成立する場合にも、過剰防衛として刑の減免は考えられる）。

(b)の類型に関する先例としては、最判昭和24年4月5日（刑集3-4-421）がある。74歳のAと息子Xのいずれが耕作するかについて争いのあった隠居田をXが掘り起こしに着手したことから口論になり、自宅に逃げ帰ったXを追ってAが土間に入り棒様のものを手にしてXに打ちかかって来たので、逃げ場を失ったXは、Aの急迫不正の侵害に対して自己の身体を防御するため、その場にあった斧を斧とは気づかず何か棒様のものと思ってAに反撃を加え、その斧の峯および刃でAの頭部を数回殴りつけて頭蓋腔に達する裂創等を負わせ、Aを死亡させたと認定された。過剰防衛行為であるとして、尊属傷害致死罪の成立を認めた上で刑法36条2項を適用して刑を減軽した原審に対して、Xは過剰の事実を認識していなかったのであるから、誤想防衛で

あり無罪であるとして上告した。これに対し、最高裁は「原審は斧とは気付かず棒様のものと思ったと認定しただけでたゞの木の棒と思ったと認定したのではない、斧はたゞの木の棒とは比べものにならない重量の有るものだからいくら昂奮して居たからといってもこれを手に持って殴打する為振り上げればそれ相応の重量は手に感じる筈である、当時74歳の老父が棒を持って打ってかゝって来たのに対し斧だけの重量のある棒様のもので頭部を原審認定のように乱打した事実はたとえ斧とは気付かなかったとしてもこれを以て過剰防衛と認めることは違法とはいえない」としたのである。

「斧だけの重量があること」の認識があったとして過剰性の認識を認定したが（表③の類型）、相当性を超えていることを基礎付ける事実の認識が認定されなければ、【基本判例1】と同様の(a)の類型ということになる。最判昭和24年4月5日の事案は、過剰防衛と誤想防衛の限界線上の微妙な事案であった。ただ、斧だけの重量のある棒様のもので頭部を乱打したことは認識している以上、「斧」と気付かなかったとしても、相当性を超える行為を行っている認識は認定できよう。逃げ場を失いとっさに側にあった棒様のもので反撃したのであるから、反撃の過剰性の認識を認定することは酷なようにも思われるが、老人の頭部を斧だけの重量のある棒様のもので数回殴りつける行為は、それと認識して行っている以上、相当性の認識に欠け誤想防衛として故意を否定するわけにはいかない。

類似の事案に関し、【基本判例1】と同様、誤想防衛の成立を認めた裁判例として、盛岡地一関支判昭和36年3月15日（下刑集3-3＝4-252）、東京地判平成14年11月21日（判時1823-156）を挙げることができる。

5 客観的過剰性と過剰性の認識

ここで、注意しておかねばならないのは、防衛行為の過剰性の判断において、行為者（防衛者）の主観面が微妙に影響するという点である。現在の判例の相当性判断は、基本的には、①相対的な均衡性判断、すなわち、侵害しようとする法益と守るべき利益を比較して著しく均衡を失していないか、および、②行為の危険性の程度とその必要最小限度性、すなわち他の軽微な防衛手段を採用する容易性の程度を考慮して、純粋に客観的に決定される。ただ、それを補うファクターとして、③攻撃者の不正の度合等が加味されている。たとえば、重大な侵害でしかも守るべき権利を上回る利益を侵す防衛行為の必要性は、他の手段がかなり困難である場合にのみ認められるのである。そして、防衛者が侵害を十分に予見しうる事情が存在した場合などは、より軽微な防衛方法の選択の容易性が高まることになる（前田・総論390頁以下参照）。その範囲では、防衛者側の認識も「客観的相当性判断」に影響することになる。

この点に関し、大阪地判平成3年4月24日（判タ763-284）は、被告人が飲食店でいきなり被害者から胸ぐらをつかまれてカウンターに押さえつけられたのに対し、左手に触れた包丁を棒状の物と誤信して、被害者の右肩に切りつけて傷害を負わせた行為について、正当防衛の成立を認めた。「被告人の行った行為それ自体は、刺身包丁で1回殴打し、加療約31日間を要する傷害を負わせたというものであり、被害者の被告人に対する攻撃が素手によるものであることを考慮すれば、相当性の範囲を超えたものと評価されてもやむをえないものである。しかし、前記のとおり、被告人には反撃の手段が棒のような物という認識しかなかったのであり、本件のように、防衛行為の手段について客観的事実と行為者の認識との間に食い違いがある場合には、行為者の認識を基準として防衛行為の相当性を判断すべきである。そうすると、被告人が認識したような棒のような物で被害者の右肩付近を1回殴打する行為は、被告人の胸ぐらを両手で締めつける被害者の攻撃に対する反撃として、社会通念上相当な範囲にあると評価することができる」として、正当防衛としたのである。

しかし、「客観的事実」ではなく「行為者の認識を基準として防衛行為の相当性を判断すべきである」とするのは、判例の流れの中で、特異な存在といえよう。行為者の主観を中心に違法性（違法性阻却）判断を行う考え方も、理論的には存在しうるが、判例は、広く「行為者の主観で違法性を判断する」としているわけではない。防衛の意思などを認めつつも、あくまで正当防衛は客観的事情を中心に判断しているのである。少なくとも、相当性は、相対的な均衡性判断と、行為の危険性の程度とその必要最小限度性、すなわち他の軽微な防衛手段を採用する容易性

の程度を考慮して客観的に決定されている。

	客観的事情		主観的認識		判例呼称	処断
	防衛状況	防衛行為	防衛状況	防衛行為		
①正当防衛	急迫不正	相当	急迫不正	相当		無罪
②誤想過剰防衛ⓐ	急迫不正	不相当	急迫不正	相当	誤想防衛	過失犯
③過剰防衛	急迫不正	不相当	急迫不正	不相当		故意犯
④誤想防衛		相当	急迫不正	相当	誤想防衛	過失犯
⑤誤想過剰防衛ⓑ		不相当	急迫不正	相当	誤想防衛	過失犯
⑥誤想過剰防衛ⓒ		不相当	急迫不正	不相当	誤想過剰防衛	故意犯

【基本判例 2】 東京地判平成 20 年 10 月 27 日（判タ 1299 号 313 頁）

事実の概要

被告人 X 女（当時 22 歳）は、平成 20 年 6 月 11 日午後 6 時ころ、都内の X 方において、同棲していた被害者 A（当時 18 歳）が布団の上に左方を向いて横になり、X がその右後方に座って、口論をしているうち、A が X の発言に憤激するなどして、両手で勢いよく布団をたたき、上体を起こして、X の方を振り向こうとしたことから、直ちに A から暴行を受ける状況ではなかったのに、同人がすぐさま自分に殴りかかったり、髪をつかんだりしてくるものと誤信し、自己の身体を防衛するため、防衛の程度を超え、A に対し、同人が死亡するに至るかもしれないことを認識しながら、あえて、右手に持った刃体の長さ約 15.1 cm の包丁で、その背部を 1 回突き刺したが、同人に入院加療 76 日間を要する傷害を負わせたにとどまり、A は死亡するに至らなかったという事案である。

検察官は、うつ伏せで眠っていた A の背中を包丁で突き刺したもので、殺意があるとし、殺人未遂罪で起訴し、正当防衛、過剰防衛、誤想過剰防衛のいずれも成立しないと主張した。それに対し弁護人は、X は、布団の上に左方を向いて横になり、右後方に座っていた X と口論をしていた A が、突然、布団をたたいて立ち上がり、X に向かってくる体勢を示したので、A から暴行を受けるものと考え、自己の身体を防衛するため、とっさに包丁を差し出したもので、殺意はなく、正当防衛、少なくとも、過剰防衛、誤想過剰防衛が成立すると争った。

東京地裁は、自分が買った、刃体の長さ約 15.1 cm の鋭利な本件包丁を右手で順手に持って、至近距離にいた A に向けて突き出し、その背部に突き刺して、約 13.5 cm も刺入させたというのであり、A から長時間暴行を受け、いったん収まったものの口論が続く中で、A がいきなり勢いよく布団をたたき、上体を起こして X の方を振り向こうとしたことから、X は、このような A の行動に接し、とっさに未必的な殺意を抱いて、本件行為に及んだものと認めるのが相当であるとして、殺意を認定した上で、正当防衛に関して以下のように判示した。

判 旨

X が、A から執ような暴行を受けたことは認められるが、当座の暴行はいったん収まったことは X も認めている。もっとも、その後も、X と A の口論は続いていたところ、その過程で、A は、X の発言に憤激して、突然、布団をたたいて立ち上がり、X に向かってくる体勢を示したというのであるから、A から再び暴力を振るわれる危険が生じたと見る余地もないわけではないが、「A は、凶器を持っていた

わけでもなく、ただ、威嚇的な態度を示し、上半身を起こすなどしただけで、立ち上がってもおらず、腕を振り上げるなど暴行に直結するような体勢もとっていなかったのであるから、そもそも、暴力を振るう意思であったのか、ただ単に威嚇的な態度をとっただけなのか明らかでなく、いずれにせよ、AがXに対して暴力を振るうためには、完全に立ち上がってXの方に向き直るなど、一定の準備行動が必要であったのであるから、XがAの直ぐ後ろにいたことを考慮しても、客観的にXがAから直ちに暴力を振るわれるような差し迫った状況にはなかったものと認められる。

Xの公判供述によると、Xは、当時、Aが再び暴力を振るってきた場合に備え、Aに示して威嚇するため、流しの下から本件包丁を持ち出し、布団の下に隠していたというのであるから、通常の場合に比し、多少なりとも、Aの行動の意味を見極める余裕がある状況にあったものということができ、本件において、上記事情だけではまだ直ちに防御行為に出ることが許される緊急状態にあったといえないということが、Xに酷に過ぎるものとも認められない。そうすると、Xは、本件犯行当時、Aから暴力を受けたり、受けるおそれが間近に迫っていた状況にはなく、急迫の侵害がなかったものであるから、その余の点について判断するまでもなく、正当防衛も過剰防衛も成立しない」とした。

そして、誤想過剰防衛について、以下のように判示した。

「Xは、Aと口論をしているうち、同人が、Xの発言に憤激して、突然、布団をたたいて立ち上がり、Xに向かってくる体勢を示したことから、本件行為に及んだというのであるから、Xの行為がAの上記行動に触発されて行われたものであることは明らかである。そして、Aの上記行動は、身近にこれを体験した者、とりわけ女性にとっては、相当に強力な威嚇行為と映るであろうから、その者が、直ぐに暴力を振るわれるのでないかと考え、自分の身を守るための行動に出ることも、格別不自然ではない。そして、Xも公判廷で自己の身体を守るため上記行為を行った旨供述している。そうすると、Xは、客観的にはまだそのような状況に至っていないのに、Aの上記行動に接し、同人から直ちに殴られたり、髪をつかまれたりするなどの暴行を加えられるものと誤信し、これから身を守るため本件行為に及んだものと認めるのが相当である。しかし、Xが誤信したのは、上記程度の暴行を受けることにすぎないのであるから、これに対し、未必的とはいえ殺意をもって、本件包丁でAの背中を突き刺すことは、防衛のためにやむを得ない程度を超えていることが明らかである。そして、Xは、自己の行為の意味自体は十分認識した上、本件に及んだものと認められるから、Xの行為は、誤想防衛ではなく、誤想過剰防衛に当たるものと認められる」とし、Xに懲役3年の刑を言い渡した。

▶▶▶ 解　説

1　急迫不正の侵害を誤想した場合

正当防衛の成立事情に関し誤想があるという意味では、【基本判例1】と【基本判例2】は差がないが、防衛状況（急迫不正の侵害）が客観的に存在していたか否かという点では、全く異なる。しかし、故意犯の成否という判断においては、防衛状況が存在すると思って行為した以上、前述の(a)②の類型も、(b)⑤の類型も、差はないのである。急迫不正の侵害の存在を認識し、相当性を超える行為をしていることの認識が欠ければ、故意の成否に関しては通常の誤想防衛（④）と何等区別する必要はない。それゆえ、これらの類型を誤想防衛と呼ぶ判例も多いのである。

ところが、(c)⑥の急迫不正の侵害が存すると誤信しつつ、行為が相当でないことも認識していた場合は、これと全く異なる。急迫な事情は認識していても、過剰性の認識が存する以上、正当防衛の主観面を備えているとはいえないからである。過剰性の認識があれば故意犯が成立する。

【基本判例2】は、急迫不正の侵害が存在しないにもかかわらず、存在すると誤信した場合であるが、問題は(b)⑤の類型なのか(c)⑥の類型なのかである。布団の上に左方を向いて横になっていたAが、Xの発言に憤激するなどして両手で勢いよく布団をた

たき、上体を起こして、Xの方を振り向こうとしたことから、直ちにAから暴行を受ける状況ではなかったのに、同人がすぐさま自分に殴りかかるなどしてくるものと誤信し、自己の身体を防衛するため包丁でその背部を1回突き刺したと認定されている。客観的には、急迫不正の侵害と相当性がともに欠けるが、主観的には、完全な正当防衛に対応した認識を持っていた類型に見える。しかし、「Xが誤信したのは、上記程度の暴行を受けることにすぎないのであるから、これに対し、未必的とはいえ殺意をもって、本件包丁でAの背中を突き刺すことは、防衛のためにやむを得ない程度を超えていることが明らかである。そして、Xは、自己の行為の意味自体は十分認識した上、本件に及んだものと認められるから、Xの行為は、誤想防衛ではなく、誤想過剰防衛に当たるものと認められる」とした。すなわち、(b)⑤の類型ではなく(c)⑥の類型なので、殺人未遂罪が成立するとしたのである。

2 過剰性の認識の認定

このように、急迫不正の侵害が存在しないのに存在すると誤信した誤想過剰防衛の類型でも、過剰性の認識の有無が重要な意味を持つのである。

(b)の具体例として、Xが、行きずりの者ともめごとを起こしてにらみ合っていた際、相手方の連れAが横の方から近づいてXの顔面に手を触れたのに対し、これをいきなり投げ倒して重傷を負わせた事案に関する東京地判平成10年3月2日（判タ984-284）がある。Aから顔面に手で触れられたという程度のものにすぎなかったのに、いきなりAをアスファルトの道路上に投げ倒したXの行為は防衛に必要な程度を超えており、重傷を負わせることは意図していなかったとしても、そうした危険な行為に及ぶとの認識はあったのだから防衛に必要な程度を超えていることの認識もあったことは明らかであるから誤想過剰防衛であるとしている（さらに、大阪高判平成12・6・2判タ1066-285、東京高判平成13・9・19判時1809-153、東京地判平成14・10・24判タ1135-305参照）。

この類型で最も重要な判例は、最決昭和62年3月26日（刑集41-2-182）である（さらに最決昭和41・7・7刑集20-6-554）。空手3段の在日イギリス人Xが、酩酊したA女とこれをなだめていたB男とが揉み合ううちA女が尻もちをついたのを目撃して、B男から暴行を受けているものと誤信しA女を助けるべく両者の間に割って入ったところ、B男が防御のため両こぶしを胸の前辺りに上げたのを、自分に殴りかかってくるものと誤信し、自己およびA女の身体を防衛しようと回し蹴りをB男の顔面付近に当て路上に転倒させ、その結果後日死亡するに至らせた行為は、誤信に関する急迫不正の侵害に対する防衛手段として相当性を逸脱し誤想過剰防衛（(c)⑥の類型）にあたるとした。「回し蹴りを行うことについてXに錯誤はないから、本件はいわゆる誤想過剰防衛に当たる」とした原審の判断を維持したものである。

第11講　刑事責任能力

> **論点**
> ▶ 行為が、統合失調症の病的体験に直接支配されていたものか否かは、どのように認定されるのか。
> ▶ 精神障害の有無・程度、その心理学的要素に与えた影響の有無・程度の評価に際して、鑑定意見をいかに扱うか。

【基本判例1】　最1小決平成21年12月8日（刑集63巻11号2829頁・判タ1318号100頁）

事実の概要

(1) 被告人Xは、階下の住民とのトラブルから自宅に引きこもり、窓から通行人めがけてエアガンの弾を発射するようになり、平成15年2月、統合失調症の疑いと診断され措置入院となった。主治医は、Xを「特定不能の広汎性発達障害」と診断し、同年3月に措置解除となって退院した。Xは、同年5月、自宅から近所の女性をねらってエアガンの弾を撃つなどして逮捕され、同年6月から8月まで措置入院となった。精神保健指定医2名の診断は、「1　主たる精神障害　反社会的行為、2　従たる精神障害　広汎性発達障害の疑い」、「1　主たる精神障害　人格障害、2　従たる精神障害『妄想』の疑い」というものであった。主治医は、1回目の入院時と同じくXを「広汎性発達障害」と診断した。

(2) Xは、2回目の退院後、同年9月から、祖母方で母親と3人で生活するようになり、しばらくは落ち着いていたが、平成16年3月ころから再び精神状態が悪化し、隣家に住む本件被害者Aとその家族から盗聴などの嫌がらせを受けていると思い込んで悪感情を抱くようになり、無断でA方2階に上がり込んだり、A方の玄関ドアを金属バットでたたいたりしたことがあり、通報を受けて臨場した警察官の聴取を受けるなどした。

(3) 同年6月1日午後10時過ぎころ、Xが金属バットを振り上げてA方に向かって来たため、Aの妻が警察に通報する一方、Aが玄関ドアを開け、Xに対しなだめるように話しかけると、Xは、金属バットを下ろし、自動車に乗って走り去った。Xは、翌2日午前4時過ぎころ、金属バットとサバイバルナイフを持ってA方に向かい、Aとその妻が在室する1階寝室の無施錠のサッシ窓を開けて、淡々とした低い声で「お前が警察に言うたんか」と言いながら、同室の中に入り、Aの頭部を金属バットで殴り付けた後、2階に逃げたAを追いかけ、同所において、Aの二男の右頸部を上記ナイフで切り付けるなどし、さらに、Aの頭部、顔面を同ナイフで多数回にわたって切り付け、その胸部等を突き刺すなどして同人を殺害した。

Xは、A方に駆け付けた母親に連れられて祖母方に戻ったが、母親が電話で警察に通報している間に逃走し、約1kmほど離れた路上で警察官らに見つかり、同日午前4時56分、本件犯行等により現行犯逮捕された。

第1審判決は、捜査段階で精神鑑定を担当した医師Nの鑑定を基本的に信頼しながらも、本件犯行時、完全責任能力を認め、懲役18年を言い渡した。それに対し、原審から鑑定を命じられた医師Sは「本件犯行は統合失調症の病的体験に直接支配されて引き起こされたものであり、本件犯行当時、是非弁別能力及び行動制御能力をいずれも喪失していた」という鑑定を行った。しかし、原審は、Xは是非弁別能力ないし行動制御能力が著しく減退する心神耗弱の状態にあったとして、第1審判決を事実

誤認を理由に破棄し、Xに対し懲役12年を言い渡した。

これに対し被告側は、責任能力判断の前提である生物学的要素である精神障害の有無・程度のみならず、これが心理学的要素に与えた影響の有無・程度についても、専門家であるS鑑定の意見に従うべきであるなどと主張して上告した。

決定要旨

上告棄却。最高裁は「責任能力の有無・程度の判断は、法律判断であって、専ら裁判所にゆだねられるべき問題であり、その前提となる生物学的、心理学的要素についても、上記法律判断との関係で究極的には裁判所の評価にゆだねられるべき問題である。したがって、専門家たる精神医学者の精神鑑定等が証拠となっている場合においても、鑑定の前提条件に問題があるなど、合理的な事情が認められれば、裁判所は、その意見を採用せずに、責任能力の有無・程度について、被告人の犯行当時の病状、犯行前の生活状態、犯行の動機・態様等を総合して判定することができる（最決昭和58・9・13裁判集刑232-95、最決昭和59・7・3刑集38-8-2783、最判平成20・4・25刑集62-5-1559【基本判例2】参照）。そうすると、裁判所は、特定の精神鑑定の意見の一部を採用した場合においても、責任能力の有無・程度について、当該意見の他の部分に事実上拘束されることなく、上記事情等を総合して判定することができるというべきである。

原判決が、前記のとおり、S鑑定について、責任能力判断のための重要な前提資料である被告人Xの本件犯行前後における言動についての検討が十分でなく、本件犯行時に一過性に増悪した幻覚妄想が本件犯行を直接支配して引き起こさせたという機序について十分納得できる説明がされていないなど、鑑定の前提資料や結論を導く推論過程に疑問があるとして、Xが本件犯行時に心神喪失の状態にあったとする意見は採用せず、責任能力の有無・程度については、上記意見部分以外の点ではS鑑定等をも参考にしつつ、犯行当時の病状、幻覚妄想の内容、Xの本件犯行前後の言動や犯行動機、従前の生活状態から推認されるXの人格傾向等を総合考慮して、病的体験が犯行を直接支配する関係にあったのか、あるいは影響を及ぼす程度の関係であったのかなど統合失調症による病的体験と犯行との関係、Xの本来の人格傾向と犯行との関連性の程度等を検討し、Xは本件犯行当時是非弁別能力ないし行動制御能力が著しく減退する心神耗弱の状態にあったと認定したのは、その判断手法に誤りはなく、また、事案に照らし、その結論も相当であって、是認することができる」として、上告を棄却した。

▶▶▶ 解 説

1 鑑 定

鑑定とは、特別の知識経験を持つ者だけが認識しうる法則または事実についての供述（報告）を意味する。鑑定を命じられた者が鑑定人である。鑑定事項について必要な特別の知識経験を持ち、公正な判断をなしうる立場にある者から、裁判所が選定する。

鑑定は、公判段階で行われることもあるが、裁判所外で行われることが多い。捜査段階においても鑑定嘱託が認められている[1]。被告人の精神または身体に関する鑑定をさせるために必要があるときは、裁判所は、期間を定めて病院その他の相当な場所に被告人を留置することができる（鑑定留置）。精神鑑定の場合、鑑定書の提出までに数カ月を要する例も少なくないが、裁判員裁判が導入された現在、口頭での報告なども考えることによって、より短期間で報告が得られるように工夫する必要がある。

鑑定人が鑑定の結果を得ると、鑑定の経過を含めてこれを裁判所に報告しなければならない。報告は、口頭による場合と書面（鑑定書）による場合とがある。口頭の報告は、鑑定人尋問として行われることになるが、その際に鑑定人の判断の相当性を吟味す

るために尋問することができるので、そのまま証拠となる。これに対し、鑑定書が提出された場合、それがどのような手続で証拠とされるかについては争いがあるが、実務上は、当事者の一方（通常は鑑定を請求した側）が改めて鑑定書の取調べを請求し、他方が同意すればそのまま証拠となり、同意しなければ鑑定人を証人尋問することにより鑑定書も証拠となるとする取扱いが多い。

特別の知識経験がなくても判断できる事項については、裁判所が自ら判断する。鑑定は、裁判所の知識経験の不足を補充するためのものなのである。ただ鑑定も、あくまで証拠資料の1つにすぎないから（鑑定人または鑑定書が証拠方法である）、その証明力は裁判官の自由心証に任せられるのであり（刑訴法318条）、裁判所の判断は鑑定の結果に拘束されない。しかし、合理的な根拠がないのに鑑定の結果と相反する認定をすれば、経験則や論理法則に反する場合が生じよう。

精神鑑定は、被告人が心神耗弱か心神喪失かという法律上の判断を求めているように見えるが、その前提としての医学的知見を求めているのであり、法的評価は裁判所が行う（最決昭和33・2・11刑集12-2-168、最決昭和58・9・13判タ513-168）。本決定には、後述の【基本判例2】が、医学的判断を優先すべきだともとれる判示を行ったのに対し、あくまで「法的判断であること」を確認した点に重要な意義がある。しかし、専門家の鑑定における供述内容の証明力の評価は、非常に困難な問題なのである。

1) 心神喪失者は起訴前鑑定により不起訴とされる場合も多い。

2 責任能力の鑑定

裁判員裁判の実施を前にして、裁判所が最も懸念した問題の1つが、責任能力である。心神喪失とは、精神の障害により事物の是非・善悪を弁別する能力、ないしそれに従って行動する能力を欠くことで、処罰されない。心神耗弱とは、精神の障害により事物の是非・善悪弁別能力、またはそれに従って行動する能力の著しく減退した場合[2]で、刑が減軽される（刑法39条1項・2項）。

心神喪失・心神耗弱の判断が法律判断であることは、現在、争いがないといってよいのであるが、医学上・心理学上の知見を基礎に判断され、鑑定医が行為時に統合失調症であったとすると、ほぼ無条件で心神喪失とされた時代もあった。昭和40年代までは精神医学者の、特に生物学的要素についての鑑定結果が事実上圧倒的な影響力を持っていたことも否定できないのである。分裂病であるというだけで心神喪失とする判例が多数蓄積されてきた。そして、司法精神医学者と裁判所との間に「慣例（Konvention）」を確立し、鑑定の拘束性を高めていくべきだとの主張がなされてきた。

しかし、最近は、鑑定結果が退けられ、裁判所が被告人の犯行当時の病状、犯行前の生活状態、犯行の動機・態様等を総合して、法律的・規範的見地から心神喪失・心神耗弱を否定する例も目立つ。

たとえば、最決昭和58年9月13日（裁判集刑232-95）は、「被告人の精神状態が刑法39条にいう心神喪失又は心神耗弱に該当するかどうかは法律判断であって専ら裁判所に委ねられるべき問題であることはもとより、その前提となる生物学的、心理学的要素についても、右法律判断との関係で究極的には裁判所の評価に委ねられるべき問題であるところ、記録によれば、本件犯行当時被告人がその述べているような幻聴に襲われたということは甚だ疑わしいとしてその刑事責任能力を肯定した原審の判断は、正当として是認することができる」とし、医師の鑑定に示された事実を、法的に見直すことを認めた。

最決昭和59年7月3日（刑集38-8-2783）も、結婚を断られた被告人が、相手の家族ら5名を殺害し、2名に傷害を負わせた事案に関し、「被告人の精神状態が刑法39条にいう心神喪失又は心神耗弱に該当するかどうかは法律判断であるから専ら裁判所の判断に委ねられているのであって、原判決が、所論精神鑑定書の結論の部分に被告人が犯行当時心神喪失の情況にあった旨の記載があるのにその部分を採用せず、右鑑定書全体の記載内容とその余の精神鑑定の結果、並びに記録により認められる被告人の犯行当時の病状、犯行前の生活状態、犯行の動機・態様等を総合して、被告人が本件犯行当時精神分裂病の影響により心神耗弱の状態にあったと認定したのは、正当として是認することができる」としたのである。

2) 行為者に生物学・医学的な精神の障害が存在したか否かを中心に判定する(a)生物学的方法と、自由な

意思決定の能力の有無、さらにはそのような意思に従って行動する能力（すなわち是非の弁別とそれに従って行動する能力）を中心に判定する(b)**心理学的方法**が対立するが、両者を合わせて考える(c)**混合的方法**が最も有力である。

3 本件の具体的責任能力判断

本件では、捜査段階で鑑定を担当した医師によるN鑑定と、控訴審におけるS鑑定が異なった内容のものとなった。N鑑定は、人格障害の一種である統合失調型障害であり、広汎性発達障害でも統合失調症でもなく、犯行当時、是非弁別能力・行動制御能力を有しており、その著しい減弱を考えさせる所見はなかったが、心神耗弱とみることにも異議は述べないとした。

これに対しS鑑定は、犯行時、妄想型統合失調症にり患しており、平成16年3月ころから妄想型統合失調症の病的体験が再燃し、犯行時には急性増悪しており、犯行は統合失調症の病的体験に直接支配されて引き起こされたもので、犯行時には是非弁別・行動制御能力を喪失していたとした。

このような対立に直面して、本件原審は、①N鑑定に比し、S鑑定は十分な診察等を経た上で統合失調症にり患していたと診断したものであることから、その点は尊重すべきとした。しかし、②S鑑定が、本件犯行の前から、Xの注察妄想、被害妄想と幻聴が顕在化・行動化し、犯行時にはそれが一過性に急性増悪し、本件犯行は、統合失調症の病的体験に直接支配されて引き起こされているとした点は、採用しなかったのである。

その理由として原審は、③**S鑑定は、状況を正しく認識していることをうかがわせる本件犯行前後のXの言動についての検討が十分でない**上、犯行の直前および直後にはその症状はむしろ改善しているように見受けられるとしつつ、**本件犯行時に一過性に幻覚妄想が増悪しそれが本件犯行を直接支配して引き起こさせたという機序について十分納得できる説明をしていない**という点を挙げた。また、④**Xの幻覚妄想の内容は、通常相手方を殺傷しようと思うような非常に切迫したものとまではいえないこと、「お前が警察に言うたんか」との発言等に照らすと、X**が幻覚妄想の内容のままに**本件犯行に及んだかどうかにも疑問の余地があり**、本件犯行は暴力容認的なXの本来の人格傾向から全くかい離したものではなく、統合失調症による病的体験に犯行の動機や態様を直接支配されるなどして犯されたものではないとし、ただ、本件犯行がXの病的体験に強い影響を受けたことにより犯されたものであることは間違いない以上、心神耗弱の状態にあったと認めたのである。

ここで重要なのは、③の「幻覚妄想が本件犯行を直接支配して引き起こさせたという機序」の説明が十分でないという原審の指摘であり、Xが状況を正しく認識していることをうかがわせる言動が認められるにもかかわらず、それについての検討が十分でない点である。精神医学的には、十分通用する説明であっても、それに加えて、**一般国民（裁判官）を納得させることを要求した**のである。「幻覚妄想が本件犯行を直接支配して行為を行わせた」ということの機序が必要なのである。また、医学の理論上は必ずしも重要でなくとも、Xがその場の状況をきちんと認識していると推認されるような証拠が存すれば、法的には原則として責任非難を向けうるのであり、「統合失調症だから心神喪失である」という「慣行」は裁判所には受け入れられない。

最高裁も、Xの本件犯行前後における言動が責任能力判断のための重要な前提資料であるとし、幻覚妄想が本件犯行を直接支配していたか否かの説明が必要だとして、最終的な責任能力の有無・程度は、鑑定を参考にしつつ、犯行当時の病状、幻覚妄想の内容、Xの本件犯行前後の言動や犯行動機、従前の生活状態から推認されるXの人格傾向等を総合考慮して、病的体験が犯行を直接支配する関係にあったのか、あるいは影響を及ぼす程度の関係であったのかなど、統合失調症による病的体験と犯行との関係、Xの本来の人格傾向と犯行との関連性の程度等を、裁判所が自ら検討すべきであり、原審の判断手法に誤りはないとしたのである。

ここに示された責任能力判断の手法は、結局は、国民から見て責任非難を欠くとするだけの「幻覚妄想による支配」の有無を検討しようとするものであり、裁判員にも十分判断しうるものであるといえよう。

【基本判例2】 最2小判平成20年4月25日（刑集62巻5号1559頁・判タ1274号84頁）

事実の概要

(1) 被告人Xは、統合失調症により平成14年2月ころからは、人のイメージが頭の中に出てきてそれがものを言うという幻視・幻聴や、頭の中で考えていることを他人に知られていると感じるなどの症状が現れるようになった。そして、Xがかつて稼働していた塗装店の経営者〔本件被害者A〕が、Xをからかったり、話しかけてくる幻視・幻聴が特に頻繁に現れ、これに応じてAに電話をして再就職を申し出ると、同人からそれを断られ、またそのすぐ後に「電話しろ」という声が聞こえるというようなことがあり、Xは、Aが自分のことをばかにしていると憤りを覚えるようになった。

(2) Xは、平成15年6月27日も、「仕事に来い。電話しろ」と前記塗装店での仕事を誘う声が聞こえ、Aに対して腹が立ち、Aを2、3発殴って脅し、自分をばかにするのをやめさせようなどと考え、同日午後6時ころ、同塗装店に向かった。

(3) Xが同塗装店の通用口から店内に入ると、Aがどうしたのかという感じでへらへら笑っているように思え、Xは、Aの顔面等を数発殴った上、店外に逃げ出したAを追いかけ、路上でさらにその顔面を1発殴った。そして、あお向けに倒れたAを見て、ふざけてたぬき寝入りをしているのだと思い、その太もも付近を足で突くようにけったが、通行人が来たので、その場を立ち去った。Aは、Xによる一連の暴行により頭部を同店備品、路面等に打ち付け、よって、同年7月3日午後7時50分ころ、搬送先の病院において、外傷性くも膜下出血により死亡した。

(4) Xは、本件行為後、交際相手の女性の家に行き、一緒に食事をとるなどした後、自宅に戻ったが、同年6月28日、Aが重体であるという新聞記事を見るなどして怖くなり、自首した。

(5) なお、Xは、精神科医の診療を受けていたが、統合失調症と診断されたことはなく、Xの同居の実母、交際相手も、Xが統合失調症等の精神疾患にり患していると疑ったことはなかった。

第1審判決は、本件行為は激しい幻覚妄想に直接支配されたものであり、Xは本件行為当時心神喪失の状態にあったとしてXに無罪を言い渡した。これに対し、検察官が控訴し、原判決は、Xは心神耗弱にとどまるとして、第1審判決を破棄し、Xに対し懲役3年を言い渡した。

その際、東京高裁は、第1審で裁判所から精神鑑定を命じられた医師Sの「統合失調症の激しい幻覚妄想状態にあり、直接その影響下にあって本件行為に及んだもので……本件行為の前後において合理的に見える行動をしている点は、精神医学では『二重見当識』等と呼ばれる現象として珍しくはなく、……幻覚妄想状態の直接の影響下で本件行為に及んだことは矛盾しない」という主張と、控訴審で鑑定した医師Fの「異常体験に基づいて本件暴行を加えており、事物の理非善悪を弁識する能力があったということは困難であり、仮にこれがあったとしても、この弁識に従って行動する能力は全く欠けていた」との鑑定を採用しなかった。

東京高裁は、①Aを殴って脅し、ばかにするのをやめさせるという動機の形成、犯行に至るまでの行動経過、通行人が来たことから犯行現場からすぐに立ち去ったという経緯は、了解が十分に可能であり、②「電話しろ」という作為体験はあっても、「殴り付けろ」という作為体験はなく、幻聴や幻覚が犯行に直接結び付いているとまではいえないし、③本件犯行およびその前後の状況について、詳細に記憶しており、当時の意識はほぼ清明であるということができる上に、本件犯行が犯罪であることも認識していたと認められ、④犯行後にXが自首していること、また仕事をしようとする意欲もあったことなどの諸事情にも照らすと、Xは、本件犯行時、統合失調症にり患していたにしても、せいぜい心神耗弱の状態にあったものというべきであるとしたのである。

判 旨

　破棄差戻。最高裁は「本件行為当時、Ｘは、病的異常体験のただ中にあったものと認めるのが相当である」とした上で、本件行為の動機の形成過程は、その契機が幻聴等である点を除けば、了解が可能であると解する余地がある点について、「同種の幻聴等が頻繁に現れる中で、しかも訂正が不可能又は極めて困難な妄想に導かれて動機を形成したと見られるのであるから、原判決のように、動機形成等が了解可能であると評価するのは相当ではない」とし、「少なくとも『二重見当識』によるとの説明を否定し得るようなものではない」として、「統合失調症の幻覚妄想の強い影響下で行われた本件行為について、原判決の説示する事情があるからといって、そのことのみによって、その行為当時、Ｘが事物の理非善悪を弁識する能力又はこの弁識に従って行動する能力を全く欠いていたのではなく、心神耗弱にとどまっていたと認めることは困難であるといわざるを得ない」とした。

　ただ、「Ｓ鑑定及びＦ鑑定と異なる見解の有無、評価等、この問題に関する精神医学的知見の現状は、記録上必ずしも明らかではない。また、Ｘは、本件以前にも、Ａを殴りに行こうとして、交際相手に止められたり、他人に見られていると思って思いとどまったりしているほか、本件行為時にも通行人が来たため更なる攻撃を中止するなどしており、本件行為自体又はこれと密接不可分な場面において、相応の判断能力を有していたと見る余地のある事情が存するところ、これをも『二重見当識』として説明すべきものなのか、別の観点から評価検討すべき事柄なのかについて、必ずしも明らかにはされていない。さらに、Ｘは本件行為の翌日に自首するなど本件行為後程ない時点では十分正常な判断能力を備えていたとも見られるが、このことと行為時に強い幻覚妄想状態にあったこととの関係も、Ｓ鑑定及びＦ鑑定において十分に説明されているとは評し難い。本件は、Ｘが正常な判断能力を備えていたように見える事情も相当程度存する事案であることにかんがみると、本件行為当時のＸの責任能力を的確に判断するためには、これらの点について、精神医学的知見も踏まえて更に検討して明らかにすることが相当であるというべき」であるとして、高裁に差し戻したのである。

▶▶▶ 解 説

1　鑑定内容の整理

　【基本判例２】を用いて、さらに責任能力における鑑定と法的評価の関係を検討する。Ｘの本件行為当時の精神状態については、複数の鑑定人ないし専門家の意見が証拠として取り調べられている。

　①　捜査段階でいわゆる簡易鑑定を担当した医師Ｔは、Ｘは、本件行為当時、統合失調症による幻覚妄想状態の増悪期にあり、心神喪失の可能性は否定できないが、本件行為に至る行動経過は合目的的であり、かつ、著明な残遺性変化がないことなどから、是非弁別能力と行動制御能力を完全に喪失していたとはいい得ないとして、心神耗弱相当であるとの所見を示した。

　②　次に、第１審で裁判所からＸの精神鑑定を命じられた医師Ｓは、その作成に係る鑑定書および公判廷における証言において、Ｘは、本件行為当時、統合失調症の激しい幻覚妄想状態にあり、直接その影響下にあって本件行為に及んだもので、心神喪失の状態にあったとし、Ｘが、一方で現実生活をそれなりにこなし、本件行為の前後において合理的に見える行動をしている点は、精神医学では「二重見当識」等と呼ばれる現象として珍しくはなく、一定の合理的な行動をとっていたこととＸが統合失調症による幻覚妄想状態の直接の影響下で行為したことは矛盾しないとした。

　③　また、控訴審で医師Ｈは、検察官から提供された一件記録を検討した意見として、原審公判廷における証言およびその意見書において、Ｘの本件行為当時の症状は統合失調症が慢性化して重篤化した状態ではなく、心神耗弱にとどまるとの所見を示している。

④　さらに、原審で裁判所からXの精神鑑定を命じられた医師Fは、Xは統合失調症にり患しており、急性期の異常体験が活発に生じる中で次第にAを「中心的迫害者」とする妄想が構築され、AはXに対し様々なひぼう中傷や就職活動の妨害を働く存在として認識されるようになり、Xにおいて、それらの妨害的な行為を中止させるため攻撃を加えたことにより本件行為は生じたと考えられ、幻覚妄想に直接支配された行為とはいえないが、統合失調症が介在しなければ本件行為は引き起こされなかったことは自明である。Xは、一方では「人に対して暴力を振るいけがさせたり、殺したりすることは悪いこと」との認識を有していたが、他方では異常体験に基づいて本件暴行を加えており、事物の理非善悪を弁識する能力があったということは困難であり、仮にこれがあったとしても、この弁識に従って行動する能力は全く欠けていたと判断されるとした。

2　最高裁の判断

　最高裁は、S鑑定およびF鑑定を、一定程度積極的に評価したように見える。「生物学的要素である精神障害の有無及び程度並びにこれが心理学的要素に与えた影響の有無及び程度については、その診断が臨床精神医学の本分であることにかんがみれば、専門家たる精神医学者の意見が鑑定等として証拠となっている場合には、鑑定人の公正さや能力に疑いが生じたり、鑑定の前提条件に問題があったりするなど、これを採用し得ない合理的な事情が認められるのでない限り、その意見を十分に尊重して認定すべきものというべきである」とした上で、「両医師とも、いずれもその学識、経歴、業績に照らし、精神鑑定の鑑定人として十分な資質を備えていることはもとより、両鑑定において採用されている諸検査を含む診察方法や前提資料の検討も相当なもので、結論を導く過程にも、重大な破たん、遺脱、欠落は見当たらない。また、両鑑定が依拠する精神医学的知見も、格別特異なものとは解されない。そして両者は、本件行為が統合失調症の幻覚妄想状態に支配され、あるいは、それに駆動されたものであり、他方で正常な社会生活を営み得る能力を備えていたとしても、それは『二重見当識』等として説明が可能な現象であって、本件行為につき、Xが事物の理非善悪を弁識する能力及びこの弁識に従って行動する能力を備えていたことを意味しないという理解において一致している。このような両鑑定は、いずれも基本的に高い信用性を備えているというべきである」としたのである。そして、「両鑑定は、本件行為が、Xの正常な精神作用の領域においてではなく、専ら病的な部分において生じ、導かれたものであることから、正常な精神作用が存在していることをとらえて、病的体験に導かれた現実の行為についても弁識能力・制御能力があったと評価することは相当ではないとしているにとどまり、正常な部分の存在をおよそ考慮の対象としていないわけではないし、『二重見当識』により説明されている事柄は、精神医学的に相応の説得力を備えていると評し得るものである」としたのである。

　「正常な部分の存在をおよそ考慮の対象としていないわけではない」という点の指摘に加えて、「二重見当識」という医学上の概念について、一定の積極的評価をしたのである。この点を捉えて「医学的知見の尊重」とみることも不可能ではない。

3　差戻審の内容

　これに対して、【基本判例2】の差戻審である東京高判平成21年5月25日（判タ1318-269）は、非常に興味深い判旨を展開した。東京高裁は「S鑑定及びF鑑定が前提としている、『統合失調症にり患した者の病的体験の影響下にある認識、判断ないし行動は、一方で認められる正常な精神作用により補完ないし制御することは不可能である』とする立場は、現在の精神医学的知見の現状から見て、必ずしも一般的であるとはいい難い」とし、「『二重見当識』の用語概念は、統合失調症患者には、病的な体験と正常な精神作用が色々なバランスで総合的に現れるということを意味するだけであって、その機序等を説明するものではなく、いわば静的な状態説明概念にすぎない。したがって、そもそも『二重見当識』をもって説明できるものではなく、また説明すること自体その使用方法として適当ではな」く、「S鑑定及びF鑑定は、そもそも本件行為後程ない時点で正常な判断能力を備えていたと見られる事情についても、その立脚する立場から、これを考慮要素とはせず、Xの責任能力について心神喪失状態にあったと

の所見を打ち出している。しかし、関係各証拠によると、Xの統合失調症の病型である妄想型においては、臨床的にも、行為時に強い幻覚、妄想状態にありながら、その後程なくして正常な判断能力を回復することは考えられないと認められる。してみると、『二重見当識』で説明できるというだけで、当該事情を全く考慮しないS鑑定にはその推論過程に大きな問題があるというべきであり、また、前記昭和59年最高裁決定の立場であるいわゆる総合判定とも齟齬するといわざるを得ない。また、同様の批判は、差戻前控訴審におけるF鑑定にも当てはまると考えられる。したがって、両鑑定については、その信用性に問題がある」としたのである。

その上で「本件犯行時のXについては、統合失調症のため、病的異常体験のただ中にあり、自らの置かれた状況や周囲の状況を正しく認識する能力に著しい障害が存在していたが、命令性の幻聴や作為体験のような自らの行動を支配するような性質の精神症状は存在しておらず、周囲の状況を全く認識できないほどではなかったから、Xの精神症状は『重篤で正常な精神作用が残されていない』ということはできない。それまでの統合失調症の症状の程度は比較的軽微で、本件犯行前後の行動を見ても、その社会生活機能にはほとんど障害は窺えず、他方、Xには本件行為時において違法性の認識があったと見られること等の事情を加味して判断すると、本件犯行時のXの精神状態は、統合失調症の被害妄想に強く影響されており、Xの善悪の判断能力及びその判断に従って行動する能力は著しく障害されていたが、善悪の判断能力及びその判断に従って行動する能力は、全くない状態ではなかったと認められ、本件当時の責任能力については、心神喪失ではなく、心神耗弱の状態に止まるとするのが相当である」と判示したのである。

そして、「当裁判所の上記判断は、上告審判決の指摘に基づき、追加的な審理を行った結果、S鑑定及びF鑑定に根本的な疑問があることが判明したものであるから、本件上告審の差戻し判決としての拘束力は排除される」と明示している。

4 可知論と不可知論

さらに踏み込んで、東京高裁は司法精神医学についで注目すべき判示を行った。「司法精神医学においては、責任能力の判定をめぐって、精神障害が人の意思や行動の決定過程にどのように影響するかを判定することはできないとする立場（不可知論）と、できるとする立場（可知論）とが存在する」とし[1]、「現在の司法精神医学の世界では、純粋な『不可知論』の見解をとるものはなく」[2]、「『統合失調症にり患した者の病的体験の影響下にある認識、判断ないし行動は、一方で認められる正常な精神作用により補完ないし制御することは不可能である』という見解は、司法精神医学の現状に照らして、必ずしも一般的立場ではないというべき」で、「S鑑定で用いられた二重見当識という言葉は、責任能力の判断と結び付くものではないから、Xの本件行為時における責任能力の判断に当たり、『本件行為自体又はこれと密接不可分な場面において、相応の判断能力を有していたと見る余地のある事情』を、『二重見当識』として説明すべきものではなく、かつ、仮に説明したとしても、それは状態を示すに止まり、責任能力判断の基礎資料としては無内容であることが明らかである」と断じた[3]。

東京高裁は、S鑑定およびF鑑定について、「実質は、不可知論的色彩が色濃く窺われるのであって、その分析・推論過程は、生物学的要素に偏りすぎているとの疑問を持たざるを得ない。とりわけ、本件Xの病型は妄想型であって、既述のように、強い幻覚、妄想状態が発現し、その影響下で本件犯行に及んだとする場合に、その直後あるいは程なくして正常に戻ることは、そもそも臨床的にも考え難いことに照らすと、その責任能力の判断に当たり、『本件行為後ない時点では十分正常な判断能力を備えていたとも見られる』事情を、二重見当識で説明できる（S鑑定）、急性増悪期である（F鑑定）として、全く考慮要素としない点は致命的といってよく、さらに、本件犯行時の幻覚妄想状態を重視するあまりに、『本件行為自体又はこれと密接不可分な場面において、相応の判断能力を有していたと見る余地のある事情』を相応の考慮要素とすることもなく、心神喪失の結論を導き出しているその推論過程は、前記昭和59年最高裁決定の総合判断の趣旨にも背馳し、合理性を欠くといわざるを得ないのである」とし、両鑑定については、直ちにその信用性を肯定することはできないとした。この判示は、一見すると、精神医

学の専門領域において、非専門家が専門家的言明を行っているようにも見えるが、一般人を基準にした場合に当然疑問になる点を指摘したものといえよう。そして、【基本判例2】と矛盾するものでもない。

1）「不可知論とは、『弁識・制御能力とは自由意思であり、それは形而上学的、哲学的な次元の問題であるから、経験科学的には解答することは不可能である』と考える立場であり、可知論は、不可知論に対するアンチテーゼであって、『弁識・制御能力というのは形而上学的、哲学的な能力ではなく、より実体的な能力であり、経験科学的な証明がある程度は可能である』と考える立場」とし、そして「不可知論の立場では、精神医学的診断と責任能力の判定との間に、司法と精神医学の間で予め合意を形成しておき（「慣例」と呼ばれる）、それに従って責任能力を判定する。このような判定方法は、事実上、生物学的方法による判定方法であり、例えば、統合失調症という精神医学的診断が確定すれば、その者は常に責任無能力と判定する。他方、可知論では、精神医学的な診断だけではなく、個々の事例の症状の質や程度、それらと触法行為との因果関係についての考察に基づいて、責任能力を判定する」とも説明する。

2）「『可知論』的な考え方が支配的である。もっとも、『可知論』といっても、統一的な見解があるというものではなく、その実質が不可知論に近いものから純粋可知論に近いものまで、論者によってヴァリエーションがあると認められる。……精神医学界における可知論、不可知論の論争について、どちらに軍配を上げるべきかは、もとより刑事司法の関知するところではないが、少なくとも責任能力判断という刑事司法との関わりの中で、その拠って立つ立場の合理性を考えると、……〔可知論の有力化する理由とされている〕点は非常に説得的である。そして、このような可知論の立場に立って、『厚生労働省こころの健康科学研究事業 他害行為を行った者の責任能力鑑定に関する研究班』において、前記精神鑑定書作成の手引きが作成、公表されている。それらに対する評価は、精神科医の専門的領域からの逸脱であるといった批判もあるので、慎重であるべきではあろうが、精神医学上の判断と刑事司法上の判断が一致することが望ましいことはいうまでもなく、裁判員制度が施行された現在、そのような要請はより強くなっていることを考えると、このような研究会の動きは、精神医学と刑事司法を架橋するものとして肯定的に受け止めるべきであると考える」と判示している。

3）さらに、上告審判決が、S鑑定が、Xの正常と見える部分について、二重見当識で説明するところに、合理的なものがあると説示するところにも、いささか二重見当識に対する誤解があるのではないかと考えざるを得ないとしている。

5 責任能力の具体的判断方法

その上で東京高裁は、具体的責任能力の存否について詳細に判断している。

まず責任能力の生物学的要素に関して、「Xの現実認識は、明らかに正常心理では説明できない異常な性質のものであり、Xは、本件犯行当時、統合失調症のため、病的異常体験のただ中にあり、自らの置かれた状況や周囲の状況を正しく認識する能力に著しい障害が存在していたが、他方、周囲の状況を全く認識できないほど強い幻覚や妄想は存在していなかったと認めるのが相当である」と認定した上で、

① 本件犯行が被害妄想に導かれた動機に基づくものである以上、これを計画的犯行とみることはできず、衝動的かつ偶発的な犯行であったことは否定できない。

② Xは、犯行翌日、警察に出頭して以降、本件犯行につき、一貫して、「自分の行為は後悔している、重体になるという結果が分かっていれば、こんなことはしない。……こういう事件を起こせば、警察の留置場に1日か2日入れられると思っていた」旨述べており、Xは、殺人や人を殴ることは悪いことであり、本件犯行が法に反する行為であることは十分理解、認識していたと考えられる。

③ 幻聴などの病的体験が出現した当初は、これらの体験に違和感や病感を抱いていたものの、他方、幻聴、幻視を現実のものと確信していたというところに照らすと、X自身の病識および病感はかなり希薄なものに止まっていたというべきである。

④ 被害妄想に強く影響されていたが、命令性の幻聴や作為体験のような自らの行動を支配するような病的体験は見られず、統合失調症の緊張病状態や幻覚、妄想に完全に支配され、他の行為を選択することができないような精神状態で行われた犯行とは言い難い。

⑤ 犯行の前後を含め、本件犯行状況を極めて詳細に語っており、そこに作為は感じられず、本件犯行に関するXの記憶は十分に保たれており、その限りにおいて、本件犯行当時、意識は清明であり、

記銘能力にも問題がなかった。

　という事情を総合して考えると、「本件犯行時のXの精神状態は、統合失調症の被害妄想に強く影響されており、Xの是非善悪の判断能力及びその判断に従って行動する能力は著しく障害されてはいたものの、全くない状態にはなかったものと認められる」として、心神喪失ではなく、心神耗弱の状態にとどまっていたと認めるのが相当であると判示した。

6　裁判員と責任非難

　東京高裁の判示は、今後の責任能力判断にとって非常に示唆に富むものである。医学上の学説について、専門外の人間がどこまで踏み込んだ言明をすることができるかについては様々な考えがありうる。しかし、責任能力が法的判断である以上、公判廷で裁判員という「一般国民」を説得し得ないような説明は、退けられるのである。それは、「科学の否定」とは別次元のものなのである。妄想などに直接支配されて犯行に及んだか否かは、法的に判断されなければならない。

　以下の判示は、まさに裁判員時代の責任能力判断の核心部分を明らかにした、非常に重要なものといえよう。「責任能力は、その実質が犯人に対する非難可能性にあるところ、この非難可能性については、共同社会に身を置く以上、その秩序維持という観点からも、共同社会あるいは一般人の納得性を考えて、規範的に捉えるべきものである。したがって、それを固定的、絶対的なものとして捉えるのは相当ではなく、時代の推移、社会の流れの中で変容する可能性のあるものと考えるべきであり、昭和59年最高裁決定〔前述〕が示した総合的判断手法はその視点からも理解されるべきである。裁判員制度下において、責任能力についても裁判員の意見を求める意義はこの点に存する。その視点から見てみると、当該鑑定人の意見が、可知論の中でどのような立場に立つかどうかはともかく、少なくとも、その分析、推論過程においては、様々な考慮要素を取上げ、総合判定をする立場に立脚する方がその要請に応えられることは明らかであろう。前記昭和59年最高裁判所決定は、裁判所を名宛人とするものではあるが、本件上告審判決も、同決定の存在を前提として判断を示していることを考えると、本件上告審判決のいう鑑定意見の尊重は、そのような基礎の上に立って肯定されるべきであろう。また、このように解してこそ、責任能力に対する裁判員の疑問に答え、その率直な意見や感覚を引き出すことにもつながるのであって、本来規範的に捉えるべき存在としての責任能力と整合するものと考えられる」。

第12講　共謀共同正犯とその認定

> **論点**
> ▶共謀共同正犯の成立範囲の限界はいかに画されるのか。
> ▶否認事件で、共謀共同正犯を認定するには、どの程度の間接事実の挙証が必要か。

【基本判例1】 最1小決昭和57年7月16日（刑集36巻6号695頁・判タ477号100頁）

事実の概要

　被告人Xは、昭和55年9月ころ、Yから大麻密輸入の計画をもちかけられ、密輸入した大麻の一部をXがもらい受ける約束のもとに、その資金の一部をYに提供しかつ実行担当者を探してYに紹介することを承諾し、YがZに、同年10月上旬ころXおよびYがWに、それぞれその情を明かして協力を求めたところ、同人らはこれを承諾し、(1)法定の除外事由がないのに、昭和55年10月27日、ZおよびWの両名において、タイ国で購入した乾燥大麻1,414gをWの着衣内やショルダーバック内に隠匿携帯してバンコク空港から搭乗し、同日午後8時35分ころ、大阪国際空港に到着して、上記大麻を本邦内に持ち込み、もってこれを輸入し、(2)同日午後8時45分ころ、Wにおいて、同空港内税関の検査場で旅具検査を受けるにあたり、上記乾燥大麻を隠匿携帯したまま同税関支署長の許可を受けないでこれを輸入しようとしたが、係員に発見されてその目的を遂げなかった。

　第1審は、Xの行為は、Y、Z、Wと共謀した大麻取締法違反の大麻輸入罪および関税法違反の無許可輸入未遂罪の共同正犯に該当すると認め、Xを懲役1年、保護観察付き執行猶予4年に処した。

　原審は、概ね上記事実を認定して、①共謀を遂げた事実がないから事実誤認である、②Xの行為は幇助犯に該当するのに共同正犯と認めた第1審は法令適用の誤りを犯しているとの弁護人の主張を排斥した上、再度の執行猶予を付した点は軽すぎるとの検察官の主張を容れて、第1審判決を量刑不当を理由に破棄し、懲役1年の実刑に処した。これに対し、被告人側は、判例違反、事実誤認、法令違反を指摘して上告し、Xは従犯であって（共謀）共同正犯ではない旨主張した。

決定要旨

　上告棄却。「原判決の認定したところによれば、Xは、タイ国からの大麻密輸入を計画したYからその実行担当者になって欲しい旨頼まれるや、大麻を入手したい欲求にかられ、執行猶予中の身であることを理由にこれを断ったものの、知人のWに対し事情を明かして協力を求め、同人を自己の身代りとしてYに引き合わせるとともに、密輸入した大麻の一部をもらい受ける約束のもとにその資金の一部（金20万円）をYに提供したというのであるから、これらの行為を通じXがY及びWらと本件大麻密輸入の謀議を遂げたと認めた原判断は、正当である」。

▶▶▶▶ 解　説

1　厳格な証明の対象としての「共謀」

　証拠能力が認められ、かつ、公判廷における適法な証拠調べを経た証拠に基づく証明が厳格な証明である（最判昭和38・10・17刑集17-10-1795参照）。刑訴法には、証拠能力についていくつかの制限が設けら

れ（刑訴法319条1項、320条1項等）、証拠調べの方法も証拠の種類に応じたものが定められている（同法304条〜307条）。これらの要件をいずれも満たした証拠による証明を厳格な証明と呼ぶのである。そして、厳格な証明にとって最も重要な点は、合理的な疑いをいれない程度の証明が必要であるという点である。

刑罰権の存否および刑罰の量を定める事実は、厳格な証明が必要である。構成要件に該当する事実はもちろんのこと、違法性および有責性の基礎となる事実の存在も、厳格な証明を必要とする。

そして、いわゆる練馬事件の最高裁判決（最大判昭和33・5・28刑集12-8-1718）は「『共謀』または『謀議』は共謀共同正犯における『罪となるべき事実』にほかならないから、これを認めるためには厳格な証明によらなければならないことはいうまでもない」としている。しかしそれに続けて「『共謀』の事実が厳格な証明によって認められ、その証拠が判決に挙示されている以上、共謀の判示は、前示の趣旨において成立したことが明らかにされれば足り、さらに進んで、謀議の行われた日時、場所またはその内容の詳細、すなわち実行の方法、各人の行為の分担役割等についていちいち具体的に判示することを要するものではない」ともしたのである。問題は、「証明すべき『共謀』の事実」とは何かなのである。

2　戦後の共謀共同正犯論の流れ

共謀共同正犯論とは、客観的な実行行為は分担しないが、共謀に参画した者を共同正犯とする理論で、たとえば、殺人の謀議では主導的役割を果たしたが、現場には全く行かなかった中心人物を共同正犯とする。立法時は、そのような場合を共同正犯とは考えなかったといってよい。そして学説の主流は、共謀共同正犯否定説であった。判例は、共謀に加わり犯罪結果に重要な心理的因果性を与えた者を、共同正犯に取り込んでいったが、団藤重光博士に代表される多数説は、あくまで教唆として扱えばよいとしたのである。

それに対して、前述の練馬事件判決は、「共謀に参加した事実が認められる以上、直接実行行為に関与しない者でも、他人の行為をいわば自己の手段として犯罪を行ったという意味において、その間刑責の成立に差異を生ずると解すべき理由はない」として、実務上共謀共同正犯の位置は確立した。しかし、昭和50年代までの学説の主流は否定説であった。批判的学説の根底にあったのは、結局、次の形式的三段論法である。

> ① 正犯は実行行為を行う者である。
> ② 共同「正犯」も正犯である以上、少なくとも実行行為の一部を行わなければならない。
> ③ 「共謀共同正犯」には実行の分担がない以上、共同正犯たり得ない。

このドグマは、しかし、昭和60年代に崩れ去っていく。そのことに非常に大きな影響を与えたのが、【基本判例1】の団藤裁判官の補足意見であった。実務が共謀共同正犯の考え方に固執していることにも、一定の限度において、それなりの理由があり、さらに、「基本的構成要件該当事実について支配をもった者——つまり構成要件該当事実の実現についてみずから主となった者——が正犯である」とし、「共同正犯についての刑法60条は、改めて考えてみると、一定の限度において共謀共同正犯をみとめる解釈上の余地が充分にあるようにおもわれる」としたのである。本件の事案に関しては、このような経過でWは本件犯行計画に参加し大麻の密輸入を実行するにいたったのであって、Xは、単に本件犯行の共謀者の一員であるというのにとどまらず、Yとともに、本件犯行計画においてWを自分の思うように行動させてこれに実行をさせたものと認めることができるとした。

このように、犯罪共同説論者も共謀共同正犯を認め、形式的には実行行為を行わない正犯を認めていったのである。このプロセスは、国民の規範意識[1]に理論が適合していった過程とみることができる。それは同時に形式的犯罪論の骨格とも呼ぶべき「実行行為」の形式性・統一性が修正されていく過程であった。

1) もともと、わが国の伝統的な共犯概念では、犯罪意思を形成する際に重要な役割を果たした者（造意者）を中心に処罰すべきであるという考え方が有力であった。そして最近の調査研究でも、裁判官や国民が「実際に実行した者より命じた組長の罪を重く評価する」ことは動かしがたい（85頁図表参照）。そして、教唆者の刑を正犯者より重くするということは難しいのである。

3 共謀共同正犯成立のための要件

刑法60条の「共同して犯罪を実行した者」には、実行行為の一部を分担しなかった者も含まれる。そもそも、直接正犯ですら常に現場で実行行為の全部を実行するとはかぎらないし、間接正犯は当然自己の手では実行行為を行わない。まして、政策的に正犯の処罰範囲を拡張する共同正犯の場合に、常に共同実行行為が客観的に必要だとするのは不合理である。「共同して実行した」とは実行行為が「共同のもの」と評価できればよいのであり、共同の意思に基づいて誰かが実行したことを当然含むと解すべきである。

共謀共同正犯を認定するためには、まず、客観的側面として、共謀に参加した者の誰かが実行に着手しなければならない。そして、実行に全く関与しない者については、刑法60条の実行と評価できるだけの「共謀関係」が認定されなければならない。ここでは、実質的に「共同実行」と評価できるだけの重要な役割を果たしたか否かが、謀議の際の発言内容・その後の行為などから判断されるのである。「意思を通じ他人の行為をいわば自己の手段として犯罪を実現」（練馬事件判決）する必要がある。共同して犯罪を行う意思を形成するだけの共謀が必要であり、実行を全く分担しない以上、単なる意思の連絡または共同犯行の認識の存在だけでは足りない。判例も形式的に共謀さえあればすべて共同正犯にしているわけではない[2]。

問題は、共謀の認定に、被告人の主観的事情、すなわち、犯行の動機等が考慮されるか否かである。判例は、考慮しているといえよう。供述証拠に見られる、犯行計画や動機が無視されていないことは疑いない。ただ、それはあくまで、客観的事実を基にした立証に裏打ちされているので、客観的共謀行為を要求することと実質的差は少ない。

もう1つの問題は、共謀の認定と共同正犯性の認定の関係である。理論的には、両者は別の問題と構成することも可能であるが、実践的にはほとんど重なる。「一部実行すら行っていないのに共同正犯性を認める根拠」となる共謀の事実は、結局、実質的に共同正犯と評価できるだけの関与をしているのかという問題となり、それは、「主として自己の犯罪として行ったといえるか」「犯行の重要部分を占めているのか」「最終的に大きな利益を享受したのか」等からなる、共同正犯性の判断と明確に区別するのは難しくなる。もちろん、「共謀」は、すべての共同正犯において問題となるわけではなく、客観的行為の分担がないにもかかわらず「強い意思の連絡」の存在のゆえに、正犯性を認めうるかという問題なのである。ただ、判例上は、両者共に、主観面も考慮して判断しているのである。

2) 一方、共同正犯の主観的成立要件としては、関与者が正犯意思を持つことが必要である（共同正犯における責任要素。共同「正犯」か否かの実質的限界は「自己の犯罪であるか他人の犯罪であるか」ということになろうが（松本時夫「共同正犯」『刑法の基本判例』（有斐閣・1988）66頁）、その判断に際しては、行為者の主観も考慮される。殺人罪と傷害致死罪が主観面も加味しなければ区別し得ないのと同様、共同正犯の場合も行為者の主観的責任事情を考慮して個別化する。

4 本件の共同正犯性の根拠

共謀共同正犯は、【基本判例1】のような対等型（相互幇助型）と支配型（教唆型）に分けることができる（前田・総論〔初版〕419頁）。【基本判例2】で検討する暴力団の親分・子分の関係に代表されるような支配型は、「自ら実行したと同視できる」と認定しやすい。このような類型は、しばしば、「間接正犯類似の構造」を根拠に正当化されるのである。それに対し、対等型の場合には優越的な支配を及ぼしているわけではないので、主観面・客観面を総合して、共同正犯性を認めうるだけの事情を吟味する。共謀により相互に裏切ることはできないという心理的拘束や、背後に仲間が控えていると思うと実行しやすいということ、それにさらに客観的な幇助行為が付け加わること等により、実行行為を「共同のもの」と評価しうる場合が考えられる。これが対等型の共謀共同正犯なのである。その場合には、「共謀」により相手にどの程度強い心理的因果性を与えたか（意思の疎通の程度）という点に加えて、共謀者と実行者の関係（共謀における「主従関係」）、犯行動機、正犯者意思の明確度と強度、犯罪結果（利益）の帰属関係、実行行為以外の関与の内容などを考慮して認定されるのである。その場合には、実行行為後の事情も参考に

されることになろう。

【基本判例１】の事案も、一方的な主従関係や支配関係はうかがえず、いわゆる対等な関係にあったものとみられる。その意味で、団藤補足意見にあるような「行為支配」を認めるのは、やや無理がある。本件において、大麻密輸行為に全く関与していないのに、同罪の共同正犯性が認められるのは、単に資金提供という幇助を行うというに止まらず、X自身が大麻を入手したいと考えていたこと、大麻の一部をもらい受ける約束のもとに大金を提供し犯行の遂行に積極的であったことが挙げられる。XはYに実行犯役を引き合わせているのである。最高裁は、このような事情を総合して、「大麻密輸入の謀議を遂げた」として共同正犯性を認めた。ここで用いられている「謀議」とは、純粋に客観的な行為とはいえないのである。

5 共謀共同正犯を共犯に解消すべきなのか

しかし、この判例に関しては、「幇助にすぎない」という批判も強い。そして、共謀共同正犯批判の実質的論拠として、「広漠不明確な共謀共同正犯の容赦なき適用によって、実は黒幕でも大物でもない単なる従犯にすぎぬ多くの人々が、正犯として不当に重く処罰せられている現実」が指摘されてきた（佐伯千仭「共謀共同正犯」『刑法改正の諸問題』（有斐閣・1967）95頁）。支配型の共謀共同正犯より対等型が問題だとする議論が存在してきたのである。たしかに、「正犯行為を分担しない共同『正犯』理論はあり得ない」という教義論より、共謀共同正犯の実務上の機能が問題だという指摘は重要である。昭和50年代の刑法解釈の論点を掘り下げた中義勝編『論争刑法』（世界思想社・1976）において、共謀共同正犯賛成論の代表である西原博士と論争した米田泰邦弁護士が、「昭和45年の共犯事件被告19,445名のうち、教唆犯は27名、幇助犯は548名で、残りはすべて共同正犯である。……このような異常事態は、何よりも『下級裁判所の中には、ただ犯行の計画を洩らされて知っていた程度の者まで、共謀共同正犯として処罰するものがある』という事実を象徴している。その程度の知情で犯罪とならないのはいうまでもないが、それは、その周辺で、本来は教唆、幇助の共犯として処罰されるべきものが共同正犯として処罰

れていることを裏付けるものといえる」と批判された（米田泰邦「共謀共同正犯」前掲『論争刑法』250頁）。

たしかにその後も、一貫して、複数関与者の行為の98％程度は共同正犯として扱われ、共犯は2％にすぎないのである（教唆はほとんど存在しない。前田・総論401頁参照）。しかし、このような扱いは、理論的には「共犯」である行為を、実務が無理矢理「共同正犯」として処罰の拡大を図った結果なのであろうか。米田弁護士は、「共謀共同正犯の『極端な拡大』」を促したのは、共謀共同正犯肯定論のいうような高尚な法理からではない。むしろ、きわめて現実的な打算からである。犯罪の実行者でなくとも、それと意思を通じていると疑われるなら、ただ被疑者、被告人は『共謀の上』とさえ表示すれば、その共謀の日時、場所などを特定しなくても、強制捜査の令状もでるし、起訴も有罪判決もできるという実務上の慣行に結びついたからである。共犯の場合には、常に、いつ、どこで、どのようにして教唆し、幇助したかを特定しなければならないが、ここでは、わずか四字の呪文のような文句でこと足りるのである」とされておられた（米田・前掲論文251頁）。

しかし、米田弁護士も練馬事件最高裁判決により、「共謀、謀議そのものが罪となるべき事実として厳格な証明の対象となることが確認され、立証の簡便さは失われた」こと、被告側が求めれば検察官に共謀の内容を特定、釈明させるようになってきていることは認めている。そして、西原博士のように共謀共同正犯肯定論者が、謀議行為と、共謀者の犯罪実現に対する重要な役割の確認を求めることを一定程度評価される。ただ、「共同犯行の意識」や「重要な役割」という規範的な要件は、それ自体として明確ではなく、主観的な恣意的判断を許すことになり、とうてい実務における弛緩した共謀共同正犯の歯止めとして有効ではありえないとされたのである（米田・前掲論文253頁）。

まして判例は、客観的謀議行為を明確に要求するわけではない。約40年前の「実務における事件の簡便処理の要請は、治安至上の必罰主義的な実務的感覚を後ろだてにして、容易には共謀共同正犯を手ばなさないであろう」という予想は（米田・前掲論文255頁）的中しているといえよう。ただ問題は、（共謀）共同正犯が圧倒的多数を占める現実から「単なる従犯にすぎぬ多くの人々が、正犯として不当に重

く処罰せられている」といえるかである。

たとえば、【基本判例1】の事案も、Xは従犯にすぎないとも考えられるが、最高裁の結論も「理論的」になり立ちうる。まさに問題は、「従犯とは何か」「共同正犯にはどこまでの行為を含ましめるか」であり、そこでは、「実質的に正犯性を有するか」「実行共同正犯と同視しうるか」という規範的評価が問題となる。もちろん、「実行行為の実質化は許されないのであり、実行を分担しない限り、せいぜい共犯にしかなり得ない」という理論も、かつては有力だった。しかし、現在では、上述のような具体的な衡量を踏まえた「共謀共同正犯の限界」が論じられなければならないのである。

そして、最高裁の判例を基準に考える限り、「ただ犯行の計画を洩らされて知っていた程度の者まで、共謀共同正犯として処罰する」ということは考えにくい。もちろん、犯行計画の認知程度以外の要素の内容によっては、共同正犯性が認められることもありうる。しかし、「犯行の計画を洩らされて知っていたら、それだけで共謀に加わったものとする」というわけではないように思われる。

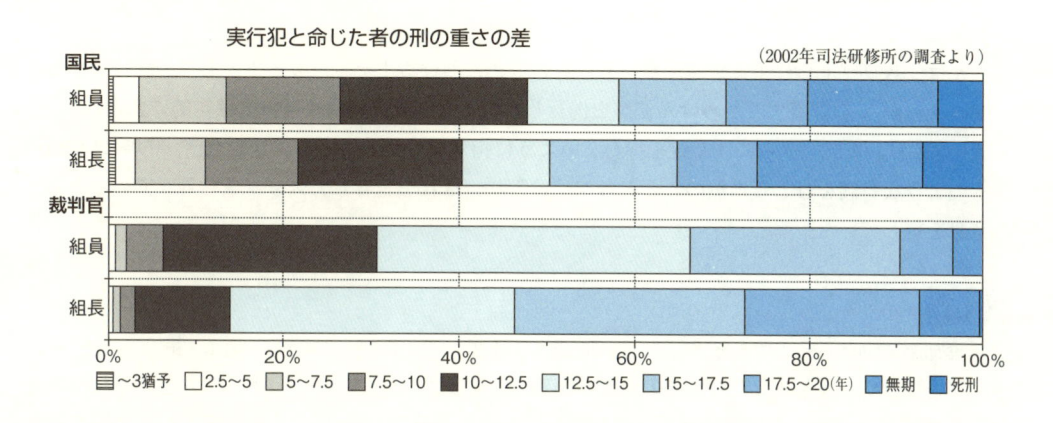

実行犯と命じた者の刑の重さの差
(2002年司法研修所の調査より)

	国民	裁判官
組員		
組長		

〜3猶予　2.5〜5　5〜7.5　7.5〜10　10〜12.5　12.5〜15　15〜17.5　17.5〜20（年）　無期　死刑

【基本判例2】　最1小決平成15年5月1日（刑集57巻5号507頁・判タ1131号111頁）

事実の概要

被告人Xは、三代目山健組組長兼五代目山口組若頭補佐の地位にあり、配下に総勢約3100名余りの組員を抱えていた。山健組には、Xを専属で警護するボディーガードがおり、アメリカ警察の特殊部隊に由来するスワットという名称で呼ばれていた。スワットは、けん銃等の装備を持ち、終始Xと行動を共にし、警護する役割を担っていた。Xとスワットらとの間には、スワットの任務の実行に際しては、親分であるXに指示されて動くのではなく、その気持ちを酌んで自分の器量で自分が責任をとれるやり方で警護の役を果たすものであるという共通の認識があった。

平成9年12月下旬ころ、Xは、上京することを決めBに伝えた。Bは、同年8月に山口組若頭兼宅見組組長が殺害される事件があったことから、兵庫や大阪などでは警備が厳しく、けん銃を携行して上京するのは危険と考え、けん銃等は東京側で準備してもらうこととした。BからXの上京について連絡を受けたAは実兄Dに、けん銃等の用意をも含む一切の準備をするように依頼をし、また、スワットであるCも別ルートでけん銃等の用意をDに伝え、Dは配下のEとともに、本件けん銃5丁を用意して実包を装てんするなどして、スワットらに渡すための準備を調えた。

同年12月25日夕方、XがBやCらとともに羽田空港に到着すると、これをAらと、先に新幹線で上京していたスワット3名が5台の車を用意して出迎えた。そして隊列を組んで移動し始め、①先乗り車には、スワット2名が、各自実包の装てんされたけん銃1丁を携帯して乗車し、②先導車には、

Aらが乗車した。③被告人車には、XのほかBらが乗車し、Xは防弾盾が置かれた後部座席に座った。そして、④スワット車には、山健組本部のスワット3名が、各自実包の装てんされたけん銃1丁を携帯して乗車した。そして、この車列を崩すことなく、一体となって都内を移動していた。また、遊興先の店付近に到着して、Xが車と店の間を行き来する際には、Xの直近を組長秘書らがガードし、その外側を本件けん銃等を携帯するスワットらが警戒しながら一団となって移動し、店内では組長秘書らが警戒し、店外では、その出入口付近で、本件けん銃等を携帯するスワットらが警戒して待機していた。

Xらは、翌26日午前4時過ぎころ、六本木の飲食店を出て宿泊先に向かう際、先乗り車が先にホテルに向かい、その後、残りの5台が出発した。そして、後続の5台が、六本木1丁目路上に至ったところで、警察官らがその車列に停止を求め、各車両に対し、捜索差押許可状による捜索差押えを実施し、被告人車のすぐ後方に続いていたスワット車の中から、けん銃3丁等を発見、押収し、Xらは現行犯逮捕された。

Xは、スワットらによる警護態様、X自身の過去におけるボディーガードとしての経験等から、スワットらがXを警護するためけん銃等を携行していることを概括的とはいえ確定的に認識していた。また、Xは、スワットらにけん銃を持たないように指示命令することもできる地位、立場にいながら、そのような警護をむしろ当然のこととして受け入れ、これを認容し、スワットらも、Xのこのような意思を察していた。

決定要旨

上告棄却。スワットらのけん銃5丁とこれに適合する実包等の所持について、第1・第2審ともXに共謀共同正犯が成立するとしたが、この点について、最高裁は、「Xは、スワットらに対してけん銃等を携行して警護するように直接指示を下さなくても、**スワットらが自発的にXを警護するために本件けん銃等を所持していることを確定的に認識しながら、それを当然のこととして受け入れて認容していた**ものであり、そのことをスワットらも承知していた」として、「Xが幹部組員に対してけん銃を持つなという指示をしていた事実が仮にあったとしても、前記認定事実に徴すれば、それは自らがけん銃等の不法所持の罪に問われることのないように、自分が乗っている車の中など至近距離の範囲内で持つことを禁じていたにすぎないものとしか認められない。また、前記の事実関係によれば、**Xとスワットらとの間にけん銃等の所持につき黙示的に意思の連絡があったといえる**。そして、スワットらはXの警護のために本件けん銃等を所持しながら終始Xの近辺にいてXと行動を共にしていたものであり、**彼らを指揮命令する権限を有するXの地位と彼らによって警護を受けるというXの立場を併せ考えれば**、実質的には、正に**Xがスワットらに本件けん銃等を所持させていたと評し得る**のである。したがって、Xには本件けん銃等の所持について、B、A、DおよびCらスワット5名等との間に共謀共同正犯が成立する」と判示した。

▶▶▶ 解 説

1 最近の支配型共謀共同正犯判例──間接事実による証明

この支配型の共謀共同正犯の事例の中でも、配下に拳銃を所持させていた暴力団幹部の刑事責任が問題となった事案には、本件に加え2件の最高裁判例が存在する。いずれの事案も、拳銃の所持を直接命じた事実が認定されていないばかりか、「共謀」が存在しないと主張された。

【基本判例2】に加え、最決平成17年11月29日

（裁判集刑 288-543）、最判平成 21 年 10 月 19 日（判タ 1311-82）である。【基本判例２】の事案については、第１審・原審、上告審すべて、拳銃所持等の共謀共同正犯を認めた。それに対し、平成 17 年判例の事案については、第１審が暴力団幹部には「組員らが拳銃を所持して被告人を警護していたことを認識し、これを容認していたことにはなお合理的な疑いが残る」としたのに対し、原審と上告審は共謀共同正犯の成立を認めた。

それに対し、平成 21 年判例の事案に関しては、第１審・原審ともに、銃等を携行して警護しているものと概括的にせよ確定的に認識しながら、これを受け入れて容認していたとするには合理的な疑いが残るとして無罪を言い渡した。これに対し最高裁が、「原判決の認定評価等が著しく合理性を欠く」として、第１審に差し戻したのである。

支配型の組織的犯罪の典型である、被告人が暴力団組長のような事案では、実際上は、被告人と実行行為者との間の意思連絡が認定できる直接証拠を獲得することは不可能に近い。供述証拠の獲得は困難であろうし、そもそも、暴力団のような組織においては、明示的な指示連絡によるまでもなく、暗黙のうちに意思を相通ずるということは多いといえよう。これらの場合においては、客観的に認められる間接事実を総合して、共謀関係、強い意思連絡の存在を認定しなければならない。

【基本判例２】では、下級審と上告審で評価の離齬は生じなかったが、平成 17 年判例では、第１審裁判所対原審・上告審裁判所の間で、平成 21 年判例では、第１審・原審裁判所対上告審裁判所の間で、180 度に近いずれが生じたのである。

2 支配型共謀共同正犯の成立範囲

【基本判例２】は「X は、スワットらに対してけん銃等を携行して警護するように直接指示を下さなくても、スワットらが自発的に X を警護するために本件けん銃等を所持していることを確定的に認識しながら、それを当然のこととして受け入れて容認していたものであり、そのことをスワットらも承知していた」とし、意思の連絡が事実の概要に示された程度のものであれば、共謀共同正犯の主観面を基礎づけうるとした。黙示の意思表示であるといっても、本件意思連絡の内容であれば共謀共同正犯の実質として要求される「相互利用・補充関係」を基礎づけるのに十分な内容であるとされたわけである。

そして、X が幹部組員に対してけん銃を持つなという指示をしていた事実が仮にあったとしても、X とスワットらとの間にけん銃等の所持につき黙示的に意思の連絡があったといえるし「指揮命令する権限を有する X の地位と彼らによって警護を受けるという X の立場を併せ考えれば、実質的には、正に X がスワットらに本件けん銃等を所持させていたと評し得る」として、共謀共同正犯が成立するとした。

ここで、最高裁は、共謀の存否と共同正犯性を完全に区別して認定しているわけでもないことに注意しなければならない。やはり、自ら実行行為の一部すら行っていないのに共同正犯性を認める根拠としての「共謀」の存否の判断には、組長としての強い影響力が入り込まざるを得ない。

そして、具体的な共謀共同正犯の認定においては、最高裁のまとめた事実に示されているように、①X は組長であり、ボディーガードがいることを十分認識し、彼らは X の指示で動くのではなく自分の器量で警護の役を果たすという共通の認識があったこと、②X は、スワットらを伴って多数回上京し、その際、５、６台の車が隊列を組んで、X を警護しつつ一団となって移動するのを常としていたこと、③本件上京に際し、X に対する襲撃を懸念し、実包の装てんされたけん銃５丁が準備されたこと、④車の隊列を組んで走行中、警察官が車列に停止を求め、令状により捜索差押えを実施して、スワット車等からけん銃等を発見・押収し、X らは現行犯逮捕されたこと、⑤X は、スワットらによる警護態勢や X 自身の過去におけるボディーガードとしての経験等から、スワットらが X を警護するためけん銃等を携行していることを概括的とはいえ確定的に認識していたこと、また、このような警護を当然として受け入れて認容し、スワットらも、X のこのような意思を察していたことが重要である。

このような事情が認定されれば、X が、実質的には共同してけん銃を所持したといいうるのである。

3　西原博士の最高裁判例批判

　前述の『論争刑法』で米田泰邦弁護士と対決した賛成論の西原博士が、「憂慮すべき最近の共謀共同正犯実務」と題する論文を公刊された。【基本判例２】と類似した事案に関する最決平成17年11月29日が、基本判例と同様に組長に拳銃所持の共謀共同正犯を認めたのに対し、「とうてい容認することのできない判決」と批判されたのである（刑事法ジャーナル３号（2006）54頁）。「私はこのＳ事件最高裁判決は、特筆に価する恐ろしい判例だと思っている。もしそれが第１小法廷だけの『特殊な』法意識と法感覚の産物であるならば、多少気が楽になる。今後の拡大可能性を防ぐことに、学界も実務界も全力をあげなければならない」と批判された（前掲論文64頁）。西原博士は、平成17年判例が認められれば、共謀共同正犯概念は確実に拡大されることになるとされたのである。具体的には、「共謀共同正犯は直接実行者の行動に対する認識・認容があれば成立するという安易な考え方が進んで行く、という事態である。もちろん原判決はＫ事件決定〔【基本判例２】―筆者注〕を援用し、例の『実質的には、正に被告人が両名に本件けん銃等をそれぞれ所持させていたと評し得る』という認定をして、私のいうところの外部的行動を責任の基礎にしたような形式をとっている。しかし、私をしていわせれば、元来この表現も、外部的態度の必要性を明示する力は弱く、私の理解によって何とかそのような性格づけが行われたに止まるものであった。Ｋ事件決定の基礎となったような、非常に明確な事実関係を前提として、それと併せてやっとそのようにいいうるという程度のものであった。そこで、そのような明確な事実が欠けている場合には、その表現が外部的態度を指すという意味づけが形骸化し、単に認識・認容とか、意思連絡などの主観面が備わっていればいいという方向に傾いていきやすい」とされた（前掲論文62頁）。

　より実質的には、組長と実際に拳銃を持っていた者との関係が両事件では異なり、平成17年判例では「被告人が組員らに拳銃を所持させていたと評しうる」関係が認定されていないという批判である[1]。

1) そして博士は、「確かに拳銃等の取引や所持、使用が暴力団構成員によってなされることが多いという事実は無視できない。また、親分・子分の人間関係が暴力団の場合特別であることも認めなければならない。それは理論構成や理論の適用に当たって必要なことですらある。このことは、共謀共同正犯を適用すべき事例が暴力団の場合に多いことを是認するものであろう。しかし、このことは、暴力団の場合のみ一般の事例に比べて認定基準を甘くしたり、基準の適用を緩やかにしてよいということを意味するのではない。両者を混同してはならない。暴力団の反社会的行為が許すべからざるものであり、取締り強化の必要が高いことはいうまでもないが、政策のために理論を曲げることは絶対に許すべきではない」とされた（前掲論文62頁）。

4　最決平成17年11月29日

　本件は、暴力団山口組の若頭補佐である被告人が、山口組の定例幹部会に出席するため、前日来宿泊していた大阪市内のホテルを出発するに際し、自己の身辺警護の目的から、会長秘書のＫと配下組員のＭと各共謀の上、ＫとＭがけん銃各１丁をこれに適合する実包とともに携帯所持したという事案である。被告人およびＫらはいずれも共謀を否認し、かつ共謀に関する直接的証拠もなかった。

　第１審の大阪地判平成13年３月14日（判時1746-159）は、①被告人が常に警護体制の一部始終を認識しているとは考えがたいこと、②被告人が、本件前日、防御の困難な新幹線で移動したり、人通りの多い地下街を歩くなどしていた可能性もあること等からすると、被告人がけん銃等で警護される必要性を感じていたか疑問であること、③本件当日の朝の警護態勢は、被告人を取り囲むなどの緊迫感のあるものではなく、また被告人のボディーガードに専従する組織の存在をうかがわせる証拠もないこと等を指摘して、被告人が、Ｋらのけん銃等所持を認識、認容していたとするには合理的な疑いが残るとした。

　これに対して、大阪高判平成16年２月24日（判時1881-140）は、間接事実の認定などは首肯することのできないものであるとして、共謀共同正犯の成立を認めた。

　大阪高裁が考慮すべきとした間接事実としては、①以前から抗争の際にけん銃等で相手方を殺傷する攻撃部隊が設けられており、さらに被告人の身の回りの世話と警護とにあたる一団の組員がおり、それが親衛隊と呼ばれることもあったこと、②組員が組

織のためにけん銃等を所持し、さらには発砲するなどして検挙された場合には、その後に地位が昇格する実態があり、被告人自身がこの種行為を容認、賞賛してきたこと、③被告人も、そのような服役後、抜擢されて地位の昇格にあずかった経歴を有すること、④KやMは、いわゆる親衛隊の一員であり、被告人の警護に携わっていたものであること、⑤当時、組織間の射殺事件後、銃発砲事件15件が続発し、組織の相談役が路上で射殺される事件も起こり、抗争が予想されていたこと、⑥被告人の移動時には、親衛隊の構成員複数名が同行してその世話および警護にあたっており、さらにけん銃による襲撃を想定したとみられる警戒・警護態勢の強化措置がとられており、被告人もその一端に気付いていたこと、⑦9月3日に被告人らが本件ホテルに宿泊した際も、本件時と同様、Mがメインロビーに先行して警戒にあたっていたこと、⑧本件前日の名古屋駅ホームにおいては、けん銃を携帯所持するK、けん銃等を携帯所持し、防弾チョッキを着用しているMおよび防弾チョッキを着用しているDを含む少なくとも6人の配下組員が、階段を上る被告人の前後に3人ずつ広がって、その警護にあたっていたこと、⑨名古屋駅から新神戸駅に向かう新幹線車内では、客室内や前後のデッキには双方で合計10人前後の配下組員が詰めていたこと、⑩ホテル出発時には、Mがメインロビーに先行して周囲を警戒する中で、Kが被告人の直近を固めながら進行し、防弾チョッキを着用したDやCも同行していたこと、⑪KおよびMにあっては、実包の装塡されたけん銃を、裸のままで右腰に差し込み、あるいはズボンの左ポケットに入れるなど、直ちに発射できる状態で携帯所持していたことなどの事実を挙げている。

そして大阪高裁は、「これらの各事実を総合考慮すれば、被告人は、いわゆる親衛隊の構成員やその指揮者であるKらに対し、けん銃等を携帯所持して警護するように直接指示を下さなくても、本件当時の情勢下において阪神方面に出掛ける被告人に同行するに当たっては、これらの者の一部が被告人を警護するため自発的にけん銃等を携帯所持していることを、少なくとも概括的とはいえ確定的に認識しながら、それを当然のこととして受け入れて認容していたものである」とし、「両名に対する指揮命令の権限を有する被告人の地位及び両名による警護を受けるという被告人の立場を併せ考えれば、実質的には、正に被告人が両名に本件けん銃等をそれぞれ所持させていたと評し得る（最決平成15・5・1参照）」と判示した。

そして、最高裁も、「被告人は、本件当時、配下の組員らが被告人に同行するに当たり、そのうち一部の者が被告人を警護するためけん銃等を携帯所持していることを、概括的とはいえ確定的に認識し認容していたものであり、実質的にはこれらの者に本件けん銃等を所持させていたと評し得る」と判示したのである。

最高裁は、実質的に原審を支持したのであり、原審は、【基本判例2】を踏襲したといえよう。暴力団員であるということで理論を曲げることは許されないが、「暴力団の中では、強い支配関係が及んでいる」ということを前提に事実を認定することは許されているといえよう。

第13講　経済事犯と正犯・共同正犯

> 論点
> ▶法人処罰における「事業主」と「従業者」の意義。
> ▶実質的経営者は、「その他の従業者」に該当するか。
> ▶会社の違法行為に関与した外部専門家（監査法人）は、共同正犯となりうるか。

【基本判例1】　最1小決平成23年1月26日（刑集65巻1号1頁・判タ1385号123頁）

事実の概要

　最高裁がまとめた、本件犯罪事実の要旨は、「被告会社Xは、埼玉県A市内に本店を置き、自動車の設計、製作及び販売等を目的とする資本金3億円の株式会社であり、被告人Yは、X社の代表取締役として、その業務全般を統括していたものであるが、Yは、X社の社長付としてX社の決算業務や法人税の確定申告業務等を統括していたZ及びX社の総務経理部社員Wらと共謀の上、X社の業務に関し、法人税を免れようと企て、架空の直接材料費を計上するなどの方法により所得を秘匿した上、平成9年11月1日から平成12年10月31日までの3事業年度におけるX社の法人税について、虚偽の法人税確定申告書をそれぞれ提出し、合計10億円余りの法人税を免れた」というものである[1]。

　その所得秘匿工作は、専ら、Zおよびその指示を受けたX社の経理担当社員により行われたが、Zは、架空計上費用に概ね見合う資金をX社から関連会社に送金させ、さらにZが設立した会社に送金させていたことが認定されている。

　ただ、X社およびYは、X・Yには関係なくZらによって実行された詐欺行為であって、Zらには法人税のほ脱の故意がなく、税のほ脱行為は存在しないと主張した。さらに、Zは、X社の「使用人その他の従業者」にはあたらず、その行為はX社の業務に関するものでもない旨、本件架空計上費用は、Zの行為による詐欺損失であるから、本件各年度における損金算入が認められるべきである旨、Yには、本件ほ脱の故意もZとの共謀もない旨主張した。

　しかし第1審は、X社については、ZとWが共謀の上でX社の業務に関してその法人税を免れたとして、罰金2億4000万円に処した。ただ、Yについては、ほ脱の故意を認めることができないとして、無罪を言い渡した。

　1審判決は、Zが、X社経理部社員らと共謀の上、架空の直接材料費を計上するなどの方法により所得を秘匿した上、法人税について、それぞれ虚偽の法人税確定申告書を提出し、合計約10億円の法人税を免れた事実は認定しX社の法人責任を認めたが、Yには、Zが架空費用を計上することの認識があったと認めるには合理的な疑いが残り、法人税ほ脱の故意と共謀を認めることができないとした。第1審は、Yの「法人税ほ脱の故意」を認定するには、「Yが、X社において架空費用を計上することを認識していた」といえなければならないが、ZがYに対して計上費用（過去負担分の清算等）の実体がないことを説明したとは認められず、YがZから費用計上に実体がある旨の説明を受け、そのように理解していた可能性を否定できないから、法人税ほ脱の故意を認めることができないとした。

　それに対し、原審は、Yにはほ脱の故意およびZらとの共謀が認められるとして、1審判決のうちYに関する部分を破棄してYを懲役2年に処した。

　Yの罪責に関しては、過去負担分の清算等は、損金性がないことは明らかであって、そのような費用を計上する認識がある以上、Yに法人税ほ脱の故意があったことは明らかであるとし、Yは、代表

取締役の地位にあるとともにX社に対し過去の支援を行った本人であって、その地位や立場から、X社が過去負担分の清算等の義務を負っておらず、過去負担分の清算等がX社の費用となるはずのないものであることを当然認識していたと認められ、架空費用を計上することについてYに認識があったことは証拠上優に認められ、Yに法人税ほ脱の故意があったことは明らかであるとしたのである。

これに対し、X社およびYが上告した。

1) 法人税法159条（平成19年改正前）は、「偽りその他不正の行為により、第74条第1項第2号（確定申告に係る法人税額）に規定する法人税の額、第81条の22第1項第2号（連結確定申告に係る法人税額）に規定する法人税の額、第82条の10第1項第2号（特定信託の確定申告に係る法人税額）に規定する法人税の額、第89条第2号（退職年金等積立金確定申告に係る法人税額）に規定する法人税の額若しくは第104条第1項第2号（清算確定申告に係る法人税額）に規定する法人税の額につき法人税を免れ、又は第80条第6項（欠損金の繰戻しによる還付）（第81条の31第4項（連結親法人に対する準用）、第82条の15第3項（特定信託に対する準用）又は第145条第1項において準用する場合を含む。）の規定による法人税の還付を受けた場合には、法人の代表者（人格のない社団等の管理人を含む。以下この編において同じ。）、代理人、使用人その他の従業者でその違反行為をした者は、5年以下の懲役若しくは500万円以下の罰金に処し、又はこれを併科する（一部省略）」と定めている。

決定要旨

X社に関して、以下のように判示して、上告を棄却した。「所論は、Zは、X社の正式な役職ではない『社長付』の肩書を有していたにすぎず、X社から報酬を受けることも日常的に出社することもなかったとして、法人税法（平成19年法律第6号による改正前のもの）164条1項に規定する『その他の従業者』には当たらない旨、ZはX社の資産を領得しており、Wら経理担当者に指示した不正経理はその隠蔽工作であるとして、Zの不正経理の指示は同項にいう『業務に関して』行われたものとはいえない旨主張する。しかしながら、原判決の認定によれば、Zは、X社の代表取締役であるYから**実質的には経理担当の取締役に相当する権限を与えられ、Yの依頼を受けてX社の決算・確定申告の業務等を統括していたのであるから**、所論指摘の事情にかかわらず、同法164条1項にいう**『その他の従業者』に当たる**というべきである。また、Zの上記指示は、本件法人税ほ脱に係るものであって、X社の決算・確定申告の業務等を統括する過程でX社の業務として行われたのであるから、同項にいう『業務に関して』行われたものというべきであり、所論指摘のようにZが秘匿した所得について自ら領得する意図を有していたとしても、そのような行為者の意図は、『業務に関して』の要件に何ら影響を及ぼすものではないと解するのが相当である（最大判昭和32・11・27刑集11-12-3113参照）」。

▶▶▶ 解　説

1　経済事犯と責任主体

【基本判例1】では、法人税のほ脱行為を実行したZらと社長のYとの共犯関係が、原審で争われた。会社組織の内部でも、経済事犯に関しては、共謀関係の立証が微妙な場合が存在する。本判例は、会社には税のほ脱行為に刑事責任を認めうるが、代表取締役には、刑事責任は及ばないとしたのである。たしかに、法人処罰は、帰責関係が自然人の場合に比し、緩やかになり得る。ただ、そこにも自ずと限界があるのである。

行政罰則には、従業者の業務に関する違反行為につき事業主（事業主が自然人である場合と法人である場合がある）を処罰する、いわゆる事業主処罰規定がかなり存在する。

そして、事業主処罰は、従業者の違反行為につき、行為者である従業者を処罰せず、事業主だけを処罰する転嫁罰規定も存在したが、現在では、違反行為者のほか事業主も処罰する両罰規定の形をとる。そして、両罰規定には、違反行為の防止に関し事業主

に過失がなかった場合に免責する類型のものと、そのような規定を置かない類型とが存在する。しかし、徐々に後者に統一されているように思われる。

法人税法164条（平成19年改正前）は、「法人の代表者又は法人若しくは人の代理人、使用人その他の従業者が、その法人又は人の業務に関して第159条第1項（法人税を免れる等の罪）、第160条（確定申告書を提出しない等の罪）又は第162条（偽りの記載をした中間申告書を提出する等の罪）の違反行為をしたときは、その行為者を罰するほか、その法人又は人に対して当該各条の罰金刑を科する」と定める。

2　事業主の過失の推定

ただ、取締目的達成のため、他人の行為に対する責任を事業主に転嫁するという政策的なものであるとする無過失責任説が認められたわけではない。事業主の行為者に対する「選任監督上の過失責任」は必要だとされ、事業主は、行為者と同一の犯罪行為そのものについての罪責を負うのではなく、事業主「固有」の犯罪行為の罪責を負うものと解されているといえよう。

ただ、選任・監督上の過失の理解に関しては、様々な見解が存在する。責任主義を強調すれば、「事業主に具体的過失を要求する」と解され、取締目的を重視すれば、「事業主の過失が擬制される」として無過失責任に近づくことになる。判例は、何らかの責任非難の根拠を踏まえつつ、行政法規の取締の必要性と事業主の過失の立証の困難さを考慮し、【基本判例1】が引用した最大判昭和32年11月27日（刑集11-12-3113）以来、「事業主処罰規定は、事業主に選任・監督上の過失があることを推定したもので、過失がなかったことが証明されない限り、責任を免れることができない」とする考え方を採用している。ここでも、処罰の必要性と、責任主義との緊張関係が存在するのである。

そこで、事業主が自然人であるときはその者、法人であるときは代表者について、選任・監督上の過失不存在の証明が問題となる。判例では、単に一般的、抽象的に注意していたというだけでは過失がないとはいえず、具体的に職場における講習会を開催する、あるいはその都度注意事項を確認するなど、種々の方法により、事故防止のための具体的措置を講じていた場合に免責が認められている（高松高判昭和46・11・9判タ275-291参照）。

3　事業主の意義

事業主と従業者の関係をどの程度厳密に解するかは、やはり、一部行為の全部責任を導く共同正犯性の判断構造と無関係ではない。ただ、当該法規の処罰の必要性の高さもあり、判例はかなり実質的に解してきた。

事業主とは、自己の計算においてその事業を経営する者をいい、事業経営の主体で、事業に従事する者を全体として統括する地位にある者であるとされてきた（大判大正14・9・18刑集4-533）。ただ必ずしも、実際にその事業を統括し、自己の計算で経営している者に限定されるわけではない。いわゆる名義貸しをしている許可名義人でも、場合によっては事業主にあたりうる（大判昭和9・4・26刑集13-527）。事業主でなくなった後でも、事業主である間の従業者の違反行為については、事業主処罰規定の適用を免れない（大判昭和18・3・24新聞4845-5）。

4　従業者の意義

「使用人その他の従業者」が、違反行為をしたときには、その行為者を罰するほか、その法人も処罰するとしている。

従業者も、事業主の統制・監督を受けて事業に従事する者であるが、必ずしも、契約関係は必要なく、事実上事業主の指揮の下でその事業に従事していれば従業者になりうる（大判昭和9・4・26刑集13-527）。事業主が雇い入れたものでなく、事業主の雇人が自己の補助者として使用している者も従業者に含まれるし（大判大正7・4・24刑録24-392）、他の業者に業務を委託し、その業者の従業員が違反行為をした場合（大判大正2・9・30刑録19-899）や、他の業者に工事を請け負わせたところ、その業者の従業員が違反行為をした場合（大判大正13・4・23刑集3-353）も、従業者にあたりうる（前田雅英ほか編『条解刑法〔第3版〕』（弘文堂・2013）21頁）。

本件では、上告趣意において、X社およびYは、Zが会社の正式な役職ではない「社長付」の肩書を有していたにすぎず、X社から報酬を受けることも

日常的に出社することもなかったから、法人税法旧164条1項にいう「その他の従業者」にはあたらないと主張した。しかし、最高裁は、「Zは、X社の代表取締役であるYから実質的には経理担当の取締役に相当する権限を与えられ、Yの依頼を受けてX社の決算・確定申告の業務等を統括していたのであるから、所論指摘の事情にかかわらず、『その他の従業者』に当たる」というべきであるとしたのである。事実関係で認定されたような実際の具体的権限や業務内容等を総合的に勘案し、「その他の従業者」にあたるとしたのである。

これまでも、最判昭和26年9月4日（刑集5-10-1860）は、「物価統制令第40条にいう『其ノ他ノ従業者』というのは、代理人、使用人等被告人との特定の関係に基いて事実上その業務に従事しているものを指称するものと解すべきもの」としている。

法人税法に関しては、最決昭和58年3月11日（刑集37-2-54）が、特殊公衆浴場を営む会社の実質的な経営者でその業務全般を統括しているが、登記簿上は役員ではない者が、会社の業務に関し、入浴料収入の一部を除外して簿外預金を設定するなどの方法により所得を秘匿したうえ、内容虚偽の確定申告書を提出して合計4億8909万円余の法人税をほ脱し、法人税法旧164条1項の「その他の従業者」にあたるかどうかが争われた事案に関し、「『その他の従業者』には、当該法人の代表者ではない実質的な経営者も含まれる」とした。第1審・原審とも、必ずしも当該法人が雇用その他の契約により事業に従事せしめた者であることを要しないのみならず、名称のいかんを問わず、事実上その法人の組織内にあって、直接または間接にその業務に従事する者であればよく、したがって、同条項にいう「その他の従業者」には、当該法人の代表者ではない実質的な経営者も含まれるとしていたのである。

5 業務に関し

事業主が処罰されるのは、従業者の違反行為が「業務[2]に関し」て行われた場合に限られるが、業務は必ずしも定款に定められた事業に限られるべきものでなく、定款に定めがなくても、法人の取引上の地位に基づいて、その業務としての客観性が認められる程度に一定の取引または事業を遂行する場合も含むとされている（最判昭和25・10・6刑集4-10-1936）。「業務に関し」といえるためには、従業者が内心で私的な利益を追求している場合であってもよいが、外形的に事業主の業務に関連して行われる必要がある。

【基本判例1】においては、Zは、会社の資産を領得しており、経理担当者に指示した不正経理はその隠蔽工作であるとして、Zの不正経理の指示は同項にいう「業務に関して」行われたものとはいえないなどと主張された。これに対し、最高裁は、Zが秘匿した所得について自ら領得する意図を有していたとしても、そのような行為者の意図は、「業務に関して」の要件に何ら影響を及ぼすものではないと解するのが相当であるとした。

すでに、前掲最大判昭和32年11月27日は、「本件逋脱行為がたとえ判示行為者らにおいて所論横領の目的をもって行われたものであったとしても、その具体的目的の如何の如きは、本件両罰規定にいわゆる『業務ニ関シ……違反行為ヲ為シタルトキ』とある要件に少しの影響をも及ぼすものとは解せられない」との判断を示していた（ただし、その点は判示事項および判決要旨にとられてはいなかった）。また、最決昭和37年2月22日（刑集16-2-190）も、不正行為が行為者個人の金員着服の目的によるものであっても、刑事責任を免れない旨判示している[3]。

従業者が横領等の、職務とはいい得ない目的で行った場合、「業務に関して」の要件を厳格に解して両罰規定の適用を否定すべきであるとすることも考えられないことはないが、少なくとも法人税ほ脱に関しては、その禁圧の効果の面からも、両罰規定を適用すべきであるという結論は、昭和32年から現在に至るまで、判例においては揺らいでいないのである。

2) 業務の意義は、基本的に刑法211条などと同様で、社会生活上の地位に基づき反復・継続して行う事務とされている。

3) 事業主ではなく行為者の刑事責任が問題となった事案であることに注意が必要である。

第1編 刑法総論

【基本判例2】 最1小決平成22年5月31日（判タ1385号126頁・判時2174号127頁）

事実の概要

　株式会社Aの当時の代表取締役であるBらは、仕手筋に資金を提供してA社株の価格を高値に誘導する株価操縦を行っていたが、資金が続かなくなり、仕手筋からA社株を買い取ることで仕手筋との関係を終わらせることとし、Bは、A社からその子会社を経由して、上記買取りのための資金60億円を借り受けた。Bは、額面30億円のパーソナルチェック2通を振り出してA社に差し入れ、A社では、これによって上記60億円が返済された旨の会計処理をした。

　その後、A社がD社に60億円を預託してその運用を任せた形を仮装することが合意され、A社は、半期の決算にあたり、「預け金60億円」を計上し、「重要な資産の内容」として「企業買収ファンド事業会社への資金の寄託」との注記を加えた中間貸借対照表を掲載した半期報告書を作成し、関東財務局長に提出した。

　Bは、監査法人から、期末決算の際に預け金60億円の運用状況を精査する旨の連絡を受けたので、知人のCに協力を依頼し、Cが経営していた株式会社Eの株式をBの自己資金を用いて1株25万円で売ってもらうこと、書類上は、これをA社が60億円で買い取り、その代金をD社に預けていたパーソナルチェックで支払った形にすることが合意された。

　さらに、BとCらE社の株主との間で、CらがE社株式2100株を代金合計5億2500万円でBが実質的に支配する会社に売却し、同会社が自社保有分を併せた同株式2600株を額面60億円でAに売却する形をとることが合意され、Bは、Cらに対し、上記代金のうち合計4億7500万円を支払った。その後、Aは、決算にあたり、「主な資産及び負債の内容」のうちの「関係会社株式」として「（株）E社 60億円」と記載した貸借対照表を掲載した有価証券報告書を作成し、関東財務局長に提出した。

　被告人Xは、A社と監査契約を締結した監査法人の代表社員・関与社員であるとともにA社の経営管理に関する指導助言を行うなどしていた公認会計士であったが、A社の代表取締役Bならびに、資産運用・管理に関するコンサルティング事業を営むD社の代表取締役であったCと共謀の上、A社の業務に関し、①A社の半期の決算にあたり、実際には、A社からBへの60億円の貸付金であるにもかかわらず、消費寄託契約に基づく企業買収ファンド事業会社（D社）への資金の寄託に係る60億円の預け金として計上した内容虚偽の中間貸借対照表等を掲載した半期報告書を財務局長に提出して、重要な事項につき虚偽の記載のある半期報告書を提出し、②A社の決算にあたり、A社が保有するE社の株式の取得価額が多くとも6億5000万円であるにもかかわらず、同株式の取得価額を60億円として計上した内容虚偽の貸借対照表等を掲載した有価証券報告書を財務局長に提出して、重要な事項につき虚偽の記載のある有価証券報告書を提出した旨の犯罪事実により起訴された事案である。

　第1審は、前記犯罪事実を認定し、Xを懲役2年（4年間執行猶予）に処した。これに対し、Xが控訴したが、原審も1審判決の事実認定は正当であるとした。これに対しXが上告したのが本件である。

決定要旨

　最高裁は、適法な上告趣意にはあたらないとした上で、虚偽記載半期報告書提出罪および虚偽記載有価証券報告書提出罪の共同正犯の成否について、職権で以下のように判示した。まず、半期報告書の預け金に関する記載と、有価証券報告書の同株式の取得価額の記載は、重要な事項につき虚偽の記載をしたものと認められるとした上で、「Xは、公認会計士であり、当時、前記監査法人において、その代表社員の1人であるとともに、A社に係る監査責任者の地位にもあったが、原判決の認定及び記録によれば、Xは、仕手筋からA社株を買い取ることについてBから相談を受けていたところ、BがA社から借り

受けた60億円をA社株200万株の買取り資金に充てたこと、Bには60億円を現実に調達する能力がなく、本件パーソナルチェックが無価値のものであること、前記消費寄託契約がA社からD社に60億円を預託した形を仮装するものにすぎないこと、E社株式は、Bの資金を用いて1株25万円で買収されたものであって、本件パーソナルチェックを対価として買収されたものではないこと等を認識していたほか、A社から出金された上記60億円に関する会計処理等について、Bらに対して助言や了承を与えてきたものであって、虚偽記載を是正できる立場にあったのに、自己の認識を監査意見に反映させることなく、本件半期報告書の中間財務諸表及び本件有価証券報告書の財務諸表にそれぞれ有用意見及び適正意見を付すなどしたというのである。このような事実関係からすれば、Xは、前記のとおり虚偽記載のある本件半期報告書及び本件有価証券報告書をBが提出することを認識するとともに、このことについてB及びCと共謀したとして、Xに虚偽記載半期報告書提出罪及び虚偽記載有価証券報告書提出罪の各共同正犯が成立するとした原判断は正当である」。

▶▶▶ 解　説

1　外部専門家の共同正犯性

　本件は、実体のない預け金を計上した半期報告書や株式の取得価額を過大に計上した有価証券報告書を提出したという事案である。A社や代表取締役Bの刑事責任が認められるのは当然であるが、公認会計士であったXが、所属する監査法人と監査契約を締結したA社やBと共謀共同正犯となるかが争点であった。顧客の違法行為に関与した外部専門家の刑事責任が問題となっている。

2　証券取引法上の虚偽記載半期報告書提出罪および虚偽記載有価証券報告書提出罪

　平成17年法律87号改正前の証券取引法24条は「有価証券の発行者である会社は、その会社が発行者である有価証券が次に掲げる有価証券のいずれかに該当する場合には、内閣府令で定めるところにより、事業年度ごとに、当該会社の商号、当該会社の属する企業集団及び当該会社の経理の状況その他事業の内容に関する重要な事項その他の公益又は投資者保護のため必要かつ適当なものとして内閣府令で定める事項を記載した報告書（以下『有価証券報告書』という。）を、当該事業年度経過後3月以内（当該会社が外国会社である場合には、公益又は投資者保護のため必要かつ適当なものとして政令で定める期間内）に、内閣総理大臣に提出しなければならない。ただし、当該有価証券が第4号に掲げる有価証券に該当する場合において、その発行者である会社の資本の額が当該事業年度の末日において5億円未満であるとき、及び当該事業年度の末日における当該有価証券の所有者の数が政令で定める数未満であるとき、並びに当該有価証券が第3号又は第4号に掲げる有価証券に該当する場合において有価証券報告書を提出しなくても公益又は投資者保護に欠けることがないものとして政令で定めるところにより内閣総理大臣の承認を受けたときは、この限りでない」として、①証券取引所に上場されている有価証券、②流通状況が①に掲げる有価証券に準ずるものとして政令で定める有価証券、③その募集または売出しにつき4条1項本文もしくは2項本文または23条の8第1項本文もしくは2項の規定の適用を受けた有価証券、④当該会社が発行する有価証券で、当該事業年度または当該事業年度の開始の日前4年以内に開始した事業年度のいずれかの末日におけるその所有者の数が政令で定める数以上であるもの（前記①～③に掲げるものを除く）と定めていた。

　そして、同じく平成17年法律87号改正前の証券取引法198条は、「次の各号のいずれかに該当する者は、3年以下の懲役若しくは300万円以下の罰金に処し、又はこれを併科する」とし、6号で「第24条第6項若しくは第24条の2第1項、第24条の5第1項若しくは第24条の5第4項若しくは第5項の規定による添付書類、半期報告書、臨時報告書若しくはこれらの訂正報告書……であって、重要な事項につき虚偽の記載のあるものを提出した者」と定

めていた。

3　共犯と身分

虚偽記載半期報告書提出罪や虚偽記載有価証券報告書提出罪は、その書類を提出する者を念頭に置いた「身分犯」である。身分犯と共犯に関しては、かつては、華々しい議論があったが、実務上は「共犯の成立を実質的に考える」ということで、処理されているといってよい。議論の源であった刑法65条1項と2項の関係については、1項は真正（構成的）身分犯に関する規定で、2項は不真正（加減的）身分犯に関するものであるとすることで決着がついている（最判昭和31・5・24刑集10-5-734）。

65条は基本的に、(a)身分がなくても身分者を介して犯罪結果に因果的影響を与えた者は原則として共犯（共同正犯）として可罰的であるとしている。そして、(b)刑罰量は身分に応じた妥当なものとすべきであり、可能な限り身分に応じた構成要件を定め、そのような規定のある場合はそれに従って個別的な結論の妥当性・合理性を確保すべきだとしているといえよう。そして65条1項は、構成的身分について(a)の原則を明示し、2項は加減的身分について、(a)の原則を当然の前提として含んだ上で(b)の考えを明らかにしている。加減的身分犯とは、立法者が共犯の処罰を明示しつつ身分の存否により刑を加減すべきと考えかつその旨表示し得た犯罪類型といってよい。

65条1項の「共犯」は教唆・幇助に限るという説が有力に主張された。「実行」を厳格に解し、構成的身分犯は「身分ある者のみが実行しうる犯罪類型」である以上、非身分者は共同「実行」し得ないとし、さらに、65条1項が「加功」という文言を用いて「実行」と書き分けたのは、教唆・幇助のみを指すためであるとされたのである。しかし、そのような議論は、ほぼ主張されなくなった。身分犯の場合でも事実上実行行為を分担可能な以上、「一部行為」の全部責任を認める共同正犯について65条1項を適用しないと、不合理な結論に至ることは明らかである。

問題は、身分がない場合にもどこまで共同正犯性を認めるかであり、それは結局、客観的に自ら犯罪を行ったと評価できるかと、主観的に正犯者意思を有したか否かで判断されざるを得ない。前者は、①役割の重要性（非身分者と実行行為者との関係）、②実行行為以外の行為に加担している場合の内容、③財産関連犯罪の場合には利得の帰属関係、④犯行前後の関与態様（犯跡隠蔽行為等）を考慮して、実質的に判断される。その際には、身分を欠くことも一要素として勘案されるのである。後者は、①犯行の動機、②共謀者と実行行為者間との意思疎通の態様等を考慮して、これも実質的に判断される。

4　【基本判例2】の結論

【基本判例2】において、最高裁は、虚偽記載半期報告書提出行為や虚偽記載有価証券報告書提出行為を手助けしたにすぎないように見える外部専門家Xの共同正犯の成否について具体的な判断を示している。すなわち、Xは、公認会計士であり、当時、前記監査法人の代表社員の1人であるとともに、A社に係る監査責任者の地位にもあったところ、本件パーソナルチェックが無価値のものであることや、前記消費寄託契約がA社からD社に60億円を預託した形を仮装するものにすぎないこと、E社株式は、Bの資金を用いて1株25万円で買収されたものであって、本件パーソナルチェックを対価として買収されたものではないこと等を認識していたこと等を指摘した上で、Xは、本件パーソナルチェック振出のもととなったA社から出金された60億円に関する会計処理等について、Bらに対して助言や了承を与えてきたものであって、虚偽記載を是正できる立場にあったのに、自己の認識を監査意見に反映させることなく、本件半期報告書の中間財務諸表および本件有価証券報告書の財務諸表にそれぞれ有用意見および適正意見を付すなどしたことからすれば、Xに虚偽記載半期報告書提出罪および虚偽記載有価証券報告書提出罪の各共同正犯が成立するとした原判断は正当であるとした。

顧客の違法行為に関与した外部専門家の刑事責任が認められるには、共同正犯の成立を肯定するにあたり、①公認会計士であるXが上記60億円に関する会計処理等についてBらに助言や了承を与えており、②虚偽記載を是正できる立場にあったことや、③自己の認識を監査意見に反映させることなく有用意見や適正意見を付すなどしたことが重視されているように思われる。

第 14 講　承継的共同正犯

―論 点―
- ▶共謀加担後の暴行が共謀加担前に他の者がすでに生じさせていた傷害を相当程度重篤化させた場合の傷害罪の共同正犯の成立範囲。
- ▶被害者の反抗抑圧後に加わった者と強盗罪の共同正犯の成立範囲。

【基本判例 1】　最 2 小決平成 24 年 11 月 6 日（刑集 66 巻 11 号 1281 頁・判タ 1389 号 109 頁）

事実の概要

　Y および Z は、平成 22 年 5 月 26 日午前 3 時ころ、愛媛県 I 市内の携帯電話販売店に隣接する駐車場またはその付近において、同店に誘い出した被害者 V および W に対し、暴行を加えた。その態様は、W に対し、複数回手拳で顔面を殴打し、顔面や腹部を膝蹴りし、足をのぼり旗の支柱で殴打し、背中をドライバーで突くなどし、V に対し、右手の親指辺りを石で殴打したほか、複数回手拳で殴り、足で蹴り、背中をドライバーで突くなどするというものであった。

　Y らは、W を車のトランクに押し込み、V も車に乗せ、M 市内の別の駐車場に向かった。その際、Z は、被告人 X がかねてより V を捜していたのを知っていたことから、同日午前 3 時 50 分ころ、X に対し、これから V を連れて本件現場に行く旨を伝えた。

　Y らは、本件現場に到着後、V らに対し、さらに暴行を加えた。その態様は、W に対し、ドライバーの柄で頭を殴打し、金属製はしごや角材を上半身に向かって投げつけたほか、複数回手拳で殴ったり足で蹴ったりし、V に対し、金属製はしごを投げつけたほか、複数回手拳で殴ったり足で蹴ったりするというものであった。これらの一連の暴行により、V らは、X の本件現場到着前から流血し、負傷していた。

　同日午前 4 時過ぎころ、X は本件現場に到着し、V らが Y らから暴行を受けて逃走や抵抗が困難であることを認識しつつ Y らと共謀の上、V らに対し、暴行を加えた。その態様は、W に対し、X が、角材で背中、腹、足などを殴打し、頭や腹を足で蹴り、金属製はしごを何度も投げつけるなどしたほか、Y らが足で蹴ったり、Z が金属製はしごで叩いたりし、V に対し、X が、金属製はしごや角材や手拳で頭、肩、背中などを多数回殴打し、Y に押さえさせた V の足を金属製はしごで殴打するなどしたほか、Y が角材で肩を叩くなどするというものであった。X らの暴行は同日午前 5 時ころまで続いたが、共謀加担後に加えられた X の暴行の方がそれ以前の Y らの暴行よりも激しいものであった。

　X の共謀加担前後にわたる一連の前記暴行の結果、W は、約 3 週間の安静加療を要する見込みの頭部外傷擦過打撲、顔面両耳鼻口部打撲擦過、両上肢・背部右肋骨・右肩甲部打撲擦過、両膝両下腿右足打撲擦過、頸椎捻挫、腰椎捻挫の傷害を負い、V は、約 6 週間の安静加療を要する見込みの右母指基節骨骨折、全身打撲、頭部切挫創、両膝挫創の傷害を負った。

　この事実に関し、原審の高松高判平成 23 年 11 月 15 日は、X は、Y らの行為およびこれによって生じた結果を認識、認容し、さらに、これを制裁目的による暴行という自己の犯罪遂行の手段として積極的に利用する意思の下に、一罪関係にある傷害に途中から共謀加担し、上記行為等を現にそのような制裁の手段として利用したものであると認定した。その上で、高松高裁は、X の共謀加担前の Y らの暴行による傷害を含めた全体について、X は承継的共同正犯として責任を負うとした。

決定要旨

　最高裁は、Xの共謀加担前のYらの暴行による傷害を含めて傷害罪の共同正犯の成立を認めた原判決には責任主義に反する違法があるという主張に対し、以下のように判示して、上告を棄却した。
　「Xは、Yらが共謀してVらに暴行を加えて傷害を負わせた後に、Yらに共謀加担した上、金属製はしごや角材を用いて、Wの背中や足、Vの頭、肩、背中や足を殴打し、Wの頭を蹴るなど更に強度の暴行を加えており、少なくとも、共謀加担後に暴行を加えた上記部位についてはVらの傷害を相当程度重篤化させたものと認められる。この場合、Xは、共謀加担前にYらが既に生じさせていた傷害結果については、Xの共謀及びそれに基づく行為がこれと因果関係を有することはないから、傷害罪の共同正犯としての責任を負うことはなく、共謀加担後の傷害を引き起こすに足りる暴行によってVらの傷害の発生に寄与したことについてのみ、傷害罪の共同正犯としての責任を負うと解するのが相当である。原判決の……認定は、Xにおいて、VらがYらの暴行を受けて負傷し、逃亡や抵抗が困難になっている状態を利用して更に暴行に及んだ趣旨をいうものと解されるが、そのような事実があったとしても、それは、Xが共謀加担後に更に暴行を行った動機ないし契機にすぎず、共謀加担前の傷害結果について刑事責任を問い得る理由とはいえないものであって、傷害罪の共同正犯の成立範囲に関する上記判断を左右するものではない。そうすると、Xの共謀加担前にYらが既に生じさせていた傷害結果を含めてXに傷害罪の共同正犯の成立を認めた原判決には、傷害罪の共同正犯の成立範囲に関する刑法60条、204条の解釈適用を誤った法令違反があるものといわざるを得ない」。
　ただ、「原判決の上記法令違反は、一罪における共同正犯の成立範囲に関するものにとどまり、罪数や処断刑の範囲に影響を及ぼすものではない。さらに、上記のとおり、共謀加担後のXの暴行は、Vらの傷害を相当程度重篤化させたものであったことや原判決の判示するその余の量刑事情にも照らすと、本件量刑はなお不当とはいえ」ないと判示した。

▶▶▶ 解　説

1 【基本判例1】の意義

　承継的共犯とは、先行行為者が実行行為の一部を終了した後、後行行為者が関与する形態の共犯であるが、圧倒的に承継的共同正犯が重要である。
　たとえば、Xが強盗の手段としてAに暴行・脅迫を加えた後、Yが財物奪取に関与した場合に、承継的共同正犯を認めればYは強盗の共同正犯になる。承継的共同正犯論の実質は、後行行為者に、関与以前の先行行為者の行為（ないしそれに基づく結果）について責任を問う点にある。「因果は遡り得ない」等という形で因果性の視点を徹底すると、妥当な結論に辿り着け得ないということから、広く認められてきた理論なのである。
　かつては、犯罪共同説によれば承継を認める積極説に、行為共同説によれば消極説になるという図式で説明されてきた。ただ、「犯罪共同説対行為共同説」という対立自体かなり変形してきている。少なくとも現時点においては、「犯罪共同説だから承継を認めねばならない」というような説明は、ほとんど説得力を持たない。
　この問題に関する「リーディングケース」とされてきたのは、大判昭和13年11月18日（刑集17-839）であった。Xが被害者殺害後、事情の説明を受けて被害者からの金員の奪取を幇助したYに、関与前の殺害の点をも含めて強盗殺人の幇助を認めた判決である。この判例から、積極説の実質的論拠として「不可分である一罪の一部に関与した者は全体につき責任を負うのが当然である」とする説明がなされた。1つの犯罪は不可分である以上、その実行の一部に加わった者はその実行行為から生じた全体について責任を負うとするのである。しかし、承継的共犯が問題となる犯罪類型には、単純一罪のみならず包括一罪や、結合犯、結果的加重犯が考えられ、ど

のような場合が「不可分」なのかが問題なのである。

そして、この判例は承継的従犯に関するものにすぎず、承継的共犯の評価について態度を明示した最高裁判例は存在しなかったのである。もちろん下級審においては、承継的共犯に関する積極・消極双方の判決が存在し、いかなる犯罪類型につきどの範囲で承継的共同正犯などが成立するかが重要な争点となってきていた。その意味で、本判決の意義は大きい。と同時に、「因果関係を有することのない結果については共同正犯とならない」ともとれる判示は、異例の判例と感じるのである。

2 単純一罪の承継

「実行行為の因果性の及ばない結果には、共同正犯は成立し得ない」という承継的共同正犯否定説からすると、殺人罪や詐欺・恐喝罪等の単純一罪への途中からの関与も不可罰となる。しかし、Ｘが殺意を持って重大な暴行を加えた後にＹが殺害の意思を通じて加わり軽度の暴行を加えた場合、Ｘの暴行のみが死因となったとしても、Ｙには殺人の共同正犯が成立する（大阪高判昭和45・10・27判タ259-310）。監禁罪の途中からの関与者にも承継的共同正犯が成立する（東京高判昭和34・12・7高刑集12-10-980）。状態犯である略取誘拐罪についても、その後の監禁行為に関与すれば、共同正犯となる（東京高判平成14・3・13東高時報53-1＝12-31）。

さらに、Ｘが恐喝の目的で脅迫の手紙をＡに送った後、Ｙが意思を通じて脅迫電話をかけて金員を受け取った事案において、Ｙの電話内容は、それだけでは恐喝罪を構成する程度のものではなくても、共同正犯とすべきであろう。すでに存在する客観的事情により、後行者の行為の危険性は異なりうる（なお、正犯者意思を否定して承継的共犯を否定したものとして横浜地判昭和56・7・17判時1011-142）。

3 すでに生じていた傷害結果の承継

【基本判例1】の指摘を待つまでもなく、「行為と物理的にも心理的にも全く結びつきえない事実」は、原則として、行為者に帰責すべきではない。それゆえ、関与前に被害者にすでに傷害結果が生じており、そのことを知らないで強盗・強姦の途中から関与した者に、強盗傷人罪・強姦致傷罪の重い罪責を負わせるべきではない。参加時に傷害を認識したとしても、それだけで、すでに生じてしまった傷害の責任を問われることはない。それゆえ、実務上も参加後に発生したか、それ以前にすでに生じていたか不明の場合には、やはり、強盗・強姦致傷罪とはならないとされてきた（広島高判昭和34・2・27高刑集12-1-36、東京地判平成7・10・9判タ922-292、東京高判平成17・11・1【基本判例2】。なお、札幌高判昭和28・6・30高刑集6-7-859参照）。

ただ、形式的な因果性を重視しすぎると現行刑法典の解釈が困難になる。刑法207条は、因果性が欠ける場合にも一定の範囲で刑事責任を負わせるからである。Ｘの暴行直後に意思の連絡なしにＹが暴行を加え傷害結果を生ぜしめた場合には、いずれの行為が原因か特定し得なくても、207条がＸ・Ｙを共同正犯として扱い傷害罪の成立を認める。ＸがＡに暴行を加えた後、Ｙが意思を通じて暴行に加わった場合に、Ａに生じた傷害がＹの参加以降に生じたものか否か特定し得なかったときも、Ｙは傷害罪の共同正犯とすべきである。同じ結果でありながら、意思を通じて参加した場合が暴行罪にとどまり、意思の連絡を欠けば傷害罪となるというのはあまりにも不均衡に思われる（207条の存在が、関与前に生じている傷害結果についても承継を認める下級審判例の実質的論拠となっていると思われる）。理論的にも、Ｘが単独で加えた第1の暴行とＸ・Ｙが共同して加えた第2の暴行が同一の機会のものと評価できる場合には、207条により、第1暴行と第2暴行のいずれについても傷害結果を惹起したものとすべきであると考えられる（大阪地判平成9・8・20判タ995-286）。

4 本判決の意義

【基本判例1】は、共謀加担前にＹらがすでに生じさせていた傷害結果については、Ｘの共謀およびそれに基づく行為がこれと因果関係を有することはないから、傷害罪の共同正犯としての責任を負うことはないと明言し、「共謀加担後の傷害を引き起こすに足りる暴行によってＶらの傷害の発生に寄与したこと」についてのみ、傷害罪の共同正犯としての責任を負うとしたのである。暴行を受けて負傷し、逃亡や抵抗が困難になっている状態を利用してさら

に暴行に及んだというような事実があったとしても、傷害結果について刑事責任を問いうる理由とはいえないとした。

問題は、「共謀加担後の傷害を引き起こすに足りる暴行」によってVらの「傷害の発生に寄与したこと」の意味である。最高裁は、「Xの共謀加担前にYらが既に生じさせていた傷害結果を含めてXに傷害罪の共同正犯の成立を認めた」原判決は、解釈を誤っていると明言しており、原審が重視した「負傷し、逃亡や抵抗が困難になっている状態を利用して更に暴行に及んだ」事情が認定できても、「共謀（関与）後に存在した傷害の程度」について刑事責任を問い得ないとしているようにも読める。

ただ、量刑の判断の中で、「共謀加担後のXの暴行は、Vらの傷害を相当程度重篤化させたものであったこと」は重視している。

共謀前に生じていた重篤な傷害に加えて、共謀参加後の者が、さして重大でない暴行により、被害者の死を生ぜしめた場合には、死亡結果について、共同正犯の責を負うであろう。そうだとすると、共謀前に加えられた重大な暴行で動けなくなった被害者に、後から加わって傷害を若干重くしたような場合に、傷害罪の刑責を負うことも考えられる。もちろん、これらの全事情は量刑上考慮される。

5　刑法207条との関係

残された問題は、現に存在している傷害結果が、共謀関与前の暴行と共謀して参加した後の暴行のいずれによってそこまで重篤化したかが不明な場合である。「共謀加担後の暴行によってVらの傷害の発生に寄与したこと」が、「重篤化した結果について、因果性の立証が認められない限り、傷害について帰責されない」という趣旨であるとすれば、刑法207条と相容れないように思われる。関与前の暴行と関与後の暴行のいずれが、重篤な傷害結果をもたらしたか分からない場合には、両暴行が時間的・場所的に近接するなど「同一機会」といえる限り、当該傷害は後から加わった者にも刑事責任があるのである。本件は、早朝の2〜3時間の間に連続して行われたものであった。下級審実務では、207条の「同一の機会」を、ある程度緩やかに解しているものも多い（東京高判昭和38・11・27東高時報14-11-186、東京高判昭和47・12・22判タ298-442、福岡高判昭和49・5・20刑月6-5-561、名古屋高判平成14・8・29判時1831-158、東京高判平成20・9・8判タ1303-309、大阪地判平成9・8・20判タ995-286）。

この点に関連して、千葉勝美裁判官の補足意見[1]は、「共謀加担後の傷害が重篤化したものとまではいえない場合には、まず、共謀加担後のXの暴行により傷害の発生に寄与した点を証拠により認定した上で、『安静加療約3週間を要する共謀加担前後の傷害全体のうちの一部の傷害を負わせた』という認定をするしかなく、これで足りるとすべきである」とし「仮に、共謀加担後の暴行により傷害の発生に寄与したか不明な場合（共謀加担前の暴行による傷害とは別個の傷害が発生したとは認定できない場合）には、傷害罪ではなく、暴行罪の限度での共同正犯の成立に止めることになるのは当然である」とされる。ただ、類似事案とのバランスも考慮せざるを得ない実務現場の一部が、「負傷し、逃亡や抵抗が困難になっている状態を利用して更に暴行に及んだ場合」に承継的共同正犯を認めざるを得ないと考えた実質的背景は、十分に認識しておく必要があるであろう。

[1]　千葉裁判官は「一般的には、共謀加担前後の一連の暴行により生じた傷害の中から、後行者の共謀加担後の暴行によって傷害の発生に寄与したことのみを取り出して検察官に主張立証させてその内容を特定させることになるが、実際にはそれが具体的に特定できない場合も容易に想定されよう。その場合の処理としては、安易に暴行罪の限度で犯罪の成立を認めるのではなく、また、逆に、この点の立証の困難性への便宜的な対処として、因果関係を超えて共謀加担前の傷害結果まで含めた傷害罪についての承継的共同正犯の成立を認めるようなことをすべきでもない」とし、「凶器使用の有無・態様、暴行の加えられた部位、暴行の回数・程度、傷病名等を認定した上で、被告人の共謀加担後の暴行により傷害を重篤化させた点については、『安静加療約3週間を要する背部右肋骨・右肩甲部打撲擦過等のうち、背部・右肩甲部に係る傷害を相当程度重篤化させる傷害を負わせた』という認定をすることになり、量刑判断に当たっては、凶器使用の有無・態様等の事実によって推認される共謀加担後の暴行により被害者の傷害を重篤化させた程度に応じた刑を量定することになろう」としている。しかし、「相当程度重篤化させる傷害」の認定、そのための立証は、非常に困難だと思われる。

第 14 講　承継的共同正犯

【基本判例2】　東京高判平成 17 年 11 月 1 日（東高時報 56 巻 1＝12 号 75 頁）

事実の概要

　AおよびBは、平成16年10月1日午前2時40分ころ、千葉県F市内の路上（第1現場）において、暗黙のうちに意思を相通じ、自転車に乗車して通行中の被害者D（当時22歳）よび原動機付自転車で通行した被害者E（当時22歳）から金品を強取しようと企て、Dに対し、「ナイフで刺されねえとわからねえのか」などと語気鋭く申し向け、その顔面および頭部等を手拳で多数回殴打し、Eに対し、「調子に乗ってんじゃねえ。なめるな。ナイフで刺すぞ」などと語気鋭く申し向け、その頭部および顔面等をヘルメット等で多数回殴打したり、倒れた同人の背中を足蹴にするなどの暴行、脅迫を加え、さらに、AないしBから連絡を受けて到着したCは、AおよびBと暗黙のうちに意思を相通じ、DおよびEから金品を強取しようと企て、Eの顔面を数回足蹴にする暴行を加えた。被告人X・Y、GおよびHは、同市内のXの実家で飲酒していたところ、同日午前3時過ぎ、AがXでGに対し、通行人に暴行を加えている旨伝えてきたことから、X・Y、GおよびHは、迎えに来たBとともに順次、F市立公民館駐車場（第2現場）に向かった。一方、AおよびCは、DおよびEを連れて上記市立公民館駐車場に移動し、同日午前3時15分ころ、同所において、DおよびEに対し、手拳等で頭部および顔面等を多数回殴打するなどの暴行を加え、引き続き、同日午前3時45分ころまでの間、同所において、Aが、Eに対し、コンクリートブロックでその頭部を殴打し、X・Y、GおよびHがBとともに同所に到着した後、Gが、DおよびEに対し、金属製の棒様の物で肩および背部等を数回殴打するなどの暴行を加えた。

　X・Yは、A、B、C、GおよびHと暗黙のうちに順次意思を相通じ、上記一連の暴行により反抗抑圧状態に陥っていたDおよびEから金品を強取しようと企て、Xが、Gに対し、「金取っちゃえば」などと言い、GがDおよびEに財布を出せと要求し、Dから、同人が所有または管理するキャッシュカード1枚および運転免許証1通在中の財布1個（時価約1000円相当）を、Eから、同人が所有または管理するキャッシュカード1枚および運転免許証1通在中の財布1個（時価約1000円相当）をそれぞれ強取した。さらに、X・Yは、上記共犯者5名のほか、そのころAから呼び出されて前記市立公民館に到着した原審分離前相被告人Iとも暗黙のうちに意思を相通じ、依然として反抗抑圧状態にあるDおよびEから金品を強取しようと企て、同日午前10時35分ころ、同市内のV公園において、Dから、同人が消費者金融から借り入れた現金20万円を強取し、同日午後零時20分ころ、同市内Z公園において、Dから、同人が消費者金融から借り入れた現金5万円を強取した。

判　旨

　東京高裁は、以下のように判示して、強盗罪の共同正犯のみの成立を認めた。

「1　X・Yに対する原判示第1の事実に対する公訴事実は、X・Yは当初から他の共犯者らと共謀して強盗致傷の犯行に及んだというものであるところ、原判決は、その認定にかかるX・Yについての共謀成立時期を前提とした上で、①X・Yによる共謀が成立する前後の暴行はいずれも強盗を目的としたものであること、②X・Yによる共謀が成立した後の暴行は、D・Eに新たな傷害を負わせ、既に負っていた傷害を増悪させており、共謀前の暴行行為を引き継いで、D・Eの反抗を抑圧し、その状態を維持し継続するために行われたものであり、共謀前の暴行行為と一体となってD・Eに傷害を負わせたものというべきであって、X・Yは、共謀が成立する前の暴行行為をも自己の犯罪遂行の手段として積極的に利用し、D・Eに傷害を負わせて強取行為に及んだものと評価することができるから、暴行行為全部の結果について責任を負わなければならないと説示した。

　2　しかし、当裁判所は、X・Yが第2現場に到着してからXがGらに現金の取得を促したころ、A、

GらとX・Yとの間で強盗の共謀が暗黙のうちに成立したと認めるものである。XがGらに現金の取得を促した後にD・Eに更なる暴行が加えられたかどうかについては、Dは、その後も男の誰かから、頭や顔を殴られたり、背中を蹴られたりしていると思う旨供述し、Eは、自分に対する暴行が終わったのは、財布を出してから大体30分くらい経ったころだったと思う旨供述してはいるものの、いずれも行為者はもちろん、その回数や程度については特定できない抽象的なもので、特にEに関しては財布を犯人らに2度渡したか否かもはっきりとしないという混乱もみられる。X・Y、A、B、C、G、Hらの供述は、それまでに苛烈な暴行を加えていたことをこぞって認めている反面、XがGらに現金の取得を促した後については、Bの「GがEの髪の毛を摑んで『借りてくるんだよ』と怒鳴りつけていた」旨の供述及びGの「自分がEの髪の毛を引っ張って、犬のように四つんばいにして『金借りに行くか』などと言いながら、Eの脇腹付近を蹴ったりした」旨の供述以外にD・Eに更なる暴行を加えたとの供述は見当たらない。このような証拠関係からすると、XがGらに現金の取得を促した後に、Dに対し、更なる暴行が加えられたと認定するには合理的疑いが残り、Eについても、Gがその髪の毛を摑んで脇腹付近を足蹴にした暴行以外に暴行が加えられたと認定するには合理的疑いが残る。そして、Eに対する上記暴行の部位が頭髪や脇腹付近であることからすると、これによって、同人の加療約7か月間を要する右頬骨骨折、両側下顎角部骨折及び顔面打撲の傷害を生じさせることはもちろん、増悪させたとも認定することはできない。そうすると、D・Eの傷害はすべてX・Yについて共謀が成立する前に生じていたものと認めざるを得ず、X・Yが他の共犯者らによるこれらの傷害の原因となった暴行によるD・Eの反抗抑圧状態を利用して強盗の犯行に加功したとしても、加功前に生じた傷害の結果についてまで帰責されるものではないと解するのが相当である。

したがって、X・Yに対しては、強盗罪の共同正犯が成立するにとどまり、強盗致傷罪の共同正犯の刑責を問うことはできない[1]」。

1） なお、【基本判例2】は、「Aは、X・Y両名による共謀成立前の段階で、D・Eに財布を出せなどと要求して、Dから現金約5500円、キャッシュカード1枚及び運転免許証1通在中の財布の交付を受けるとともに、Eから現金約1万5000円、キャッシュカード1枚及び運転免許証1通在中の財布の交付を受けてそれらをCに渡し、Cないしそのころ同所に来ていた他の者が各財布から現金のみを抜き取って各財布をD・Eに返したことが認められる。キャッシュカード1枚及び運転免許証1通在中の財布はすぐにD・Eに返還されたため、これらの占有がD・Eに一応回復された状況になっているから、X・Yの加功後これらを改めて強取したものといえるが、上記現金については、X・Yが加功する以前に、その共犯者らがその占有を確保しており、D・Eの占有は完全に失われていたとの合理的疑いを否定することはできない（X・Yがこれらの現金のことを認識していたとの証拠も見当たらない。）。したがって、D・Eから強取された現金等のうち、Dから強取された現金約5500円及びEから強取された現金約1万5000円についてはX・Yには帰責することができない」とも判示している。

▶▶▶ 解 説

1 強盗罪と承継的共犯

これまで最も争われてきたのが、強盗罪・強姦罪のような結合犯の場合の承継的共同正犯の成否の問題である。強盗罪・強姦罪の場合、詐欺・恐喝罪と異なり、暴行・脅迫行為と財物奪取・姦淫行為をそれぞれ別個に処罰することが可能である。しかし判例は、後から財物奪取・姦淫行為のみに関与した者を強盗罪・強姦罪の承継的共同正犯とする（名古屋高判昭和38・12・5下刑集5-11=12-1080、東京高判昭和57・7・13判時1082-141、東京地判平成7・10・9判タ922-292）。そして、承継の根拠を「先行行為者によって生じた事実を、その先行行為者と一体になることによって、いわば自己の惹起した結果と同様に利用するからである」とする説明が有力である。判例がしばしば用いる自己の犯罪遂行の手段としての積極

的利用という考え方も、類似のものといえよう（大阪高判昭和62・7・10判タ652-254参照）。

「先行行為者の犯罪に途中から共謀加担した者（後行行為者）の負うべき責任の範囲については、種々の議論があるが、強盗致傷の事案において、本件のように、先行行為者が専ら暴行を加え、被害者の反抗を抑圧し、右暴行により傷害を与えた後に、財物奪取を共同して行った後行行為者については、強盗罪の共同正犯としての責任を負うものの、強盗致傷罪の共同正犯としての責任までは負わないものと解するのが相当である。何故なら、後行行為者は、財物奪取行為に関与した時点で、先行行為者によるそれまでの行為とその意図を認識しているのみでなく、その結果である反抗抑圧状態を自己の犯罪遂行の手段としても積極的に利用して財物奪取行為に加担しているのであるから、個人責任の原則を考慮に入れても、先行行為者の行為も含めた強盗罪の共同正犯としての責任を負わせるべきものと考えられるが、反抗抑圧状態の利用を超えて、被害者の傷害の結果についてまで積極的に利用したとはいえないのにその責任を負わせることは、個人責任の原則に反するものと考えられるからである」（東京地判平成7・10・9判タ922-292）という実務例の主流の理解は、【基本判例1】が出されても揺るがない。

この点、【基本判例1】の千葉裁判官の補足意見も以下のように述べている。「いわゆる承継的共同正犯において後行者が共同正犯としての責任を負うかどうかについては、強盗、恐喝、詐欺等の罪責を負わせる場合には、共謀加担前の先行者の行為の効果を利用することによって犯罪の結果について因果関係を持ち、犯罪が成立する場合があり得るので、承継的共同正犯の成立を認め得るであろうが、少なくとも傷害罪については、このような因果関係は認め難いので（法廷意見が指摘するように、先行者による暴行・傷害が、単に、後行者の暴行の動機や契機になることがあるに過ぎない。）、承継的共同正犯の成立を認め得る場合は、容易には想定し難いところである」。

2　強盗罪の承継に必要な「因果関係」

【基本判例1】が指摘するように、強盗罪の場合であっても、反抗抑圧状態を積極的に「利用」したということのみで、共同正犯となるわけではない。あ

くまでも、積極的に利用したことにより暴行脅迫に関与したのと同視しうるから強盗の共同正犯となると解すべきである[2]。

利用意思を強調していくと、Xの暴行により被害者が動けなくなるのを物陰から見ていたYが、後から被害者の財物を持ち去る行為までも強盗になる余地が生じる。さらに、被害者の反抗抑圧状態を利用した窃取が全て強盗を構成するというなら、XがAに暴行を加えて反抗抑圧状態に陥らせた後、財物奪取意思が生じて財物を奪ったXは、常に強盗になろう。しかし、多数説はその結論に反対であり、強盗の成立を否定する判例もかなり見られる。

たしかに、意思の連絡後は、複数が影響し合うことにより結果発生の可能性を高めるのであり、当罰性は高い。また、共同することにより正犯の範囲を拡大する共同正犯の場合は、単独正犯に比し、因果性は若干緩やかなもので足りる。その意味で、自らは全く暴行・脅迫を行わなかったとしても、共犯関係成立以降も継続している他の共同正犯者が惹起した反抗抑圧状態下で強盗・強姦を共同実行することは可能である。

先行行為者の暴行によって被害者が気絶したという状態を利用した場合、「傷害結果」を利用したように見える。ただ、すでに生じた「結果」を、そのまま後行行為者に帰責させるべきではない。「気絶」「怪我」を利用して強盗・強姦した場合、後行行為者が利用したのは、あくまで、傷害を負ったことによって生じている「反抗抑圧状態」であり、反抗できないことと、傷の大小は分けて考えられる。

【基本判例2】も、D・Eの傷害はすべてX・Y両名について共謀が成立する前に生じていたものと認めざるを得ず、X・Y両名が他の共犯者らによるこれらの傷害の原因となった暴行によるD・Eの反抗抑圧状態を利用して強盗の犯行に加功したとしても、加功前に生じた傷害の結果についてまで帰責されるものではないと解するのが相当である。

2)　ただ、通常想定される強盗・強姦の途中からの関与の事案は、財物奪取・姦淫のみに関与するように見えて、その段階で被害者の抑圧を強化したり、新たな反抗抑圧状態の設定がみられる場合が多い（東京高判昭和48・3・26高刑集26-1-85）。その意味では、意思を通じて財物奪取・姦淫に関与した後行者のかなりの部分は、通常の共同正犯となるのである。

第 15 講　不作為の共同正犯

> **論点**
> ▶殺人現場に同行したが実行行為を行わなかった者の共同正犯性。
> ▶確定的殺意を認めるとともに、その意図を知りながらその行動を制止しなかった者に共謀共同正犯が認められる要件。

【基本判例1】　東京高判平成 20 年 10 月 6 日（判タ 1309 号 292 頁）

事実の概要

　被告人X（当時17歳）は、遊び仲間である被害者V（当時18歳）に対して好意を寄せていたところ、XはV方で就寝中に性交渉を求められてショック受け、友人である被告人Yにその事実を打ち明けた。Yは、詳しく事情を聞くため、Xとともに、遊び仲間である少年A、B、C、D、Eと少女Fが集まっていたコンビニの駐車場に立ち寄った。AはXと以前交際していたことがあり、Vを快く思っていなかった。また、CもXに対して好意を持っていた。Xの話を聞いたY、A、FはVに腹を立て、特にAはXが強姦されたと早合点し、Aらが呼び出したVを問いつめたところ、Vは、Xを強姦したとは認めず、突然逃げ出したので、Aら6名とYは一層怒りを募らせ、GにVを探させて、指定した駐車場までVを連行させた。Xらも自動車に分乗してその駐車場に赴き、A、B、C、D、E、FがVに対して暴行を加え、駐車場が人目に付きやすかったことなどから、全員がK運動公園に移動した。そこで、Vは、A、B、C、D、E、Fから激しい暴行を受けて意識を失った。

　Aらは、Vを一旦解放したが、警察に通報されることを恐れてVを殺害することとし、GとVを呼び戻して、Gに対してVを殺害するよう命じた。そして、X・Yを含む全員が殺害場所付近に移動した上で、GがVを池に落として殺害した。また、Aらは、証拠隠滅のためにGの軽自動車を損壊した。X・Yは、殺人および共同器物損壊の共同正犯として起訴された。

　原判決は、X・YおよびAら6名は、順次、Vに対して集団で暴行を加える旨の共謀を成立させ、K運動公園における暴行も、Aら6名と共謀の上で駐車場で行われた暴行に引き続き行われた一連の犯行の一部であり、同駐車場でのX・YおよびAら6名の相互の意思連絡ないし協力関係が継続する状態にあったということができ、同運動公園における暴行についても、X・Yは、Aら6名と、駐車場から移動するまでに、互いに暗黙のうちに意思を相通じて共謀したものと認められるとした。

　その上で、X・Yは、Aら6名と同様のV殺害の動機を有し、2か所での暴行の際の相互の意思連絡、協力関係が残った状態で、V殺害に関する謀議の現場に立ち会ってその内容を了解した上、Vを犯行現場まで運搬するという犯行の実現に向けた重要な前提行為を共同して行うなどしたのであるから、Aら6名同様、Vの殺害につき犯罪の主体として関わっていたものと認められ、全員で犯行現場に向かうことに決まった時点までに、X・Yも、V殺害をやむを得ないものと考えて認容し、Aら6名およびGと車に分乗してVを運搬する行為を共同することにより、暗黙のうちに相互の犯意を認識し、殺害を共謀したとして、殺人の共謀共同正犯を認めた。

> **判旨**
> 　弁護側の控訴に対し、東京高裁は、共謀共同正犯の成否が本件における主要な争点であるとしつつ、

「本件のように、現場に同行し、実行行為を行わなかった者について共同正犯としての責任を追及するには、その者について不作為犯が成立するか否かを検討し、その成立が認められる場合には、他の作為犯との意思の連絡による共同正犯の成立を認めるほうが、事案にふさわしい場合があるというべきである」とした。そして、不作為犯といえるためには、不作為によって犯行を実現したといえなければならず、その点で作為義務があったかどうかが重要となるとして、「本件は、XがVに『やられはぐった』とYに話したことを端緒とし、嘘の口実を設けてVを呼び出したことに始まる。Xは、上記の話を聞き付けたAやFが憤激し、実際にはXは強姦などされていなかったのに、そう誤解したAが『1回ぶっとばされないと分からないのかな』などと言い、Fが執拗にVの呼び出しを迫るなどしている姿を見、また、Xとかつて交際していたAがVを快く思っていなかったことを知っており、Vに会う相手のなかにAも入っていたことからすると、少なくともAにおいて、場合によってはVに暴力を振るう可能性があることを十分認識していたということができる。Xは、かかる認識を有しながら呼び出し行為に及んでいるものであって、これは身体に危険の及ぶ可能性のある場所にVを誘い入れたものといえる。そして、Vに会う相手であるA、F、Yのいずれもが、呼び出す前の段階でVに対して怒りを持っていたことを考えると、危険が生じた際にVを救うことのできる者はXのほかにはいなかったといえる」。「『お前がやられたって言ったから俺ら動いたんだよ』というAの発言にみられるように、共犯者らは、仲間であるXのためにVに怒りを発していたといえるから、本当は強姦などされていないという事実を説明すべきであったのである。Vの逃走によって、Aらの怒りがさらに増幅されたのであるから、なお一層、Xは本当のところを言うべきであったといえる。Aらの怒りの理由は、Xが強姦されたというからであって、だからこそ、Vを呼びつけてXに謝らせるという大義名分があったのである。Aの前記発言は、このことを如実に示している。その事実がなければ、Aらですら、Vに本件のような執拗・残虐な暴行を加えた上、殺害するまでの動機も理由もなく、そうはしなかったはずであろう。まして、Xが本当はVが好きだったというなら、なおのことそのことを言うべきで、そう言われてしまえば、他の共犯者はVに手を出す理由はなくなってしまうのである。しかも、Xが実はこうですと言えない理由は全くない。そういうことが恐ろしかったとしても、一番肝心なことなのだから、意を決して、本件一連の暴行等のいかなる段階でも言うべきであったのである。それを言わないといういい加減な態度は法の立場からすれば、到底許されないところなのである。
　Yについては、若干立場を異にする。Yは、Xの言葉が本当だと思っていたのであり、事実でないのにこれを述べなかったXとは異なる。しかしながら、Yは、Vの逃走後には、Vが一度痛い目にあったほうがいいと積極的に思っていたものであって、他方で、Xから話を聞いて、まず自らがVに怒りを感じたものであるし、Xを大声で叱るなどしてA、Fが聞き付ける素地を作り出した上、Aの怒る言動等を認識しながらも、Vの呼び出しを求めるなどして、これを押し進めたことからすると、Xと同様に、身体に危険の及ぶ可能性のある場所にVを積極的に誘い入れたものということができる。……Yは、Vが暴行を加えられている場面で、Vへの暴行を制止する行為をしていることが認められるものの、これは、Yが予想した以上の暴行が加えられていたためと考えられ、身体に危険の及ぶ可能性のある場所にVを誘い入れた者としては、警察や知人等に通報するなどして犯行の阻止に努めるべきであったことに変わりはない」として、X・Y両名には、本件各犯行について不作為犯としての共同正犯が成立するとした。

▶▶▶ 解説

1　はじめに

　【基本判例1】の主要論点は、暴行を加えて重傷を負わせた後、移動して殺害した事案について、現場にはいたが、暴行、殺害の実行行為を行っていない者に、殺人罪の共同正犯を認めうるかである。

刑法60条の「共同して犯罪を実行した者」には、実行行為の一部を分担しなかった者も含まれる。そもそも、直接正犯ですら常に現場で実行行為の全部を実行するとはかぎらないし、間接正犯は当然自己の手では実行行為を行わない。共同正犯の場合にも、常に共同実行行為が客観的に必要だとするのは不合理である。「共同して実行した」とは実行行為が「共同のもの」と評価できればよいのであり、共同の意思に基づいて誰かが実行したことを当然含む。

2　共同正犯の認定と共謀の認定

　共同正犯が成立するためには、①客観的な実行行為の分担と、②共同正犯者間に意思の連絡、そして③正犯者意思が必要であるが、共謀共同正犯を認めるためには、客観的に、共謀に参加した者の誰かが実行に着手したことを前提に、まず、①実行行為を分担したと評価できるだけの謀議（行為）と共謀者内での地位が認定されなければならない。ここでは、「共同実行性」が認められるだけの重要な役割を果たしたか否かが、謀議の際の発言内容・関与者間での力関係、その後の行為なども勘案して客観的に判断されるのである。「意思を通じ他人の行為をいわば自己の手段として犯罪を実現」（練馬事件判決）する必要がある。判例も形式的に共謀さえあればすべて共同正犯にしているわけではない。

　②共謀共同正犯も、共同正犯である以上、意思の連絡が必要であるが、共謀が認定できるのであれば、別個に吟味する意味はほとんどない。共謀は、実行を全く分担しなくてもよい以上、単なる意思の連絡または共同犯行の認識の存在を前提に、それ以上のものが要求されている。

　③共同正犯の主観的成立要件としての共同正犯の認識（正犯者意思）が欠ければ、類型としての「共同正犯」には該当し得ない。共同「正犯」か否かの実質的限界は「自己の犯罪であるか他人の犯罪であるか」と表現することもできるが、その判断に際しては、行為者の主観も考慮される。殺人罪と傷害致死罪が主観面も加味しなければ区別し得ないのと同様、共同正犯の場合も行為者の主観的責任事情を考慮して個別化する。

　共謀の認定と共同正犯性の認定は、一応別個の問題と考えられているが、かなり重なる。【基本判例1】もそのことを示しているといえよう。「一部実行すら行っていないのに共同正犯性を認める根拠」となる共謀の事実は、結局、実質的に共同正犯と評価できるだけの関与をしているのかという問題となり、それは、「主として自己の犯罪として関与したのか」「犯行の重要部分を占めているのか」「最終的に大きな利益を享受したのか」等からなる共同正犯性の判断と明確に区別するのは難しくなる。そして、「不作為的関与が共同正犯性を持つにはいかなる事実が認定されなければならないか」という問題も、その延長線上に位置づけられるのである。不作為の関与の場合は、実質的に「作為義務を基礎づける事情の存否」を勘案して共謀共同正犯の成否が判定される。

　もちろん、「共謀」は、すべての共同正犯において問題となるわけではなく、客観的行為の分担がないにもかかわらず「強い意思の連絡」の存在のゆえに、正犯性を認めうるかという問題である。ただ、判例上は、両者ともに、主観面も考慮して判断しているのである。

＊共謀共同正犯性
　①　共謀参加者による実行の着手
　②　共謀（行為）の存在
　③　一定程度以上の地位・役割
　　　不作為的関与：作為義務を導くような事情の扱い
　④　共同正犯性の認識

3　本判決の実質的意味

　【基本判例1】は、X自身は、殺人の実行行為を何ら行っておらず、その一部の分担すらしていない。そこで、Xに刑事責任を負わせるには、共謀に加わっていたことが必要となる。この点、東京高裁は、原審の共謀の認定は必ずしも「内実のあるものにはなっていない」と批判し、「本件のように、現場に同行し、実行行為を行わなかった者について共同正犯としての責任を追及するには、その者について不作為犯が成立するか否かを検討し、その成立が認められる場合には、他の作為犯との意思の連絡による共同正犯の成立を認めるほうが、事案にふさわしい場合がある」としたのである。そして、不作為犯を構成する者と他の共同正犯者の間には「内容の濃い共

謀」は不要だとする。

その前提として、Xらが不作為によって犯行を実現したといえなければならず、その点で作為義務があったかどうかが吟味されなければならない。

東京高裁は、本件Xについては、①嘘の口実を設けて被害者Vを呼び出し、強姦されたとAらに誤解を生じさせ、Aらの怒りの理由は、Xが強姦されたと思った点にあるのだから、「本当は強姦などされていない」という事実を説明すべきであり、②AがVを快く思っておらずVに暴力を振るう可能性があることを十分認識していながら呼び出し行為に及んでおり、身体に危険の及ぶ可能性のある場所にVを誘い入れたものといえるとする（先行行為）。また、③危険が生じた際にVを救うことのできる者はXのほかにはいなかったとし、④Xが真実を説明することができない理由は全くなく、本件一連の暴行等のいかなる段階でも言うべきであったとし、それを言わないといういい加減な態度は法の立場からすれば、到底許されないとして不作為の殺人にあたるとしたのである。

被告人Yも、事実でないのにこれを述べなかったXとは異なるものの、①Vの逃走後には、Vが一度痛い目にあったほうがいいと積極的に思っており、他方で、②Xから話を聞いて、まず自らがVに怒りを感じ、Aの怒る言動等を認識しながらも、Vの呼び出しを求めるなどして、これを押し進めたことからすると、Xと同様に、身体に危険の及ぶ可能性のある場所にVを積極的に誘い入れたものということができるので、身体に危険の及ぶ可能性のある場所にVを誘い入れた者としては、警察や知人等に通報するなどして犯行の阻止に努めるべきであったことに変わりはないとして、X・Y両名には、本件各犯行について不作為犯としての共同正犯が成立するとした。

4 不作為の殺人罪の成立要件

しかし、東京高裁のいうように、「殺害を防ぐ義務が認定でき、不作為の殺人罪に問いうるか」については、疑問も残る。

不作為の殺人罪が認められるには、「作為により殺した」と同視しうる事情の認定が必要となる。この「殺したと同視できる」という規範的評価は、国により異なり時代によって動くものであり、判例の類型化を通して基準を明確化する必要がある。具体的には、①行為者が結果発生の危険に重大な原因を与えたのか否か（たとえば先行行為の内容等）、②すでに発生している危険性をコントロールしうる地位にあるか（危険を引き受ける行為をしたような場合）、それに加えて、③当該結果の防止に必要な作為が可能か、④他に結果防止可能な者がどれだけ存在したのかという事情を基に、各犯罪類型ごとに、作為義務の限界を確定しなければならない。そして、それに加えて、⑤法令や契約等に基づく、行為者と被害者の関係も考慮せざるを得ない。⑥さらに、他の関与者が存在する場合には、「誰に帰責すべきか」という判断も加わらざるを得ない。

最決平成17年7月4日（刑集59-6-403）は、通常の医療を施さなかった者に不作為の殺人罪の成立を認めたが、その際、「被告人Zは、自己の責めに帰すべき事由により患者の生命に具体的な危険を生じさせた上、患者が運び込まれたホテルにおいて、Zを信奉する患者の親族から、重篤な患者に対する手当てを全面的にゆだねられた立場にあったものと認められる。その際、Zは、患者の重篤な状態を認識し、これを自らが救命できるとする根拠はなかったのであるから、直ちに患者の生命を維持するために必要な医療措置を受けさせる義務を負っていたものというべきである」としている。①Zが患者の点滴等を中止させ、②患者の手当てを全面的にゆだねられており、③医療措置を受けさせることは十分可能で、④他の者は干渉し得なかった等の事情が認められるので、Zの不作為に殺人罪の実行行為性を認めたといえよう。

この点、【基本判例1】のXについては、①強姦されたとAらに誤解を生じさせ犯行の動機を形成したという先行行為と、②Vの身体に危険の及ぶ可能性のある場所にVを誘い入れた先行行為、③Vを救うことのできる者はXのほかにはいなかったこと、④Xが真実を説明することができない理由はないことが、不作為の殺人罪の作為義務を基礎づける事情として挙げられている。しかし、③を強調しすぎるのは疑問であり、これらだけの事情で「積極的に殺害した」といいうるかは微妙である[1]。

1) Yについても、①Vの逃走後には、Vが一度痛い目にあったほうがいいと積極的に思っており、②Vの

呼び出しを求めるなどして、これを押し進めたことだけでは、警察や知人等に通報するなどして殺害阻止に努めるべき義務が導けないようにも思われる。

5 不作為の共犯と共謀共同正犯は二者択一か

ただ、X・Yに不作為の殺人罪が認定できないとしても、殺人罪の共同正犯の成立の余地は残るように思われる。複数人で被害者宅に押し入り、銃を用いて殺害した事案で、銃を持たずに実行犯の脇に立っていた者も、通常は、共同正犯に該当する。脇に立っていた者が、射殺を止める作為義務を認定できる場合にのみ殺人の共同正犯となるわけではないのである。

ここで、不作為の殺人罪（単独正犯）を基礎づける作為義務が十分認定できなければ、XやYが殺人の共同正犯になり得ないわけではない。そしてそれは、正犯としての作為義務と共同正犯の作為義務が異なるからであると考える必要はない（【基本判例2】参照）。

【基本判例1】の事案では、XやYに共同正犯性を認めうるのは、やはり、共謀共同正犯に該当するからだと構成する方がわかりやすい。判例における共謀共同正犯の認定は、共謀者と実行者との間の意思連絡だけでなく、共謀者が犯罪の遂行過程でとった行動、果たした役割等の事情を勘案して、共謀者が実行者を通じて犯罪を実行したと認めるに足りる状況があるか否かを問題としている（出田孝一「共謀共同正犯の意義と認定」『小林充＝佐藤文哉古稀祝賀 刑事裁判論集（上）』（判例タイムズ社・2006）205頁）。そしてそこでは、純粋の「共謀」の有無以上に被告人の行動等の事情が重視されているように思われるのである。

【基本判例1】のXに関する、①犯行の動機を形成したこと、②被害者を危険な状況に誘い入れたこと、③被害者を救うことができたこと等は、Xが共謀したAらを通じて犯罪を実行したと認める根拠となる事実と考えることも可能なように思われる。

この点原審は、X・Y両名が、Aら6名と同様のV殺害の動機を有し、2か所での暴行の際の相互の意思連絡、協力関係が残った状態で、V殺害に関する謀議の現場に立ち会ってその内容を了解していた点などから導かれる「共謀」を根拠に共同正犯性を認めているようにも見えるが、一方で、①X・Yが、Vとの出来事を周囲に話してこれを呼び出し、その存在や言動なしにはAら6名のVに対する怒りや暴行の意図は生じ得なかったという事実も認定し、さらに②Vを犯行現場まで運搬するという犯行の実現に向けた重要な前提行為を共同して行うなどした点を挙げて、Vの殺害につき犯罪の主体として関わっていたものと認められるとして殺人の共謀共同正犯を認めたのである。そこでは、共謀者と実行者との間の意思連絡だけでなく、共謀者が犯罪の遂行過程でとった行動、果たした役割等の事情を勘案して、共謀者が実行者を通じて犯罪を実行したと認めるに足りる状況があると認定しているといえよう。

共謀共同正犯性の認定は、「共謀」の存在も加味しつつ、客観的な役割をも総合して判断されるものである。逆に、実行共同正犯においても、そこに共謀が認定されれば、より容易に共同正犯性が認定されうるのである。

【基本判例2】 大阪高判平成13年6月21日（判タ1085号292頁）

事実の概要

被告人Xは、平成6年2月7日、Yと婚姻し、同年3月上旬ころから、O市内で居住していたが、長女V_1（同年4月26日生）の発育が遅れがちで愛嬌がないなどとして、日ごろ同児を疎ましく感じていたところ、同年10月末ころ、Yから「食わん奴には、もう飯食わすな」などとV_1に今後食事を与えないようにと言われ、ここに、同児に対し、生存に必要な飲食物を与えないで殺害しようと決意し、Yと共謀の上、同児が泣くときなどにわずかな菓子やジュースを与えたりする以外には、同児に飲食物を与えず、同児が栄養失調により徐々にやせ細るのを放置し続け、よって、平成8年1月4日、同児を栄養失調に基づく全身衰弱により死亡させ、もって殺害した。さらに平成9年6月上旬から、K

市内に一家で居住していたが、出生を望まないまま産み落とした三女V_3（平成8年5月31日生）を、日ごろから Y とともに疎ましく感じ、同児を V_1 と同じ様に餓死させようなどと話し合い、離乳食を与える時期になってもこれを与えず、ミルクだけを与えていたため、同児が日々やせ細っていたところ、平成9年7月27日午後11時ころ、同室において、Y とともに就寝しようとした際、同児が泣き出し、ミルクを与えても泣き止もうとしない V_3 に立腹し、仰向けに寝ていた V_3 の顔面および腹部を右手拳で数回ずつ殴打し、同児を両手で抱き上げて、敷布団上に数回叩きつけたが、Y が一向に制止しようとしないことから、V_3 を抱きかかえて、隣室に置かれたこたつの前に移動して立ち、同児を自分の右肩付近まで持ち上げたまま、Y の方を振り返り、同人に対し「止めへんかったらどうなっても知らんから」と申し向けて、Y の意向を問いただしたところ、これに背中を向けて布団上に横臥していた Y において、顔だけを X の方に向けて、V_3 を抱き上げた X の表情等を見て、X が同児をこたつの天板に叩きつけようとしていることに気付いたが、嫌悪していた V_3 を X に殺害させる意図から、黙ったまま顔を反対側に背けたことから、その様子を見た X においても、Y が自分を制止する気がなく、自分に同児を殺害させようとしていることを知り、ここに Y と暗黙のうちに V_3 を殺害することを共謀の上、X において、右肩付近に持ち上げていた V_3 をこたつの天板目がけて思い切り叩きつけ、約1m下方のこたつの天板上にその後頭部を強打させ、よって、同年8月11日午後1時30分ころ、同児を頭部外傷に基づく急性硬膜下血腫による低酸素性脳障害により死亡させ、もって、殺害した。

判旨

大阪高裁は、X の V_1 に対する殺意の有無およびその内容ならびに Y との間の共謀の成否について、「もともと X は、育児に関する Y の協力を得られず、育児や家事に追われて、V_1 に対して離乳食をうまく与えることもできず、同児に対する憤懣を募らせていたところ、近隣者や両親からその発育の遅れを指摘されて、ショックを受けるなどしたため、同児に対する苛立ちを一層募らせ、時折その死さえ願う心境にまで立ち至っていたこと、平成7年10月末に X と Y との間で、今後 V_1 に食事を与えない状態に置こうとの会話が交わされた日以降、V_1 は、X および Y から生存してゆくのに必要なだけの食事量を1日たりとも満足に与えられたことはなく、一方的に衰弱を続ける中で死亡するに至っていること、X は、この間、次第に衰弱していく V_1 を他人の目に触れさせないようにするため、外出させないように努め、保健婦に対しても同児が元気であると嘘をつき、同年11月半ば過ぎには、X と Y との間で V_1 が死亡した場合に、拒食症であったと嘘を言おうといった話合いまでしていることなどを総合すると、X と Y は、同年10月末以降、共謀の上、V_1 に対する確定的な殺意をもって、同児の生存に必要な食事を与えずに、同児を栄養不良の状態に陥れて殺害したと認めるのが相当である」とし、原判決が、X には確定的殺意までは認められないとした点を事実誤認とした。

そして、V_3 殺害についても、「本件犯行に至る経緯や動機、犯行態様、本件犯行前後の X の言動や行動状況を総合すると、X が確定的殺意をもって、V_3 をこたつの天板に叩きつけたものと認めるべきである。……X が V_3 をこたつの天板に叩きつけた時点においては、V_3 に対する確定的殺意を認めるのが相当であり、これが未必的なものに止まるものとした原判決には、判決に影響を及ぼすことの明らかな事実誤認があるといわなければならない」とした上で、X と Y との間の V_3 殺害の共謀について次のように認定した。

「X において、こたつの前に立って、V_3 を右肩付近に抱え上げた状態で、Y の方を振り向き、わざわざ Y に対して『止めへんかったらどうなっても知らんから』と警告的な言葉を発することによって、Y がいかなる態度に出るかを問いただした際、X と一旦は目を合わせた Y が、ベランダの方を向いて自分を制止しようとしない態度を示したことを確認したこと、その際、X 自身に、Y に制止して欲しいという気持ちがあり、仮に、この時、Y が制止していれば、V_3 をこたつの天板に投げるのを止めた可能性が高

かったこと、しかるに、Yが制止することなく、前記のような態度を示したことによって、V₃をこたつの天板に投げつけることによって殺害することを容認したものと理解したということができるのであり、他方、Yにおいても、Xと並んでV₃の親権者でその保護者たる実父であり、本件犯行当時、その場には、乳幼児らを除くと、Xの本件犯行を制止することができる立場にあったのは、自分ただ一人であったものであるところ、こたつの前に立ってV₃を右肩付近にまで抱え上げて、自分の方を向いたXがV₃をこたつの天板に叩きつけようとしているのを十分理解し、Xの前記の発言の意味するところも知悉し、しかも、その際、Xが自分に制止して欲しいという気持ちを有していることまでをも熟知しながら、自らもV₃に死んで欲しいという気持ちから、Xと一旦合った目を逸らし、あえてXを制止しないという行動に出ることによって、XがV₃をこたつの天板に叩きつけて殺害することを容認したといえるのであって、以上によれば、V₃をこたつの天板に叩きつけるという方法によって、同児を殺害することについて、この時点において、暗黙の共謀が成立したと認めるのが相当というべきである」。

▶▶▶ **解　説**

1　不作為による共同正犯

　近時、児童の虐待死と、それを放置した配偶者（内縁を含む）の刑事責任がしばしば問題となる。そして虐待死には、不作為の態様のものが含まれ、共謀共同正犯が認められた判例も見られる。

　たとえば、名古屋高判平成15年10月15日（裁判所webサイト）は、「被害児に対する監護意欲を失いつつあった被告人Bは、平成12年11月上旬ころから、被害児に朝食を与えなくなり、昼食も1日おきに、夕食はご飯にみそ汁などをかけたものを与える程度であった上、被害児は、いたずらをするからなどとして、台所脇の3畳間に閉じこめられ、食事の時以外は両手両足をひもで縛られた状態で放置されていたこと、同月18日ころからは、底にタオルケットを敷いた段ボール箱（縦33.8cm、横50.5cm、高さ21.5cmのもの）に入れられて、更に上から別の段ボール箱で蓋をされ、身動きすらできない状態に置かれていたこと、同月23日ころ、Bは、風呂場で被害児の体を洗ったが、その際に、被害児が極度にやせ細り、自分では上半身すらも支えられない状態に陥っているのを見て、被告人Aと『こんなにやせちゃったよ』『そろそろやばいんじゃない』などのやりとりをし、A・Bは、このままでは被害児は死んでしまうかもしれないが、被害児を病院に連れて行けば医者や自分たちの親らから被害児の両親としての責任を追及され、叱られるだろうなどと考え、病院に連れて行こうともしなかったこと、その後は、被害児を風呂に入れることも、紙おむつや着衣を取り替えることもせず、糞尿にまみれた状態で放置したばかりか、食事も朝食と昼食を与えず、夕食も1日おきくらいに、しかも、スティックパン2本とミルク約200ccを与えるのみとなったこと、同月28日ころ、Bが残業で遅くなったAを車で迎えに行き、帰宅する際の車内で、被害児について、Bが『よう保つね』と問いかけたところ、Aも『結構保っているね』と答えるなど、被害児に餓死の危険が迫っていると考えざるを得ないような状態であることを確認し合う会話を交わしていること、その後、同年12月に入ると、被害児が夜間に時折泣き声をあげるようになったが、A・Bらは、段ボール箱を蹴って泣きやませようとしたり、泣き声が聞こえないようにするため、耳栓をして寝るなどしたこと、平成12年12月10日、被害児は餓死するに至ったこと、死亡後の被害児の体重は同年齢の標準体重の約3分の1の約5kgしかなかったことなどの各事実が認められる。

　このような、被害児が餓死するに至る経緯、更には原判決が正当に認定した本件犯行に至る経緯などにかんがみると、A・Bには、被害児をそのまま放置すれば餓死するに至るかもしれないが、死んでもやむを得ないとの、いわゆる『未必の殺意』があったこと、そして、被告人両名が互いにその認識を共有し、暗黙のうちに了解しあっていたことが優に認められる」としている。

2 不作為的関与と共謀共同正犯の限界

【基本判例2】でも、X・Yの共同正犯性を認めるにあたっては、①XがYの方を振り向き、わざわざYに対して「止めへんかったらどうなっても知らんから」と問いただした際、Xと一旦は目を合わせたYが、制止しようとしない態度を示したことを確認したこと、②Yが制止していれば、V_3をこたつの天板に投げるのを止めた可能性が高かったこと、③Yが制止しなかったことは、V_3をこたつの天板に投げつけることによって殺害することを容認したものと理解したということ等を根拠としている。ただ、それに加えて、④YはV_3の実父であり、⑤Xの本件犯行を制止することができる立場にあったのは、自分ただ一人であったものであること、⑥自らもV_3に死んで欲しいという気持ちから、Xと一旦合った目を逸らし、あえてXを制止しないという行動に出たことが認定されている。

このような事情があれば、不作為的関与にすぎないYについても、共同正犯性が認められる。

ただ、不作為の関与の場合には、幇助にすぎないとされることも多い。名古屋高判平成17年11月7日（高検速報716-292）は、A（当時4歳）の実母Xが、自宅に男子高校生Yを引き入れ、YがAに繰り返し暴行を加えるようになっていたにもかかわらずそのような事態を放置し、Yの暴行によりAが死亡した事案に関し、傷害致死幇助の不真正不作為犯の成立を認めた。Xは、Aの親権者として同児を保護すべき立場にありながら、自らの責めによりAを危険に陥れたという先行行為の存在を重視し、Aとの関係においてはその危険を自らの責任で排除すべき義務をも負担するとした。そして、不作為による幇助犯においては、「犯罪の実行をほぼ確実に阻止できたのに放置した」との要件を必要とするものでないとも判示した。その他の事情の存在の吟味も必要だが、「ほぼ確実に阻止できたのに放置した」という場合には、共同正犯性が問題となってこよう。

3 不作為による幇助の限界

そもそも、不作為の幇助の認定も慎重に行わなければならない。部下から勤務する店の系列店への強盗の計画を明らかにされたが、警察等に通報するなどしなかった店長Xの、強盗致傷罪の幇助犯の成否について、東京高判平成11年1月29日（判時1683-153）は、店長として従業員らを管理・監督する職務を行っていたわけではなく、雇用会社の財産については、「犯罪が行われようとしていることが確実で明白な場合」にのみ犯罪を通報する義務があるとした。たしかに、店長として一般従業員より重い作為義務が考えられないことはないが、一般従業員より強い犯罪防止に関する義務が考えられたとしても、Xが部下の犯行について半信半疑であったという事実も一概に否定できないと認定されており、強盗致傷罪の幇助犯の成立を否定した結論に説得性が認められよう。

札幌高判平成12年3月16日（判タ1044-263）は、夫Yによる息子A（当時3歳）のせっかんを制止せず、それにより子どもが殺害された母親Xの行為について、原審が、暴行に及ぶことを阻止すべき作為義務があったと認められるが、妊娠中のXはYの強度の暴行をおそれており、その作為義務の程度は極めて強度とまではいえず、Yの暴行を実力により阻止することは著しく困難な状況にあったとして、不作為による傷害致死幇助罪の成立を否定したのに対し、XはYの暴行を実力により阻止することが著しく困難な状況にあったとはいえなかったとした上で、不作為の幇助犯には「犯罪の実行をほぼ確実に阻止し得たにもかかわらずこれを放置した」という要件は必ずしも必要ないとして、Yの暴行を阻止することは可能で、制止行為をすれば自らが暴行を受けて負傷していた可能性は否定し難いものの、胎児にまで危険が及ぶ可能性は少なく、Xに具体的にとりうる手段があったとして、傷害致死罪の不作為の幇助犯の成立を認めた。不作為の幇助犯の成立には、不作為により結果発生を容易にしたと同視し得ることの立証があれば足りる。本件の場合、たとえばAの側に寄ってYが暴行を加えないように監視する行為、Yの暴行を言葉で制止する行為をしなかったと認定されており、Yの犯行を促進したと評価することもできよう。

第 16 講　幇助犯の成立要件

> **論点**
> ▶幇助の主観的要件。
> ▶ファイル共有ソフト Winny をインターネットを通じて不特定多数の者に公開、提供する行為は、著作物の公衆送信権を侵害することを幇助したといえるか。

【基本判例1】　最3小決平成23年12月19日（刑集65巻9号1380頁・判タ1366号103頁）

事実の概要

　被告人 X は、いわゆるファイル共有ソフト Winny を制作し、その改良を重ねながら、順次自己の開設したウェブサイト上で公開し、インターネットを通じて不特定多数の者に提供していたところ、本件正犯者となる Y・Z が、法定の除外事由がなく、著作権者の許諾を受けずに、著作物であるゲームソフト、映画ファイルの情報が記録されているハードディスクと接続したコンピュータを用いて、Winny を起動させて同コンピュータにアクセスしてきた不特定多数のインターネット利用者に、これらゲームソフト等の情報をインターネット利用者に対し自動公衆送信しうる状態にして、著作権者の有する著作物の公衆送信権（著作権法23条1項）を侵害する著作権法違反の犯行を行った。X は、Winny が不特定多数の者によって著作権者が有する著作物の公衆送信権を侵害する情報の送受信に広く利用されている状況にあることを認識しながら、その状況を認容し、あえて Winny の最新版をホームページ上に公開して不特定多数の者が入手できる状態にし、Y・Z が著作権法違反の犯行を行った際、Winny の最新版をダウンロードさせて提供し、Y・Z の犯行を容易ならしめた行為が Y・Z の行為を幇助したものとして起訴された事案である[1]。

　第1審判決は、Winny の技術それ自体は価値中立的であり、価値中立的な技術を提供すること一般が犯罪行為となりかねないような、無限定な幇助犯の成立範囲の拡大は妥当でないとしつつ、結局、そのような技術を外部へ提供する行為自体が幇助行為として違法性を有するかどうかは、その技術の社会における現実の利用状況やそれに対する認識、さらに提供する際の主観的態様いかんによると解するべきであるとした上で、本件では、インターネット上において Winny 等のファイル共有ソフトを利用してやりとりがなされるファイルのうちかなりの部分が著作権の対象となるもので、Winny を含むファイル共有ソフトが著作権を侵害する態様で広く利用されており、Winny が社会においても著作権侵害をしても安全なソフトとして取りざたされ、効率もよく便利な機能が備わっていたこともあって広く利用されていたという現実の利用状況の下、X は、そのようなファイル共有ソフト、とりわけ Winny の現実の利用状況等を認識し、新しいビジネスモデルが生まれることも期待して、Winny がそのような態様で利用されることを認容しながら、本件 Winny を自己の開設したホームページ上に公開して、不特定多数の者が入手できるようにし、これによって各正犯者が各実行行為に及んだことが認められるから、X の行為は、著作権法違反罪の幇助犯にあたるとし、X を罰金150万円に処した。

　これに対し、原審は、Winny は、情報の交換を通信の秘密を保持しつつ効率的に可能にする有用性があるとともに、著作権の侵害にも用いうるという価値中立のソフトであると認定した上で、平成14年5月に最初に Winny を公開・提供してから、何度も改良を重ねて公開・提供しており、どの時点、どのヴァージョンの Winny の提供から幇助犯が成立するに至ることになるのかが判然としないし、

著作権侵害状況等も、原判決では判然としないとした。その上で、「Winny をダウンロードした者の行為には独立性があり、X の提供したサービスを用いていかなるファイルについてもアップロードやダウンロードしてファイルを交換することができるのであり、いかなるファイルを交換するかは、Winny をダウンロードした者の自由なのであって、X の提供した助力は、専ら犯罪のために行われるわけではない」とし、さらに「価値中立のソフトをインターネット上で提供することが、正犯の実行行為を容易ならしめたといえるためには、ソフトの提供者が不特定多数の者のうちには違法行為をする者が出る可能性・蓋然性があると認識し、認容しているだけでは足りず、それ以上に、ソフトを違法行為の用途のみに又はこれを主要な用途として使用させるようにインターネット上で勧めてソフトを提供する場合に幇助犯が成立すると解すべきである」とし、X は、本件 Winny をインターネット上で公開、提供した際、著作権侵害をする者が出る可能性・蓋然性があることを認識し、認容していたことは認められるが、それ以上に、著作権侵害の用途のみにまたはこれを主要な用途として使用させるようにインターネット上で勧めて本件 Winny を提供していたとは認められないとして、X に幇助犯の成立を認めることはできないとした。これに対して、検察側が上告した。

1) 最高裁は、より詳細な具体的事情を以下のようにまとめている。

「(1) Winny は、個々のコンピュータが、中央サーバを介さず、対等な立場にあって全体としてネットワークを構成する P2P 技術を応用した送受信用プログラムの機能を有するファイル共有ソフトである。Winny は、情報発信主体の匿名性を確保する機能（匿名性機能）とともに、クラスタ化機能、多重ダウンロード機能、自動ダウンロード機能といったファイルの検索や送受信を効率的に行うための機能を備えており、それ自体は多様な情報の交換を通信の秘密を保持しつつ効率的に行うことを可能とし、様々な分野に応用可能なソフトであるが、本件正犯者がしたように著作権を侵害する態様で利用することも可能なソフトである。

(2) X は、匿名性と効率性を兼ね備えた新しいファイル共有ソフトが実際に稼動するかの技術的な検証を目的として、平成 14 年 4 月 1 日に Winny の開発に着手し、同年 5 月 6 日、自己の開設したウェブサイトで Winny の最初の試用版を公開した。その後も改良を加えた Winny を順次公開し、同年 12 月 30 日に Winny の正式版である Winny1.00 を公開し、翌平成 15 年 4 月 5 日に Winny1.14 を公開してファイル共有ソフトとしての Winny（Winny 1）の開発に一区切りを付けた。その後、X は、同月 9 日、今度は P2P 技術を利用した大規模 BBS（電子掲示板）の実現を目的として、そのためのソフトである Winny 2 の開発に着手し、同年 5 月 5 日、Winny 2 の最初の試用版を公開し、同年 9 月には、本件正犯者 2 名が利用した Winny2.0β6.47 や Winny2.0β6.6 を順次公開した。なお、Winny 2 は、上記のとおり大規模 BBS の実現を目指して開発されたものであるが、Winny 1 とほぼ同様のファイル共有ソフトとしての機能も有していた。X は、Winny を公開するに当たり、ウェブサイト上に『これらのソフトにより違法なファイルをやり取りしないようお願いします。』などの注意書きを付記していた。

(3) 本件正犯者である Y は、平成 15 年 9 月 3 日頃、X が公開していた Winny2.0β6.47 をダウンロードして入手し、法定の除外事由がなく、かつ、著作権者の許諾を受けないで、同月 11 日から翌 12 日までの間、Y 方において、プログラムの著作物である 25 本のゲームソフトの各情報が記録されているハードディスクと接続したコンピュータを用いて、インターネットに接続された状態の下、上記各情報が特定のフォルダに存在しアップロードが可能な状態にある上記 Winny を起動させ、同コンピュータにアクセスしてきた不特定多数のインターネット利用者に上記各情報を自動公衆送信し得るようにし、著作権者が有する著作物の公衆送信権を侵害する著作権法違反の犯行を行った。また、本件正犯者である Z は、同月 13 日頃、X が公開していた Winny2.0β6.6 をダウンロードして入手し、法定の除外事由がなく、かつ、著作権者の許諾を受けないで、同月 24 日から翌 25 日までの間、Z 方において、映画の著作物 2 本の各情報が記録されているハードディスクと接続したコンピュータを用いて、インターネットに接続された状態の下、上記各情報が特定のフォルダに存在しアップロードが可能な状態にある上記 Winny を起動させ、同コンピュータにアクセスしてきた不特定多数のインターネット利用者に上記各情報を自動公衆送信し得るようにし、著作権者が有する著作物の公衆送信権を侵害する著作権法違反の犯行を行った」。

決定要旨

上告棄却。最高裁は、検察側の「刑法62条1項が規定する幇助犯の成立要件は、『幇助行為』、『幇助意思』及び『因果性』であるから、幇助犯の成立要件として『違法使用を勧める行為』まで必要とした原判決は、刑法62条の解釈を誤るものである」との主張に対し、「刑法62条1項の従犯とは、他人の犯罪に加功する意思をもって、有形、無形の方法によりこれを幇助し、他人の犯罪を容易ならしむるものである（最判昭和24・10・1刑集3-10-1629参照）。すなわち、幇助犯は、他人の犯罪を容易ならしめる行為を、それと認識、認容しつつ行い、実際に正犯行為が行われることによって成立する。原判決は、インターネット上における不特定多数者に対する価値中立ソフトの提供という本件行為の特殊性に着目し、『ソフトを違法行為の用途のみに又はこれを主要な用途として使用させるようにインターネット上で勧めてソフトを提供する場合』に限って幇助犯が成立すると解するが、当該ソフトの性質（違法行為に使用される可能性の高さ）や客観的利用状況のいかんを問わず、提供者において外部的に違法使用を勧めて提供するという場合のみに限定することに十分な根拠があるとは認め難く、刑法62条の解釈を誤ったものであるといわざるを得ない」とした。

その上で、Winnyを著作権侵害に利用するか、その他の用途に利用するかは、あくまで個々の利用者の判断に委ねられており、また、開発途上のソフトをインターネット上で不特定多数の者に対して無償で公開、提供し、利用者の意見を聴取しながら当該ソフトの開発を進めるという方法も合理的なものと受け止められているとし、「単に他人の著作権侵害に利用される一般的可能性があり、それを提供者において認識、認容しつつ当該ソフトの公開、提供をし、それを用いて著作権侵害が行われたというだけで、直ちに著作権侵害の幇助行為に当たると解すべきではない。かかるソフトの提供行為について、幇助犯が成立するためには、一般的可能性を超える具体的な侵害利用状況が必要であり、また、そのことを提供者においても認識、認容していることを要するというべきである。すなわち、ソフトの提供者において、当該ソフトを利用して現に行われようとしている具体的な著作権侵害を認識、認容しながら、その公開、提供を行い、実際に当該著作権侵害が行われた場合や、当該ソフトの性質、その客観的利用状況、提供方法などに照らし、同ソフトを入手する者のうち例外的とはいえない範囲の者が同ソフトを著作権侵害に利用する蓋然性が高いと認められる場合で、提供者もそのことを認識、認容しながら同ソフトの公開、提供を行い、実際にそれを用いて著作権侵害（正犯行為）が行われたときに限り、当該ソフトの公開、提供行為がそれらの著作権侵害の幇助行為に当たると解するのが相当である」とした。

そして本件Xは、現に行われようとしている具体的な著作権侵害を認識、認容しながら、本件Winnyの公開、提供を行ったものでないことは明らかであるが、「原判決が引用する関係証拠によっても、Winnyのネットワーク上を流通するファイルの4割程度が著作物で、かつ、著作権者の許諾が得られていないと推測されるものであったというのである。そして、Xの本件Winnyの提供方法をみると、違法なファイルのやり取りをしないようにとの注意書きを付記するなどの措置を採りつつ、ダウンロードをすることができる者について何ら限定をかけることなく、無償で、継続的に、本件Winnyをウェブサイト上で公開するという方法によっている。これらの事情からすると、Xによる本件Winnyの公開、提供行為は、客観的に見て、例外的とはいえない範囲の者がそれを著作権侵害に利用する蓋然性が高い状況の下での公開、提供行為であったことは否定できない」とした。

しかし、主観面に関しては、Xは、「本件Winnyを公開、提供するに際し、本件Winnyを著作権侵害のために利用するであろう者がいることや、そのような者の人数が増えてきたことについては認識していたと認められるものの、いまだ、Xにおいて、Winnyを著作権侵害のために利用する者が例外的とはいえない範囲の者にまで広がっており、本件Winnyを公開、提供した場合に、例外的とはいえない範囲の者がそれを著作権侵害に利用する蓋然性が高いことを認識、認容していたとまで認めるに足りる証拠はない[2]」とし、Xは、著作権法違反罪の幇助犯の故意を欠くといわざるを得ず、Xにつき著作権法違

反罪の幇助犯の成立を否定した原判決は、結論において正当であるとした。

2） 最高裁は、主観面に関し、以下のように詳細な説明を加えた。「確かに、①X が Winny の開発宣言をしたスレッドには、Winny を著作権侵害のために利用する蓋然性が高いといえる者が多数の書き込みをしており、X も、そのような者に伝わることを認識しながら Winny の開発宣言をし、開発状況等に関する書き込みをしていたこと、②本件当時、Winny に関しては、逮捕されるような刑事事件となるかどうかの観点からは摘発されにくく安全である旨の情報がインターネットや雑誌等において多数流されており、X 自身も、これらの雑誌を購読していたこと、③X 自身が Winny のネットワーク上を流通している著作物と推定されるファイルを大量にダウンロードしていたことの各事実が認められる。これらの点からすれば、X は、本件当時、本件 Winny を公開、提供した場合に、その提供を受けた者の中には本件 Winny を著作権侵害のために利用する者がいることを認識していたことは明らかであり、そのような者の人数が増えてきたことも認識していたと認められる。

　しかし、①の点については、X が開発スレッドにした開発宣言等の書き込みには、自己顕示的な側面も見て取れる上、同スレッドには、Winny を著作権侵害のために利用する蓋然性が高いといえる者の書き込みばかりがされていたわけではなく、Winny の違法利用に否定的な意見の書き込みもされており、X 自身も、同スレッドに『もちろん、現状で人の著作物を勝手に流通させるのは違法ですので、β テスタの皆さんは、そこを踏み外さない範囲で β テスト参加をお願いします。これは Freenet 系 P2P が実用になるのかどうかの実験だということをお忘れなきように。』などと Winny を著作権侵害のために利用しないように求める書き込みをしていたと認められる。これによれば、X が著作権侵害のために利用する蓋然性の高い者に向けて Winny を公開、提供していたとはいえない。X が、本件当時、自らのウェブサイト上などに、ファイル共有ソフトの利用拡大により既存のビジネスモデルとは異なる新しいビジネスモデルが生まれることを期待しているかのような書き込みをしていた事実も認められるが、この新しいビジネスモデルも、著作権者側の利益が適正に保護されることを前提としたものであるから、このような書き込みをしていたことをもって、X が著作物の違法コピーをインターネット上にまん延させて、現行の著作権制度を崩壊させる目的で Winny を開発、提供していたと認められないのはもとより、著作権侵害のための利用が主流となることを認識、認容していたとも認めることはできない。また、②の点については、インターネットや雑誌等で流されていた情報も、当時の客観的利用状況を正確に伝えるものとはいえず、本件当時、X が、これらの情報を通じて Winny を著作権侵害のために利用する者が増えている事実を認識していたことは認められるとしても、Winny は著作権侵害のみに特化して利用しやすいというわけではないのであるから、著作権侵害のために利用する者の割合が、前記関係証拠にあるような 4 割程度といった例外的とはいえない範囲の者に広がっていることを認識、認容していたとまでは認められない。③の X 自身が Winny のネットワーク上から著作物と推定されるファイルを大量にダウンロードしていた点についても、当時の Winny の全体的な利用状況を X が把握できていたとする根拠としては薄弱である。むしろ、X が、P2P 技術の検証を目的として Winny の開発に着手し、本件 Winny を含む Winny 2 については、ファイル共有ソフトというよりも、P2P 型大規模 BBS の実現を目的として開発に取り組んでいたことからすれば、X の関心の中心は、P2P 技術を用いた新しいファイル共有ソフトや大規模 BBS が実際に稼働するかどうかという技術的な面にあったと認められる。現に、Winny 2 においては、BBS のスレッド開設者の IP アドレスが容易に判明する仕様となっており、匿名性機能ばかりを重視した開発がされていたわけではない。そして、前記のとおり、X は、本件 Winny を含む Winny を公開、提供するに当たり、ウェブサイト上に違法なファイルのやり取りをしないよう求める注意書を付記したり、開発スレッド上にもその旨の書き込みをしたりして、常時、利用者に対し、Winny を著作権侵害のために利用することがないよう警告を発していたのである。これらの点を考慮すると、いまだ、X において、本件 Winny を公開、提供した場合に、例外的とはいえない範囲の者がそれを著作権侵害に利用する蓋然性が高いことを認識、認容していたとまで認めることは困難である」。

▶▶▶ 解　説

1　ネット社会と公共の危険

　インターネットの利便性とその重要性の評価は国民に共有されているといってよい。しかし、ネット社会において生じる「新たな法益侵害」の脅威も、認識されるようになってきている。そして、インター

ネットの利便性の1つの中心である「匿名性」は、同時に、犯罪の手段としても有用なものなのである。まず、わいせつ事犯やネットオークション詐欺のような犯罪行為が想定されるかもしれないが、被害額から見ると、ネットによる著作権侵害の被害額は、膨大なものとされている。Winny に代表されるファイル交換ソフトによる著作「権」の形骸化は、文化全般の視点からも深刻な問題である。

たしかに、このようなソフトを著作権侵害に利用するか、その他の用途に利用するかは、あくまで個々の利用者の判断に委ねられている。しかし、著作権侵害に利用される蓋然性の高いものを作成・流布させる行為自体を違法なものとして、処罰の対象とすることは可能である。「銃を殺害行為等に使用するか否かは個々の利用者の判断に委ねられている」としても、銃刀法で規制することは可能である。その範囲は、基本的には、予想される法益侵害の質と量、侵害発生の確率によって決定される。そして、作成されたものが（社会的に）有用性のある場合には、それとの考量も考えられよう。本件の Winny 作成行為を、著作権侵害の幇助犯として処罰するか否かについても同様であるが、それはあくまで、条文の解釈の枠組みの中で考量されなければならない。さらに、違法だとしても、故意内容によっては、責任非難が認められない場合も考えられるのである。

2　幇助犯の成否

幇助とは実行行為以外の行為で、正犯の実行行為を容易ならしめる行為を広く含む。片面的幇助も認められており、本件のように、正犯者と面識がなくても幇助は可能である。物理的・有形的な形態のもののみならず、犯罪に関する情報を提供したり精神的に犯意を強めるような無形的なものも含むし、不作為による幇助も、不作為に対する幇助も、ともに認められる。

このように幇助行為は非常に多様なものを含み、因果性も広い範囲に及びうる。それゆえ、処罰に値する程度のものの類型化作業が必要であり、さらに、幇助の故意による処罰範囲の限定も重要である（ホテトル宣伝冊子を印刷した印刷業者に売春周旋罪の幇助を認めた東京高判平成2・12・10判タ752-246 参照）。

本件の原審判決は、正犯の実行行為を容易ならしめたといえるためには、ソフトを**違法行為の用途のみ**にまたはこれを**主要な用途として使用させる**ようにインターネット上で勧めてソフトを提供する場合にのみ幇助犯が成立するとした。そして、X は、ホームページ上などで著作権侵害を主要な用途として使用させるようにインターネット上で勧めていないので、幇助犯は成立しないとしたのである。

この解釈の背後には、「情報の交換を、通信の秘密を保持しつつ可能にする有用性」の重視が存在するといえよう。その有用性は誰しも否定できないが、通信の秘密も絶対的なものではない。ネット上の人権侵害のかなりの部分に関係している匿名性を、合理的な形・範囲で制限し、違法行為の捜査などを可能にする方策も模索されなければならない。

ただ、それ以前に、「ソフト使用者のうちに違法行為をする者が出る可能性・蓋然性がある」と認識してツールを提供する行為は、幇助となり得ないのかが問題となる。ネット上での著作権侵害の重大性を鑑みると、違法行為が行われる蓋然性の認識があれば、幇助といえるように思われる。

殺害現場に赴くかもしれない者に包丁を渡す行為は、その可能性の程度によっては、幇助になりうる。「犯罪行為にのみ使用するように」と勧めて渡した場合にのみ幇助になるわけではないであろう。

たしかに、ファイル共有ソフトによる著作権侵害の状況について、約47％となるとする証言もあれば、40％程度であるとするものもあり、幅があると認定された。しかし、5人に1人が侵害行為を行うというのであれば、「例外的」とはいえないであろう。2割を超える者が著作権侵害を伴う利用に用いることを認識できれば、著作権侵害の幇助の故意は認められよう。X のネット情報の流通に関する知識からすれば、相当程度の割合で著作権侵害行為に用いられることの認識は可能であったと思われる。

3　最高裁の違法性判断

この点、【基本判例1】は、「他人の犯罪に加功する意思をもって、有形、無形の方法によりこれを幇助し、他人の犯罪を容易ならしむるもの」という形で、従来の幇助の意義を維持し、原判決の「ソフトを**違法行為の用途のみに又はこれを主要な用途として使用させる**ようにインターネット上で勧めてソフ

トを提供する場合」に限って幇助犯が成立すると解することは、刑法62条の解釈を誤ったものであるといわざるを得ないとした。たしかに、原審のような限定解釈の必要性の論拠は乏しいように思われる。

さらに、価値中立的行為の幇助犯の成立には侵害的利用を「勧める」ことを要するとする原審の解釈には、大谷剛彦裁判官の「独立従犯ではない幇助犯の成立をこのような積極的な行為がある場合に限定する見解は採り得ない」という批判が妥当するといえよう。

他方、他人の著作権侵害に利用される一般的可能性があり、それを提供者において認識、認容しつつ当該ソフトの公開、提供をし、それを用いて著作権侵害が行われたというだけでは、直ちに著作権侵害の幇助行為にはあたらないとする。すなわち、一般的可能性を超える具体的な侵害利用状況が必要であり、また、そのことを提供者においても認識、認容していることを要するというべきであるとし、現に行われようとしている具体的な著作権侵害を認識、認容しながら提供する場合や、ソフト入手者のうち<u>例外的とはいえない範囲の者が著作権侵害に利用する蓋然性が高い</u>と認められる場合に提供し、実際にそれを用いて著作権侵害（正犯行為）が行われたときに限り、幇助行為にあたるとした。そして、本件行為は、客観的に見て、例外的とはいえない範囲の者がそれを著作権侵害に利用する蓋然性が高い状況の下での公開、提供行為であったと認定したのである。

著作権侵害のこの程度の蓋然性があれば、幇助犯の違法性を認めうるとした点は、重要である。

4 故意の成否と違法性の意識の可能性

しかし、【基本判例1】は、本件Winnyを公開、提供した場合に、例外的とはいえない範囲の者がそれを著作権侵害に利用する蓋然性が高いことを認識、認容していたとまで認めるに足りる証拠はないとして、無罪としたのである。

まず、①XがWinnyの開発宣言をしたスレッドには、著作権侵害のために利用する蓋然性が高いといえる者が多数の書き込みをしており、Xも、そのような者に伝わることを認識してはいたが、違法利用に否定的な意見の書き込みもされており、X自身もWinnyを著作権侵害のために利用しないように求める書き込みをしていたこと[3]、そして②Winny利用に関して、違法行為として摘発されにくく安全である旨の情報がインターネットや雑誌等において多数流されており、Xはこれらの雑誌を購読しており、Winnyを著作権侵害のために利用する者が増えている事実を認識していたことは認められるとしても、著作権侵害のために利用する者の割合が、4割程度といった例外的とはいえない範囲の者に広がっていることを認識、認容していたとまでは認められないとしたのである。

さらに、③XはWinnyのネットワーク上を流通している著作物と推定されるファイルを大量にダウンロードしており、Winnyの提供を受けた者の中には本件Winnyを著作権侵害のために利用する者がいることを認識していたことは明らかであり、そのような者の人数が増えてきたことも認識していたと認められるが、Xの関心の中心は、P2P技術を用いた新しいファイル共有ソフトや大規模BBSが実際に稼動するかどうかという技術的な面にあったと認められ、匿名性機能ばかりを重視した開発がされていたわけではなく、さらにWinnyを著作権侵害のために利用することがないよう警告を発していたのであり、これらの点を考慮すると、Xにおいて、例外的とはいえない範囲の者がそれを著作権侵害に利用する蓋然性が高いことを認識、認容していたとまで認めることは困難であると結論づけるのである。

しかし、故意の成立には、その罪の違法内容、たとえば4割程度の人が不正使用することの認識までは必要ない。一般人であれば、「例外的とはいえない範囲の者が著作権侵害に利用する蓋然性が高い」と考えうる事実の認識があれば足りるのである。そして、最高裁も認定した、違法利用をうかがわせるスレッドへの書き込みの量、多くの利用者が読む雑誌の記載内容からすれば、故意は認定しうるようにも思われる。

さらに、著作権侵害のために利用することがないよう警告を発していた事実は、むしろ違法利用の蓋然性の高さを認識していたことを補強するものともいえよう。

3) さらに、Xがファイル共有ソフトの利用拡大により、既存のビジネスモデルとは異なる新しいビジネ

スモデルが生まれることを期待しているかのような書き込みをしていた点も、著作権侵害のための利用が主流となることを認識、認容していたと認めることはできないとする。

5　反対意見

大谷裁判官は、「本件 Winny の公開・提供行為については、その提供ソフトの侵害的利用の容易性、助長性というソフトの性質、内容、また提供の対象、範囲が無限定という提供態様、さらに上記の客観的利用状況等に照らし、まずは客観的に侵害的利用の『高度の蓋然性』を認めるに十分と考えられる」とした上で、「侵害的利用の蓋然性について、このソフト自体の有用性の反面としての侵害的利用の容易性、誘引性があることや、また提供行為の態様として対象が広汎、無限定であることについては、開発者として当然認識は有していると認められる」とし、「客観的な利用状況については、多数意見の①開発宣言をしたスレッドへの侵害的利用をうかがわせる書き込み、②本件当時の Winny の侵害的利用に関する雑誌記事などの情報への接触、③X 自身の著作物ファイルのダウンロード状況などに照らせば、X において、もちろん当時として正確な利用状況の調査がなされていたわけではないので4割が侵害的利用などという数値的な利用実態の認識があったとはいえないにしても、Winny がかなり広い範囲（およそ例外的とはいえない範囲）で侵害的に利用され、流通しつつあることについての認識があったと認めるべきであろう」とされるのである。そして、X は不正使用への警告メッセージを発しながらも、侵害的利用の抑制への手立てを講ずることなく提供行為を継続していたのであって、侵害的利用の高度の蓋然性を認識、認容していたと認めざるを得ないとする[4]。

たしかに、本件のような技術提供行為が技術的有用性と法益侵害性を併せ持ち、また不特定多数の者への提供が行われる場合であっても、幇助の故意の成立には、一般の故意の内容以上のものを要求すべきではない。法益侵害性への積極的な意図や目的を有する場合に限定すべきではないとする以上、多数意見の故意の認定には、疑問を持たざるを得ないのである。

4）　大谷裁判官は、構成要件該当性およびその故意を認めたうえで、弁護人の主張に実質的な違法性阻却の主張が含まれているとも考えられるが、実質的にも違法性は認められるとする。

第17講　間接正犯と共同正犯と教唆

> **論点**
> ▶窃盗の間接正犯の意図で働きかけたところ、被利用者が窃盗の正犯者意思を持って加功した場合をいかに処断すべきか。
> ▶刑事未成年者に、強盗を行うよう働きかけた場合は、いかに処断すべきか。

【基本判例1】　松山地判平成24年2月9日（判タ1378号251頁）

事実の概要

　造園業を営んでいるVは、平成23年8月上旬当時T市の造成地で、全油圧式パワーショベル1台（時価約50万円相当。以下「本件ユンボ」という）を使用して造成作業を行っていた。そしてVは、本件ユンボの始動鍵をつけたままにしていた。

　元暴力団組長X（被告人）は、何らの処分権限もないにもかかわらず、8月4日ころ、前述の造成地およびその周辺において、Yに対し、本件ユンボをVに断ることなく売却・搬出するよう申し向け、Yは、8月4日ころ、中古車販売業を営むZ社に本件ユンボの売却を申し込み、Z社は、32万円で買い取ることに合意した。同社従業員Bは、C社長の指示により、同月12日午後5時30分ないし午後6時ころ、運送業者を帯同して現地を訪れ、運送業者をして本件ユンボを大型トラックで搬出させ、同日午後7時ころ、Yの事務所を訪れ、本件ユンボの代金32万円を支払ったという事案である。

　Bは、上記代金支払に至るまで、本件ユンボの所有者がYであるか、それ以外の第三者であるかについて確認をしておらず、代金支払後に、Yが仲介した取引であることを聞かされた。そして、XがVから本件ユンボの処分を許されたことは一度もなかったと認定されている。

　Yは、「8月1日、Xから、昔一緒に仕事をした『社長』のユンボが2台あり、もう要らないから売却処分してくれと言われた。Yは、8月4日午前6時ころ、X運転車両に乗車して現地へ向かった。……Yは、本件ユンボの価値を査定するのに用いるため、携帯電話機付属のカメラで製造番号等を撮影しようとしたが、鮮明に撮影することができず、筆記具もなかったので、Xと半分ずつ記憶し、自動車に戻って製造番号等を筆記した。Yは、その後すぐにZ社に電話をかけ、製造番号等を伝え、買取りを依頼した」と供述し、この供述は、信用性があると認定された。

　松山地裁は、YはXから、第三者からユンボを売却処分してくれと依頼されていると聞かされ、2人で現場に行き、ユンボの製造番号を、筆記具がなかったので、Xと半分ずつ記憶し、自動車に戻って製造番号等を筆記し、売却先に電話をかけ、製造番号等を伝え、買取りを依頼したと認定した。

　XからYへの処分依頼の認定根拠は、①XとYは10年来の知人であり、また、Yは元暴力団組長Xをある程度恐れており、Xを庇うかのような供述もしているのであるから、Xに罪を着せるような虚偽供述をする動機は認められず、②処分依頼がなく、Yが勝手な判断で売却したとすれば、10万円もの金銭をXに支払うとは考え難い。③もしXが処分依頼をしていないのであれば、Xは処分行為に驚くはずで、懲役刑の執行猶予中のXが、何らその処分をとがめることもなく、現金10万円を受け取り、領収証まで作っており、④製造番号等をX・Yで半分ずつ記憶し、車に戻って筆記した際に、Xは何ら疑問を呈していない以上、XからYに処分依頼があったと認定しうるとした。

　Xの、「社長が日本におらんのだったら、これもおそらく使わんのだろうな」と誰に言うともなく独

り言を述べただけであるなどとする供述は信用できず、捜査段階での「Yと2人で暗にユンボを持って帰るというような話をした」との供述もあり、Xが、Yに対し、何ら権限を有しないにもかかわらず、本件ユンボの処分を依頼したと認定した。

ただ、松山地裁は、Yが、「Xが本件ユンボの処分権限を有していない」という事情は知っていたとする。①YはXに対して、本件ユンボの代金25万円（32万円から運賃相当額とYが考えた7万円を控除した額）のうちXの取り分10万円を提示し、差額の15万円は仲介手数料としてYが受け取ったとするが、売却代金の6割もの仲介手数料というのは高額に過ぎ、YがXに処分権限がないことを知らなかったとすれば、元暴力団組長が他人から処分依頼を受けた物の売却を仲介しながら、6割の高額な仲介手数料をとるという行動は不合理である。②Yは、「社長」の確認もせず、Xに処分権限があるものと考えたとするのも不合理であるとし、Yが当初から当該事実を知っていたものとしてXの罪責を判断するほかないとした。

判旨

松山地裁は以下のように判示して、Xに窃盗罪の教唆犯の成立を認めた。

「(1) 以上を前提にすると、Yは自ら規範の障害に直面しているというべきであるから、もはやXが『情を知らない』Yを道具として使用したと評価することはできない。また、YはXのことをある程度恐れていたことがうかがわれるが、これを超えて、XがYの行為を支配していたと認めるべき根拠はなく、かえって、Yは本件ユンボの売却代金の過半を手にしているのであるから、Yが幇助犯にとどまるということはなく、Xをもって故意ある幇助的道具を使った間接正犯に問うこともできない。他にXのYに対する処分依頼行為が窃盗の間接正犯（単独犯）としての実行行為に該当するというべき事情も見当たらないから、Xの行為が窃盗の間接正犯に当たるという検察官の主張は、採用できない。

なお、検察官は、弁論再開後の補充論告において、YがXの面前でZ社に処分依頼の電話をかけているのを阻止しなかった点を捉えて、窃盗（間接正犯）の実行行為に当たると主張している。これは、いわゆる不真正不作為犯の成立を主張するものと解される。しかし、不真正不作為犯の場合は、作為義務の発生原因たる事実や結果防止可能性の存在が問題となり、Xに防御を尽くさせるべく、これらを訴因に明示する必要があるというべきところ、検察官は、公判廷における当裁判所の指摘にもかかわらず訴因変更をしなかったから、検察官の上記主張の当否を論ずるまでもなく、不真正不作為犯の成立を認めることはできない。

(2) YがXに処分権限なきことを知りながら、Z社に対して本件ユンボを売却し、情を知らない同社従業員らにその搬出を依頼した行為は、窃盗（間接正犯）の実行行為に該当するから、Yは、窃盗の正犯に当たるというべきである。

この点、XがYに正犯意思があったことを認識していれば、黙示の共謀（共同実行の意）を認定することができ、窃盗の共謀共同正犯に当たるというべきであるが、XがYの正犯意思を認識していない場合は（すなわち、間接正犯の故意であった場合は）、Xは、Yに本件ユンボの売却方を依頼し、その結果、Yが本件ユンボを売却するという窃盗の実行行為に及んでいるのであるし、間接正犯の故意はその実質において教唆犯の故意を包含すると評価すべきであるから、刑法38条2項の趣旨により、犯情の軽い窃盗教唆の限度で犯罪が成立すると認められる。

しかしながら、XがYの正犯意思を認識していたか否かを確定することは取調べ済みの全証拠をもってしても不可能であるから、結局、犯情の軽い窃盗教唆の限度で犯罪の成立を認めるべきである。そして、判示窃盗教唆の事実は、間接正犯形態の訴因に明示された事実の一部が認定できない場合であるから、その実質において、間接正犯の訴因の縮小認定形態と解され、これを認定するためには訴因変更を要しないというべきである」。

▶▶▶ 解　説

1　教唆犯を認めた貴重な判例

　刑法典は、60条で「2人以上が共同して犯罪を実行する」ところの共同正犯、61条で人を教唆して犯罪を実行させる教唆犯、62条で正犯を幇助する従犯（＝幇助犯）について定める。共同正犯は「正犯」という面もあり、後二者のみを狭義の共犯（加担犯）として、区別して扱うことも多い。ただ日本では、狭義の共犯は実際には非常に少ない。広義の共犯関係の存在した刑法犯有罪人員の1.7％にすぎないことが最高裁のデータで明らかになっている（ごく最近は、データを公表していない）。特に教唆犯は0.2％で、しかも、犯人蔵匿・証拠隠滅罪が過半を占めているのである。

　しかし、【基本判例1】は「通常の教唆犯」を認めたものではないことに注意を要する。「主観的には間接正犯の意図で窃盗をするよう働きかけたところ、客観的には教唆行為となってしまった場合に、窃盗教唆を認めた」という例なのである。【基本判例1】は、錯誤論で処理し「間接正犯の故意はその実質において教唆犯の故意を包含すると評価すべきであるから、刑法38条2項の趣旨により、犯情の軽い窃盗教唆の限度で犯罪が成立すると認められる」とした。この説明自体は、錯誤論として特には違和感を感じないであろう。

　ただ、そもそも、「教唆行為」が存在したといえるかは微妙な面がある。教唆の「故意」がないというだけではなく、そもそも教唆行為が存在したといいうるかに議論の余地があるのである。たしかに、この事案のXに、窃盗の間接正犯を認めることは困難であろう。YがXに処分権限のないことを知りながら、ユンボを売却し搬出させた行為は、窃盗の実行行為に該当するから、Yは窃盗の正犯（少なくとも共同正犯）にあたるといえ、Xが、Yの行為を支配していたという特段の事情が認定されていない以上、Xには正犯としての窃取行為が存在しないように見える。

　ただ、問題は窃盗教唆行為の認定である。「道具」として利用しようと働きかけた行為が「窃盗教唆」と評価しうるかという問題である。別の言い方をすれば、窃盗の間接正犯と窃盗の教唆犯とは、客観的・実質的に重なり合うのかという問題である。かつて有力であった形式的な構成要件解釈によれば、「間接正犯と『修正された構成要件としての教唆』は全く別個のもの」とすべきことになりそうである。しかし、それはあまりに硬直した考え方であり、実質的には、【基本判例1】のいうように、客観的教唆行為の存在を認定することも可能ではあろう。ただ、あくまでその意味で、間接正犯は完成しておらず、主観的には教唆犯でもない場合の処罰の間隙を埋めるために、解釈として認められる「教唆犯」なのである。その意味では、「間接正犯が完全には認定できないので、教唆犯として処罰の間隙を埋めた」ということも可能である。

2　教唆犯に該当しないので間接正犯が成立する？

　実行行為は、必ずしも行為者自身が自らの手で行う必要はない。あたかも、ピストルを道具として、人を殺すように、事情を全く認識していないウェートレスに毒入りのコーヒーを運ばせて目的の人物を毒殺する行為も、殺人罪の実行行為であることには変わりない。このように、人を「道具」として犯罪を実行する場合を、間接正犯と呼ぶ。

　従来、間接正犯は共犯（教唆）で処罰し得ない間隙を埋めるものと解され、その成立範囲は、「教唆犯が成立しないので、間接正犯となる」という形で、共犯の不成立範囲から逆算されてきた面がある。

　正犯者に犯罪成立要件のいかなる部分まで行わせれば、共犯（特に教唆犯）が成立するのかという問題を、要素従属性と呼んできた。「教唆して犯罪を実行させた」と規定する刑法61条の「犯罪」とは何かという解釈問題として論じられてきた。

　正犯者に「構成要件に該当する違法で有責な行為」を行わしめるというのが「犯罪を実行させた」という理解としてもっとも自然である（極端従属性説）。そこで、かつての多数説・判例の採用する見解となった。しかし、「違法は連帯に、責任は個別に」という標語の下に、違法性は客観的で正犯者・共犯者共通であるが、責任の存否は個人的事情に依拠するとし、正犯者に責任が欠けても共犯者に存すれば共犯処罰

は可能であるとする制限従属性説が有力になる。極端従属性説では、刑事未成年者への働きかけは、教唆にはなり得ないので間接正犯になり、制限従属性説では教唆犯が成立する。

しかし、極端従属性説と制限従属性説のいずれを採用するかという形式的な問題の処理では、妥当な解決は得られないことは、古くから気付かれてきた。12歳の少年に窃盗をそそのかす行為は、絶対に窃盗教唆に該当し得ないとすることは、説得性を欠く。極端従属性説ですべてを説明し得ないことは明らかである。しかし、刑事未成年の12歳の少年に窃盗を命じて違法に実行させたら、必ず窃盗教唆になるわけではない。その意味で、制限従属性説があらゆる場合に妥当なわけでもない。そして、「違法性は正犯と共犯で連帯する」という抽象的な命題も、常に正しいわけではない。

そもそも、「共犯処罰には有責性まで必要か」「違法性で足りるのか」という形式論で、間接正犯・共犯の具体的処罰範囲が演繹されるわけではない。教唆犯より罪質の重い間接正犯により、教唆犯の処罰の間隙を埋めるのは不自然である。そもそも『『軽い教唆』にあたらないから『重い間接正犯が成立する』』という立論は不自然である。少なくとも、教唆犯の極端に少ない現代日本の解釈論においては、要素従属性の議論は、解釈の道具としての機能を、実質的には失っている。

3 直接正犯・間接正犯と共同正犯の処罰の間隙と教唆犯

ドイツの議論の強い影響の下、間接正犯は教唆と直接正犯の処罰の間隙を埋めるものと解され、教唆犯の不成立範囲から逆算されてきた。しかし、日本の実務には逆に、「間接正犯・共同正犯に該当しないので教唆犯で処罰の間隙を埋める」という感じがある。【基本判例1】は、意識的な形ではないが、そのことを示しているともいえよう。

少なくとも、日本では、正犯は自ら実行行為を行う者として、積極的に捉えられねばならない。直接正犯行為と同視しうる「結果発生の危険性を有する行為」を行い、正犯者意思を有する場合が正犯なのである。

そして、間接正犯における被利用者は、ピストルなどと同様、利用者の道具にすぎないから、利用者に正犯性を認めうると説明されてきた（道具理論）。しかし、人間には意思がありそれに従って独自に行動する面がある。そこで、被利用者の行為を利用者が支配していると説明する行為支配説が登場する。しかし、いかなる場合に「支配」があるのかという実質的問題は残る。結局は利用者に実行行為性があるか否かが吟味されざるを得ない。間接正犯も正犯である以上、利用者が自ら実行行為を行ったと評価しうるか否かによって判別される。

4 故意犯が介在したら道具とはいえないか

ここで、【基本判例1】は、「Yは自ら規範の障害に直面しているというべきであるから、もはやXが『情を知らない』Yを道具として使用したと評価することはできない」とする点を検討しておかねばならない。故意のある者を利用した間接正犯がかなり存在しうることが、認められているからである。

YがA女を殺害する意図で、Xに「A女にこの堕胎薬を飲ませろ」と言って致死性の毒薬を渡す行為は、不同意堕胎罪の教唆ではなく、殺人の間接正犯とされる（異なる故意犯の利用）。YがXにAの毒殺を命じれば、Yは間接正犯にはなり得ず、通常は殺人の共同正犯と解されよう。他方、Yが情を知らないXに「Aに消化薬を飲ませろ」と言って致死量の毒薬を渡す行為は、殺人罪の間接正犯であることは疑いない。「堕胎薬を飲ませろ」と命じる行為は、Xも「堕胎罪の故意」を持っているが、殺人の実行行為性の有無という観点からは、毒殺を命じた共同正犯より、消化薬を飲ませた間接正犯に近いものと解されよう。

さらに故意ある道具という類型が認められている。Yが行使の目的を隠して、Xに「教材」として偽札を造らせた場合、通貨偽造罪（刑法148条）には「行使の目的」が必要なため、Xは構成要件に該当せず、Yに通貨偽造罪の正犯性が認められると説明される（目的なき故意ある道具）。なお、公務員Yが妻Xに賄賂を受け取らせた場合、Xには公務員という身分が欠けている以上、収賄罪（刑法197条）の構成要件に該当し得ない。この場合も、かつては、Yが収賄罪の間接正犯となり、Xはその幇助となると説明されてきた（身分なき故意ある道具）。しかし、

Xが賄賂罪に関する事情を十分に知っているのであれば、事情を十分に認識しつつ犯罪に関与したXと、それを利用したYをともに共同正犯とする方が、少なくとも日本の解釈論としてはわかりやすいであろう。共犯的関与の98％は共同正犯として処理されているのである。

5　間接正犯に該当しないので教唆犯が成立する？

故意犯を利用した間接正犯として、**故意ある幇助的道具**と呼ばれる類型がある。食料管理法に違反して、Y（社長）がX（運転手）を使って米を運ばせる行為につき、最判昭和25年7月6日（刑集4-7-1178）は、Yを「運ぶ行為」の正犯とした。食管法違反の罪を実質的に実行したのはYであり、XはYの手足として行為した「道具」にすぎないと解した。そして、横浜地川崎支判昭和51年11月25日（判時842-127）は、Yが覚せい剤販売者Aと直接顔を合わせたくないので第三者Xに頼んでAから覚せい剤を買ってもらう事案につき、Yを正犯とする（さらに大津地判昭和53・12・26判時924-145参照）。形式的にはXが「売買行為」を行っているが、薬物を入手・使用し代金を支払ったのはYであり、実質的にYが売買の主体と評価しうるのであれば、Yが正犯となる（そして、Xも覚せい剤と認識し相当の利益を得ている場合には、両者は共謀共同正犯となろう）。

この点、【基本判例1】は、まず、①故意のあるYは、自ら規範の障害に直面しており、Xのことをある程度恐れていたが、行為を支配されているとはいえず、②Yは売却代金の過半を手にしているので故意ある幇助的道具を使った間接正犯に問うこともできないので、Xの行為は窃盗の間接正犯にはあたらないとするのである。Xが元暴力団組長であったことも含めたXとYの力関係等からすると、間接正犯性を認定し得ないかは、微妙であるが、検察官の訴因とその立証の内容からして、松山地裁の判断は合理性があるであろう。たしかに、Yは、売却代金の過半を手にしている点は軽視できない。

そして、③YがXの面前でZ社に処分依頼の電話をかけているのを阻止しなかった不作為による窃盗の間接正犯については、検察官が裁判所の指摘にもかかわらず訴因変更をしなかったから、不真正不作為犯の成立を認めることはできないと判示する。

その上で、④しかし、YがXに処分権限がないことを知りながら売却しその搬出を依頼した行為は、窃盗の実行行為に該当するので、XがYの正犯意思を認識していない場合は（間接正犯の故意であった場合は）、Xの売却方依頼の結果、Yが窃盗の実行行為に及んでおり、間接正犯の故意はその実質において教唆犯の故意を包含すると評価すべきであるから、刑法38条2項の趣旨により、犯情の軽い窃盗教唆の限度で犯罪が成立すると認められるとしたのである。

6　共同正犯性の認定

Yが売却代金の過半を手にしていることに加え、窃盗行為（ユンボの処分）の実行に際し、2人で現場に行き、ユンボの製造番号を半分ずつ記憶し、自動車に戻って製造番号等を筆記し、売却先に電話をかけ、製造番号等を伝え、買取りを依頼し窃取したという事実を認定している点からすると、窃盗の実行共同正犯も成立しそうに見える。

そして、松山地裁は、捜査段階でのXの「Yと2人で暗にユンボを持って帰るというような話をした」との供述もあり、Xが、Yに対し、何ら権限を有しないにもかかわらず、本件ユンボの処分を依頼したと認定した。そうだとすれば、その段階で、X・Y間に窃盗の共謀が成立しているようにも思われるのである。

ただ、松山地裁は、「XがYに正犯意思があったことを認識していれば、黙示の共謀（共同実行の意思）を認定することができ、窃盗の共謀共同正犯に当たるというべきであるが、XがYの正犯意思を認識していたか否かを確定することは取調べ済みの全証拠をもってしても不可能で」あるので、共同正犯性は認定できないとしたのであった。

しかし、松山地裁は、XからYへの処分依頼が存在したことの認定根拠として、①XとYは10年来の知人であり、また、Yは元暴力団組長Xをある程度恐れており、②処分依頼がなく、Yが勝手な判断で売却したとすれば、10万円もの金銭をXに支払うとは考え難く、③もしXが処分依頼をしていないのであれば、懲役刑の執行猶予中のXが、何らその処分をとがめることもなく、現金10万円を受け

取り、領収証まで作ったのは不自然だとも判示している。

そして、Yが、「Xが本件ユンボの処分権限を有していない」という事情は知っていたとすることを論証する中で、Yは、Xに対して取り分10万円を提示し、差額の15万円は仲介手数料として受け取ったとするが、売却代金の6割もの仲介手数料というのは高額に過ぎ、元暴力団組長が他人から処分依頼を受けた物の売却を仲介しながら、6割の高額な仲介手数料をとるという行動は不合理であるとしている。この不合理さを最も感じるのはX本人であり、この配分を容認し領収証まで用意したという事実からは、「Yが中心となって実行行為を行っているからこそ、自分に向かって6割の取り分を提示できる」と考えたようにも思われる。

これらの事実を総合すれば、X・Yの窃盗罪の共同正犯を認める方向での起訴・訴訟追行が自然であった事案であり、その方向での立証活動を、今一歩行うべき事案であったようにも思われる。ただ、もとより、松山地裁の「XがYの正犯意思を認識していたか否かを確定することは取調べ済みの全証拠をもってしても不可能」であるという点に異を唱えるものではない。

【基本判例2】 最1小決平成13年10月25日（刑集55巻6号519頁・判タ1077号176頁）

事実の概要

スナックのホステスであった被告人Xは、生活費に窮したため、同スナックの経営者C子から金品を強取しようと企て、自宅にいた長男B（当時12歳10か月、中学1年生）に対し、「ママのところに行ってお金をとってきて。映画でやっているように、金だ、とか言って、モデルガンを見せなさい」などと申し向け、覆面をしエアーガンを突き付けて脅迫するなどの方法により同女から金品を奪い取ってくるよう指示命令した。Bは嫌がっていたが、Xは、「大丈夫。お前は、体も大きいから子供には見えないよ」などと言って説得し、犯行に使用するためあらかじめ用意した覆面用のビニール袋、エアーガン等を交付した。これを承諾したBは、上記エアーガン等を携えて1人で同スナックに赴いた上、上記ビニール袋で覆面をして、Xから指示された方法により同女を脅迫したほか、自己の判断により、同スナック出入口のシャッターを下ろしたり、「トイレに入れ。殺さないから入れ」などと申し向けて脅迫し、同スナック内のトイレに閉じ込めたりするなどしてその反抗を抑圧し、同女所有に係る現金約40万1000円およびショルダーバッグ1個等を強取した。Xは、自宅に戻って来たBからそれらを受け取り、現金を生活費等に費消した。

被告・弁護側は、第1審・原審を通じて、本件はXの単独犯行であり、長男は無関係であると主張したが、第1審・原審は、そのような主張を斥け、Xに対し強盗の共謀共同正犯が成立するとした。1審判決は、「Bは、Xに抗しがたい状況下で本件実行に及んだものではなく、自らの自由な意思で実行行為に及んだと評価すべきであること等の事情にかんがみれば、本件は間接正犯が成立する事案ではなく、また、Xが本件犯行の準備を行い、奪った金品を主体的に処分していること等の事情にかんがみれば、本件は教唆犯にとどまる事案ではなく、共同正犯が成立する」との判断を示し、控訴審でも、その判断は、ほぼ維持された。

これに対し弁護人は、Xの単独犯行であるとして上告したが、さらに、仮に強盗行為に及んだのがBであったとしても、Xは強盗の間接正犯であるから、強盗の共同正犯と認定した原判決には事実誤認があるなどと主張した。

決定要旨

最高裁は、上告趣意は適法な上告理由にあたらないとした上、職権で判断し、決定要旨のような本件

事実関係の下では、Xにつき強盗の間接正犯または教唆犯ではなく共同正犯が成立するとして、1審判決を維持した原判決の判断を是認した。「上記認定事実によれば、本件当時Bには是非弁別の能力があり、Xの指示命令はBの意思を抑圧するに足る程度のものではなく、Bは自らの意思により本件強盗の実行を決意した上、臨機応変に対処して本件強盗を完遂したことなどが明らかである。これらの事情に照らすと、所論のように**Xにつき本件強盗の間接正犯が成立するものとは、認められない**。そして、Xは、生活費欲しさから本件強盗を計画し、Bに対し犯行方法を教示するとともに犯行道具を与えるなどして本件強盗の実行を指示命令した上、Bが奪ってきた金品をすべて自ら領得したことなどからすると、Xについては本件**強盗の教唆犯ではなく共同正犯が成立する**ものと認められる。したがって、これと同旨の第1審判決を維持した原判決の判断は、正当である」。

▶▶▶ 解　説

1　本判決の意義

【基本判例2】は広義の共犯論にとって、戦後最も重要な意義を有する判例の1つといえよう。そして、意義の中心は、戦後の刑法学界を支配してきた、「実行行為と従属性」を骨格とした形式的共犯論に反省を迫ったという点である。「正犯とは自ら実行行為を行う者であり、共犯（狭義）とは実行行為を行わせる者である」という、戦後共犯論が基点としてきた命題は、すでにかなり綻びてきてはいたのであるが、この判例をきっかけに、実質的観点からの見直しをせざるを得なくなったのである。

【基本判例2】の「強盗罪の共同正犯を認める」という結論には、ほとんど異論が見られない。本件Xの行為が、強盗の間接正犯でもなければ教唆犯でもなく、まさに共同正犯なのだということが、学説においても定着したのである。

その結果、①間接正犯の成否の判断と、要素従属性論がほぼ完全に切り離されることになったといえよう。「極端従属性説を採用するか、制限従属性説を採用するか」という理論的判断を先行させて、間接正犯の成否という結論を導くことの無意味さが確認された。共同正犯の限界を探るのに、要素従属性論が役に立たないことはいうまでもない[1]。

②わが国の共犯論が暗黙の前提としてきた、「共犯論の基本は狭義の共犯、なかんずく教唆犯である」という「ぼんやりとした意識」が消えていくことになった。本件事案が、共同正犯であり教唆でないということが定着した結果、「実務における教唆の成立範囲が非常に狭い」ことを認識させることになったのである。そのような認識の広がりは、同時に、③学説における共謀共同正犯の一層の定着を導いた。「共謀共同正犯をいかに限定的に解釈することができるか」という議論はあり得ても、もはや、「共謀共同正犯は理論的に誤りである」という類の議論は、解釈論の場から消えたのである。そして、④共犯論の表舞台が共同正犯論であることがはっきりし、共同正犯と間接正犯の限界との関係を見直すことにより、共同正犯論の深化が図られざるを得なくなるのである。

1）もともと、教唆にあたらないので間接正犯となるという説明には、強い批判が存在したことに注意しなければならない。

「間接正犯という概念は、……みずから実行行為を行なう者のみが正犯であるとしつつ、他方、共犯については、いわゆる極限従属形式に従って正犯となるべき者の行為が違法・責任など犯罪としての全要件を具備していなければ共犯（教唆・従犯）も成立せぬとの立場をとったために、例えば責任無能力者とか目的または身分を欠く者を利用・使嗾する者は、みずから実行しないのだから正犯でもなく、また正犯の行為が犯罪でないのだから共犯でもないことになり、そこに処罰上の空白が生じることとなって、この空白を埋めるために案出されたものであった。それはまさしく『従属犯説の破綻を救うため』に案出された観念なのである。それはいかにもみずから犯罪を実行するものではないが、責任のない者その他をいわば道具として自分の手足のように使って自分の犯罪意思を実現するのだから、価値的には自分で実行する直接正犯と同じ扱いをしても差し支えないと理由づけられるのであるが、犯罪として刑罰を科せられる行為は、まず刑法各本条に限定されており、それ以

外に処罰されるのは共犯規定に該当する場合に限るという罪刑法定主義の原則を堅持するかぎり、正犯でも共犯でもないものを価値的に正犯と同価値だからというだけで正犯として処罰しようとすることには、どうしても無理がある」（佐伯千仭『刑法講義総論〔4訂版〕』（有斐閣・1981）343頁）。

2 「間接正犯を説明するための要素従属性論」の崩壊

間接正犯の成否が争われてきたのが、**刑事未成年者**を中心とした**責任無能力者**を利用した場合である。そして、無能力者に対する教唆犯が、理論的に可能かという点が争われてきた。しかし、本来は、「そそのかした者が当該犯罪を実行した」といえるかが問題となるべきであった。正犯性の有無は、実質的には、「利用者が犯罪の中心となっていたか」「被利用者が利用者にどの程度制御されていたか」などによって判断される。「教唆」の成否は、この正犯性が否定された後に論じられねばならない。

この点を、正面から認識させたのが、最決昭和58年9月21日（刑集37-7-1070）であった。最高裁は、「日頃被告人の言動に逆らう素振りを見せる都度顔面にタバコの火を押しつけたりドライバーで顔をこすったりするなどの暴行を加えて自己の意のままに従わせていた〔12歳の養女A〕に対し、本件窃盗を命じてこれを行わせた」という事案につき、日頃の言動に畏怖し抑圧されている同女を利用した窃盗の間接正犯が成立すると判示した[2]。

「刑事未成年の少女の利用」を間接正犯にしたのであるから、極端従属性説に従ったようにも見える。しかし、極端従属性説に従い形式的に判断したのであれば、刑事未成年というだけで間接正犯となし得たはずである。一方、制限従属性説に依ったのであれば、Aが構成要件に該当し違法な行為を行った以上、被告人は教唆になると考えるのが自然である。畏怖・抑圧されて反抗できなかったという点も、Aの責任の減少・欠如と考えれば、やはり被告人は教唆となるはずで、制限従属性説を論理的に前提としているとはいえない。やはり、「タバコの火を押しつけたりドライバーで顔をこすったりするなどの暴行を加えて自己の意のままに従わせて窃盗を行わせた」ことが、間接正犯性の認定にとって重要な意味を持ったということになるのである。

2) また、大阪高判平成7年11月9日（判タ920-255）が、日頃から被告人の言動に畏怖している10歳の少年Bに、交通事故現場に落ちているバッグを取ってこさせた行為につき、「自己が直接窃盗行為をする代わりに、Bに命じて自己の窃盗目的を実現させたもので……、自己の言動に畏怖し意思を抑圧されているわずか10歳の少年を利用して自己の犯罪行為を行ったものとして、窃盗の間接正犯が成立する」と判示した。たしかに、最決昭和58年の事案に比し、親子関係のような強い関係は存在せず、また、命令に従わなくとも、直ちに大きな危害が被告人から加えられるような状態ではなかったが、①10歳児が日ごろから「怖い」という印象を抱いていた成人ににらみつけられて単純な財物の機械的移動を行ったのみであり、②少年に自から利得しようという意思はなかった以上、窃盗教唆ではなく、「自ら窃盗行為を行った」と評価しうる。

3 間接正犯と共同正犯

かつての通説からすれば、【基本判例2】の事案は、要素従属性の問題と考えられ、極端従属性説に従って、刑事未成年を利用して犯罪行為を行わしめたXは、正犯に責任の要件が欠ける以上、教唆とはなり得ず、間接正犯とするか、制限従属性説を採用して強盗教唆とするのかという形で論じられることになろう。しかし、12歳の児童に強盗をそそのかしたXが常に強盗の正犯になるというのは妥当ではない。逆に12歳の児童の利用が常に教唆となるとする結論も、同様に不合理なのである。そして判例は、この事案について強盗の共同正犯を認めたのである。

【基本判例2】は、12歳10か月の息子に対し、エアーガンを突き付けて脅迫するなどの方法により金品を奪い取ってくるよう指示命令し実行させた母親について、意思を抑圧するに足る程度の命令ではなく、息子自身の意思で強盗を決意したのであって間接正犯は成立しないとした。そして、犯行方法を教示し犯行道具を与えるなどして、得た金品をすべて自ら領得したことなどからすると教唆犯ではなく共同正犯が成立するものとした。間接正犯にならない場合、教唆の成否のみを検討すればよいわけではない。たしかに、【基本判例2】の事案は、共同正犯性を基礎づけるだけの強い因果性を認めうる。本件で

問題となった強盗罪は、窃盗罪より間接正犯を認めにくい。

わが国では、形式的には教唆として扱いうる行為をも含め、当罰性の高い関与行為について、まず間接正犯、次いで、犯罪類型にもよるが、原則として共同正犯の成否が吟味されるといえよう。処罰範囲の形式的決定が困難な広義の共犯の領域においては、「他者と共同することにより正犯と同視し得るだけの関与をしたか否か」という基準により、重要な犯罪関与行為を類型化することが合理的である（共同正犯性の有無の判断の方が、「処罰に値する教唆」の基準より明確であり、共同正犯と評価し得ない部分について、「処罰に値する重大な教唆・幇助」を選別すべきである）。

4　共同正犯と実行の分担

現在、「共同正犯には、実行行為の一部を分担しなかった者も含まれる」と解する意味での実質的な共同正犯理解が支配的であるように思われる。そもそも、直接正犯ですら常に現場で実行行為の全部を実行するとはかぎらないし、間接正犯は当然自己の手では実行行為を行わない。まして、政策的に正犯の処罰範囲を拡張する共同正犯において、常に実行行為の一部を分担しなければならないとするのは不合理だからである。

共謀共同正犯を認める説が増える中で「間接正犯と類似するもの」という形で、すなわち、正犯性を認めうるだけの関与があれば形式上の実行行為の分担がなくても共同正犯を認めるとする説明、「行為支配概念を用いて共謀共同正犯を説明する説」が重要な役割を果たした。【基本判例2】は、この説明に見直しを迫ることになったのである。なぜなら、【基本判例2】が、「間接正犯には該当し得ない行為」を共同正犯としたからである。間接正犯と共同正犯の限界をより精密に整理する必要が生じたのである。

共同実行とは、①客観的に実行行為の分担を行い、かつ②共同正犯者間に意思の連絡（共同実行の意思）が存在する場合とされる。これが、共同正犯の「構成要件行為」である。意思の連絡も結果との因果性の中心となる外部的要素なのである。そしてそれに加えて、共同正犯者の責任要素として、単独正犯における故意に相当する共同正犯の認識が必要である。

「共同正犯と評価できる」ためには、共同者全員に構成要件該当性があり、違法性が認められ、責任非難が可能であるということが、必須であるわけではない。【基本判例2】でも明らかになったように、責任無能力者との共同正犯は可能であり、さらに共同正犯者の一部に違法性阻却事由が成立しうる余地も考えられないことはない。そして、構成要件該当性を欠く共同正犯者の存在も考えられるのである（身分なき故意ある道具）。

わが国では、複数の者が犯行に関与した場合、それらの関係が「主従・依頼関係」にあって「そそのかした」場合でも、主犯（上位者）は間接正犯か共同正犯の罪責を問われ、教唆犯となる場合は、犯人自身の犯人隠避・証拠隠滅・偽証の教唆の場合（最決平成1・5・1刑集43-5-405、最決昭和60・7・3判時1173-151、最決昭和40・9・16刑集19-6-679、最決昭和35・7・18刑集14-9-1189）や、児童の淫行の相手方となる者が仲介者（本犯）に対し当該児童を自己に紹介するように依頼した場合が多い。【基本判例1】は例外的存在なのである。そして、共同正犯と間接正犯の区別の基準は、①主犯の犯行全体を支配していた程度、②共犯者との主従関係の強さ、③犯行の利益を自らのものとする割合に加え、④他の共犯者の地位・役割を総合して、個々の犯罪類型ごとに考察していかなければならないといえよう。【基本判例2】は、わが国の共犯論が、具体的・実質的方向に発展していったことを象徴するものなのである。

第18講　死　刑

論点
▶死刑と無期の限界を判断する上では、いかなる事情が重視されているのか。
▶1人を殺害した場合にも、死刑の適用は考えられるか。
▶間接証拠によって死刑を言い渡すことができるか。

【基本判例1】　最3小判平成21年4月21日（判タ1297号127頁・判時2043号153頁）

事実の概要

　平成10年7月、Y市内で、自治会主催の夏祭りに際して提供されたカレーに猛毒の亜砒酸を大量に混入したとして起訴された、いわゆる「カレー毒物混入事件」の最高裁判決である。亜砒酸の混入したカレーを食べた住民ら67名が急性砒素中毒にり患し、うち4名が死亡した（それに加えて、保険金詐欺目的で夫Aや知人らに砒素を摂取させて殺害しようとしたという殺人未遂4件およびいわゆる保険金詐欺4件も併せて審理された）。

　1審判決は、上記保険金詐欺目的による殺人未遂4件のうち、1件については無罪としたものの（1審で確定）、それ以外については検察官の主張を認めて有罪とし、被告人Xに対し求刑どおり死刑を言い渡し（和歌山地判平成14・12・11判タ1122-464）、Xからの控訴を受けた原審も、Xの控訴を棄却した（大阪高判平成17・6・28判タ1192-186）。

　Xは、カレー毒物混入事件につき、一貫して犯行を否認した（1審公判では黙秘を貫いていた）こともあって、動機が解明されなかったところに、本事案の1つの特徴が存在する。検察官は、Xがカレーに亜砒酸を混入した動機につき、近隣住民がXを疎外するような態度をとったことへの意趣返しとして敢行されたなどとも主張したが、1審判決は、証拠を検討しても、Xがカレー毒物混入事件を起こす具体的動機は明らかにならなかったとした。ただ、動機が不明確であること等は、極めて高い蓋然性で推認されるXの犯人性の判断に影響を与えるものではないとして、死刑を言い渡している。原判決も、カレー毒物混入事件の直接的な動機目的は不明というほかないものの、Xの行為を多少なりとも正当化し得る事情はうかがえないのであって、少なくとも、Xが、およそ人を殺傷する理由とはならない理不尽で身勝手な動機目的のために上記犯行に及んだことは確かであるとした。

　これに対し、弁護人は、原判決の憲法違反、判例違反、事実誤認および法令違反を主張して上告した。特にカレー毒物混入事件の動機が不明であるとしつつ、Xをその犯人と認定するのは不合理である旨主張した。

判　旨

　上告棄却。「原判決の是認する第1審判示第1の殺人、殺人未遂の事実は、自治会の夏祭りに際して、参加者に提供されるカレーの入った鍋に猛毒の亜砒酸を大量に混入し、同カレーを食した住民ら67名を急性砒素中毒にり患させ、うち4名を殺害したが、その余の63名については死亡させるに至らなかったという事案（以下「カレー毒物混入事件」という。）であるところ、Xがその犯人であることは、①上記カレーに混入されたものと組成上の特徴を同じくする亜砒酸が、Xの自宅等から発見されていること、②Xの頭髪からも高濃度の砒素が検出されており、その付着状況からXが亜砒酸等を取り扱っていた

と推認できること、③上記夏祭り当日、Xのみが上記カレーの入った鍋に亜砒酸をひそかに混入する機会を有しており、その際、Xが調理済みのカレーの入った鍋のふたを開けるなどの不審な挙動をしていたことも目撃されていることなどを総合することによって、合理的な疑いを差し挟む余地のない程度に証明されていると認められる（なお、カレー毒物混入事件の犯行動機が解明されていないことは、Xが同事件の犯人であるとの認定を左右するものではない。）。また、その余の事実についても、Xの犯行と認めた第1審判決を是認した原判決は、正当として是認することができる。

　本件は、上記カレー毒物混入事件のほか、いわゆる保険金詐欺に係る殺人未遂及び詐欺から成る事案であるところ、取り分け、食物に毒物を混入して無差別の大量殺傷を敢行したカレー毒物混入事件の罪質は極めて悪く、態様の卑劣さ、残忍さも論を待たない。殺害された被害者は、上記夏祭りを主催した自治会の会長（当時64歳の男性）及び副会長（当時53歳の男性）と、女子高校生（当時16歳）及び小学生の男児（当時10歳）であるが、いずれも何ら落ち度がないのに、楽しいはずの夏祭りの最中、突如として前途を断たれたものであって、その無念さは察するに余りある。遺族らの処罰感情が極めて厳しいのは当然のことである。また、最悪の事態は免れたものの、生死の境をさまよった重症者も多数に及び、その中には長期間後遺症に苦しんでいる者も存するのであって、その結果は誠に重大であるところ、同事件が、地域社会はもとより、社会一般に与えた衝撃も甚大であるといわなければならない。そして、Xは、カレー毒物混入事件に先立ち、長年にわたり保険金詐欺に係る殺人未遂等の各犯行にも及んでいたのであって、その犯罪性向は根深いものと断ぜざるを得ない。しかるに、Xは、詐欺事件の一部を認めるものの、カレー毒物混入事件を含むその余の大半の事件については関与を全面的に否認して反省の態度を全く示しておらず、カレー毒物混入事件の遺族や被害者らに対して、慰謝の措置を一切講じていない。

　以上のような犯情等に照らせば、Xの刑事責任は極めて重大であるというほかはないから、カレー毒物混入事件における殺意が未必的なものにとどまること、前科がないことなど、Xのために酌むべき事情を最大限考慮しても、原判決が維持した第1審判決の死刑の科刑は、当裁判所もこれを是認せざるを得ない」。

▶▶▶▶ 解　説

1　死刑の判断基準

　裁判員裁判に関し、「死刑」が関わってくると、問題が生じるのではないかという漠然とした指摘が、しばしば見られる。しかし、国民の大多数が、死刑制度そのものについては肯定的に受け入れている現在の日本において、死刑以外の言渡しと、その判断に「質的」な差異があるとは思われない。ただ、「真相」が100％わかっているわけではない中で、被告人に死刑を言い渡すことができるのかと考えると、たしかに迷いがよぎるのである。

　本判決は、職権で、本件につき死刑を選択することの当否についても検討し、「Xの刑事責任は極めて重大であるというほかはないから、カレー毒物混入事件における殺意が未必的なものにとどまること、前科がないことなど、Xのために酌むべき事情を最大限考慮しても、原判決が維持した第1審判決の死刑の科刑は是認せざるを得ない」旨説示して、Xの上告を棄却した。この判断は、どのように評価されるべきなのであろうか。

　平成10年から11年末にかけて、死刑に関する最高裁判例が立て続けに出された。この時期に最高裁判例に見られる死刑と無期の限界について、若干の分析を試みた（「死刑と無期の限界（上）（下）」判例評論506号（判時1737号）8頁・507号（判時1740号）2頁（2001））。それまで重視されてきた永山事件（連続ピストル射殺事件）に対する最高裁判決[1]（最判昭和58・7・8刑集37-6-609）を土台に、その後の判例を加えて死刑にすべきか否かの判断に影響する因子を整理してみた。

Ⅰ 行為事情	Ⅱ 結果態様	Ⅲ 行為後事情 + Ⅳ 行為者事情
①身代金・保険金目的か否か	①殺害された被害者の数	①反省・悔悟の有無・程度
②犯行の計画性	②性被害を伴うか否か	
③殺意の確定性	③即死か否か	①生育歴
④殺害態様	④被害者の年齢	②被告人の年齢
⑤共犯関係における役割	⑤被害者・遺族の感情	③前科
	⑥社会的影響の重大性	

1) 同判決は、死刑の選択の基準については、「死刑制度を存置する現行法制の下では、犯行の罪質、動機、態様ことに殺害の手段方法の執拗性・残虐性、結果の重大性ことに殺害された被害者の数、遺族の被害感情、社会的影響、犯人の年齢、前科、犯行後の情状等各般の情状を併せ考察したとき、その罪責が誠に重大であって、罪刑の均衡の見地からも一般予防の見地からも極刑がやむをえないと認められる場合には、死刑の選択も許されるものといわなければならない」と判示した。

2　死刑判断を基礎づける行為事情

　死刑を科すには大前提として、殺人罪、強盗殺人罪、強盗強姦殺人罪など、殺意をもって人を殺害する行為が行われ、現に1人は殺害されたことが前提となっている。そして、それに加えて、死刑を導く因子として特に強く作用するのは、Ⅰ①身代金を得る目的で誘拐するなどし、被害者の近親者の憂慮に乗じる行為である（これは、憂慮する者の利益の侵害を伴うという意味で、結果の重大性とも考えうる）。身代金要求の事案に関しては、裁判例上はもちろん、マスコミ等に顕れた世論から見ても、現代の日本において最も卑劣な行為の1つとされ、原則として死刑が相当だと考えられやすい類型といえよう。死刑を排除する方向に働く因子（補充的因子）が複数存在する場合にのみ無期刑にとどまりうる。同じく厳しい非難が向けられるものとして、生命保険金を得る目的での殺害行為が挙げられる。ただ、その死刑を導く程度は、身代金目的の場合と比較すると決定的なものではない（後述最決平成21・1・14）。

　多くの判例で、Ⅰ②犯行の計画性が問題とされている。その場合には殺害そのものの計画性と、その前提となる強盗や強姦の計画性を分けて考えなければならない。死刑・無期の判断には前者がより重要な意味を持つ。この点で、静岡大生強殺事件に関する最決平成20年9月29日（判タ1281-175）に注目しておく必要がある。医師に対する復しゅうを遂げるという目的のために、医師の関係する店舗に勤務する全く関係のない被害者2名を殺害したという理不尽な事件であり、犯行の態様も冷酷・残虐であるとしたにもかかわらず、最高裁は無期刑の判断を維持した。「強盗殺人については当初から財物奪取を意図していたものではないこと、あらかじめ被害者両名の殺害を計画したものではないこと、被告人が、自らが犯人であることを認め、反省悔悟の態度を示すに至っていること」などを根拠として挙げている。

　なお、計画性と関連して、Ⅰ③殺意の確定性は死刑を導くのに重要な因子となる。その意味で、殺意が未必的であることが明確に立証されれば、無期刑にとどめる方向での因子として機能する。しかし、確定的故意が認定されなければ死刑を言い渡せないわけではない。

　ここで、【基本判例1】が示したように「動機が解明されなければ死刑にできない」という命題は誤りであることを確認しておく必要がある。強盗殺人罪・殺人罪において、動機の内容が量刑判断にとって重要な意義を有することは当然であるが、本判決は、明示的ではないものの、カレー毒物混入事件につき想定しうる動機のいかんにかかわらず、その行為事情、発生した結果の重大性、行為後の反省の態度等を勘案すれば、被告人は死刑を免れないと判断したものと推察される。

　Ⅰ④殺害方法の残忍性も、多くの判例で触れられている因子であるが、問題となる事案のほとんどにおいて認められる事情で決定的な因子とはされず、特に長時間にわたり心身の苦痛を伴うような方法であれば、プラスの参考因子として働き、「安楽な殺害方法」が採用された例外的な場合には、マイナスの参考因子として働くことになろう。

　すべての事件に共通するわけではないが、死刑判断において重要な位置を占めているのがⅠ⑤共犯関係において主導的役割を果たしたか否かである。従属的な立場であれば、無期刑にとどめる方向への重大因子になるように思われる。そして主導的な場合

には、積極方向への補充的因子となっている。

3　結果の重大性

本件では、4名を殺害し、63名に対して殺害の危険を発生せしめている。Ⅱ①殺害された被害者の数が、死刑か無期かの判断にとって強く影響を与えることは疑いない。そして、平成に入ってからは、原則として複数を殺害した場合（特に複数の犯行機会に殺害行為を実行した場合）は、死刑になると考えられる。ごく最近でも、辻堂の女子高生一家3名殺害事件に関する最判平成16年6月15日（判タ1160-109）、オウム真理教弁護士一家等殺人事件に関する最判平成17年4月7日（判タ1181-187）で被告人に死刑が言い渡され、それに対する強い批判は見られない。光市母子殺害事件に関する最判平成18年6月20日（判タ1213-89）も主婦を強姦目的で殺害した上姦淫し、さらに、その場で生後11か月の同女の長女をも殺害するなどした被告人につき、無期懲役の科刑を維持した控訴審判決を量刑不当として破棄している。

これに対し、前述最決平成20年9月29日、さらに最決平成21年1月14日（判タ1295-188）は、犯行の計画性の弱さと犯行後の態度などを根拠に、2人を殺害したにもかかわらず死刑までは認めなかった。同様に、最決平成20年2月20日（判タ1265-162）は、暴力団員3名が共謀の上、同じ暴力団組織に属するAおよびBを殺害して金品を強取しようと企て、けん銃で実包1発を発射し、A・Bの頭部に命中させ両名を殺害するとともに、現金等を強取し死体を山林内のあらかじめ掘っておいた穴に埋没させて遺棄した事案に関し、原審の無期刑を維持したが、2人の裁判官による量刑不当との反対意見が付された。

ただ、ここで注意しておかなければならないのは、「被害者が単数にすぎない殺害行為はマイナスの重大因子であり、原則として無期になる」ということではないという点である。平成の最高裁判例を見ても明らかなとおり、1人を殺した場合でも、身代金目的がある場合はもとより、補充因子によっては死刑の事案は考えられる[2]。最近でも最高裁は、いわゆる逆恨み殺人事件に関する最判平成16年10月13日（判タ1174-258）、三島短大生殺害事件に関する最判平成20年2月29日（判タ1265-154）は、被害者1名の殺人等の事案につき死刑を認めている。

犯罪結果という観点から見て重要なのは、Ⅱ②性被害を伴うか否かという点である。これは行為の悪辣性、社会的影響の重大さ、被害感情の項として整理することも可能であるが、いずれにせよ、死刑を導く補充的因子としてかなり重要な役割を果たしている（光市母子殺害事件に関する最判平成18・6・20参照）。

それに対し、被害（者）に関する事情でも、Ⅱ③即死か否か（これは殺害の態様として評価されることも多い）、Ⅱ④被害者の年齢は参考因子として考慮されるにとどまる。なお、幼児の誘拐殺人の場合は量刑を加重する傾向が強く補充的因子となると思われる。

被害と関連して、Ⅱ⑤被害者・遺族の感情が考慮されることは否定できないが、基本的には、「一般人が被害者の立場に立てば、通常、耐え難い心痛を感じるか否か」により判断されるべきで、それは通常は行為態様の悪辣性等の因子に解消されるものと思われる。特に遺族が強く死刑を望んでいるという事情も考慮されないことはないであろうが、できる限り一般人を基準にしたフィルターを通して評価すべきである。もっとも、被害者が特に許しているという事情は死刑に向けて負の参考因子となろう。

Ⅱ⑥社会的影響の重大性という因子も、他の被害の重大性や行為態様の悪辣性等にほとんどの場合解消されよう。ただ、「行為態様の模倣可能性」が高い場合には、一般予防の観点から死刑への参考因子となることは否定できないであろう。

2）「1人を殺害したのみでは死刑を適用するのが困難である」という命題が、実務上もかなりの「通用力」を有していたように思われる（東京高判平成8・4・16判タ912-255参照）。たしかに、「1人殺害の場合に死刑を導くには積極の補充的因子が必要である」というのであれば、誤りではないが、1人を殺して死刑が言い渡された例は存在するのである。

4　行為後の事情と行為者に関する事情

わが国の量刑判断においては、Ⅲ①心から反省したか否かが重視される面がある（さらに、遺族等に謝罪・慰謝をしたか否かも類似の因子といえよう）。たし

かに一般の事案の量刑判断においては反省・悔悟の情や反省して自首したこと等は、特別予防の観点からも重視されるべきである。ただ、Ⅰ・Ⅱとして検討した「死刑が問題となるような重大な結果や行為を伴う場合」には、相対的にその重要性は低下するといわざるを得ない。Ⅰ・Ⅱにおける重大因子を伴う場合には、悔悟の有無はあくまで参考因子にとどめるべきであろう。いかに反省しても、それだけでは死刑を免れることはできない。

この他、行為者の事情として、Ⅳ①生育歴が問題とされることもある。しかしいかに劣悪でも、参考因子にとどめるべきであろう。行為者の事情としては、Ⅳ②被告人の年齢の問題は、19歳や20歳のような場合には「精神的に不十分な発達」「将来性」ということから、負の補充的因子として捉えられているように思われる。判例はもちろん、「未成年には死刑を適用すべきでない」という硬直した基準は採用していない。前述の光市母子殺害事件に関する最判平成18年6月20日が、18歳の被告人につき、1審判決の無期懲役の科刑を維持した控訴審判決を量刑不当として破棄しても、批判は少ないのである。

Ⅳ③被告人の事情として最も重要なのは前科である。予防的観点からも、前科があれば量刑が重くなるべきなのは当然であるが、同様の犯罪を犯して無期懲役を言い渡されて仮釈放中に再度殺害したような場合は、死刑とならざるを得ない(**重大因子**)。一般の「前科」は、補充的因子とはならず(問題となる事案においては、ほとんどの場合に前科があり)、「前科が一切ない場合」にのみ負の方向での補充的因子として考慮されているように思われる。

5　死刑と犯罪事実の証明
　　　——合理的な疑いの余地

本判決は、いずれも上告趣意としては不適法であるとした上、Xがカレー毒物混入事件の犯人と認められることにつき、「①カレーに混入されたものと組成上の特徴を同じくする亜砒酸が、Xの自宅等から発見されていること、②Xの頭髪からも高濃度の砒素が検出されており、その付着状況からXが亜砒酸等を取り扱っていたと推認できること、③当日、Xのみがカレーの入った鍋に亜砒酸をひそかに混入する機会を有しており、その際、Xが調理済みのカレーの入った鍋のふたを開けるなどの不審な挙動をしていたことも目撃されていることなどを総合することによって、合理的な疑いを差し挟む余地のない程度に証明されていると認められる」旨説示し、その余の事実についても、Xの犯行（一部はAとの共謀による犯行）と認めた1審判決を是認した原判決は、正当として是認することができるとした。

しかし、Xは一貫して犯行を否定している。この「合理的な疑いを差し挟む余地のない程度に証明されているか」という点に関しては、第47講で、別の判例を対比しながら検討することにする。

そして、本判決は、動機が解明されていない点に関して、「カレー毒物混入事件の犯行動機が解明されていないことは、Xが同事件の犯人であるとの認定を左右するものではない」旨説示した。本判決の言渡し直前に「被告人の犯行動機が解明されていない以上、死刑はあり得ない」というような報道機関のコメントも見られた。たしかに、重大な犯罪を、何らの動機もなく犯すことは、考えにくいといえないことはない。通常、捜査においては動機の解明が非常に重要な意味を持ち、裁判の場でも、重要な情況証拠にはなる。しかし動機が明確に立証されなかったから、構成要件の証明を欠き無罪となるとするのは誤りである。最終的に動機が解明されないまま有罪を言い渡すことは、好ましくはないが、考えられる。また、「動機が一般人から見て納得のいくものであればよいが、それがないのだから死刑は不可能である」というのも妥当ではない。本判決は、Xにはカレー毒物混入事件を犯す動機がなかったと判断したのではなく、「動機は解明できないが殺害の意図で故意に亜砒酸をカレーに混入したことは認定できる」としたのである。

第 2 編

刑法各論

第19講　傷害の意義

> **論点**
> ▶病院で勤務中ないし研究中であった者に対し、睡眠薬等を摂取させたことによって、約6時間または約2時間にわたり意識障害および筋弛緩作用を伴う急性薬物中毒の症状を生じさせた行為と傷害罪。

【基本判例1】　最3小決平成24年1月30日（刑集66巻1号36頁・判タ1371号137頁）

事実の概要

　眼科の医師でありK大学附属病院の眼科医であった被告人X（当時31歳）は、同病院第二臨床研究棟内において、あらかじめ、同僚のIDとパスワードを使って勝手に処方箋を作成して、フルニトラゼパム[1]を含有する錠剤（睡眠薬）を入手してすりつぶしておいたものを、平成21年3月21日、シュークリームに混入させ、同病院の休日当直医として勤務していたA女（同大学院生。32歳）に提供し、事情を知らないAに食べさせて、Aに約6時間にわたる意識障害および筋弛緩作用を伴う急性薬物中毒の症状を生じさせ、同3月27日、同病院の研究室において、医学研究中であったAが机上に置いていた飲みかけの缶入りのお茶に上記同様の睡眠薬の粉末および麻酔薬を混入し、事情を知らないAに飲ませて、Aに約2時間にわたる意識障害および筋弛緩作用を伴う急性薬物中毒の症状を生じさせたものである。

　第1審の京都地判平成21年8月21日は、「医師としての権限を活用して睡眠薬を不正に入手し、専門的知識を悪用しており、およそ許されざる行為で言語道断」として、懲役8月（求刑懲役1年）の実刑を言い渡し、原審の大阪高判平成22年2月2日も、この判断を維持した。

　X側は、本件程度の昏酔は傷害罪を構成しないなどと主張して上告した。

1) フルニトラゼパムは、ベンゾジアゼピン系の睡眠導入剤で、入院患者などに、中途覚醒および早朝覚醒の改善の目的で用いられることが多いとされ、また、他の催眠薬に反応しない慢性または重度の不眠症の短期間の治療を目的として用いられるとされている。一部の薬物と併用した場合に、脱抑制作用や健忘作用があるので、乱用あるいは犯罪目的で利用されることがあり（薬局が盗難の被害に遭ったこともある）、用法・用量に関し、「必ず指示された服用方法に従ってください。飲み忘れた場合は、翌朝起きるまでにかなり時間があれば1回分飲んでもかまいません。絶対に2回分を一度に飲んではいけません」等と記されている。

決定要旨

　上告棄却。「所論は、昏酔強盗や女子の心神を喪失させることを手段とする準強姦において刑法239条や刑法178条2項が予定する程度の昏酔を生じさせたにとどまる場合には強盗致傷罪や強姦致傷罪の成立を認めるべきでないから、その程度の昏酔は刑法204条の傷害にも当たらないと解すべきであり、本件の各結果は傷害に当たらない旨主張する。しかしながら、上記事実関係によれば、Xは、病院で勤務中ないし研究中であったAに対し、睡眠薬等を摂取させたことによって、約6時間又は約2時間にわたり意識障害及び筋弛緩作用を伴う急性薬物中毒の症状を生じさせ、もって、Aの健康状態を不良に変更し、その生活機能の障害を惹起したものであるから、いずれの事件についても傷害罪が成立すると解するのが相当である。所論指摘の昏酔強盗罪等と強盗致傷罪との関係についての解釈が傷害罪の成否が問題となっている本件の帰すうに影響を及ぼすものではなく、所論のような理由により本件につ

いて傷害罪の成立が否定されることはないというべきである。したがって、本件につき傷害罪の成立を認めた第1審判決を維持した原判断は正当である」。

▶▶▶ 解　説

1　傷害の意義

　傷害罪は、人の身体に傷害結果を生ぜしめることによって成立する。有形力が行使されたにもかかわらず傷害が生じなければ、暴行罪が成立するにとどまる。結果としての傷害の意義に関して判例は、生理機能の障害と解する（大判明治45・6・20刑録18-896、最判昭和27・6・6刑集6-6-795）。学説上は、生理機能の障害および身体の外形の重大な変更とする説も有力に主張されてきた。判例は、主として身体の機能的側面を重視するのに対し、批判説は身体の外部的・外形的な完全性の侵害をも問題にするといってよい。

　しかし、「重大な生理機能」の侵害があれば、外部的完全性を損なわなくとも傷害に該当することは争いない。比較的最近、判例が認めた例としては、自宅から隣家の被害者に向けて連日ラジオの音声等を大音量で鳴らし続け、慢性頭痛症等に陥らせた場合には傷害罪が成立する（最決平成17・3・29刑集59-2-54、第1審の奈良地判平成16・4・9判時1854-160も参照）。この他、湖につき落とし失神させた場合（大判昭和8・9・6刑集12-1593）、嫌がらせの電話で神経症に陥らせる行為（東京地判昭和54・8・10判時943-122）等は、傷害罪に該当する。

　めまい・吐き気をおこさせた場合（大判昭和8・6・5刑集12-736）、下痢を起こさせたりするような場合は、傷害罪が成立するとされてきた。メチルアルコールを飲ませて疲労・倦怠感を覚えさせた場合も、傷害にあたり（最判昭和26・9・25裁判集刑53-313）、その結果被害者が急性アルコール中毒などで死亡すれば、傷害致死罪が成立しうる。しかし、問題はその程度である。睡眠導入剤を少量のませて少し眠気が生じたような場合にも、常に傷害罪が成立するとはいえないであろう。しかし、【基本判例1】のように、睡眠導入剤以外のものも加え、約6時間にわたる意識障害および筋弛緩作用を伴う急性薬物中毒の症状を生ぜしめた場合には、傷害罪の成立が認められよう。

　さらに、脅迫によりトラウマ（心的外傷）や恐怖心などが継続する心的外傷後ストレス障害（PTSD）を生ぜしめる場合も傷害になりうるが（無言電話による場合として、東京地判平成16・4・20判時1877-154、富山地判平成13・4・19判タ1081-291参照）、刑法204条に該当するものといえる程度か否かの判定は微妙である（福岡高判平成12・5・9判タ1056-277は、殴打されたことにより外出できなくなったり、不眠になった10歳の少年と34歳の女性について、暴行の程度が治療を要するほど強度のものではなく、受けた心理的ストレスも暴行罪の構成要件により評価できる範囲内のものであるとした。なお、原審のPTSDに罹患しているという判断を覆した例として東京高判平成22・6・9判タ1353-252参照）。

　なお、【基本判例1】のように、睡眠薬の粉末を振りかけたケーキを、自然な形で食べさせることによっても、当然、傷害罪は成立する。判例は、傷害罪の成否に関し、一貫して無形的な手段による場合もありうるとしているように思われる。被害者を欺罔して毒物を服用させ下痢を起こさせたり、脅迫して精神病に追い込む場合も傷害罪となる。判例は、嫌がらせの電話で精神に異常をきたした場合にも傷害罪を認めている（前掲東京地判昭和54・8・10）。さらに、大音量のラジオなどにより慢性頭痛症等に陥らせた場合（前掲最決平成17・3・29）や、無言電話によりPTSDを生ぜしめた場合（前掲東京地判平成16・4・20）も傷害罪を構成する。

　ただ、単なる嫌がらせ電話をかけるだけでは刑法204条の構成要件該当性は認められず、精神病に追い込む認識という「傷害の故意」が必要である。教室設例としてよく挙げられる「詐称誘導」、すなわち落し穴に被害者自ら落下させてケガをさせた場合も、傷害の意図が認められれば傷害罪となりうる。被害者の行為を利用した傷害を認めた判例として、暴行・脅迫を加え「命が惜しければ指を歯でかんでつめろ」と命じ、被害者にその通りさせた行為につ

いての鹿児島地判昭和59年5月31日（判タ531-251）がある。

2　準強姦罪・準強姦致傷罪との関係

　刑法178条2項は、「女子の心神喪失若しくは抗拒不能に乗じ、又は心神を喪失させ、若しくは抗拒不能にさせて、姦淫した者」も、強姦罪の法定刑を適用する旨定めている。抗拒不能に乗じた例として、睡眠中であるのを利用した場合（仙台高判昭和32・4・18高刑集10-6-491、広島高判昭和33・12・24高刑集11-10-701）、泥酔状態にあるのを利用した場合、第三者の暴行・脅迫によって抗拒不能の状態にあるのを利用した場合が挙げられるが、抗拒不能の状態にならしめて、姦淫行為をしたその典型例が、催眠術や薬品を用いた場合であるといえよう。そうだとすれば、【基本判例1】の程度の薬品を被害者に飲ませて意識障害を生じさせることにより、姦淫行為に及んだ場合には、準強姦罪が成立することになろう。

　ただ、刑法181条2項は、準強姦罪（178条2項）についても、女子を死傷させた者を、無期または5年以上の懲役に処する。そうだとすると、準強姦罪を犯す際に、昏酔させる手段として【基本判例1】のような薬品を被害者に飲ませ、6時間にわたる意識障害および筋弛緩作用を伴う急性薬物中毒の症状等を生じさせた場合には、181条2項に該当することになるのであろうか。

　181条の傷害の意義に関しては、わいせつ行為・姦淫行為から生じた場合以外に、手段としての暴行等による致死傷を含む。死傷の結果は、姦淫行為のみならず手段としての暴行・脅迫、さらには昏酔させる行為から生じたものも含まれることに争いはない。クロロホルムを嗅がせて気を失わせて姦淫しようとしたところ、クロロホルムによりショック死したような場合、準強姦致死罪が成立する（既遂。なおクロロホルムの嗅がせ方によっては、暴行を手段とする強姦致死罪となろう）。

　昏酔させようとして用いた薬物の薬理作用により失明した場合などは、準強姦致傷罪が成立する。それでは、姦淫目的で睡眠薬を用いて、【基本判例1】のような意識障害を生ぜしめた場合には、181条2項に該当するのであろうか。たしかに、181条の「傷害」には、通常の創傷、挫傷、擦過傷等の他、毛を抜くこと、病気を感染させること、キスマークをつけることなども含まれると解されている。しかし、181条の法定刑の高さからして、軽度の内出血などは本条の傷害には含まれないと解すべきであろう（大阪地判昭和42・12・16判タ221-234参照）。睡眠薬で意識をもうろうとさせる行為が、178条2項の「抗拒不能にさせる行為」にあたると評価し得、身体の外形を毀損する等の結果を伴わない限りは、準強姦致傷罪の「傷害」には該当しないと解すべきであろう。そして、そのことは、【基本判例1】が指摘するように、「傷害罪の成否が問題となっている本件の帰すうに影響を及ぼすもの」ではないのである。

3　昏酔強盗罪との関係

　刑法239条は「人を昏酔させてその財物を盗取した者は、強盗として論ずる」と定めている。薬品や酒などを用いて被害者の意識作用に一時的または継続的障害を生ぜしめ、財物に対し有効な支配を及ぼし得ない状態に陥らせて財物を奪う行為を強盗と同様に処断する。強盗罪と昏酔強盗罪との関係は、強姦罪と準強姦罪との関係と類似する。

　239条の手段である昏酔させる方法には制限がない。殴打して失神させるのは通常の強盗罪の手段であるが、泥酔させたり、睡眠薬、麻酔剤で昏酔させたり（横浜地判昭和60・2・8判タ553-251）、催眠術を施したりする場合は、本罪の実行行為となる。その意味で、【基本判例1】の睡眠薬を飲ませる行為は、財物を奪う目的で行われれば、本罪の実行行為となりうる。昏酔は、完全に意識を喪失させる必要はない（東京高判昭和49・5・10東高時報25-5-37）。

　そうなると、準強盗犯人が、「6時間にわたる意識障害及び筋弛緩作用を伴う急性薬物中毒の症状」を生ぜしめた場合には、刑法240条の強盗致傷罪に該当するのではないかという問題が生じる。そして、睡眠薬等を用いた昏睡強盗を繰り返し、飲酒酩酊下での薬効等により死亡させた場合には昏睡強盗致死罪（240条）が成立するのである（水戸地判平成11・7・8判時1689-155）。睡眠薬中毒により、難聴や失明などの重篤な後遺症が残れば、昏睡強盗致傷罪が成立するといわざるを得ない。

　しかし、財物を盗取する目的で、【基本判例1】の事案の程度の睡眠導入剤を飲ませて一時的に意識障

害等を生ぜしめても、昏酔強盗致傷罪には該当し得ないであろう。準強盗の手段として評価し尽くされる「昏酔」である以上、240条を構成する傷害には該当しない。そこで、ここでも、意識障害等を生ぜしめる行為が、240条の「傷害」に該当しない以上、204条の傷害とはなり得ないという議論が生じうる。しかし、それは昏酔強盗で処断することができる場合には、そのように処理するのが合理的だということにすぎず、204条の傷害罪を構成するか否かは、別論なのである。

なお、239条の解釈としては、「昏酔させてその財物を盗取した者」の文言から、財物を盗取するに適する程度に被害者を「昏酔させること」が必要だということが導かれうる。そうすると、睡眠薬を飲まされて眠気を感じるものの、意識がはっきりしている場合、気分はともかく行動にほとんど不具合を感じないような場合には、昏酔強盗にも該当しないであろう。しかし、財物を奪うのに適する程度の意識障害と傷害罪を構成するだけの生理機能の障害は、尺度が異なるのである。昏酔強盗罪を構成しない程度の睡眠薬投与行為でも、傷害罪に該当することは十分考えられる。少なくとも、【基本判例1】の事案は傷害罪にあたるとすべきである。

4　強盗致傷罪との関係

240条の「人を負傷させた」とは、204条の「傷害」同様、人の生活機能に障害を与える一切の場合を包含するとされてきた。しかし、平成16年の刑法改正前は、240条の法定刑の下限が7年であったため、もし傷害の発生が認定されれば酌量減軽しても執行猶予を付すことができず、被告人に苛酷な場合が生ずるという問題が存在した。そこで戦後、強盗致傷罪における傷害は、顕著な生理的機能障害の発生を必要とし、その程度に至らない傷害は強盗罪における暴行の概念の中に包含されるとする判例が登場した。

具体的な判例としては、水戸地土浦支判昭和38年6月13日（下刑集5-5＝6-570）、東京地判昭和31年7月27日（判時83-27）、名古屋高金沢支判昭和40年10月14日（高刑集18-6-691）、広島地判昭和52年7月13日（判時880-111）等が挙げられる。最近の判例としては、いわゆるオヤジ狩りの事案において、被害者の負傷の程度が軽微であるとして、強盗致傷罪（平成16年改正前）の成立が否定され、強盗未遂罪と傷害罪の成立を認めた大阪地判平成16年11月17日（判タ1166-114）や、被告人らが加えた暴行脅迫は被害者の反抗を抑圧するに足りる程度であったとは認め難いとして、恐喝未遂罪と傷害罪が成立するにとどまるとした東京高判平成13年9月12日（東高時報52-1＝12-47）がある。

しかし、少なくとも法定刑変更後においては、240条の負傷と204条の傷害を全く別異のものと解すべきではないし（大阪高判昭和35・6・7高刑集13-4-358、広島高判昭和53・1・24判時895-126、東京高判昭和59・10・4判タ550-292、東京高判昭和62・12・21判時1270-159）、平成7年の刑法典の口語訳化により負傷という文言が用いられるようになったからといって、その内容に変化が生じたわけでもない。法定刑が変わった現在は、まさに強盗手段としての暴行に評価し尽くせるごく軽微な傷害のみ、240条に該当しないと解される。

強盗犯人が、本件のような意識障害および筋弛緩作用を伴う急性薬物中毒の症状を被害者に発生させた場合、常に240条に該当することになるわけではない。ただ、そのことから、本件事案の行為が「傷害罪」に該当しないという結論を導き得ないことは、いうまでもない。同一の概念は、できるだけ統一的に解釈されるべきではあるが、それぞれの構成要件は、具体的事案を踏まえて、個別に解釈されなければならないのである。

第 20 講　危険運転致死傷罪の現状

> **論点**
> ▶赤色信号を「殊更に無視し」とは、赤色信号を確定的に認識していた場合に限られるか。
> ▶走行中の自動車の進路直前に自車を進入させて著しく接近したことと、「通行妨害」。
> ▶アルコールの影響により正常な運転が困難な状態には、前方を注視してそこにある危険を的確に把握して対処することができない状態も含まれるか。

【基本判例 1】　最 1 小決平成 20 年 10 月 16 日（刑集 62 巻 9 号 2797 頁・判タ 1295 号 190 頁）

事実の概要

　普通乗用自動車を運転していた被告人 X は、パトカーで警ら中の警察官 A に赤色信号無視を現認され、追跡されて停止を求められたが、そのまま逃走し、信号機により交通整理の行われている交差点を直進するにあたり、対面信号機が赤色信号を表示していたにもかかわらず、その表示を認識しないまま、同交差点手前で車が止まっているのを見て、赤色信号だろうと思ったものの、パトカーの追跡を振り切るため、同信号機の表示を意に介することなく、時速約 70 km で同交差点内に進入し、折から同交差点内を横断中の歩行者をはねて死亡させたという事案である。

　X は、対面信号機の表示が赤色信号であるとの確定的な認識がなかったとの前提で起訴されており、第 1 審では公訴事実に争いはなかったが、原審において、X は、赤色信号であることの確定的な認識がない場合は、赤色信号を殊更に無視したとはいえないと主張した。それに対し原判決は、X がパトカーの追跡を振り切るため、対面信号機の信号表示を意に介することなく、同信号機が赤色信号を表示していたとしてもこれを無視して進行しようとしていたもので、赤色信号を確定的に認識していなくとも、赤色信号を殊更に無視したものといえると判断した。

　これに対し、X が上告し、弁護人は、刑法 208 条の 2 第 2 項後段にいう赤色信号を「殊更に無視し」とは、赤色信号についての確定的な認識がある場合に限られ、未必の故意や認識ある過失を含まないと解すべきであって、赤色信号無視が未必的な X について、危険運転致死罪の成立を認めた原判決には、上記条項の解釈適用の誤りがある旨主張した。

決定要旨

　上告棄却。「所論は、平成 19 年法律第 54 号による改正前の刑法 208 条の 2 第 2 項後段にいう赤色信号を『殊更に無視し』とは、赤色信号についての確定的な認識がある場合に限られる旨主張する。
　しかしながら、赤色信号を『殊更に無視し』とは、およそ赤色信号に従う意思のないものをいい、赤色信号であることの確定的な認識がない場合であっても、信号の規制自体に従うつもりがないため、その表示を意に介することなく、たとえ赤色信号であったとしてもこれを無視する意思で進行する行為も、これに含まれると解すべきである。これと同旨の見解の下、X の上記行為について、赤色信号を殊更に無視したものに当たるとして、危険運転致死罪の成立を認めた原判断は正当である」。

第20講 危険運転致死傷罪の現状

▶▶▶ 解　説

1　新設の経緯

平成13年12月25日から施行された本罪は、故意に危険運転行為を行い、その結果人を死傷させた者を、暴行により人を死傷させた者に準じて処罰する。具体的には、人を負傷させた者を10年以下の懲役（平成16年改正で、15年以下と改められた）、人を死亡させた者を1年以上の有期懲役に処する。故意の危険運転行為により、意図しない人の死傷の結果が生じたときに成立する結果的加重犯に類する犯罪類型である。このような危険運転行為による死傷事故は、傷害（暴行）の故意が認定できれば傷害罪（15年以下の懲役または罰金）・傷害致死罪（3年以上の有期懲役）等で処断可能である。しかし、暴行などの故意の立証には困難が伴い、業務上過失致死傷罪により処罰されざるを得なかった。そのような状況が続く中で、悲惨な多くの交通事故が発生し、被害者・遺族の強い声もあって、本罪が新設されることになった。

なお、危険な運転行為に際して、被害者への暴行の認識が認定できる場合も考えられる。以前から幅寄せ行為の一部には暴行の故意が認められてきた。そのため、本罪と傷害罪の関係は微妙な問題を含む。基本的には、危険運転行為で死傷結果が生じた場合には、「傷害の故意」が認定できる場合を除き、208条の2で立件すべきだと考えられる。自動車運転過失致死傷罪との重なり合いも問題となりうるが、本罪が成立する範囲では、211条は成立しない。

2　5つの類型

208条の2第1項は運転者の意思によっては的確に進行を制御することが困難な状態での走行により死傷結果が生じた場合で、①アルコール・薬物の影響により正常な運転が困難な状態で走行する類型、②進行を制御することが困難な高速度で走行する類型、③進行を制御する技能を有しないで走行する類型から構成されている。2項は特定の相手方との関係または特定の場所において重大な死傷事故を発生させる危険性のある運転行為により死傷結果が生じた場合で、④人または車の通行を妨害する目的で、走行中の自動車の直前に進入、その他通行中の人または車に著しく接近する類型、⑤赤色信号等を殊更に無視する類型の2つからなる。④と⑤は、重大な交通の危険を生じさせる速度も要件となる。

危険運転行為は自動車についてのみ問題となる。「自動車」とは、原動機により、レールまたは架線を用いないで走行する車両のことである。平成19年改正により「四輪以上の」という限定が除かれており、いわゆる原動機付自転車や自動二輪車も含まれることになった。

3　信号無視危険運転罪

208条の2第2項後段は、赤色信号またはこれに相当する信号を殊更に無視し、かつ、危険速度で自動車を運転した場合を処罰する。赤色信号とは、法令に基づき公安委員会が設置した信号機の表示する赤色灯火の信号（道路交通法4条、同施行令2条）のことである。これに相当する信号とは、赤色信号と同様の効力を有する信号のことで、具体的には、道路交通法が定める「警察官の手信号その他の信号」等のことである（同法6条1項、同施行令4条・5条）。

本類型にとって重要なのは、殊更に無視という要件の解釈である。故意に赤信号に従わない行為の中でも、信号の変わり際で赤信号であることについて未必的な認識しかないとき等を除くための文言である。赤信号であることについて確定的な認識があって停止位置で停止することも十分可能であるにもかかわらずこれを無視して進行する行為や、およそ赤信号であるか否かについて全く意に介することなく、むしろ赤信号規制に反することが客観的に明らかな行為を指す。名古屋地判平成21年8月10日（裁判所webサイト）は、被告人の行為が、赤色信号無視とはいえ、黄色信号から赤色信号への変わり際に行われたものであって、赤色信号を無視することについての意思としては消極的なものにとどまるというべきであり、被告人が赤色信号を「殊更に無視」したとはいえず、危険運転致傷罪は成立しないとして、予備的訴因である自動車運転過失傷害罪を適用した。

赤色信号であると確定的に認識した場合、信号に

従うことに特段の支障がなく、規制されない側の交通の安全に対する配慮が認められないのであれば「およそ赤色信号に従う意思がなかった」と認定されうる（高松高判平成18・10・24裁判所webサイト）。

4　【基本判例1】の意義

最決平成20年10月16日の意義は、赤色信号であることの確定的な認識がない場合であっても、信号の規制自体に従うつもりがないため、その表示を意に介することなく、たとえ赤色信号であったとしてもこれを無視する意思で進行する行為は、「殊更に無視したもの」に該当するとした点にある。普通乗用自動車を運転して信号機に従わないで通行したのを、パトカー乗務の警察官に現認され停止を求められて逃走し、その追跡を振り切るため、同信号機が赤色信号を表示していたとしてもこれを無視して進行した行為（事実の概要参照）に関し、原審（名古屋高判平成19・11・19高検速報728号）は、交差点の手前で車が止まっているのを見て「赤色信号だろう」と思ったものの構わずに本件交差点内に進入しているのであるから、交差点の赤色信号を確定的に認識していなくとも、赤色信号を殊更に無視したものというべきであるとし、最高裁はその判断を維持した。

意に介することなくの意義に関して、名古屋高判平成19年12月25日（高検速報729号）も重要である。名古屋高裁は、酒気を帯びて乱暴で危険な運転をした上、1つ手前の交差点と同交差点出口から約222m前方の本件交差点にいずれも赤色信号を表示していたのに、指定最高速度を約20ないし30km毎時超過する時速約70ないし80kmの高速度で進入した場合、手前の交差点に進入する際信号を見落としたり、確認するのが遅れるなど、何らかの事情により赤色信号で進入したとしても、自車が赤色信号で通過したことまで気が付かないということは通常ないと考えられるし、これに気が付いた以上は、通常、少なくとも次の交差点に進入する際にはそれまで以上に対面信号の表示に意を払うものであるので、2つ目の交差点である本件交差点までも赤色信号で高速度のまま進入するような事態は起きないのであって、そのような事態が起きるのは、信号表示が赤色であることを認識しながら交差点に進入した場合か、または、信号表示を意に介することなく赤色信号であったとしてもこれを無視しようとして進入した場合以外には考え難いのであるから、特段の事情がない以上、上記のような運転をした被告人は、少なくとも赤色信号であったとしてもこれを無視しようとして進入したと推認できるとした。

黄色信号を認識して停止を試みた結果、交差点内に停止するに至った者が、赤色信号を無視し交差点内を横断した場合も、本罪は成立することに注意を要する。広島高判平成20年2月27日（高検速報2号）は、当初から信号規制をおよそ無視して交差点を通過、進行しようとしたものではないが、対面信号機が赤色を表示していることを知りながら、交差する道路の車両が進行して来ないのを見て発進進行させたのであって、赤色信号を殊更に無視して直進進行したと認めるのが相当であるとしている。

5　危険速度

信号無視危険運転罪も、危険速度での運転が必要である。たとえば、交差道路等を通行する人や車を発見したときに、衝突を確実に回避することが可能な速度にまで減速しない限り、重大な交通の危険を生じさせる速度にあたる。

最決平成18年3月14日（刑集60-3-363）は、交差点で信号待ちをしていた先行車両の後方から、赤色信号を殊更に無視し、対向車線に進出し時速約20kmで普通乗用自動車を運転して同交差点に進入しようとしたため、自車を、右方道路から青色信号に従い左折して対向進行してきたトラックに同交差点入口手前において衝突させ、同車運転者らを負傷させたという事案について、危険運転致傷罪の成立を認めた原審（札幌高判平成17・9・8高検速報157号）を維持した。交差道路を青色信号に従って直進する車両は、相当の速度で進行してくることが予想されるので、対面の赤色信号表示を無視して時速約20kmの速度で交差点に進入すれば、交差道路を直進してくる車両を発見したとしても、直ちに急制動や転把等の措置を講じることにより衝突を回避することは困難であって、衝突や人身に危害を及ぼす危険は極めて大きく、時速20km程度でも「重大な交通の危険を生じさせる速度」にあたることは明らかである（さらに東京高判平成16・12・15東高時報55-1＝12-113、東京高判平成18・9・12高検速報3286号）。

【基本判例２】 佐賀地判平成 19 年 5 月 8 日（判タ 1248 号 344 頁）

事実の概要

被告人 X は、A 女から「男性とトラブルになっている」という相談を受け、同女宅に出かけたところ、A 女の交際相手 B が乗車している自動車を発見し、親交のある暴力団員に電話連絡しながら同車を約 15 分間にわたって追尾し、いったん同車を追い越したが、同車が対向車線に進出して右後方から追い越し返そうとしているのを認めるや、追い越しをさせないために、時速約 40 km の速度で自らも対向車線方向に急転把して被害車両の進路直前に自車前部を進入させて著しく接近した。被害車両は両車両の衝突の危険を感じて右転把し、X 車両と被害車両は進路右側の歩道方向に向けて並進しながら擦過衝突し、被害車両は歩道上に乗り上げて道路案内板の支柱に激突し、同車の運転席および助手席に乗車していた者 2 名が死亡し、後部座席に乗車していた 1 名が重傷を負ったという事案である。

弁護人は、危険運転致死傷罪の公訴事実につき、「X が、B の運転車両の直前に自車を進入させたという事実はない」と主張し、また、「同車を停止させるため」、「同車の直前に進入して同車を停止させようと企て、同車の通行を妨害する目的で」とある部分は、「確定的なものではなく未必的なものにとどまる」とし、X も、当公判廷でこれに沿う供述をした。本件は、X の行為が危険運転致死傷罪を構成するか否かが争われたが、より具体的には、X が B の運転車両の直前に自車を進入させた事実の有無、通行妨害の目的の有無である。

判旨

佐賀地裁は、①X は随時暴力団員に携帯電話で連絡しながら 15 分間も追尾し、被害車両が交差点を減速しながら右折した際、交差点を内回りして追い越し、②両車両は片側 1 車線の道路を進行し、被害車両が X 車両を右側から追い越すために加速して対向車線に進出したところ、X が追い越しをさせまいとして、転把して被害車両の直前に右斜めに割り込むように自車前部を進入させた。③これにより被害車両の進路は塞がれた形になったため、被害車両も右転把した。④両車両は、道路の進行方向右側の歩道縁石に対して約 8 度の角度で接近並進し、X 車両の右側面と被害車両の左側面前部とが擦過衝突し、被害車両の右前輪が縁石に乗り上げるのとほぼ同時に、両車両のドアミラー同士が擦過衝突した（走行時の被害車両の速度は時速約 60 km、X 車両は時速約 40 km であった）。その結果、⑤被害車両は乗り上げた歩道上の道路案内板の支柱に衝突して停止したという等の点を認定し、以上の走行状況に照らせば、「通行妨害の目的が明らかに認められる」とし、X の本件行為は危険運転致死傷罪の構成要件を充足するとした。

▶▶▶ 解説

1 通行妨害目的

208 条の 2 第 2 項の第 1 の類型は、人または車の通行を妨害する目的で、走行中の自動車の直前に進入し、その他通行中の人または車に著しく接近し、かつ、**危険速度**（重大な交通の危険を生じさせる速度）で自動車を運転し人を死傷させた場合である。

この類型には、**人または車の通行を妨害する目的**が必要である。警察車両に追尾された被告人が、反対車線へ進入して進行中対向車両と衝突してその運転者に傷害を負わせた場合、警察車両から逃れることを意図していたとしても、反対車線を逆走することを積極的に意図していた以上、それと表裏一体の関係にある対向車両の自由かつ安全な通行を妨げることをも積極的に意図していたと認められる（広島高判平成 20・5・27 高検速報 7 号）。

人とは、犯人以外の自然人である歩行者を意味する。ここでいう車も車両全般のことで、四輪以上の自動車、自動二輪車、原動機付自転車、軽車両も含む。通行を妨害する目的とは、相手方に自車との衝突を避けるため急な回避措置をとらせるなど、相手方の自由かつ安全な通行を妨げることを意図することであり、本類型の場合、未必的な認識、認容があるだけでは足りないと解すべきである。

本件では、約15分間にもわたって追尾して追い越した後、追い越し返されそうになったので急転把して被害車両の直前に自車前部を進入させ、対向車線に進出して擦過衝突しながら進路右側の歩道付近まで幅寄せしている事実から、「通行妨害の目的」は明らかに認定できよう。

類似の事案に関し、静岡地判平成18年8月31日（判タ1223-306）が、最高速度40km指定の道路において約120〜130kmの速度で進行して被害車両を追い上げ、自車を著しく接近させて被害車両を高速度で走行させ、交差点で右折してきた車に衝突させた事案につき、重大な交通の危険を生じさせる速度で自動車を運転し、かつ、通行中の被害車両に著しく接近させて、被害車両の自由かつ安全な通行を妨害するものであることは明らかであり、時速100km以上で走行している被害車両に、さらにそれを超える時速約120ないし130kmの高速度で、車間距離にして約5.7mまで接近させ、その後も追い上げを続けているのであるから、「自由かつ安全な通行を妨害する意図、すなわち『通行を妨害する目的』も優に認められる」とし、208条の2第2項の成立を認めた（なお、【基本判例2】や静岡地判の事案では、暴行の故意も認定できるように思われる。ただ、本罪は、「暴行の故意はあるが、傷害の故意のない場合における傷害罪、傷害致死罪の特別類型」という性質をも有しており、本罪が成立すれば、傷害致死罪は成立しない）。

そして、本類型の成立には、通行妨害目的に加え、通行中の人、車に著しく接近する行為がなされる必要がある。著しく接近するとは、自車を相手方の真近に移動させることであり、幅寄せする、後方からあおる、対向車線上を走行して対向車両に著しく接近するなどの運転行為である。2項の走行中の自動車の直前に進入というのは「著しく接近」の例示で、本判決はその具体例を示したものといえよう（さらに東京高判平成16・4・15判時1890-158参照）。

本類型の成立には、通行妨害目的に加えて、重大な交通の危険を生じさせる速度で運転されなければならない。重大な交通の危険を生じさせる速度とは、一般人から見て、相手方に著しく接近した場合に、自車が相手方と接触・衝突すれば死傷の結果を伴うような大きな事故を発生させる蓋然性があると認められる速度のことである。別の言い方をすれば、相手方の動きに応じて事故を回避することが困難であると考えられる程度の速度である。通行妨害目的の類型では、人への接近も問題となるので、かなり低速でも危険速度になりうる。ただ、渋滞中に、同一方向に走行中の車両の直前に低速で割り込むような場合は、本罪を構成しない。

2 死傷結果と因果関係

結果的加重犯としての本罪は、死傷結果が危険運転行為に客観的に帰責される必要がある。死傷結果は、必ずしも危険運転行為から直接生じたものには限られないが、たとえば、高速道路で進行を妨害して停車させたところ、第三者の車が衝突し当該運転手が死傷したような場合は含まれない（最決平成16・10・19刑集58-7-645（なお実行行為は平成14年1月であった）参照）。

立法時、「自動車の直前への歩行者の飛び出しによる事故など、当該交通事故の発生が運転行為の危険性とは関係ないものについては、因果関係が否定される」という説明がなされていた。たしかに、危険運転行為を行わなかったとしても発生したであろう場合には、当該運転行為の危険性とは全く別の原因による死傷の結果として扱うべきようにも見える。ただ、住宅街を120kmで暴走していたために急に飛び出した幼児を轢いた場合、50kmで走行していても避け得ない可能性が高くても、危険運転致死罪の成立は否定し得ないであろう。危険運転行為を行い死傷結果も生じているにもかかわらず本罪を適用しないケースは考えにくい。立法時以上に危険運転行為の当罰性が重視されるようになってきており、そのことは帰責判断にも影響してくるように思われる。

なお、前述の最決平成18年3月14日（刑集60-3-363）の事案において、被告側が「自車を対向車線上に進出させたことこそが同車線上で交差点を左折し

てきた被害車両と衝突した原因であり、赤色信号を殊更に無視したことと被害者らの傷害との間には因果関係が認められない」と主張した。しかし、被告人が赤色信号に構わずに対向車線に進出して本件交差点に進入しようとしたこと自体が、まさに赤色信号を殊更に無視した危険運転行為にほかならない。そこで最高裁は、このような危険運転行為により被害者らの傷害の結果が発生したものである以上、他の交通法規違反または注意義務違反があっても、因果関係が否定されるいわれはないと判示している。

【基本判例3】 最3小決平成23年10月31日（刑集65巻7号1138頁・判タ1373号136頁）

事実の概要

被告人Xは、(1)平成18年8月25日午後10時48分ころ、F市内の橋上の道路において、運転開始前に飲んだ酒の影響により、前方の注視が困難な状態で普通乗用自動車を時速約100kmで走行させ、もってアルコールの影響により正常な運転が困難な状態で自車を走行させたが、折から、前方を走行中の被害車両右後部に自車左前部を衝突させ、その衝撃により、被害車両を左前方に逸走させて橋の上から海に転落・水没させ、その結果、被害車両に同乗していた3名（当時1歳、3歳、4歳）をそれぞれ溺死させたほか、被害車両の運転者（当時33歳）および同乗していたその妻（当時29歳）に傷害を負わせた（その他、道交法の報告義務違反の罪にも問われた）。

Xは(1)の事実について、刑法208条の2第1項前段（平成19年改正前のもの）の危険運転致死傷の訴因により起訴されたが、第1審は、事故現場に至るまで蛇行運転などを行っていないこと、事故直前に急制動等の措置を講じていること、本件事故後のXの言動には、Xが相応の判断能力を失ってはいなかったことをうかがわせる事情が多数存在することなどから、Xが「アルコールの影響により正常な運転が困難な状態」で自車を走行させたとは認められないとして、危険運転致死傷罪の成立を否定し、予備的訴因に基づき前方注視義務違反を過失の内容とする業務上過失致死傷および道路交通法違反（酒気帯び運転）の事実を認定した。検察官およびXが控訴したところ、原審は、アルコールの影響により、正常な運転が困難な状態で本件事故を起こし、かつ、Xには、飲食店店員等に対し、アルコールの影響により相当酩酊した事実を認める発言をしたり、同乗者からふだんとは異なる危険な状態での運転を指摘され、これを認識する発言をしていること、酒を飲むと判断が遅れたり、気が大きくなったりして、正常な運転ができないことも知っていた旨を日頃供述していること等を挙げて、アルコールの影響による正常な運転の困難性を基礎付ける事実の認識に欠けるところはなく、危険運転致死傷罪の故意も認められるとした。

これに対してX側は、「アルコールの影響により正常な運転が困難な状態」にあったことを認めたのは誤りである等と主張して上告した。

決定要旨

上告棄却。最高裁は、「刑法208条の2第1項前段における『アルコールの影響により正常な運転が困難な状態』であったか否かを判断するに当たっては、事故の態様のほか、事故前の飲酒量及び酩酊状況、事故前の運転状況、事故後の言動、飲酒検知結果等を総合的に考慮すべきである」とした上で、「原判決の認定及び記録によれば、……Xが、夜間、最高速度が時速50kmと指定されている見通しの良いほぼ直線の本件道路において、時速約100kmという高速度に自車を加速させて走行させ、前方を走行する被害車両に自車を衝突させた事案であるところ、Xは、本件事故前に、自宅や2軒の飲食店において、焼酎ロックを合計8、9杯のほか、ブランデーやビールを飲酒し、身体のバランスを崩して平衡感覚を保ち得ないなどの状態を示していた。Xは、自ら酔っている旨の発言もし、本件事故前の運転におい

ても、同乗者からふだんとは違う高速度の運転であることを指摘されるなどした。本件事故後に臨場した警察官等も、Ｘが相当に酩酊していた状況を現認した。これらの事実によれば、本件事故後の飲酒検知結果等からはＸの本件事故当時の血中アルコール濃度は血液１ml中0.5mgを上回る程度のものと認定できるにとどまること、また、Ｘは、本件事故現場に至るまでは、約８分間にわたり道路状況等に応じた運転をしていたこと等を考慮しても、本件当時、Ｘが相当程度の酩酊状態にあったことは明らかである。

そして、原判決の認定によれば、本件道路上においては、Ｘが自車を走行させた条件の下では、前方を向いている限り、先行する被害車両を遅くとも衝突の約９秒前（車間距離としては約150ｍ）からは認識できる状況にあったにもかかわらず、Ｘは、被害車両の直近に至るまでの８秒程度にわたり、その存在に気付かないで自車を走行させて追突し、本件事故を引き起こしたというのである」とし、原判決が「Ｘは、基本的には前方に視線を向けていた」とする根拠となる走行実験報告書は、本件事故時のＸ運転車両の走行状況と前提条件が同じであるとはいい難く、自車を時速約100kmで高速度走行させていたにもかかわらず８秒程度にわたって被害車両の存在を認識していなかった理由は、その間終始前方を見ていなかったか、前方を見ることがあっても被害車両を認識することができない状態にあったかのいずれかということになるとした。そして、「約８秒間もの長い間、特段の理由もなく前方を見ないまま高速度走行して危険な運転を継続したということになり、Ｘは、いずれにしても、正常な状態にある運転者では通常考え難い異常な状態で自車を走行させていたというほかない。そして、Ｘが前記のとおり飲酒のため酩酊状態にあったことなどの本件証拠関係の下では、Ｘは、飲酒酩酊により上記のような状態にあったと認定するのが相当である。そして、前記のとおりのＸの本件事故前の飲酒量や本件前後のＸの言動等によれば、Ｘは自身が飲酒酩酊により上記のような状態にあったことを認識していたことも推認できるというべきである」。

「刑法208条の２第１項前段の『アルコールの影響により正常な運転が困難な状態』とは、アルコールの影響により道路交通の状況等に応じた運転操作を行うことが困難な心身の状態をいうと解されるが、アルコールの影響により前方を注視してそこにある危険を的確に把握して対処することができない状態も、これに当たるというべきである」とし、「Ｘが被害車両に気付くまでの約８秒間終始前方を見ていなかったか又はその間前方を見てもこれを認識できない状態にあったかのいずれかであり、いずれであってもアルコールの影響により前方を注視してそこにある危険を的確に把握して対処することができない状態にあったと認められ、かつ、Ｘにそのことの認識があったことも認められるのであるから、Ｘは、アルコールの影響により正常な運転が困難な状態で自車を走行させ、よって人を死傷させたものというべきである。Ｘに危険運転致死傷罪の成立を認めた原判決は、結論において相当である」と判示した。

▶▶▶ 解　説

１　立法時の議論からの変化

本罪は、当初から処罰範囲の拡大が懸念され、「アルコール又は薬物の影響により正常な運転が困難な状態」で自動車を走行させて人を死傷させるという要件は、厳格に解釈されなければならないとされてきた。本件の田原裁判官の反対意見も、「『酒酔い運転プラス事故イコール本罪ということになると、本来意図していたところよりも広い範囲を捕捉することになって危険である』と刑法208条の２の立法時に学者が警鐘を鳴らしていたのと正に同様の状態を招来するものであり、同条の適用範囲を立法時に想定されていた範囲よりも拡張して適用するものであって、同条の解釈としても適切ではないというべきである」とされた。【基本判例３】の第１審判決もそのような考え方に立つものといえよう。

しかし、「本来意図していたところ」は、立法関与者の意思のみでは決まらないし、立法事実自体が変化していく場合もある。本罪の新設されるまでの208条の2である凶器準備集合罪は、もともとは、暴力団抗争で殴り込みなどのために事務所などに結集していても、犯罪とならないため規制できず、社会不安が発生し、それを防止する趣旨で昭和33年の刑法の一部改正で新設されたものであったが、次第に広く労働運動、学生運動における集団行動の規制手段として用いられていく。たとえば、プラカードは、表現の自由、集団行動の自由などの観点から本条の凶器には含まれないと説明された（昭和33年4月1日参議院法務委員会会議録32号15～16）。しかし、現在はそれを持って殴りかかった時点から凶器とされて（東京地判昭和46・3・19刑月3-3-444）、旗竿もそれを水平に構えたら凶器とされる（福岡地判昭和49・8・26刑月6-8-918）ようになった。もとより、これらの裁判例が、「法の本来意図したところを超えて処罰している」とする解釈論も成り立つが、問題は、その結論の妥当性である。法解釈は、罪刑法定主義の枠を超えない限り、最終的には、「主権者たる国民の意図するところ」と無関係ではあり得ないのである。

2　正常運転困難状態

208条の2第1項は、まずアルコールまたは薬物の影響により正常な運転が困難な状態で自動車を走行させて人を死傷させた者を罰する。最も多い危険運転行為であり、初めて適用された事案は飲酒による事故に関するものであった（宇都宮地真岡支判平成14・3・13判タ1088-301）。アルコールとは、基本的には酒類のことであるが、アルコール分を含むものであれば足り、必ずしももっぱら飲料用に作られたものである必要はない。薬物とはアルコール以外のものであって、運転者の精神的または身体的能力に影響を及ぼす薬理作用を有するものである。ヘロイン、コカイン、合成麻薬、覚せい剤、あへん等の規制薬物に限らず、睡眠薬等の医薬品、シンナー、ボンド等の類もこれに含まれる。

正常な運転が困難な状態とは、道路および交通の状況等に応じた運転操作を行うことが困難な心身の状態である。道路交通法上の酒酔い運転（同法117条の2第1号、65条1項）で問題とする「正常な運転ができないおそれのある状態」であっても、運転が困難な場合にあたるとは限らないのである。しかし、「事故を起こしたときにフラフラの状況であって、とてもこれは正常な運転のできる状態」ではない場合にのみ適用されるとするのは必ずしも妥当ではないであろう。現実に適切な運転操作を行うことが困難な心身の状態にあることを要し、アルコール・薬物の影響により、前方の注視が困難になったり、アクセル、ブレーキ、ハンドル等の操作を意図したとおりに行うことが困難になる場合をも含む（アルコールに関し、千葉地松戸支判平成15・10・6判タ1155-304、東京地判平成14・11・28判タ1119-274、東京地八王子支判平成14・10・29判タ1118-299、薬物に関し、名古屋高判平成16・12・16高検速報710号参照）。アルコール・薬物の影響が認められるのであれば、過労等の他の原因と競合していても差し支えない。

そして、【基本判例3】は、アルコールの影響により前方を注視してそこにある危険を的確に把握して対処することができない状態も、これにあたるとしたのである。

これに対しては、「危険を的確に把握して対処する」という概念が曖昧であるという批判も予想される。しかし、208条の2の法定刑で処罰に値する行為を選別するに際し、このような概念は十分に機能しうるものと考えられる。少なくとも、「事故発生時に一見してフラフラの状況」が立証されない限り、本罪は適用し得ないとするのは、妥当ではない。アルコールによる身体的能力の影響が外部に顕在化する部分と、運転に必要な能力を阻害する程度は個人によってかなり差があり得る。

3　具体的なあてはめ

多数意見は、被害車両を約9秒前からは認識できる状況にあったにもかかわらず、Xは、被害車両の直近に至るまでの8秒程度にわたり、その存在に気付かないで自車を走行させて追突し本件事故を引き起こした以上、その間終始前方を見ていなかったか、前方を見ることがあっても被害車両を認識することができない状態にあったかのいずれかということになるとして、「正常な状態にある運転者では通常考え難い異常な状態で自車を走行させていたというほ

かない」としたのである。Xが飲酒のため酩酊状態にあったことにより、そのような状態にあったと認定するのが相当であるとし、飲酒量や本件前後のXの言動等によれば、故意も推認できるとした。本罪も故意犯であり、飲んだ酒等の影響により、前方注視および的確な運転操作が困難な状態にあること等を自覚しながら走行させることが必要であるが、それは供述に加え、本件事故現場の状況、蛇行等の運転状況や飲酒検知結果等から、認定されうる。

これに対し、田原裁判官は、「事故当時正常運転困難状態にあったこと」を、いかなる事実によって認定するかを問題にし、死傷の結果と飲酒検知の結果のみから、正常運転困難状態にあったと認定することは許されないとする。そして、Xの本件事故前の飲酒量および言動に関し、焼酎ロックを合計8〜9杯のほかビール、ブランディーの水割り等相当量の飲酒をし、また、一定の酩酊状態にあったことを示す言動が存したことは認められるものの、他方、携帯電話を使ってメールのやりとりを通常の状態で行っていたというもので、Xの言動も、一般に認められている酩酊度の分類からすれば精々で「微酔」に止まるものでしかないとされる。そして、現場にいたるまでに、住宅街の中を微妙に湾曲し、道路脇には電柱が設置されている箇所もあり、街灯はあっても薄暗い通りを、幅員1.79mのX車両を運転して接触事故を起こすことなく約5〜6分間走行し、その間、急加速こそしているものの、蛇行運転をしたり、車道から左右にずれるような運転を行っていた形跡も認められないこと、X車の同乗者がXの運転に危険を感じたことをうかがわせる証拠も全く存しないことを指摘する。そして、「正常運転困難状態とは、そのような道路を通行する際においてすら、道路交通の状況等に応じた運転操作をすることができない状況にあって初めて認められるべき」とし、事故後、同乗者のCに逃走を指示し、携帯電話で友人に身代わり犯人を依頼し、また、飲酒の事実を隠そうとして友人にペットボトル入りの水を持参するよう依頼しているなど罪証湮滅のために事態に対応した相当の行動をしているし、飲酒検知時の「酒酔い・酒気帯び鑑識カード」によれば、Xは、酒臭、顔色、目の状態からして、身体に飲酒に伴うアルコールによる反応が生じていることは認められるものの、身体の運動機能に関しては異常は全く認められないので、正常運転困難状態にあったと推認することはできないものと言わざるを得ないと結論づける。

そして、多数意見の認定した、「相当程度の酩酊状態」とは具体的にどの程度の酩酊度を想定しているのかが明らかでなく、「厳格に律せられるべき構成要件を極めて緩やかに解するものであると言わざるを得ず、刑法の解釈として容認できないもの」と言わざるを得ないとし、日常多数発生している追突事故のほとんどが脇見運転または「考え事をしていた」等の前方不注視によるものであることは顕著な事実であり、全く酒気を帯びていない場合においても、日常的に生起して追突事故の原因となっているのであり、約8秒間、被害車両に気付かなかったとの事実から、それは酩酊の影響により気付かなかったものであるということが、経験則上当然に推認されるとは到底言い得ないとする。

さらに、本件事故直前までのXは、道路交通の状況に従って運転しており、その運転状況自体、正常運転困難状態にはなかったものというべきであるから、Xが正常運転困難状態に陥っていたと認識することはあり得ないとした。

しかし、大谷裁判官の補足意見にあるように、長時間にわたる多量の飲酒、かなり高い酩酊状態を示すスナック等におけるXの言動、その上で運転を開始して普段にはない高速運転をした上、直前まで被害車両を発見できなかったことにより激しい衝突事故を惹起していることからは、アルコールの影響によるXの注意能力の弛緩、判断能力の鈍麻が顕著にうかがわれるのであって、事故の態様のほか、事故前の飲酒状況および酩酊状態、事故前の運転状況、事故後の言動、飲酒検知結果などを総合考慮したとき、Xは「アルコールの影響により正常な運転が困難な状態」にあったと認めることに不相当なところはないといえよう。

第 21 講　保護責任者遺棄致死罪の認定

> **論点**
> ▶ 不作為犯の実行行為性を基礎づける「結果回避可能性（救命可能性）」は、因果性判断とはどのように異なるのか。
> ▶ 不作為犯の場合、因果関係、特に条件関係はいかに判定されるのか。

【基本判例 1】　札幌地判平成 15 年 11 月 27 日（判タ 1159 号 292 頁）

事実の概要

被告人 X は、被害者 A（当時 39 歳）と婚姻し、実母の B とともに居住していた。X は、実母である B に深い感謝の念を抱き、結婚しても同女と同居し、その老後の面倒を見ようと考えていた。2 度の離婚を経験した後、A と婚姻し、自宅において B を含めた 3 人での同居生活を開始したが、B と A の関係が悪化しはじめ、長男 C が誕生しても、かえって悪化の一途をたどるばかりであった。X は、B と A の不和に思い悩み、遂には、A を殺害して自分も死ぬしかないと考えるようになり、平成 12 年 5 月ころから、幾度となく、無理心中を図ったりしたが、いずれも未遂に終わった。

X は、平成 14 年 7 月 11 日、午後 8 時 40 分ころから自宅 2 階の寝室で、A と飲酒していたが、酔いが回るにつれ B を自宅から追い出すように求めてきたため、かねてそういう場合にしていたように、A を眠らせて話を聞かなくて済むようにしようと考え、午後 10 時 50 分ころ、睡眠導入剤を同女の酒に溶かして飲ませ、A は午後 11 時 30 分ころ就寝した。

翌 12 日午前零時 50 分ころ、X は 2 階寝室で就寝していたが、「ゴンゴン」という音が聞こえたため、起きて様子を見に 2 階階段踊り場付近まで赴いたところ、階下で B が A に暴行を加えているのを認めたので、1 階に降りて B を A から離し、B を落ち着かせようとした。この時点においては、B の A に対する暴行はそのほとんどが終わっており、X が 1 階に降りたのは、B が A に暴行を加え始めてから約 20 分が経過したころのことであった。A は頭部から多量に出血し、その場に転倒していた。

その後、X は、A の容体を確認したり、B から事情を聞いたり、B とともに血痕等を拭くなどした後、B を自室に戻したが、A が死亡するか不安に思った B は、とどめを刺すため、再び階段下に横たわっている A のところに赴き、A にエーテルをかがせた。その時点においては、A は生存しており、B が、エーテルを染みこませたガーゼを口の辺りに置くと、いやいやをするように首を振ったり「フーッ」というため息を吐いたりした。X が A を発見した当時の A の状態は、意識は混濁し、脈拍は感じにくく、体を触ると冷たく感じる状態であった可能性は否定できないものの、他方で、出血は続き、呼吸をしている状態であった。

X は A を放置して死亡させれば、同女と B との間の争いで思い悩むことはなくなる一方、救急車の派遣を求めれば、B の犯行が発覚し、B が逮捕されてしまうので、そのような事態を避けるため、A に対し、その生存に必要な措置を講じることなくこれを放置することを決意し、救急車の派遣等の措置等を講じることなく A をそのまま放置して前記自宅 2 階の寝室に戻った。A は、裁判所の認定によれば、7 月 12 日午前 1 時ころから午前 3 時ころまでの間に、頭部の 20 か所にも及ぶ挫裂創から多量の失血があり死亡した。

第 2 編　刑法各論

> **判 旨**
>
> 札幌地裁は、X に、保護責任者遺棄罪の成立を認め懲役 2 年 6 月に処した。
>
> 「A は、何らの止血措置も講じられていない状態でも、B からエーテルを摂取させられる時点までは生存していたこと、X が救命措置を講じた場合、受傷後約 30 分ないし 35 分で不完全ではあるが止血措置が開始され、救急隊の到着後、救急隊員による適切な止血措置を施され、病院に搬送されて輸血等の本格的な救命措置を講じられること、A は頭部に多数の傷を負い多量に出血しているが、このような状態であっても止血措置を施すことは十分に可能であること、A は男性よりも出血に耐性を持つ女性で、受傷当時 39 歳とまだ若く、特段病気に罹患していなかったこと、出血性ショックのうち、重症に至っていない段階で救急医療が要請された場合には、救命可能性はかなり高いことなどに照らせば、**X が A の救命のために執るべき措置を施した場合、A が救命された可能性は相当程度あったものと認められる。**
>
> しかし、X が速やかに救急医療を要請するなど執るべき救命措置を施したとしても、救急隊が X 宅に到着した時点では、A はすでに相当多量に出血し（この時点では、循環血液量の 4 割ないしそれ以上のものが流出していた可能性を排斥できない。）、何らの救命措置も施されなければ、その後数分から 30 分程度の短時間で死亡する状態になっていると考えられること、そのように多量に出血した後に止血措置を施してもそれだけでは全身状態の悪化を止めることはできないこと、救急車の車内では止血措置やリンゲル液の輸液等の措置を講じうるに過ぎず、輸血など本格的な救命措置は病院に搬送された後に初めてなし得ること、救急隊が X 宅に到着してから A が病院に搬送されるまでには約 40 分ないし 45 分間程度の時間を要することなどを総合すれば、X が執るべき救命措置を施したとしても、A が救急車で病院に搬送される途中に死亡した可能性を否定することはできない。
>
> X が A を発見し、その容体を確認した時点においては、……頭部の傷からは出血が続き、呼吸は促迫した状態にあったのであるから、間近で A の容体や傷の状況を確認した X は、A が現に出血し、呼吸をしていることを十分認識していたと認められるのであって、X の捜査段階の自白の信用性を検討するまでもなく、X においては、A が現に生存していることを認識していたと優に認められる。
>
> そして、X が **A の生存を認識していた以上、特段の事情のない限り、X は、救急車を要請するなどの措置を講ずれば、その可能性の大小はともかくとして、A が救命される可能性が存在すると認識していたと認めるのが相当**であるところ、X の供述によっても、前記特段の事情が存在していたとはいえないから、X は、A の救命可能性を認識していたと認められる」とした。
>
> そして最後に、X が適切な救命措置を講じていれば救命される可能性があったのであるから、X は保護責任者遺棄罪にいう保護責任者にあたるものと認められるとしつつ、「X が執るべき救命措置を講じたとしても、A が死亡した可能性が否定できないから、X が A に対する保護責任を果たさなかったことと、A の死亡との間に因果関係を認めることについては、なお合理的な疑いが残る」。「X は、A の容体を確認した時点で、**A が現に生存し救命可能性がある状態であると認識していたのであるから、保護責任者遺棄罪の故意がある**と認められる」として、X には、保護責任者遺棄罪の成立が認められるとしたのである。

▶▶▶▶ **解　説**

1　遺棄罪の位置づけ

　芸能人の薬物がからむ遺棄致死の事案について、「遺棄したこと」「保護しなかったこと」と致死の結果との因果関係が話題となった。本講では、ある意味で類似した事案を検討することにより、遺棄罪の意義と、不作為の因果性を考えてみたい。両者の関係は非常に微妙なのである。【基本判例 1】は、母の

故意の殺害行為によって生じた妻の「生命の危険」を放置する行為が保護責任者遺棄罪を構成するかが問題となるが、救命された可能性は相当程度あったので、保護責任者遺棄罪に該当するが、途中で死亡した可能性を否定することはできないので、保護責任者遺棄致死罪には該当しないとしたのである。

かつては、遺棄罪を、「扶助すべきなのにしないという反道義的行為」として一種の社会法益に対する罪と考える立場も有力であった。しかし、現在は生命・身体に対する危険犯（個人法益に対する罪）と解されている。

なお、生命に対する危険に限る（身体に対する危険は除外する）ことにより、曖昧な遺棄罪の構成要件の弛緩を防止するという説も存在する。たしかに、あらゆる身体への危険の発生について遺棄罪の成立が認められるわけではない。ただ、子供を遺棄し栄養失調の状態に陥らせる行為は、死の危険が全く存在しなかったとしても、刑法上の遺棄罪に該当する（なお東京地判昭和63・10・26判タ690-245参照）。また、傷害結果が生じた場合を重く処罰する結果的加重犯規定が置かれていること、さらに条文の位置が傷害罪、堕胎罪の後であるということから、身体への危険を除外する解釈は若干無理がある。ただ、現代の日本社会において刑罰をもって扶助を強制すべきなのは、身体への重大な危険が生じる遺棄行為に限定されよう。

遺棄罪が危険犯である点に関しては争いはないが、具体的危険犯か抽象的危険犯かについてはかなり激しい争いがある。具体的危険犯説は、「警察の門前に捨子をしても単に援助が予想されるにすぎないから遺棄になるが、他人が拾い上げるのを確かめた上で立ち去ったときは遺棄にならない」とする。これに対して、抽象的危険犯説は、条文に危険の発生が要件として要求されていない以上抽象的危険犯と解する（大判大正4・5・21刑録21-670）。たしかに、両危険犯の区別のメルクマールは、条文に危険の発生が規定されているか否かによるとされている。ただ、形式上抽象的危険犯だとしても、結果発生の可能性の程度・結果回避可能性を吟味することなしに処罰することはできない。

2　保護責任者遺棄罪と結果回避可能性

保護責任者遺棄罪は抽象的危険犯であるが、保護責任も救護によって死亡の結果を阻止しうる状況にあることを前提とするのであり、救命の可能性は必要であると解されている。ただ、「結果を、ほぼ間違いなく回避し得なかった」からといって、遺棄罪の実行行為性が欠け（ないしは保護義務が否定され）無罪となるわけではない。遺棄行為といえるには、救命が確実ではなくても足り、可能であればよい。遺棄罪処罰に必要な、結果回避可能性・救命可能性とはどの程度のものをいうのであろうか。本事案の場合、その死亡推定時間からいっても、Xが階下に降りた段階で迅速に対応していれば、救命の可能性があったと認定された。しかし、救命可能性があったのであれば、遺棄致死罪の罪責を何故問題にしないのであろうかが問題となる。

本件では、XがAを発見した時点で、Aはすでに死亡していたか、救命可能性がない状態であったから、Xには保護責任はないという主張が、弁護側からなされた。さらに、たとえ救命可能性があったとしても、Xはこれがないものと認識していたから故意が欠けると主張した。理論的には、死亡していないまでも、Xが救命行為を行ったとしても、Aの死亡の結果を回避できなかったのであれば、結果回避可能性がない以上、作為義務、保護義務が欠けるのではないかが最も問題となるといってよい。

そして本件は、母とはいえ、他人の暴行により重大な傷害を負った人間を放置して死亡させた事案である。実際に殺人行為を行った者が、その「死」について刑事責任を負うのに、さらにそれに加えて、保護責任者遺棄（致死）罪を認めるべきかも問題となる。

盛岡地判昭和44年4月16日（刑月1-4-434）は、交通事故により瀕死の重傷を与えた被害者を遺棄するため自車に乗せて搬送の途中、被害者が死亡した事案について不作為による殺人罪の成立を否定した[1]。

「本件事故発生直後被害者は頭部にかなり重大な損傷を受け、意識がなく、呻き声も出さないままであったこと、死因は脳損傷または外傷性ショックと考えられるが、そのいずれにしても、肝破裂の程度と腹腔内出血の量とを勘案し、受傷後長時間、たと

えば数時間も生存していたものとは思われず、短かくて数分、長くても数時間後に絶命したと認められ、右事実に照らせば、仮に被告人が被害者を事故後直ちに最寄りの病院に搬送して救護措置を受けたとしても、死の結果を回避することができたとは認め難く（病院へ搬送しないという不作為と被害者の死の結果との間に因果関係が認められないことになる）、加えて前掲各証拠によって当時の被告人の被害者の容態に対する認識内容について検討してみても、同被告人が当時、被害者を直ちに最寄りの病院に搬送すれば救護可能であると考えていたとは認め難く（検察官はこの点に関し、仮に本件不作為と被害者の死の結果との間に因果関係が認められないとしても、救護義務者たる被告人が被害者の死の結果を認容しながら、敢えて未だ生存している被害者を病院に搬送しないという不作為に出ることにより被告人に殺人未遂罪が成立すると主張する。しかしながら本件において殺人未遂罪が成立するためには、被告人において、被害者を病院へ搬送して治療を受ければ救護可能であると考えていながら、敢えてその意思を放棄し、病院に搬送しないという不作為に出ることを要するものと解されるので、検察官の右主張は採ることができない）、結局本件殺人の訴因については、因果関係、および故意につき証明がなく、これを積極的に認定することができない」としている。

殺人未遂の成立を否定する判旨の中で、「被害者を病院へ搬送して治療を受ければ救護可能であると考えていながら、敢えてその意思を放棄し、病院に搬送しないという不作為に出ることを要する」という部分は、客観的に救護可能でなければ殺人の不作為犯を構成しないとしたものである。

そして、【基本判例2】の第1審判決である札幌地判昭和61年4月11日（高刑集42-1-52）は、被告人が、ホテルの1室において、当時13歳の被害女性に覚せい剤を注射したところ、同女が頭痛や吐き気等の症状を訴えはじめ、次第に覚せい剤による錯乱状態に陥ったが、覚せい剤使用の事実の発覚を恐れて同女を放置してホテルを立ち去り、同女はその後、覚せい剤による急性心不全により死亡したという事案について、被害者の救命可能性が100％であったということはできないとして、被告人の放置行為と死亡結果との間の因果関係を否定したが、「（被害者は）被告人が立ち去った時点において……適切な救急医療措置を加えられることによって生命の危険を脱する可能性があったことを否定することができず、……『病者』として法律上保護される適格性を備えていた」と判示し、救命可能性が存在することを根拠にして、保護責任者遺棄罪の成立を認めたのである。

1) 殺意が認定できたので、殺人罪の成否を論じたため、保護責任者遺棄致死罪の構成要件該当性は問題とならなかった。しかし、未必の殺意が認定できても、保護責任者遺棄致死罪の成立の可能性はあり得る（前田・各論106頁）。

3　保護義務と救命可能性

前述のように、罪質における「保護義務性」を強調したり、保護責任者遺棄罪が抽象的危険犯であることを徹底し、被害者が生存している以上当然に同罪が成立し、救命可能性は必要としないとする説も、理論的には可能である。しかし、現在は、保護できる可能性がないのに「保護せよ」と命じるまでの必要はないと考えるのが、多数であると思われる。前述の盛岡地判昭和44年4月16日のように、交通事故で救命不可能な程度の重傷を受けたのであれば保護責任は生じないとすべきであろう。その意味で、保護責任者遺棄致死罪について考えてみても、一定程度以上の結果回避確実性・救命可能性が必要であるように思われる（『大コンメンタール刑法(11)〔第2版〕』（青林書院・2002）193頁以下〔半田靖史執筆〕参照）。致死が問題となる事案、つまり「生命の危険」が問題となる場合には、救命可能性がなければ、本罪が被告人に「被害者の保護」を命じて排除しようとする「生命（・身体）に対する危険性」は、遺棄と見られる状態にあっても増大しない。「救命できない命でも救おうとする度量が尊い」として刑罰を科すことには、実務上も賛成は少ないのである。

その意味で、救命可能性がなければ保護義務があるとはいえないが、救命が確実ではなくても可能性がありさえすれば、保護責任者遺棄罪は成立する。【基本判例1】は、保護責任を肯定するには、救命の「確実性」までは必要ないが、救命の「可能性」は必要であるとしたのである。その範囲では札幌地判昭和61年4月11日と同様の判断を行ったといえよう。

4　遺棄罪の故意

このような危険の発生の認識がなければ、故意犯である遺棄罪は成立しない。判例も、泥酔状態の内妻が水風呂に入っているのを放置して死亡せしめた事案について、従前も酔いを醒ますために水風呂に入っていたことがあり、直ちに介護しなければ生命・身体に危険が及ぶとの認識は全くなかったとして、保護責任者遺棄致死罪の故意を否定し重過失致死罪で処断した（東京高判昭和60・12・10判タ617-172）。

また、最決昭和63年1月19日（刑集42-1-1）は、妊婦の依頼を受け、妊娠第26週に入った胎児の堕胎を行った産婦人科医師が、上記堕胎により出生した未熟児に適切な医療を受けさせれば生育する可能性のあることを認識し、かつ、そのための措置をとることが迅速容易にできたにもかかわらず、同児を自己の医院内に放置して約54時間後に死亡させるに至らせたときは、業務上堕胎罪に併せて保護者遺棄致死罪が成立するとした判例である。最高裁は、「被告人は……堕胎により出生した未熟児に保育器等の未熟児医療設備の整った病院の医療を受けさせれば、同児が短期間内に死亡することはなく、むしろ生育する可能性のあることを認識し」ていたと判示しており、保護責任者遺棄罪（致死罪）の成立には、被告人が救命可能性の存在を認識していることが必要であるとの判断を前提にしている。【基本判例1】も、Xが、「救命できるとは認識していなかった」と主張したのに対し、Aが現に生存し、救命可能性がある「状態」であると認識していたことを根拠に、保護責任者遺棄罪の故意を認定したのである。客観的救命可能性についても、客観的な証拠が存在しない中で、被告人が発見した際の被害者の容体等の間接事実を総合して、救命の可能性はあるが、救命の確実性までは存在しないと判断したといえよう。

【基本判例1】は、Xの「不作為」と死との因果関係を否定し、保護責任者遺棄罪にとどまるとした。救命の「可能性」は認定できるが、「確実性」までは認定できないとしたのである。この点に関して、非常に重要な意義を有するのが、前述札幌地裁判決の上告審決定である、最決平成1年12月15日【基本判例2】なのである。

【基本判例2】　最3小決平成1年12月15日（刑集43巻13号879頁・判タ718号77頁）

事実の概要

昭和58年5月7日午後11時ころ、被告人XはＡ女（当時13歳）を伴って、Ａと2人でホテルに入り、客室内において、午後11時10分ころ、Ａの左腕部に覚せい剤約0.04gを含有する水溶液約0.25立方cmを注射したところ、まもなく、Ａが頭痛、胸苦しさ、吐き気等の症状を訴えはじめ、これが次第に高じて翌8日午前零時半ころにはさらにその訴えが強くなり、「熱くて死にそうだ」などと言いながら、着衣を脱ぎ捨て、2階にある同室の窓のガラス戸を風呂場の引き戸と錯覚して開けて、戸外に飛び出そうとし、部屋の中を無意味に動き回るなど、覚せい剤による錯乱状態に陥り、正常な起居の動作ができないほどに重篤な心身の状態に陥った。Xとしては、Zが7日の午前中にＡに覚せい剤を注射してやった旨聞知しており、しかも自ら2回にわたりＡに覚せい剤を注射したこともあり、上記異常な状態を終始目撃し覚せい剤による強度の急性症状がＡに発現したものであることを十分認識していたのであるから、Ａが上記の錯乱状態に陥った8日午前零時半ころの時点において、直ちに救急医療を要請して、病者であるＡの生命、身体の安全のために必要な保護をなすべき法律上の責任があったにもかかわらず、このような措置をとることなく同女を漫然放置し、同日午前2時15分ころには同ホテルを立ち去り、よって同日午前4時ころまでの間に、同ホテルにおいて、Ａを覚せい剤による急性心不全により、死亡するに至らせたという事案である。

第1審判決は、現実の救命可能性が100%であったとはいえないとして、遺棄行為と死の結果との

間に因果関係を否定し、保護責任者遺棄罪の限度で有罪とした。これに対して、原判決は、救命することが十分可能であったのであり、各証言が100％確実であったとしないのは、事実評価の科学的正確性を尊ぶ医学者の立場として当然であるとして、因果関係を肯定し、保護責任者遺棄致死罪の成立を認め、懲役6年を言い渡した。

> 決定要旨
>
> 弁護側の上告に対し最高裁は、それを退け、以下のように判示した。
> 「原判決の認定によれば、被害者の女性がXらによって注射された覚せい剤により錯乱状態に陥った午前零時半ころの時点において、直ちにXが救急医療を要請していれば、同女が年若く（当時13歳）、生命力が旺盛で、特段の疾病がなかったことなどから、十中八九同女の救命が可能であったというのである。そうすると、同女の救命は合理的な疑いを超える程度に確実であったと認められるから、Xがこのような措置をとることなく漫然同女をホテル客室に放置した行為と午前2時15分ころから午前4時ころまでの間に同女が同室で覚せい剤による急性心不全のため死亡した結果との間には、刑法上の因果関係があると認めるのが相当である。したがって、原判決がこれと同旨の判断に立ち、保護責任者遺棄致死罪の成立を認めたのは、正当である」。

▶▶▶ 解　説

1　結果回避可能性と救命確率

　本件は、不作為の因果関係についてのリーディングケースとされる最高裁判例である。Xは、暴力団構成員で、本件被害者A（当時13歳の女性）をホテルに連れ込んで、覚せい剤を注射したところ、Aが苦しみ出し、ホテルの窓から飛び下りようとするなど錯乱状態に陥ったのに、覚せい剤使用の事実の発覚をおそれ、Aをそのままに放置してホテルを立ち去り、その後ほどなくして、Aは、同室で覚せい剤による急性心不全により死亡したという事案である。Aが錯乱状態に陥った時点で救急車を呼んでいれば、「十中八、九Aの救命が可能であった」とされる。「十中八、九判決」と呼ばれることも多いが、もともとは、原審の札幌高裁が、「適切な救急医療を施しておれば、十中八、九救命は可能である……旨の、救急医療の専門家である札幌医科大学助教授の鑑定結果は、十分措信できるというべきである」としたことに由来する。

　かつて、「無から有は生じない」ということで、不作為は結果への因果性が欠ける（結果発生の原因となり得ない）という議論があった。ただ、近時は、不作為を「絶対的な無為」ではなく一定の期待された作為をしないことと解することにより、結果との間に因果性が認められるとされている。「当該期待された行為がなされたならば、当該結果が生じなかったであろう」という関係が認められれば、因果関係があるとするのである。ただ、不作為の場合には、作為の場合に行われる「当該行為をしなければ、結果が生じなかったであろう」という通常の条件関係判断に比較して、曖昧な面があることに注意する必要がある。「期待された行為がなされたならば」という仮定的判断が入り込むうえ、期待された行為の内容が規範的だからである。

　なお、【基本判例2】で問題となった「治療したら助かったのか」という判断は、因果関係の判断以前に、不作為の実行行為性にも関連している。結果を防止することが具体的に可能な作為を想定し得ない以上、「期待された作為」を設定できないのである。もちろん、遺棄致死罪の場合には、要求される「結果回避可能性の程度」は異なりうるが、不作為犯においては、結果防止（回避）可能性がなければ作為義務は認められず、実行行為性も否定されることに注意しなければならない。

　ただ、本件1審判決は、まさにその鑑定を基に「現実の救命可能性が100％であったとはいえない」と

して、遺棄行為と死の結果との間の因果関係を否定したのであった。

【基本判例1】以上に、本件において、保護責任者遺棄罪の構成要件該当性を基礎づける保護義務は、容易に認定しうるといえよう。Aに覚せい剤を注射したのがXであることは、明確に認定されている。1審・2審ともに、Aが上記のような異常な状態に陥るについて、自らその原因を与えたことは明らかであって、X自身そのことを十分認識していたと認められること、当時、密室状態の同室にはXがAと2人だけで在室しており、Aの容態が悪化していく状況をつぶさに目撃していたことなどの事情を併せ考えると、Xには、ホテルの管理人室を介し、あるいは直接外部に電話をかけるなどの方法により、上記のような重篤な錯乱状態に陥ったAに対し、遅滞なく直ちに救急医療を受けさせて、Aの生存に必要な保護をなすべき刑法上の義務があったというべきであるとし、「用事で1時間程外出するが、女の子は容態がよくなったのでそのまま残していく」旨連絡したうえ、同日午前2時15分ころ、Zとともに同人運転の車で同ホテルを立ち去り、そのまま同ホテルには戻らなかったXの所為について、原判決は、Xが保護責任者としての義務に反してAに対し必要な保護を与えなかったと判断して、刑法218条の保護責任者遺棄罪の成立を認めた第1審の判断は、控訴審でも維持された。

2　第1審の判断——十中八、九の内容

問題は、死亡の結果についての帰責を認めるか否かであった。第1審が、「本件のように不作為による遺棄行為によってAを死に至らせた場合は、Xの遺棄行為がなければAは確実に死ななかったこと、すなわち、Xの遺棄行為とAの死亡との間の因果関係が証明されなければ、Aの死亡の結果についてXに刑事責任を問うことはできないと解すべきところ、……死体の鑑定結果によるとAはXの退室後2時間程度しか生存していなかったことがうかがえるうえ、司法警察員作成の検視調書、医師の死亡診断書（死体検案書）によれば死亡推定時刻は午前3時ころとされていること、Aの死体が発見された際、死体の位置、姿勢はXらが立ち去った時とほとんど変化がなく、Aの額の上に乗せられた濡れタオルがずれ落ちておらず、かぶせられた浴衣もほとんど乱れていなかったこと等の事情が認められ、そうすると、AはXらが立ち去った後すぐに死亡したのではないかとの疑いを払拭することができず、さらに、両鑑定とも、Aが適切な救急措置を受けておれば救命された可能性を否定することができないとはするものの、現実にどの時点で医師の診察・治療を求めておれば確実に救命することができたかについては、正確な意見を述べることはできず、逆にAの死亡の可能性も否定できず、現実の救命可能性が100％であったとはいうことができないともしており、そうすると、Aの死亡はXが遺棄行為によって与えた危険が現実に具体化した結果であるとは断定しがたく、Xの遺棄行為がなく、Aの異常な言動が発生した後直ちに医師の診察・治療が求められたとしてもAは死亡したのではないかとの合理的な疑いが残るといわざるを得ない」と判断し、「本件保護責任者遺棄致死の訴因のうち保護責任者遺棄の事実については証拠によってこれを肯認することができるものの、右遺棄行為とAの死亡との間の因果関係の存在については、その証明が十分でないと言わなければならず、Xは保護責任者遺棄罪の限度で刑事責任を負うべきである」と結論したのである。

第1審も「現実の救命可能性が100％であったということ」までは要求しないが、「現実にどの時点で医師の診察を求めておれば確実に救命することができたかについては、正確な意見を述べることはでき」なかった点を重視し、そのことからAの死亡の可能性も否定できないとして、「遺棄行為によって与えた危険が現実に具体化した結果であるとは断定」できないとしたのである。

3　札幌高裁と最高裁の判断

Aの死因は、覚せい剤の使用による急性心不全であり、死後の推定経過時間は、死体解剖の開始時刻である昭和58年5月8日午後4時ころまでにおよそ12時間ないし24時間と推定されること、Aの血液中には血液100ミリリットル当たり178マイクログラムの覚せい剤フェニルメチルアミノプロパンの存在が認められるのであるが、当時の札幌市内の救急医療体制であれば、ホテルから直ちに救急医療を要請しておれば、前記の平均所要時間（約20分）程

度の時間内に救急車が出動してAに応急の措置を施しながら人的物的設備の整った24時間体制の救急医療機関に搬送することが可能であったと認定した。また、搬送を受けた医療機関においても、急性症状の原因が明確な本件の場合、原因解明の手間を省いて直ちに、呼吸補助の措置、心臓機能低下に対応する措置、さらには覚せい剤の体外排出促進の措置等、覚せい剤により重篤な急性症状を起こしたAの救命に必要かつ適切な医療措置を施すことが可能であったともしている。

そして、札幌高裁は、第1審の証人兼鑑定人である医師達の供述、尋問調書、鑑定書を基に、Aは13歳11か月と若く、生命力が旺盛で、ことに、証拠上、心臓、腎臓等の循環器系統に特段の疾病がなかったと認められることなども併せ考えると、「Aが錯乱状態に陥り部屋の中で動きまわるなど活発に動作していた段階（証拠上、8日午前零時半ころから午前1時半ころまでの間であると認められる。）までに適切な救急医療を施しておれば、十中八、九救命は可能であり、その後体を活発に動かさなくなった段階（これは、証拠上、同日午前1時半ころ以降と認められる。）においても、救急医療を施すことにより救命できた可能性はかなり高い」旨の、救急医療の専門家の鑑定結果は十分措信できるとしたのである。

そして、1審判決が、「両鑑定とも、現実にどの時点で医師の診察・治療を求めておれば確実にAを救命できたかについて正確な意見を述べることができず、現実の救命可能性が100％あったとは断言できなかった」として、結局、Xの本件遺棄行為とAの死亡の結果との間の因果関係を認めなかったのは、当を得たものとはいいがたいとした。両証人（鑑定人）が、5月7日午後11時すぎから翌8日午前零時半ころないし午前1時半ころにかけての、刻々容態の変化する約2時間半ないし3時間程度の短い時間帯の中で、「Aにつき『現実にどの時点で医師の診察・治療を求めておれば確実に救命することがで きたかについては、正確な意見を述べることはできず』、『現実の救命可能性が100％であったとはいうことができないともし〔た〕』のは、事実評価の科学的正確性を尊ぶ医学者の立場として、むしろ当然のことというべきである」としたのである。

たしかに、鑑定人が医学者の立場から、前記の時間帯のどの時点までに救急医療を施せばAを確実に救命できたかを明らかにできず、100％の救命の可能性を認めなかったからといって、そのことが直ちに両者の間の刑法上の因果関係を否定すべきことにはならない。

札幌高裁は、救急医療の専門家である証人兼鑑定人供述等によれば、Aの救命の可能性についてはむしろ肯定的であり、刑法上の因果関係を認めるに十分であると判断した。

そして最高裁も、「十中八、九Aの救命が可能であった」という言い回しを用いて、刑法上の因果関係を認めた。

「疑わしきは被告人の利益に」ということを形式的に徹底しようとすると、100％の救命の可能性を認め得ない以上、因果関係は否定されるということも考えられないことはない。第1審の判断は、それに近いともいえる。しかし、因果関係とは、行為にその結果を帰責してよいかの規範的判断であり、あくまでも合理的一般人を基準に、現在の「常識」が求められなければならない。十中八、九というのは、「80ないし90％」ということではないのである。

さらに、「合理的な疑いを超える程度に確実であったと認められる」というのは、「確率が一定程度以上であることを要する」とは別の意味も含んでいる。多数の鑑定がなされ、鑑定結果が割れたような場合には、必ず、被告人に最も有利な鑑定結果が採用されるという趣旨でもない。裁判官・裁判員が、複数の鑑定を比較検討して、「合理的な疑いを超える程度に信用性があると評価した」鑑定を採用することは十分ありうるのである。

第22講　住居侵入罪の理解の変化

> **論点**
> ▶ 政党ビラ配布目的のマンション共用部分への立入りは刑法130条前段に該当するか。
> ▶ ビラ配布目的の立入り行為を罰することは、憲法21条1項に違反しないか。

【基本判例1】 最2小判平成21年11月30日（刑集63巻9号1765頁・判タ1331号79頁）

事実の概要

　被告人Xは、平成16年12月23日午後2時20分ころ、N党K区議団だより等の4種の文書を本件マンションの各住戸に配布するために、マンションの玄関出入口を開けて玄関ホールに入り、さらに玄関内東側ドアを開け、1階廊下を経て、エレベーターに乗って7階に上がり、各住戸のドアポストに、本件ビラを投函しながら7階から各階廊下と外階段を通って3階に至った行為が、建造物侵入罪に問われた。最高裁が認めた事実関係は、以下のとおりである。

　(1)　本件マンションは、K区内の地上7階、地下1階建ての鉄筋コンクリート造りの分譲マンションであり、1階部分は4戸の店舗・事務所として、2階以上は40戸の住宅として分譲されている。1階の店舗・事務所部分への出入口と2階以上の住宅部分への出入口とは完全に区分されている。

　(2)　2階以上の住宅部分への出入口は、本件マンション西側北端に設置されたガラス製両開きドアである玄関出入口と、敷地北側部分に設置された鉄製両開き門扉である。玄関出入口から本件マンションに入ると、玄関ホールがあり、玄関ホールの奥にガラス製両開きドアである玄関内東側ドアがあり、これを開けて、1階廊下を進むと、突き当たりの右手側にエレベーターがあり、左手側に鉄製片開きドアである東側出入口がある。東側出入口から本件マンションの敷地内に出ると、すぐ左手に2階以上に続く階段がある。

　(3)　玄関出入口付近の壁面には警察官立寄所のプレートが、玄関出入口のドアには「防犯カメラ設置録画中」のステッカーがちょう付されていた。

　(4)　玄関ホール南側には掲示板と集合ポストが、北側には同ホールに隣接する管理人室の窓口があり、掲示板には、A4判大の紙に本件マンションの管理組合名義で「チラシ・パンフレット等広告の投函は固く禁じます」と黒色の文字で記載されたはり紙等がちょう付されていた。

　(5)　管理人室の窓口からは、玄関ホールを通行する者を監視することができ、本件管理組合から管理業務の委託を受けた会社が派遣した管理員が、水曜日を除く平日の午前8時から午後5時まで、水曜日と土曜日は午前8時から正午までの間、勤務していた。

　(6)　本件マンションの管理組合規約は、本件マンションの共用部分の保安等の業務を管理組合の業務とし、本件管理組合の理事会が同組合の業務を担当すると規定していたところ、同理事会は、チラシ、ビラ、パンフレット類の配布のための立入りに関し、K区の公報に限って集合ポストへの投函を認める一方、その余については集合ポストへの投函を含めて禁止する旨決定していた。そして、当時、Xは、玄関出入口および玄関ホール内の状況を認識していた。

　第1審は、マンション共用部分へのビラ配布目的の立入り行為が刑罰をもって禁じられているとの社会通念は確立しているとはいえないと指摘した上で、Xの立入り行為は管理組合の意思に反するものの、①はり紙は商業ビラの投函や営業活動を禁止する趣旨にすぎないと読むことができ、②オート

ロックシステムが設置されておらず、③管理員が滞在していない時間帯も多く、④外階段を通じて出入りすることもでき、⑤Xが事前に立入禁止の警告を受けたこともなく管理組合の意思を来訪者に伝える実効的な措置がとられていたとはいえないなどとして、立入りに正当な理由がないとはいえないとし、刑法130条の構成要件該当性を否定した。

検察側の控訴に対し、東京高裁は、マンションの構造等に加え、ビラ配布のための部外者の立入りを許容していないことをXが知っていたことなどを考慮すると、本件マンションの共用部分である玄関ホールを経て、1階通路、エレベーター、7階から3階の各階廊下および外階段に立ち入った行為は、玄関ホールへの立入りを含め、刑法130条前段の住居侵入罪を構成するとした。

違法性に関しては、①「ビラ配布目的の立ち入り禁止」は、住民の総意に沿うもので、②ビラに記載された情報を伝達するために各住戸のドアポストへの配布が必要不可欠な伝達方法とはいえないし、③住民らの許諾を得ることなく7階から3階までの多くの住戸のドアポストにビラを投函しながら滞留した行為が相当性を欠くことは明らかであり、(可罰的)違法性が阻却されると解することはできないとした。そして、思想を外部に発表するための手段であっても、その手段が他人の財産権、管理権等を不当に害することは許されないといわなければならず、本件マンションに侵入した本件所為を処罰しても憲法21条1項に違反するものではないとした。

被告側が上告したのに対し、最高裁は、原審の判断を維持した。

判旨

上告棄却。最高裁は「本件マンションの構造及び管理状況、玄関ホール内の状況、上記はり紙の記載内容、本件立入りの目的などからみて、本件立入り行為が本件**管理組合の意思に反するものであることは明らかであり**、Xもこれを認識していたものと認められる。そして、本件マンションは分譲マンションであり、本件立入り行為の態様は玄関内東側ドアを開けて7階から3階までの本件マンションの廊下等に立ち入ったというものであることなどに照らすと、**法益侵害の程度が極めて軽微なものであったということはできず、他に犯罪の成立を阻却すべき事情は認められない**から、本件立入り行為について刑法130条前段の罪が成立する」とし、上告を棄却した。

さらに、憲法21条1項との関係について「確かに、表現の自由は、民主主義社会において特に重要な権利として尊重されなければならず、本件ビラのような政党の政治的意見等を記載したビラの配布は、表現の自由の行使ということができる。しかしながら、憲法21条1項も、表現の自由を絶対無制限に保障したものではなく、公共の福祉のため必要かつ合理的な制限を是認するものであって、たとえ**思想を外部に発表するための手段であっても、その手段が他人の権利を不当に害するようなものは許されない**というべきである（最判昭和59・12・18刑集38-12-3206参照）。

本件では、表現そのものを処罰することの憲法適合性が問われているのではなく、表現の手段すなわちビラの配布のために本件管理組合の承諾なく本件マンション内に立ち入ったことを処罰することの憲法適合性が問われているところ、本件でXが立ち入った場所は、本件マンションの住人らが私的生活を営む場所である住宅の共用部分であり、その所有者によって構成される本件管理組合がそのような場所として管理していたもので、一般に人が自由に出入りすることのできる場所ではない。たとえ表現の自由の行使のためとはいっても、そこに本件管理組合の意思に反して立ち入ることは、本件管理組合の管理権を侵害するのみならず、そこで**私的生活を営む者の私生活の平穏を侵害するもの**といわざるを得ない。したがって、本件立入り行為をもって刑法130条前段の罪に問うことは、憲法21条1項に違反するものではない」とした。

▶▶▶ 解　説

1　実質的構成要件解釈と憲法的価値判断

　本件については、むしろ憲法の視点からの評釈が多い。このような行為を処罰することは「表現の自由を不当に制限するものではないか」が、激しく争われた。本書はあくまでも、刑事法解釈論を内容とするものであるが、憲法的価値判断と刑事法解釈がどのように関連するかを整理しておくことは有用であると考えて、本判例を基本判例に選択した。そして、この領域は、新しい判例がかなりみられる領域でもあるのである[1]。

　第1審等が強調するとおり、ビラの投函自体は、憲法21条1項の保障する政治的表現活動の一態様であり、民主主義社会の根幹をなすものとして、同法22条1項により保障される商業的宣伝ビラの投函に比して、いわゆる優越的地位が認められている。このような価値の序列付け自体には、争いがあるわけではない。問題は、本件のようなビラの配布のために、事実に示したような形で管理されている建造物等に立ち入ってよいかという実質的判断である。ここにも「憲法」の価値判断が強く影響するが、憲法21条、22条の解釈のみで処罰の可否が決まるわけではない。憲法21条の価値を担った行為の可罰性は、構成要件の特徴や諸般の事情を加味して裁判所が決定するのである。

　刑事法解釈においては、表現の自由対住居権者のプライバシー権というような大括りな比較衡量は、あまりに抽象的だといえよう。

　憲法の領域でも、より細かな実質的比較衡量論がみられないわけではないが、「表現の自由を侵害するか否か」をまず判断し、侵害するのであればそのような刑罰法規は違憲であるという判断の枠組が重視されてきたことは否めない。【基本判例1】も、①表現そのものを処罰することの憲法適合性が問われる場合には、刑罰法規が違憲となる場合がありうるし、②本件のように、表現の手段（ビラの配布）としてのマンション内立入り行為の合憲性が問われる場合でも、「本件立入り行為をもって刑法130条前段の罪に問うことは、憲法21条1項に違反するものではない」との判示にみられるように、利益衡量というよりは、二者択一的な「該当性判断」（合憲・非合憲）を行っているようにも見える。

　しかし、実際に刑事法解釈が問題になるのは、具体的構成要件該当性が問題となるような行為が存在する場合に限られ、①表現活動そのものでも、名誉毀損等の法益侵害性が問題となる場合は、処罰すべき場合が当然考えられる。そして、処罰の可否の際には、表現活動という「憲法的価値を担った行為であること」も含めた、「衡量」が行われる。そして、②表現行為そのものでなく、その手段としての行為であったとしても、憲法的価値の存在は、刑法的な違法性判断、さらには構成要件該当性判断に影響するのである。

　「利益衡量は、絶対的であるべき憲法的価値を相対化してしまい、結局は軽視することになる」という批判も考えられる。しかし、「国民の法益を侵害するにもかかわらず絶対に許される表現」とは何かを論ずるのではなく、「どのような法益をどの程度侵害した場合に、このような表現行為でも違法となるのか」という問題設定がなされなければならない。そしてその判断は、最終的には国民の規範意識を物差しとせざるを得ないのである。そもそも、どの程度に高い憲法的価値を有するかも、憲法の文言から一義的に導かれるのではなく、解釈の余地があり、そこでも、現時点での国民の常識が勘案されるのである。

1) この点、自衛隊イラク派遣反対のビラを防衛庁宿舎各室玄関ドア新聞受けに投函する目的で、同宿舎の敷地に立ち入り、各室玄関前まで立ち入ったことが住居侵入罪に問われた事案に関する最判平成20年4月11日（刑集62-5-1217）も、「立ち入った場所は、防衛庁の職員及びその家族が私的生活を営む場所である集合住宅の共用部分及びその敷地であり、自衛隊・防衛庁当局がそのような場所として管理していたもので、一般に人が自由に出入りすることのできる場所ではない。たとえ表現の自由の行使のためとはいっても、このような場所に管理権者の意思に反して立ち入ることは、管理権者の管理権を侵害するのみならず、そこで私的生活を営む者の私生活の平穏を侵害するもの」として立入行為を罰することは、憲法21条1項に違反しないとした。

2　構成要件該当性と価値判断

　犯罪の成立が認められるか否かの解釈は、①構成要件該当性判断と、②阻却事由の判断に大別される。①は、類型に当てはまるか否かという判断であり、②は、例外的に許される場合にあたるかというもので、その中心である違法性阻却事由の判断は、目的や手段、必要性、緊急性を勘案する実質的なものだといえよう。そして、①は「型に当てはまるか否か」というもので、明確なものであるのに対し、②は程度・量が問題となるもので、より複雑であると考えられやすい。

　本件で立ち入ったマンション玄関内東側ドアを開けて侵入しなければならない7階から3階までの廊下等が、130条に該当するというのは①であるが、「表現の自由の行使のためとはいっても、そこに本件管理組合の意思に反して立ち入ることは、本件管理組合の管理権を侵害するのみならず、そこで私的生活を営む者の私生活の平穏を侵害する」というのは、130条の構成要件該当性判断といってもよいが、②の実質的判断を含む。実は構成要件該当性判断に②が含まれざるを得ないのである。

　本件でも、行為の侵入態様に照らすと、法益侵害の程度が極めて軽微なものであったということはできず、他に犯罪の成立を阻却すべき事情は認められないから、本件立入り行為について130条前段の罪が成立するとする判示部分も、「型に当てはまるか否か」ではなく、量的・規範的評価を含むのである。

　注(1)の最判平成20年4月11日も、各号棟の1階出入口から各室玄関前までの部分は、130条にいう「人の看守する邸宅」にあたり、「人の看守する邸宅」の囲繞地として、邸宅侵入罪の客体になるという判断に加え、「立入りの態様、程度、管理者からその都度被害届が提出されていることなどに照らすと、法益侵害の程度が極めて軽微なものであったとはいえない」としたのである。

　このように、構成要件該当性は、実質的価値評価を含む。そして、そこには、行為の目的、行為の態様、必要性、緊急性などを勘案した法益衡量判断が含まれうるのである。

3　憲法的価値と目的の正当性
——侵入の目的

　ビラの投函という目的の住居侵入行為を、どの範囲で刑事罰の対象としうるかも、結局、侵入した場所の特徴、侵入時の態様、侵入時間帯、侵入継続時間の長短、被害者の同意の有無などによって決定される法益侵害の大きさと、侵入目的の持つ「法的に評価しうる価値」との衡量で決まるといってよい。実質的な違法性の判断を行わざるを得ない。その際に、侵入目的が表現の自由に関連するという点も組み込まれるのである。

　表現の自由との比較衡量の作業は、まず、実質的な違法性判断において最も重要な「目的の正当性」において行われる。ビラの投函が、憲法21条1項の保障する政治的表現活動の一態様であり、民主主義社会の根幹をなすものとして、同法22条1項により保障される商業的宣伝ビラの投函に比して、いわゆる優越的地位が認められているという事情が勘案される。ただ、商業的ビラでも一定の価値をになっているのであり、それに応じた「量」は考慮されるのである。

　その上で、本件のような政治的ビラの配布のために、最高裁が認定したような形で管理されている建造物等に立ち入ってよいかという実質的判断が問題となるのである。それは「表現の自由」と住居権者のプライバシー権・居住者の平穏に暮らす利益といずれが重要かという単純な比較だけでは済まないのである。

　判例は、130条の構成要件該当性判断において、侵入の目的を重視する。それは、目的の正当性を吟味するという意味で、当然のことではある。全く法的に価値のない目的であれば、平穏侵害などと比較衡量するまでもなく違法な侵入行為となるのである。虚偽の内容を記入した傍聴券を携帯して、参議院を傍聴する行為や(東京高判平成5・2・1判時1476-163)、国体の開会式を妨害するために陸上競技場に一般観客を装って立ち入った行為について、130条の成立を認めている(仙台高判平成6・3・31判時1513-175)。さらに、最決平成19年7月2日(刑集61-5-379)は暗証番号盗撮目的での銀行への立入りについて「そのような立入りが同所の管理権者である銀行支店長の意思に反するものであることは明ら

かであるから、その立入りの外観が一般の現金自動預払機利用客のそれと特に異なるものでなくても、建造物侵入罪が成立するものというべきである」としている。

ただ、目的の正当性を限定的に捉えすぎると、住居権者の意思に反する立入りはすべて違法な侵入行為になってしまう。デパートに万引き目的で入店すれば建造物侵入罪を構成することになる。しかし、その場の平穏の侵害などが著しく軽微であれば、積極的に正当な目的とまではいえなくても、構成要件該当性が否定される場合はありうるといえよう。

4　手段の相当性と平穏の侵害

違法性判断である以上、やはり**手段の相当性**が問題となる。住居侵入罪の法益侵害の大小は、侵入態様によっても規定される。憲法上認められた目的と比較衡量される法益侵害は、平穏侵害の程度と不可分の関係にある。

前述（注(1)）の防衛庁宿舎敷地侵入事件に関する1審判決は、「本件立入り行為の態様自体は、宿舎の正常な管理及びその居住者の日常生活にほとんど実害をもたらさない穏当なもので、各立入り行為が居住者のプライバシーを侵害する程度は相当に低く、相当性の範囲を逸脱したものとはいえない」としたのに対し、控訴審は、ビラ投函を防止する対策がとられ、居住者らからの抗議等を受けながら、なおも、その居住者の目の届かないところで、引き続きビラの投函を続行したこと等を挙げて、相当性を欠くとした。

【基本判例1】は、マンションの共用部分は、分譲された住戸部分に付随しており、住民らの生活の平穏に配慮する必要が強く認められる空間であるから、各住戸と一体をなして130条前段の住居にあたると解されるとした上で、ビラ配布を目的として共用部分に立ち入る行為が、正当な目的なく住居に侵入することになるかを検討する。最高裁は、マンションの構造を見た上で、立入り行為が管理組合の意思に反することや、Xがこれを知っていたことを認定し、本件立入り行為が住居侵入罪を構成すると認めた。そして、集合住宅に部外者の立入りが広く認められているような社会情勢にはなく、本件はり紙を1審判決がいうように限定して解釈する余地はないし、オートロックシステムが設置されておらず、管理人が常駐していないことや外階段を通じての出入りが可能であることなどは、この判断を左右するものではないとしたのである。

【基本判例1】では、共用部分への侵入態様が住民の法益を侵害するものであることが認定されているという点が重要であるように思われる。その点が欠けて、管理権者の意思に反するという点のみが強調されすぎるのは、危険である。最高裁の判断を、そのような形で純化して理解すべきではなく、あくまでも具体的な事案と結びつけてその射程を考えるべきなのである。前述最決平成19年7月2日も、侵入後に、暗証番号を盗撮するという業務妨害行為に及んでいる事案についての判断なのである。

【基本判例1】のXの行為時には、治安の変化に伴い、マンションの安全性に関する住民の規範意識も大きく変化してきていた。プライバシー権の侵害に加え、より広い住居の安全の視点も考慮されなければならない。そして、「刑法を用いてまで守って欲しいと国民が考える利益」には、自己決定権・プライバシー権侵害より広い「住居の平穏」が含まれてきたのである。他方、ビラ配布などの持つ表現活動としての憲法的価値も、国民の規範意識の流れの中で評価されなければならない。

共同住宅の場合、「ビラを見たい者が1人でも存在する可能性があれば、内部廊下への立ち入りも、憲法的価値から正当化される」というのも、逆に、「1人でも『絶対に入って来て欲しくない』」という者がいれば、可罰的法益侵害性が認められる」というのも妥当ではない。複数人の権利者が存在し、その意思が必ずしも統一されていない可能性がある場合には、客観的侵入態様の一般人から見た危険性が問題にされるべきである。

住居・建造物侵入罪の実質的違法性を判断する際には、「推定的同意」という概念より、平穏侵害といった方が、国民（裁判員）には分かりやすいように思われる。

第23講　ネット社会と名誉毀損

> **論点**
> ▶名誉毀損行為に際して、「摘示した事実が真実である」と信じたことについての相当な理由と、インターネット上の表現行為。
> ▶名誉毀損の書き込みと、プロバイダーの法的責任。

【基本判例1】　最1小決平成22年3月15日（刑集64巻2号1頁・判タ1321号93頁）

事実の概要

　第1審の認定した公訴事実は、「被告人Xは、フランチャイズによる飲食店『ラーメンW』の加盟店等の募集及び経営指導等を業とする株式会社bの名誉を毀損しようと企て、平成14年10月18日ころから同年11月12日ころまでの間、東京都O区のX方において、パーソナルコンピュータを使用し、インターネットを介して、プロバイダーから提供されたサーバーのディスクスペースを用いて開設したホームページ内のトップページにおいて、『インチキFCラーメンW粉砕！』『貴方がラーメンWで食事をすると、飲食代の4〜5％がカルト集団の収入になります』などとb社がカルト集団である旨の虚偽の内容を記載した文章」を掲載し、また、同ホームページのb社の会社説明会の広告を引用したページにおいて、その下段に「おいおい、まともな企業のふりしてんじゃねえよ。この手の就職情報誌には、給料のサバ読みはよくあることですが、ここまで実態とかけ離れているのも珍しい。教祖が宗教法人のブローカーをやっていた右翼系カルト『c軍』（代表C）が母体だということも、FC店を開くときに、自宅を無理矢理担保に入れられるなんてことも、この広告には全く書かれず、『店が持てる、店長になれる』と調子のいいことばかり」とb社が虚偽の広告をしているがごとき内容を記載した文章等を掲載し続け、これらを不特定多数の者に閲覧させ、もって公然と事実を摘示してb社の名誉を毀損したというのである。

　これに対し東京地裁は、Xが、インターネット上でb社の社会的評価を低下させる上記表現行為に及んだということは認められるものの、Xが摘示した事実は「公共の利害に関する事実」に係るもので、主として公益を図る目的で行ったものであり、インターネットの個人利用者として要求される水準を満たす調査をせず真実かどうか確かめないで発信したものとはいえないので、Xに対して名誉毀損の罪責は問い得ないとして、無罪を言い渡した。

　検察側の控訴に対し原判決は、Xは、公共の利害に関する事実について、主として公益を図る目的で本件表現行為を行ったものではあるが、摘示した事実の重要部分である、b社とc軍の代表者Cとが一体性を有すること、そして、加盟店からb社へ、同社からCへと資金が流れていることについては、真実であることの証明がなく、Xが真実と信じたことについて相当の理由も認められないとして、Xを有罪としたものである。

決定要旨

　上告棄却。「所論は、Xは、一市民として、インターネットの個人利用者に対して要求される水準を満たす調査を行った上で、本件表現行為を行っており、インターネットの発達に伴って表現行為を取り巻く環境が変化していることを考慮すれば、Xが摘示した事実を真実と信じたことについては相当の理由

があると解すべきであって、Xには名誉毀損罪は成立しないと主張する。しかしながら、個人利用者がインターネット上に掲載したものであるからといって、おしなべて、閲覧者において信頼性の低い情報として受け取るとは限らないのであって、相当の理由の存否を判断するに際し、これを一律に、個人が他の表現手段を利用した場合と区別して考えるべき根拠はない。そして、インターネット上に載せた情報は、不特定多数のインターネット利用者が瞬時に閲覧可能であり、これによる名誉毀損の被害は時として深刻なものとなり得ること、一度損なわれた名誉の回復は容易ではなく、インターネット上での反論によって十分にその回復が図られる保証があるわけでもないことなどを考慮すると、インターネットの個人利用者による表現行為の場合においても、他の場合と同様に、行為者が摘示した事実を真実であると誤信したことについて、確実な資料、根拠に照らして相当の理由があると認められるときに限り、名誉毀損罪は成立しないものと解するのが相当であって、より緩やかな要件で同罪の成立を否定すべきものとは解されない（最大判昭和44・6・25刑集23-7-975参照）」。

▶▶▶ 解　説

1　ネット社会と刑事法

　ネット上での情報は、その伝播性の早さと広範さとに特徴がある。その意味では、名誉毀損罪の法益侵害性は高いのである。しかし、判例の中には、インターネットという情報媒体の特性に着眼して、名誉毀損罪の免責が認められる要件を従来の基準より緩和したものがあらわれた。

　たしかに、情報自体の正確性・信頼性については、低い評価を与えた論者も多かった。そして、「ネット上の書き込みなどは『落書き』程度のものであり、それを信じるものは誰もいない」として、名誉毀損罪の適用などは過剰な反応だとする理解も存在した。しかし、ネット社会の発展とともに、その情報の「信頼性」も高まり、ネット情報を拠り所に判断する場面も増加してきている。民事では、ネット上の名誉侵害に関する紛争が増加している。その影響力の大きさゆえに、名誉侵害行為の当罰性が高まってきていたともいえる。このような中で、第１審の東京地裁は、被害者がネット上で反論することは可能かつ容易であり、インターネットを利用する個人利用者にマスコミなどのような取材能力や情報収集は期待できず情報の信頼性は低いものと考えられる以上、名誉毀損罪の処罰を限定すべきだとした。

2　名誉毀損罪と真実性の証明

　東京地裁は、「本件表現行為は、公共の利害に関する事実に係るものであり、かつ、Xが主として公益を図るためにしたものと認められるものの、摘示された事実の重要な部分が真実であることが証明されたとはいえない」と認定した上で、「犯罪の成立を妨げるその他の理由がある」という主張を認めた。

　立法当初の刑法230条の2の解釈論では、立法者は表現の自由を考慮するものの名誉の保護も重要だと考え、「犯罪は成立し処罰のみが阻却されるに過ぎない」とされていた（処罰阻却事由説）。真実性の挙証責任を被告人に負わせている事実等からも、処罰阻却事由説の方が解釈としては自然である（最判昭和34・5・7刑集13-5-641）。それに対し、学説上は表現の自由を重くみて事実が真実であれば違法性が阻却されるという違法阻却事由説を支持する者が多かった。事実の公共性と目的の公益性の要件が備わる以上、真実の公表は違法ではなく、憲法上の表現の自由に基づく真実の公表は単に処罰を免れるばかりではなく、積極的に正当な行為と評価されなければならないとされたのである。

　被告人が真実性の証明に失敗した場合に、両説の実際上の差が表面化する。処罰阻却事由説によれば、真実性の証明を果たせなかった以上、いかなる根拠に基づいた発言であろうと処罰は免れ得ない。この結論が「表現の自由を無視するもの」と批判されることになるのである。これに対し、違法阻却事由説によれば、積極的な悪意からでなく真実だと思って摘示した以上、違法阻却事由を構成する事実に錯誤が生じたのであり、故意責任を問い得ないというこ

とになる。判例・多数説は、違法阻却事由の錯誤を事実の錯誤としているからである。しかし、真実と軽信した者まで不可罰とする結論は、不当に名誉の保護を軽視すると批判された。

たしかに、いかに十分な取材に基づこうと最終的に証明に失敗したならば必ず処罰されるとなると、表現の自由は過度に萎縮してしまう。そこで、両説の帰結のほぼ中間に位置する「相当な根拠に基づいた摘示であれば、真実と証明し得なくとも不可罰とする」という結論が広く承認されていく。

このような学説の動きの中で、最大判昭和44年6月25日（刑集23-7-975）は、処罰阻却事由説に立脚した先例を変更し、「事実が真実であることの証明がない場合でも……その誤信したことについて、確実な資料、根拠に照らして相当の理由があるときは、犯罪の故意がな」いとして、その結論を採用した。ただ、この判例は理論構成が明確でないと批判されることになった。

このような混乱の中、名誉と表現の自由の調和を、理論的にわかりやすく説明したのが藤木英雄博士であった。確実な資料・根拠に基づいた事実の摘示は表現の自由の正当な行使で正当行為であるとしたのである。「確実な根拠に基づいて確信した場合、違法性が阻却される」という理論は、違法論を過度に主観化するものとして批判を浴びたが、確信したから正当なのではなく、相当な資料に基づく発言は客観的に価値が高いので正当な行為となると理解することも十分可能である。そして、230条の2はこの相当性とは別個の結果的に真実と証明されたことによる処罰阻却事由と位置づけられることになる。そうすることにより、挙証責任の転換の点などを無理なく説明できる。

問題は、いかなる場合に正当化を認めるのかという実質的判断にある。これまで漠然と語られた「相当性」の具体的内容の分析が課題なのである。そしてそれは、①名誉侵害の程度、②摘示事実の公共性の程度、③摘示事実に関する資料・根拠の確実性、事実の持つ客観的価値の大小、④表現方法がそのメディアにおける通常の枠を超えている程度、⑤問題となった表現活動を行う必要性の程度等の比較衡量により実質的に判定されねばならない。

3　誤信の根拠の相当性とネット社会

【基本判例1】の第1審は、前掲最大判昭和44年6月25日に従い、「行為者がその事実を真実であると誤信し、その誤信したことについて、確実な資料、根拠に照らし相当な理由があるときは、犯罪の故意がなく、名誉毀損の罪は成立しないものと解されている」としつつ、「本件においては、Xが本件表現行為において摘示した事実が真実であると信じたことについて、確実な資料、根拠に照らし相当な理由があったと認めることはできない」とした。ただ、東京地裁は「本件のようなインターネット上の表現行為について従来の基準をそのまま適用すべきかどうかは、改めて検討を要する」として、無罪の結論を導く。

「インターネット上での表現行為の被害者は、名誉毀損的表現行為を知り得る状況にあれば、インターネットを利用できる環境と能力がある限り、容易に加害者に対して反論することができる」として、「被害者が、自ら進んで加害者からの名誉毀損的表現を誘発する情報をインターネット上で先に発信したとか、加害者の名誉毀損的表現がなされた前後の経緯に照らして、加害者の当該表現に対する被害者による情報発信を期待してもおかしくないとかいうような特段の事情があるときには、被害者による反論を要求しても不当とはいえないと思われる。そして、このような特段の事情が認められるときには、被害者が実際に反論したかどうかは問わずに、そのような反論の可能性があることをもって加害者の名誉毀損罪の成立を妨げる前提状況とすることが許されるものと考えられる」とした上で、インターネット個人利用者に高い取材能力や綿密な情報収集、分析活動が期待できないことは、インターネットの利用者一般が知悉しているところであって、個人利用者がインターネット上で発信した情報の信頼性は一般的に低いものと受けとめられているので、上述したインターネットの特性をも勘案すれば、加害者が確実な資料、根拠に基づいてその事実が真実と誤信して発信したと認められなければ直ちに同人を名誉毀損罪に問擬するという解釈を採ることは相当ではなく、加害者が、摘示した事実が真実でないことを知りながら発信したか、あるいは、インターネットの個人利用者に対して要求される水準を満たす調査

を行わず真実かどうか確かめないで発信したといえるときにはじめて同罪に問擬するのが相当と考えるとしたのである。

そして具体的事実を検討し、Xは、インターネット上で情報を発信する際に、個人利用者に対して要求される水準を満たす調査を行った上、本件表現行為において摘示した事実がいずれも真実であると誤信してこれらを発信したものと認められ、結局、Xが摘示した事実が真実でないことを知りながら発信したとも、上記の調査をせず真実かどうか確かめないで発信したともみることはできないので、Xに対して名誉毀損の罪責は問い得ないと考えられるとした。

4 ネット情報をどのように評価すべきか

東京地裁は、公共の利害に関する事実について公益を図る目的の下に表現行為に及んだ場合、インターネットの個人利用者に対して要求される水準を満たす調査を行えば、名誉毀損罪は成立しないとする。そのような場合は「被告人が摘示した事実を真実と信じたことについては相当の理由がある」と解すべきであるとするのである。実質的には、そう解しなければ、インターネットを使った個人利用者による真実の表現行為がいわゆる自己検閲により萎縮するという事態が生じ、ひいては憲法21条によって要請される情報や思想の自由な流通が確保されない、という結果がもたらされることにもなると思われるとするのである。

しかし、最高裁が指摘するように、個人利用者がインターネット上に掲載したものであるからといって、国民は必ずしも、「信頼性の低い情報」として受け取るとは限らない。個人のネット情報だということを理由に、類型的に、他の表現手段を利用した場合と「質的に異なる」と考えるべきではない。<u>表現行為がいわゆる自己検閲により萎縮するという問題</u>は、いかなるメディアでも同様に問題であり、いかなるメディアにも、名誉を毀損される側の利益保護という観点からの制約が必要なのである。

むしろ、インターネット上の情報は、不特定多数のインターネット利用者が瞬時に閲覧可能であり、これによる名誉毀損の被害は極めて深刻なものとなりうること、一度流された情報は、永遠に消えない可能性が高いことを重視すべきである。また、インターネット上での反論は可能だが、そのことと、一旦生じた名誉侵害が修復されることとは全く別問題で、「反論」が議論（被害）を拡大することにもなりかねない。

最高裁の決定要旨にあるとおり「インターネットの個人利用者による表現行為の場合においても、他の場合と同様に、行為者が摘示した事実を真実であると誤信したことについて、確実な資料、根拠に照らして相当の理由があると認められるときに限り、名誉毀損罪は成立しないものと解するのが相当であって、より緩やかな要件で同罪の成立を否定すべきものとは解されない」のである。

最高裁はこのような視点から、具体的に本件を検討し、「原判決の認定によれば、Xは、商業登記簿謄本、市販の雑誌記事、インターネット上の書き込み、加盟店の店長であった者から受信したメール等の資料に基づいて、摘示した事実を真実であると誤信して本件表現行為を行ったものであるが、このような資料の中には一方的立場から作成されたにすぎないものもあること、フランチャイズシステムについて記載された資料に対するXの理解が不正確であったこと、Xがb社の関係者に事実関係を確認することも一切なかったことなどの事情が認められるというのである。以上の事実関係の下においては、Xが摘示した事実を真実であると誤信したことについて、確実な資料、根拠に照らして相当の理由があるとはいえない」としたのである。

【基本判例2】 最3小判平成22年4月13日（民集64巻3号758頁・判タ1326号121頁）

事実の概要

本判決は、名誉侵害に関連する民事判例の損害賠償判決であり、インターネット上の電子掲示板にされた書き込みによって権利を侵害されたとする被上告人Xが、その書き込みをした者にインター

ネット接続サービスを提供した上告人Yに対し、①「特定電気通信役務提供者の損害賠償責任の制限及び発信者情報の開示に関する法律」4条1項に基づき、上記書き込みの発信者情報の開示を求めるとともに、②Yには裁判外においてXからされた開示請求に応じなかったことにつき重大な過失（同条4項本文）があると主張して、不法行為に基づく損害賠償を求めた事案である。

原審の確定した事実関係の概要は、Xは、発達障害児のための学校である「A学園」を設置、経営する学校法人A学園の学園長を務め、Yは、電気通信事業を営む株式会社であり、インターネット接続サービスを運営している。

平成18年9月以降、インターネット上のウェブサイト「2ちゃんねる」の電子掲示板の「A学園Part2」と題するスレッドにおいて、XおよびA学園の活動に関して、様々な立場からの書き込みがされた。本件スレッドにおいて上記のような書き込みが続く中で、平成19年1月16日午後5時4分58秒、Yの提供するインターネット接続サービスを利用して、「なにこのまともなスレ　気違いはどうみてもA学長」との書き込みがされた。Xは、平成19年2月27日、Yに対し、裁判外において、「本件書き込みのきちがいという表現は、激しい人格攻撃の文言であり、侮辱に当たることが明らかである」との理由を付し、法4条1項に基づき、本件書き込みについての氏名または名称、住所および電子メールアドレスの開示を請求した。

Yは、平成19年6月6日付け書面をもって、Xに対し、発信者への意見照会をしたところ開示に同意しないとの回答があり、本件書き込みによってXの権利が侵害されたことが明らかであるとは認められないため、本件発信者情報の開示には応じられない旨回答したというものである。

原審は、特定することができる状況でその人を「気違い」であると指摘することは、社会生活上許される限度を超えて名誉感情を侵害するものであり、このことは、特別の専門的知識がなくとも一般の社会常識に照らして容易に判断することができるものであるから、本件書き込みがこのような判断基準に照らしてXの権利を侵害するものであることは、本件スレッドの他の書き込みの内容等を検討するまでもなく本件書き込みそれ自体から明らかである。したがって、YがXからの本件発信者情報の開示請求に応じなかったことについては、重大な過失があるとし、Xの損害賠償請求を15万円およびこれに対する遅延損害金の支払いを求める限度で認容した。

判旨

これに対し最高裁は、以下のように判示した。

「法は、4条1項において、特定電気通信による情報の流通によって自己の権利を侵害されたとする者は、侵害情報の流通によって自己の権利が侵害されたことが明らかであるなど同項各号所定の要件のいずれにも該当する場合、当該特定電気通信の用に供される特定電気通信設備を用いる特定電気通信役務提供者に対し、その発信者情報の開示を請求することができる旨を規定する一方で、同条2項において、開示関係役務提供者がそのような請求を受けた場合には、原則として発信者の意見を聴かなければならない旨を、同条4項本文において、開示関係役務提供者が上記開示請求に応じないことによりその開示請求をした者に生じた損害については、故意又は重過失がある場合でなければ賠償の責任を負わない旨を、それぞれ規定している。

以上のような法の定めの趣旨とするところは、発信者情報が、発信者のプライバシー、表現の自由、通信の秘密にかかわる情報であり、正当な理由がない限り第三者に開示されるべきものではなく、また、これがいったん開示されると開示前の状態への回復は不可能となることから、発信者情報の開示請求につき、侵害情報の流通による開示請求者の権利侵害が明白であることなどの厳格な要件を定めた上で（4条1項）、開示請求を受けた開示関係役務提供者に対し、上記のような発信者の利益の保護のために、

発信者からの意見聴取を義務付け（同条2項）、開示関係役務提供者において、発信者の意見も踏まえてその利益が不当に侵害されることがないように十分に意を用い、当該開示請求が同条1項各号の要件を満たすか否かを判断させることとしたものである。そして、開示関係役務提供者がこうした法の定めに従い、発信者情報の開示につき慎重な判断をした結果開示請求に応じなかったため、当該開示請求者に損害が生じた場合に、不法行為に関する一般原則に従って開示関係役務提供者に損害賠償責任を負わせるのは適切ではないと考えられることから、同条4項は、その損害賠償責任を制限したのである。そうすると、**開示関係役務提供者は、侵害情報の流通による開示請求者の権利侵害が明白であることなど当該開示請求が同条1項各号所定の要件のいずれにも該当することを認識し、又は上記要件のいずれにも該当することが一見明白であり、その旨認識することができなかったことにつき重大な過失がある場合にのみ、損害賠償責任を負うものと解するのが相当**である。

　これを本件について検討するに、本件書き込みは、その文言からすると、本件スレッドにおける議論はまともなものであって、異常な行動をしているのはどのように判断してもXであるとの意見ないし感想を、異常な行動をする者を『気違い』という表現を用いて表し、記述したものと解される。このような記述は、『気違い』といった侮辱的な表現を含むとはいえ、Xの人格的価値に関し、具体的事実を摘示してその社会的評価を低下させるものではなく、Xの名誉感情を侵害するにとどまるものであって、これが社会通念上許される限度を超える侮辱行為であると認められる場合に初めてXの人格的利益の侵害が認められ得るにすぎない。そして、本件書き込み中、Xを侮辱する文言は上記の『気違い』という表現の一語のみであり、特段の根拠を示すこともなく、本件書き込みをした者の意見ないし感想としてこれが述べられていることも考慮すれば、本件書き込みの文言それ自体から、これが社会通念上許される限度を超える侮辱行為であることが一見明白であるということはできず、本件スレッドの他の書き込みの内容、本件書き込みがされた経緯等を考慮しなければ、Xの権利侵害の明白性の有無を判断することはできないものというべきである。そのような判断は、裁判外において本件発信者情報の開示請求を受けたYにとって、必ずしも容易なものではないといわなければならない。

　そうすると、Yが、本件書き込みによってXの権利が侵害されたことが明らかであるとは認められないとして、裁判外におけるXからの本件発信者情報の開示請求に応じなかったことについては、Yに重大な過失があったということはできないというべきである」。

▶▶▶ 解　説

1　名誉毀損事案とプロバイダの責任

　本件は、インターネット上の電子掲示板に名誉毀損的内容を含む書き込みの発信者情報の開示請求を受けた特定電気通信役務提供者が、請求者の権利が侵害されたことが明らかでないとして開示に応じなかったことにつき、損害賠償責任の存否が争われたものである。ネット上の名誉侵害をどのように評価するかという点に加え、判例のネット社会についての基本的考え方を知る上で非常に重要な意義を有する。ネット社会の自由な発展を重視するのか（検閲の禁止をどこまで広く解するのか）、ネットによって侵害される国民の利益保護をどこまで考慮するのかという問題である。

　「特定電気通信役務提供者の損害賠償責任の制限及び発信者情報の開示に関する法律」4条は、プロバイダへの発信者情報（氏名、住所その他の侵害情報の発信者の特定に資する情報であって総務省令で定めるもの）の開示の請求を認めている。ただ、①侵害情報の流通によって当該開示の請求をする者の権利が侵害されたことが明らかで、②開示の請求をする者の損害賠償請求権の行使のために必要である場合その他発信者情報の開示を受けるべき正当な理由があるときに限られる。

　そして4項において、プロバイダは「第1項の規定による開示の請求に応じないことにより当該開示

の請求をした者に生じた損害については、故意又は重大な過失がある場合でなければ、賠償の責めに任じない」と規定して、発信者のプライバシー、表現の自由、通信の秘密等とのバランスをとっている。

この、4条4項の解釈について、第3小法廷は、プロバイダが「侵害情報の流通による開示請求者の権利侵害が明白であることなど当該開示請求が同条1項各号所定の要件のいずれにも該当すること」を認識しているか、「1項各号の要件のいずれにも該当することが一見明白であり、その旨認識することができなかったことにつき重大な過失がある場合にのみ、損害賠償責任を負うもの」とする。「一見明白である」という点を重視すると、この解釈は、開示しなかったことによる損害賠償の範囲を、実質的に限定するものともとれる。

ただ、特定することができる状況でその人を「気違い」であると指摘することは、社会生活上許される限度を超えて名誉感情を侵害するものといいきれるかは、微妙である。「本件書き込み中、Xを侮辱する文言は上記の『気違い』という表現の一語のみであり、特段の根拠を示すこともなく、本件書き込みをした者の意見ないし感想としてこれが述べられていること」という第3小法廷の指摘を踏まえると、権利侵害性が弱く、ネットの世界以外でも、損害賠償責任は微妙な事案であったとも考えられる。

ただ、次に検討する第1小法廷の判断に比べると、発信者のプライバシー、表現の自由、通信の秘密等の事情を重視し、ネット社会の特殊性を重視しているようにも読めるのである。

2 プロバイダの発信者情報開示義務

プロバイダの責任に関しては、ほぼ同時期の判例として最1小判平成22年4月8日（民集64-3-676）が存在する。ここでは、【基本判例1】同様、インターネット上の情報は、不特定多数のインターネット利用者が瞬時に閲覧可能であり、これによる名誉毀損等の被害が深刻なものとなりうること、一度損なわれた名誉の回復は容易ではないことなどの危険性が、発信者のプライバシー、表現の自由、通信の秘密等と衡量する場合に、より重視されているようにも思われるのである。

本件は、インターネットの掲示板で「会社が労働基準法に違反している」などと中傷されたと主張する静岡市の土木会社が、その書き込みをした発信者に対する損害賠償請求権の行使のために、本件発信者にインターネット接続サービスを提供したNTTドコモ（上告人）に対し、「特定電気通信役務提供者の損害賠償責任の制限及び発信者情報の開示に関する法律」4条1項に基づき、本件発信者の氏名、住所等の情報の開示を求めた事案で、第1審は請求を棄却したが、原審は上告人が法4条1項にいう「開示関係役務提供者」に該当すると判断した上、被上告人らの請求を一部認容すべきものとした。

上告人であるNTTドコモは、上記電子掲示板の不特定の閲覧者が受信する電気通信の送信自体には関与しておらず、上記電子掲示板に係る特定電気通信設備の記録媒体に情報を記録するための、本件発信者と当該特定電気通信設備を管理運営するコンテンツプロバイダとの間の1対1の通信を媒介する、いわゆる経由プロバイダにすぎないから、不特定の者によって受信されることを目的とする電気通信の始点に位置して送信を行う者を意味する「特定電気通信役務提供者」（法2条3号）に該当せず、したがって、法4条1項にいう「開示関係役務提供者」に該当しないというべきであり、このように解さないと、特定電気通信役務提供者の損害賠償責任の制限について規定する法3条や通信の検閲の禁止について規定する電気通信事業法3条等の趣旨にも反することになると主張した。

これに対して最高裁は、「法2条は、『特定電気通信役務提供者』とは、特定電気通信設備を用いて他人の通信を媒介し、その他特定電気通信設備を他人の通信の用に供する者をいい（3号）、『特定電気通信設備』とは、特定電気通信の用に供される電気通信設備をいい（2号）、『特定電気通信』とは、不特定の者によって受信されることを目的とする電気通信の送信をいう（1号）旨規定する。上記の各規定の文理に照らすならば、最終的に不特定の者によって受信されることを目的とする情報の流通過程の一部を構成する電気通信を電気通信設備を用いて媒介する者は、同条3号にいう『特定電気通信役務提供者』に含まれると解するのが自然である。

また、法4条の趣旨は、特定電気通信（法2条1号）による情報の流通には、これにより他人の権利の侵害が容易に行われ、その高度の伝ぱ性ゆえに被

害が際限なく拡大し、匿名で情報の発信がされた場合には加害者の特定すらできず被害回復も困難になるという、他の情報流通手段とは異なる特徴があることを踏まえ、特定電気通信による情報の流通によって権利の侵害を受けた者が、情報の発信者のプライバシー、表現の自由、通信の秘密に配慮した厳格な要件の下で、当該特定電気通信の用に供される特定電気通信設備を用いる特定電気通信役務提供者に対して発信者情報の開示を請求することができるものとすることにより、加害者の特定を可能にして被害者の権利の救済を図ることにあると解される」と判示した。

さらに最高裁は、経由プロバイダは、発信者の住所、氏名等を把握していることが多いが、それ以外の者はこれを把握していないことが少なくないとして、「電子掲示板への書き込みのように、最終的に不特定の者に受信されることを目的として特定電気通信設備の記録媒体に情報を記録するためにする発信者とコンテンツプロバイダとの間の通信を媒介する経由プロバイダが法2条3号にいう『特定電気通信役務提供者』に該当せず、したがって法4条1項にいう『開示関係役務提供者』に該当しないとすると、法4条の趣旨が没却されることになる」としたのである。そして、NTTドコモが「特定電気通信役務提供者」に該当するとの解釈が、特定電気通信役務提供者の損害賠償責任の制限について定めた法3条や通信の検閲の禁止を定めた電気通信事業法3条等の規定の趣旨に反するものでないことは明らかであるとしたのである。

掲示板などを運営し情報スペースを提供するような業者だけでなく、相手に接続サービスだけを提供するNTTドコモのような接続業者にも開示請求できるという最高裁の判断は、ネット上で権利を侵害された者の利益と、発信者のプライバシー、表現の自由、通信の秘密等の具体的な均衡点を示すものとして、非常に重要である。

ネット上の情報の流通には、これにより他人の権利の侵害が容易に行われ、その高度の伝播性ゆえに被害が際限なく拡大し、匿名で情報の発信がされた場合には加害者の特定すらできず被害回復も困難になるという、他の情報流通手段とは異なる特徴を明示したこと、そして「特定電気通信役務提供者の損害賠償責任の制限及び発信者情報の開示に関する法律」の要件を、このようなネットの危険性に配慮した形で解釈した点を確認しておかねばならない。

第 24 講　秘密の刑事法的保護

> **論点**
> ▶鑑定を命じられた医師が、鑑定を行う過程で知り得た人の秘密を漏らす行為と、正当とされる範囲。
> ▶自衛隊法 59 条の「漏らしてはならない職務上知ることのできた秘密」の意義。

【基本判例 1】　最 2 小決平成 24 年 2 月 13 日（刑集 66 巻 4 号 405 頁・判タ 1373 号 86 頁）

事実の概要

少年（当時高校生）が自宅に放火し家族 3 名を殺害した事件に関し、家庭裁判所から当該少年の精神鑑定を命ぜられた精神科医であった被告人 X が、家庭裁判所から鑑定資料として貸出しを受けていた捜査記録等を、ジャーナリストに閲覧させるなどした行為が秘密漏示罪（刑法 134 条 1 項）に問われた。

X が、精神科医としての知識、経験に基づく、診断を含む精神医学的判断を内容とする鑑定を命じられ、その実施に際し、鑑定資料として少年らの供述調書等の写しの貸出しを受けていたところ、正当な理由がないのに、同鑑定資料や鑑定結果を記載した書面を第三者に閲覧させ、少年およびその実父の秘密を漏らしたという公訴事実である。

X は、漏示した秘密は、「鑑定人」の業務上知り得たものであって、「医師」の業務上知り得たものではなく、鑑定人については守秘義務に関する規定や罰則規定が設けられていない以上、X の行為は刑法 134 条 1 項の秘密漏示罪にはあたらないし、供述調書等は裁判において証拠として使用され公開される性質のものであるし、少年らも供述調書に署名・指印している以上、その内容を秘匿する意思はないから、秘密漏示罪の「秘密」にはあたらず、X は、少年に対する誤った世間の認識を正すという少年の利益を図る目的や、取材に対する協力という公益目的でジャーナリストに供述調書等を閲覧させるなどしたのであって、漏示行為には「正当な理由」があるなどと主張した。

これに対し、第 1 審判決は、X が少年につき行った精神鑑定は、秘密漏示罪における医師の「業務」にあたり、同罪の「秘密」とは、一般に知られていない非公知の事実であって、他人に知られないことが本人の利益と認められるものをいうから、本件漏示記録は少年およびその父親の秘密にあたり、X の行為は秘密漏示罪に該当するとし、「世間の認識を正す」という X の思いは、未だ主観的なものにとどまる上、取材協力行為とみても正当な理由に基づくものとは認められないとして、違法性は阻却されないとした。X は控訴したが、原審で棄却された。X は、鑑定医が行う鑑定はあくまでも「鑑定人の業務」であって「医師の業務」ではなく、鑑定人の業務上知った秘密を漏示しても秘密漏示罪には該当しない等と主張して上告した。

決定要旨

最高裁は、以下のように判示して本件上告を棄却した。「本件のように、医師が、医師としての知識、経験に基づく、診断を含む医学的判断を内容とする鑑定を命じられた場合には、その鑑定の実施は、医師がその業務として行うものといえるから、医師が当該鑑定を行う過程で知り得た人の秘密を正当な理由なく漏らす行為は、医師がその業務上取り扱ったことについて知り得た人の秘密を漏示するものとし

> て刑法134条1項の秘密漏示罪に該当すると解するのが相当である。このような場合、『人の秘密』には、鑑定対象者本人の秘密のほか、同鑑定を行う過程で知り得た鑑定対象者本人以外の者の秘密も含まれるというべきである。したがって、これらの秘密を漏示された者は刑訴法230条にいう『犯罪により害を被った者』に当たり、告訴権を有すると解される。以上によれば、少年及びその実父の秘密を漏らしたXの行為につき同罪の成立を認め、少年及びその実父が告訴権を有するとした第1審判決を是認した原判断は正当である」。なお、千葉勝美裁判官の補足意見が付されている。

▶▶▶ 解 説

1 秘密の刑事的保護の不十分性

警察の現場では、近時、「あってはならない情報の漏洩」が目立つように思われる。ここで、秘密の漏洩に関する最新判例を確認しつつ、秘密保護の重要性を再確認することにしたい。ただ、秘密に関しての「刑法」的保護は、非常に限られており、法定刑も軽く、現代社会における秘密の保護にとって必ずしも十分なものではないことを認識しておかねばならない。刑法典は第2編第13章に秘密を侵す罪の章を設けて、国民の個人の秘密を保護する。ここでの個人には法人も含まれるものの、その保護の実質的範囲はあまりにも狭い。秘密に対する罪は、秘密を探る罪と、秘密を漏らす罪に大別される。前者として、刑法典は133条の信書開封罪のみを定める。しかし、ほとんど機能していない。メール、電話などの内容の探知が問題となっている現代において、信書に限定する刑法典は、まさに明治時代の立法なのである。

他方、秘密を漏らす類型としても、134条の秘密漏示罪一罪が規定されているのみである。他人の秘密を知っている者が、本人以外の者に漏らす行為を処罰するもので、守秘義務違反の罪である。ただこの規定もほとんど適用されていない。主体が、医師、薬剤師、弁護士、公証人、宗教関係者等に限定されているからである。

個人情報や企業秘密などの保護は、部分的には刑法典以外でカバーされている。公務員が職務上知り得た情報を漏らす行為は国家公務員法等により処罰の対象となる（国家公務員法100条1項、地方公務員法34条1項、自衛隊法59条1項など）。しかし、【基本判例2】で見るとおり、不十分なものなのである。

2 医師と鑑定人

【基本判例1】の事案は、医師Xが精神鑑定の過程で知り得た人の秘密、すなわち、鑑定資料として家庭裁判所から貸出しを受けた少年らの供述調書等の写しや、精神鑑定の結果を記載した書面等を、ジャーナリストに対し閲覧させたというもので、その事実関係自体については争いはない。

本件の争点は、Xが漏示した秘密は、「鑑定人」の業務上知り得たものであって、「医師」の業務上知り得たものではなく、鑑定人については守秘義務に関する規定や罰則規定が設けられていない以上、Xの行為は刑法134条1項にはあたらないのではないかという点であった。

これに対し、第1審判決は、秘密漏示罪における「その業務上取り扱った」との要件は、医師については、その免許を前提に、専門的知見および経験に基づき継続的に行う事務に関して人の秘密を取り扱うことをいうと解されるから、Xが少年につき行った精神鑑定は、秘密漏示罪における医師の「業務」にあたるとしたのである。最高裁も、医師が、医師としての知識、経験に基づく、診断を含む医学的判断を内容とする鑑定を命じられた場合には、その鑑定の実施は、医師がその業務として行うものといえるから、医師が当該鑑定を行う過程で知り得た人の秘密を正当な理由なく漏らす行為は、刑法134条1項の秘密漏示罪に該当すると判示して、Xの行為が秘密漏示罪に該当することを明らかにした。

3 基本的医行為と医師・患者間の信頼関係

この点について、千葉裁判官の補足意見は、①患者に対して診察・治療を行うという基本的な医行為

においては、医師は、患者等との間で信頼関係があり、また、基本的な医行為は、患者の秘密を知ることを前提として成り立つもので、②秘密漏示罪の趣旨は、医師が基本的な医行為を行う過程で業務上取り扱ったことについて知り得た人の秘密を漏らすことを刑罰の対象としたものであり、二次的には、患者等が安心して医師に対し秘密を開示することができるようにし、医師の基本的な医行為が適正に行われるようにすることを企図しているとしつつ、③医師が鑑定人に選任された場合、常に信頼関係に立って鑑定対象者等のプライバシー等の秘密に接することになるわけではなく、医師ではない行動心理学の専門家が鑑定人に選任された場合も同様の場合が考えられるので、基本的な医行為ないしそれに類する行為を行う過程で知り得た秘密のみが、本罪の「秘密」にあたるとの解釈も考えられるとした上で、④この解釈は、同条の立法趣旨を徹底するものであり、目的論的に限定解釈するものであるが、文理上の手がかりはなく、解釈論としては無理であろうとされるのである。そして、⑤Xは鑑定人として一件記録の検討を行うほか、少年および両親との面接、少年の心理検査・身体検査、少年の精神状態についての診断を行い、少年の更生のための措置についての意見を述べることは、少年に対する診察と治療といった基本的な医行為と極めて類似したもので、134条は、基本的にはこのような人の秘密に接する業務を行う主体である医師に着目して、秘密漏示行為を構成要件にしたものであるとするのであり、⑥その根底には、医師の身分を有する者に対し、信頼に値する高い倫理を要求される存在であるという観念を基に、保護されるべき秘密（それは患者の秘密に限らない）を漏らすような倫理的に非難されるべき行為については、刑罰をもって禁止したものと解すべきであるとしたのである。

たしかに、134条の立法趣旨を合理的に推論して、主体が医師等に限定されていることから、本件では、基本的医行為ではないことに関する情報は、本罪の情報ではないとすることも不可能ではない。千葉裁判官が「解釈論としては無理」と断じられるのは厳しすぎるかも知れない。しかし、当該構成要件の予定する最も典型的な「核」の部分以外は、可罰性を認めるべきでないとする解釈態度に問題があることは否定できない。截然と分けられない類似した部分

は、罪刑法定主義の観点からも、処罰範囲に含むことは認めざるを得ない場合があるのである。その前提には、現代社会における「秘密保護」への、最高裁の積極姿勢が見られるともいえるのである。

4　秘密の意義と告訴権者

【基本判例1】の第2の論点は、供述調書等は本来裁判における証拠として使用され公開される性質のものであるし、少年らも供述調書に署名・指印している以上、その内容を秘匿する意思はないから、秘密漏示罪の「秘密」にはあたらないのではないかという点であった。

この点、最高裁は、少年やその父親の秘密が漏示されたのであるから、これにより被害を受ける少年らが本件の被害者として告訴権を有するのは当然であるとした。Xは、自分に業務を委託したのは家庭裁判所であって、少年やその父親ではないから、本件では告訴権者による告訴が欠缺しているとも主張していたのである。

5　正当化

Xは、少年に対する誤った世間の認識を正すという少年の利益を図る目的や、取材に対する協力という公益目的でジャーナリストに供述調書等を閲覧させるなどしたのであって、漏示行為には「正当な理由」があり、違法性が阻却されるなどと主張し、無罪を主張した。これに対し、第1審の奈良地裁は、少年らに関する誤った世間の認識を正してもらおうとしたというXの思いは、未だ主観的なものにとどまる上、少年審判手続の進行中にその記録を自由に閲覧させ、少年らのプライバシー等に関わる内容も漏示していたことなどに照らすと、取材協力行為とみても正当な理由に基づくものとは認められないとして、違法性は阻却されないとしている。

本条の解釈論ではないが、最決昭和53年5月31日（刑集32-3-457）において、公務員の守秘義務違反に関連し報道機関の取材活動や報道行為の正当化が争われた。たしかにここでは、優越的利益の存在が正面から問題となる。取材活動などは、時として公務員の守秘義務を侵すことになる。そのような場合にどの範囲で違法性を阻却するかは、まさに実質

的違法性阻却判断そのものなのである。この点に関し、沖縄返還に関する秘密電文を外務省職員をそそのかして漏示させた新聞記者の行為につき、最高裁は、「報道のための取材の自由もまた、憲法21条の精神に照らし、十分尊重に値するものといわなければならない」とした上で、「その手段・方法が法秩序全体の精神に照らし相当なものとして社会観念上是認されるものである限りは、実質的に違法性を欠き正当な業務行為というべきである」と判示した。最高裁は、情報入手に際し被告人が情交関係を利用した点も考慮して、手段が不相当だとして正当化を認めなかった。基本的には被告人の行為の目的である報道の利益と、それにより生じる国家の（つまり国民全体の）不利益が衡量され、また秘密をあえて公表せざるを得ない必要性、緊急性がどれだけあったか、他の手段・方法はなかったのか等を総合的に考量して実質的違法性が判断されるのである。

【基本判例1】の事案においては、Xの行為が「取材に対する協力という公益目的」などで正当化し得ないことに異論は少ないであろう。

【基本判例2】 東京地判平成13年3月7日（判タ1085号306頁）

事実の概要

被告人Xは、昭和61年3月防衛大学校を卒業し、海上自衛隊に入隊して、海曹長に任命され、平成10年4月から平成12年3月までは防衛大学校総合安全保障研究科に在籍したのち、同年4月ころからは防衛研究所に所属し、わが国の防衛政策の策定に資するために必要な政治、法制、社会、思想等に関する調査研究を行う職務に従事していた。防衛大学校総合安全保障研究科在籍中、在日本国ロシア連邦大使館付海軍武官Aと知り合い、同人から誘われるままに2人だけで会食を重ねては、自己の研究や修士論文執筆のために有益でありながら、日本国内では入手困難な旧ソ連海軍関係に関する資料の提供を懇請していたものの、同人からは容易に上記資料の交付を受けられなかった。Xは、白血病を患っていた長男の看病等も相まって、研究に打ち込めないまま、卒業期を迎えてしまい、学位取得のために、同年3月に提出した修士論文につき試験官から酷評されて、再提出を求められた末、その期限が同年7月下旬に迫っていたにもかかわらず、長男の死亡による心労やその後の対応等で、一向に捗らず、このままでは海上自衛隊内での昇進もおぼつかないと考えて、焦燥感を募らせ、この際は、修士論文作成に役立てる資料をAから入手するため、Aの要求に応じて、Aに対し、海上自衛隊内の秘密文書たる戦術関係の資料や自衛隊の将来像に関する資料を提供することもやむを得ないと決意し、同年6月30日、東京都S区内の飲食店において、平成7年6月ころ、海上自衛隊第1術科学校在校中に入手した防衛に関する秘密文書である「戦術概説（改訂第3版）」の写しおよび自己が平成10年2月ころ、防衛庁海上幕僚監部調査部調査課在勤中に入手した防衛に関する秘密文書である「将来の海上自衛隊通信のあり方（中間成果）」の写しを、Aに交付してその内容を知らせ、もって、職務上知ることのできた秘密を漏らしたものである。

判旨

「Xが漏らした秘密についてみるに、『戦術概説（改訂第3版）』は、海上自衛隊の各種作戦における戦術を体系的にまとめ上げた中級幹部自衛官のための教育資料であり、これを使用する海上自衛隊第一術科学校においても、生徒たる幹部自衛官に対し、授業中のみ貸付され、学外への持ち出しはもちろんのこと、ノートを勝手に取ることも許されていないものであって、その内容が外部に漏れた場合には、作戦遂行に支障を与えるおそれのあるものであり、また、『将来の海上自衛隊通信のあり方（中間成果）』は、近代戦において、殊に重要視される通信システムについて、海上自衛隊幕僚監部防衛部通信課内で検討した現状の問題点や今後の具体的構想を記載した文書で、その内容が外部に漏れた場合には、国防

上の脅威となりうるものであって、いずれも、我が国の安全保障上重要な秘密にあたる。そして、Xは、任官後、幹部自衛官として艦隊や陸上での勤務を経験したばかりでなく、近年は、幹部専門情報課程や幹部戦略情報課程等を履修し、海上幕僚監部調査部調査課にも勤務して、将来の海上自衛隊における情報管理の方策を検討する職務に従事するなど、防衛情報に係る専門家として、情報管理の重要性を熟知していた身でありながら、上官の忠告を意に介さず、在日本国ロシア連邦大使館付海軍武官の誘いに安易に応じて同人と2人だけで食事を共にし、その後も、同人との密会を続け、同人の要求のまま『部内限り』のものを含む各種資料を提供した挙げ句、本件犯行に及んだものであって、本件は、我が国の防衛を担う幹部自衛官としてあるまじき犯行で、自己の立場への自覚を著しく欠いた重大かつ悪質なものというほかない。

本件犯行の結果、これらの秘密が外国の軍事関係者に漏れたことによって、場合によっては、戦術や将来にわたる通信システム整備計画の見直しの必要性も生じかねず、その影響には深刻なものがある。

しかも、本件は、海上自衛隊内の中枢にあって防衛政策の策定にも関与しようとしていた幹部自衛官が国防に関する秘密情報をロシアの現役武官に漏洩したという点で、国民に与えた衝撃は大きく、防衛情報管理の甘さを露呈することとなった自衛隊への信頼を大きく損ねたと考えられるし、さらには、他の外交関係にも悪影響を与えかねないものがあったといわざるをえず、これらの点からも、本件の結果は重大であるというほかない」。

▶▶▶ 解　説

1　【基本判例2】の意義

本件は、現職の海上自衛官であったXが、在日本国ロシア連邦大使館付海軍武官に、自己が職務に関連して入手した防衛に関する秘密文書の写しを交付して、職務上知ることのできた秘密を漏らしたという事案について、実刑を言い渡したものである。

東京地裁は、Xがその写しを交付した文書の内容が、わが国の安全保障上重要な秘密にあたること、Xが、幹部自衛官で、防衛情報に係る専門家として情報管理の重要性を熟知していながら、本件犯行に及んだことおよび本件犯行による各種の影響などを挙げ、Xを懲役10月の実刑に処した。

しかし、国家の存立に関する情報であり、昨今の領土問題に関する議論等も加味して考えると、懲役10月という刑は軽いとも思われるのである。ただ、自衛隊法は、秘密を守る義務として、59条に「隊員は、職務上知ることのできた秘密を漏らしてはならない。その職を離れた後も、同様とする」と定め、それに反した場合について、118条1項は「1年以下の懲役又は3万円以下の罰金に処する」と規定しているにすぎないのである。

2　自衛隊法59条1項の「秘密」

これまで自衛隊法59条1項違反の罪に問われ、判例集に登載されたものは少ない。有罪とされたものとして、東京地判昭和46年1月23日（判時620-14）が、航空自衛隊航空幕僚監部防衛部に所属していた自衛官が、「三次防地上通信電子計画概要（案）」等を米国ヒューズ社の極東部員に貸与して秘密を漏示したとし、東京地判昭和55年4月14日（判時967-136）が、自衛隊の元幹部であった者につき、ソ連のための情報収集活動の一環として、自らあるいは現職自衛官とともに、別の現職自衛官に働きかけ、秘密を漏洩させたと認定している。

59条1項の「秘密」の意義については、議論のあるところであり、東京地判昭和46年1月23日は、実質秘でありかつ指定秘であることを要すると判示した。【基本判例2】では、X側が公訴事実を認めたため、特に法律上の判断が示されてはいないが、Xがその写しを交付した文書は、「秘」あるいは「指定前秘密（秘）」に指定されているところ、本判決が、量刑の理由の中で、その内容が外部に漏れた場合には、「作戦遂行に支障を与えるおそれのあるもの」「国防上の脅威となりうるもの」で「我が国の安全保障

上重要な秘密にあたる」としており、実質的な秘密にあたると判断していることがうかがえることからすると、東京地判昭和46年1月23日と同様の見解をとっているものと考えられる。

3　最近の秘密漏洩関連事案

　大阪地判平成21年5月21日（裁判所webサイト・事件番号平21(わ)457号〔2〕）は、刑務官であった被告人Aが、受刑者Bから他の刑務所職員の住所等を教えるようにそそのかされ、これにより、Bに対して、職員名簿によって知った同刑務所の保有個人情報である同刑務所職員の住所等が書いてあるメモ紙を見せ、これを教えた事案につき、刑務官が特定の受刑者に対して便宜供与を行う事態が多く起こるようになれば、受刑者が刑務官に対し不信感を抱くこととなり、刑務所内の秩序を維持することが難しくなるほか、行刑が適正に行われているという国民の信頼をも失うことになることから、一般予防の見地からも厳しい態度で臨む必要があるとして、国家公務員法の守秘義務違反の罪を認め、Aに懲役10月（執行猶予3年）の判決を言い渡した。

　大阪地裁は、Aは、刑務所内での自己の評価を気にするあまり、処遇困難と評価されていたBに対し、過去に不正な便宜供与をしたことがあり、Bからその不正な便宜供与につけ込まれ、その発覚を免れようとして自己保身のために本件犯行に及んでおり、刑務官としての職責を果たすためには高度の廉潔性を保たなければならないにもかかわらず、AはBに対し毅然とした態度をとることなく、安易に本件犯行に及んだもので、その動機に酌むべき点はなく、自己に対する評価ばかりを優先し、行刑に対する社会的な信頼を著しく失わせており、強い非難に値するとしている。

　そして、現にBが住所などを知っていることを利用して他の刑務官を脅すという二次被害も生じ、本件犯行の結果、刑務官らはBやその関係者からの報復の危険を感じており、刑務官らが刑務所内の秩序を維持するために適正に職務遂行を行うことができなくなる危険も生じているとしている。しかし、本件犯行を素直に認めて反省し、住所等の個人情報を漏洩された他の刑務官らに対し謝罪の意を示し、すでに懲戒免職処分を受けており、一定の社会的制裁も受けている上、本件犯行と同様の犯行を再び繰り返す危険はないし、Aには前科がなく、Aの妻が、今後被告人を援助する旨誓っていることなどを総合して刑の執行を猶予したのである。

　これに対し、大阪地判平成21年5月21日（裁判所webサイト・事件番号平21(わ)457号〔1〕）は、受刑中であった被告人Bが、自己が収容されていた刑務所の刑務官Aに対し、他の刑務官らの住所等を教えるよう求めてこれをそそのかし、そのそそのかし行為によって刑務官らの住所を知ったことをよいことに、刑務官ら2名を脅迫した事案については、実刑を言い渡した。本件各犯行のような事態が多く起こるようになれば、刑務所内の秩序を維持することが難しくなることから、一般予防の見地からも厳しい態度で臨む必要があるとして、Bに対し懲役1年6月を言い渡したのである。

　たしかに、秘密を漏らすことより、脅迫して秘密を漏らさせる行為の方が重い刑罰に値するとはいえよう。公務員の守秘義務違反が1年以下の懲役であるのに対し、脅迫罪は2年以下なのである。しかし、これらの事案を見れば明らかなように、一定の秘密が漏れることの侵害性は甚大なものなのである。自衛隊の秘密漏洩の問題とも併せて、立法論として考え直さなければならない時期に来ているように思われる。そして、警察官として、大阪地判平成21年5月21日に見られるような「つけ込まれる弱み」を作らないことの重要性、そして、その前提として、職務に関し得られた秘密というものの取扱いについてチェックを不断に行っていく必要があるように思われる。

第 25 講　警察官の職務と業務妨害罪

> **論点**
> ▶虚偽の通報により、警察官の職務を妨害する行為は偽計業務妨害罪に該当しうるか。
> ▶強制力を行使する権力的公務でない公務も、公務執行妨害罪の「職務」に該当するか。

【基本判例1】　東京高判平成 21 年 3 月 12 日（高刑集 62 巻 1 号 21 頁・判タ 1304 号 302 頁）

事実の概要

被告人 X が、そのような意図がないにもかかわらず、インターネット掲示板に、JR の T 駅において無差別殺人を実行する旨の虚構の殺人事件の実行を予告し、これを不特定多数の者に閲覧させ、同掲示板を閲覧した者からの通報を介して、警察の担当者らをして、警察署職員らに対し、その旨伝達させ、同伝達を受理した警察署職員をして、T 駅構内およびその周辺等への出動、警戒等の徒労の業務に従事させ、その間、同人らをして、X の予告さえ存在しなければ遂行されたはずの警ら、立番業務その他の業務の遂行を困難ならしめたという事案である。

第 1 審判決が偽計業務妨害罪の成立を認めたのに対し、X が、①警察官の職務は一般的に強制力を行使するものであるから、本罪にいう「業務」にあたらず、②X の行為は軽犯罪法 1 条 31 号の「悪戯など」に該当するにとどまる等として控訴した。

判旨

東京高裁は、弁護側の主張を「原判決は、X が、平成 20 年 7 月 26 日、I 県 B 町の自宅において、同所に設置されたパーソナルコンピューターを操作して、そのような意図がないにもかかわらず、インターネット掲示板に、同日から 1 週間以内に東日本旅客鉄道株式会社 T 駅において無差別殺人を実行する旨の虚構の殺人事件の実行を予告し、これを不特定多数の者に閲覧させ、同掲示板を閲覧した者からの通報を介して、同県警察本部の担当者らをして、同県内において勤務中の同県 T 警察署職員らに対し、その旨伝達させ、同月 27 日午前 7 時ころから同月 28 日午後 7 時ころまでの間、同伝達を受理した同署職員 8 名をして、上記 T 駅構内およびその周辺等への出動、警戒等の徒労の業務に従事させ、その間、同人らをして、X の予告さえ存在しなければ遂行されたはずの警ら、立番業務その他の業務の遂行を困難ならしめ、もって偽計を用いて人の業務を妨害した、との事実を認定し、業務妨害罪（刑法 233 条）が成立するとしているが、本件において妨害の対象となった警察官らの職務は『強制力を行使する権力的公務』であるから、同罪にいう『業務』に該当せず、同罪は成立しないから、原判決には法令適用の誤りがある、というのである」とまとめた上で、「警察官らの職務が業務妨害罪にいう『業務』に該当するとした原判決の法令解釈は正当であ」るとした。

そして、「最近の最高裁判例において、『強制力を行使する権力的公務』が本罪にいう業務に当たらないとされているのは、暴行・脅迫に至らない程度の威力や偽計による妨害行為は強制力によって排除し得るからなのである。本件のように、警察に対して犯罪予告の虚偽通報がなされた場合（インターネット掲示板を通じての間接的通報も直接的 110 番通報と同視できる。）、警察においては、直ちにその虚偽であることを看破できない限りは、これに対応する徒労の出動・警戒を余儀なくさせられるのであり、その結果として、虚偽通報さえなければ遂行されたはずの本来の警察の公務（業務）が妨害される（遂行が困難ならしめられる）のである。妨害された本来の警察の公務の中に、仮に逮捕状による逮捕等の強制力

を付与された権力的公務が含まれていたとしても、その強制力は、本件のような虚偽通報による妨害行為に対して行使し得る段階にはなく、このような妨害行為を排除する働きを有しないのである。したがって、本件において、妨害された警察の公務（業務）は、強制力を付与された権力的なものを含めて、その全体が、本罪による保護の対象になると解するのが相当である（最決昭和 62・3・12 刑集 41-2-140 も、妨害の対象となった職務は、『なんらXらに対して……強制力を行使する権力的公務ではないのであるから、』威力業務妨害罪にいう『業務』に当たる旨判示しており、上記のような解釈が当然の前提にされているものと思われる。）。

所論は、①警察官の職務は一般的に強制力を行使するものであるから、本罪にいう『業務』に当たらず、②Xの行為は軽犯罪法1条31号の『悪戯など』に該当するにとどまるものである、というようである。

しかし、①については、警察官の職務に一般的に強制力を行使するものが含まれるとしても、本件のような妨害との関係では、その強制力によってこれを排除できず、本罪による保護が必要であることは上述したとおりであって、警察官の職務に上記のようなものが含まれているからといって、これを除外した警察官の職務のみが本罪による保護の対象になると解するのは相当ではない。なお、所論の引用する最大判昭和 26 年 7 月 18 日刑集 5 巻 8 号 1491 頁は本件と事案を異にするものである」と判示した。

さらに、「軽犯罪法1条31号は刑法233条、234条及び95条（本罪及び公務執行妨害罪）の補充規定であり、軽犯罪法1条31号違反の罪が成立し得るのは、本罪等が成立しないような違法性の程度の低い場合に限られると解される。

これを本件についてみると、Xは、不特定多数の者が閲覧するインターネット上の掲示板に無差別殺人という重大な犯罪を実行する趣旨と解される書き込みをしたものであること、このように重大な犯罪の予告である以上、それが警察に通報され、警察が相応の対応を余儀なくされることが予見できることなどに照らして、Xの本件行為は、その違法性が高く、『悪戯など』ではなく『偽計』による本罪に該当するものと解される」と判示した。

▶▶▶ 解　説

1　公務と業務の関係の基本

公務執行妨害罪（95条1項）と業務妨害罪（233条・234条）の解釈において、公務と業務の関係をどのように取り扱うかという問題は、議論がかなり錯綜しているといえよう。なお、この議論の前提としては、公務執行妨害罪も業務妨害罪も、法定刑が3年以下の自由刑であるが、業務妨害罪には罰金刑があり、自由刑しかない公務執行妨害罪の方が重い犯罪類型であると考えられてきたという事実があった。公務執行妨害罪には、禁錮刑も予定されているが、警察の現場では「重い」犯罪である。しかし、平成18年に95条の改正がなされ、公務執行妨害にも罰金刑（50万円以下）が新設されて、その状況は微妙に変化した。ただ、基本的には、従来の議論を整理した上で、公務と業務の関係を考えていかねばならない。

最も正面から争われてきたのは、【基本判例1】の中心争点でもある、威力や偽計を用いて公務を妨害した場合に業務妨害罪が成立しうるかという問題である。そして、かつては業務妨害罪の業務に、公務も含まれるとする積極説と、含まれないとする消極説とが対立してきた。

大判大正4年5月21日（刑録21-663）は、公務員たる校長の失脚を図って教育勅語の謄本を教室の天井裏に隠す行為に関し、公務は業務に含まないとし、消極説を採用していると解されていた。その後、大判大正8年4月2日（刑録25-375）が、公務員（刑法7条）でない郵便集配人に対し暴行を加え、職務を妨害した事案に関し、公務執行妨害罪は成立せず、業務妨害罪が成立するとした。ここから「非公務員の行う公務についてのみ業務妨害罪が成立する」という修正説が生まれる。ただ最高裁は、業務に公務

は含まないという基本的考え方を堅持する（最大判昭和26・7・18刑集5-8-1491）。現行犯逮捕しようとした警察官に暴行・脅迫を加える行為に業務妨害罪は成立しないとしたのである。

ただその後、最判昭和35年11月18日（刑集14-13-1713）と最大判昭和41年11月30日（刑集20-9-1076）が、旧国鉄職員の業務を妨害する行為について、非権力的公務である旧国鉄の業務については業務妨害罪が成立するとした。そこで、公務を2つに分け、権力的公務は業務に含まれないが、非権力的・私企業的公務は含まれるとする説明の仕方が有力となる。公務といっても、警察官の職務質問や逮捕行為のような権力的作用と、鉄道の運行のように私人が通常行っているような非権力的作用とがある点に着目し、後者はまさに業務妨害罪で保護すべき業務に該当するとしたのである。

2　強制力説

しかし、議会の活動や、消防署の事務は私企業的とはいい得ないが、その業務を一切業務妨害罪の対象とはしないとすることは、あきらかに妥当ではない。従来の「権力的・非権力的」という基準は、これらの事例の処理には適切ではないのである。そこで判例は、新しい公務の振り分け基準を用いるようになる。最決平成4年11月27日（刑集46-8-623）は、ロッカー内の消防長の作業服上衣左胸ポケットに犬の糞を入れ、事務机の引出し内に赤く染まった猫の死骸を入れ、執務のため消防長室に入った消防長に著しい不快、嫌悪の情を抱かせ、各種決裁事務の執務を不可能ならしめた行為に、威力業務妨害罪の成立を認めた。そして、それに先行して、最決昭和62年3月12日（刑集41-2-140）が、県議会委員会室に乱入し、罵声を浴びせたり委員席の机を叩くなどした行為を威力業務妨害罪に問擬した。委員会の条例案採決等の事務は、なんら被告人らに対して強制力を行使する権力的公務ではないから業務にあたるとしたのである。比較的最近のものとしては、最決平成12年2月17日（刑集54-2-38）が、町長選挙の立候補届出の際の立候補資格確認の場で、威力を用いて立候補届出受理事務を遅延させた行為について、「公職選挙上の選挙長の立候補届出事務……は、強制力を行使する権力的公務ではないから、右事務

が刑法233条、234条にいう『業務』に当たる」としている。

たしかに、警察官の現行犯逮捕や国税調査官の税務調査等は「強制力を行使する権力的公務」であり、業務妨害罪の対象とすべきではない。しかし、議会の審議などは、強制力を行使する権力的公務ではなく、業務に該当しうるといえよう（そのような強制力を伴わない公務についての公務執行妨害罪の成否については【基本判例2】参照）。

強制力を行使する権力的公務のみが業務妨害罪の業務から除外される実質的理由は、実力による妨害行為を排除する制度（自力執行力）が準備されており、業務妨害罪による保護を必要とする類型にあたらないからである。強制力行使が許される場合は、威力などによる妨害が当然予定されているともいえよう。逮捕に対する抗議・抵抗のような、強制力を伴う権力的公務に対する威力による妨害は処罰の対象から除くべきである。私人が、警備活動を行っている機動隊員に対し暴行・脅迫に至らない威力をもって抗議するような事例につき、正当化事由のない限りすべて業務妨害罪で処罰すべきだとするのは行き過ぎであり、刑法が公務執行妨害罪の手段を暴行・脅迫に限定した趣旨を実質的に否定することになるように思われる。

最近の判例が、最大判昭和26年7月18日を維持して、一定の公務は業務妨害罪に該当しないことを前提としつつ、さらに「強制力が伴うこと」を問題としているのも、強制力を伴う権力的公務はその行使の際に一定の抵抗が生じる可能性があることを予定しており、それを超えた妨害のみを刑罰の対象とすべきだと考えているからだと思われる。

強制力を行使する権力的公務が、強制力の行使により職務が執行されようとしている場合には「業務」にあたらず、公務執行妨害罪が成立する場合があるにとどまるが（暴行・脅迫に及んだ場合）、それ以外の

	威力・偽計	暴行・脅迫
非権力的公務	業務妨害罪	業務妨害罪（公務執行妨害）
権力的公務 強制力なし	業務妨害罪	業務妨害罪（公務執行妨害）
権力的公務 強制力の行使		公務執行妨害

公務は「業務」に該当し、威力業務妨害罪の対象となる。そこで、警察のような強制力を行使する場合を多く含む公務でも、場合によっては業務妨害罪の対象となることに注意しなければならない。

3 公務に対する偽計業務妨害

「強制力を行使するものか否か」という視点は、実力による排除になじまない偽計手段による妨害の事案を説明しにくい。警察活動のような「権力的公務」の妨害の事案を説明し得ないようにもみえる。警察の110番に多数回無言電話をかける行為や、119番への虚偽通報で消防車を出動させる行為は、「強制力行使を伴う権力的公務」に対するものであっても偽計業務妨害罪に該当すると解すべきである。ただ、これらの場合は、電話等を受けて出動の指令を行う事務は強制力を伴う権力的公務ではないし、出動そのものは強制力の行使により職務が執行されようとしている場合に該当しないと解される。たしかに、逮捕業務を行おうとしている警察官に対して偽計手段を用いて逮捕を免れるような場合は、強制力の行使により職務が執行されようとしている場合に該当し、業務妨害罪に問う必要はない。逮捕には種々の抵抗が随伴するのであり、それを当然の前提として権限が付与されているのである。

【基本判例1】は、「警察に対して犯罪予告の虚偽通報がなされた場合、警察においては、直ちにその虚偽であることを看破できない限りは、これに対応する徒労の出動・警戒を余儀なくさせられるのであり、その結果として、虚偽通報さえなければ遂行されたはずの本来の警察の公務（業務）が妨害される（遂行が困難ならしめられる）のである。妨害された本来の警察の公務の中に、仮に逮捕状による逮捕等の強制力を付与された権力的公務が含まれていたとしても、その強制力は、本件のような虚偽通報による妨害行為に対して行使し得る段階にはなく、このような妨害行為を排除する働きを有しないのである。したがって、本件において、妨害された警察の公務（業務）は、強制力を付与された権力的なものを含めて、その全体が、本罪による保護の対象になると解するのが相当である」とした。

この判旨においては、「警察の公務（業務）は、強制力を付与された権力的なものを含めて、その全体

が、本罪による保護の対象になる」とした点が重要である。「虚偽通報さえなければ遂行されたはずの本来の警察の公務（警ら、立番業務）」のみを業務妨害罪の保護の対象としたわけではない。そのような「なされるべき業務が不可能となったこと」に加え、実際に出動した警ら活動など、不当に実施せざるを得なかった業務や、それに関連する行政事務なども含め、「強制力の行使により執行されるものではない業務」も多く含む警察の業務を妨害したと解すべきである。形式的に「現に行われたことは、妨害されたことの結果ではない」と解する必要はないように思われる。

この点、横浜地判平成14年9月5日（判タ1140-280）は、以下のように判示し、虚偽の犯罪事実を通報して海上保安庁職員の行政事務、パトロール業務、出動待機業務等を妨害した事案について、偽計業務妨害罪の成立を認めている。

被告人Xは、虚偽の犯罪事実を通報して海上保安庁職員の行政事務、パトロール業務、出動待機業務等を妨害しようと企て、横浜海上保安部に電話をかけ、救難当直に勤務中の者に対し、そのような事実がないにもかかわらず、「江の島の南側で妻と2人で天体観測をしようと、坂道を下がっていたところ、正面の海面に筒のような物が浮き上がってきてふたが開き、中からアクアラングの格好をした5～6人の男が出てきた。……この者たちは、日本語ではない言葉を交わしていた」などと、国籍不明の外国人が、本邦内である江の島付近海域に不法入国した旨虚偽の犯罪事実を通報した行為について、横浜地裁は、「横浜海上保安部警備救難当直勤務職員をして、巡視船艇等の出動を指示させるとともに、第3管区海上保安本部警備救難当直に勤務中の職員に対してその旨伝達させた上、平成14年1月6日午後10時ころから同月7日午後7時ころまでの間、同伝達を受理した同海上保安本部の警備救難当直勤務職員及び警備救難部警備課勤務職員らをして、上記内容虚偽の通報に応じて、いずれも不必要な上記海域周辺における巡視船艇又は航空機等の出動を指示させ、各種指令、連絡等の徒労の業務を行わせ、出動の指示を受けた海上保安庁所属の巡視船艇・航空機の職員等を出動せしめて捜索等の徒労の業務を行わせるとともに、いずれもその間、海上保安庁の職員をして、Xの通報さえ存しなければ遂行された

はずの本来の行政事務、パトロール業務、出動待機業務等の業務の遂行を困難ならしめ、もって偽計を用いて人の業務を妨害したものである」とした。

横浜地裁は、妨害の対象となった公務を「海上保安部職員による出動指示等の業務、巡視船艇の職員等の海域への出動・捜索等の業務、海上保安部職員等の本来の行政事務、パトロール業務、出動待機業務等」とする。そして、出動、捜索等の業務、パトロール業務、出動待機業務等の権力的公務について、「強制力を行使する権力的公務」とはいえないとしたのである。

【基本判例1】の事案も含め、これらの行為が、実際に強制力を行使する局面にあるか、強制力による妨害排除を期待しうるか（さらには、業務妨害罪による要保護の程度）などの視点から検討すると、各公務は、いずれも強制力を行使する局面にはなく、偽情報による「妨害行為」に対し、それを排除するに適した強制力の行使は予定されていないと説明できるように思われる。【基本判例1】や本件のような出動においては、通報内容以外にはその真偽を判断する資料はない上、このような偽計を排除する機能が整備されているわけではない。強制力の行使を伴う場合とは、「暴行・脅迫に及ばない限りは、予定された妨害排除装置の射程内にある事態」であることを、実質的に意味している。

この点に関し【基本判例1】は「最近の最高裁判例において、『強制力を行使する権力的公務』が本罪にいう業務に当たらないとされているのは、暴行・脅迫に至らない程度の威力や偽計による妨害行為は強制力によって排除し得るからなのである」とし、「警察官の職務に一般的に強制力を行使するものが含まれるとしても、本件のような妨害との関係では、その強制力によってこれを排除できず、本罪による保護が必要である」とする。警察官の職務に強制力を行使する権力的なものが部分的に含まれているからといって、これと完全に切り離された警察官の職務のみに限定して本罪による保護の対象になると解するのは相当ではないのである。

4　ネット利用の業務妨害

【基本判例1】の事案の特徴の1つは、ネットを利用した行為にある。この点に関し、東京高裁は、「軽犯罪法1条31号は刑法233条、234条及び95条の補充規定であり、軽犯罪法1条31号違反の罪が成立し得るのは、本罪等が成立しないような違法性の程度の低い場合に限られると解される。これを本件についてみると、Xは、不特定多数の者が閲覧するインターネット上の掲示板に無差別殺人という重大な犯罪を実行する趣旨と解される書き込みをしたものであること、このように重大な犯罪の予告である以上、それが警察に通報され、警察が相応の対応を余儀なくされることが予見できることなどに照らして、Xの本件行為は、その違法性が高く、『悪戯など』ではなく『偽計』による本罪に該当するものと解される」と判示した。

ネット上の行為は、「いたずら書き」にすぎず、軽犯罪法での対応で十分であるという考え方もないわけではないと思われる。「ネットの掲示板の書き込みをいちいち信じる人間はいない」というのも同じような発想である。しかし、ネットの情報伝達力は非常に強いものがあり、一方でネット利用の定着をも勘案すると、「不正な書き込み」に対して、むしろ厳しい対応をする必要があるように思われる。大学入試で、「試験場から携帯電話を使って第三者に正答を求めた行為」は、単なるカンニングとは異なり、重大な業務妨害行為といわざるを得ない。試験実施中（他の受験者が解答可能な時間内に）に問題文をネットに公表する行為は、現に試験場でネットを閲覧できたのであるから、これまでの判例の基準からいっても、偽計業務妨害罪を構成する。

【基本判例2】　広島高判平成14年11月5日（判時1819号158頁）

事実の概要

被告人Xは、平成14年3月19日午後零時30分ころ、H市内の福祉センター1階において、保護の相談ならびに行旅病人、行旅死亡人および行旅困窮者に対する援護指導等の業務に従事していた公

第 25 講　警察官の職務と業務妨害罪

務員 A から、行旅困窮の一時旅費支給については、現金ではなく切符による支給であることを告げられて腹を立て、A に対し、A が着用していたネクタイを両手でつかんで引っ張る暴行を加えた上、「わしゃ、14 犯なんじゃ。お前の顔は覚えた。今度出たらやったるけえの」などと怒鳴りつけ、A の身体にさらに危害を加えかねない気勢を示して脅迫し、A の職務の執行を妨害したというものである。

第 1 審は、X が暴行、脅迫を加えた事実を認定しながら、A の公務は、強制力を行使する権力的公務ではない公務であるから、本件暴行、脅迫は、業務妨害罪を構成することがあることは格別、公務執行妨害罪にはあたらないとしたのに対し、検察側が「刑法 95 条 1 項の『職務』は、強制力を行使する権力的公務であるとそれ以外の公務であるとを問わないから、原判決は、刑法 95 条 1 項の解釈適用を誤ったものであり、この誤りが判決に影響を及ぼすことが明らかである」として控訴した。

判　旨

広島高裁は「刑法 95 条 1 項の『職務』に関する原判決の解釈には、左袒することができない」として以下のように判示した。

「原判決は、最高裁判所平成 12 年 2 月 17 日決定（刑集 54-2-38）を援用し、公務員が遂行する公務のうち、強制力を行使する権力的公務でない公務は、業務妨害罪の『業務』に当たるとの見解の下、A が従事していた職務は、強制力を行使する権力的公務ではない公務に当たり、威力業務妨害罪における『業務』に該当することは明らかであって、公務執行妨害罪の『公務』には該当しない旨説示している。しかし、この決定は、その事件の被告人が、偽計及び威力を用いて公務員の職務を妨害したとして、業務妨害罪で起訴された事案につき、当該事案における公務が業務妨害罪の業務に当たることを判示したものであって、何ら公務執行妨害罪の成否に言及するものではない。

そして、公務執行妨害罪の立法の経緯についてみると、旧刑法 139 条は、『官吏其職務ヲ以テ法律規則ヲ執行シ又ハ行政司法官署ノ命令ヲ執行スルニ当リ暴行脅迫ヲ以テ其官吏ニ抗拒シタル者』を処罰すると規定しており、強制力を有する公務のみが保護の対象となると解される文言を用いていたが、保護の範囲が狭すぎる（刑法改正政府提出案理由書）として、現行刑法 95 条 1 項では、『公務員が職務を執行するに当たり、これに対して暴行又は脅迫を加えた者は、3 年以下の懲役又は禁錮に処する。』と規定し、文言上、職務の内容は限定されていない。また、公務執行妨害罪の保護法益は、公務の円滑な遂行にあると解すべきであり、公務が円滑に遂行されることによって、国民全体の利益につながるのであるから、国民全体の奉仕者である公務員の職務を保護することには合理的な理由があるというべきである。そうすると、強制力を行使する権力的な公務はもとより、強制力を行使する権力的公務でない公務に関しても、同項の職務から除かれる理由はない。したがって、刑法 95 条 1 項の『職務』とは、公務員が担当・処理すべき事務である限り、公務員が取り扱う各種各様の事務の全てが含まれると解すべきである。

原判決は、刑法 95 条 1 項によれば、公務員が職務を執行するに当たり、これに対して暴行、脅迫を加えた場合は公務執行妨害罪に当たるとされていることから、暴行、脅迫に至らない方法により公務員の職務を妨害した場合は公務執行妨害罪には当たらないと考えられるところ、この理由は、公務執行妨害罪における『公務』は強制力を行使することができることから、暴行、脅迫に至らない方法による妨害に対しては、自力により妨害を排除して、公務を遂行する力を持っているため、暴行、脅迫による妨害行為のみを可罰的なものとし、この程度に至らない妨害行為についてはこれを不問に付したものと考えるべきである、と説示している。しかし、暴行、脅迫に至らない方法により公務員の職務を妨害した場合は、公務執行妨害罪に当たらないことは規定上当然である（旧刑法においても同様である。）。原判決は、その理由を、公務執行妨害罪における『公務』は強制力を行使することができるからであるとしているが、公務員の職務を妨害する行為を暴行、脅迫と規定していることと公務執行妨害罪における『公務』について強制力を行使するものに限定することとは、論理的な必然性がないばかりか、原判決の見解は、

179

上記の立法の経緯、刑法95条1項の文言及保護法益に照らしても、これに同調することはできない。そして、強制力を行使する権力的公務ではない公務については、業務妨害罪（法定刑は、3年以下の懲役又は50万円以下の罰金）によってのみ処罰されるとする原判決の見解では、こうした公務に対する妨害行為につき、禁錮刑に処する余地をなくしてしまうのであって、この点からも相当ではない」。

▶▶▶ 解　説

1　公務執行妨害罪で保護すべき公務

　公務の定義は、「国又は地方公共団体の事務」ということになる。そして、公務執行妨害罪で保護すべき公務は、権力的ないし非現業的公務に限るのかという点が、業務妨害罪における業務に公務を含むのかという観点とも絡んで争われてきた。

　判例は、公務には公務所において公務員が職務上なすべき事務の取扱い一切を含むとしてきた（大判明治44・4・17刑録17-601、最判昭和53・6・29刑集32-4-816）。国鉄の小荷物係駅手の役務（最判昭和24・4・26刑集3-5-637）や、中学校長の学力調査実施業務（最大判昭和51・5・21刑集30-5-615）にも公務執行妨害罪が成立するとされている。しかし有力説は、公務執行妨害罪の職務は権力的公務、ないしは非現業的公務に限るべきであると主張してきた。たしかに、私鉄の職務を暴行により妨害しても公務執行妨害罪ではないが、旧国鉄の業務を妨害したら公務執行妨害罪であるとするのは不均衡であった。私鉄も旧国鉄も同じく威力業務妨害罪で処断されるべきだとされたのである。

　しかし、権力的公務に限るとして、文科省の職員の行政事務が公務でないとするのも不合理である。国や地方自治体の行政事務は、たとえば経理事務のように私企業でも全く同様なものが存在しているものだとしても、暴行・脅迫を加えて妨害すれば、公務執行妨害罪とすべきである。非権力的・現業的公務であっても、税金によってまかなわれている公共的性格のものである以上、公務の円滑な執行については、やはり本罪による保護が図られるべきであろう。暴行・脅迫が加えられた場合には公務の持つ国家的遂行力・規範的妥当力を否定するものなので処罰する価値がある。ただし、大学の講義などは、私大と国公立（独立行政法人）で差を設けるべきではなく、国公立大学の講義は本条の公務からは除かれよ

う。多くの国民の利益にかかわり、暴力による妨害を特に排除する必要のある公務のみが本罪の対象となる。それは、【基本判例1】に関連して検討した、「強制力を行使する権力的公務」とは限らないのである。同時に業務妨害罪が成立することもありうる。両罪が成立する場合には、法益が異なるといっても、完全に一個の行為であり、観念的競合となる。

2　【基本判例2】の評価

　戦前からの判例の傾向は、昭和50年以降も変わっていないといえよう。①専売公社の労使紛争における立入禁止命令・退去命令の執行行為（最決昭和53・5・22刑集32-3-427）、②電電公社の電報局長の書類点検行為等（最判昭和53・6・29刑集32-4-816）、③郵政事務官の庁舎警備行為（最決昭和55・10・27刑集34-5-322）、④旧国鉄の気動車運転士が終業点呼を受けるため駅ホーム上を歩行していた行為（最決昭和54・1・10刑集33-1-1）、⑤旧国鉄の電車運転士が出区点検をする行為（最決昭和59・5・8刑集38-7-2621）等につき公務執行妨害罪を認めている。さらに、⑥県議会の委員長としての活動（最決平成1・3・10刑集43-3-188）についても認めている。

　そのような中で、最も新しい公刊判例が、【基本判例2】である。第1審判決は、【基本判例1】で検討した強制力説を強く意識したものである。その論旨は、公務執行妨害罪が公務員が職務を執行するにあたり、これに対して暴行、脅迫を加えた場合は公務執行妨害罪にあたるとしている以上、暴行、脅迫に至らない方法により公務員の職務を妨害した場合は公務執行妨害罪にはあたらないという形式的解釈に加えて、公務執行妨害罪における「公務」は強制力を行使することができることから、暴行、脅迫に至らない方法による妨害に対しては、自力により妨害を排除して、公務を遂行する力を持っているため、

暴行、脅迫による妨害行為のみを可罰的なものとし、この程度に至らない妨害行為についてはこれを不問に付したものと考えるべきであるから、強制力の行使を伴わない公務には公務執行妨害罪は成立しない、という実質論を展開する。

これに対し原審は、暴行、脅迫に至らない方法による公務妨害を公務執行妨害罪で処罰しないのは、公務執行妨害罪における「公務」が強制力を行使することができるからというわけではないとする。たしかに、95条が実行行為を「暴行、脅迫」と規定していることと公務執行妨害罪における「公務」について強制力を行使するものに限定することとは、論理的な必然性まではない。

ただ、同じ行為を業務妨害罪で処罰し、全公務について矛盾なく妥当な犯罪の成立が可能となるのであれば、判例の採用する「強制力説」の実質的基準、すなわち「強制力を伴う権力的公務」を用いて公務執行妨害罪の対象とする公務の限界を画することも、十分説得性のある議論である[1]。ましで、法改正により、公務執行妨害罪と業務妨害罪の「重さ」の差が縮まった現在、1審の判断の合理性が高まったともいえる。

しかし、警察実務から見れば明らかなように、業務妨害罪と公務執行妨害罪の罪質は明らかに異なる。業務妨害罪の解釈において、客体から除くべき公務の範囲の確定に際して、「強制力を伴う権力的公務か否か」を考慮することと、公務執行妨害罪の保護客体の解釈に際して「強制力を伴う権力的公務であること」を重視することは、完全に連動するものではない。パズルを解くように、「処罰範囲の間隙」が生じないように公務と業務の関係を整理する作業は、その罪に関する伝統的な理解や実務の運用の結果積み上げられてきた「類型性」によって補強される必要がある。

原審が挙げる、立法の経緯に基づく論拠は、必ずしも決定的なものではないが、業務妨害罪とは異なり、「公務の円滑な遂行」を保護する公務執行妨害罪は、国民全体の利益につながるものであり、「国民全体の利益の保護につながる事務か否か」という視点からは、強制力を行使する権力的公務でない公務を、類型として除外するのは、妥当ではないように思われる。

1) 広島高裁は、強制力を行使する権力的公務ではない公務については、業務妨害罪（法定刑は、3年以下の懲役または50万円以下の罰金）によってのみ処罰されるとすると、禁錮刑に処する余地をなくしてしまうのであって、この点からも相当ではないと批判する。しかし、この点は、実質的には重要ではないように思われる。禁錮刑をも認める理由、すなわち「国家法益に関わるものであること」「このような事務を、暴行脅迫で妨害された場合に、国民の利益に及ぶ危険の程度」の視点が大事なのである。

第 26 講 「法は家庭に入らず」の変容

> **論 点**
> ▶ 成年後見人が犯した窃盗罪（横領罪）について、被告人と成年被後見人との間に刑法 244 条 1 項ないし 2 項所定の親族関係があった場合、親族相盗例の適用（準用）はあるか。
> ▶ 親族相盗例は、内縁の配偶者にも適用または類推適用されることがあるか。
> ▶ 親族関係は、犯人と所有者、占有者の双方との間に必要か。

【基本判例 1】 最 1 小決平成 20 年 2 月 18 日（刑集 62 巻 2 号 37 頁・判タ 1265 号 159 頁）

事実の概要

被告人 X は、未成年者 A の母 B の母であり、B が病気で入退院するようになった平成 9 年ころから、B 方で B の看護や A の世話をするなどしていたが、B は多額の預貯金等を残して平成 13 年 6 月 12 日死亡し、A が B を相続し、また遺族年金、退職金等の受取人となった。X は、そのまま A と同居し、A の後見人候補者を X として福島家庭裁判所に後見人選任の申立てをし、A の後見人に選任されて就任し、A の預貯金の出納、保管等の業務に従事していた。そして X は長男（B の兄）Y とその妻 Z と共謀し、A の財産を業務上横領したという事案であった。

第 1 審は、被告人 3 名に対し、刑法 255 条、244 条 1 項（X につき）、2 項（被告人 Y につき）の親族相盗例を適用せず、刑法 253 条を適用した。これに対し弁護側が、各法条の解釈、適用を誤るものである等と争って控訴した。これに対し、原審は、後見人として被後見人である未成年者の財産を横領する行為は、たとえ後見人や共犯者が親族であっても、専ら親族間の親族関係に基づく関係で行われた場合とはいえず、親族相盗例を適用する余地はないとした。

決定要旨

最高裁は、X の業務上横領罪について、刑法 255 条が準用する同法 244 条 1 項により刑を免除すべきである等とする上告に対し、以下のように判示した。

「刑法 255 条が準用する同法 244 条 1 項は、親族間の一定の財産犯罪については、国家が刑罰権の行使を差し控え、親族間の自律にゆだねる方が望ましいという政策的な考慮に基づき、その犯人の処罰につき特例を設けたにすぎず、その犯罪の成立を否定したものではない（最判昭和 25・12・12 刑集 4-12-2543 参照）。一方、家庭裁判所から選任された未成年後見人は、未成年被後見人の財産を管理し、その財産に関する法律行為について未成年被後見人を代表するが（民法 859 条 1 項）、その権限の行使に当たっては、未成年被後見人と親族関係にあるか否かを問わず、善良な管理者の注意をもって事務を処理する義務を負い（同法 869 条、644 条）、家庭裁判所の監督を受ける（同法 863 条）。また、家庭裁判所は、未成年後見人に不正な行為等後見の任務に適しない事由があるときは、職権でもこれを解任することができる（同法 846 条）。このように、民法上、未成年後見人は、未成年被後見人と親族関係にあるか否かの区別なく、等しく未成年被後見人のためにその財産を誠実に管理すべき法律上の義務を負っていることは明らかである。

そうすると、未成年後見人の後見の事務は公的性格を有するものであって、家庭裁判所から選任された未成年後見人が、業務上占有する未成年被後見人所有の財物を横領した場合に、上記のような趣旨で定められた刑法 244 条 1 項を準用して刑法上の処罰を免れるものと解する余地はないというべきであ

る。したがって、本件に同条項の準用はなく、Xの刑は免除されないとした原判決の結論は、正当として是認することができる」。

▶▶▶ 解説

1 法は家庭に入らず

　法、特に刑事法は、謙抑的であるべきであると考えられてきた。そのことから、家庭内のことには、できる限り国家権力は介入すべきではないと考えられてきた。警察実務においても、民事不介入の原則と相まって重要な機能を果たしてきた。

　しかし、近時「一定の場合には、法は家庭に入るべきである」という流れが生じてきている。児童虐待防止法（平12年）、ストーカー規制法（平12年）、DV防止法（平13年）は、明らかに民事不介入の流れを変えた。警察にとっては、「桶川ストーカー事件」が非常に大きな意味を持った。埼玉県桶川市で平成11年10月、女子大生が殺害されたが、被害者の訴えを放置した警察の対応が厳しい批判を浴び、民事不介入の方針を転換した。市民の困りごと相談を積極的に受け入れるよう、組織の末端まで徹底した。それまで相手にしなかった男女関係のもつれや児童虐待など、被害者の訴えに耳を傾けるようになった。このため平成11年まで30万件台で横ばいだった相談件数が平成12年から激増しており、14年には100万件を突破している。そして、児童虐待の早期発見と事件化、児童買春・児童ポルノ事犯の徹底した取締り等を推進した。

　このような変化は、刑法の親族相盗例の解釈に微妙な影響を与えているように思われる。ただ、財産犯の場合には、別個の考慮に基づく議論が存在することに注意しなければならない。財産犯の保護法益の考え方の変化、処罰拡大の要請などと絡み合って複雑に発展してきたのである。

2 刑法255条（244条1項）の解釈

　刑法244条1項は、配偶者、直系血族または同居の親族との間で窃盗罪などを犯した者は、その刑を免除するとし、2項では、1項に規定する親族以外の親族との間で犯した場合には、親告罪とすると規定している。

　判例は、刑の免除を一身的処罰阻却事由であると説明してきた。244条1項を「法は家庭に入らず」という政策的規定であるとする（団藤重光『刑法綱要各論〔第3版〕』（創文社・1990）581頁、大塚仁『刑法概説（各論）〔第3版増補版〕』（有斐閣・2005）209頁）。親族における財産の管理・消費が共同体的な態様で行われることに着目して、親族間の財産秩序は親子や夫婦間など親族内部において維持させるほうが適当であるという政策的配慮から、国の刑罰による干渉を差し控えるという説明が有力である。

　これに対し、違法性または責任が減少、もしくは阻却されることにより、犯罪の成立自体が否定される趣旨であるとする見解も有力に主張されている。まず、他の犯罪と異なり財産犯にのみこのような規定があるのは、家庭内の財産の所有・占有形態が家庭外とは異なり家族の合有であり、財産が共同利用されているためであるとし、侵害しても違法性が軽微であるから、違法性の減少により刑が免除されるとも説明される（平野龍一「刑法の基礎・刑法各論の諸問題10」法学セミナー213号53頁）。また、責任阻却事由説も存在する。身分により法益侵害性が異なるのは妥当でないと考え、むしろ「親族間の窃盗は容易で起こりやすいものである」ということに着目すべきで、他人の物を盗むなと期待するのと同程度に、親族の物を盗むなと期待するのは困難であるとする（松原芳博「親族関係と財産犯」『刑法基本講座5巻』（法学書院・1993）321頁参照）。

　たしかに、親族間の財産侵害について違法性ないし責任が減少するという側面があることは否定し得ない。ほとんどの処罰阻却事由は、違法減少・責任減少を伴う。ただ、親族間について財産侵害の程度が類型的に小さいとはいえないであろう。違法減少説は、親族間であれば共有に準ずる関係があるとすることが多いが、他人間の共有の場合に共有者の1人が窃取すれば、窃盗罪の成立は肯定されるのである。その意味で、犯罪の成立を否定する見解のうち

では、期待可能性が減少するとする説明の方が説得的である。ただ、条文の構造から見て犯罪不成立説を採用することは困難である。刑の免除が有罪判決の一種であることは明らかで、犯罪の成立を否定したものとは解し得ないからである

3　内縁の妻との関係は家庭内ではない？

　最決平成18年8月30日（刑集60-6-479）は、被告人が、約4か月の間に前後7回にわたり、同居中の内妻が自宅内の同女の金庫に保管していた現金合計725万円を、同女が不在の間に、鍵の専門業者を呼んで金庫の鍵を開けさせるなどして窃取したという事案に関し、「刑法244条1項は、刑の必要的免除を定めるものであって、免除を受ける者の範囲は明確に定める必要があることなどからして、内縁の配偶者に適用又は類推適用されることはない」と明確に判示した。その範囲の明確性を担保するためにも、「内縁は除く」としたものとも考えられるが、244条の射程を限定しようとする方向性ははっきりしているように思われる。

　戦後のわが国では、民事の領域で、法律上の配偶者に認められる権利等を内縁関係にまで広げて解釈してきた。それは、内縁の配偶者の権利保護ないし生活保護等の観点に基づくものであったといえよう。ただそれは、当事者間の合理的意思解釈の観点からも説得性のあるものであった。この内縁関係を法的に保護する発想からは、親族相盗例の適用（または類推適用）についても、「実質的に家庭内と見るべき内縁関係」については、「法は家庭に入らず」の政策を適用すべきように思われる。もとより、通常の生活を想定した民事と犯罪を念頭においた刑事では、その前提とするものが異なるが、刑事においても、財産犯をその自律的な処理に任せてもよいという「家庭内」を、内縁関係にまで広げることは、むしろ自然のことであったようにも思われる。しかし、平成に入り、特に10年以降、公的な処理と対立する「家庭」の理解に変化が生じてきていたと思われる。

　内縁関係といっても、様々な態様のものが考えられる。それらを包括して、「親族相盗例」を適用するということには躊躇が生じてきていたといえよう。もちろん、法律上の配偶者と同様の関係を築いている内縁の配偶者間であれば、それが量刑判断に反映

するし、起訴裁量にも影響する。ただ、類型的に「免除」を認めるに値しない内縁関係が想定されるし、そもそも、「家庭内のこととして、公権力は介入すべきでないと考えられる家庭像」が揺らぎはじめてきていたのである。少なくとも、最高裁が「免除を受ける者の範囲の明確性に疑念が生じる」とするような事態が広く想定されるといえよう。

4　後見人と「家庭内」

　【基本判例1】においては、直系尊属であることは明白であるが、後見人でもある場合に、「家庭内」として、刑の免除を認めるか否かが争われた。XはAの祖母であるから刑法244条1項により刑を免除すべきであるように見えるが、親族相盗例の適用はないとしたのである。それは、「家庭内のことには刑罰権の行使を差し控えるべきである」という政策説からいかに説明されるのであろうか。

　この点、本件の1審判決は、「被後見人は後見人との間に直接の対等な信任関係が構築できないから、家庭裁判所がその間に入り、被後見人に代わって後見人との間の信任関係を構築して監督し、被後見人の財産の管理、処分等を委ねていると見ることができる。……後見人は、被後見人との間の信任関係に代わるものとしての家庭裁判所との間の信任関係を裏切って横領行為に及んだものであるから、家庭裁判所という親族でない第三者を巻き込んだことが明らかな本件犯行について、……親族相盗例を適用して刑罰権の行使を差し控えるべき余地はない」などと判示した。家庭裁判所が、横領罪における委託者にあたるとして、本件への親族相盗例の適用を排除したのである。

　その結論を維持した原審判決は、親族相盗例は、その趣旨から、当該犯罪が専ら親族間の親族関係に基づく関係において行われた場合にのみ適用があり、そうでない場合には適用は排除されるとした上で、「未成年者の後見人は、その地位に就くことで、専ら未成年者の保護の一環として法により未成年者の財産管理の権限を賦与されるとともに、家庭裁判所の監督を受けるなどするのであって、親族が親族間で親族関係に基づきその財産管理を委託等されているものではなく、ゆえにまた、親族だからといって法益侵害の程度が低くなる理由も、また、犯罪へ

の誘惑が高くなる理由もなく、政策的配慮をする必要性は実質的にもない。したがって、後見人として被後見人である未成年者の財産を横領する行為は、たとえ後見人や共犯者が親族であっても、専ら親族間の親族関係に基づく関係で行われた場合とはいえず、親族相盗例を適用する余地はない」と判示した。原審判決は、親族相盗例の適用を親族間の親族関係に基づく関係に限定すべきであるという実質的解釈を施したのである。

5 公的性格

弁護人は、①家庭裁判所は横領罪における委託者とはいえないし、仮に委託者であるとしても、横領罪においては、犯人と財物の所有者との間に親族関係があれば親族相盗例が適用されるべきであり、②被後見人の親族である後見人について、親族相盗例の適用を排除する規定はないなどとし、罪刑法定主義に違反しているなどとして上告した。

これに対し、最高裁は、「家庭裁判所から選任された未成年後見人が業務上占有する未成年被後見人所有の財物を横領した場合、未成年後見人と未成年被後見人との間に刑法244条1項所定の親族関係があっても、その後見事務は公的性格を有するものであり、同条項は準用されない」としたのである。最高裁は、未成年後見に関する民法の規定を踏まえ、「民法上、未成年後見人は、未成年被後見人と親族関係にあるか否かの区別なく、等しく未成年被後見人のためにその財産を誠実に管理すべき法律上の義務を負っている」とし、後見事務は公的性格を有するものであるとして、本件事案は刑法244条1項の射程外であるとした。そもそも、親族相盗例を支える政策が、「法は自律的に秩序を維持する機能を有している家庭に、公的介入をすべきでない」というものである以上、「すでに後見人選任という公的介入をしている家庭」は、244条の対象ではないと解することも十分合理性がある[1]。そして、実質的にも、後見制度が未成年被後見人の親族であるか否かによって差異を設けていないのに、後見人がその義務に反して財産犯罪を犯した場合、親族である未成年後見人のみ刑を免除されるのは不合理である。

なお、未成年後見人は、被後見人の財産を管理し、財産に関する法律行為について代表する権限を得るが（民法859条1項）、これは法律により与えられた効果であって、このことをもって、家庭裁判所が未成年後見人に財物を委託したと見ることはできないことは当然である。

1) 親族相盗例の適用を排除する根拠が、家庭裁判所から選任された未成年後見人の事務の公的性格にあるとすれば、「任意後見契約に関する法律」に基づく任意後見人にはこの考え方は及ばず、免除すべきことになるように見える。ただ、被後見人の利益を守るという「後見制度」の趣旨からすれば、本件判示が直ちに及ぶとはいえないにせよ、免除を認めない余地は存在する。家庭裁判所が職権で任意後見人を解任することを認めていない等の点は、必ずしも決定的なものとはいえないであろう。その意味で、公的性格を強調しすぎるのは疑問である。

【基本判例2】 仙台高秋田支判平成19年2月8日（判タ1236号104頁）

事実の概要

被告人Xは、Aの甥であり、平成15年1月10日、秋田家裁横手支部家事審判官により、Aの成年後見人に選任され、Aの財産管理等の業務に従事していたが、25回にわたり、M郵便局ほか4か所において、A名義の郵便貯金総合口座および普通預金口座から現金合計951万5000円を引き出し、Aのために業務上預かり保管中、自己の用途に費消する目的で、そのうちの合計827万1759円を着服して横領したという事案である。

弁護人は、本件は親告罪であるところ、その告訴は、告訴人が本件事実の概要を知った平成17年11月18日から、告訴期間である6か月以上が経過した平成18年5月19日になされた無効なものであるから、本件公訴は不適法であり、棄却されるべきである等と主張した。

> **判　旨**
>
> 　仙台高秋田支部は、親族相盗例は、親族間の一定の財産につき、その法律関係が親族間のみにとどまる場合には、国家が刑罰権の発動を差し控え、行為者と被害者との関係により、行為者の刑を免除し（刑法244条1項が適用ないし準用される場合）、あるいは親告罪として刑罰権の発動を被害者の意思に委ねる（同2項が適用ないし準用される場合）趣旨から、刑事政策的に設けられた規定であり、親族以外の者が当該財産犯罪に係る法律関係に重要なかかわりを有する場合には、「家庭内の人間関係」に限局されたものという性格を失っているとした上で、以下のように判示した。
>
> 　「業務上横領罪は、他人の委託に基づき、業務として物を占有する者が、その委託の趣旨に反し、その物を不正に取得して所有権その他の本権を侵害する犯罪であり、所有権その他の本権をその保護法益としている点で、本権を有する者がだれかということももちろん重要な犯罪要素であるが、行為の特質という面では、むしろ委託者との委託信任関係違背の点を中核的要素とするものであるから、これに親族相盗例が準用されるには、行為者と物の所有権その他の本権を有する被害者との間に親族関係が存在するだけではなく、行為者との委託信任関係を形成した者との間にも親族関係が存在することを要するというべきである。
>
> 　そして、被害者の親族が家庭裁判所により被害者の成年後見人に選任され、家庭裁判所の監督を受けながら被害者の財産を占有、管理する中で業務上横領罪を犯したという場合には、その成年後見人は、家庭裁判所の選任・監督という関与の下においてのみ被害者の財産を占有、管理し得る地位を保てるものというべきであるから、**被害者との間に親族関係が存在したとしても、親族関係の想定できない家庭裁判所との間で上記のような委託信任関係が形成されている以上、これに違背して行われた犯罪について親族相盗例の準用はあり得ない**と解するのが相当である」。

▶▶▶▶ **解　説**

1　本判決の特徴

　本判決も、争点は【基本判例1】と同様である。そして仙台高秋田支部は、親族相盗例の根拠についての政策説の立場から、親族以外の者が当該財産犯罪に係る法律関係に重要なかかわりを有する場合には、その者が被害者にあたらなくても、その法律関係は純粋に「家庭内の人間関係」に限局されたものとはいえないから、親族相盗例の適用ないし準用は排除されるとした。

　そして、業務上横領罪は、所有権その他の本権を保護法益とするが、行為の特質としては委託者との委託信任関係違背を中心的要素とするから、親族相盗例が準用されるには、行為者と被害者との間だけではなく、行為者との委託信任関係を形成した者との間にも親族関係が存在することを要する。そして、家庭裁判所との間で委託信任関係が形成されている以上、これに違背して行われた犯罪について親族相盗例の準用はあり得ないと解するのが相当であるとしたのである。

2　親族相盗例の免除の根拠と親族関係の範囲

　親族関係が犯人と誰との間に必要かに関しては、伝統的には、犯人と所有者、占有者の双方との間に必要であるとする見解が有力であった（団藤・前掲『刑法綱要各論』581頁、福田平『全訂刑法各論』（有斐閣・1988）229頁、大塚・前掲『刑法概説（各論）』208頁）。この、所有者・占有者の双方と犯人との間に親族関係を必要とする通説は、一般に244条の免除に関する処罰阻却事由説、政策説と結びつくと説明されてきた。「法は家庭に立ち入らない」ことが免除、親告罪の根拠である以上、所有者・占有者の双方が、行為者との間に親族関係が存在してはじめて、244条の適用が認められるとする（団藤・前掲581頁）。親族

相盗例の趣旨を「法律は家庭に入らず」という格言に求め、親族間の財産秩序は親族内部において維持すべきであると解する以上は、本特例は被害の処理が親族内部において可能な範囲にのみ及ぶと解すべきであると説明されているのである。

そして、財産犯の保護法益論とも結びつく。所有権と占有の両方が保護法益であるから、所有者、占有者双方との親族関係が必要であるとする主張や、「窃盗罪等の保護法益は所有権を基本としつつも、例外的に占有をも保護すると解すべきであるから、犯人と所有者および占有者双方との間に親族関係が必要」とする立場が妥当であるとしたのである。

判例も、犯人と所有者、占有者の双方との間に必要であるとしてきた。ただ、最判昭和24年5月21日（刑集3-6-858）が、占有者と親族関係にない事例に関し、244条は「その物件の所有権者と犯人との関係について規定したものではない」としたことをめぐって議論が錯綜することになった。最判昭和24年5月21日は、少なくとも表面的には、244条で問題となる親族関係は「犯人と占有者」との間についてのみであると解しうる判断を示した。もちろん、占有者との間に親族関係がない場合につき、244条の適用を認めないとした限りでは、それまでの判例を踏襲したものと考えられる。しかし、所有者と犯人との関係を問わないとも読むことができたため、仮に占有者との間には親族関係があるが所有者との間にはないという事案であったとすれば、所有者との親族関係を問わずに親族相盗例の適用を認めうるとも解し得たのである。当時の「判例の占有説への傾斜傾向」を考えれば、「刑法244条の親族相盗に関する規定は、窃盗罪の直接被害者たる占有者と犯人との関係についていうものであ」るとしている点を重視するのは、自然だったともいえる。

しかし、最決平成6年7月19日（刑集48-5-190）は「窃盗犯人が所有者以外の者の占有する財物を窃取した場合において、刑法244条1項が適用されるためには、同条1項所定の親族関係は、窃盗犯人と財物の占有者との間のみならず、所有者との間にも存することを要するものと解するのが相当であるから、これと同旨の見解に立ち、被告人と財物の所有者との間に右の親族関係が認められない本件には、同条項後段は適用されないとした原判断は、正当である」としたのである。

「窃盗罪は占有のみならず所有権（本権）をも保護法益とする」とする主張が、窃盗罪の成立自体につき「占有に加えて所有権も侵害しない限りは窃盗罪ではない」という趣旨であるならば、明らかに判例の採用する財産犯の保護法益論とは異なる。全く所有権を有しない窃盗犯人から奪っても、窃盗犯人に対する窃盗罪は成立する。現時点で最高裁も所持説は堅持している（最決平成1・7・7刑集43-7-607）。最決平成6年7月19日が保護法益論から結論を演繹したとすれば、最高裁の所持説を前提とする限り、犯人と占有者との間にのみ親族関係が存すれば足りるはずであった。

3 「法は家庭に入らず」という政策の変質

最決平成6年7月19日が、「親族関係は、窃盗犯人と財物の占有者との間のみならず、所有者との間にも存することを要する」としているのは、保護法益論から導かれたものではなく、244条の基本に存する政策説を再確認したものと解すべきである。

そして、所持説を採用することと、親族相盗例の親族関係を占有者との間のみで足りると解することとは、矛盾しない。「事件が家庭内でおさまっている限りにおいて法は介入しない」のであって、所有者が親族関係になければ、家庭外の者を巻き込んだ事件として、政策的に免除ないし親告罪とする根拠が失われると解されるからである。奪取罪において重要な位置を占める占有者が親族である以上、原則として家庭内の処理に委ねるほうが、刑事司法の謙抑性の視点から好ましいという政策判断も存在しうるが、「財物の所有者はその物の占有を他人に移すかぎり、その他人と親族関係にあるすべての者によって財物を処分されても刑法上の保護が受け難くなることは妥当ではない」（札幌高判昭和36・12・25高刑集14-10-681参照）であろう。

結論として、親族間の刑の免除は、違法性・有責性の減少と無関係ではないであろうが、政策的な理由を中心に説明すべきである。免除が有罪判決の一種であること、さらに244条3項が親族でない共犯者についての適用を排除していることも併せて考えるなら、一身的刑罰阻却事由と解さざるを得ない。しかし、前述のように「家庭内での処理」の要請は、現代日本社会では、次第に弱まってきているように

思われるのである。

4　委託信頼関係と親族関係

　本判決は、業務上横領罪は、所有権その他の本権を保護法益とするが、横領行為の特質は委託者との委託信任関係違背を中心的要素とするから、親族相盗例が準用されるには、行為者と被害者との間だけではなく、行為者との委託信任関係を形成した者との間にも親族関係が存在することを要するとする。

　たしかに、親族相盗例の横領罪への準用について、親族関係は、犯人と目的物の所有者との間だけではなく、委託者とのあいだについても存在することを要するという有力な学説が存在する。もとより、横領罪の保護法益について、「信頼関係」違反を考慮するにせよ、「委託信頼関係そのもの」を保護法益だとするわけではない。ただ、横領罪の成立にとって委託信頼関係違反が重要なものである以上、「親族相盗例の準用には、委託者と行為者との間に親族関係が存在することが必要である」ということは十分成り立つ判断といえよう。

　ただ、家庭裁判所を「委託者」とし、家裁との間の親族関係の欠如を問題にする構成には、不自然さを感じる面もあろう。「後見人に親族相盗例が適用ないし準用されて、刑が免除されることになる（刑法 244 条 1 項が適用ないし準用される場合）のは相当ではない」という結論自体は、今後定着していくと思われる。その論拠は、【基本判例 1】を基本に考えていくことになろうが、その前提として、刑事法が想定する家庭像の変容を認識しておく必要性があるように思われる。

5　実質的 244 条解釈と罪刑法定主義

　成年後見人を選任・監督する家庭裁判所との親族関係がないという理由で親族相盗例の準用を除外するには、その旨を明文で規定することが、罪刑法定主義の要請であるとする弁護人の主張に対し、【基本判例 2】は、「親族相盗例は、犯罪の構成要件についての規定ではなく、犯罪が成立することを前提に、その刑を免除する場合や公訴提起の条件として告訴を要する場合について規定したものにすぎないのであるから、刑法 242 条や同法 252 条 2 項と同列に論じることはできない。行為者は、刑法 235 条や同法 253 条の規定により何が刑法において禁じられた窃盗罪や業務上横領罪に該当する行為であるかについて事前に認識し得る状態におかれているのであるから、犯罪が成立することを前提に、例外的に刑の免除があり、あるいは告訴が公訴提起の要件になるというにとどまる親族相盗例につき、それ自体が相当にあいまいで不明確な規定であるならば格別、その規定の解釈につき所論のような反対説があり得るというだけでは、罪刑法定主義ないしその精神に反する規定の仕方であるということはできない」と判示している。

　判示内容は、説得性のあるものであろう。ただ、より一般化していえば、そして、【基本判例 1】をも併せて考えた場合、「政策説に立ち、後見人による犯行に親族相盗例を準用することは、後見制度等の政策的な趣旨に合致しないという理由で、後見人への親族相盗例の適用・準用を否定するのは、罪刑法定主義に反する」とする批判が考えられる。244 条 1 項は、「配偶者、直系血族又は同居の親族との間で窃盗罪などを犯した者は、その刑を免除する」と言い切っているのである。

　ただ、この批判に対しても、親族相盗例は、犯罪の構成要件についての規定ではなく、犯罪が成立することを前提に、その刑を免除する場合を示すものであることが重要である。

　「配偶者には内縁の者は含まないか」というのと同じ形で、「後見人は本条の『直系血族』に該当するのか」という論じ方のみが許されるわけではない。【基本判例 1】の「後見の事務は公的性格を有するものであって、家庭裁判所から選任された未成年後見人が、業務上占有する未成年被後見人所有の財物を横領した場合に、上記のような趣旨で定められた刑法 244 条 1 項を準用して刑法上の処罰を免れるものと解する余地はない」とする実質的解釈論も、十分成り立つものなのである。

第 27 講　利益強盗罪について

> **論 点**
> ▶相続の開始による財産の承継を目的として被相続人を殺害しようとした行為は、利益強盗を構成するか。
> ▶キャッシュカードの占有を取得できる状態で、同カードの占有者に脅迫を加えて同キャッシュカードの暗証番号を強いて聞き出した行為は、利益強盗に該当するか。

【基本判例 1】　東京高判平成 1 年 2 月 27 日（高刑集 42 巻 1 号 87 頁・判タ 691 号 158 頁）

事実の概要

被告人 X は、Y 女と共謀の上、同女の両親である A・B を殺害して、A・B の全財産につき唯一の相続人である Y に相続を開始させて財産上不法の利益を得るとともに、現場にある現金等を強取する旨の共謀を遂げ、上記計画を実行に移すべく、深夜 A・B 方に赴き就寝中の両名にカッターナイフで切りつけるなどの犯行に及んだが、A・B に激しく抵抗されたため、傷を負わせたにとどまり、財産上不法の利益はもとより金品強取にも至らなかったという事案である。第 1 審は、相続による財産の承継は刑法 236 条 2 項の「財産上の不法の利益」に該当するとし、同条項および現金の強取未遂に関する 236 条 1 項の強盗殺人の未遂罪の成立を認めた[1]。

1) 第 1 審の横浜地川崎支判昭和 63 年 12 月 14 日（判タ 691-160）は「本件のように被害者の相続人たる地位を有する者が被害者を殺害して相続名下にその財産を奪おうとする行為が、刑法 236 条 2 項の『財産上不法の利益』を得ると解することができるかについては、相続が被相続人の積極消極の全ての権利義務を承継するという性質のもので、その対象が包括的、抽象的であることから、相続による被相続人の財産の承継を『財産上不法の利益』と解することはできないとする立場も有り得ると思われる。しかしながら、相続による財産の承継は、その対象が包括的、抽象的であるといっても、実際に相続人が承継するのは、被相続人の所有する不動産や預金等具体的な物や権利であり、ただその総体として対象が包括的、抽象的であるにすぎないことに鑑みれば、相続名下に財産を奪おうとする行為は、あたかも被害者に暴行脅迫を加え、被害者の所有する不動産を強取し、あるいは被害者の預金を強取するなど被害者の全財産についてそれぞれ強取行為を行うことを、被害者の殺害という 1 つの行為によって同じ効果を達するものと解することができるのであって、このように考えれば、その対象が包括的、抽象的であるとはいえないと思われる。そして、被害者の相続人たる地位を有する者は、被害者を殺害することにより、相続人として被害者の権利者としての地位を譲り受けるのであるから、例えば債務者が債権者を殺害して債権者の債権の追及を事実上免れるという単なる事実上の利益以上の法律上の利益を得るものである。従って、相続による被相続人の財産の承継は、具体的な財物及び利益の総体として、『財産上不法の利益』と評価することができると考えられる。そうすると、本件において、X は、前記のとおり、共犯者 Y の両親を殺害して、Y に相続を開始させてその両親の財産を相続名下に取得させ、また、殺害の際にも現場にある現金等も強取する意思があったと認められるから、判示のとおり、双方の意味で強盗殺人未遂罪が成立する」とした。

判 旨

これに対し、東京高裁は、「原判決が、相続による財産の承継を右条項にいう財産上の利益に当たると解して訴因変更の上、その点を含めて事実を認定判示し、その全体を強盗殺人未遂罪として処断しているのは是認できない」として原判決を破棄し、1 審に差し戻した。

「刑法236条2項の強盗は、暴行、脅迫によって被害者の反抗を抑圧した上、その意に反して不法に財産上の利益を得ることを、同条1項所定の財物の強取に匹敵すると評価し、これと同様に処罰しようとするものであるから、その対象となる財産上の利益は、財物の場合と同様、反抗を抑圧されていない状態において被害者が任意に処分できるものであることを要すると解すべきところ、現行法上、相続の開始による財産の承継は、生前の意思に基づく遺贈あるいは死因贈与等とも異なり、人の死亡を唯一の原因として発生するもので、その間任意の処分の観念を容れる余地がないから、同条2項にいう財産上の利益には当たらない。それ故、相続人となるべき者が自己のため相続を開始させる意図のもとに被相続人を殺害した場合であっても、強盗殺人罪に問擬するものではなく、単純な殺人罪をもって論ずべきであり、右の意図は極めて悪質な動機として情状の上で考慮すれば足りるのである。

原審は、相続により財産権が移転する面のみを重く見すぎた結果、刑法236条2項の解釈を誤り、そのため、動機に過ぎない事実を同条項の犯罪構成要件を充足する事実として訴因に付加することを許可した上、この点を含めて事実を認定判示し、その全部につき強盗殺人未遂の法条を適用処断したのであって、付加された訴因の重大性に鑑み、右の各違法が判決に影響を及ぼすことは明らかである」。

▶▶▶ 解　説

1　財産上の利益の意義

窃盗罪は利益については成立しないが、強盗罪や詐欺罪については2項に「利益に対する罪」が規定されている。暴行・脅迫ないし欺罔により「財産上不法の利益を得、又は他人にこれを得させた者」を罰する。利益の移転、すなわち「利益を得」「利益を得させた」ことの立証に困難さを伴うため、実務上は、できるかぎり財物に関する「1項の罪」として立件しようとする傾向が見られる。しかし、それには限界がある。やはり、利益に対する罪を正面から認めざるを得ない場合がある。ただ、「利益」は財物に比べて、その外延が緩やかである。不作為犯と類似した、困難な問題が伴う。罪刑法定主義の視点から、「利益」を明確な範囲に限定する力が常に働く。しかし、一方で、処罰価値の高い事象が登場し、それへの対応も迫られるのである。

2項犯罪の解釈論の争点は、①「財産上の利益」をどのようなものに限定するのかと、②どのような場合に利益が移転したといえるかにある。

財産上不法の利益を得るとは、「不法な利益」を得ることではなく、不法に利益を得ることを意味する。積極的な財産のみならず、消極的財産の減少を含む。具体的には、債権者に暴行・脅迫を加え支払い請求を不能として金銭債務の支払いを免れる（最判昭和32・9・13刑集11-9-2263）、債権証書を認めさせる（朝鮮高等法院大正3・8・13朝高録2-248）、自動車運賃の支払いを免れる（大判昭和6・5・8刑集10-205、名古屋高判昭和35・12・26高刑集13-10-781）、飲食代金の支払いを免れる（大阪地判昭和57・7・9判タ486-183）、山林の伐採を承諾させる（東京高判昭和37・8・7東高時報13-8-207）等が含まれる。さらに、暴行・脅迫を手段として不動産を侵奪した場合も、不法に財産上の利益を得たといえよう（前田・各論274頁、さらに『大コンメンタール刑法⑿〔第2版〕』（青林書院・2003）346頁参照）。

財物以外のすべての財産上の利益を意味し（大判明治43・5・31刑録16-995）、事実上の経済的利益も含まれるとし、利益自体が不法でも利益強盗は成立しうるとされるなど、①「利益」を限定することにより2項強盗の処罰範囲を限定しようとするよりは、②利益の移転の有無が問題とされてきた。

2　処分行為と利益の移転

強盗の場合は、利益の移転の有無を判定するために処分行為が用いられてきた面がある。ただ、利益強盗罪も強盗罪である以上、被害者の意思に反して利益を得る行為であり、詐欺・恐喝のような「被害者の意思に基づく処分・交付」は不要なはずである。ところが、判例は財産上の処分を強制することが利益強盗罪の成立上必要であるとしてきたのである

（大判明治 43・6・17 刑録 16-1210）。そして学説の中にも、1 項の強盗罪が占有移転という外形的事実によって成立する以上、利益強盗罪の場合も処分行為という利益の移転を明確化するメルクマールが必要だとする見解もみられた。

しかし、最判昭和 32 年 9 月 13 日（刑集 11-9-2263）は、身寄りのない老人である債権者を殺害しようとした事案につき、事実上債権者として支払いの請求をできなくすれば利益強盗罪が成立するとして、明示的な処分行為を不要とした[2]。そして、大阪高判昭和 59 年 11 月 28 日（判タ 555-344）も、サラ金の取立てに来た者を殺害した事案につき、債務の支払いを免れた強盗殺人罪であるとし、浦和地判平成 11 年 9 月 29 日（判タ 1056-281）は、債権者の老夫婦を絞殺して財産上不法の利益を得た銀行員につき本罪の成立を認めた（さらに大津地判平成 15・1・31 判タ 1134-311 参照）。

たしかに、被害者の反抗抑圧を要求する強盗罪の罪質からは、任意の処分を要求するのは不合理だし、殺害して財物を奪う場合とのバランスからいっても、殺害して債務を完全に免れれば利益強盗は成立しうるはずである。

ただ、「処分行為不要説」をとらざるを得ないとしても、単に債権者を殺したというだけで、利益強盗の既遂が常に成立することになるわけではないだろう。それを「処分行為」という概念で説明するのは妥当でないにせよ、事案ごとに「利益」の移転時期（既遂時期）を慎重に特定する必要がある。たとえば、債権者を殺害しても、債務の存在が明白で相続人がその履行を即時に要求し得るような場合には、財産上の利益を得たとはいえないであろう。しかし、相続人が債権を行使する可能性が少しでもあれば利益は移転しないとするのも狭すぎる。一定程度の「危険性」をもって利益の移転とすることになるのである。それは、債務の支払いを一時的に免れる場合も「財産上の利益を得た」ことになることとの均衡からも導かれる。その意味で、債権の行使を当分の間不可能ならしめて、相当期間の支払い猶予を得たのと同視しうるような場合には、財産上の利得があったと認めるべきである（前掲大阪高判昭和 59・11・28）。

それに対し、暴行手段で飲食代金の支払いを免れて逃走したり、タクシーの代金の支払いを免れて逃走する場合は、その時点で既遂に達したといえよう。その時点以降、債権を取り立てることは事実上不可能に近いからである。それゆえ、タクシー運転手を代金を免れる目的で殺害した場合は、その時点で財産上の利益を得たと解すべきなのである（大判昭和 6・5・8 刑集 10-205）。

2）最判昭和 32 年 9 月 13 日（刑集 11-9-2263）は、「債権者をして支払の請求をしない旨を表示せしめて支払を免れた場合であると、右の手段により債権者をして事実上支払の請求をすることができない状態に陥らしめて支払を免れた場合であるとを問わず、ひとしく右 236 条 2 項の不法利得罪を構成する」とした。

3 【基本判例 1】の評価

本件の特徴は、債権者を殺害することによって債務の支払いを免れるというのではなく、殺害して「相続人」の地位を得ることを意図したという点にある。

原審が、被害者の相続人たる地位を有する者は、被害者を殺害することにより、相続人として被害者の権利者としての地位を譲り受けるのであり、債権の追及を事実上免れるという単なる事実上の利益以上の法律上の利益を得るもので、相続による被相続人の財産の承継は、具体的な財物および利益の総体として、「財産上不法の利益」と評価することができるとしたのに対し、東京高裁は、「相続の開始による財産の承継」は財産上の利益にはあたらないので、2 項強盗罪は構成せず、自己のため相続を開始させる意図のもとに被相続人を殺害する行為は、単純な殺人罪にすぎず、そのような意図は極めて悪質な動機として情状の上で考慮すれば足りるとしたのである[3]。

被相続人の殺害も、殺害時の相続による利益は、抽象的で不確定な面があり、相続を経由する利益の取得は「強取」といいにくい面もある。相続には一定の法的手続が必要で、単に被相続人を殺しただけでは、利益の移転は認められず、被相続人の殺害は 2 項強盗を構成しないとした本件判決は、その範囲では、理解できないことはない（一方、タクシー運転手を代金を免れる目的で殺害した場合は、その時点以降債権を取り立てることは事実上不可能に近いから、殺害時点で財産上の利益を得たと解すべきである）。ただ、

財産は「被害者が任意に処分できるものであること を要する」として、あたかも処分意思が必要だとしている点は問題である。そして、それ以上に、236条2項の成立範囲を、利益の移転時期の問題から、「利益の意義」に移したことに問題がある。もちろん「利益の意義」を論じる意義は存在するが、移転の時期との関係を切り離すことは、問題を混乱させるのである。「どの段階に至れば、利益が移ったといえるのか」「どのような状況下であれば利益が移転したといえるのか」という視点が重要なのである。

この点、【基本判例1】の核心部分は、①236条2項の強盗は、暴行、脅迫によって被害者の反抗を抑圧し「意に反して」不法に財産上の利益を得るのであるから、財産上の利益は、財物の場合と同様、反抗を抑圧されない状態において被害者が任意に処分できるものであることを要し、②相続の開始による財産の承継は、生前の意思に基づく遺贈あるいは死因贈与等とも異なり、人の死亡を唯一の原因として発生するもので、その間任意の処分の観念を容れる余地はないから、同条2項にいう財産上の利益にはあたらない、ということになる。

しかし、「相続を開始するか否かは、死亡の有無のみで決まり、被相続人の自由にはならない」ということから、どうして被相続人が相続によって得られる財産的利益を強取したとはいえないという結論になるか、はっきりしないのである。そもそも、任意の処分の可能性がない利益は、強盗の客体にならないのであろうか。暴行・脅迫で事実上奪うことのできる財産上の利益であれば、十分なのではないかという疑問が生じる。

3) 高部道彦・警察学論集42巻5号（1989）154頁、前原捷一郎・判タ737号（1990）31頁、林幹人・判例セレクト89号（1990）35頁、中森喜彦『判例刑法研究6』（有斐閣・1983）273頁参照。

4　神戸地判平成17年4月26日

同じく「財産上の利益」の範囲を限定することにより、利益強盗罪の成立を否定した例として、会社の経営権等の「経営上の権益」は「財産上の利益」には該当しないとした神戸地判平成17年4月26日（判タ1238-343）を見ておくことにする。被告人らが、個室マッサージ店の実質的な経営者であった被害者を殺害して同店舗の経営を承継したとして、経営上の権益を強取したという2項強盗殺人罪で起訴された事案である。

神戸地裁は、「被害者を殺害することによって、被告人において被害者が持っていた『経営上の権益』を入手したと見る余地もあり、これを強取したとする検察官の主張もあながち理解できないではない」としつつ、「単なる殺人罪ではなく奪取罪の1つである2項強盗殺人罪が成立するためには、1項強盗罪における財物の強取と同視できる程度に、その殺害行為自体によって、被害者から『財産上の利益』を強取したといえる関係にあることが必要と解される」とし、本件における「経営上の権益」（同グループ全体を経営する地位）が、被害者が死亡した場合に被告人に当然に引き継がれるという法律関係等が存していたわけではないとして、2項強盗殺人罪の成立を否定した[4]。神戸地裁は結論として、「経営上の権益は236条2項の『財産上の利益』に当たらない」とするのである。

しかし、「経営権」のようなものが、およそ「財産上の利益」には該当し得ないとするわけにはいかないであろう。その強取手段として、経営権者の殺害以外のものも論理的に存在し得ないとはいえないであろうし、被害者を殺害すること自体によっても、経営上の権益が行為者に事実上移転しうる事情の存在も、排除し得ない。神戸地裁も「本件の事実関係のもとでは」ということを留保しているのである。

本件において被告人は、被害者殺害後、その後継者として「経営上の権益」を、実質的にはおおむね掌握したとされているが、それは被害者殺害そのものから直接得られた利益とはいえない。その点こそが、2項強盗罪の成立を否定した実質的理由と解すべきであろう。被害者が死亡後に、被告人のグループ内の地位が相対的に上がったとしても、それだけでは、財産上の利益とはいえない。経営者の殺害ということだけでは、経営上の権益が移転したとは評価し得ないのである。具体的事実関係の下で、財物強取と同視できる程度に具体的・現実的な財産的利益の移転の認定が重要なのである。

4) 神戸地裁は「関係各証拠によれば、被告人は、被害者殺害発覚後、同グループの有力者であるZとの間で今後のグループ経営をどうするかについて話合いを持ち、被告人が代表者になることでZの同意を取

り付けていること、その後、何回かにわたり幹部従業員が集まった席で、被告人あるいはZやWから、出席者にその方針が示され、内心反対の者はいたものの、表面的には特段の異論が出ることはなく受け入れられていったことが認められ、このような経過からしても、殺害行為自体によって、被害者から『経営上の権益』が移転したとはいい難い」としている。

【基本判例2】 東京高判平成21年11月16日（判タ1337号280頁・判時2103号158頁）

事実の概要

被告人Xは、金品窃取の目的で、被害者A方に侵入し、Aが寝ているのを確認するとともに、隣室に財布が入ったバッグを発見したことから、Aが目を覚ましてもすぐには見えない和室の隅の壁際にバッグを移動させた。その上で、バッグ内から財布を取り出して確認したところ、キャッシュカード数枚が入っていたことから、Aを包丁で脅して暗証番号を聞き出し、キャッシュカードで現金を引き出そうと決意した。そこで、Xは、キャッシュカードの入った財布は帰り際に持ち帰ることとしてバッグ内に戻した上、包丁をAに突きつけながら、「静かにしろ。一番金額が入っているキャッシュカードと暗証番号を教えろ。暗証番号を教えて黙っていれば、殺しはしない」などと言って脅迫し、Aから暗証番号を聞き出した。

第1審判決は、XがAから窃取に係るキャッシュカードの暗証番号を聞き出したとしても、財物の取得と同視できる程度に具体的かつ現実的な財産的利益を得たとは認められないとし、刑法236条2項の「財産上不法の利益」とは、「移転性」のある利益に限られ、同項に該当するためには、犯人の利益の取得に対応した利益の喪失が被害者に生じることが必要であると解した上で、Xが暗証番号を聞き出したとしても、キャッシュカードの暗証番号に関する情報がAとXとの間で共有されるだけで、本件被害者の利益が失われるわけではないから、Xが「財産上不法の利益を得た」とはいえないとして強盗罪の成立を否定し、強要罪が成立するにすぎないとした。検察官が、法令の適用の誤りを主張して控訴した。

判旨

東京高裁は以下のように判示して、2項強盗罪の成立を認めた。

「キャッシュカードを窃取した犯人が、被害者に暴行、脅迫を加え、その反抗を抑圧して、被害者から当該口座の暗証番号を聞き出した場合、犯人は、現金自動預払機（ATM）の操作により、キャッシュカードと暗証番号による機械的な本人確認手続を経るだけで、迅速かつ確実に、被害者の預貯金口座から預貯金の払戻しを受けることができるようになる。このようにキャッシュカードとその暗証番号を併せ持つ者は、あたかも正当な預貯金債権者のごとく、事実上当該預貯金を支配しているといっても過言ではなく、キャッシュカードとその暗証番号を併せ持つことは、それ自体財産上の利益とみるのが相当であって、キャッシュカードを窃取した犯人が被害者からその暗証番号を聞き出した場合には、犯人は、被害者の預貯金債権そのものを取得するわけではないものの、同キャッシュカードとその暗証番号を用いて、事実上、ATMを通して当該預貯金口座から預貯金の払戻しを受け得る地位という財産上の利益を得たものというべきである。

原判決は、キャッシュカードが盗難に係るものである場合には、銀行が払戻しを拒む正当な理由があることもその論拠としているが、被害者等からキャッシュカードの盗難届等が出されない限り、銀行側において被害の事実を知り得ず、犯人はATMによって預貯金の払戻しを受けられるのであるから、こ

の点は2項強盗の罪の成立を妨げる理由とはならない（もとより、一旦成立した犯罪がその後盗難届等が出されたことなどによって消滅するものでもない。）」。

「原判決は、刑法236条2項の財産上の利益は移転性のあるものに限られるというのであるが、**2項強盗の罪が成立するためには、財産上の利益が被害者から行為者にそのまま直接移転することは必ずしも必要ではなく、行為者が利益を得る反面において、被害者が財産的な不利益（損害）を被るという関係があれば足りる**と解される（例えば、暴行、脅迫によって被害者の反抗を抑圧して、財産的価値を有する輸送の役務を提供させた場合にも2項強盗の罪が成立すると解されるが、このような場合に被害者が失うのは、当該役務を提供するのに必要な時間や労力、資源等であって、輸送の役務そのものではない。）。

そして、本件においては、Xが、ATMを通して本件口座の預金の払戻しを受けることができる地位を得る反面において、本件Aは、自らの預金をXによって払い戻されかねないという事実上の不利益、すなわち、預金債権に対する支配が弱まるという財産上の損害を被ることになるのであるから、2項強盗の罪の成立要件に欠けるところはない」。

▶▶▶ 解　説

1　キャッシュカードの暗証番号を強いて聞き出す行為と強取

【基本判例2】は、窃取に係るキャッシュカードの暗証番号を強いて聞き出した場合につき、2項強盗の成立を認めた判例である[1]。ATMを通して当該預貯金口座から預貯金の払戻しを受けうる地位という財産上の利益を、事実上、得たものとした。

ただ、その原判決は、①刑法236条2項の「財産上不法の利益」とは、「移転性」のある利益に限られ、②犯人の利益の取得に対応した利益の喪失が被害者に生じることが必要であるとし、③Xが暗証番号を聞き出したとしても、キャッシュカードの暗証番号に関する情報が本件AとXとの間で共有されるだけで、本件Aの利益が失われるわけではないから、Xが「財産上不法の利益を得た」とはいえないとして、強盗罪の成立を否定し、強要罪が成立するにすぎないとした。

これに対し、東京高裁は、キャッシュカードとその暗証番号を併せ持つことは、それ自体財産上の利益とみるのが相当であるとしたのである。被害者の預貯金債権そのものを取得するわけではないものの、同キャッシュカードとその暗証番号を用いて、事実上、ATMを通して当該預貯金口座から預貯金の払戻しを受けうる地位という財産上の利益を得たものというべきであると説明する[2]。

そして、原判決が、「財産上の利益は移転性のあるものに限られる」とする点について、「暴行、脅迫によって被害者の反抗を抑圧して、財産的価値を有する輸送の役務を提供させた場合にも2項強盗の罪が成立すると解されるが、このような場合に被害者が失うのは、当該役務を提供するのに必要な時間や労力、資源等であって、輸送の役務そのものではない」とするのである。

1) 本判決については、古宮久枝検事による詳細な検討が、すでに加えられている（「窃取に係るキャッシュカードの暗証番号を強いて聞き出し、事実上、同口座から預金の払戻しを受け得る地位を取得したことにつき、2項強盗の成立を認めた事例」研修741号（2010）33頁）。

2) 東京高裁は、「被告人が暗証番号を聞き出したとしても、情報が被告人と被害者の間で共有されただけで、被害者の利益が失われるわけではない」との原判決の説明は、「暗証番号が情報であることにとらわれ、その経済的機能を看過したもの」と批判する。

2　利益の移転適合性

たしかに、利益強盗罪の客体を「移転性のある利益」に限定することは妥当ではない。【基本判例2】が指摘するように、サービス（役務）を不正に提供させても、提供者からサービスが失われるわけではないので、移転性要求説では、サービスについては2項強盗罪が成立しなくなる可能性が生じてしまい、

不合理である。ほぼ同様に、被害者から情報を暴行・脅迫を加えて聞き出しても、被害者は、情報を失うわけではないので、2項強盗の成立の余地がないことになるが、それでは1項強盗と同価値の行為でも処罰し得ないことになり、不当である。

この点に関し、古宮検事が非常に鋭い指摘をしておられる（前掲・研修741号42頁）。暴行・脅迫を用いて抵抗できなくし、「金を引き出してこい」と言い、被害者をATMまで連行して被害者自身にATMを操作させ、現金を引き出して手渡しさせた事例や、暴行・脅迫を用いて抵抗できなくし、被害者をATM近くまで連れて行った上、「暗証番号を言え」と言って暗証番号を聞き出し、被害者をその場で確保しながら、行為者自身が、ATMを操作して現金を引き出した場合は、1項強盗が成立するが、暴行・脅迫を用いて抵抗できなくし、「暗証番号を言え」と言って被害者から暗証番号を聞き出し、被害者を解放した後に、行為者自身が、ATMを操作した場合は2項強盗になり得ないとするのは、均衡を失するという指摘である。

たしかに、2項強盗の処罰範囲を確定するために、「財物を強取したのと同視できる」という基準は、必要かつ有効なものといえよう。しかし、そうだからといって、1項における「財物の占有の移転」と同じ関係が、2項の「利益の移転」にも求められるわけではない。それを要求することにより処罰範囲が明確化する面はあるが、それが「処罰範囲の妥当性」を導くわけではない。占有移転が可視的な財物に対し、そもそも利益には「占有」はない。財物の占有移転と同じような意味での「移転」を要求することに無理があるともいえるのである。

「財物を強取したと同視できる」とは、被害者が事実上管理し提供することが可能な状態にある利益を、行為者が被害者の意思に反して容易に享受・利用できる状態にさせることも含むと考えるべきであろう。利益強盗の成立範囲を、暴行・脅迫により被害者の管理下にあった利益がそのまま行為者に移転する場合に限定するのは、狭すぎる。本件のように、カードを窃取した者が、暴行・脅迫を加えて暗証番号を聞き出す行為には、「強盗」としての当罰性を十分に有するものが含まれている。

3 財物強取と同視できる程度に具体的かつ現実的な財産的利益の移転の認定

1項強盗との同価値性・同等性を重視すると、「移転性のある利益か否か」という二者択一的判断ではなく、「財物と同様の具体的、現実的利益が認められるか」という「量的」判断が重要となる。その場合には、具体的事情を総合的に判断する必要がある。問題となる利益の性質、犯人と被害者の従前からの関係等の諸事情を総合考慮して判断しなければならないのである。

暗証番号の聞き出し行為に関していえば、①行為者がカードを窃取して持っており、②暗証番号を聞き出すことができれば、原則として、③被害者の預貯金の払戻しを受けることができるという利益を得たと評価できる。キャッシュカードを使用し暗証番号を入力するなどATM機を操作しさえすれば、容易に「預貯金の払戻し」が可能となるからである。1項強盗との同価値性から「預貯金の引き出しに成功していない以上、具体性・現実性を欠く」とするのは妥当ではない。そのように限定するのであれば、1項強盗に加えて2項強盗を設けた意味が極めて少なくなる。「現実に引き出したのと同視しうるような状態」であれば、財産上の利益と考えうるのである。

カードが盗難に遭っているので、銀行が払戻しを拒むこともある。しかし、盗難届等が出されない限り、銀行等は被害の事実を知り得ないので、ATMによって預貯金の払戻しを受けることは容易だといえよう。そして、一旦成立した強盗罪がその後盗難届等が出されたことなどによって、遡って「処罰に値しないもの」となることはない。

また、被害者がうその暗証番号を教える可能性もないとはいえず、暗証番号を聞き出しただけでは現実的かつ具体的な利益であるとはいえないとの批判も考えられるが、反抗を抑圧するような暴行・脅迫が加えられても「虚偽の暗証番号」を答える可能性がそれほど高いとは考えられない以上、暗証番号の聞き出しは「具体的かつ現実的な財産的利益を得る行為」と評価しうる。なお、暗証番号そのものではなく、それを推測させる生年月日とか電話番号を言わせるだけであれば、利益の具体性・現実性は低いものとなろう。

4 暗証番号を聞き出すために被害者を殺害した事案

【基本判例2】と基本的に同一の判断を示したものとして神戸地判平成19年8月28日（研修724号（2008）111頁参照）がある（1審で確定している）[3]。

被告人Yは、V女方に侵入しキャッシュカード合計2枚を窃取し銀行において暗証番号を推測して入力するなどして、同銀行のATM機から現金を引き出して窃取しようとしたが、入力した暗証番号が間違っていたことから未遂に終わったため、再びV女宅に侵入し暗証番号を強いて聞き出そうと、鉄パイプ（長さ約105cm、重量約1300g）で殴りかかる構えをとりながら、「キャッシュカードの暗証番号を言え」などと語気鋭く要求したが、V女がこれに応じなかったため、殺意をもって鉄パイプの先端でV女の顔等を3、4回突き刺すなどの暴行を加えたが暗証番号を聞き出すことはできず、V女を脳挫傷等により殺害したという事案である。検察官は、被害者名義のキャッシュカードを窃取していたYが、その暗証番号を聞き出す目的で、V女に暴行・脅迫を加えて暗証番号を聞き出すことに成功すれば、Yは、236条2項の「財産上の利益」にあたる「V女名義の預貯金口座の払戻しを受け得る地位」を取得したといいうるものと判断し、住居侵入、（1項、2項）強盗殺人により起訴した。

神戸地判平成19年8月28日は、「2項強盗における『財産上不法の利益』には、事実上の経済的利益も含まれると解せられるが、一般に、行為者が被害者に暴行、脅迫を加え、あるいは殺害した結果、事実上、行為者が何らかの経済的利益を得る場合は少なくないから、その全てが刑法236条2項の『財産上不法の利益』に該当すると考えるのは妥当ではなく、同条項が、財物奪取罪としての1項強盗に引き続いて規定され『財物』と同等の財産的価値を有する財産的利益についても財産罪としての保護を与えるために定められたものであるという趣旨に照らし、同条2項の『財産上不法の利益』とは、財物と同視できる程度に具体的かつ現実的な財産的利益をいうと解すべきである。これを本件についてみると、キャッシュカードとその暗証番号があれば、ATMを用いて、機械的かつ確実に預貯金口座の金銭を入手することができるという、ATMを使用した場合における今日の預貯金の払戻しの取引実態に鑑みると、キャッシュカードとその暗証番号を併せ持つことは、ATMを操作してその預貯金残額の範囲内で金銭の払戻しを受ける地位を得ることであるといえ、このような経済的利益は、同条2項にいう『財産上不法の利益』として財物と同様に保護するのに十分な具体性、現実性をもった利益であるとみるのが相当である」旨判示し、2項強盗（殺人）罪の成立を認めた（なお、利益強盗殺人の未遂としている）。

やはり、カードを取得した盗犯が、暗証番号を聞き出すために被害者の生命・身体に害を加える行為は、容易に想定されるのであり、暗証番号を知るということは、「財産上の利益」に該当すると解すべきなのである[4]。

3) 本判決については、樋口正行「事前に被害者方からキャッシュカードを窃取していた犯人が、その暗証番号を聞き出す目的で被害者に暴行・脅迫を加えて殺害した行為につき、2項強盗（殺人）罪の成否が問題となった事例」（前掲・研修724号111頁）において、詳細な検討が加えられている。

4) この点、利益詐欺に関する判例であるが、東京高判平成18年11月21日（東高時報57-1＝12-69、研修710号（2007）71頁参照）が参考になる。本件は、被告人Zが知人Aから詐取した健康保険証を使用して、Aになりすましてp消費者金融会社から借入れ用のプラスチックカード1枚（この時点では審査未了のため借入れはできない）を入手した上、極度借入基本契約を申し込み、上記プラスチックカードを利用限度額の範囲で繰り返し借入れができるキャッシングカードとして利用可能にさせたという2項詐欺罪の成否が問題となった事案である。

東京高裁は、Zが金額の特定した具体的な給付請求権を得ているわけではないが、Zがカードを利用して現金を引き出そうとした場合には、利用限度額の範囲において無審査で自動的に貸付けを行うのであり、「実質的には利用限度額30万円の範囲内の具体的な金銭交付請求権を得たのと同視できる状況にある上、その履行もほぼ確実なものであったと認められる」のであるから、事実上の経済的利益を得たものと認めることができるとし、刑法246条2項にいう「財産上不法の利益を得」たものと認められると判示した。

第 28 講　詐欺罪の「欺く行為」とその個数

> **論点**
> ▶ 第三者を搭乗させる意図で自己に対する搭乗券の交付を受ける行為は詐欺罪にあたるか。
> ▶ 街頭募金詐欺の成立を認めるには、被害者の特定は必要か。

【基本判例 1】　最 1 小決平成 22 年 7 月 29 日（刑集 64 巻 5 号 829 頁・判タ 1336 号 55 頁）

事実の概要

　被告人 X は、B らと共謀の上、航空機によりカナダへの不法入国を企図している中国人 Z のため、航空会社係員を欺いて、関西国際空港発バンクーバー行きの搭乗券を交付させようと企て、平成 18 年 6 月 7 日、関西国際空港旅客ターミナルビル内の A 航空チェックインカウンターにおいて、B が、A 航空から業務委託を受けている会社の係員に対し、真実は、バンクーバー行き A 航空 36 便の搭乗券をカナダに不法入国しようとして関西国際空港のトランジット・エリア内で待機している Z に交付し、同人を搭乗者として登録されている B として航空機に搭乗させてカナダに不法入国させる意図であるのにその情を秘し、あたかも B が搭乗するかのように装い、B に対する航空券および日本国旅券を呈示して、上記 A 航空 36 便の搭乗券の交付を請求し、上記係員をしてその旨誤信させて、同係員から B に対する同便の搭乗券 1 枚の交付を受けた。

　さらに、C らと共謀の上、同年 7 月 16 日、上記チェックインカウンターにおいて、C が、上記と同様の意図および態様により、C に対する航空券および日本国旅券を呈示して、バンクーバー行き A 航空 36 便の搭乗券の交付を請求し、C に対する同便の搭乗券 1 枚の交付を受けた。

　当該行為時においては、本件係員らは、搭乗券の交付を請求する者に対して、旅券と航空券の呈示を求め、旅券の氏名および写真と航空券記載の乗客の氏名および当該請求者の容ぼうとを対照して、当該請求者が当該乗客本人であることを確認した上で、搭乗券を交付することとされていた。航空券および搭乗券にはいずれも乗客の氏名が記載されていた。このように厳重な本人確認が行われていたのは、航空券に氏名が記載されている乗客以外の者の航空機への搭乗が航空機の運航の安全上重大な弊害をもたらす危険性を含むものであったことや、本件航空会社がカナダ政府から同国への不法入国を防止するために搭乗券の発券を適切に行うことを義務付けられていたこと等の点において、当該乗客以外の者を航空機に搭乗させないことが本件航空会社の航空運送事業の経営上重要性を有していたからであって、本件係員らは、上記確認ができない場合には搭乗券を交付することはなかった。また、これと同様に、本件係員らは、搭乗券の交付を請求する者がこれをさらに他の者に渡して当該乗客以外の者を搭乗させる意図を有していることが分かっていれば、その交付に応じることはなかった。

決定要旨

　上告棄却。「以上のような事実関係からすれば、搭乗券の交付を請求する者自身が航空機に搭乗するかどうかは、本件係員らにおいてその**交付の判断の基礎となる重要な事項**であるというべきであるから、**自己に対する搭乗券を他の者に渡してその者を搭乗させる意図であるのにこれを秘して本件係員らに対してその搭乗券の交付を請求する行為は、詐欺罪にいう人を欺く行為にほかならず**、これによりその交付を受けた行為が刑法 246 条 1 項の詐欺罪を構成することは明らかである。X の本件各行為が詐欺

罪の共同正犯に当たるとした第1審判決を是認した原判断は正当である」。

▶▶▶ 解　説

1　詐欺罪の保護法益

　刑法246条の条文上、損害の発生は要求されていない。そこで、詐欺罪は信義誠実・社会経済秩序を犯す罪で、騙すこと自体を処罰するとし、損害を不要とする主張もかつては存在した。しかし戦後の通説・判例は、詐欺罪も財産犯である以上、その成立要件として損害を要求する。争点は、損害の内容をいかに解するかにあった。

　従来は、全体財産の減少と解するのか、個別財産の喪失それ自体が損害であると考えるのかが争われてきた。たとえば、20万円相当の商品を「一般に100万円の価値のあるものだ」と欺き、20万円に値引きしたとして販売する行為は、個別財産喪失説では20万円の損害が認められるが、全体財産減少説は失った金銭と得た財物の経済的価値が等しい以上、損害は生じないとする。

　判例は、相当対価が支払われている場合であっても、欺罔行為があれば詐欺罪の成立を肯定する。その理由として、損害を不要とするものもあるが、主として、損害は財物の交付自体で足りると説明してきた（最決昭和34・9・28刑集13-11-2993）。財産上の利益に関しても、最決平成16年7月7日（刑集58-5-309）は、根抵当権放棄の対価として支払われた金員が相当と認めた金額であっても、根抵当権者が、当該金員支払いは根抵当権設定者が根抵当権の目的である不動産を第三者に正規に売却することに伴うものと誤信しなければ、根抵当権の放棄に応ずることはなかった場合に、真実は自己の支配する会社への売却であることなどを秘し、根抵当権者を欺いて抹消登記を了した場合には、246条2項の詐欺罪が成立するとしている。

　その意味で、財物の騙取に係る【基本判例1】の判断、すなわち「他の者を搭乗させる意図であるのにこれを秘して搭乗券の交付を請求する行為は、相当対価を支払っても詐欺罪にいう人を欺く行為にほかならず、これによりその交付を受けた行為が刑法246条1項の詐欺罪に該当する」とすることは、全く問題ないようにも見える[1]。

[1] 窃盗罪に関しても、損害額が問題となる場合がある。最決平成21年6月29日（刑集63-5-461）は、不正行為によるパチスロのメダル窃取の事案に関し、不正窃取したメダルと、通常の遊技方法により取得したメダルとが混在した場合には、後者のメダルについては窃盗罪は成立しないとの判断を示した。従来の判例では、不可分的に取得した物については、全体について窃盗罪が成立するとする判断が示されてきた。被告人Yが不正行為によりメダルを盗み、被告人Xは窃取行為自体は行っていないものの、監視からYの行為を隠蔽する目的で（「壁役」）、隣の台でパチスロを行い、犯行の発覚を防いだり、Yから窃取したメダルを受け取るなどした事案である。Yの座っていた台の下皿にあったメダルは72枚、Xの手元のドル箱に入っていたメダルは414枚であって、そのメダルの一部はXが不正行為によらずにパチスロ台で遊戯して出したものであった。最高裁は、Yが不正行為により取得したメダルについては、X・Yの共同正犯として窃盗罪が成立するものの、Xが自ら取得したメダルについては、「被害店舗が容認している通常の遊戯方法により取得したものであるから、窃盗罪が成立するとはいえない」とし、「本件において窃盗罪が成立する範囲は、前記下皿内のメダル72枚のほか、前記ドル箱内のメダル414枚の一部にとどまる」としつつ、414枚のうちの相当数もYが窃取したものであったと認められること等から、すべてのメダルについて窃盗の成立を認めた。

2　実質的個別財産説

　しかし、【基本判例1】は正規の代金を支払って、他人のために航空券を購入してやったにすぎない。たしかに、詐欺罪の成立には全体財産の具体的な減少を要件とすべきではないとしても、「個別財産に対する罪である以上交付自体が損害」という説明を形式的に徹底する形式的な個別財産説は、詐欺罪が財産犯であることを実質上否定しかねない。単に「騙した」という行為そのものを処罰することになってしまう。現在のわが国においても、「財産的侵害が全

く欠ける行為」に、詐欺罪の成立を認めるべきではないであろう。

この点、判例の中には、医師であると偽り適切な薬を販売した事案に関し、詐欺罪の成立を否定したものがあった（大決昭和3・12・21刑集7-772）。この事案は、本当のことを知っても当該薬を購入したであろうと推定されるので、錯誤と交付の因果関係が欠けると説明することも不可能ではない。しかし、本当のことを知ったら購入しなかったであろう場合すべてを、財産犯として処罰することは妥当ではないとしたようにも思われる。

前述の大決昭和3年12月21日のように、適切な薬が得られれば財産の損害はないが、有名な商標を偽造して同一の効能の薬品を販売すれば、社会通念上ブランド品の方が経済的価値を有するので、損害は認められる（大判昭和8・2・15刑集12-126）。また、医師であると詐称して病院に勤務し診療行為に対する報酬として給料等の支払いを受けたような場合も、詐欺罪が成立すると考えられる（東京高判昭和59・10・29判時1151-160）。

この「社会経済的に見て損害と評価できるか」という点に関し、最判平成13年7月19日（刑集55-5-371）が、参考になる。最高裁は、大阪府を欺罔して請負代金を不当に速く受領した事案に関し、「本来受領する権利を有する請負代金を不当に早く受領したことをもって詐欺罪が成立するというためには、欺罔手段を用いなかった場合に得られたであろう請負代金の支払とは社会通念上別個の支払に当たるといい得る程度の期間支払時期を早めたものであることを要すると解するのが相当である」と判示した。社会通念上、財物を詐取したと評価できることが必要なのである。

3　近時の最高裁判例の動向

この「実質的損害」に関し、前述の<u>最決平成16年7月7日</u>は、根抵当権等を放棄する対価として支払われた金員が本件各不動産の時価評価などに基づき管理機構において相当と認めた金額であり、かつ、これで債務の一部弁済を受けて本件各根抵当権等を放棄すること自体については管理機構に錯誤がなかったとしても、被告人Xに欺かれて本件各不動産が第三者に正規に売却されるものと誤信しなければ、管理機構が本件各根抵当権等の放棄に応ずることはなかったというべきであり、Xは、以上を認識した上で、真実は自己が実質的に支配するダミー会社への売却であることなどを秘し、管理機構の担当者を欺いて本件各不動産を第三者に売却するものと誤信させ、管理機構をして本件各根抵当権等を放棄させてその抹消登記を了したものであるから、246条2項の詐欺罪が成立するというべきであるとした。

たしかに、当該不動産をダミー会社に移転して実質的にXが保有し続け、それによって多額の資金を留保するのであれば、いかに当該不動産の売却時の担保価値に照らして適正な金額であったとしても、それによって一部の弁済しか得られない管理機構が根抵当権等の放棄に応ずることは、取引上の通念からあり得ないことであり、実質的な経済的損害があったと考えられる。それは、管理機構の主観的な取引目的が達せられなかったからではない。本来であれば被担保債権全額の弁済を受けない限り存続したはずの根抵当権等を喪失したことが、実質的損害と認められるのである。

また、<u>最決平成19年7月10日</u>（刑集61-5-405）は、H市の下水道工事を受注し、同市との間で工事請負契約を締結した建設業者が、自己名義の前払金専用口座に入金されているものの、その使途が当該工事の材料費、労務費等、必要な経費の支払いに限定され、さらに保証事業会社との間で前払金保証契約を締結しなければならないとされている前払金を、下請代金支払いのように装って前払金専用口座から引き出し、自己の運転資金に充てようと企て、下請業者であるC土木名義の預金口座を同社に無断で開設し、前払金専用口座から400万円を払い出した上で、上記C土木名義の口座に振込入金させた行為について、詐欺罪の成立を認めている。前払金専用口座に入金されている金員は、いまだ被告人において自己の財産として自由に処分できるものではないし、口座の置かれた銀行も、この口座に入金された金員の支払いにあたって、被告人の払出請求の内容を審査し、使途が契約内容に適合する場合に限って払出しに応じることを約しており、同口座の預金が予定された使途に従って使用されるように管理する義務を負っていたのである。そうだとすると、前払金の正規の支払いと誤信させて同口座から他の

口座に400万円を振込入金させたことは、同支店の預金に対する管理を侵害して実質的利益を得たと評価しうるのである。

4 自己名義の通帳

他人になりすまして預金口座を開設し、銀行窓口係員から他人名義の預金通帳の交付を受けても詐欺罪は成立する（最決平成14・10・21刑集56-8-670）。通帳自体の社会・経済上の重要性が増しているのである。そして、最決平成19年7月17日（刑集61-5-521）は、預金通帳等を第三者に譲渡する意図を秘して銀行の行員に自己名義の預金口座の開設等を申し込み預金通帳等の交付を受ける行為についても、詐欺罪の成立を認めた。本人自らが、正しい姓名を名乗って口座を開設しているにもかかわらず、詐欺罪の成立を認めたのである。

最高裁は、「契約者に対して、……名義人以外の第三者に譲渡、質入れ又は利用させるなどすることを禁止し……、第三者に譲渡する目的で預金口座の開設や預金通帳、キャッシュカードの交付を申し込んでいることが分かれば、預金口座の開設や、預金通帳及びキャッシュカードの交付に応じることはなかった」。「預金通帳及びキャッシュカードを第三者に譲渡する意図であるのにこれを秘して上記申込みを行う行為は、詐欺罪にいう人を欺く行為にほかならず、これにより預金通帳及びキャッシュカードの交付を受けた行為が刑法246条1項の詐欺罪を構成することは明らか」として、形式的個別財産説を採用しているように見える。また、そこには、「振込め詐欺などの犯罪行為の手段となる通帳」の流通という刑事政策的な国家法益が込められているともいえよう。ただ、判例は、「様々な犯罪に悪用され、その目的で売買される通帳」「ネットなどで、かなりの高額で取引されている預金通帳」という実態を踏まえて、実質的・経済的価値を認めたとも解しうるのである。

5 本件の評価

【基本判例1】も、搭乗券の交付を請求する者が、これをさらに他の者に渡して当該乗客以外の者を搭乗させる意図を有していることが分かっていれば、その交付に応じることはなかったことを前提に、「自己に対する搭乗券を他の者に渡してその者を搭乗させる意図であるのにこれを秘して本件係員らに対してその搭乗券の交付を請求する行為は、詐欺罪にいう人を欺く行為にほかならず、これによりその交付を受けた行為が刑法246条1項の詐欺罪を構成することは明らかである」とし、形式的個別財産説的表現を用いている。

しかし、「本件航空会社がカナダ政府から同国への不法入国を防止するために搭乗券の発券を適切に行うことを義務付けられていたこと等の点において、当該乗客以外の者を航空機に搭乗させないことが本件航空会社の航空運送事業の経営上重要性を有していた」ということが強調されているのである。その背後には、航空による運輸の安全性の確保、すなわち、「航空券に氏名が記載されている乗客以外の者の航空機への搭乗が航空機の運航の安全上重大な弊害をもたらす危険性」の除去という価値が重視されている。しかし、あくまでも「航空運送事業の経営上」の重要性が認定されているのである。

この点、カード名義人の使用許諾を得て名義人以外の者がクレジットカードを使用した場合との比較も、意味を有する。家族間の場合であれば、詐欺罪を構成するだけの損害が発生しないと考えられているからである（ただ、たとえば同意した名義人が支払請求に応じないことが使用時に明確な場合には損害が認められる。大阪地判平成9・9・22判タ997-293）。

「名義の偽り」それ自体で詐欺罪が常に成立するわけではないが、クレジットカード制度は、名義人本人による利用行為のみを想定して構成されており、名義を偽った使用は、詐欺罪により処罰するに値する法益侵害が存在するとされてきていた（東京高判昭和60・5・9刑月17-5=6-519、東京高判平成3・12・26判タ787-272参照）。そして、最決平成16年2月9日（刑集58-2-89）は、被告人Xが不正に入手したB名義のクレジットカードを使用し、加盟店であるガソリンスタンドの従業員に対してB本人になりすまし、同カードの正当な利用権限がなく、かつ、同カード会員規約に従いカードの利用代金を支払う意思および能力がないのにこれがあるように装い、同カードを提示して給油を申し込み、給油を受けたという事案に関し、Xがカードの名義人から使用を許されており、かつ、自らの使用に係る同カードの

利用代金が会員規約に従い名義人において決済されるものと誤信していたという事情があったとしても、詐欺罪は成立するとした。

航空券の場合も、その実質的理由に微妙な差はあるものの、いかに本人の同意があろうと、その者が搭乗することを秘して航空券を購入することは、現在の制度を前提とする限り、詐欺罪を構成すると言わざるを得ないのである。

【基本判例2】 最2小決平成22年3月17日（刑集64巻2号111頁・判タ1325号86頁）

事実の概要

本件は、被告人Xが、難病の子供たちの支援活動を装って、街頭募金の名の下に通行人から金をだまし取ろうと企て、平成16年10月21日ころから同年12月22日ころまでの間、大阪市をはじめとする関西の主要都市およびその周辺部各所の路上において、真実は、募金の名の下に集めた金について経費や人件費等を控除した残金の大半を自己の用途に費消する意思であるのに、これを隠して、虚偽広告等の手段によりアルバイトとして雇用した事情を知らない募金活動員らを上記各場所に配置した上、おおむね午前10時ころから午後9時ころまでの間、募金活動員らに、「幼い命を救おう！」「日本全国で約20万人の子供達が難病と戦っています」「特定非営利団体NPO緊急支援グループ」などと大書した立看板を立てさせた上、黄緑の蛍光色ジャンパーを着用させるとともに1箱ずつ募金箱を持たせ、「難病の子供たちを救うために募金に協力をお願いします」などと連呼させるなどして、不特定多数の通行人に対し、NPOによる難病の子供たちへの支援を装った募金活動をさせ、寄付金がXらの個人的用途に費消されることなく難病の子供たちへの支援金に充てられるものと誤信した多数の通行人に、それぞれ1円から1万円までの現金を寄付させて、多数の通行人から総額約2,480万円の現金をだまし取ったという街頭募金詐欺の事案である。

公訴事実は、「Xは、難病の子供たちの支援を装い、平成16年10月21日ころから同年12月22日ころまでの間、アルバイトとして雇用した事情を知らない募金活動員らを大阪市、堺市、京都市、神戸市、奈良市等の各所の街頭に配置して、午前10時ころから午後9時ころまでの間、不特定多数の通行人等に対し募金を呼び掛けさせ、9名の者から総額約2万1,120円の交付を受けたほか、多数人から応募金名下に現金の交付を受け、合計2,493万円余りの金員を詐取した」というものであった。

第1審裁判所は、これを包括一罪と解し、検察官に個々の詐欺行為の日時、場所、被害者、被害金額を特定させないまま審理を進めた。そして、第1審判決は、罪となるべき事実として、Xが、公訴事実記載の日時、場所において、同記載の方法により、不特定多数の通行人から総額2,493万円余りの金員を詐取したとの事実を認定し、これは包括して1つの詐欺罪を構成するとして、Xを懲役5年および罰金200万円に処した。Xが控訴したが、原審も、第1審の判断を是認して（被害総額は約2,480万円と改めた）控訴を棄却した。

被告側は、上告趣意において、詐欺罪は個人法益に対する罪であり、本件街頭募金詐欺については、募金に応じた者ごとに犯罪が成立し、それらは併合罪の関係に立つとし、また各犯罪の訴因も不特定であるなどと主張した。

決定要旨

上告棄却。「本件においては、個々の被害者、被害額は特定できないものの、現に募金に応じた者が多数存在し、それらの者との関係で詐欺罪が成立していることは明らかである。弁護人は、募金に応じた者の動機は様々であり、錯誤に陥っていない者もいる旨主張するが、正当な募金活動であることを前提として実際にこれに応じるきっかけとなった事情をいうにすぎず、Xの真意を知っていれば募金に応じ

ることはなかったものと推認されるのであり、募金に応じた者がXの欺もう行為により錯誤に陥って寄付をしたことに変わりはないというべきである。

この犯行は、偽装の募金活動を主宰するXが、約2か月間にわたり、アルバイトとして雇用した事情を知らない多数の募金活動員を関西一円の通行人の多い場所に配置し、募金の趣旨を立看板で掲示させるとともに、募金箱を持たせて寄付を勧誘する発言を連呼させ、これに応じた通行人から現金をだまし取ったというものであって、個々の被害者ごとに区別して個別に欺もう行為を行うものではなく、不特定多数の通行人一般に対し、一括して、適宜の日、場所において、連日のように、同一内容の定型的な働き掛けを行って寄付を募るという態様のものであり、かつ、被告人の一個の意思、企図に基づき継続して行われた活動であったと認められる。加えて、このような街頭募金においては、これに応じる被害者は、比較的少額の現金を募金箱に投入すると、そのまま名前も告げずに立ち去ってしまうのが通例であり、募金箱に投入された現金は直ちに他の被害者が投入したものと混和して特定性を失うものであって、個々に区別して受領するものではない。以上のような本件街頭募金詐欺の特徴にかんがみると、これを一体のものと評価して包括一罪と解した原判断は是認できる。そして、その罪となるべき事実は、募金に応じた多数人を被害者とした上、Xの行った募金の方法、その方法により募金を行った期間、場所及びこれにより得た総金額を摘示することをもってその特定に欠けるところはないというべきである」。

▶▶▶ 解　説

1　訴因と包括一罪

「平成16年10月21日ころから同年12月22日ころまでの間、……事情を知らない募金活動員らを大阪市、堺市、京都市、神戸市、奈良市等の各所の街頭に配置して、午前10時ころから午後9時ころまでの間、不特定多数の通行人等に対し募金を呼び掛けさせ、9名の者から総額約2万1,120円の交付を受けたほか、多数人から応募金名下に現金の交付を受け、合計2,493万円余りの金員を詐取した」という公訴事実は、被告人が十分防御できるだけの「訴因の特定」が認められるのかという点が実質的争点であるといってよい。

訴因は、審判の対象を限定するとともに被告人の防御の範囲を明らかにする機能を有するから、それを十分に特定するだけの記載が必要である。訴因がいかなる犯罪を表示しているのか判然としなかったり、審判の対象がはっきりしないものであったり、表示された犯罪に具体性が欠けているため被告人の防御の利益が著しく侵されるようなものであれば、起訴は無効となろう（最決昭和56・7・14刑集35-5-497参照）。

もちろん、事件によっては、詳細な具体的事実の記載は困難である。そこで、刑訴法256条3項は、できる限り日時、場所および方法をもって特定しなければならないとし、犯罪の種類、性質等により詳細な記載ができない場合には、幅のある表示をすることを許している（最大判昭和37・11・28刑集16-11-1633）。日時、場所、方法等は特定するための1つの手段にすぎず、犯罪の種類、性質等によっては、日時や場所を特定できなかったり、ある程度幅のある表示しかできなかったりすることもありうるが、そのような場合であっても、審判の対象を特定して被告人の防御に実質的な支障を来さないようにするという目的を達することが可能である。訴因の特定を要求する趣旨はそこにあるから、特定されているか否かは必ずしも行為の時間や場所の具体性のみで判断されるわけではなく、①被告人の防御への支障の有無・程度に加え、②犯罪の種類・性質、③特定が困難な特段の事情の有無等が考慮されることになる。

しかし、詐欺罪は被害者の財物を奪う犯罪であり、街頭募金詐欺であっても募金に応じた被害者ごとに犯罪が成立するように思われる。246条の「財物」は、これに該当する具体的事実を記載しなければならないし、金額を明示する必要があるように思われ

るのである。

それに対し、【基本判例２】は、不特定多数の通行人一般に対し、一括して、同一内容の定型的な働きかけを行って寄付を募るという態様のものである本件詐欺行為は、被告人の一個の意思に基づき継続して行われた活動であったと認められること、被害者は名前も告げずに立ち去ってしまうのが通例であり、募金箱に投入された現金は直ちに他の被害者が投入したものと混和して特定性を失うものであることなどから、これを一体のものと評価して包括一罪と解することができるとし、罪となるべき事実は、募金の方法、募金を行った期間、場所、詐取した総金額を摘示することをもってその特定に欠けるところはないとしたのである。

たしかに、一般論としては、財産犯は被害者ごとに一罪を構成するという方がわかりやすい。しかし包括して一罪として評価して良いか否かは、個々の被害者名、被害金額、そして実行場所などの特定をどこまで要求するのが妥当なのかということと密接に結びついている。そして、一罪か否かは、刑事訴訟的観点以前に、実質的価値衡量を含んでいるのである。

2 同一構成要件内の結果を生ぜしめる数個の行為を行っても包括一罪となる場合

一個の犯罪といえるか否かは、客観的構成要件における法益侵害結果と行為の一個性と、構成要件要素としての意思の一個性を総合して慎重に吟味されなければならない。そして罪数論のどの段階の問題を解決するために用いるかによる。単純一罪の限界を画する作業と包括一罪の限界を画する作業では自ずと差が存在するのである。

罪数論の中で、意義が曖昧なのが包括一罪である。あえて定義すれば、「法条競合には含まれないが、一罪と評価されるものの総称」ということになろう。そして包括一罪であれば、科刑上一罪のように、それぞれ独立の評価を示す（特定する）必要はない。

数個の行為を行っても、同一の構成要件的結果が生じた場合の、どこまでを包括一罪として扱えるかは微妙である。まず、①数個の行為が１つの犯罪の実現を目指すためになされた場合は、包括一罪といえよう。たとえば、ピストルを５発発射して５発目で殺したような場合である。この場合、４つの殺人未遂と１つの殺人既遂ではなく、包括して殺人既遂一罪が成立する。個々の行為は、ある程度時間的に間隔があっても包括しうる。判例は、約５か月間で５回殺そうとして失敗し、６回目で殺害した事案を一個の殺人罪として処断した（大判昭和13・12・23刑集17-980）。

次に、②数個の異なる行為を包括して一罪と評価する場合である。たとえば、賄賂の要求・約束・収受した場合、それぞれの行為の日時・場所が異なっても全体として一個の収賄罪とされ、また人を逮捕して引き続き監禁しても包括して一個の逮捕監禁罪が成立するにすぎないような場合である（狭義の包括一罪）。

③また、同じ構成要件に属する法益に向けられ、かつ時間的、場所的に近接した数個の行為が、形式上はそれぞれ構成要件を満たす場合である。たとえば、一夜の間に米俵を数回にわたって運び出す行為を一罪と評価する場合で（最判昭和24・7・23刑集3-8-1373）、このような場合を接続犯という。

昭和22年まで、刑法55条に「連続したる数個の行為にして同一の罪名に触るるときは一罪として之を処断す」という連続犯の定めを置いていたため、接続犯ほど、場所的時間的に接近してはいないが、同一構成要件に該当する行為を繰り返した場合を連続犯と呼んで一罪（包括一罪）と認めてきた。しかし、それらのうちの一個につき裁判が確定すると連続した同種行為のすべてに既判力が及び刑事責任が追及できなくなるため、同規定は削除された。ただ、解釈上連続犯的考え方を一切認めないのも合理的ではない。一定の範囲で連続した行為を一罪として包括的に扱う必要性はある。判例も、約４か月の間に38回も違法に麻薬を患者に交付した行為につき包括して一罪を認めてきた（最判昭和32・7・23刑集11-7-2018）[1]。このような、連続犯の一部を解釈により包括一罪とする場合を連続一罪と呼ぶ場合が多い。

このような類型の包括一罪にあたるとするには、被害法益が一個ないし同一であること、犯行態様が類似していること、犯行日時・場所が近接していること、犯意が単一で継続していること等が必要であろう（最判昭和31・8・3刑集10-8-1202）。被害法益の同一性と犯意の継続性が、「同一構成要件に該当する複数の行為を全体として１つの犯罪として評価

する」ことに必要な主要要件ということになる。

1) 高速自動車道上の約20km（約10分）離れた2地点で速度違反した行為に関する最決平成5年10月29日（刑集47-8-98）参照。

3 本判決の意義

ただ、【基本判例2】は、詐欺罪について被害法益の同一性と犯意の継続性を理由に連続一罪を認めたというわけではない。類似の詐欺行為を連続的に行ったということのみでは、包括一罪性を認めることはできないからである。

千葉勝美裁判官が補足意見で述べておられるように、「多数人に対し欺もう行為を行ったという詐欺罪について考えると、通常の犯行態様を念頭に置く限り、複数の被害者ごとに法益侵害があり、被害法益が一個とはいえないので、これを包括一罪として扱うことはできない」というべきであろう。ただ、本件が多数の詐欺罪の併合罪となり、各個の詐欺罪について被害額を明示しなければならないとすることが妥当でないことも異論のないところであろう。そこで、千葉裁判官は「被害法益が一個であること等は、包括一罪として扱うための『要件』とまで考えるべきではなく、あくまでも、包括一罪としてとらえることができるか否かを判断するための重要な考慮要素と考えるべき」とされるのである。

たしかに、「全体を包括して一罪として扱うことが妥当か」が問題であり、その際に法益侵害の個数が一個であることは絶対的な要件ではない。

その意味で、【基本判例2】が包括一罪を認めた実質的理由は、①不特定多数の通行人一般に対し、連日のように、同一内容の定型的な形で寄付を募るという態様のものであり、②被告人の一個の意思に基づき継続して行われた活動であったことに加えて、③被害者は比較的少額の現金を募金箱に投入すると、そのまま名前も告げずに立ち去ってしまい投入された現金は直ちに他の募金箱内の現金と混和して特定性を失うものであって、個々に区別して受領するものではないということにある。

ただ、捜査機関としては、包括一罪と認められたからといって、訴因の特定がどこまでも緩和されるというものではないことは、明確に認識しておかねばならない。挙証（捜査）の容易性と被告人の防御の利益の均衡を考慮して、被害者・被害金額などの一定の特定化は必要である。たとえば須藤正彦裁判官が補足意見で指摘されるように、「被害金額については可能な限り特定した被害者ごとに、錯誤によって交付された金員の額が具体的に証明されるべきであって、それによって他の被害者の寄付も錯誤によってなされたとの事実上の推定を行う合理性が確保されるというべきである」といえよう。

第 29 講　刑法 246 条の 2 と虚偽の情報

> **論点**
> ▶窃取したクレジットカードのカード番号などの情報を、クレジットカード決済代行業者の使用する電子計算機に与えて電子マネーを購入する行為は、電子計算機使用詐欺罪にあたるか。
> ▶いわゆる「キセル乗車」について、電子計算機使用詐欺罪は成立しうるか。

【基本判例 1】　最 1 小決平成 18 年 2 月 14 日（刑集 60 巻 2 号 165 頁・判タ 1207 号 141 頁）

事実の概要

　被告人 X は、窃取したクレジットカードの番号等を冒用し、いわゆる出会い系サイトの携帯電話によるメール情報受送信サービスを利用する際の決済手段として使用されるいわゆる電子マネーを不正に取得しようと企て、5 回にわたり、自己の携帯電話機を使用して、インターネットを介し、出会い系サイト業者のホームページを経て、クレジットカード決済代行業者の電子計算機に接続し、同決済代行業者が電子マネー販売等の事務処理に使用する電子計算機に、本件クレジットカードの名義人氏名、番号および有効期限を入力送信して同カードで代金を支払う方法による電子マネーの購入を申し込み、上記電子計算機に接続されているハードディスクに、名義人が同カードにより販売価格合計 11 万 3000 円相当の電子マネーを購入したとする電磁的記録を作り、同額相当の電子マネーの利用権を取得したという事案である。

　X は、他の罪とともに、刑法 246 条の 2 の電子計算機使用詐欺罪で起訴され、第 1 審・原審で有罪とされた。上告審の弁護人は、X が入力送信したクレジットカード番号等は、クレジットカード面上に示されているものであり、真正なカード情報であるから、同条にいう「虚偽の情報」にあたらず、その結果作成されたものも「不実の電磁的記録」とはいえないなどと主張した。

決定要旨

　上告棄却。「X は、本件クレジットカードの名義人による電子マネーの購入の申込みがないにもかかわらず、本件電子計算機に同カードに係る番号等を入力送信して名義人本人が電子マネーの購入を申し込んだとする虚偽の情報を与え、名義人本人がこれを購入したとする財産権の得喪に係る不実の電磁的記録を作り、電子マネーの利用権を取得して財産上不法の利益を得たものというべきであるから、X につき、電子計算機使用詐欺罪の成立を認めた原判断は正当である」。

▶▶▶ 解　説

1 コンピュータ犯罪

　警察にとって最も重要な対象領域の 1 つがネットになり、ネット犯罪対策が様々な形で進められているが、かつては、「コンピュータ犯罪」という概念が用いられていた。コンピュータ・電磁的記録の特性に対応して規定されたコンピュータ犯罪は、狭い意味では、昭和 62 年 6 月に新設された一群の刑法犯を指す。電子計算機損壊等業務妨害罪（234 条の 2）、電磁的記録不正作出及び供用罪（161 条の 2）の他、

205

電磁的記録不実記載罪（157条）等である。主として、それまでの「文書」の一部が電磁的記録に置き換えられていくことに対応するものであった。

しかし、テレホンカード偽造に見られるように、法の整備は十分でなく、解釈によって妥当な結論が求められてきた（最決平成3・4・5刑集45-4-171参照）。その後、クレジットカード等の電磁的記録を用いたカードが急速に普及し、通貨、有価証券に準ずる社会的機能を有するにいたった。「カードの偽造」などに関し法的に対応するため、平成13年に支払用カード電磁的記録に関する罪が18章の2として、有価証券偽造の罪の章の次に加えられたのである。

【基本判例1】で問題となる電子計算機使用詐欺罪（246条の2）も昭和62年6月の電磁的記録物に関する一連の新設規定の1つである。コンピュータに虚偽の情報を入力する等の電磁記録情報の改変によって財産上の利益を得る罪である。利益詐欺の特別類型といってよいが、従来は、自然人のように錯誤・処分の考えられない器械等に対する詐欺罪の成立を否定してきたので、厳密には、詐欺罪に準ずる利益罪を新設したことになる。あくまで、財産上不法の利益を得る行為を対象とするのであり、情報そのものを保護する規定ではない。

2　電子計算機使用詐欺罪

クレジットカード詐欺とは、たとえば、クレジットカードの加盟店において、カードの名義人でない者が、名義人になりすまし、カードを冒用して商品等を購入する場合で、自己が名義人本人であると欺いてその旨誤信させるものである以上、通常の詐欺罪にあたることが判例上確立している。

ところが、【基本判例1】の事案のように、購入の申込みの受付から代金決裁までがすべて電子計算機により機械的に行われ、その過程に人が介在しない場合には、欺罔行為やこれに基づく相手方の錯誤がないため、詐欺罪にはあたりえない。そこで、Xの上記行為が、246条の2にいう「人の事務処理に使用する電子計算機に虚偽の情報若しくは不正な指令を与えて財産権の得喪若しくは変更に係る不実の電磁的記録を作る」ことにあたるかどうかが問題となるのである。

本罪の客体は、財産上の利益に限られる。財物を占有者から奪う類型の行為については、窃盗罪の適用で対処できるため、財物は本罪の客体とする必要がないと説明されている。

実行行為の第1のものは、電子計算機に虚偽の情報もしくは不正な指令を与えて財産権の得喪、変更に係る不実の電磁的記録を作ることである。そして、第2の行為は財産権の得喪、変更にかかる虚偽の電磁的記録を人の事務処理の用に供する行為である。

財産権の得喪、変更に係る電磁的記録とは、一定の取引場面でその作出（更新）により事実上財産権の得喪、変更が直接的に生じる電磁的記録を意味する。たとえば、銀行のオンラインシステムに虚偽の振込送金情報を与えて財産上不法の利益を得たり（名古屋地判平成9・1・10判時1627-158）、信用金庫支店長が、入金事実がないのに支店当座預金係に同支店設置のオンラインの端末機を操作させ、2,800万円の預金入金があったとする情報を与えたり（東京高判平成5・6・29高刑集46-2-189）、プログラムを改変して預金を引き出しても残額が減少しないようにすることである（大阪地判昭和63・10・7判時1295-151）。

第1の行為については、財産権の得喪、変更に係る電磁的記録を作出する事務処理に使用されている電子計算機に虚偽の情報もしくは不正な指令を与える行為を始めた時が着手であり、第2の行為については、財産権の得喪、変更に係る虚偽の電磁的記録を人の事務処理の用に供する行為を始めれば着手となる。具体的には、架空の入金データを入力するような場合には、端末機等により虚偽のデータを入力しようとした時、他人のキャッシュカードを利用して預金を付け替えるような場合には、当該カードを自動振替機に挿入しようとした時、不正に作成したプリペイドカードを利用するような場合には、所定の機器の挿入口にカードを挿入しようとした時などである。

3　虚偽の情報

【基本判例1】で争点となったのは、Xの行為が246条の2にいう「虚偽の情報」を与えて不実の電磁的記録を作成したことになるのかという点である。

【基本判例1】（上告審）の弁護人は、Xが入力送信

したクレジットカード番号等は、真正なカードのものであるから、同条にいう「虚偽の情報」にあたらず、その結果作成されたものも「不実の電磁的記録」とはいえないなどと主張した。

本件のようなコンピュータによる電磁的・機械的な処理であっても、購入申込者がクレジットカードの名義人本人であることを示す目的で、カード上の名義人の生年月日や暗証番号等を入力送信することを要するものであったとすれば、それらの情報を入手して入力送信したことが、名義人本人による申込みであるとする「虚偽の情報」を与えたものと、容易にいいうる。しかし、【基本判例1】の電子マネーの購入手続では、そのような手順は必要なく、カード面上に表示された名義人氏名、番号および有効期限を入力することで購入が可能であった。

不正な購入の申込者がクレジットカード名義人であることを装う目的で、他人の生年月日や暗証番号等を入力送信する場合は、246条の2の予定する典型的な例なのであるが、【基本判例1】の事案で問題となった電子マネーの購入手続では、「カード面上に表示された名義人氏名、番号及び有効期限」を入力することで購入が可能であり、Xは、正しい名義人氏名、番号および有効期限を入力したともいえるのである。

他方、前記規定にいう「虚偽の情報」や「不実の電磁的記録」の文言は、やや抽象的であり、クレジットカードの冒用がそれにあたることが一義的に明白ともいえないことなどから、弁護人のような主張がされる余地があったものと思われる。事実、学説の一部には「虚偽の情報」とは、単に「真実に反する情報」をいうとするものも、当時見られたようである（判夕1207号（2006）141頁の調査官解説参照）。

4 「虚偽」の実質的解釈

形式的解釈としては、「虚偽の情報とは、単に真実に反する情報をいう」とすることも可能である。しかし、『虚偽の情報』か否かは、コンピュータを使用する当該事務処理システムにおいて予定されている事務処理の目的を勘案しなければ判断し得ない。立法時の説明が、そのことを明示していたこともあるが（米澤慶治編『刑法等一部改正法の解説』（立花書房・1988）121頁参照）、社会がコンピュータ犯罪の立法を求めるに至った前提事実を考えれば、虚偽の情報とは、電子計算機を使用する当該事務処理を行うコンピュータシステムが予定する事務処理の目的に照らし、その内容が真実に反する情報をいうのである。

【基本判例1】を基に考えても、クレジットカード会社の約款では、インターネットを介した取引においても、名義人以外の者によるカードの使用は認められていない。本件で名義人の生年月日等の入力が求められていないのは、名義人氏名、カード番号および有効期限を正しく入力することは当該カードの所持人でなければ通常はできないものであることから、本人確認のための費用や手間を簡略化して、取引の便宜を図ったものである。246条の2は、人を介した取引であれば詐欺罪にあたるような不正な行為で、電子計算機により機械的に処理されるものについて、これを取り締まる趣旨で創設されたものであり、電子計算機を使用する犯罪ではあっても、基本的に、246条の詐欺罪の当罰価値を基準に解釈されるべきである。

そうだとすれば、電子計算機に入力された情報が、クレジットカード面上の記載と齟齬があるか否かで虚偽か否かを判断するのではなく、本決定のように、当該入力行為により実現される財産的な処分行為を全体として捉え、電子計算機による事務処理の趣旨に照らし、虚偽の情報を与え、不実の記録をさせたことにあたるかどうかを判断すべきことは、当然といえよう。カード名義人でない者が当該システムを利用することを予定していないことは明らかである。

そして、虚偽の情報の趣旨に関しては、すでに、東京高判平成5年6月29日（高刑集46-2-189）が、「虚偽の情報とは、電子計算機を使用する当該事務処理システムにおいて予定されている事務処理の目的に照らし、その内容が真実に反する情報をいう」という、広い解釈を示していた。

【基本判例1】は、Xの行為は、本件クレジットカードの名義人本人による電子マネーの購入の申込みがないにもかかわらず、カード番号等を入力送信して名義人本人が電子マネーの購入を申し込んだとすることが虚偽の情報を与えたことになり、名義人本人がこれを購入したとする財産権の得喪に係る不実の電磁的記録を作り、電子マネーの利用権を取得して財産上不法の利益を得たものであると認定し

246条の2にいう「情報」とは、電子計算機に文字どおり入力されたクレジットカードの名義人の氏名等のみをいうのではなく、「その入力により実現される財産権の得喪に関する処分の内容やその主体等を含む」ということが確定したといってよいであろう。

【基本判例2】　東京地判平成24年6月25日（判タ1384号363頁）

事実の概要

(1)　被告人Xは、平成22年5月27日、JR東日本の鶯谷駅から130円区間有効の片道乗車券を使用して、同駅に入場し、山手線で隣の上野駅まで行って東北本線宇都宮行き快速列車に乗り換え、宇都宮駅に到着した際、同駅改札口に設置してある旅客の乗車事実等により出場の可否を決する事務処理に使用する電子計算機である自動改札機に対し、自己がその乗車について岡本駅で入場したと処理される虚偽の電磁的記録である、雀宮駅から岡本駅までを有効区間とする普通回数乗車券を投入し、同自動改札機を開扉させることにより同改札口を通過して出場し、よって、鶯谷駅から宇都宮駅までの旅客運賃との差額1,530円相当の支払いを免れた。

(2)　そして、宇都宮駅から180円区間有効の乗車券を使用して同駅に入場し、同駅で東北本線上野行き通勤快速列車に乗車し、赤羽駅に到着した際、運賃の精算等の事務処理に使用する電子計算機である自動精算機に対し、自己がその乗車について鶯谷駅で入場したとの虚偽の電磁的記録である(1)の鶯谷駅から130円区間有効の乗車券を投入して精算手続をさせ、これにより入手した精算券を同改札口に設置してある自動改札機に投入し、同自動改札機を開扉させることにより同改札口を通過して出場し、よって、宇都宮駅から赤羽駅までの運賃との差額1,410円相当の支払いを免れた（その後、ほぼ同様の犯行が数回行われた）。

(3)　被告人Yは、同年6月21日、上野駅から130円区間有効の乗車券を使用して同駅に入場し、同駅で東北本線宇都宮行き快速列車に乗車し、宇都宮駅に到着した際、自動改札機に対し雀宮駅から岡本駅までを有効区間とする回数券を投入し、同自動改札機を開扉させることにより同改札口を通過して出場し、よって、上野駅から宇都宮駅までの運賃との差額1,530円相当の支払いを免れた。

(4)　そして、宇都宮駅から180円区間有効の乗車券を使用して同駅に入場し、同駅で東北本線上野行き普通列車に乗車し、赤羽駅で湘南新宿ライン逗子行き普通列車に乗り換え、渋谷駅に到着した際、同駅改札口に設置してある運賃の精算等の事務処理に使用する電子計算機である自動精算機に対し、(3)の上野駅から130円区間有効の乗車券を投入して精算手続をさせ、これにより入手した精算券を同改札口に設置してある自動改札機に投入し、同自動改札機を開扉させることにより同改札口を通過して出場し、よって、宇都宮駅から渋谷駅までの運賃との差額1,650円相当の支払いを免れた。

(5)　同年6月28日に(3)と(4)とほぼ同様の犯行を行ったというものである。

東京地裁は、連続しない乗車券等を利用することにより、実際に乗車した経路に対応した運賃の一部の支払いを免れたことは証拠上明らかであるとし、246条の2に該当するとした。

判　旨

東京地裁は、X、Yの行為の電子計算機使用詐欺罪の構成要件該当性については、以下のように判示した。

まず、本件構成要件中の「虚偽の電磁的記録」の意義について、「本罪は、科学技術の進展により、種々の取引分野で、直接人を介さずに、人と電子計算機との間のデータのやり取りにより決済や資金移

動等の事務処理が自動的に処理される場面が著しく増加する一方、このような事務処理システムを悪用して財産上不法の利益を得る行為が生じ、従来の刑法の規定によってはこれを適正に処罰することが困難であったため、これらを詐欺利得罪に類似したものとして処罰の対象としたものである。そして、電子計算機は、その目的に従って構築された事務処理システムに基づいた演算及びこれによる判定等を行うことにより人の事務処理を代替するものであり、本罪はそのような電子計算機に向けて虚偽の電磁的記録をその事務処理の用に供して不正な事務処理を行わせようとする行為を捕捉するものである。そうすると、本件構成要件中の『虚偽』とは、**電子計算機を使用する当該事務処理システムにおいて予定されている事務処理の目的に照らし、その内容が真実に反するもの**をいうと解するのが相当である」とした上で、本件における往路および復路のそれぞれにおいて、本件回数券および本件乗車券の各電磁的記録が、これらの事務処理システムにおいて予定されている事務処理の目的に照らして真実に反するか否かについて検討する。

「まず、往路についてみると、本件回数券は真正に発券されたものであり、エンコードされた情報に誤りは一切なく、入場情報のエンコードがないまま自動改札機に投入されたものであるところ、宇都宮駅の自動改札機は、本件回数券の有効区間に含まれる岡本駅が自動改札機未設置駅であることから、入場情報がなくても、自動改札機からの出場を許している。しかしながら、このことは、宇都宮駅の自動改札機が入場情報を読み取りの対象としないとか、入場情報の判定が事務処理の目的になっていないということを意味するものではない。宇都宮駅の自動改札機は、一般の自動改札機と同様、入場情報を読み取っており、有効区間内の駅の自動改札機において入場した場合にエンコードされた入場情報を判定対象としているところ、例外的に、回数券の有効区間内に自動改札機未設置駅がある場合に限り、同駅から乗車した旅客の利便性等を考慮し、入場情報がなくとも、出場を許しているにすぎない。そして、回数券については、有効区間外の駅において入場することはできないのであるから、自動改札機未設置駅を有効区間に含む回数券を出場時に自動改札機に投入する場面においては、入場情報のエンコードがないことが有効区間内の自動改札機未設置駅における入場情報に代わるものとして扱われているものといえる。この点では、宇都宮駅の自動改札機は、その乗車に係る入場情報又はこれに代わる情報を問題にしており、自動改札機の事務処理システムの前提を変更するものではない。このことを踏まえ、自動改札システムの目的、機能等に照らし、入場情報がない本件回数券を宇都宮駅の自動改札機に投入する行為の意味をみると、実質的には、宇都宮駅の自動改札機に対し、本件回数券を持った旅客が有効区間内の自動改札機未設置駅（岡本駅）から入場したとの入場情報を読み取らせるものであって、この入場情報は被告人らの実際の乗車駅である鶯谷駅又は上野駅と異なるのであるから、本件回数券の電磁的記録は、自動改札機の事務処理システムにおける事務処理の目的に照らし、虚偽のものであるといえる。本件回数券は本件構成要件に当たるというべきである」とした。

そして、復路についても、「本件乗車券は真正に発券されたものであり、入場時にエンコードされた入場情報もその時点では誤りがないものである。しかしながら、前記のとおり、自動精算機の事務処理システムに照らせば、乗車券等にエンコードされた入場情報はその事務処理を果たす上で極めて重要なものであり、しかも、その入場情報は精算駅における出場に対応する乗車に係る入場情報であることが当然の前提となっている。そうすると、本件乗車券は、発駅を鶯谷駅又は上野駅とし、これらの駅で入場したとの入場情報がエンコードされたものであって、復路の赤羽駅又は渋谷駅の自動精算機に投入される場面において、自動精算機の事務処理システムにおける事務処理の目的に照らし、被告人らの実際の乗車駅である宇都宮駅と異なる虚偽のものであるといえる。本件乗車券は本件構成要件に当たるというべきである」とした。

そして、弁護人の、「本件構成要件にいう『虚偽』とは、電磁的記録それ自体が不正に作出されたり、改変された場合に限られるべきであって、本件乗車券や本件回数券に不正な作出、改変はなく、また、本件は、電子計算機の事務処理システムの欠陥・瑕疵に由来するものであり、このような欠陥・瑕疵に

ついて被告人らを処罰することにより補完するのは許されない」との主張に対しては、「本件構成要件中の『虚偽』の意義を不正な作出、改変に限る必要性は認められない。むしろ、電磁的記録は、記録それ自体の情報に加え、これを用いるシステムが前提とする一定の意味付け等を踏まえて事務処理の用に供されているものであり、このような前提となる事柄の真実性も当該事務処理システムの円滑かつ適正な運用のために必要なものといえる。本件は、JR東日本を利用するほとんどの旅客が乗車券等の券面及び電磁的記録に従った乗車を遵守しており、JR東日本も旅客のこのような乗車を信頼し、また、これを基礎にして自動改札機及び自動精算機の事務処理システムを構築している中にあって、被告人らがその信頼を逆手に取り、これを悪用した行為と評価すべきものである。弁護人が述べるように、自動改札機や自動精算機の事務処理システムの欠陥・瑕疵に由来するものとは到底いえない。仮に、このようなシステムの前提となる事柄についても、それが電磁的記録化される必要があり、かつ、その不正な作出、改変がない限りは本罪が成立しないとすれば、それは、迅速かつ効率的な事務処理のために電子計算機による事務処理システムを導入する企業等にとって、当該システムの構築及びその維持に多大な負担を生じさせ得るものであることは明らかであり、妥当性を欠いた見解というべきである。したがって、このような前提を偽ることも当該電磁的記録自体の誤りと実質的に同等に評価することが妥当であり、自動改札機及び自動精算機の事務処理システムにおける事務処理の目的に照らし、本件構成要件中の『虚偽』に当たるというべきである。弁護人の主張は採用できない」としたのである。

▶▶▶ 解　説

1　キセル乗車について

【基本判例2】は、X・Yは、それぞれ、鶯谷駅または上野駅において、130円区間有効の乗車券を購入し、これを各駅自動改札機に投入して入場し、上野から東北本線快速列車に乗車した後、Xらは、宇都宮駅において、雀宮駅から岡本駅までを有効区間とする回数券であって、入場記録のないものを自動改札機に投入して出場し、さらに宇都宮駅において、180円区間または190円区間有効の乗車券を購入し、これを自動改札機に投入して入場し、列車に乗車したYは渋谷駅において、Xは赤羽駅において、それぞれ、往路に用いた本件乗車券を自動精算機に投入し、表示された不足運賃（30円から60円まで）を投入して精算券を入手し、これを各駅の自動改札機に投入して出場したという、いわゆるキセル乗車の事案である。検察官はこれらが刑法246条の2後段の電子計算機使用詐欺罪に該当するとして起訴した。

詐欺罪で処罰されてきたキセル乗車は、あくまで「人」を欺く手段を用いて正規の乗車運賃を免れる財産犯であった。その実行行為は、①乗車駅についてと、②下車駅についての2通りが考えられた。まず、①乗車駅で、不正乗車することを隠して改札を通過するという詐欺行為（挙動による詐欺行為）を用い輸送役務という財産上の利益を得たのではないか（2項詐欺）、②下車駅で改札係員に対し正規の運賃を支払ったように欺き運賃の支払いを免れたのではないか（2項詐欺）が問題とされたのである。①段階では犯意を欠き途中からキセル乗車の意思が生じた場合には、②の詐欺罪のみが問題となるし、キセル乗車の意図で乗車し、下車駅で改札口を通らず隙を見て逃走したような場合には、①の時点のみが問題となる。両時点で、詐欺罪が成立しうる場合には、②の詐欺罪は①の詐欺罪に吸収されると考えられていたといえよう。

2　自動改札機とキセル乗車

「キセル乗車まで刑法犯で処罰する必要はない」という謙抑的な考え方も散見されたが、悪質なキセル乗車を詐欺罪で処罰すべきことは、ほぼ定着していたように思われる。しかしJRをはじめとする電鉄会社の、改札作業の自動化が急速に進行するとともに、キセル乗車の詐欺罪での立件は見られなくなっていったのである。それは、「人」に対する欺罔

が考えがたくなったことに加え、自動改札システムの導入により「悪質なキセル事犯」が見られなくなったからである。

しかし、【基本判例2】の事案は、鴬谷駅または上野駅で最短区間の乗車券を購入して、宇都宮駅で回数券で下りることにより片道1,530円の不正な利得を得る行為を行い、さらに手元に残った本件乗車券を復路で使用することにより、運賃の大部分を免れるという悪質な事案で、このような行為を多数人が繰り返せば、膨大な財産的侵害になることはいうまでもない。このようなことを可能にしたのは、「回数券の場合、自動改札機未設置駅を有効区間に含むものについては、入場情報がなくても、自動改札機が開扉される設計」の存在ということなのである。このような取扱いをする理由は、回数券を利用する乗客の利便性等を考慮し、当該乗客が自動改札機未設置駅から乗車した場合にも、下車駅に設置された自動改札機による出場を認めたためである。そこには、有人の改札業務を増やしたくないというJRの側の要請も存在した。

見方によれば、「このような制度設計をした以上、『自動改札機未設置駅を区間に含む回数券』は、悪用されても、現在のシステムでは機械的にチェックしえず、摘発できないので、それを使用した行為を罰するのは、過度の必罰主義である」という意見も考えられる。また、「このような濫用の危険のある制度を作ってしまったのだから、処罰すべきではない。キセルにより財産上の不利益を被ったとしても、自動システムを導入することによりメリットを得ているJRが甘受すべきである」という議論も出てくるであろう。

しかし、これだけ悪質な利用をした者が立件され、起訴されたときに、処罰すべきかは、246条の2の構成要件の中で論じられなければならない。もちろん、その解釈の基礎には、上記の衡量が強く関連することはいうまでもない。

3　虚偽の電磁的記録の解釈

【基本判例2】において争われたのは、往路に用いた回数券、復路に用いた乗車券のいずれについても、不正な改変がされているものではない以上、246条の2後段（電子計算機使用詐欺罪）にいう「虚偽の電磁的記録」に該当しないのではないかという点であった。

東京地裁は、自動改札機等の事務処理システムにおいて、出場時において、乗車券等にエンコードされた入場情報により、その乗車券等を所持する旅客が実際に乗車した駅を確認し、下車しようとする駅との間の乗車区間を把握した上、出場の可否等を判定しているものと認定し、246条の2後段にいう「虚偽」とは、「電子計算機を使用する当該事務処理システムにおいて予定されている事務処理の目的に照らし、その内容が真実に反するものをいう」との判断を示し、往路において、実質的には、宇都宮駅の自動改札機に対し、有効区間内の自動改札機未設置駅（岡本駅）から入場したとの入場情報を読み取らせるものであって、この入場情報は実際の乗車駅である鴬谷駅等と異なるのであるから、本件回数券の電磁的記録は、上記の自動改札機の事務処理システムにおける事務処理の目的に照らし、虚偽のものであるとしたのである。また、復路において、本件乗車券は、発駅を鴬谷駅等とし、これらの駅で入場したとの入場情報がエンコードされたものであって、復路の渋谷駅等の自動精算機に投入される場面において、上記の自動精算機の事務処理システムにおける事務処理の目的に照らし、実際の乗車駅である宇都宮駅と異なる虚偽のものである、としている。このように、本判決は、使用した回数券、乗車券は、いずれも不正な改変がされたものではないが、その入場記録が実際の乗車と異なるものであると認定し、虚偽の電磁的記録にあたると結論付け、同条後段の罪の成立を肯定した。

この246条の2の解釈にとって重要なのは、虚偽の情報についての、「電子計算機を使用する当該事務処理システムにおいて予定されている事務処理の目的に照らし、その内容が真実に反する情報」という規範設定である。そしてこの点は、【基本判例1】で検討したように、合理性があり説得的なのである。立法の際の説明、前掲の東京高判平成5年6月29日、そして【基本判例1】にいたる流れを見れば、あえてこれを踏襲しない説得的で具体的な理由がない限り、本件判示以外の規範設定は考えられないといえよう。

たしかに、【基本判例1】は246条の2前段の解釈問題であり、「虚偽の情報若しくは不正な指令を与

えて不実の電磁的記録を作る」ことが問題となる。それに対して、【基本判例2】は同条後段が問題になり、「虚偽の電磁的記録を人の事務処理の用に供する」行為が問題となる。微妙ではあるが、前段は「不正な指令」が加わることで、構成要件該当性判断に幅が認められやすいようにも見える。しかし、後段は、虚偽の電磁的記録を「事務処理の用に供する」犯罪であり、作る対象としての「虚偽の電磁的記録」より周辺的なものでも、全体として評価すれば、本罪で処罰すべき「事務処理の用に供した行為」といいうる余地もあるといえよう。

4 虚偽性の実質的判断

問題は「自動改札システムにおいて予定されている事務処理の目的に照らし、その内容が真実に反する情報」の具体的なあてはめなのである。

弁護人は、「本件構成要件にいう『虚偽』とは、電磁的記録それ自体が不正に作出されたり、改変された場合に限られるべきであって、本件乗車券や本件回数券に不正な作出、改変はなく、また、本件は、電子計算機の事務処理システムの欠陥・瑕疵に由来するものであり、このような欠陥・瑕疵について被告人らを処罰することにより補完するのは許されない」と主張する。この根底には、「JRが濫用の危険のあるシステムを作ってしまったのだから、その濫用を処罰によって禁圧してJRのメリットを確保する必要はない」という、ある部分までは合理的で説得的な価値判断がある。

これに対して、東京地裁は、「電磁的記録は、記録それ自体の情報に加え、これを用いるシステムが前提とする一定の意味付け等を踏まえて事務処理の用に供されているものであり、このような前提となる事柄の真実性も当該事務処理システムの円滑かつ適正な運用のために必要なものといえる。本件は、JR東日本を利用するほとんどの旅客が乗車券等の券面及び電磁的記録に従った乗車を遵守しており、JR東日本も旅客のこのような乗車を信頼し、また、これを基礎にして自動改札機及び自動精算機の事務処理システムを構築している中にあって、被告人らがその信頼を逆手に取り、これを悪用した行為と評価すべきものである」として、弁護人に対し、「自動改札機や自動精算機の事務処理システムの欠陥・瑕疵に由来するものとは到底いえない。仮に、このようなシステムの前提となる事柄についても、それが電磁的記録化される必要があり、かつ、その不正な作出、改変がない限りは本罪が成立しないとすれば、それは、迅速かつ効率的な事務処理のために電子計算機による事務処理システムを導入する企業等にとって、当該システムの構築及びその維持に多大な負担を生じさせ得るもの」としたのである。そして、このような前提を偽ることも当該電磁的記録自体の誤りと実質的に同等に評価することが妥当であり、自動改札機および自動精算機の事務処理システムにおける事務処理の目的に照らし、本件構成要件中の「虚偽」にあたるというべきであり、弁護人の主張は採用できないとしたのである。

「虚偽の情報とは、真実に反する情報であり、X・Yは、何ら真実に反する情報を事務処理の用に供していない」という解釈も、論理的には十分に可能である。ただ、その論拠として、「罪刑法定主義の要請だ」とするのでは、何の説明にもなっていない。刑罰謙抑主義といってみても、「常に狭い解釈が正しい」という命題は、少なくとも刑法解釈論においては、妥当しない。逆に、東京地裁が具体的に示した総合的な衡量こそが、法的に最も重要なものといえよう。「岡本駅での回数券」に、正面から対応しようとすれば有人処理を行わざるを得ないが、それでは、国民の利便性があまりにも損なわれることになるのである。

第30講　OA機器と文書偽造

> **論点**
> ▶偽造にあたるかの判断において、社会的機能、行使態様を考慮することは許されるか。
> ▶スキャナーを通して端末画面に表示させた場合には、真性の文書に見うるが、それ自体は、当該文書と誤信し得ないものを作出する行為は、偽造に該当するか。
> ▶原本の白黒コピーを改ざんしたものをファクシミリにセットし、その画像データを送信して、端末機の画面に表示させて相手方に呈示した行為について、その写しについて文書偽造・同行使罪が成立すると考えることは可能か。

【基本判例1】　札幌高判平成17年5月17日（高検速報155号）

事実の概要

被告人Xは、(1)窃取した甲野太郎を被保険者とする真正な自衛官診療証を白黒コピーし、そのコピーの生年月日欄の年の「59」の上に修正テープを貼り、その上に黒色スタンプを使って「57」と記入する方法により自衛官診療証と誤信させるような文書を作成し（「第1文書」）、当該文書を無人自動契約機のスキャナーを通して端末画面に偽造文書を表示させた。(2)X自身を被保険者とする真正な自衛官診療証をカラーコピー機でコピーし、そのコピーの生年月日欄等を修正ペンで塗りつぶした上、再度コピーし、このコピーの氏名欄、生年月日欄等に、ボールペンを使って、「甲野太郎」「57」「11」「29」などと記入した上（「第2文書」）、当該文書を無人自動契約機のスキャナーを通して端末画面に偽造文書を表示させた。検察官は、いずれの文書もスキャナーを通して端末画面に表示させて行使する目的で作成された以上偽造公文書に該当し、行使罪も成立するとして起訴したのに対し、第1審は、「行使態様を含めて公文書偽造・同行使罪の成立を判断するのは処罰範囲を不当に拡大する」として同罪の成立を否定した。これに対し検察側が、各文書について「一般人からみて真正に作成されたものであると誤信させるに足りる程度の外観を備えていると認めることはできない」とした第1審判決は、事実を誤認しかつ刑法155条1項、158条1項の解釈を誤ったものであるとして控訴した。

判旨

破棄自判。札幌高裁は、「偽造文書といえるには、**一般人からみて真正に作成されたものであると誤信させるに足りる程度の形式、外観を備えていることが必要である**。原判決が述べるとおり、第1文書の『57』という数字は、スタンプを用いてはいるものの、生年月日欄の他の数字と大きさや字体が異なる上、修正テープの上に記入され、その各背景が異なっており、第2文書については写真コピーのトナーとボールペンのインクの2種類のインクで作成されていることになるから、これらの文書を直接手に取り子細に見れば、改ざんされたものと見破られる余地がないとはいえない。しかし、一般人からみて真正に作成されたものであると誤信させるに足りる程度の形式、外観を備えているかどうかは、当該文書の社会における機能やその行使態様をも考慮して判断されなければならない。原判決は、行使態様も考慮して判断することは処罰範囲をあいまいにするものであって採用できないという。しかし、本件のような自衛官診療証は、保険に加入している事実を証明するためのみではなく、一般社会においてその身分を証明する文書としての役割をも果たしているが、そのような身分証明文書として利用する場合、こ

れを直接相手に呈示するだけでなく、本件のようにスキャナーを通して間接的に呈示する方法も広く行われている。そのように呈示された場合、その相手方は画面に映された文書の映像を見て真正なものかどうか判断するしかない。偽造罪が、文書に対する公共の信用を保護法益とし、文書が証明手段としてもつ社会的機能を保護しようとするものであることからすると、偽造文書にあたるかどうかは、その行使態様をも考慮して判断するのが相当である。そして、本件において、Ｘは、いずれも上記のようにして作成した文書を無人の自動契約機のスキャナーに読み取らせて端末機に表示させれば、真正なものと誤認されるであろうと考え、実際にその方法により犯行に及んでいるのであるから、この行使態様に即して上記各文書が偽造文書にあたるかどうかを判断しても、それが処罰範囲をあいまいにすることにはならないというべきである。

そこで、さらに本件が偽造にあたるかどうかを検討すると、関係証拠によれば、スキャナーを通して端末画面に映し出された上記各文書の映像では、第１文書に修正テープが貼られていることなどや、第２文書が写真コピーのトナーとボールペンのインクの２種類のインクで作成されていることに気付くのは困難と認められる。映像でも、第１文書の『57』という数字が、生年月日欄の他の数字と大きさや字体が異なることはみてとれ、現にそれを見た金融会社の従業員は不自然さを感じてはいるものの、他の記載等文書の客観的形状は全て真正なものと同一であるため、改ざんされたものとは判断していないことからすれば、一般人がそれだけで改ざんされたものと判断できるようなものではないということができる。したがって、**スキャナーを介して呈示したという本件の行使態様を合わせて考慮すると、本件各文書は、一般人からみて真正に作成された文書であると誤信させるに足りる形式、外観を備えていると認めることができる**」と判示した。

▶▶▶ 解　説

1　技術の変化と偽造罪の対応

あらゆる犯罪は、社会の変化にさらされている。そこで、立法的対応が要請される場合が生じる。平成13年に支払用カード電磁的記録に関する罪が刑法典18章の２として、有価証券偽造の罪の章の次に加えられたのもその典型例である。クレジットカード等の電磁的記録を用いたカードは、近年急速に普及し、通貨、有価証券に準ずる社会的機能を有するにいたった。刑法の規定がそのような事態に十分に対応しうるものではなかったため、「カードの偽造」などに関し、若干の混乱が生じた。その後、さらにカードに関連する社会状況が変化し犯罪も増加したため、法改正が必要となった。

日本社会のコンピュータ化は、電磁的記録の刑法的保護を要請し、偽造罪の領域でも、電磁的記録不正作出罪（161条の２第１項・２項）と、不正電磁的記録供用罪（161条の２第３項）が昭和62年に新設された。そして、その改正以前には、現存の偽造罪規定を解釈することにより、処罰の間隙を埋めようとしてきた。かなり前から、「電磁的記録の文書性を肯定できないか」が争われてきたのである。たとえば、コンピュータシステムを採用している自動車登録に際し虚偽の申請をした行為が、公正証書原本不実記載罪に該当するのかが問題となった。判例は、電磁的記録はラインプリンターによりプリントアウトすれば文書として再生されるのであり、そのこととコンピュータは不可分であるから電磁的記録も文書であるとし、157条の成立を認めた（名古屋高金沢支判昭和52・１・27判時852-126、広島高判昭和53・９・29刑月10-9=10-1231）。しかし、電磁的記録自体は可視的でなく、文書と断定するのは、やはり無理がある。そこで最高裁も、電子情報処理組織による自動車登録ファイルは刑法157条１項にいう「権利、義務に関する公正証書の原本」にあたるとして157条の成立を認めたが、登録ファイルの文書性そのものは認めなかったのである（最決昭和58・11・24刑集37-9-1538）。そして、昭和62年に電磁的記録不正作出罪が新設され、さらに157条の客体の電磁的記録を別個に加えるという立法的解決がなされ、電磁的記録

は文書はもとより、公正証書の原本にも含まれないことが確定した。

次に、テレホンカード等のプリペードカードが有価証券に該当するのか激しく争われた。昭和62年に新設された電磁的記録不正作出罪等では、現に最も問題となった「不正内容のカードを大量に他者に売却する行為」に対応できなかったからである。その場合には、自ら不正作出行為を行ってはおらず、さらに電話機での使用もしていないため、161条の2第3項の不正供用罪にも該当しないことになり、その結果、改ざんされたものである旨を告げて売却する行為を、変造有価証券交付罪で処罰する余地が検討されることになった。

ただ、昭和62年改正により、電磁的記録の文書性が否定されているのに、磁気カードが有価証券にあたるのかという点が問題となる。従来、有価証券は可視性・可読性を重視する「文書」の一部であることが暗黙の前提とされてきた。しかし、理論的に「有価証券が文書でなければならない」というわけではない。(a)「NTT」や「通話可能度数」等の文字が印刷された表示部分を中心に考える可読部分説と、(b)磁気部分説、(c)両者が一体となって財産権を表示するとする一体説が対立し、判例は、「磁気情報部分並びにその券面上の記載及び外観を一体としてみれば、……財産上の権利がその証券上に表示されていると認められ」るとして、一体説を採用して問題の決着が図られた（最決平成3・4・5刑集45-4-171）。

しかし最決平成3年4月5日が、テレホンカードの機械に対する使用を「行使」として認めたことに関しては、有価証券に可読性を部分的にせよ要求する限り、「人に対する行使」の要件を欠くことは許されず、「機械に対する行使」は認め得ないとする批判があった。他方、実務では、行使を「可読部分を認識した人間の直接的な信頼のみを利用して一定の利益の享受を図ること」に限定することは、あまりに硬直した考えであるとされたのである。ただ、電磁的記録を伴うカードに関する不正行為の多くが、新設された支払用カード電磁的記録不正作出罪等で処理されることになったので、機械に対する行使を問題にする余地はほとんどなくなった。

2　コピー・ファクシミリと文書偽造

文書偽造罪の「文書」とは「文字またはこれに代わるべき符号を用い、ある程度持続的に存続することのできる状態で、意思または観念の表示をしたもの」である。そして、文書偽造罪における「偽造」の意義は、長い間「一般人をして真正な文書であると誤認させるに足りる程度の形式・外観を備えている」文書の作成とされてきたといってよい（大判大正1・10・31刑録18-1313）。しかし、判例は、文書概念を微妙に拡大した。公文書の原本に改ざんを施した上、これを電子複写機で複写する方法により、あたかも真正な公文書の原本を正確に複写したかのような形式・外観を備える電子コピーを作成する行為について公文書偽造罪が成立するとしたのである（最決昭和54・5・30刑集33-4-324）。このような判例に対しては、罪刑法定主義に反するという批判もなお残る。たしかに、「写」が原本の存在を証明するものにすぎないと認識されていた時期には、いかにコピー内容が正確で証明力が強くても原本の意思内容そのものを表示するものではないとして文書性を否定することに説得性があった。しかし現在、コピーは、単に原本が他に存在することを証明することを超えて、原本の意思内容を証明する役割を担っている。たしかに、コピーの証明力を利用するなら、認証文言を付けさせ新たな文書として保護すればよいとの反論も考えられた。また、コピーは細工がしやすいのでその信用性に限界があることが次第に認識されていくであろうとの指摘もあった。しかし、コピーの利用の拡大は、認証文言付の謄本を減少させ、「細工しやすいコピー」の文書としての刑法による保護をますます要請するようになってしまった。現在国民が、コピーに原本と同一の信用性を期待している以上、勝手に名義を冒用した内容のコピーを作成する行為は有形偽造に含まれると解すべきである。そして、文書概念をこの程度に実質化することは罪刑法定主義に反するものではないであろう。

同様に、公文書を改ざんした原稿をファクシミリで送信し印字させた行為について、公文書偽造罪が成立するとした下級審判決（広島高岡山支判平成8・5・22高刑集49-2-246）も登場してきて、少なくとも実務上は、肯定的に受け止められているといえよう。

3　スキャナーで読みとらせるための文書の作成

しかし、問題は、【基本判例1】のように、Xが、改ざんした診療証をスキャナーで読みとらせるために作成された、「不正加工の痕跡が残されたままの改ざん物」の文書性である。当該改ざん物が偽造の成立に必要な外観の程度に達しているか否かが正面から問題とならざるを得ないからである[1]。

このような、改ざんした診療証をスキャナーで読みとらせ、ディスプレイ上に表示させた行為の評価に際しては、まずどの時点で偽造文書が作成されたといえるのかが問題となる。修正テープ、スタンプ、ボールペン等を用いて「診療証様のもの」を作成した時点で公文書偽造罪が成立するのか、スキャナーで読み取らせ従業員の面前に設置されたディスプレイに表示させた時点で偽造となるのかという問題がある。【基本判例1】は、偽造文書を、Xの手元にある改ざんされた診療証そのものであるとしている。たしかに、「文書」という以上、ディスプレイ上の表示より、診療証そのものの方がわかりやすい。しかし、この文書は修正テープ等の上に記入されており、手に取ってみれば不正なものであることは明らかで、一般人をして真正文書と誤認させるに足りる程度の形式・外観を備えていないのではないかという問題に直面せざるを得ないのである。

この点札幌高裁は、①行使態様を加味して偽造文書にあたるかどうかを判断しても、それが処罰範囲をあいまいにすることにはならないとし、②スキャナーを通して端末画面に映し出された映像では、修正テープが貼られていること（第1文書）や、写真コピーのトナーとボールペンのインクの2種類のインクで作成されていること（第2文書）に気付くのは困難であり、③数字が生年月日欄の他の数字と大きさや字体が異なるものの、他の記載等文書の客観的形状は全て真正なものと同一であるため、④一般人がそれだけで改ざんされたものと判断できるようなものではないとした。すなわち、スキャナーを介して呈示したという本件の行使態様を合わせて考慮することにより「一般人からみて真正に作成された文書であると誤信させるに足りる形式、外観を備えている」としたのである。

作成された文書そのものをスキャナーを介して見なくても、高齢者などへの提示、暗がりでの提示を考えると、「絶対に自衛官診療証には見えない」とは断定できないが、札幌高裁も「スキャナーを介して呈示したという本件の行使態様を合わせて考慮することにより、はじめて偽造文書性を備える」と考えているように思われる。

1）　有価証券に関し、使用済テレホンカードの磁気記録部分を改ざんしてパンチ穴をテープで塞ぎ、105度通話可能な、ただ外観上は不正なものとわかるカードを作成する行為が、真正な有価証券の外観を有しないので、有価証券変造罪を構成するかが争われた（東京高判平成6・8・4判タ881-288）。テープ貼付のカードは、「NTT」「通話可能度数」等の文字が印字されており、「一般人が真正なものと誤信する程度の外観」を有するといえよう（現在は支払い用カード電磁的記録不正作出罪として処罰されることになった）。

4　大阪地判平成8年7月8日

そして、大阪地判平成8年7月8日（判タ960-293）は、他人の運転免許証の写しの一部を重ねた自己の免許証を、スキャナーを通してディスプレイに表示させた行為に、公文書偽造罪と同行使罪の成立を認めた。自己の運転免許証の上に他人の運転免許証の写しから、氏名、生年月日、本籍、国籍、住所、交付の各欄を切り取って、該当箇所に重ねるようにして置くなどして、その上からテープを貼り付け固定するなどしたものを、融資申込みの際の身分証明書として、前記無人店舗に設置された自動契約受付機のスキャナーで読みとらせ、これを係員の前に設置されたディスプレイに表示させるなどして、係員をしてキャッシングカードを交付させた上、そのカードを使用して現金自動支払機から現金を引き出したというものであった。

大阪地裁は、①一般人をして真正に作成された文書であると誤認させるに足りる程度であるか否かを判断するにあたっては、当該文書の客観的形状のみならず、種類・性質や社会における機能、そこから想定される文書の行使の形態等をも併せて考慮しなければならないとして、②運転免許証は、その行使の形態も様々であり、提示の相手方は警察官等の公務員の他、広く一般人であることもあり、また、必ずしも相手方が運転免許証のみを直に手に取って記

載内容を読み取るとは限らず、免許証等入れのビニールケースに入ったまま、しかも、相手に手渡すことなく示す場合もあるし、その場面も、夜間、照明の暗い場所であったりするし、時間的にも、瞬時ないしごく短時間であることさえあるとし、③さらに、近時は、相手方の面前で呈示・使用されるだけではなく、身分証明のために、コピー機やファクシミリにより、あるいは、本件のように、イメージスキャナー等の電子器機を通して、間接的に相手方に呈示・使用される状況も生じてきているとした。そして、本件各運転免許証は一応形式は整っている上、表面がメンディングテープで一様に覆われており、真上から見る限りでは、表面の切り貼り等も必ずしもすぐ気づくとはいえないのであって、このようなものであっても、一般人をして真正に作成された文書であると誤認させるに足りる程度であると認められるというべきであるとし、したがって、本件各運転免許証の作成とその呈示・使用が公文書の偽造・同行使には該当しないとの主張は、採用することができないとした。

ただ、大阪地裁は、当該文書の客観的形状のみならず、種類・性質や社会における機能、そこから想定される文書の行使の形態等をも併せて考慮すべきであるとし、運転免許証は行使の形態も様々であり、免許証等入れのビニールケースに入ったまま相手に手渡すことなく示す場合もあるし、夜間、照明の暗い場所であったり、瞬時ないしごく短時間であることさえあるので、本件のような態様のものでも偽造にあたるとした。そこでは、【基本判例1】と同様に、機械に対する行使も考慮されているとはいえるが、スキャナーなどを介さなくても、偽造文書に該当しうるとする余地を残しているように思われる。

【基本判例2】　東京高判平成20年7月18日（判タ1306号311頁）

事実の概要

被告人Xは、携帯電話機2台の利用契約を申し込む際の本人確認資料として使用する目的で、勤務先のファクシミリ複合機を用いて、S市の記名および公印がありXを被保険者とする国民健康保険被保険者証の白黒コピー3枚（A4用紙）を作成し、その1枚の被保険者の生年月日、住所欄等に他の2枚から切り抜いた数字を糊で貼り付けて、一見すると本件保険証のコピーのように見える物を作り出し、保険証の大きさに切り取ることなくA4大のまま前記ファクシミリにセットし、受信先で拡大表示するように設定して、その画像データを携帯販売店に送信し端末機の画面に表示させて、従業員2名に閲覧させ、改ざんを見破ることができなかった従業員に利用契約を締結させて、通話可能となった携帯電話機2台を店外に持ち出して取得したという事案で、有印公文書偽造、同行使、窃盗の罪に問擬された。第1審は公訴事実を認め懲役1年6月に処したため、Xが控訴した。

判旨

破棄自判。東京高裁は、本件保険証の「原本」を偽造し、これを行使したといいうるかという点に関し、「本件改ざん物の色合いや大きさ等の客観的形状からみて、これを本件のように電子機器を介するのでなく肉眼等で観察する限り、本件保険証の原本であると一般人が認識することは通常は考え難いから、これを作出したことをもって本件保険証の原本の偽造を遂げたとみることはできない」とした。そして、「確かに、文書偽造罪が行使の目的をその要件としていることからすれば、偽造の成否の判断に際して文書の行使形態を考慮すべき面はあるが、その考慮できる程度には限度があるといわざるを得ない」とし、「本件改ざん物は、ファクシミリ複合機によりデータ送信された先の端末機の画面を通して見れば、一般人をして本件保険証の原本の存在を窺わせるような物であるが、そのような電子機器を介する場合以外の肉眼等による方法では、その色合いや大きさ等の客観的形状に照らせば、これを本件保険証の『原本』と見誤ることは通常は考え難いものである。このような物を作出した時点では、いまだ公

文書である本件保険証の『原本』に対する公共の信用が害されたとは評価できない」として、本件保険証の原本について文書偽造、同行使の罪の成立を肯定することはできないとした。

ただ、予備的訴因である「本件保険証の『写し』を偽造したこと」は認められるとして、以下のように判示した。国民健康保険被保険者証のコピーは、「身分確認の一手段として、原本と同様の社会的機能と信用性を有しているものと認められる。そして、本件改ざん物は、これを直接手に取るなどして見分するならば、紙片を貼り付けた状態のままの部分があることから、改ざんが認知される可能性があるとはいえようが、国民健康保険被保険者証のコピーの呈示・使用の形態にも様々な態様が考えられ、必ずしも相手方が手に取って確認するとは限らず、相手に渡すことなく示すにとどまる場合もあることを想起すれば、本件改ざん物についても、真上から一見する程度であれば、表面の切り貼り等が認知されない可能性は十分にあるといえる」として、「本件改ざん物は、本件保険証のコピーそのものではないけれども、一般人をして本件保険証の真正なコピーであると誤認させるに足りる程度の形式・外観を備えた文書」と認められるとし、コピーを用いて作成した本件保険証の写しについて、その文書性を肯定でき偽造罪の成立を認めることができるとした。そして、その画像データを送信し、送信先の端末機の画面に表示させて閲覧させることにより、本件保険証の真正な写しとして使用しており、偽造公文書行使罪の成立も肯定できるとした。

▶▶▶ 解　説

1　構成要件の類型的判断

　構成要件解釈は、形式的で類型的なものである。たとえば、刑法236条の「強取」といえるか否かは、一般的に相手の反抗を抑圧するような暴行・脅迫にあたるかで判断され、行為者・被害者の個別事情は考慮されないと考えられる。客観的に「強取か否か」は決まるのである。ただ、被害者が女性か男性か、老人か壮健な成人かで判断は異なる。本件でも、作成された文書が、「一般人をして真正に作成された文書であると誤認させるに足りる程度」のものか否かが問題となるが、専ら「スキャナーを介して相手のディスプレーに表示する形での行使」を前提としていることを考慮するか否かが問題なのである。

　その点、東京高裁は、「本件のように電子機器を介するのでなく肉眼等で観察する限り、本件保険証の原本であると一般人が認識することは通常は考え難いから、これを作出したことをもって本件保険証の原本の偽造を遂げたとみることはできない」としている。この点だけを見ると、偽造の要件である「一般人をして真正に作成された文書であると誤認させるに足りる程度」を判断するにあたって、当該文書の客観的形状に加えて、種類・性質や社会における機能、そこから想定される文書の行使の形態等をも併せて考慮することを認めないようにも見える。しかし、ファクシミリで送信したり、スキャナーを介して相手のディスプレイに表示する形の文書の利用形態が広く定着している現在、それを一切考慮しないというのも妥当ではない。そこで、東京高裁も「文書偽造罪が行使の目的をその要件としていることからすれば、偽造の成否の判断に際して文書の行使形態を考慮すべき面はある」としているのである。ただ「その考慮できる程度には限度がある」とした点に、【基本判例1】との差が存在する。問題は、「限度」の中身である。すなわち、【基本判例1】とどこが異なるのかという点である。

2　「原本とは見えないもの」の作出

　【基本判例2】が重視したのは「電子機器を介する場合以外の肉眼等による方法では、その色合いや大きさ等の客観的形状に照らせば、これを本件保険証の『原本』と見誤ることは通常は考え難い」という点である。すなわち、それ自体ではどう見ても「一般人をして真正に作成された文書と誤信させる程度のもの」ではない場合、スキャナーを通して見れば誤信させる程度のものであっても、偽造文書にはならないとしたのである。しかし、それでは、「スキャ

ナーなどによる行使が広く行われている」という現実を考慮していないように見える。

ただ、【基本判例2】にとって決定的なのは、国民健康保険被保険者証の白黒コピーといっても、保険証の大きさに切り取ることなくA4大のまま行使している点である。保険証とは全く異なる大きさのもので、両者を取り違えることは考えられない。

この点、前述の大阪地判平成8年7月8日は、自己の運転免許証の上に他人の運転免許証の写しから、氏名、生年月日等の欄を切り取って該当箇所に重ねるようにして置き、氏名欄にはさらに別人の記載のある紙片を置き、その上からテープを貼り付け固定するなどしたものでも、イメージスキャナーを通してディスプレイに表示させる「行使」を想定すれば、偽造にあたるとした。しかし、作成された運転免許証様のもの自体も、運転免許証と「全く誤信する可能性がない」とまではいえない。【基本判例2】の「A4コピー」とは異なるのである。

【基本判例1】の札幌高判平成17年5月17日の事案は、真正な自衛官診療証をコピーし生年月日欄に修正テープを貼りスタンプを使って別の数字を記入したようなもので、肉眼ではかなり強い不自然さが残る。そこで札幌高裁は、スキャナーを通して端末画面に映し出された映像を問題にすることによって、はじめて偽造文書にあたるとしているように見える。ただ、【基本判例1】と【基本判例2】では、直接肉眼で見た場合での「誤信」の可能性にかなり差はある。【基本判例1】の事案は、「暗がり」や「高齢者」、「緊急の場合」「提示の時間」等を勘案すると、偽造文書性を認めることが不可能とまではいえない。ただ、「スキャナーを通しての利用を加味すれば、偽造文書性を容易に認めることができる」ということなのである。

3 コピーの偽造

たしかに、【基本判例2】のようにA4の紙の一部に保険証がコピーされ、それに数字をコピーした紙片が貼り付けられているにすぎないものを「偽造保険証」と評価することには無理がある。しかし、ファクシミリ送信を介する利用を前提とする場合には、その点を強調しすぎると、結論の妥当性に欠ける。その侵害性の程度は、大差ないからである。そこで、東京高裁は、「保険証のコピー」の偽造を認める形で、「妥当な結論」を導いた。

もとより、「コピーの偽造」を広く認めれば、「原本の構成要件解釈を若干緩めること」より、処罰範囲が曖昧化する危険性がないわけではない。コピーしたものに何らかの加工を加えて、原本の意思内容と異なって見えるものを創り出せば、すべて公文書偽造罪が成立するわけではないのである。

しかし、「当該コピーの行使の目的」を厳密に認定することにより対応は可能であろう。本件も、主観的にも客観的にも「ファクシミリ送信を介する利用を目的とした保険証のコピー」を作成したのである。

なお、このような「コピーの偽造」という形で対応のできない「処罰価値の高い事案」が生じてくると、ディスプレイ上の表示について偽造を問題にすることも考える必要性が出てこよう。たしかに、ディスプレイ上の表示について偽造を問題にすることも考えられないことはない。わいせつ物の概念についても、情報としての画像データが陳列されたわいせつ図画にあたるとした判例もある。このような動きと連動して、将来的には「文書」概念も変化する可能性がないわけではない。ただ、画像データの場合は、電磁的記録として保存されてはいる。そうだとすると、少なくとも現時点では、スキャナーに読み込ませる客体としての免許証を「文書」として捕捉し、ファクシミリ送信に利用することにより「切り貼り」が目立たなくなる面があるということは、「一般人が誤信する程度」の実質的判断の際の資料として加味すべきである。

第31講　児童ポルノとわいせつ物とネット犯罪

> **論点**
> ▶児童ポルノのDVDを日本国内で運営されているインターネット・オークションに出品し、外国から、日本に居住する落札者にあてて落札された児童ポルノを郵便に付して送付する行為は、児童ポルノを外国から輸出したものといえるか。
> ▶わいせつ画像データそのものと、刑法175条の改正。

【基本判例1】　最2小決平成20年3月4日（刑集62巻3号85頁・判タ1289号96頁）

> **事実の概要**
> 　被告人Xは、当時タイのバンコクに居住していたが、児童買春・児童ポルノ禁止法2条3項にいう「児童ポルノ」であるDVDを入手し、これをいわゆるマザーとして、それをコピーしたDVDを日本に居住する者に販売して利益を得ようと企てた。具体的には、マザーDVDを空のDVDにコピーしたものを日本で運営されているインターネット・オークションに出品し、入札期間の終了時点で最高値の入札者が自動的に落札者となることとし、落札者とインターネットで連絡を取り合い、代金の振込先口座を伝えるなどするものである。代金の口座への振込入金を確認すると、落札に係るマザーDVDを空のDVDにコピーし、これをソフトケースに入れ、エアークッション付き封筒に入れるなどしてこん包し、この封筒等を、タイの郵便局で、日本に居る落札者にその住所にあてて、国際スピード郵便に付して送付した。
> 　Xは、前後6回にわたり、このような方法で、児童ポルノDVDを落札者6名にその住所にあてて国際スピード郵便に付した。これらのDVDは、タイの空港に運ばれ、情を知らない空港作業員らによって成田国際空港行きの航空機に積載され、その後、これらの航空機は、同空港に到着した。Xは、以上の行為につき、児童ポルノを不特定の者に提供する目的で児童ポルノを外国から輸出したものとして、児童買春・児童ポルノ禁止法7条6項の罪で起訴された。
> 　第1審・原審判決とも、この罪の成立を認めたが、原審以降、弁護人は、本件では輸出先である買い主がいわゆるエンドユーザーである点をとらえ、そこから児童ポルノが不特定の者に提供されるわけではないから、本件輸出行為は児童ポルノを不特定の者に提供する目的を欠くなどとして、同罪の成立を争い、上告趣意でも同様の主張をした。

> **決定要旨**
> 　上告棄却。最高裁は、上告趣意について、刑訴法405条の上告理由にあたらないとしてこれを退けたが、職権で以下のように判示をした。
> 　「所論にかんがみ、児童買春、児童ポルノに係る行為等の処罰及び児童の保護等に関する法律7条6項の児童ポルノを外国から輸出する罪の成否について、職権で判断する」。「Xは、本件児童ポルノであるDVDを送付する時点では、特定の者にあてて国際スピード郵便に付している。しかし、Xは、児童ポルノであるDVDをインターネット・オークションに出品して不特定の者から入札を募り、入札期間の終了時点で最高値の入札者を自動的に落札者とし、その後当該落札者にあてて落札されたDVDを送付したものであって、**本件輸出行為は、上記DVDの買受人の募集及び決定並びに買受人への送付とい**

う不特定の者に販売する一連の行為の一部であるから、Xにおいて不特定の者に提供する目的で児童ポルノを外国から輸出したものというを妨げない。法7条6項にいう『第4項に掲げる行為の目的で』との要件を肯定した第1審判決を是認した原判断は、結論において相当である」。

▶▶▶ 解　説

1　ネット利用と犯罪行為の幅の拡大

　ネット販売の利用により、たとえばわいせつ物の有償頒布行為などの実行が容易になる面がある。そして児童ポルノは、わいせつ物以上に重要な法益侵害性を有すると認識されているが、その国境を越えた流通が容易になる。日本人が外国から児童ポルノを輸出する行為も、ネット販売の道がなければ、例外的なものとなっていたと思われる。

　本件事案の場合は、そこにインターネット・オークションを介在させることにより、児童ポルノを外国から輸出した日本国民を処罰する構成要件を潜脱する可能性があったのである。具体的には、インターネット・オークションに出品して不特定の者から入札を募り、入札期間の終了時点で最高値の入札者を自動的に落札者とし、その後当該落札者にあてて落札されたDVDを送付した行為が、「児童ポルノを不特定の者に提供する目的で児童ポルノを外国から輸出した」とはいえないと主張されたのである。

　児童買春・児童ポルノ禁止法7条6項は、同条4項に掲げる行為の目的で児童ポルノを外国から輸出した日本国民を処罰する。そして同条4項には、児童ポルノを不特定の者に提供する行為が規定されている。そこで、本件実行行為時、すなわち、児童ポルノDVDの入った封筒等をタイの郵便局で国際スピード郵便に付した時点では、送付先が特定の相手（ネットオークション落札者）に確定しており、「不特定の者に提供する目的」が欠けるので構成要件該当性が認められないようにも見えるのである。

2　「目的」の存在時期

　児童買春・児童ポルノ禁止法7条6項の罪は、目的犯である。目的犯における目的は、実行行為の時に認められなければならないとされてきた。輸出罪の実行行為の少なくともその一部の時点で、「不特定の者に提供する目的」が認められる必要があると考えられてきたといえよう。しかし、本事案の場合、輸出行為の開始は、Xが児童ポルノDVDがこん包された封筒等をタイの郵便局で国際スピード郵便に付す時点と解するのが自然である。そうだとすると、その時点では、すでに送付先（落札者）は特定しており、「不特定の者に提供する」という目的が欠けるので構成要件該当性が否定されるように思われる。

　ところが最高裁は、輸出罪の成立を認め、その前提として、目的の存在を認めた。「本件輸出行為は、DVDの買受人の募集及び決定並びに買受人への送付という不特定の者に販売する一連の行為の一部であるから、Xにおいて不特定の者に提供する目的で児童ポルノを外国から輸出したものというを妨げない」としたのである。

　たしかに、犯罪類型を目的犯の形式で規定するという趣旨は、本件であれば、「不特定の者に提供する目的」を伴う場合には、当該犯罪類型が予定する法益侵害の危険性が高まったり、輸出する行為を行う蓋然性が高まるという点にある。主観的な事情により行為の違法性が高まると説明することには強い異論もあるが、そのような目的がある場合はより大きな責任非難が向けうるともいえる。ただ、違法性や責任を高めるための「目的」が完全に実行行為の時点に存在する必然性はないであろう。本件行為は、不特定多数の者に提供する目的で児童ポルノを輸出する行為として遂行された一連の行為の中から「タイからの郵送」を捉えるもので、一連の行為が、実質的に当該目的に導かれている以上、その一部も目的犯としての当罰性を認めることはできる。それは、実行行為時に責任能力が存在しなくても、無能力状態を有責に招いた原因行為時に存在していれば、責任非難は可能であり、結果行為が原因行為時の責任能力によって支配可能である限り責任非難は可能であるとする説明と類似した思考といえよう（前田・総論435頁参照）。

この点たしかに、故意は実行行為時に認められなければならないであろう。ただ判例においては、実行行為がかなり実質的に理解されているのである（前田・総論113頁参照）。

なお、目的犯の処罰化が、必ずしも「目的による違法性や責任の増加」によって説明しきれるわけではない。政策的考慮も当然含まれる。ただ、そうだとすれば、より一層、目的犯における目的が実行行為に先行することも許容されることになろう。

3 「不特定性」の解釈

そもそも、本件行為が、不特定な者に対するものであるか否かの判断の前提として、判例の「不特定」の解釈の傾向を見ておくことも意味があろう。

わいせつ性を帯びた画像の不特定者への提供という本件と関連する公然わいせつの事案において、最決昭和31年3月6日（裁判集刑112-601）は、「不特定多数の人を勧誘した結果各判示の日判示料亭において集まったそれぞれ数十名の客の面前で判示の所為に及んだことが認められるので」数十名の客とは不特定の客の趣旨であると解せられ、したがって上記所為がたとえ夜間一定の部屋を密閉してなされたとしても公然わいせつ罪の成立を妨げるものではないとしている。不特定の者にネットで情報提供して、応じてきた者に広く児童ポルノを外国から送る行為は、不特定の者に輸出したと解しても、不当とはいえないように思われる。

さらに、より類似する事案に関し、最高裁は、本件とほぼ軌を一にする解釈を示している。「売春」とは、対償を受け、または受ける約束で、不特定の相手方と性交することをいうが、最高裁は、最判昭和32年9月27日（刑集11-9-2384）において、売春防止法2条にいう、「不特定」に関し、「性交するときにおいて不特定であるという意味ではなく、不特定の男子のうちから任意に相手方を選定し性交の対価に主眼をおいて、相手方の特定性を重視しないということを意味する」と判示している。性交時に相手が特定していれば、売春に該当しないという形式的解釈は、やはり退けられるべきである。

【基本判例2】　岡山地判平成9年12月15日（判タ972号280頁・判時1641号158頁）

事実の概要

被告人Xらは、わいせつな図画を不特定多数のインターネット利用者に有料で閲覧させようと考え、女性の性器などを露骨に撮影したわいせつ画像の性器部分に、画像処理ソフトを使用すれば容易に付け外すことができるマスクを同ソフトを使用して付した上、同画像データ合計168画像分を、順次、株式会社Aのサーバーコンピュータに送信し、同コンピュータの記憶装置であるディスクアレイ内に記憶・蔵置させ、インターネットの設備を有する不特定多数のインターネット利用者が、電話回線を使用し、上記データを受信した上、上記ソフトを使用すればマスクを取り外した状態となるわいせつ画像を復元閲覧することが可能な状況を設定し、上記各データにアクセスしてきたBら不特定多数の者に対してデータを送信して、わいせつ画像のデータを再生閲覧させるなどして、わいせつな画像を公然と陳列したとして起訴された。

弁護人らは外形的事実は認めるものの、サーバーコンピュータのディスクアレイ内に記憶・蔵置させた画像はいずれもその性器部分に画像処理ソフトによりマスク処理され、性器部分が見えないようにされたものであるから、わいせつ性はなく、かつ、Xらが送信して記憶・蔵置させたものは情報である画像データであるから、有体物であるべきわいせつ図画は存在せず、したがって陳列行為もないから、わいせつ図画陳列にはあたらないとして、無罪であると主張した。

判　旨

岡山地裁は以下のように判示して、刑法175条の成立を認めた。まず、マスク処理した画像のわいせ

第31講　児童ポルノとわいせつ物とネット犯罪

つ性に関しては、「マスクを取り外せば、男女の性器や性交の場面が露骨に撮影されたものであることは一見して明らかであり、これがわいせつ性を有することは十分認めることができ、弁護人らもこの点については認めている」とした上で、ソフトを持っている者にとっては、その場で直ちに、容易に取り外すことができるマスクであり、インターネットでアダルトページにアクセスする者は、ほとんどが同ソフトを持っており、このソフトを使用すれば、マスクの付け外しは、その場で、直ちに、容易にできるものであり、Ｘらはそのことを知っていたし、Ｘらのホームページにアクセスしてくる者はマスクを外して画像を閲覧することを予想していたと認定した。そして、インターネットでアダルトページにアクセスする者を基準に考えれば、画像にマスク処理が施されていても、その画像はマスクがかけられていないものと同視することができるとし、サーバーコンピュータのディスクアレイ内に記憶・蔵置させた画像にはマスク処理が施されてはいるが、マスク処理が施された画像自体がわいせつであると認めることができるし、Ｘらは、これがわいせつであることの認識があったものと認めることができるとした。

　そして、「Ｘらがサーバーコンピュータのディスクアレイ内に記憶・蔵置させた物は情報としての画像データであり、有体物ではないが、インターネットにより、これをパソコンの画面で画像として見ることができる。そして、ここにおいて陳列されたわいせつ図画は、サーバーコンピュータではなく、情報としての画像データであると解するべきである。有体物としてのコンピュータはなんらわいせつ性のない物であり、これをわいせつ物であるということはあまりに不自然かつ技巧的である。また、わいせつな映像のビデオテープやわいせつな音声を録音した録音テープがわいせつ物であることは確定した判例であるが、これらの場合も、有体物としてのビデオテープや録音テープがわいせつであるわけではなく、それらに内蔵されている情報としての映像や音声がわいせつであるにすぎない。科学技術が飛躍的に進歩し、刑法制定当時には予想すらできなかった情報通信機器が次々と開発されている今日において、わいせつ図画を含むわいせつ物を有体物に限定する根拠はないばかりでなく、情報としてのデータをもわいせつ物の概念に含ませることは、刑法の解釈としても許されるものと解するべきである」とし、Ｘらは、情報としてのわいせつ画像データをサーバーコンピュータのディスクアレイ内に記憶・蔵置させ、これをインターネット利用者がパソコンの画面上に画像として観覧できうる状態に置いたものであり、Ｘらの本件行為は「わいせつ図画」を「公然と陳列」したものということができると判示した。

▶▶▶ 解　説

1　「わいせつ物」は有体物に限るのか

　平成23年の刑法改正には、刑法175条の重要な変更が含まれている。これまで、わいせつな画像を本条の「わいせつ物」に該当するとする判例があった。その代表例が【基本判例2】である。わいせつ図画を含むわいせつ物を有体物に限定する根拠はないばかりでなく、わいせつな画像を不特定多数の者にインターネットを通じて公然と陳列する行為の当罰性は高い以上、岡山地裁が、電磁的記録がわいせつ物の概念に含まれるとしたことは、自然であった。賭博罪の客体である「財物」には財産上の利益が含まれるし、そもそも、「人」の意義が殺人罪と名誉毀損罪で異なり、「遺棄」の意義が同じ遺棄罪の中でも使い分けられてきたように、法的概念は相対的なのである。

　175条の「わいせつ物」に関しては、かなり苦しい解釈を積み重ねてきた。テレビ画面に映し出された「映像」ではなくビデオテープそのものがわいせつ物とされ、また、わいせつな音声ではなく再生機が「わいせつ物」と認定された（大阪地判平成3・12・2判時1411-128）。インターネットにおけるわいせつ事犯の場合も、わいせつ画像データが記録されているサーバーコンピュータが「わいせつ物（図画）」だと解されてきた（東京地判平成8・4・22判タ929-266、京都地判平成9・9・24判時1638-160）。これに対しては、ハードディスクはそれ自体でわいせつ画像が見えるわけではないのでわいせつ物に該当しないとい

う主張もあったが、最決平成13年7月16日（刑集55-5-317）により、判例の態度はほぼ確定した。いわゆるパソコンネット開設者Xが、不特定多数の顧客にわいせつな画像を送信し、再生閲覧させる目的で、わいせつ画像のデータ多数を、同ネットのホストコンピュータのハードディスク内に記憶、蔵置させ、電話回線を使用して、不特定多数の顧客に上記わいせつ画像が閲覧可能な状況を設定し、上記わいせつ画像の情報にアクセスしてきた不特定多数の者に同データを送信して再生閲覧させたという事案に関し、「Xがわいせつな画像データを記憶、蔵置させたホストコンピュータのハードディスクは、刑法175条が定めるわいせつ物に当たる」としたのである。利用者はコンピュータにアクセスしてわいせつ画像データをダウンロードして再生すれば、容易にわいせつ画像を顕出させることができ、それはわいせつ画像が記憶されたビデオテープの場合とほぼ同様だと考えられている。しかし、【基本判例2】の「情報としてのデータをもわいせつ物の概念に含ませることは、刑法の解釈としても許されるものと解するべきである」という解釈も、十分な説得性を有することに留意しておかねばならない。

2　法改正の実質的意義

新175条は、「わいせつな文書、図画、電磁的記録に係る記録媒体その他の物を頒布し、又は公然と陳列した者は、2年以下の懲役若しくは250万円以下の罰金若しくは科料に処し、又は懲役及び罰金を併科する。電気通信の送信によりわいせつな電磁的記録その他の記録を頒布した者も、同様とする」とし、その2項で、「有償で頒布する目的で、前項の物を所持し、又は同項の電磁的記録を保管した者も、同項と同様とする」と規定する。

次々に登場する新しい問題を前にして「客体を電磁的情報そのものにまで拡げること」の必要性と、偽造罪などの関係で用いている電磁的記録との整合性をいかに考えるかは、今後も課題として残らざるを得ない。判例は、何とか「有体物に固定されたわいせつ画像等を表示する情報」をわいせつ図画・物と捉える方向で解釈してきた。しかし、有体物に化体されない「わいせつ情報」「データそのもの」を刑

法上のわいせつ「物」に取り込むことには実務上の抵抗感は残っているといえよう。平成23年の法改正でも、文書の場合と同様に、175条の頒布・公然陳列の客体を「わいせつ文書、図画」と、「わいせつな電磁的記録に係る記録媒体」としたのである。そして、頒布についてのみ「わいせつな記録」も対象となる。

旧175条の下でも、わいせつ物頒布等の罪に加え、電気通信の送信によりわいせつな電磁的記録その他の記録を頒布する行為のほとんどは処罰されてきた。平成23年の法改正の中心部分は、「電磁的記録その他の記録の頒布」を、「不特定又は多数の者の記録媒体にこれらの記録を存在するに至らしめること」とし、具体的には電子メールによりわいせつ画像を不特定または多数の者に送信するような行為などを想定していると説明されている。ただ、新しいソフトの開発などにより、処罰されない「情報の公然陳列」との限界が問題となってこよう。なお、改正により、わいせつ物の中に「わいせつな電磁的記録に係る記録媒体」が含まれていることが明示され、わいせつな電磁的記録に係る記録媒体の頒布、または公然陳列という行為が処罰対象になることに疑義が生じないようにされた。

新175条2項により、旧175条後段のわいせつ物所持の罪に加え、わいせつ電磁的記録保管の罪が設けられた。そして、これらの罪の目的を、「販売の目的」から「有償で頒布する目的」に改めた。立法者は、従来は、わいせつ物はその物自体を販売することにより広範囲の者に拡散されていたが、最近では、わいせつな電磁的記録を電気通信による送信により容易に頒布して拡散することが可能であり、また、わいせつな電磁的記録の記録媒体やわいせつな写真集などの有体物についても、複写技術の発達により、当該有体物の所有権を移転しなくても、同じ内容の複製を容易に作成してこれを拡散することができるようになっていることから、所持、保管の罪の成立に必要な目的については、所有権の移転の有無にかかわらず、有償の「頒布」にまで拡大することが相当であると説明する（このほか、同条の罪については、基本的に「利益獲得目的」が想定されるので、罰金刑の任意的併科を可能とすることとなった）。

第 32 講　売春防止法の「周旋」の解釈

> **論点**
> ▶遊客の側で、周旋行為の介在を認識していなかった場合に、売春防止法 6 条 1 項の周旋罪は成立するか。

【基本判例 1】　最 1 小決平成 23 年 8 月 24 日（刑集 65 巻 5 号 889 頁・判タ 1356 号 93 頁）

事実の概要

　被告人 X は、いわゆる出会い系サイトを利用して遊客を募る形態の派遣売春デートクラブを経営し、男性従業員 Y と共謀の上、女性従業員 Z を遊客に引き合わせて売春をする女性として紹介した事案である。その業務形態は、Y が数名の女性従業員を自動車に乗せて待機しつつ、出会い系サイトに女性を装ってアクセスして遊客を探し出した上、女性従業員を遊客との待ち合わせ場所に送り届けるというもので、女性従業員は基本的に 2 万円で遊客に性交を含む性的サービスを提供し、うち半額を女性が受け取り、残額のうち 3 割を Y が、7 割を X が取り分として取得していた。出会い系サイトに書き込みをして遊客を募る際には、X が売春をする女性自身を装い、遊客のもとには直接女性従業員を差し向けるなどして、遊客に対し X らの存在を隠していたため、遊客においては、X らが介在して女性従業員を売春をする女性として紹介していた事実を認識していなかった。

　本件公訴事実は、X が、Y と共謀し、2 度にわたり、いずれも不特定の遊客から電子メールで売春婦紹介の依頼を受けて、女性従業員を待ち合わせ場所に派遣し、遊客に引き合わせて売春の相手方として紹介したというもので、売春周旋罪に問擬された。

　売春防止法は、その 6 条 1 項において、「売春の周旋をした者は、2 年以下の懲役又は 5 万円以下の罰金に処する」と定める[1]。周旋罪の成立を認めた第 1 審に対し、弁護人は、Y が遊客と交わしたメールでは、サイトの禁止文字の規制もあり詳しいサービス内容のやり取りはなかったのであり、この時点では性交のサービスを提供するか否かも決まっておらず、性交の合意に達したのは女性従業員と遊客が直接会ってからなので、X らの行為は売春の周旋に該当しないなどと主張して控訴した。しかし、原審判決は、X らが出会い系サイトで遊客を誘引する際、『ゴムあり別 2』などと売春行為をほのめかす内容の書き込みをしたことを認定し、これに電子メールで応答してきた遊客に女性従業員らを引き合わせて、売春をさせていたことが明らかであるとして控訴を棄却した。これに対して弁護人は、遊客が周旋者である X の存在を全く認識していない以上、周旋行為とはいえないなどとして、上告した。

---

1) 売春防止法 6 条は 2 項で、売春の周旋をする目的で、次の各号の一に該当する行為をした者の処罰も、1 項と同様とすると規定している。①人を売春の相手方となるように勧誘すること。②売春の相手方となるように勧誘するため、道路その他公共の場所で、人の身辺に立ちふさがり、又はつきまとうこと。③広告その他これに類似する方法により人を売春の相手方となるように誘引すること。

決定要旨

　上告棄却。最高裁は、「所論は、そのような事実関係の下では、売春防止法 6 条 1 項の周旋罪は成立しないという。しかし、売春防止法 6 条 1 項の周旋罪が成立するためには、売春が行われるように周旋行

> 為がなされれば足り、遊客において周旋行為が介在している事実を認識していることを要しないと解するのが相当である。したがって、被告人らの行為につき同項の周旋罪の成立を認めた第1審判決を維持した原判断は正当である」とした。

▶▶▶▶ 解説

1 実質的構成要件解釈

【基本判例1】は、刑法典ではなく、特別法である売春防止法6条の解釈問題であるが、判例の構成要件該当性のとらえ方を認識する上で、重要な判例といえよう。【基本判例1】で問題となった周旋は、「共犯的関与」にすぎず、それを独立に処罰することには、問題があるとされてきたといえよう。少なくとも、間接的な法益侵害にすぎず、謙抑的な解釈が必要だとされることが多かった。具体的には、「正犯」行為との関連性、正犯を通しての結果発生の可能性を厳密に認定することにより、その処罰を画す必要があるのではないかという点である。それ自体は、もとより誤りではないが、問題は、その具体的判断なのである。

売春防止法6条の「周旋」は、職業安定法5条にいう「あっ旋」とほぼ同義と解されており、刑法256条2項に定める「盗品等の有償の処分のあっせん」とも関連する。もとより、刑法典上の財産犯と同一に論じることは許されないが、その処罰範囲の限界を探る上での実質的解釈論は、当然、関連してくる。

刑法上の有償あっせんは、あっせん行為がなされれば足り、現に売買などが成立する必要はない（最判昭和26・1・30刑集5-1-117）。盗品等の罪の財産犯助長的側面を考慮すれば、あっせんという明確な行為の存在により可罰性を認めることも十分可能である。そして、最決平成14年7月1日（刑集56-6-265）は、当該盗品の被害者を相手にあっせんする行為も本罪にあたるとしている。もとより、盗品等の罪の成立については、盗品等がすでに存在することが前提となっている。将来窃取する予定の物の売却のあっせんをしても本罪は成立しない（最決昭和35・12・13刑集14-13-1929）。問題は、どのような「最終の保護法益の侵害発生の危険性を有する行為」を周旋（あっせん）したときに、可罰性を認めるかにある。

2 売春防止法6条の解釈

周旋は、売春の成立に向けられたものでなければならない。売春防止法2条は、「売春とは、対償を受け、又は受ける約束で、不特定の相手方と性交することをいう」と規定し、「不特定」とは、不特定の男子のうちから任意の相手方を選定し、性交の対償に主眼をおいて、相手方の特定性を重視しないということを意味するものと解されている（最判昭和32・9・27刑集11-9-2384参照）。妾の周旋も、その周旋する男女間の関係が上記にいう不特定性を帯びるときは、同法6条1項の売春の周旋にあたる[2]。

周旋とは、売春をしようとする者とその相手方となる者との間に立って、売春が行われるように仲介する行為である。売春が行われるようにしなければならず、すでに特定の男女の間で売春をすることの合意が成立してしまっている場合には、たとえ両者の間に立って、時間や場所の連絡をしても、周旋にはあたらない。また、たとえば、タクシー運転手が乗客から売春婦を呼んでくれる旅館に案内するように依頼され、売春婦を呼んでくれると噂のある旅館に案内して、旅館の主人に事の次第を話しただけでは、周旋の幇助になることはあっても、「売春の」周旋をしたことにはならないと解すべきであろう（佐藤文哉「売春防止法」『注解特別刑法(7)〔第2版〕』（青林書院・1988）40頁）。ただ、売春の対価のように、その点についての了解がつかなければ売春の成否に影響するものについては、その点の仲介をすることは、売春を仲介することにほかならない（仙台高判昭和33・12・9高裁刑裁特5-12-502参照）。なお、妾の斡旋という名のもとに行われる仲介であっても、不特定の男女について行われるものであれば、周旋にあたる（佐藤・前掲書40頁）。

周旋は、仲介である以上、原則として、売春をしようとする者と遊客となろうとする者の双方からの依頼または承諾があることを前提とする。ただ、必

ずしも、両者からのあらかじめの依頼の存在は必須ではないであろう。男性から売春を行う者の紹介を依頼されてから、女性を探してその承諾をとりつけるのも、周旋にあたる（東京高判昭和31・3・31東高時報7-4-136参照）。ただ、最終的に、両者の依頼と承諾が認められなければならず、一方からの依頼に基づき相手方に勧誘したが拒否された場合には、仲介したことにはならない。

2）大阪高判昭和34年2月17日（下刑集1-2-305）は、S子としては、「専ら生活援助という金銭的対償を目当てにして不特定の男子の中から旦那となるべき男子の周旋を被告人に依頼し、被告人もその趣旨を了承して、同様の趣旨で女の斡旋を申込んだ男の中から本件のAを選び手数料をとって右男女を結合させたとみるのが相当であり、しかも右男女の結びつきの関係は、右関係が相当期間継続することが予定されていることは否めないとはいえ、金銭と性交との対償関係が極めて露骨であり、右関係の結合や解消の方法が実に簡単、手軽であり、性交の場所として街のホテルを利用するという点などにおいて通常の売春にすこぶる似かよっているのであって、従って本件男女関係は妾、二号或いは援助交際など名称のいかんにかかわらず、『不特定性』のものであることは否定できないものといわなければならない。しかして、たまたまこの結合の結果、特定の男とその関係が相当長期にわたって継続したとしても、それは事後のことであって、被告人が周旋した当時における相手方の不特定性は、これによって影響を受けるものではないと解すべきである」とした。

3 周旋の成立範囲

おとり捜査とし、捜査官が当初から全く売春の相手方となる意思のないにもかかわらずその意思のあるように装って売春の周旋を求めた場合には、その申込みはここでいう依頼とは認められないから、これに応じて売春の仲介行為をしても、周旋をしたとはいえない。高松高判昭和35年9月20日（高刑集13-7-523）は、「売春防止法6条1項所定の売春の周旋とは、売春をする意思のある者とその相手方となる意思のある者との間に売春行為が行われるように仲介することにより成立するのであって、売春の相手方となる者にその相手方となる意思のない場合には、たとえ右両者の間に仲介が行われたとしても、かかる場合は同条にいわゆる周旋に当らないと解すべきである」としている（さらに東京高判昭和42・12・6高検速報1637号参照）。

しかし、判例上、仲介行為であれば、それが、売春の成立に至るどの段階におけるものであっても、いかなる態様のものであっても周旋にあたるとされてきた。現場において直接仲介行為をする必要はなく（最決昭和30・10・4刑集9-11-2150）、公衆の目にふれるような方法であると否とを問わない[3]。

そして、仲介行為が認められれば、周旋罪は既遂となる。最終的に売春が行われることはもとより（高松高判昭和35・9・20高刑集13-7-523）、売春をする契約が成立することも必要ではなく（大阪高判昭和46・3・2刑裁資料229-160）、仲介をした者が報酬を得ることも周旋の要件とはされていないのである（東京高判昭和27・5・13高裁刑判特34-21参照）。

たしかにデリバリーヘルスの業態では、仲介者が関与するのはヘルス嬢を遊客と引き合わせるところまでであり、売春をするか否かや売春の条件などは、当事者間の交渉に委ねられることもあるとされ（唐木智規・警察公論2011年12月号93頁）、業者は「売春には関与していない」と主張すると推測される。しかし、出会い系サイトで遊客を誘引する際に売春行為をほのめかす内容の書き込みをし、これに電子メールで応答してきた遊客に女性従業員らを引き合わせれば、その時点で、周旋罪の成立に必要な「女性従業員と性交に及ぶ意思の存在」は認定できるし、Xが、本件周旋行為の結果、売春が行われることの蓋然性を認識していたことも認められよう。

3）判例は、ガイドクラブの事務所を設け、6名の女性をガイドとして雇い入れ、「今晩いかが。お逢いしたいわ。当方未亡人」などと記載したチラシを公衆電話ボックス内等に多数配布し、これを見て電話で申し込んでくる遊客の待ち受ける場所に外回りの雇人を行かせ、入会金、ガイド料を受けとったのち、売春の意思のあるガイド女性を引き合わせた事案につき、「既に売春をし或はその相手方となるべき確定的意思を有する両者を引き合わせる行為は勿論、その男性及び女性の一方又は双方において、直接交渉の上、売春行為の許否を決め或は条件を決める如き不確定な意思を有する両者を引き合わせる場合をも含み、且両者の間に最終的な売春契約の成立する迄斡旋する必要はない」として、周旋の成立を認め（大阪高判昭和45・7・6刑月2-7-709）、男客とデート嬢の双方

に売春を行う意思があり、両者を引き合わせたのちは、両者が一緒に自由に行動することができ、売春が行われることを防止するための何らの措置もとられていなかったときは、不特定の男客にデート嬢を紹介する行為は、被告人の周旋によって両者の間に売春が行われることとなる蓋然性があったことが認められるので周旋にあたるとしている（東京高判昭和44・3・26東高時報20-3-45）。

4 【基本判例1】の意義

最高裁は、売春防止法6条1項の周旋罪が成立するためには、売春が行われるように周旋行為がなされれば足り、遊客において周旋行為が介在している事実を認識していることを要しないとした。

この点、すでに下級審においても、東京家判平成15年11月14日（家月57-7-51）は、若干事案の異なる児童福祉法違反等被告事件において、いわゆる援助交際（対価を得ての性交）を希望している18歳に満たない女性児童らに代わり、同女らの偽名を使用して、インターネットのサイト上に援助交際を希望する旨の書き込みをし、その相手方となることを希望して同サイトにアクセスしてくる男性らと同女らの双方に連絡を取って同人らを引き合わせるなどして同女らにその男性らを相手に性交させていた行為が、児童買春、児童ポルノに係る行為等の処罰及び児童の保護等に関する法律5条2項の児童買春周旋を業としたことにあたるとし、さらに売春防止法6条1項の売春の周旋をしたことおよび児童福祉法34条1項6号の児童に淫行をさせる行為をしたことにあたると判示している[4]。

【基本判例1】の事案は、Xらが出会い系サイトに書き込みをして売春をする女性自身を装い、遊客のもとには直接女性従業員を差し向けるなどして、遊客に対しXらの存在を隠していたため、遊客においては、Xらが介在して女性従業員を売春をする女性として紹介していた事実を認識していなかった。それに対し、最高裁は、「売春が行われるように周旋行為がなされれば足り」るとしているが、周旋行為には、売春をしようとする者と遊客となろうとする者の存在と、双方からの依頼または承諾が必要であることが前提となっている。そして、【基本判例1】の事案では、女性従業員との間に「承諾関係」が認められる以上、遊客において周旋行為が介在している事実を認識していることを要しないのは、当然である。本罪の保護しようとする法益にとって、客がXの存在を認識したことは、重要ではないのである。

4) なお、東京高判昭和34年10月19日（東高時報10-10-396）は、売春防止法6条2項1号違反罪の判示の仕方として、売春の主体の存在について判決文において判断を示す必要はないとした。被告人は売春を周旋する目的でその前提となる「人を売春の相手方となるように勧誘する行為」をなしたものであることについては原判決に事実の誤認が存しないことはすでに前段説示により明らかで、客の求めにより直ちに提供しうる関係にあったということが明瞭であるので、判決文においてその判断を示すことは本件売春防止法違反（6条2項1号違反）の犯罪事実の判示としては要求されておらずまたはその必要もないといわなければならないとした。周旋は、仲介である以上、原則として、売春をしようとする者と遊客となろうとする者の双方からの依頼または承諾が必要である。しかし、だれが売春を行うかなどは判示する必要はないとしている点も参考となる。

第3編
刑事訴訟法

第 33 講　裁判員裁判の合憲性

> ―論 点―
> ▶裁判員裁判は、憲法 80 条 1 項、76 条 2 項等に違反しないか。
> ▶裁判員制度によって導かれる「新しい刑事裁判像」とはどのようなものなのか。
> ▶裁判の公平性と忌避の運用。

【基本判例 1】　最大判平成 23 年 11 月 16 日（刑集 65 巻 8 号 1285 頁・判タ 1362 号 62 頁）

事実の概要

　本件は、被告人 X が、Y（氏名不詳者）らと共謀し、営利目的で、覚せい剤を含む違法な薬物を輸入しようと企て、輸入禁制品である覚せい剤 1,991.2 g が隠匿されたスーツケースをマレーシアから日本まで航空機の機内預託手荷物として運送委託した上、成田国際空港に到着後、同スーツケースを機外に搬出させたところ、税関職員に発見されたという事案である（覚せい剤取締法、関税法違反）。

　営利目的による覚せい剤輸入の罪（覚せい剤取締法 41 条 2 項）は、裁判員法 2 条 1 項 1 号の定める「死刑又は無期の懲役若しくは禁錮に当たる罪」に該当するので、裁判員の参加する第 1 審で審理され、有罪が言い渡された。弁護側は、裁判員が刑事裁判に関与したのは、下級裁判所の裁判官の任命方法を定めた憲法 80 条 1 項に違反するし、裁判員裁判の対象を特定の事件に限るのは、特別裁判所の設置を禁じた憲法 76 条 2 項に違反すると主張して控訴した。しかし、原審は、裁判官でない者が刑事裁判に関与したという一事をもって憲法 80 条 1 項違反の問題が生じるとは考えられないし、裁判員の参加する合議体は憲法 76 条 2 項にいう特別裁判所にはあたらないと判示した。

　これに対し、被告側は、原審で否定された主張に加え、①裁判官が、裁判員の判断に影響、拘束されることは、裁判官の職権行使の独立を保障した憲法 76 条 3 項に違反し、②裁判員制度は、裁判員となる国民に憲法上の根拠のない負担を課すものであるから、意に反する苦役に服させることを禁じた憲法 18 条後段に違反するなどとして、上告した。

判　旨

　上告棄却。最高裁は大法廷を開き、全員一致で以下のように判示した。
　憲法には国民の司法参加を認める旨の規定が置かれていないが、それは直ちに国民の司法参加の禁止を意味するものではなく、刑事裁判に国民の司法参加が許容されているか否かという刑事司法の基本に関わる問題は、憲法が採用する統治の基本原理や刑事裁判の諸原則、憲法制定当時の歴史的状況を含めた憲法制定の経緯および憲法の関連規定の文理を総合的に検討して判断されるべき事柄であるとした上で、①憲法は、適正手続の保障、裁判を受ける権利、令状主義、公平な裁判所の迅速な公開裁判を受ける権利、証人審問権および証人喚問権、弁護人依頼権、自己負罪拒否の特権、強制による自白の排除、刑罰不遡及の原則、一事不再理など、適正な刑事裁判を実現するための諸原則を定めており（31～39 条）、これらの諸原則が厳格に遵守されなければならず、それには高度の法的専門性が要求され、憲法の裁判官の独立と身分保障についての規定を総合考慮すると、憲法は、刑事裁判の基本的な担い手として裁判官を想定していると考えられるが、②憲法「第 6 章　司法」には、最高裁判所と異なり、下級裁判所については、裁判官のみで構成される旨を明示した規定を置いていない。③憲法制定過程を見ても、参審

制を排除する趣旨は認められない。④裁判に国民が参加して民主的基盤の強化を図ることと、憲法の定める人権の保障を全うしつつ、証拠に基づいて事実を明らかにし、個人の権利と社会の秩序を確保するという刑事裁判の使命を果たすこととは相容れないものではないとして、「憲法上国民の司法参加がおよそ禁じられていると解すべき理由はなく、国民の司法参加に係る制度の合憲性は、具体的に設けられた制度が、適正な刑事裁判を実現するための諸原則に抵触するか否かによって決せられるべきもの」で、これらの諸原則が確保されている限り、陪審制とするか参審制とするかを含め、その内容を立法政策に委ねていると解されるとし、裁判官と国民とで構成する裁判体が直ちに憲法上の「裁判所」にあたらないということはできないとした（憲法80条）。

　そして、裁判員制度の裁判体は、①裁判員法では、裁判官3名および裁判員6名によって裁判体を構成するとしており（2条2項・3項）、②裁判員は、衆議院議員の選挙権を有する者の中から、くじその他の作為が加わらない方法に従って選任され、解任制度により、判決に至るまで裁判員の適格性が確保されるよう配慮され（13条〜37条、41条、43条）、③裁判員は、裁判官と共に合議体を構成し、事実の認定、法令の適用および刑の量定について合議することとされ、法令の解釈に係る判断および訴訟手続に関する判断等は裁判官に委ねられている（6条）。そして、④裁判員は、法令に従い公平誠実にその職務を行う義務等を負い（9条）、裁判官、検察官および弁護人は、裁判員がその職責を十分に果たすことができるよう、審理を迅速で分かりやすいものとすることに努め（51条）、⑤裁判官と裁判員が対等の権限を有する評議も、その合議（6条1項、66条1項）の際、裁判長は、必要な法令に関する説明を丁寧に行う等、裁判員がその職責を十分に果たすことができるように配慮しなければならないとされている（66条5項）。⑥評決と刑の量定は、裁判官と裁判員の双方の意見を含む合議体の員数の過半数の意見によるとされ（67条）、評議の経過等に関する守秘義務が設けられ（70条1項）、裁判員に対する請託、威迫等は罰則をもって禁止されている（106条、107条）ことを挙げ、裁判員裁判の裁判体は、独立して職権を行使することが保障された裁判官と、公平性、中立性を確保できるよう配慮された手続の下に選任された裁判員とによって構成されており、裁判員の事実認定、刑の量定の意見陳述、評決という判断は、必ずしもあらかじめ法律的な知識、経験を有することが不可欠な事項であるとはいえず、裁判長の裁判員への配慮の義務を考慮すると、裁判員が、裁判官との協議を通じて良識ある結論に達することは十分期待でき、他方、憲法が定める刑事裁判の諸原則の保障は、裁判官の判断に委ねられており、「公平な『裁判所』における法と証拠に基づく適正な裁判」は制度的に十分保障されていると判示した。

　さらに、裁判官が時に自らの意見と異なる結論に従わざるを得ない場合があるとしても、それは憲法に適合する法律に拘束される結果であるから、憲法76条3項に違反するとの評価を受ける余地はないとし、裁判官の2倍の数の国民が加わって多数決で結論を出すと、裁判が国民の感覚的な判断に支配され、裁判官のみで判断する場合と結論が異なってしまう場合があり、裁判所が果たすべき被告人の人権保障の役割を全うできないとの主張も、憲法が国民の司法参加を許容している以上、裁判体の構成員である裁判官の多数意見が常に裁判の結論でなければならないとは解されないとし、評決には、多数意見の中に少なくとも1人の裁判官が加わっていることが必要とされていることなどを考えると、被告人の権利保護という観点からの配慮もされており、裁判官のみによる裁判の場合と結論を異にするおそれがあることをもって、憲法上許容されない構成であるとはいえないとした。そして、裁判員裁判も、高等裁判所への控訴および最高裁判所への上告が認められており、特別裁判所にあたらないことは明らかであるとし（憲法76条2項）、裁判員の職務等は、司法権の行使に対する国民の参加という点で参政権と同様の権限を国民に付与するものであり、辞退に関し柔軟な制度を設けており、裁判員（候補者）に対する旅費、日当等の支給により負担を軽減するための経済的措置も講じられているとし（11条、29条2項）、憲法18条後段が禁ずる「苦役」にあたらないことも明らかであるとした。

▶▶▶ 解　説

1　裁判員裁判の合憲性の争い

　裁判員制度が本格的に動き出して、警察の現場も確実に変化してきている。【基本判例1】は、「法曹のみによって実現される高度の専門性は、時に国民の理解を困難にし、その感覚から乖離したものにもなりかねない側面を持つ」として、その理はとりわけ刑事裁判において重要であるとし、「我が国の実情に最も適した国民の司法参加の制度を実現していくこと」の必要性を説いている。一連の司法制度改革の流れからすれば、当然の判示内容ではあるが、今後の刑事訴訟法解釈において、強く意識しておかねばならないことである。

　裁判員裁判制度には、法曹関係者内部においても、強い疑問や批判があった（西野喜一「日本国憲法と裁判員制度(上)(下)」判時1874号3頁、1875号3頁（以上2005）、笹田栄司「日本国憲法研究・裁判員制度と憲法的思考」ジュリスト1363号（2008）79頁以下参照）。そして、下級審の場でも、その合憲性が争われてきた。しかし、【基本判例1】によって、裁判所の判断が確定したといってよい。

2　国民の司法参加と被疑者・被告人の人権保障

　最高裁は、国民の司法参加が一般に憲法上禁じられているか否かについて検討する。

　まず、憲法に国民の司法参加を認める旨の規定が置かれていないことは、上告理由にあるとおりであるが、しかし、「明文の規定が置かれていないことが、直ちに国民の司法参加の禁止を意味するものではない。憲法上、刑事裁判に国民の司法参加が許容されているか否かという刑事司法の基本に関わる問題は、憲法が採用する統治の基本原理や刑事裁判の諸原則、憲法制定当時の歴史的状況を含めた憲法制定の経緯及び憲法の関連規定の文理を総合的に検討して判断されるべき事柄である」とするのである。

　そして、刑事裁判は、人の生命すら奪うことのある強大な国権の行使であり、「基本的人権の保障を重視した憲法では、特に31条から39条において、適正手続の保障、裁判を受ける権利、令状主義、公平な裁判所の迅速な公開裁判を受ける権利、証人審問権及び証人喚問権、弁護人依頼権、自己負罪拒否の特権、強制による自白の排除、刑罰不遡及の原則、一事不再理など、適正な刑事裁判を実現するための諸原則を定めており、そのほとんどは、各国の刑事裁判の歴史を通じて確立されてきた普遍的な原理ともいうべきものである。刑事裁判を行うに当たっては、これらの諸原則が厳格に遵守されなければならず、それには高度の法的専門性が要求される。憲法は、これらの諸原則を規定し、かつ、三権分立の原則の下に、『第6章　司法』において、裁判官の職権行使の独立と身分保障について周到な規定を設けている。こうした点を総合考慮すると、憲法は、刑事裁判の基本的な担い手として裁判官を想定していると考えられる」とするのである。

　しかし憲法制定当時の20世紀半ばには、欧米の民主主義国家の多くにおいて陪審制か参審制が採用されていたとし、国民の司法参加の許容性を検討する。「旧憲法では、24条において『日本臣民ハ法律ニ定メタル裁判官ノ裁判ヲ受クルノ権ヲ奪ハル、コトナシ』と規定されていたが、憲法では、32条において『何人も、裁判所において裁判を受ける権利を奪はれない』と規定され、憲法37条1項においては『すべて刑事事件においては、被告人は、公平な裁判所の迅速な公開裁判を受ける権利を有する』と規定されており、『裁判官による裁判』から『裁判所における裁判』へと表現が改められた。また、憲法は、『第6章　司法』において、最高裁判所と異なり、下級裁判所については、裁判官のみで構成される旨を明示した規定を置いていない」。さらに、「憲法制定過程についての関係資料によれば、憲法のこうした文理面から、憲法制定当時の政府部内では、陪審制や参審制を採用することも可能であると解されていたことが認められる」とし、「刑事裁判に国民が参加して民主的基盤の強化を図ることと、憲法の定める人権の保障を全うしつつ、証拠に基づいて事実を明らかにし、個人の権利と社会の秩序を確保するという刑事裁判の使命を果たすこととは、決して相容れないものではなく、このことは、陪審制又は参審制を有する欧米諸国の経験に照らしても、基本的に了解し得るところである」と判示したのである。

そして結論として、「国民の司法参加と適正な刑事裁判を実現するための諸原則とは、十分調和させることが可能であり、憲法上国民の司法参加がおよそ禁じられていると解すべき理由はなく、国民の司法参加に係る制度の合憲性は、具体的に設けられた制度が、適正な刑事裁判を実現するための諸原則に抵触するか否かによって決せられるべきものである。換言すれば、憲法は、一般的には国民の司法参加を許容しており、これを採用する場合には、上記の諸原則が確保されている限り、陪審制とするか参審制とするかを含め、その内容を立法政策に委ねていると解されるのである」と結論づけた。

3　裁判員法による裁判員制度と憲法80条

次に、裁判員法による裁判員制度の具体的な内容について、憲法に違反する点があるか否かを、条項理由に沿って検討している。

まず、「憲法80条1項が、裁判所は裁判官のみによって構成されることを要求しているか否かは、結局のところ、憲法が国民の司法参加を許容しているか否かに帰着する問題である。……憲法は、最高裁判所と異なり、下級裁判所については、国民の司法参加を禁じているとは解されない。したがって、裁判官と国民とで構成する裁判体が、それゆえ直ちに憲法上の『裁判所』に当たらないということはできない」とした上で、裁判員法を具体的に検討し、①公平性、中立性を確保できるよう配慮された手続の下に選任された裁判員の権限は、裁判官と共に公判廷で審理に臨み、評議において事実認定、法令の適用および有罪の場合の刑の量定について意見を述べ、評決を行うことにあり、裁判員の関与する判断は、いずれも司法作用の内容をなすものであるが、必ずしもあらかじめ法律的な知識、経験を有することが不可欠な事項であるとはいえない。②裁判員が、様々な視点や感覚を反映させつつ、裁判官との協議を通じて良識ある結論に達することは、十分期待することができる。③他方、憲法が定める刑事裁判の諸原則の保障は、裁判官の判断に委ねられている。このような裁判員制度の仕組みを考慮すれば、公平な「裁判所」における法と証拠に基づく適正な裁判（憲法31条、32条、37条1項）は制度的に十分保障されているとした。

4　憲法76条3項と裁判員制度

裁判員制度の違憲性の指摘の中で最も強いものが、「裁判官が時に自らの意見と異なる結論に従わざるを得ない場合が生じる点」であろう。

この点について最高裁は、「憲法76条3項によれば、裁判官は憲法及び法律に拘束される。そうすると、既に述べたとおり、憲法が一般的に国民の司法参加を許容しており、裁判員法が憲法に適合するようにこれを法制化したものである以上、裁判員法が規定する評決制度の下で、裁判官が時に自らの意見と異なる結論に従わざるを得ない場合があるとしても、それは憲法に適合する法律に拘束される結果であるから、同項違反との評価を受ける余地はない」とした。そして、「憲法76条3項は、裁判官の職権行使の独立性を保障することにより、他からの干渉や圧力を受けることなく、裁判が法に基づき公正中立に行われることを保障しようとするものであるが、裁判員制度の下においても、法令の解釈に係る判断や訴訟手続に関する判断を裁判官の権限にするなど、裁判官を裁判の基本的な担い手として、法に基づく公正中立な裁判の実現が図られており、こうした点からも、裁判員制度は、同項の趣旨に反するものではない」とした。

より具体的には、「憲法76条3項違反をいう見解からは、裁判官の2倍の数の国民が加わって裁判体を構成し、多数決で結論を出す制度の下では、裁判が国民の感覚的な判断に支配され、裁判官のみで判断する場合と結論が異なってしまう場合があり、裁判所が果たすべき被告人の人権保障の役割を全うできないことになりかねないから、そのような構成は憲法上許容されないという主張もされている。しかし、そもそも、国民が参加した場合であっても、裁判官の多数意見と同じ結論が常に確保されなければならないということであれば、国民の司法参加を認める意義の重要な部分が没却されることにもなりかねず、憲法が国民の司法参加を許容している以上、裁判体の構成員である裁判官の多数意見が常に裁判の結論でなければならないとは解されない。先に述べたとおり、評決の対象が限定されている上、評議に当たって裁判長が十分な説明を行う旨が定められ、評決については、単なる多数決でなく、多数意見の中に少なくとも1人の裁判官が加わっているこ

とが必要とされていることなどを考えると、被告人の権利保護という観点からの配慮もされているところであり、裁判官のみによる裁判の場合と結論を異にするおそれがあることをもって、憲法上許容されない構成であるとはいえない」とするのである。

なお、裁判員裁判が、憲法76条2項の「特別裁判所にあたるのではないか」との主張に対しては、裁判員よる裁判も、高等裁判所への控訴および最高裁判所への上告が認められており、裁判官と裁判員によって構成された裁判体が特別裁判所にあたらないことは明らかであるとしている。

5　裁判員の職務は苦役か

憲法18条後段違反の主張に対しては、以下のように判示している。

裁判員制度は、国民に一定の負担が生ずることは否定できないが、「裁判員法1条は、制度導入の趣旨について、国民の中から選任された裁判員が裁判官と共に刑事訴訟手続に関与することが司法に対する国民の理解の増進とその信頼の向上に資することを挙げており、これは、この制度が国民主権の理念に沿って司法の国民的基盤の強化を図るものであることを示していると解される。このように、裁判員の職務等は、司法権の行使に対する国民の参加という点で参政権と同様の権限を国民に付与するものであり、これを『苦役』ということは必ずしも適切ではない。また、裁判員法16条は、国民の負担を過重にしないという観点から、裁判員となることを辞退できる者を類型的に規定し、さらに同条8号及び同号に基づく政令においては、個々の事情を踏まえて、裁判員の職務等を行うことにより自己又は第三者に身体上、精神上又は経済上の重大な不利益が生ずると認めるに足りる相当な理由がある場合には辞退を認めるなど、辞退に関し柔軟な制度を設けている。加えて、出頭した裁判員又は裁判員候補者に対する旅費、日当等の支給により負担を軽減するための経済的措置が講じられている（11条、29条2項）」とし、これらの事情を考慮すれば、裁判員の職務等は、憲法18条後段が禁ずる「苦役」にあたらず、また、裁判員または裁判員候補者のその他の基本的人権を侵害するところも見当たらないとした。

6　裁判員制度と新しい刑事裁判像

以上の「合憲」の論証以上に、刑事司法に携わる者にとっては、大法廷が本判決の最後に記した、次の部分に着目すべきである。

「裁判員制度は、裁判員が個別の事件ごとに国民の中から無作為に選任され、裁判官のような身分を有しないという点においては、陪審制に類似するが、他方、裁判官と共に事実認定、法令の適用及び量刑判断を行うという点においては、参審制とも共通するところが少なくなく、我が国独特の国民の司法参加の制度であるということができる。それだけに、この制度が陪審制や参審制の利点を生かし、優れた制度として社会に定着するためには、その運営に関与する全ての者による不断の努力が求められるものといえよう。裁判員制度が導入されるまで、我が国の刑事裁判は、裁判官を始めとする法曹のみによって担われ、詳細な事実認定などを特徴とする高度に専門化した運用が行われてきた。司法の役割を実現するために、法に関する専門性が必須であることは既に述べたとおりであるが、法曹のみによって実現される高度の専門性は、時に国民の理解を困難にし、その感覚から乖離したものにもなりかねない側面を持つ。刑事裁判のように、国民の日常生活と密接に関連し、国民の理解と支持が不可欠とされる領域においては、この点に対する配慮は特に重要である。裁判員制度は、司法の国民的基盤の強化を目的とするものであるが、それは、国民の視点や感覚と法曹の専門性とが常に交流することによって、相互の理解を深め、それぞれの長所が生かされるような刑事裁判の実現を目指すものということができる。その目的を十全に達成するには相当の期間を必要とすることはいうまでもないが、その過程もまた、国民に根ざした司法を実現する上で、大きな意義を有するものと思われる。このような長期的な視点に立った努力の積み重ねによって、我が国の実情に最も適した国民の司法参加の制度を実現していくことができるものと考えられる」。

刑事警察の現場でも、公判廷の場とは微妙に異なるものの、「高度に専門化した運用」が重視されすぎたということはなかったであろうか。たしかに、一連の警察改革等を通して、国民の目線を重視する努力がなされてきた。警察協議会等の活動も一定の成

果を得ているとされている。

ただ、警察の運用においては、「何より公正・公平が重視され、形式的で硬直した法解釈が行われている」と批判されることも、残念ながら、なお見られるといえよう。もとより、恣意的な法執行は「国民が最も望まないもの」である。しかし、そのことを意識するあまり、現状肯定的で「権威主義的な解釈」に安住してはいないであろうか。本格的に治安が回復してきた現在、「国民の理解」を踏まえた法解釈・法執行を目ざす好機ともいえるように思われる。

【基本判例２】 最大決平成23年5月31日（刑集65巻4号373頁・判タ1358号92頁）

事実の概要

本件は、最高裁長官である竹﨑裁判官に忌避が申し立てられた事件である。具体的には、①昭和63年に陪参審制度の研究のため渡米していること、②最高裁判所長官就任後、裁判員の参加する刑事裁判に関する法律の施行を推進するために裁判員制度を説明するパンフレット等の配布を許すとともに、③憲法記念日に際して裁判員制度を肯定するような発言をしていること等に照らし、裁判員制度の憲法適合性を争点とする本件について、刑訴法21条1項にいう「不公平な裁判をする虞」があるという点が争われた。

決定要旨

最高裁大法廷は、以下のように判示して、忌避の申立てを却下する決定を行った。「所論①が指摘する渡米研究の点は、国民の司法参加に関する一般的な調査研究をしたというものにすぎない。また、所論②が指摘するパンフレット等の配布に係る点は、最高裁判所長官である同裁判官が、国会において制定された法律に基づく裁判員制度について、その実施の任に当たる最高裁判所の司法行政事務を総括する立場において、司法行政事務として関与したものであり、所論③が指摘する憲法記念日に際しての発言も、同じ立場において、同制度の実施に関し、司法行政事務として現状認識や見通し及び意見を述べたものである。最高裁判所長官は、最高裁判所において事件を審理裁判する職責に加えて、上記のような司法行政事務の職責をも併せ有しているのであって（裁判所法12条1項参照）、こうした司法行政事務に関与することも、法律上当然に予定されているところであるから、そのゆえに事件を審理裁判する職責に差し支えが生ずるものと解すべき根拠はない。もとより、上記のような司法行政事務への関与は、具体的事件との関係で裁判員制度の憲法上の適否について法的見解を示したものではないことも明らかである。その他所論に鑑み検討しても、竹﨑裁判官が本件につき刑訴法21条1項にいう『不公平な裁判をする虞』があるものということはできない」。

▶▶▶ 解　説

1　裁判の公平性の保障

裁判所の制度は、組織、構成において公正でなければならない。その土台として、裁判官の独立が憲法上要請されている（憲法76条3項）。裁判所が政治や行政に左右されるようなことがあれば、客観的な公平はもとより、「裁判の公平」に関する国民の信頼が失われる。それと関連して、現行の刑訴法では、裁判官と検察官が別個の組織に属することとされているが、この点も公平な裁判という観点から重要な意義を有する。

なお、裁判所の組織・構成上の保障に加えて、起訴状一本主義が公平な裁判にとって重要な意義を有することは異論がないが、学説上はそれに加えて、当事者主義に則った運用がなされることを要求するものもある。当事者が実質的に対等であるように配

慮すべきであるという意味ではそのとおりであるが、「当事者主義」を徹底すればそれだけで公平な裁判が実現できるとはいえない。当事者主義をどのように実質的なものとすべきかは、具体的な問題を通して議論されなければならない。

そして、具体的事件を取り扱う裁判所（訴訟法上の裁判所）の構成が公平なものとなるため、裁判官の除斥・忌避・回避の制度が設けられている。具体的な事件に利害関係を有しているなど、第三者から見て不公平な裁判をするおそれがあると思われる裁判官には、その事件を担当させるべきでない。

除斥とは、不公平な裁判をするおそれのある事情に該当する裁判官を当然に職務の執行から排除する制度である（刑訴法20条）。(ア)裁判官がその事件と人的につながりのある場合と、(イ)その事件につき一定の職務を行ったことがある場合からなる。当事者の申立てを待たないで職務の執行から除かれることになる。除斥原因は、もしそれに該当すれば当然職務の執行から除外されるとするものであるから、その範囲は限定的に解すべきである。たとえば、裁判官がその任官前に当該事件について検察官等として具体的な職務行為をした場合に限られ、同種同質の事件に検察官として関与しても除斥事由には該当しない（最大決昭和47・7・1刑集26-6-355）。

2 忌 避

【基本判例2】で問題となった忌避とは、検察官または被告人の申立てにより、裁判官に除斥原因がある場合、または不公平な裁判をするおそれがある場合に裁判官を職務の執行から排除する制度である（刑訴法21条）。後者の理由による場合は、申立ての許される時期に制限があり、事件についての請求または陳述をするまでに申し立てなければならない（同22条）。忌避権の濫用を防ぐための規定である。前者の理由による場合は、当該裁判官が審理を継続している限り申し立てることができるが、判決宣告を終えた場合には申し立てることができなくなる。

不公平な裁判をするおそれがある場合とは、忌避制度の立法趣旨にかんがみ、当事者の主観によるものでなく、実質において除斥原因に準ずる客観的事情のある場合でなければならない。裁判官が一方当事者と特別の関係にあったり、当該訴訟を離れてすでに一定の判断を固めていたりする事情が存在する場合である。したがって、忌避理由の範囲についても、除斥の場合に準じて制限的に解される。たとえば、共犯者の審理・裁判に関与したり（最決昭和36・6・14刑集15-6-974）、同一事件に関する民事裁判に関与したり（最決昭和31・9・25刑集10-9-1382）、法律問題等について一定の見解を発表したり（最大決昭和47・7・1刑集26-6-355、最決昭和48・9・20刑集27-8-1395）しただけで直ちに不公平な裁判をするおそれがあるとはいえない。また、単なる訴訟指揮に対する不満も忌避理由とはならない（最決昭和48・10・8刑集27-9-1415）。

忌避の申立てがあったときは、原則として、訴訟手続を停止しなければならないが、裁判の現場では、訴訟の引き延ばし手段としてなされることもあり、訴訟遅延の目的だけでなされたことの明らかな忌避申立ては、忌避された裁判官自身が決定で却下する簡易却下が認められている（刑訴法24条1項）。被疑者に忌避申立権があるかどうかについては争いがあるが、付審判手続の被疑者については、忌避申立権を認めた判例がある（最決昭和44・9・11刑集23-9-1100）。

本件では、裁判員裁判の合憲性を裁判するにあたり、①陪参審制度の研究のため渡米していること、②最高裁判所長官就任後、裁判員制度を説明するパンフレット等の配布を許したこと、③憲法記念日に際して裁判員制度を肯定するような発言をしていることが「不公平な裁判をする虞」にあたるか否かが問題となった。

ただ、陪参審に関する渡米研究は、研究を命じられた裁判官として、一般的な調査研究をしたにすぎず、パンフレット等の配布も、最高裁判所長官として、司法行政事務を総括する立場において司法行政事務として関与したものであり、憲法記念日に際しての発言も、制度の実施に関し司法行政事務として現状認識や見通しおよび意見を述べたものにすぎないので、国民から見て不公正な裁判をするおそれにあたらないことは明らかであろう。

第 34 講　捜査と違法収集証拠排除

> **論点**
> ▶任意捜査と強制捜査の限界。
> ▶外部からエックス線を照射して内容物の射影を観察する行為は、検証としての性質を有する強制処分であるか。
> ▶証拠が排除される捜査の違法性の程度。

【基本判例1】　最3小決平成21年9月28日（刑集63巻7号868頁・判タ1336号72頁）

事実の概要

　最高裁が、第1審判決と原審の認定ならびに記録によりまとめた事実関係は、次のとおりである。
　大阪府警察本部生活安全部所属の警察官らは、かねてから覚せい剤密売の嫌疑で大阪市内の有限会社Aに対して内偵捜査を進めていたが、本件会社関係者が東京の暴力団関係者から宅配便により覚せい剤を仕入れている疑いが生じたことから、宅配便業者の営業所に対して、A社の事務所に係る宅配便荷物の配達状況について照会等をした。その結果、同事務所には短期間のうちに多数の荷物が届けられており、それらの配送伝票の一部には不審な記載のあること等が判明した。そこで、警察官らは、同事務所に配達される予定の宅配便荷物のうち不審なものを借り出してその内容を把握する必要があると考え、上記営業所の長に対し協力を求めたところ、承諾が得られたので、平成16年5月6日から同年7月2日にかけて5回にわたり、同事務所に配達される予定の宅配便荷物各1個を同営業所から借り受けた上、関西空港内大阪税関においてエックス線検査を行った。その結果、1回目の検査では覚せい剤とおぼしき物は発見されなかったが、2回目以降の検査においては、いずれも、細かい固形物が均等に詰められている長方形の袋の射影が観察された。なお、本件エックス線検査を経た上記各宅配便荷物は、検査後、上記営業所に返還されて通常の運送過程下に戻り、上記事務所に配達された。また、警察官らは、本件エックス線検査について、荷送人や荷受人の承諾を得ていなかった。
　第1審判決は、荷物をエックス線検査にかけることは、荷送人、荷受人のプライバシー等を侵害するものであることは否定できないとしつつ、本件エックス線検査は、内容物が具体的にどのようなものであるかを特定することは到底不可能で、プライバシーの侵害の程度は極めて軽度のものにとどまるとし、「本件のエックス線検査による方法は、刑事訴訟法197条ただし書にいう『強制の処分』に属するものではなく、捜査機関がいわゆる任意捜査として実施しうるものというべきである」とした。そして、検査を実施しようとした時点において、大規模な覚せい剤譲受けに関与しているとの嫌疑があり、エックス線検査によるプライバシー等の侵害の程度がそれほど高くないのに対し、この方法によらなければ、大規模な覚せい剤譲受け事犯の真相を解明し、さらなる証拠を収集して、犯人検挙に至るということが困難であるという状況下においては、任意捜査として不相当と思われる点はないとした。
　原審もこの判断を維持したのに対し、弁護側は、本件エックス線検査は、任意捜査の範囲を超えた違法なものであり、覚せい剤および覚せい剤原料は、同検査により得られた射影の写真に基づき取得した捜索差押許可状により得られたものであるから、違法収集証拠として排除されなければならないと主張して、上告した。

決定要旨

上告棄却。「本件エックス線検査は、荷送人の依頼に基づき宅配便業者の運送過程下にある荷物について、**捜査機関が、捜査目的を達成するため、荷送人や荷受人の承諾を得ることなく、これに外部からエックス線を照射して内容物の射影を観察**したものであるが、その射影によって荷物の内容物の形状や材質をうかがい知ることができる上、内容物によってはその品目等を**相当程度具体的に特定することも可能であって、荷送人や荷受人の内容物に対するプライバシー等を大きく侵害する**ものであるから、**検証としての性質を有する強制処分**に当たるものと解される。そして、本件エックス線検査については**検証許可状の発付を得ることが可能だった**のであって、**検証許可状によることなくこれを行った本件エックス線検査は、違法**であるといわざるを得ない。

次に、本件覚せい剤等は、同年〔平成16年〕6月25日に発付された各捜索差押許可状に基づいて同年7月2日に実施された捜索において、5回目の本件エックス線検査を経て本件会社関係者が受け取った宅配便荷物の中及び同関係者の居室内から発見されたものであるが、これらの許可状は、4回目までの本件エックス線検査の射影の写真等を一資料として発付されたものとうかがわれ、本件覚せい剤等は、違法な本件エックス線検査と関連性を有する証拠であるということができる。

しかしながら、本件エックス線検査が行われた当時、本件会社関係者に対する宅配便を利用した覚せい剤譲受け事犯の嫌疑が高まっており、更に事案を解明するためには本件エックス線検査を行う実質的必要性があったこと、警察官らは、荷物そのものを現実に占有し管理している宅配便業者の承諾を得た上で本件エックス線検査を実施し、その際、検査の対象を限定する配慮もしていたのであって、**令状主義に関する諸規定を潜脱する意図があったとはいえない**こと、本件覚せい剤等は、司法審査を経て発付された各捜索差押許可状に基づく捜索において発見されたものであり、その発付に当たっては、本件エックス線検査の結果以外の証拠も資料として提供されたものとうかがわれることなどの諸事情にかんがみれば、本件覚せい剤等は、本件エックス線検査と上記の関連性を有するとしても、その**証拠収集過程に重大な違法があるとまではいえず、その他、これらの証拠の重要性等諸般の事情を総合すると、その証拠能力を肯定することができる**と解するのが相当である」。

▶▶▶ 解　説

1　原審とどの点が異なるのか

本件では、荷送人・荷受人の同意を得ないで行われたエックス線検査による射影の写真に基づき発せられた捜索差押許可状により得られた覚せい剤および覚せい剤原料の証拠能力が問われた。そこでは、①本件エックス線検査が違法であるか、②違法だとして、そこから得られた覚せい剤などが違法収集証拠となるかである（②は【基本判例2】を紹介した上で検討する）。

そして、①は2つの問題に分けて考えることができる。第1点は、本件エックス線検査が任意捜査であるのか強制捜査であるのかであり、第2点は、任意捜査であるとして、許容される捜査であったかという点である。そして、第1審・原審は、令状までは必要のない任意捜査であり、薬物捜査としてこの程度までは許容されると判断した。

本件エックス線検査は、当該物の所有者・所持者等のプライバシー等を侵害するものであるが、荷物を開披した上で内容物を見分することなどに比し、**プライバシーの侵害の程度は軽度のものにとどまる**として、「強制の処分」はなく任意捜査として実施しうるとし、嫌疑が相当深まっており、エックス線検査を実施し、その射影から内容物の形状・材質を窺い知り、それが覚せい剤様の物であることが窺われた場合には、さらなる捜査（差押え等）を行うというのが適切であり、他に有効な方法があったということはできないし、検査の対象を極力限定しようとの

配慮が見られるとした。本件で用いられた方法によらなければ、大規模な覚せい剤譲受け事犯の真相を解明し、さらなる証拠を収集して、犯人検挙に至るということが困難であるという状況下においては、本件捜査に不相当と思われる点はないので、違法ではないとしたのである。

2 検証としての性質を有する強制処分

これに対し最高裁は、宅配便業者の運送過程下にある荷物について、捜査機関が、荷送人や荷受人の承諾を得ることなく、これに外部からエックス線を照射して内容物の射影を観察する行為は、検証としての性質を有する強制処分にあたり、検証許可状によることなくこれを行うことは違法であるとしたものである。実質的には、「プライバシー等を大きく侵害するものであるから強制処分に当たる」という点が、原審と最も対立しているように見える。

任意捜査と強制捜査との区別の基準について、学説では、①直接強制をなす有形力の行使があれば強制処分とする説、②処分を受ける側の侵害態様を基準とし、(ア)侵害法益を限定しない(プライバシー侵害等も含む)説、(イ)侵害法益を限定する(重要な利益の侵害がある場合)説などが主張されてきたが、判例は、任意捜査における有形力の行使が問題となった事例において、強制処分を「**個人の意思を制圧し、身体、住居、財産等に制約を加えて強制的に捜査目的を実現する行為など、特別の根拠規定がなければ許容することが相当でない手段**」とした(最決昭和51・3・16刑集30-2-187)。

本件最高裁の判示した「〔本件検査は〕荷送人や荷受人の内容物に対するプライバシー等を大きく侵害するものであるから、検証としての性質を有する強制処分に当たる」とは、「財産等に制約を加えて強制的に捜査目的を実現する行為」なので、「特別の根拠規定が必要である」というより、「検証」に該当するから検証許可状の発付が必要だったとしたものと解するのが自然のように見える。ただ、検証とは区別された、「検証としての性質を有する強制処分」としているようにも見える。しかも、「検証許可状の発付を得ることが可能だったのであって、検証許可状によることなくこれを行った本件エックス線検査は、違法であるといわざるを得ない」としている。検証

であれば、令状発付の可能性を論じることは不自然な感じもする。ただ、このような程度のプライバシー侵害をともなう捜査手法は、少なくとも、本件具体的な状況の下においては、令状なしには行えないとしたことは間違いない。薬物捜査の現場にとって、非常に重要な判例である。

3 最近の捜査の違法性判断の構造

ただ、最高裁は、相手方の承諾なしに行われるプライバシー侵害をともなう捜査の違法性に関し、犯罪捜査のため容ぼう等の写真撮影がされた事例(最大判昭和44・12・24刑集23-12-1625)[1]や、犯罪が発生する相当高度の蓋然性が認められる場所において、あらかじめ設置されたテレビカメラによって犯罪状況が撮影録画された事例(東京高判昭和63・4・1判タ681-228)、窃盗犯人と目された者に対して、靴底に傷を施した靴を販売して足跡採取をした事例(東京高判昭和58・10・20高刑集36-3-285)等につき、任意捜査とした上で、その適法性の限界を論じてきた。

そして、**最決平成20年4月15日**(刑集62-5-1398)は、写真撮影について、犯罪・嫌疑の重大性、撮影の必要性、プライバシー侵害の程度等を総合的に考慮してその適法・違法を判断すべきことを明らかにした。同決定は、防犯ビデオに写っていた犯人と思われる人物と被疑者Xとの同一性を判断するため、Xが公道上を歩いている際とパチンコ店で遊技している際にその容ぼう等をビデオカメラで撮影した行為の適法性が争われた事案において、「捜査機関においてXが犯人である疑いを持つ合理的な理由が存在していたものと認められ、かつ、前記各ビデオ撮影は、強盗殺人等事件の捜査に関し、防犯ビデオに写っていた人物の容ぼう、体型等とXの容ぼう、体型等との同一性の有無という犯人の特定のための重要な判断に必要な証拠資料を入手するため、これに必要な限度において、公道上を歩いているXの容ぼう等を撮影し、あるいは不特定多数の客が集まるパチンコ店内においてXの容ぼう等を撮影したものであり、いずれも、通常、人が他人から容ぼう等を観察されること自体は受忍せざるを得ない場所におけるものである」として、「これらのビデオ撮影は、**捜査目的を達成するため、必要な範囲において、かつ、相当な方法によって行われたものといえ**、

捜査活動として適法なもの」であるとの判断構造を示した。被撮影者の容ぼう等を撮影されない自由と捜査の必要性という2つの利益が対立する中で、比較衡量的判断が示されたと思われる。

それに比し、本件は、検証・強制処分という「類型」に該当するか否かを問題にしているようにも見える。もとより、本件は、「検証」の典型により近い態様である。しかし、第1審、原審の判断構造は、近時の最高裁判例の延長線上にも位置づけうるものであった。

そして、本決定も、嫌疑の濃さ、捜査を実施する必要性の高さなどを考慮して、違法収集証拠として排除すべきではないとした。この、【基本判例1】の決定要旨の証拠排除の判断に示された内容は、原審などの、「(任意)捜査の違法性の判断」と重なるものなのである。そして、強制捜査として令状を要するか否かの判断にも、嫌疑の濃さや当該捜査の必要性・緊急性の程度が影響を与えるのである。

1) 同判決は、「警察官による個人の容ぼう等の写真撮影は、現に犯罪が行われもしくは行われたのち間がないと認められる場合であって、証拠保全の必要性および緊急性があり、その撮影が一般的に許容される限度をこえない相当な方法をもって行われるときは、撮影される本人の同意がなく、また裁判官の令状がなくても、憲法13条、35条に違反しない」と判示したのである。

【基本判例2】 最2小判平成15年2月14日（刑集57巻2号121頁・判タ1118号94頁）

事実の概要

被告人Xに対しては、窃盗の被疑事実による逮捕状が発付されていたが、平成10年5月1日朝、O警察署の警部補A外2名の警察官は、Xの動向を視察し、その身柄を確保するため、本件逮捕状を携行しないでX方に赴いた。警察官3名は、X方前でXを発見して、任意同行に応ずるよう説得したところ、Xは、警察官に逮捕状を見せるよう要求して任意同行に応じず、突然逃走して隣家の敷地内に逃げ込んだ。Xは、同日午前8時25分ころ、X方付近の路上で上記警察官3名に制圧され、逮捕された。Xは抵抗したものの、警察車両まで連れて来られ、同車両でO警察署に連行され、同日午前11時ころ同署に到着した後、間もなく警察官から本件逮捕状を呈示された。

本件逮捕状には、同日午前8時25分ころ、本件現場において本件逮捕状を呈示してXを逮捕した旨のA警察官作成名義の記載があり、さらに、同警察官は、同日付けでこれと同旨の記載のある捜査報告書を作成した。

Xは、同日午後7時10分ころ、O警察署内で任意の採尿に応じたが、その際、Xに対し強制が加えられることはなかった。Xの尿について鑑定したところ、覚せい剤成分が検出された。

同月6日、Xに対する覚せい剤取締法違反被疑事件についてX方を捜索すべき場所とする捜索差押許可状が発付され、すでに発付されていたXに対する窃盗被疑事件についての捜索差押許可状と併せて同日執行され、X方の捜索が行われた結果、X方からビニール袋入り覚せい剤1袋が発見されて差し押さえられた。

Xは、同年6月11日に覚せい剤若干量を自己の身体に摂取して、使用したとの事実に加え、「同年5月6日、X方において、覚せい剤約0.423gをみだりに所持した」との事実により起訴され、同年10月15日、本件逮捕状に係る窃盗の事実についても追起訴された。公判において、本件逮捕状による逮捕手続の違法性が争われ、原審は、警察官は本件逮捕状を本件現場に携行していなかったし、逮捕時に本件逮捕状が呈示されなかったと認定した。

第34講　捜査と違法収集証拠排除

判旨

　一部破棄差戻し。最高裁は、原審が違法収集証拠にあたるとして証拠から排除したＸの尿に関する鑑定書、これを疎明資料として発付された捜索差押許可状により押収された本件覚せい剤、本件覚せい剤に関する鑑定書の証拠能力について、以下のように判示した。
　「(1)　本件逮捕には、逮捕時に逮捕状の呈示がなく、逮捕状の緊急執行もされていないという手続的な違法があるが、それにとどまらず、警察官は、その手続的な違法を糊塗するため、前記のとおり、逮捕状へ虚偽事項を記入し、内容虚偽の捜査報告書を作成し、更には、公判廷において事実と反する証言をしているのであって、本件の経緯全体を通して表れたこのような警察官の態度を総合的に考慮すれば、本件逮捕手続の違法の程度は、令状主義の精神を潜脱し、没却するような重大なものであると評価されてもやむを得ないものといわざるを得ない。そして、このような違法な逮捕に密接に関連する証拠を許容することは、将来における違法捜査抑制の見地からも相当でないと認められるから、その証拠能力を否定すべきである（最判昭和53・9・7刑集32-6-1672参照）。
　(2)　本件採尿は、本件逮捕の当日にされたものであり、その尿は、上記のとおり重大な違法があると評価される本件逮捕と密接な関連を有する証拠であるというべきである。また、その鑑定書も、同様な評価を与えられるべきものである。したがって、原判決の判断は、上記鑑定書の証拠能力を否定した点に関する限り、相当である。
　(3)　次に、本件覚せい剤は、Ｘの覚せい剤使用を被疑事実とし、Ｘ方を捜索すべき場所として発付された捜索差押許可状に基づいて行われた捜索により発見されて差し押さえられたものであるが、上記捜索差押許可状は上記(2)の鑑定書を疎明資料として発付されたものであるから、証拠能力のない証拠と関連性を有する証拠というべきである。
　しかし、本件覚せい剤の差押えは、司法審査を経て発付された捜索差押許可状によってされたものであること、逮捕前に適法に発付されていたＸに対する窃盗事件についての捜索差押許可状の執行と併せて行われたものであることなど、本件の諸事情にかんがみると、本件覚せい剤の差押えと上記(2)の鑑定書との関連性は密接なものではないというべきである。したがって、本件覚せい剤及びこれに関する鑑定書については、その収集手続に重大な違法があるとまではいえず、その他、これらの証拠の重要性等諸般の事情を総合すると、その証拠能力を否定することはできない」。

▶▶▶ 解説

1　違法収集証拠排除の原則

　違法な手続によって収集されたものは裁判における証拠から排除すべきであるという考え方は、令状主義等による事前のチェックや、違法捜査に対する事後的な措置のみでは刑事訴訟の適正が完遂できないという考慮が基本に存在する（なお、供述証拠については、憲法38条2項や刑訴法319条1項により、拷問や長期の拘禁の後の自白など違法捜査によって得られたものが証拠から排除されている）。
　憲法31条は適正手続の保障を定め、同35条は証拠物の強制的な収集には令状が必要だとしている。

捜査手続も、国民の利益のために存在するものではあるが、憲法で保障された国民の人権の保障を最大限尊重しなければならないことはいうまでもない。捜査機関の側から考えても、「証拠が違法な捜査により得られた場合には排除される」という原則は、正しい捜査を心がける強い動機づけに繋がる。
　ただ、証拠物の場合、収集手続に違法があってもなくても、その証拠の証明力自体には変わりがない。したがって、実体的真実発見のためにはこれを証拠とすることを認める一方、捜査機関の違法については、別に民事上、行政上の責任を追及することによって救済を図るべきであると考えることも不可能では

ない。しかも、違法な手続によって収集された証拠物の証拠能力を否定する明文の規定は存在しない。しかしながら、拷問等の違法な手続によって収集された自白については、その証拠能力が否定されているから（刑訴法319条1項）、証拠物についても同等の配慮をすることが必要であろう。実質的に考えても、重大な違法手段によって収集された証拠を利用することは、適正手続の保障に反することになるし、司法に対する国民の信頼を揺るがすことにもなる。

2　判例の考え方

判例は、当初、「押収物は押収手続が違法であっても物其自体の性質、形状に変異を来す筈がないから其形状等に関する証拠たる価値に変りはない」としていたが（最判昭和24・12・12裁判集刑15-349）、最判昭和53年9月7日（刑集32-6-1672）が違法収集証拠排除の原則を認めるに至る。

最判昭和53年9月7日は、違法に収集された証拠物の証拠能力については、刑訴法の解釈に委ねられており、刑訴法1条の見地からすれば、刑罰法令を適正に適用実現し、公の秩序を維持することは、刑事訴訟の重要な任務であるところ、証拠物は押収手続が違法であっても、物それ自体の性質・形状に変異をきたすことはなく、その存在・形状等に関する価値に変わりのないことなどにかんがみると、その押収手続に違法があるとして直ちにその証拠能力を否定することは、事案の真相の究明に資するゆえんではなく、相当でないとしつつ、「事案の真相の究明は、個人の基本的人権の保障を全うしつつ、適正な手続のもとでされなければならないものであり、……証拠物の押収等の手続に、憲法35条及びこれを受けた刑訴法218条1項等の所期する令状主義の精神を没却するような重大な違法があり、これを証拠として許容することが、将来における違法な捜査の抑制の見地からして相当でないと認められる場合においては、その証拠能力は否定されるものと解すべきである」と判示した[1]。

学説上も、司法に対する国民の信頼の確保の観点と違法捜査の抑止の観点から採証手続の違法性の程度に加え抑止効果等を総合的に考慮して判断する相対的排除説が有力である（端的に手続の違法の有無のみを基準とする立場を絶対的排除説と呼ぶ）。

具体的には、①違反した法規の重大性、②違反の態様の悪辣性、③被告人の利益を直接侵害した程度、④捜査官の法軽視の態度の強弱、⑤当該捜査方法が将来繰り返される確率、⑥当該事案の重大性とその証拠構造における当該証拠の重要性、⑦手続の違法と証拠収集との因果性の程度などが考慮される。

「重大な違法」と「違法捜査の抑制」との関係については、実際の訴訟においては、両者をそれぞれ別個に判断することは困難であり、証拠を排除すべき重大な違法に該当するか否かを判断すれば、それがそのまま違法捜査の抑制の観点からの判断ともなることが多い。

1）　もっとも、最判昭和53年9月7日は、当該事案の覚せい剤の押収手続について、「被告人の承諾なくその上衣左側内ポケットから本件証拠物を取り出したK巡査の行為は、職務質問の要件が存在し、かつ、所持品検査の必要性と緊急性が認められる状況のもとで、必ずしも諾否の態度が明白ではなかった被告人に対し、所持品検査として許容される限度をわずかに超えて行われたに過ぎないのであって、もとより同巡査において令状主義に関する諸規定を潜脱しようとの意図があったものではなく、また、他に右所持品検査に際し強制等のされた事跡も認められないので、本件証拠物の押収手続の違法は必ずしも重大であるとはいえないのであり、これを被告人の罪証に供することが、違法な捜査の抑制の見地に立ってみても相当でないとは認めがたいから、本件証拠物の証拠能力はこれを肯定すべきである」として、押収手続の違法を認めながらも証拠能力を認めている。

3　具体的適用例
　　——令状主義の精神を没却する重大な違法

違法収集証拠排除に関する最高裁の判例は、覚せい剤事犯に関するものに集中しているが、それらの多くの事案では、捜査手続に違法があるとしても、重大な違法とは認めず、証拠能力を肯定している。すなわち、最判昭和61年4月25日（刑集40-3-215）は被告人宅への立入り、任意同行および採尿手続につき、最決昭和63年9月16日（刑集42-7-1051）は任意同行、所持品検査、差押え手続および採尿手続につき、最決平成6年9月16日（→第36講【基本判例2】）は職務質問の現場に長時間留め置いた措置につき、最決平成7年5月30日（刑集49-5-703）は

所持品検査、現行犯逮捕および採尿手続につき、最決平成15年5月26日（→第35講【基本判例1】）は所持品検査につき、いずれも、それらの手続が違法であったとしながら、重大な違法とはいえないとして、証拠排除を認めなかった。これらの判例では、緊急逮捕等が可能であった事案で違法が相対的に軽い点や、令状主義潜脱の意図がなかった点、強制力が用いられていない点などが考慮されている。

このような中で、【基本判例2】が、被疑者の逮捕手続の違法と警察官がこれを糊塗しようとして虚偽の証言をしたことなどに表われた警察官の態度を総合的に考慮し、逮捕手続の違法の程度は令状主義の精神を没却するような重大なものであり、採取された尿の鑑定書の証拠能力は否定されるとしたのである[2]。判例の流れを見ると、「内容虚偽の捜査報告書」等の法軽視の態度が重大な意味を有していたと考えられる。

捜査官としては、排除の決め手となったのが、①被疑者の逮捕手続には、逮捕状の呈示がなく、逮捕状の緊急執行もされていないこと、②これを糊塗するため、警察官が逮捕状に虚偽事項を記入し、公判廷において事実と反する証言をするなどした点であったことを肝に銘ずる必要がある。このような警察官の態度が、令状主義の精神を没却するようなものであると判断されたことを直視しなければならない。それは、別の角度からいえば、国民の捜査機関への信頼を最も損なう事実なのである。

2) なお、捜索差押許可状の発付にあたり、疎明資料とされた被疑者の尿に関する鑑定書が違法収集証拠として証拠能力を否定される場合であっても、同許可状に基づく捜索により発見され、差し押さえられた覚せい剤およびこれに関する鑑定書は、その覚せい剤が司法審査を経て発付された令状に基づいて押収されたものであり、同許可状の執行が別件の捜索差押許可状の執行と併せて行われたものであることなど本件事情の下では、証拠能力は否定されないとされている。

4 【基本判例1】の証拠排除基準と捜査の違法性判断構造

【基本判例1】は、①本件エックス線検査が行われた当時、本件会社関係者に対する宅配便を利用した覚せい剤譲受け事犯の嫌疑が高まっており、②さらに事案を解明するためには本件エックス線検査を行う実質的必要性があったこと、③警察官らは、荷物そのものを現実に占有し管理している宅配便業者の承諾を得た上で本件エックス線検査を実施し、④その際、検査の対象を限定する配慮もしていたのであって、⑤令状主義に関する諸規定を潜脱する意図があったとはいえないこと、⑥本件覚せい剤等は、司法審査を経て発付された各捜索差押許可状に基づく捜索において発見されたもので、その発付にあたっては、本件エックス線検査の結果以外の証拠も資料として提供されたものとうかがわれることなどの諸事情を考慮して、本件覚せい剤等は、本件エックス線検査と関連性を有するとしても、その証拠収集過程に重大な違法があるとまではいえず、その他、これらの証拠の重要性等諸般の事情を総合すると、その証拠能力を肯定することができると解するのが相当であるとしている。

違法な捜査とされたエックス線検査そのものから得られた証拠の排除が問題となったわけではなく、他の証拠から導かれたものであることも勘案すれば、少なくとも従来の排除基準からは、当然の結論ともいえる。【基本判例1】の事案には、【基本判例2】のような、虚偽の報告書などの点は含まれていない。

ただ、①～⑤の点は、まさに原審が、そして、類似の事案に関する判例が「捜査として違法とはいえない」とした論拠と重なる。今後の、強制捜査の限界をめぐる議論を注意深く見守っていかねばならない。

第35講　所持品検査の限界

論点

▶ 室内にいる者に職務質問を行った際、ドアが閉められるのを防止した措置は適法か。
▶ 警察官がホテル客室において所持品検査を行い、覚せい剤を発見した後、さらに所持品検査に行うため、被疑者を約30分間にわたり制圧していた後に発見した覚せい剤について証拠能力は認められるか。
▶ 判例の考える、所持品検査の適法性の限界は、どのようなものか。

【基本判例１】　最１小決平成15年５月26日（刑集57巻５号620頁・判タ1127号123頁）

事実の概要

　平成９年８月11日午後１時過ぎ、いわゆるラブホテルに１人で投宿した被告人Ｘが、翌朝チェックアウト予定の午前10時になってもチェックアウトをせず、清涼飲料水を一度に５缶も注文したので、ホテルの責任者Ｂは、Ｘが入れ墨をしており、飲料水を大量に飲む場合は薬物使用の可能性が高いと聞いていたので、薬物使用をも懸念し、再三チェックアウト時刻を確認したが、返答は要領を得ず、料金の精算要求に対しては不可解な言動をしたため、Ｂは110番通報をし、薬物使用の可能性があることを告げた。

　ＣおよびＤ巡査は、ホテルに到着後Ｂから事情説明を受け、ＣがＸに電話をかけて料金の支払いを促した上、上司に電話で相談したところ、部屋に行って事情を聞くようにとの指示を受けたので、Ｘの利用室へ赴き、ドアをたたいて声をかけたが、返事がなかったため無施錠の外ドアを開けて内玄関に入り「お客さん、お金払ってよ」と声をかけた。すると、Ｘは、内ドアを内向きに約20～30cm開けたがすぐにこれを閉めた。Ｃは、制服姿の自分と目が合うや慌てて内ドアを閉めたことに不審の念を強め、職務質問を継続するため、ドアを押し開けて、内玄関と客室の境の敷居上辺りに足を踏み入れ、内ドアが閉められるのを防止したが、その途端にＸが両手を振り上げて殴りかかるようにしてきた。そこで、Ｃは、とっさにＸの右腕をつかみ、ＤもＸの左腕をつかみＸを同室内のソファーに座らせ、Ｃが右足をＤがその左足をそれぞれ両足ではさむようにしてＸを押さえつけた。このとき、Ｘは右手に注射器を握っていた。Ｃ、Ｄは、Ｘが突然暴行に出たのに対し、ほとんど反射的に対応するうち、一連の流れの中でＸを制止するため不可避的に内ドアの中に立ち入る結果になったもので意識的に立ち入ったものではなかった。

　Ｃは、Ｘの表情や顔色から、「シャブでもやっているのか」と尋ねたところ、Ｘは、「体が勝手に動くんだ」、「警察が打ってもいいと言った」などと答えた。Ｄは、Ｘが右手に注射器を握っているのに気付き、ＣがＸの手首付近を握ってこれを手放させた。Ｘは、その後も暴れたので、Ｃ、Ｄ両巡査は、引き続き約30分間全裸のＸを押さえ続けていた。

　無線で犯罪歴の照会をしたところ、Ｘの覚せい剤取締法違反の前歴が判明した。テーブル上の財布について、Ｘが自分の物であることを認めたので、「中を見せてもらっていいか」と尋ねたが返答しなかったので説得を続けるうち、Ｘの頭が下がったのを見て、財布の中を見せるのを了解したものと判断し、二つ折りの上記財布を開きファスナーの開いていた小銭入れ部分からビニール袋入りの白色結晶を発見して抜き出した（なお、財布に係る所持品検査について、Ｘの承諾があったものとは認められない）。

C、Dらは、Xに対し、これは覚せい剤ではないかと追及したが、Xは、「おれは知らねえ」などと言った。

薬物の専務員Gが白色結晶につき予試験を実施したところ、覚せい剤の陽性反応があったので、Cらは、Xを覚せい剤所持の現行犯人として逮捕し、その場でビニール袋入りの白色結晶1袋、注射筒1本、注射針2本等を差し押さえた。C、D両巡査は、上記逮捕に至るまで全裸のXを押さえ続けていたが、仮に押さえるのをやめた場合には、警察官側が殴られるような事態が予想される状況にあった。Xを逮捕中の同月13日、覚せい剤使用事実を明らかにするため、捜査過程で収集された証拠を疎明資料として、尿に係る捜索差押許可状の発付を受け、同許可状に基づき医師がXの尿を採取したというものである。

本件捜査手続の適否およびその過程で収集された関係証拠の証拠能力が争われた。

決定要旨

上告棄却。最高裁は、警察官が内ドアの敷居上辺りに足を踏み入れた措置について、職務質問を実施するにあたり、声をかけたが返事がなかったので無施錠の外ドアを開けて内玄関に入り、来意を告げているのに何ら納得しうる説明をせず、警察官に気付くと内ドアを急に閉めて押さえるという不審な行動に出たもので、無銭宿泊や薬物使用の疑いを深めた警察官らが、質問を継続しうる状況を確保するため、足を踏み入れ内ドアが閉められるのを防止したことは、職務質問に付随するものとして、適法な措置であったとした。その上で、財布の所持品検査について以下のように判示した。

「職務質問に付随して行う所持品検査は、所持人の承諾を得てその限度でこれを行うのが原則であるが、捜索に至らない程度の行為は、強制にわたらない限り、たとえ所持人の承諾がなくても、所持品検査の必要性、緊急性、これによって侵害される個人の法益と保護されるべき公共の利益との権衡などを考慮し、具体的状況のもとで相当と認められる限度において許容される場合がある」。「Xは、警察の許可を得て覚せい剤を使用している旨不可解なことを口走り、手には注射器を握っていた上、覚せい剤取締法違反の前歴を有することが判明したものであって、Xに対する覚せい剤事犯（使用及び所持）の嫌疑は、飛躍的に高まっていたものと認められる。また、こうした状況に照らせば、覚せい剤がその場に存在することが強く疑われるとともに、直ちに保全策を講じなければ、これが散逸するおそれも高かったと考えられる。そして、眼前で行われる所持品検査について、Xが明確に拒否の意思を示したことはなかった。他方、所持品検査の態様は、床に落ちていたのを拾ってテーブル上に置いておいた財布について、二つ折りの部分を開いた上ファスナーの開いていた小銭入れの部分からビニール袋入りの白色結晶を発見して抜き出したという限度にとどまるものであった。以上のような本件における具体的諸事情の下においては、上記所持品検査は、適法に行い得るものであったと解するのが相当である」とした。

ただ、「警察官らが約30分間にわたり全裸のXをソファーに座らせて押さえ続け、その間衣服を着用させる措置も採らなかった行為は、職務質問に付随するものとしては、許容限度を超えており、そのような状況の下で実施された上記所持品検査の適否にも影響するところがあると考えられる。しかし、前記の事実経過に照らせば、XがC巡査に殴りかかった点は公務執行妨害罪を構成する疑いがあり、警察官らは、更に同様の行動に及ぼうとするXを警察官職務執行法5条等に基づき制止していたものとみる余地もあるほか、Xを同罪の現行犯人として逮捕することも考えられる状況にあったということができる。また、C巡査らは、暴れるXに対応するうち、結果として前記のような制圧行為を継続することとなったものであって、同巡査らに令状主義に関する諸規定を潜脱する意図があった証跡はない。したがって、上記行為が職務質問に付随するものとしては許容限度を超えていたとの点は、いずれにしても、財布に係る所持品検査によって発見された証拠を違法収集証拠として排除することに結び付くものではないというべきである」とした。

> そして、採取された尿については、「覚せい剤所持事件の捜査過程で収集された証拠については、違法収集証拠として排除すべき事由はないから、これらを疎明資料として発付された令状により採取された尿について、その収集手続の違法を問題とする余地はない」とした。

▶▶▶ 解　説

1　所持品検査の重要性

　職務質問は、捜査の端緒として決定的に重要なものである。職務質問に関しては、どの程度執拗に「質問」してよいのか、さらに、質問を実効性のあるものにするために、有形力の行使がどの程度認められるかが問題となる。【基本判例1】でも、室内に強引に入った点などがまず問題となったが、最高裁は、「警察官職務執行法2条1項に基づく職務質問に付随するものとして、適法な措置であった」とした。【基本判例2】でも詳しく論じるが、【基本判例1】でも最も重要なのは、「財布の所持品検査」を適法としつつ、被疑者を全裸で30分間押さえつけた行為については違法とされた点である。

　職務質問の際に持ち物を検査する所持品検査によって重要な証拠が得られ、事件が解決することが多いことも今さらいうまでもないことである。しかし、【基本判例1】をはじめとして、職務質問が違法とされた判例がかなり存在する。国民は、基本的には、警察官から持ち物を探索される理由はなく、そのことは憲法35条が定める「令状なしに捜索を受けない権利」からも当然のことであることを、あらためて確認する必要がある。

　もちろん、警職法2条4項は、逮捕された者について、身体に凶器を所持しているかどうかを調べてもよい旨を定めている。また、銃砲刀剣類所持等取締法24条の2は、銃砲刀剣類等を携帯または運搬していると疑われる者に対し一定の要件の下に提示・開示させて調べることを認めている。それでは、それ以外の場合には、職務質問をしている不審者の所持品検査は全く許されないのであろうか。そうすると、犯罪捜査の糸口があまりに制限されて、犯罪摘発・抑止が不十分となり、国民の安心・安全が脅かされることにもなりかねない。

2　理論的対立

　現在は、所持品検査は「一定範囲で許される」と解されているといってよい。その根拠については、警職法2条1項で許される「停止させて質問する」行為の一部として所持品検査が可能であるとする説明と、警察法2条1項により、警察官には公共の安全と秩序の維持のために様々なことをする責務があるから、所持品検査も許されるとする見解がある。

　ただ、警察法は、警察組織について定める警察活動の基本法であり、捜査の方法など、刑事警察を念頭に置いたものではない。「個人の権利と自由を保護し、公共の安全と秩序を維持するため、民主的理念を基調とする警察の管理と運営を保障し、且つ、能率的にその任務を遂行するに足る警察の組織を定めることを目的とする」のである（同法1条）。そして、2条で、警察が何をなすべきか、いかなる権限を有するかの原則が示されている。同条1項は、「警察は、個人の生命、身体及び財産の保護に任じ、犯罪の予防、鎮圧及び捜査、被疑者の逮捕、交通の取締その他公共の安全と秩序の維持に当ることをもってその責務とする」と規定し、警察官が、国民の個人法益を保護し、犯罪を予防し、捜査を行い、逮捕をし、交通を取り締まるなど「公共の安全と秩序の維持に当ること」が責務であるとしている。やはり、警職法2条1項で許される「停止させて質問する」行為の一部として、許容範囲を探求すべきである。

　なお、警職法は行政法規であり、「捜査」とは別異に考えるべきとされることもあるが、任意捜査の際の有形力の行使の限界に関する判例の重要部分は、職務質問、所持品検査に関するものであり、最高裁の「任意捜査として許容されるか否かの相当性判断」は、「警職法という行政法規に定められた職務質問に付随してどこまで許容されるか」という問題に、そのままあてはまると考えてよい。

　判例は、「所持品検査は職務質問に付随する行為

である」として、その限界を質問付随性に求める。職務質問に付随して行うものとして必要・有効な範囲で許容されるとするのである（警職法2条1項説）。警察法は、警察官の職務を根拠づける一般的規定にすぎず、具体的な捜査の限界の直接の根拠には適さないと考えているといえよう。

なお、警職法2条1項を根拠にする中で、学説には微妙な対立が見られる。(a)職務質問の実効性を高めるために相当なものは許されるとする説に対して、(b)同じく警職法2条1項に根拠を求めるものの、職務質問の際に警察官の安全を確保するのに必要な範囲で許されるという説が有力に主張されている。所持品の中に凶器が含まれている可能性があるから、警察官の安全を確保するために所持品を検査してもよいとする。ただ、(b)説では、所持品検査は、咄嗟の攻撃のために犯人の手の届く範囲の物、具体的には犯人が凶器を身につけていないか身体を検査する場合に限られることになろう。ところが、凶器に関しては警職法2条4項が存在し、逮捕されている者についてのみ身体の凶器の所持の有無を調べることができると定めている。とすれば、逮捕されていない者に職務質問する場合には、身体について凶器の有無を調べることは許されないと解されよう。やはり、(a)説のように職務質問に付随した限度で許されるといわざるを得ない。問題は、許容される具体的限界である。そして、その答えが「所持品検査の必要性、緊急性、これによって侵害される個人の法益と保護されるべき公共の利益との権衡などを考慮し、具体的状況のもとで相当と認められる限度」という、判例の用いる規準なのである。

3　本判決の意義

【基本判例1】は、従来の判例を踏襲し、「捜索に至らない程度の行為は、強制にわたらない限り、たとえ所持人の承諾がなくても、所持品検査の必要性、緊急性、これによって侵害される個人の法益と保護されるべき公共の利益との権衡などを考慮し、具体的状況のもとで相当と認められる限度において許容される場合がある」とする。そして、財布に関する所持品検査に関しては、①重大な薬物犯罪について、②嫌疑が高まっており、③その場で検査し保全する必要があり、④検査そのものの被疑者に対する侵害性は低いものであったとして、適法だとした。

具体的には、②不可解なことを口走り、手には注射器を握っていた上、覚せい剤取締法違反の前歴を有することが判明しており、③覚せい剤がその場に存在することが強く疑われるとともに、直ちに保全策を講じなければ、これが散逸するおそれも高かったとし、④眼前で行われる所持品検査について、Xは明確に拒否の意思を示したことはなかったし、検査態様は、財布の二つ折りの部分を開いた上ファスナーの開いていた小銭入れの部分からビニール袋入りの白色結晶を発見して抜き出したという限度にとどまるものであったので、相当であるとされたのである

ただ、約30分間にわたり全裸のXをソファーに座らせて押さえ続け、その間衣服を着用させる措置もとらなかった行為は、許容限度を超えていたと判断されている。③については、服を着せた後でもよかったともいえるし、④の侵害性が高いともいえよう。しかし、最高裁も、XがCに殴りかかった点は公務執行妨害罪を構成する疑いがあり、警職法5条等に基づき制止していたものとみる余地もあるし、現行犯として逮捕することも考えられる状況にあったので、職務質問に付随するものとしては許容限度を超えていたとしても、所持品検査によって発見された証拠を違法収集証拠として排除する必要はないとしたのである。

Xは、この「所持品検査としては違法」という点を捉えて、損害賠償を請求することも考えられるが、現行犯逮捕も考えられる本件の事情を基礎に考えれば、違法とはいえないように思われる。その意味で、30分間裸のままで押さえつけたのは好ましくなく、積極的に許される行為とまではいえないが、導く効果との相関で「違法性の有無」は考察されなければならない。

【基本判例2】 最3小判昭和53年6月20日（刑集32巻4号670頁・判タ366号152頁）

事実の概要

O県S警察署巡査部長Bは、昭和46年7月23日午後2時過ぎ、同県警察本部指令室からの無線により、W市内において猟銃とナイフを所持した4人組による銀行強盗事件が発生し、犯人は銀行から600万円余を強奪して逃走中である旨の連絡があった。同日午後10時30分ころ、2人の学生風の男がうろついていたという情報がもたらされ、これを受けたBは、同日午後11時ころから、A巡査長ら4名を指揮して、M営業所前の国道において緊急配備につき検問を行った。

翌24日午前零時ころ、タクシーの運転手から通報があり、間もなく同日午前零時10分ころ、その方向から来た白い乗用車に運転者のほか手配人相のうちの2人に似た若い男が2人（被告人XとY）乗っていたので、職務質問を始めたが、その乗用者の後部座席にアタッシュケースとボーリングバッグが見つかった。

XとYとは職務質問に対し黙秘したので嫌疑が深まったと考えた警察官らは、前記営業所内の事務所を借り受け、両名を強く促して下車させ事務所内に同行し、住所、氏名を質問したが返答を拒まれたので、持っていたボーリングバッグとアタッシュケースの開披を求めたが、これも拒否され、その後30分くらい、両名に対し繰り返し上記バッグとケースの開披を要求し、両名はこれを拒み続けるという状況が続き、同日午前零時45分ころ、容疑が一層深まったので、継続して質問を続ける必要があると判断し、Xについては3人くらいの警察官が取り囲み、Yについては数人の警察官が引張るようにして上記事務所を連れ出し、警察用自動車に乗車させてS警察署に同行したうえ、同署において、引き続いて、BらがXを質問し、AらがYを質問したが、両名は依然として黙秘を続けた。

Aは、質問の過程で、Yに対してボーリングバッグとアタッシュケースを開けるよう何回も求めたが、Yがこれを拒み続けたので、同日午前1時40分ころ、Yの承諾のないまま、その場にあったボーリングバッグのチャックを開けると大量の紙幣が無造作にはいっているのが見え、引き続いてアタッシュケースを開けようとしたが鍵の部分が開かず、ドライバーを差し込んで上記部分をこじ開けると中に大量の紙幣がはいっており、被害銀行の帯封のしてある札束も見えたので、AはYを強盗被疑事件で緊急逮捕し、その場でボーリングバック、アタッシュケース、帯封1枚、現金等を差し押えた。そしてBは、大量の札束が発見されたことの連絡を受け、職務質問中のXを同じく強盗被疑事件で緊急逮捕したという事案である。

原審は、Yの明示の意思に反してボーリングバッグを開披したAの行為を職務質問付随行為として適法であるとしたが、これに対し弁護人側が上告した。

判　旨

上告棄却。最高裁は、明示の意思に反して行った所持品検査を適法であるとした原判決の判断は、警職法2条1項の解釈を誤ったものである等という上告趣意に対し、以下のように判示した。

「警職法は、その2条1項において同項所定の者を停止させて質問することができると規定するのみで、所持品の検査については明文の規定を設けていないが、所持品の検査は、口頭による質問と密接に関連し、かつ、職務質問の効果をあげるうえで必要性、有効性の認められる行為であるから、同条項による職務質問に附随してこれを行うことができる場合があると解するのが、相当である。所持品検査は、任意手段である職務質問の附随行為として許容されるのであるから、所持人の承諾を得て、その限度においてこれを行うのが原則であることはいうまでもない。しかしながら、職務質問ないし所持品検査は、犯罪の予防、鎮圧等を目的とする行政警察上の作用であって、流動する各般の警察事象に対応して迅速適正にこれを処理すべき行政警察の責務にかんがみるときは、所持人の承諾のない限り所持品検査は一

切許容されないと解するのは相当でなく、捜索に至らない程度の行為は、強制にわたらない限り、所持品検査においても許容される場合があると解すべきである。もっとも、所持品検査には種々の態様のものがあるので、その許容限度を一般的に定めることは困難であるが、所持品について捜索及び押収を受けることのない権利は憲法35条の保障するところであり、捜索に至らない程度の行為であってもこれを受ける者の権利を害するものであるから、状況のいかんを問わず常にかかる行為が許容されるものと解すべきでないことはもちろんであって、かかる行為は、限定的な場合において、所持品検査の必要性、緊急性、これによって害される個人の法益と保護されるべき公共の利益との権衡などを考慮し、具体的状況のもとで相当と認められる限度においてのみ、許容されるものと解すべきである。

　これを本件についてみると、所論のA巡査長の行為は、猟銃及び登山用ナイフを使用しての銀行強盗という重大な犯罪が発生し犯人の検挙が緊急の警察責務とされていた状況の下において、深夜に検問の現場を通りかかったY及びXの両名が、右犯人としての濃厚な容疑が存在し、かつ、兇器を所持している疑いもあったのに、警察官の職務質問に対し黙秘したうえ再三にわたる所持品の開披要求を拒否するなどの不審な挙動をとり続けたため、右両名の容疑を確める緊急の必要上されたものであって、所持品検査の緊急性、必要性が強かった反面、所持品検査の態様は携行中の所持品であるバッグの施錠されていないチャックを開披し内部を一べつしたにすぎないものであるから、これによる法益の侵害はさほど大きいものではなく、上述の経過に照らせば相当と認めうる行為であるから、これを警職法2条1項の職務質問に附随する行為として許容されるとした原判決の判断は正当である」。

　そして、「アタッシュケースをこじ開けた前示A巡査長の行為を警職法に違反するものと認めながら、アタッシュケース及び在中の帯封の証拠能力を認めた原判決の判断は、上記憲法の規定に違反する」、という主張に対しては、「前記ボーリングバッグの適法な開披によりすでにYを緊急逮捕することができるだけの要件が整い、しかも極めて接着した時間内にその現場で緊急逮捕手続が行われている本件においては、所論アタッシュケースをこじ開けた警察官の行為は、Yを逮捕する目的で緊急逮捕手続に先行して逮捕の現場で時間的に接着してされた捜索手続と同一視しうるものであるから、アタッシュケース及び在中していた帯封の証拠能力はこれを排除すべきものとは認められず、これらを採証した第1審判決に違憲、違法はないとした原判決の判断は正当」であるとした。

▶▶▶ 解　説

1　相当性判断の実質

　現時点でも、米子銀行強盗事件に関する最判昭和53年6月20日【基本判例2】が、所持品検査の適法性判断の基本となる判例である。所持品検査の態様としては、(1)所持品を外部から観察し、その内容について質問すること、(2)任意の提示を求め、提示された所持品の内容を検査すること、(3)相手方の承諾なしに、着衣等の外部に手を触れて所持品を検査すること、(4)承諾のないまま、実力を行使して所持品を取り出し、その内容を検査することなどが考えられる。(1)は職務質問の範囲内と考えられ、(2)は相手方の任意の承諾があり、職務質問に付随すると考えられるから、これらの態様の所持品検査が許容されることには格別の問題がない。問題は(3)、(4)のように、任意の承諾がない場合にも実力行使が認められる余地があるかであるが、「捜索」には令状が必要であるという大きな枠の中で、すなわち「捜索」にわたらないという範囲内で、個別的に許容しうる範囲が判断されなければならない。その際には、職務質問を行いうる要件が存在し、所持品検査の必要性・緊急性が存在することが必要なのである。しかも、その手段が相当なものでなければならないが、その判断にあたっては、具体的な検査の箇所や態様などから認められる個人の権利が侵害される程度と、疑われている犯罪の重大性、嫌疑の強さ、物件所持の疑いの強さ、その物件の危険性の強さなどの慎重な衡量が必要である。

2　許される所持品検査の限界

【基本判例2】も、①所持品検査についての明文の規定はないが、所持品検査は、口頭による質問と密接に関連し、かつ、職務質問の効果をあげるうえで必要性、有効性の認められる行為であるから、職務質問に付随して行うことができる場合があるとする。そして、②所持品検査は、任意手段である職務質問の付随行為として許容されるのであるから、所持人の承諾を得て、その限度において行うのが原則であるが、③承諾のない限り所持品検査は一切許容されないと解するのは相当でなく、捜索に至らない程度の行為は、強制にわたらない限り、所持品検査においても許容される場合があると解すべきであり、④所持品検査の必要性、緊急性、これによって害される個人の法益と保護されるべき公共の利益との権衡などを考慮し、具体的状況のもとで相当と認められる限度においてのみ、許容されるとした。

具体的には、同意なしにボーリングバッグのチャックを開けた行為について、銃等を使用しての銀行強盗という重大な犯罪が発生し、深夜に検問の現場を通りかかった濃厚な容疑が存在する者に対し、凶器を所持している疑いもあったのに、警察官の職務質問に対し黙秘したうえ、再三にわたる所持品の開披要求を拒否するなどの不審な挙動をとり続けたため、その容疑を確かめる緊急の必要上されたものであるから、許されるとしたのである。しかも、被疑者に対する侵害も、携行中の所持品であるバッグの施錠されていないチャックを開披し内部を一べつしたにすぎないので、さほど大きいものではなく、「相当」として、職務質問に付随する行為として許容されるとした。

アタッシュケースをこじ開けた行為については、ボーリングバッグの適法な開披によって緊急逮捕できるだけの要件が整い、しかも極めて接着した時間内にその現場で緊急逮捕手続が行われているので、緊急逮捕手続に先行して逮捕の現場で時間的に接着してなされた捜索手続と同一視しうるから、アタッシュケースと帯封の証拠能力を排除すべきものとは認められないとしたにすぎないことに注意しなければならない。

最初にアタッシュケースをこじ開けてしまった場合には、他にとりうる方法があったかどうかなどの事情にもよるが、侵害の程度がより軽い方法があるのに、直ちにドライバーで鍵を壊してアタッシュケースをこじ開けてしまう行為は違法な捜査となり、場合によっては、違法収集証拠として排除された可能性もある。

3　最高裁で違法とされた所持品検査の例

【基本判例2】のすぐ後に、最判昭和53年9月7日（刑集32-6-1672）が、警察官が、覚せい剤の使用ないし所持の容疑がかなり強い者に所持品の提示を求めたところ、拒絶されたため、上衣の内ポケットに手を入れて所持品を取り出すと、覚せい剤が出て来たという事案に関し、違法な所持品検査であるとした（その結果得られた覚せい剤は、違法収集証拠として排除されることはなかった）。

最高裁は、「K巡査が被告人Xに対し、Xの上衣左側内ポケットの所持品の提示を要求した段階においては、Xに覚せい剤の使用ないし所持の容疑がかなり濃厚に認められ、また、同巡査らの職務質問に妨害が入りかねない状況もあったから、右所持品を検査する必要性ないし緊急性はこれを肯認しうるところであるが、Xの承諾がないのに、その上衣左側内ポケットに手を差し入れて所持品を取り出したうえ検査した同巡査の行為は、一般にプライバシー侵害の程度の高い行為であり、かつ、その態様において捜索に類するものであるから、上記のような本件の具体的な状況のもとにおいては、相当な行為とは認めがたいところであって、職務質問に附随する所持品検査の許容限度を逸脱したものと解するのが相当である」とし、違法な所持品検査およびこれに続いて行われた試薬検査によってはじめて覚せい剤所持の事実が明らかとなった結果、Xを覚せい剤取締法違反被疑事実で現行犯逮捕する要件が整ったのであるから、上記逮捕に伴い行われた本件証拠物の差押手続は違法といわざるを得ないものであると判断した（ただし、「覚せい剤」を違法収集証拠として証拠能力を否定することはしなかった）。いかに、嫌疑が濃厚でも、十分に説得することなく内ポケットに手を差し入れて所持品を取り出した行為は、相当性が認められない。

そして、最決平成7年5月30日（刑集49-5-703）も、以下のような事案について、所持品検査を違法

であるとした。警察官は、パトカーで警ら中、信号が青色に変わったのに発進しない自動車を認め、運転者が寝ているか酒を飲んでいるのではないかと疑い、パトカーの赤色灯を点灯し停止を呼び掛けたところ発進したため、サイレンを鳴らしマイクで停止を求めながら追跡すると、その自動車がしばらく走行して停止したので、運転していた被告人Xに対し職務質問を開始した。Xが免許証を携帯しておらず、照会の結果覚せい剤の前歴5件等があることが判明し、さらに、Xのしゃべり方が普通と異なっていたこともあり、約20分間にわたり所持品や自動車内を調べたいなどと説得したものの、Xはこれに応じようとしなかった。窓から車内をのぞくなどしていた他の警察官から、白い粉状の物があるという報告があったため、Xに対し、検査したいので立ち会ってほしいと求めたところ、Xが「あれは砂糖ですよ。見てくださいよ」などと答えたので、Xを自動車のそばに立たせた上、車内に乗り込み、床の上に散らばっている白い結晶状の物について予試験を実施したが、覚せい剤は検出されなかった。その直後、Xに「車を取りあえず調べるぞ」などと告げ、他の警察官に対し「相手は承諾しているから、車の中をもう1回よく見ろ」などと指示した。そこで、他の警察官らが、懐中電灯等を用い、座席の背もたれを前に倒し、シートを前後に動かすなどして、自動車の内部を丹念に調べたところ、運転席下の床の上に白い結晶状の粉末の入ったビニール袋1袋が発見されたというものである。最高裁は、警察官が自動車内を調べた行為について、Xの任意の承諾がない限り、職務質問に付随して行う所持品検査として許容される限度を超えているところ、Xの任意の承諾はなかったのであるから、その行為は違法であるとした。

4 「違法だが証拠排除するほどでないこと」の意味

しかし、**最決平成7年5月30日**は、引き続き行われた採尿手続により得られた尿の鑑定書の証拠能力は肯定できるとした。その中で、「右行為が違法であることは否定し難いが、警察官は、停止の求めを無視して自動車で逃走するなどの不審な挙動を示したXについて、覚せい剤の所持又は使用の嫌疑があり、その所持品を検査する必要性、緊急性が認められる状況の下で、覚せい剤の存在する可能性の高い本件自動車内を調べたものであり、また、Xは、これに対し明示的に異議を唱えるなどの言動を示していないのであって、これらの事情に徴すると、右違法の程度は大きいとはいえない。次に、本件採尿手続についてみると、右のとおり、警察官が本件自動車内を調べた行為が違法である以上、右行為に基づき発見された覚せい剤の所持を被疑事実とする本件現行犯逮捕手続は違法であり、さらに、本件採尿手続も、右一連の違法な手続によりもたらされた状態を直接利用し、これに引き続いて行われたものであるから、違法性を帯びるといわざるを得ないが、Xは、その後の警察署への同行には任意に応じており、また、採尿手続自体も、何らの強制も加えられることなく、Xの自由な意思による応諾に基づいて行われているのであって、前記のとおり、警察官が本件自動車内を調べた行為の違法の程度が大きいとはいえないことをも併せ勘案すると、右採尿手続の違法は、いまだ重大とはいえず、これによって得られた証拠をXの罪証に供することが違法捜査抑制の見地から相当でないとは認められないから、Xの尿の鑑定書の証拠能力は、これを肯定することができる」としたのである。

所持品検査は「違法」であるが、それに基因して得られた証拠により、有罪判決が得られるという事実は、警察官にとって、重い問題である。違法な捜査は禁じなければならないが、僅かな違法性を意識して捜査を行わなければ、多くの重大な事犯が放置されることになりかねない。できる限りぎりぎりの「手段の相当性」を探求する努力が望まれるといえよう。

第 36 講　令状執行のための留め置き行為の適法性

> **論 点**
> - ▶覚せい剤使用の嫌疑が認められる者に、強制採尿令状を請求してその発付を得て執行するため、対象者を取調室内に留め置くことは、どこまで許されるか。
> - ▶同様の嫌疑のある者に対し、自動車エンジンキーを取り上げるなどした上、任意同行を求めて、職務質問の現場に留め置くことは、どこまで許されるか。
> - ▶被疑者を採尿場所へ任意に同行することが事実上不可能である場合には、強制採尿令状の効力として、採尿に適する最寄りの場所まで被疑者を連行することができるか。

【基本判例 1】　東京高判平成 21 年 7 月 1 日（判タ 1314 号 302 頁）

事実の概要

被告人 X は、自動車を運転中の午後 4 時 39 分ころ、警察官から職務質問および所持品検査を受け、午後 5 時 50 分ころ K 警察署に同行され、取調室内に留め置かれた。警察官らは、午後 6 時 30 分ころ X に対する捜索差押許可状（強制採尿令状）の請求準備にとりかかり、発付を受けた同令状を午後 9 時 28 分ころ K 警察署内で X に示した。そして、午後 11 時 4 分ころ、強制採尿された X の尿から覚せい剤成分が検出されたため、午後 11 時 15 分ころ X は緊急逮捕された。X は、覚せい剤を自己使用したことを自白した。

第 1 審は、強制採尿に至るまでの、(1) X に対する職務質問等、(2) K 警察署への連行には違法な点はないが、(3) X を K 警察署の取調室（「本件取調室」）内に留め置いた行為（「本件留め置き」）のうち、X が室外に退出する意思を明示した以降、X を本件取調室内に留め置いて退出を阻止した行為は違法な身柄拘束であったと認め、そのような違法な留め置きを直接利用した強制採尿令状の執行も違法であるとした。しかし、その違法の程度は令状主義の精神を没却するような重大なものではないとして、上記自白の補強証拠たる X の尿の鑑定書（「本件鑑定書」）の証拠能力を認め、X を懲役 3 年に処した。

判 旨

(1)　東京高裁は、職務質問およびその後の K 警察署への連行が違法だとする弁護人の控訴趣旨に対しては、「職務質問等を開始してから X をパトカーに乗車させて K 警察署に同行するまでの捜査手続には、警察官らが X の背後からベルトをつかむなどして、行動の自由を一部制約したことも含まれていることがうかがわれるが、他方で、①X に対する軽犯罪法違反及び覚せい剤取締法違反の嫌疑が合理的なものとして存在していたこと、②その当時の X の言動、態度から粗暴な振る舞いに出るおそれもあったこと、③交通量のある道路上で、交通事故等の危険を回避する必要も認められたこと、④職務質問開始から K 警察署への同行までの時間も約 1 時間と、X の言動や犯罪の嫌疑内容等に照らせば、不相当に長時間の職務質問等であったとはいえないこと、などを踏まえれば、任意捜査として許容される範囲を逸脱した違法なものとはいえない」と判示した。

(2)　そして、取調室に入室してから強制採尿令状が示されるまでの間、同室内に留め置かれた点に関し、「本件留め置きの任意捜査としての適法性を判断するに当たっては、本件留め置きが、純粋に任意捜査として行われている段階と、強制採尿令状の執行に向けて行われた段階（「強制手続への移行段階」）と

からなっていることに留意する必要があり、両者を一括して判断するのは相当でない」とした上で、「Xが本件取調室に入室して強制採尿令状の請求準備が開始されるまでに要した時間は30分程度であり、しかも、原判決も指摘するとおり、Xは、当初、任意提出に応じるかのような言動もしたり、長女や呼び寄せた妻の到着を待つような言動を取ったりしていたから、そのような事情があった一定時間内は、Xが本件取調室内に滞留することが、その意思に反するものではなかったといえる。また、その間やその直後に、警察官らがXの意思を制圧するような有形力を行使するなどしたことはうかがわれない。したがって、上記の間の留め置き行為については、違法な点はなかった」とした。

そして、「強制手続への移行段階」に関して、強制採尿令状を請求することと留め置きとの関連性を問題とし、覚せい剤の体内残留期間はせいぜい2週間前後であり、Xに有利に見ても1か月を超えることはないと考えて良いから、この程度の期間であれば、Xが捜査官との関係で所在をくらますことは可能と見られるのであって、当然に強制採尿令状を請求することと留め置きとの関連性が否定されることにはならないとした。

その上で、「強制採尿令状を請求するためには、対象者に対する取調べ等の捜査と並行して、予め受入れ先の採尿担当医師を確保しておくことが前提となるため、①当該令状請求には、他の令状請求にくらべても長い準備時間を要することがあり得、②当該令状の発付を受ければ、当該医師の所へ所定の時間内に連行していく必要が生じ得る」とし、強制採尿令状の請求手続が開始されてから同令状が執行されるまでには相当程度の時間を必要とすることがあり得、それに伴って留め置き期間が長引くこともありうるとした。

そして、「強制採尿令状の請求が検討されるほどに嫌疑が濃い対象者については、強制採尿令状発付後、速やかに同令状が執行されなければ、捜査上著しい支障が生じることも予想され得ることといえるから、対象者の所在確保の必要性は高く、令状請求によって留め置きの必要性・緊急性が当然に失われることにはならない」とし、本件では、警察官による、強制採尿令状請求の準備行為から強制採尿令状が発付されるまでの留め置きは約2時間40分であり、これらの手続の所要時間として、特に著しく長いとまでは見られない。そして、「この間の留め置きの態様を見ると、警察官らは、令状請求準備開始後も並行して任意採尿を促したが、Xは、言を左右にして任意採尿に応じようとしておらず、再三、退出しようとし、他方、警察官らが、Xを本件取調室内に留め置くために行使した有形力は、退出を試みるXに対応して、その都度、Xの前に立ち塞がったり、背中でXを押し返したり、Xの身体を手で払う等といった受動的なものに留まり、積極的に、Xの意思を抑圧するような行為等はされていない」とした。そして、①強制採尿令状請求に伴ってXを留め置く必要性・緊急性は解消されていなかったのであり、②留め置いた時間も前記の程度にとどまっていた上、Xを留め置くために警察官が行使した有形力の態様も受動的なものにとどまり、③場所的な行動の自由が制約されている以外では、Xの自由の制約は最小限度にとどまっていたし、④捜査官は令状主義に則った手続を履践すべく、令状請求をしていたのであって、もとより令状主義を潜脱する意図などなかったと見ることができるとして、「本件における強制手続への移行段階における留め置きも、強制採尿令状の執行に向けて対象者の所在確保を主たる目的として行われたものであって、いまだ任意捜査として許容される範囲を逸脱したものとまでは見られないものであったと認めるのが相当である」としたのである。

▶▶▶ 解 説

1 任意同行と「留め置き」の適法性

【基本判例1】では、まず自動車を運転中のXに対する警ら中の警察官による職務質問および所持品検査の適法性、K警察署までの任意同行の適法性が問題になる。ただそれ以上に、強制採尿されたXの

尿から得られた鑑定書の証拠能力が重要な争点である。強制採尿に先行する「本人の意思に反しての長時間の留め置き」の違法性が問題なのである。Xは覚せい剤使用の事実を自白しており、その補強証拠は、尿の鑑定書だからである。

まず、弁護人は、職務質問・所持品検査に令状主義に反する重大な違法があると主張するが、本件原審・本判決とも、職務質問等を開始してからXをパトカーに乗車させてK警察署に同行するまでの捜査手続には、警察官らがXの背後からベルトをつかむなどして、行動の自由を一部制約したことも含まれていることがうかがわれるが、他方で、①Xに対する軽犯罪法違反および覚せい剤取締法違反の嫌疑が合理的なものとして存在していたこと、②その当時のXの言動、態度から粗暴な振る舞いに出るおそれもあったこと、③交通量のある道路上で、交通事故等の危険を回避する必要も認められたこと、④職務質問開始からK警察署への同行までの時間も約1時間と、Xの言動や犯罪の嫌疑内容等に照らせば、不相当に長時間の職務質問等であったとはいえないことなどを踏まえれば、任意捜査として許容される範囲を逸脱した違法なものとはいえないとしている。

2 「捜査は違法だが証拠能力を否定する程度ではない」

本件の最大の争点は、覚せい剤の自己使用について自白している事案における補強証拠としての尿の鑑定書の証拠能力と、その前提としての本人の意思に反しての長時間の留め置きの違法性が問題なのである。ただその点に関しては、原審も、証拠能力を認めている。【基本判例1】も、「原判決も、準抗告審決定も、留め置きの違法の重大性を否定する根拠としては、強制採尿令状の執行に向けて捜査が行われたことを考慮しているから、基本的な判断要素に大きな違いがあるとは見られないものの、判断枠組みを異にしているといえる」と述べている。その意味で重要な対立は存在しないようにも見えるが、令状執行のための留め置き行為を、証拠排除を認めるほど重大ではないにせよ、違法と評価するか否かの差は、警察実務に与える影響という観点からは非常に大きい。裁判所が明確に「違法」と判示する捜査は、いかに証拠能力が認められようと絶対に行い得ないが、「限界的な捜査であるが適法である」とされれば、注意深く運用上のガイドラインを設定しつつ、真相の究明に役立つ範囲では実施すべきだということになる。

この点は、最決平成21年9月28日（刑集63-7-868）で争われた薬物犯罪捜査において、同意を得ずにX線検査を行った場合の違法評価の論点で触れている（→第34講【基本判例1】参照）。しかし平成21年決定も、嫌疑の濃さ、捜査を実施する必要性の高さなどを考慮して、違法収集証拠として排除すべきではないとして、証拠能力を認めた。そして、証拠能力を認めるか否かの判断構造は、原審などの、「(任意)捜査の違法性の判断」とほぼ重なるものなのである。そして、そもそも強制捜査として令状を要するか否かの判断にも、嫌疑の濃さや当該捜査の必要性・緊急性の程度が影響を与えるはずなのである。

この点、平成21年決定以前の判例の流れは、最決平成20年4月15日（刑集62-5-1398）に代表されるように、**犯罪・嫌疑の重大性、撮影の必要性、プライバシー侵害の程度等を総合的に考慮して捜査の適法・違法を判断する方式**を採用している。平成21年決定も、検証・強制処分という「類型」への形式的当てはめを行ったように見えるが、その基礎には、判例の採用する「実質的違法性判断」が存在するのである。

3 令状執行のための留め置き行為の適法性 ——原審の「違法」判断

原審は、尿を任意提出するように求める警察官らに対し、任意提出に応じるかのような言動をしていた段階では、Xが本件取調室に滞留していたことがその意思に反するものであったとはいえないが、その後においては、Xは、専ら退出の意思を明らかにしているというべきであって、すでにXを同室に留め置く根拠は失われ、取調室内に留め置いて退出を阻止する行動をとり続けた行為は、任意捜査として許容される限度を超えた違法な身柄拘束であったとした。

ただ、留め置きの前提となる一連の捜査は適法に実施されたものであり、Xには覚せい剤等の使用を

しているのではないかという嫌疑があり、その後の言動や前歴関係等に照らしてその嫌疑がかなり高度なものとなっていたことに疑いはなく、警察署に同行し尿の提出を求めてその使用の有無を確かめ、その結果に応じた措置をとるべき必要性や緊急性があったことは否定できないし、警察官らによる有形力の行使は、退出を試みるXの行為に対応した受動的なものにとどまっており、Xは家族と面会したり携帯電話で自由に外部者と通話をするなど、本件取調室を退出すること以外の点では自由を制約されていなかったとした。また、警察官らは警察署に任意同行してから約40分後という比較的短時間のうちに捜索差押許可状の請求準備に着手し、速やかにこれを行って令状の発付を受け、採尿自体はかかる裁判所の発付した令状に基づいて行われたもので、違法な身柄拘束時間がむやみに長期化するにも至っていないので、令状主義の諸規定を潜脱する意図があったと認められないとし、「本件取調室内にXを留め置いた違法の程度は、令状主義の精神を没却するような重大なものとはいえず、これにより収集された本件鑑定書をXの罪証に供することが違法捜査抑制の見地から相当でないとまでは認められない」として、本件鑑定書につき、違法収集証拠としてこれを本件証拠から排除すべきではないとしたのである。

4 本判決の意義

広義の取調べがどの範囲で適法となるかは、具体的事情を基礎に実質的に判断されなければならない。「任意であれば適法で、強制であれば違法である」という形式的判断は、実際の事案を前にすればほとんど無力である。どちらに分類されたにせよ、問題となる犯罪の重要性、嫌疑の濃さ、相当性（被疑者への侵害性の高さ）、必要性・緊急性が総合判断されなければならない。【基本判例1】は、「留め置き」について、令状請求した後の場合と純然たる任意捜査の段階のそれを分け、前者のような「強制手続への移行段階」においては、所在確保の必要性がより高いことに着目し、対象者の意に反することが明らかな場合でも、一定限度の有形力を伴う留め置き行為を適法とした点で、理論的な意義があるといえる。純然たる任意捜査に際して許される有形力（最決昭和51・3・16刑集30-2-187参照）より強度のものが認められるとしたのである。捜査の違法性判断における「総合判断方式」、すなわち、必要性・緊急性が高い特別の類型的事情が存在する場合（令状を請求したような場合）には、侵害性の高い行為が許容されることを理論的に説明したのである。

そして、捜査の違法性判断においては、前述の点に加え、①覚せい剤の体内残存期間が短いこと、②有形力の行使が、退出しようとするのに対する「受動的なもの」にとどまっており、③留め置きに際し、家族と面会したり携帯電話での通話を許容し、④比較的短時間のうちに捜索差押許可状の請求準備に着手し、速やかにこれを行って令状の発付を受け、採尿自体はかかる裁判所の発付した令状に基づいて行われたこと等が、重視されているのである。

しかし、より具体的・実践的視点からは、本件捜査を「違法だが証拠能力を否定する程度ではない」としたのでなく、「違法でない」としたことが重要である。本件Xは、「刑事手続について豊かな知識を有する者」であった。このような者に、令状請求後でも、短時間で釈放しなければならないとすれば、著しく不当な結論にいたる。強制採尿令状には、逮捕状、勾留状等のような緊急執行の規定も存在していないのであって、本件のような留め置きが違法と判断されれば、令状発付後でも捜査官はいかに薬物使用の嫌疑が高い被疑者であっても、一旦は釈放せざるを得なくなるのである。その問題を明示した【基本判例1】の意義は大きい。

そして、留め置きに関しては、【基本判例1】が最後に提言していることを重く受け止める必要がある。「強制手続への移行段階における留め置きであることを明確にする趣旨で、令状請求の準備手続に着手したら、その旨を対象者に告げる運用が早急に確立される」ことが絶対に必要なのである。

【基本判例 2】 最 3 小決平成 6 年 9 月 16 日（刑集 48 巻 6 号 420 頁・判タ 862 号 267 頁）

事実の概要

被告人 X につき覚せい剤使用の嫌疑を抱いた警察は、午前 11 時 5 分ころ、X 運転車両を発見し、高速道路 IC 近くの交差点付近（本件現場）に停止させた。当時、付近の道路は、積雪により滑りやすい状態であった。

警察官らは、午前 11 時 10 分ころ、X に対する職務質問を開始したが、X は、目をキョロキョロさせ、落ち着きのない態度で素直に質問に応ぜず、エンジンを空ふかししたり、ハンドルを切るような動作をしたため、C 巡査部長は、X 運転車両の窓から腕を差し入れ、エンジンキーを引き抜いて取り上げた。さらに、X の覚せい剤取締法違反の前科情報を得た警察官数名が、午後 5 時 43 分ころまでの間、順次、X に対し、職務質問を継続するとともに、警察署への任意同行を求めたが、X は、自ら運転することに固執して他の方法による任意同行をかたくなに拒否し続けた。他方、警察官らは、車に鍵をかけさせるためエンジンキーをいったん X に手渡したが、X が車に乗り込もうとしたので、両脇から抱えてこれを阻止し、その後、X からエンジンキーを戻された警察官らは、X にエンジンキーを返還しなかった。

その間、午後 3 時 26 分ころ D 警部が令状請求のため現場を離れ、X 運転車両および X の身体に対する各捜索差押許可状ならびに X の尿を医師をして強制採取させるための捜索差押許可状（強制採尿令状）が発付された後の午後 5 時 43 分ころから、本件現場において、X の身体に対する捜索が X の抵抗を排除して執行された（その後、強制採尿令状を呈示された X は激しく抵抗したため、付近の病院に X を連行し尿を強制採取した）。

上告審では、①X に対する職務質問およびその現場への留め置きという一連の手続の適法性、および②強制採尿手続の適法性が争われた。

決定要旨

上告棄却。最高裁は、「強制採尿手続は、X を本件現場に 6 時間半以上にわたって留め置いて、職務質問を継続した上で行われているのであるから、その適法性については、それに先行する右一連の手続の違法の有無、程度をも十分考慮してこれを判断する必要がある」として、以下のように判示した。

職務質問を開始した当時、X には覚せい剤使用の嫌疑があったので、「X 運転車両のエンジンキーを取り上げた行為は、警察官職務執行法 2 条 1 項に基づく職務質問を行うため停止させる方法として必要かつ相当な行為であるのみならず、道路交通法 67 条 3 項に基づき交通の危険を防止するため採った必要な応急の措置に当たるということができる」。

「これに対し、その後 X の身体に対する捜索差押許可状の執行が開始されるまでの間、警察官が X による運転を阻止し、約 6 時間半以上も X を本件現場に留め置いた措置は、当初は前記のとおり適法性を有しており、X の覚せい剤使用の嫌疑が濃厚になっていたことを考慮しても、X に対する任意同行を求めるための説得行為としてはその限度を超え、X の移動の自由を長時間にわたり奪った点において、任意捜査として許容される範囲を逸脱したものとして違法といわざるを得ない」。

「しかし、右職務質問の過程においては、警察官が行使した有形力は、エンジンキーを取り上げてこれを返還せず、あるいは、エンジンキーを持った X が車に乗り込むのを阻止した程度であって、さほど強いものでなく、X に運転させないため必要最小限度の範囲にとどまるものといえる。また、路面が積雪により滑りやすく、X 自身、覚せい剤中毒をうかがわせる異常な言動を繰り返していたのに、X があくまで磐越自動車道で宮城方面に向かおうとしていたのであるから、任意捜査の面だけでなく、交通危険の防止という交通警察の面からも、X の運転を阻止する必要性が高かったというべきである。しかも、

Xが、自ら運転することに固執して、他の方法による任意同行をかたくなに拒否するという態度を取り続けたことを考慮すると、結果的に警察官による説得が長時間に及んだのもやむを得なかった面があるということができ、右のような状況からみて、警察官に当初から違法な留め置きをする意図があったものとは認められない。これら諸般の事情を総合してみると、前記のとおり、警察官が、早期に令状を請求することなく長時間にわたりXを本件現場に留め置いた措置は違法であるといわざるを得ないが、その違法の程度は、いまだ令状主義の精神を没却するような重大なものとはいえない」。

「強制採尿令状発付請求に当たっては、職務質問開始から午後1時すぎころまでのXの動静を明らかにする資料が疎明資料として提出されたものと推認することができる。そうすると、本件の強制採尿令状は、Xを本件現場に留め置く措置が違法とされるほど長期化する前に収集された疎明資料に基づき発付されたものと認められ、その発付手続に違法があるとはいえない」。

「身柄を拘束されていない被疑者を採尿場所へ任意に同行することが事実上不可能であると認められる場合には、強制採尿令状の効力として、採尿に適する最寄りの場所まで被疑者を連行することができ、その際、必要最小限度の有形力を行使することができるものと解するのが相当である。けだし、そのように解しないと、強制採尿令状の目的を達することができないだけでなく、このような場合に右令状を発付する裁判官は、連行の当否を含めて審査し、右令状を発付したものとみられるからである。その場合、右令状に、被疑者を採尿に適する最寄りの場所まで連行することを許可する旨を記載することができることはもとより、被疑者の所在場所が特定しているため、そこから最も近い特定の採尿場所を指定して、そこまで連行することを許可する旨を記載することができることも、明らかである。

本件において、Xを任意に採尿に適する場所まで同行することが事実上不可能であったことは、前記のとおりであり、連行のために必要限度を超えて被疑者を拘束したり有形力を加えたものとはみられない。また、前記病院における強制採尿手続にも、違法と目すべき点は見当たらない。したがって、本件強制採尿手続自体に違法はないというべきである」。

▶▶▶ 解 説

1 職務質問の適法性

【基本判例1】の基礎となる最高裁判例が、【基本判例2】である。本件でも、長時間の留め置きの後の強制採尿によって得られた「尿に関する鑑定書」の証拠能力が争われた。そして、その前提としての「留め置き」の適法性が問題となったのである。

それに先行した職務質問の際の有形力の行使に関しては、最決昭和53年9月22日（刑集32-6-1774）により、一定程度であれば許容されうるという考え方が判例上定着しているといってよい。もとより、職務質問はあくまで「質問」として正当化される範囲のものでなければならない。質問の際の「停止」が、身柄の拘束にあたるものとなれば許されないとされることから（警職法2条3項）、どの程度まで許されるかの具体的判断が問題となる。

本件では、職務質問に応じず、自動車を発進させ

るそぶりを見せたため、警察官がエンジンキーを取り上げた行為が問題となったが、最高裁は、①警職法2条1項の職務質問を行うために停止させる方法として必要かつ相当な行為であり、②覚せい剤中毒が疑われる者が、路面状態の悪い道路を運転しようとしたのであり、交通の危険を防止するという道交法67条3項に基づく措置にあたるとして、適法であるとした。この判断は、あまり争いがないところであろう。

2 留め置きの適法性

しかし、【基本判例2】は、その後6時間半以上にわたり、Xを現場に留め置いた行為について、任意同行を求める説得行為としての限度を超え、許容される任意捜査の範囲を逸脱するとした。その範囲では、【基本判例1】の原審の判断と類似する。そして、

最高裁は、①行使された有形力は必要最小限度で、②交通警察の点から運転を阻止する必要性が高く、③Xが自ら運転することに固執し、他の方法での任意同行をかたくなに拒否したために、説得が長時間に及んだという事情があり、警察官に令状主義僭脱の意図はうかがわれず、違法の程度は令状主義の精神を没却するような重大なものとはいえないとしたのである。

問題は、なぜ6時間半以上にわたり現場に留め置いたのかであり、【基本判例1】の事案と相違する事情が存在するのかという点である。

【基本判例2】の場合、強制捜査に移行するか被疑者を解放するかの警察官の見極めが遅れたため、結果として令状に基づくことなく被疑者の移動の自由を長時間奪った点に着目する必要がある。午前11時10分ころ職務質問を開始し、午後3時26分ころD警部が令状請求のため現場を離れ強制採尿令状の発付を請求し、午後5時2分ころ令状が発付され、午後5時45分ころ、強制採尿令状を呈示したというのであるから、裁判所が、「捜査官の令状請求をすべきか否かの迷い」から生じる被疑者の不利益は看過し得ないと考えたのは不合理ではない。やはり、留め置きの違法を宣言せざるを得なかったように思われる。警察官は、身柄を完全に拘束していなくても、実質的に自由を侵害している場合には迅速かつ適切な対応が必要となる。その意味で、【基本判例1】は最高裁判断である【基本判例2】と矛盾するものではない。

しかし、本決定は一方で、警察官の行使した有形力が、Xに運転させないため必要最小限度の範囲にとどまること、交通警察の面からも、運転を阻止する必要性が高かったこと、Xが自ら運転することに固執し、他の方法による任意同行をかたくなに拒否したため、警察官による説得が長時間に及んだことなどを指摘して、違法の程度は重大なものとはいえないとしたのである。このように先行手続の違法の承継を認めつつ、後の手続である強制採尿手続により得られた尿に関する鑑定書の証拠能力を認めた点は、最判昭和61年4月25日（刑集40-3-215）、最決昭和63年9月16日（刑集42-7-1051）等の判断方式に従ったものといえよう。

3　強制採尿のための同行の適法性

その適否について激しく争われていた強制採尿の扱いに関し、最決昭和55年10月23日（刑集34-5-300）の登場により、捜索差押許可状を用いた強制採尿が、実務上定着する。そして昭和55年決定は、被疑者が任意提出を拒んだ事案に関するものであったが、そのような場合に限られず、錯乱状態に陥り任意の尿の提出が期待できない状況にあった者に対しても、犯罪の捜査上真にやむを得ない場合に実施されたものであれば、強制採尿は違法ではないとされている（最決平成3・7・16刑集45-6-201）。

【基本判例2】では、強制採尿のための捜索差押許可状（強制採尿令状）が発付されている場合、身柄を拘束されていない被疑者を採尿する医療施設などへ任意に同行することが事実上できない場合、採尿に適する最寄りの場所まで連行することができるかが争われた。

否定説を採用する見解もあるが、実務上は肯定説が採用されているといってよい。ただし、その根拠としては、刑訴法222条1項で準用される111条の「必要な処分」として許されるとする見解（東京高判平成2・8・29判時1374-136など）と、強制採尿令状の効力として許されるとする見解（東京高判平成3・3・12判時1385-129）とに分かれていた。

【基本判例2】は、①身柄を拘束されていない被疑者の採尿場所への任意同行が事実上不可能であり、②採尿に適する最寄りの場所まで被疑者を連行することが可能であれば、必要最小限度の有形力を行使できるとした。そして、その根拠として、採尿場所への連行を認めなければ、強制採尿令状の目的を達成できないこと、裁判官は連行の当否を含めて審査をし令状を発付していると解しうることを挙げ令状の効力による説明を採用したのである。さらに、前述昭和55年決定は、採尿に適した場所で行うことを前提としていると思われること、強制連行は人身に対する重大な侵害行為なので事前の司法審査（令状審査）に服させる必要があることも考慮されているといえよう。【基本判例2】は、強制採尿令状に「被疑者を採尿に適する最寄りの場所まで連行することを許可する」旨を記載できるとした。連行の当否についても司法審査がなされたことを明示する方法と評価しうる。

第 37 講　公訴権の適切な行使

> **論 点**
> ▶送検までに約 2 年 11 か月を経過し、一旦は嫌疑不十分を理由に不起訴（家裁不送致）とした後、事件を再起してした公訴提起は無効となるか。
> ▶公訴権の行使に濫用があるとして無効とされる場合の基準。

【基本判例 1】　最 3 小決平成 25 年 6 月 18 日（刑集 67 巻 5 号 653 頁・判タ 1392 号 74 頁）

事実の概要

　平成 15 年 12 月 6 日、K 県 K 市内の右へ緩やかに湾曲する道路を被告人 X と被害者 A が原動機付自転車に 2 人乗りで進行中、その左側が歩道縁石に接触するなどし、乗車していた A が路上に転倒して高次脳機能障害の後遺症を伴う傷害を負ったという事案である。平成 20 年 11 月 28 日、事件当時 16 歳の少年であった X が、同車を運転していた者として起訴された事案である。当初、A の記憶が本件事故の後遺症により回復せず、X が「運転者は A である」と否認するなどしたため、検察官への事件送致までに約 2 年 11 か月が経過していた。そして、平成 18 年 11 月 30 日に一旦は嫌疑不十分を理由に不起訴処分（家庭裁判所への不送致処分）とされたところ、平成 19 年 8 月 11 日に X が成人に達した後、A からの検察審査会への審査申立てを契機に、補充捜査が行われ、事件が再起され、公訴時効完成の 8 日前に起訴された。その結果、被告人の家庭裁判所で審判を受ける機会が失われるに至っているので、起訴に違法があると争われ、原判決は、本件公訴提起が無効であるとはいえないとした。公訴の提起は違法であるとなどとして X 側が上告した。

決定要旨

　上告棄却。最高裁は、本件公訴提起の有効性につき職権判断を加え、以下のように判示した。「一般に、少年の被疑事件については、捜査機関は、少年法 42 条 1 項の趣旨を踏まえ、適切な見通しを持った迅速な事件処理に心掛ける必要があることはいうまでもない。しかし、本件においては、X が否認する一方、長期間にわたり A の供述が得られない状況が続いたこと、鑑定等の専門的捜査が必要であったこと、捜査の途中で目撃者の新供述を得るなどして捜査方針が変更されたことなど、運転者を特定するまでに日時を要する事情が存在し、当初、事件送致を受けた検察官が、家庭裁判所へ送致せずに不起訴処分にしたのも、X につき嫌疑が不十分であり、他に審判に付すべき事由もないと判断した以上、やむを得ないところである。捜査等に従事した警察官及び検察官の各措置には、家庭裁判所の審判の機会が失われることを知りながら殊更捜査を遅らせたり、不起訴処分にしたり、あるいは、特段の事情もなくいたずらに事件の処理を放置したりするなどの極めて重大な職務違反があるとは認められず、これらの捜査等の手続に違法はない。また、X が成人に達した後、検察審査会への審査申立てを機に、検察官が、改めて補充捜査等を行い、X に嫌疑が認められると判断した上、事件を再起してした本件公訴提起自体にも違法とすべきところはない。したがって、本件公訴提起が無効であるとはいえないとした原判決は正当である」。

▶▶▶ 解　説

1　公訴権の濫用

　公訴の提起は、捜査と公判の結節点であり、旧刑事訴訟法から新刑事訴訟法に移行して、その枠組をいかに構成するかが激しく争われた。ただ、形式的には、検察官のみの訴追を認める国家訴追主義、起訴独占主義が前提とされ、検察官に起訴・不起訴の広範な裁量を認める起訴便宜主義は、旧刑事訴訟法から採用されてきた。後者の点にわが国の刑事手続の最大の特色があるともいわれている。しかし、新刑事訴訟法の下では、基本的に当事者主義が採用されるとともに、公判中心主義・直接主義が目指された。検察の広い起訴裁量は、裁判の場での真相の究明を妨げる面がある。この点に関しては、検察審査会の制度が存在するほか、付審判請求手続も認められている。ただ、新しく導入された強制起訴をめぐっては、問題が指摘されてきている。

　いずれにせよ、これまで公訴に関して論じられてきたのは、検察官による「濫用」の問題であった。広くは、嫌疑なき起訴も含め、起訴すべきでないのに、検察官の権限を「濫用」した場合に、裁判所は形式裁判で訴訟を打ち切るべきであるとする主張である。法文の直接的根拠はない。もちろん、明らかに嫌疑を欠く起訴は違法であり、損害賠償責任を負う場合もあるが、当該訴訟内においては、実体的判断が行われれば足りるので、公訴権濫用の判断が表面化することはない。

2　違法手続と公訴権

　捜査手続に違法があったとしても、直ちに公訴提起手続を違法とするものではない。最判昭和41年7月21日（刑集20-6-696）は、弁護人が逮捕の際犯人に対して警察官による暴行陵虐の行為があったと主張したのに対し、「逮捕手続にそのような違法があったとしても公訴提起の手続が憲法31条に違反し無効となるものではない」とし、最判昭和44年12月5日（刑集23-12-1583）も、「仮りに捜査手続に違法があるとしても、それが必ずしも公訴提起の効力を当然に失わせるものでないことは、検察官の極めて広範な裁量にかかる公訴提起の性質にかんがみ明らかであ」るとした。

　それゆえ、捜査手続に違法があっても、直ちに控訴理由である「訴訟手続の法令違反」にあたるわけではない。「訴訟手続の法令違反」とは、原判決の直接の基礎となった審理および判決の手続に違法があることをいうが（刑訴法379条）、捜査手続の違法のすべてがそれにあたるわけではないのである。

3　最判昭和44年12月5日

　前掲最判昭和44年12月5日は、年齢19年3か月であった被告人が、昭和42年5月6日、自動二輪車を運転した際、業務上必要な注意義務を怠って幼児に接触し転倒させ、全治2か月の傷害を負わせた事案である。被告人からの届出により、警察官が翌朝実況見分を行うことにより捜査が開始され、関係人等の供述調書も作成されたが、実況見分調書等に不備があり、被告人が成年に達した昭和43年1月20日を経過したのち、盛岡地検二戸支部を経て久慈区検察庁に移送され、あらためて実況見分が行われた後、同年3月15日に久慈簡易裁判所に対し略式命令の請求がなされた。

　これに対し、原審仙台高判昭和44年2月18日（判時561-87）は、捜査段階における違法がすべてその後の公訴提起の手続を当然に無効とするものではないが、当該捜査手続の違法が重大なものであり、かつ、その違法な手続を前提としてはじめて公訴提起の手続が可能であったという意味で両者が密接不可分の関係を有する場合には、公訴の提起自体がどのように法定の手続を践んでなされても、公訴提起前の捜査手続における違法は公訴提起そのものにも違法性を帯有させ、公訴の提起を違法としなければならない実質上の理由が存するものとして、公訴提起の効力に影響を及ぼし、これを無効ならしめるものとするのが相当であるとし、「本件において、公訴提起の手続がそれ自体としては格別違法な点の存しないことは所論のとおりであるけれども、警察官による捜査手続の違法は、前説示のように、少年の被疑事件について家庭裁判所における審判の機会を失わせるに至らせたという現行少年法制のもとにおけるもっとも重要な原則を破るものであり、……右違法

が存したことによりまさしく被告人が成年に達したのちにおける公訴の提起を可能としたものということができるのであるから、捜査手続の違法が公訴提起の手続を無効ならしめるものとして、本件公訴の提起は、結局刑事訴訟法第338条第4号にかかげる場合にあたる」としたのである。

それに対し、最高裁は、「少年の被疑事件について、家庭裁判所に送致するためには、司法警察員または検察官において、犯罪の嫌疑があると認め得る程度に証拠を収集し、捜査を遂げる必要があり、このことは少年法41条、42条の明定するところである。したがって、捜査機構、捜査官の捜査能力、事件の輻輳の程度、被疑事件の難易等の事情に左右されるとはいえ、その捜査にそれ相応の日時を要することはいうまでもなく、捜査に長期の日時を要したため、家庭裁判所に送致して審判を受ける機会が失われたとしても、それのみをもって少年法の趣旨に反し、捜査手続を違法であると速断することのできないことも、また、多言を要しない。もっとも、捜査官において、家庭裁判所の審判の機会を失わせる意図をもってことさら捜査を遅らせ、あるいは、特段の事情もなくいたずらに事件の処理を放置しそのため手続を設けた制度の趣旨が失われる程度に著しく捜査の遅延をみる等、極めて重大な職務違反が認められる場合においては、捜査官の措置は、制度を設けた趣旨に反するものとして、違法となることがあると解すべきである」としつつ、本件では、そのような、極めて重大な職務違反があるとは認めがたいから、その捜査手続は、これを違法とすることはできないとした。

その上で、「原判決は、捜査手続の違法が重大であり、かつ、これを前提としてはじめて公訴提起が可能である場合には、捜査手続の違法は、公訴の提起を無効ならしめるというけれども、本件において、捜査手続が必ずしも違法とはいえないことは、すでに説示したところであるのみならず、仮りに捜査手続に違法があるとしても、それが必ずしも公訴提起の効力を当然に失わせるものでないことは、検察官の極めて広範な裁量にかかる公訴提起の性質にかんがみ明らかであって、この点に関する原判示は、いまだ首肯するに足りるものではない」としたのである。

4 真相の究明と被疑者・被告人の防御権

一般的には、手続が遅延した場合でも、担当の行政上の責任をきたすことは格別、手続自体にはなんらの効果も及ぼさないとされる（最大判昭和23・12・22刑集2-14-1853、最判昭和24・3・12刑集3-3-293、さらに最大判昭和23・6・9刑集2-7-658、最判昭和41・7・21刑集20-6-696等）。ただ、家庭裁判所における審判の機会を失わせるに至らせたという現行少年法制の下におけるもっとも重要な原則と、「一定程度以上の重要な事件でかつ嫌疑が存在する事案を起訴し裁判の場で真相を究明する」という利益の衡量が、問題の実質である。

そして、この価値判断は、昭和40年代においても微妙で、家庭裁判所の審判の機会を失った場合、公訴の提起の効力に影響を及ぼすという裁判例（仙台高判昭和42・10・17高刑集20-5-699、前掲仙台高判昭和44・2・18、広島高判昭和44・7・29判タ237-257）と、公訴提起は無効とはならないという裁判例（東京高判昭和43・10・28判時546-96）が激しく対立していた。

そのような状況の下で、最高裁は、「家庭裁判所の審判の機会を失わせる意図をもってことさら捜査を遅らせ、あるいは、特段の事情もなくいたずらに事件の処理を放置しそのため手続を設けた制度の趣旨が失われる程度に著しく捜査の遅延をみる等、極めて重大な職務違反が認められる場合」でなければ、公訴は無効とならないとしたのである。

その後、最判昭和45年5月29日（刑集24-5-223）は、犯行時の年齢19年2か月の少年の業務上過失傷害被疑事件について、警察における処理が数か月遅滞したため、少年が成人に達して家庭裁判所の審判を受ける機会が失われた事件につき、下記のように判示した。

「少年の被疑事件を家庭裁判所に送致するためには、司法警察員または検察官において、犯罪の嫌疑があると認めうる程度に証拠を収集し、捜査を遂げる必要があり、このことは、少年法41条、42条の明定するところである。したがって、捜査機構、捜査官の捜査能力、事件の輻輳の程度、被疑事件の難易等の事情に左右されることではあるが、その捜査にある程度の日時を要することはいうまでもなく、捜査に長期の日時を要したため、家庭裁判所に送致して審判を受ける機会が失われたとしても、ただちに、

それのみをもって少年法の趣旨に反し、捜査手続を違法であると速断することはできない。もっとも、捜査官において、適時に捜査が完了しないときは家庭裁判所の審判の機会が失われることを知りながらことさら捜査を遅らせ、あるいは、特段の事情もなくいたずらに事件の処理を放置しそのため手続を設けた制度の趣旨が失われる程度に著しく捜査の遅延を見る等、極めて重大な職務違反が認められる場合においては、捜査官の措置は、制度を設けた趣旨に反するものとして、違法となることがあると解すべきである」として、最判昭和44年12月5日を援用し、「この見地から本件を考察すると、原判決の判示する前記事実関係のもとにおいては、捜査に従事した警察官には、本件の処理につき適切な配慮を欠いた点なしとしないとはいえ、いまだ前示のごとき重大な職務違反があるとは認めがたいから、その捜査手続は、これを違法とすることはできない」とし、この問題の結論がほぼ固まったのである。

5 【基本判例1】の意義

【基本判例1】も、この結論を踏襲したものではある。そして、具体的判断において重要な点は、①Xが否認していたこと、②長期間にわたりAの供述が得られない状況が続いたこと、③鑑定等の専門的捜査が必要であったこと、④目撃者の新供述を得るなどして捜査方針が変更されたことなど、運転者を特定するまでに日時を要する事情が存在した点であり、家庭裁判所へ送致せずに不起訴処分にしたのも、やむを得なかったとしたのである。これらの事実を踏まえて、極めて重大な職務違反があるとは認められず、これらの捜査等の手続に違法はないと結論づけた。判例の、「公訴権」に関する考え方、価値判断は、基本的に変化がないといって良い。

【基本判例2】 最1小決昭和55年12月17日（刑集34巻7号672頁・判タ428号69頁）

事実の概要

水俣病患者である被告人Xは、水俣病公害を惹起したとされるC会社に対し、被害の補償を求めるため、支援者らとともに、C本社に赴き、直接交渉を求めた際、これを阻止しようとする同会社従業員4名に対し、5回にわたって暴行を加えて咬傷や打撲傷などを加えたとして、傷害罪で起訴された。

弁護人が、真に起訴すべきC社の水俣病加害の刑事責任を追及せず、Xの些細な傷害のみを起訴したのは著しく差別的な訴追であり、公訴棄却すべきであるとしたのに対し、第1審は、この主張を排斥し、Xを有罪と認めたが、本件の特異な事情を考慮し、罰金5万円、執行猶予1年という異例の刑を言い渡した。

X側の控訴に対し、控訴審は、①水俣病の未曾有の被害、行政の停滞、C社側の責任回避などの特殊事情があり、交渉の際の行き過ぎにただちに刑罰で臨むのは妥当でない、②国には、C社に対する捜査、訴追を怠り水俣病公害を発生・拡大させたことへの一半の責任がある、③紛争過程において、C社と被告の側の双方にそれぞれ相手側を被害者とする違法行為が発生したが、前者に対する刑責の追及はほとんどなされていないのに対し、後者に対しては迅速、峻烈なものであって、Xに対する本件訴追はいかにも偏頗、不公平である、という理由から、本件公訴提起は訴追裁量権の濫用で、刑訴法248条に照らし無効であるとして、同法338条4号により公訴を棄却したため、検察官が上告した。

決定要旨

上告棄却。「検察官は、現行法制の下では、公訴の提起をするかしないかについて広範な裁量権を認められているのであって、公訴の提起が検察官の裁量権の逸脱によるものであったからといって直ちに無効となるものでないことは明らかである。たしかに、右裁量権の行使については種々の考慮事項が刑訴法に列挙されていること（刑訴法248条）、検察官は公益の代表者として公訴権を行使すべきものとされ

第 37 講　公訴権の適切な行使

ていること（検察庁法 4 条）、さらに、刑訴法上の権限は公共の福祉の維持と個人の基本的人権の保障とを全うしつつ誠実にこれを行使すべく濫用にわたってはならないものとされていること（刑訴法 1 条、刑訴規則 1 条 2 項）などを総合して考えると、検察官の裁量権の逸脱が公訴の提起を無効ならしめる場合のありうることを否定することはできないが、それはたとえば公訴の提起自体が職務犯罪を構成するような極限的な場合に限られるものというべきである」。

　本件では、X の犯行そのものの態様は必ずしも軽微なものとはいえないから、当然に検察官の公訴提起を不当とすることはできず、他方で、少なくとも公訴権の発動については、犯罪の軽重のみならず、犯人の一身上の事情、犯罪の情状および犯罪後の情況等をも考慮しなければならないから（刑訴法 248 条）、起訴・不起訴処分の当不当は、犯罪事実の外面だけでは断定できないという見地に立てば、審判の対象とされていない他の被疑事件についての公訴権の発動の当否を軽々に論定することは許されないのであり、他の被疑事件についての公訴権の発動の状況との対比などを理由にして本件公訴提起を著しく不当とする原審の認定判断は肯認できず、まして、本件事態が公訴提起を無効とするような極限的な場合にあたるとは考えられない。

　しかしながら、第 1 審の罰金 5 万円、執行猶予 1 年の判決の言渡しに対して検察官からの控訴はなく、X の控訴に基づき原判決が公訴を棄却したものであるが、本件のきわめて特異な背景事情に加えて、犯行からすでに長期間が経過し、その間、X を含む患者らと C 社との間に水俣病被害の補償について全面的な協定が成立して双方の間の紛争は終了し、本件の被害者らにおいても今なお処罰を求める意思を有しているとは思われないし、また、X が公害によって父親を失い自らも健康を損なっていることなどを考え合わせると、原判決を破棄して第 1 審判決の執行猶予付きの罰金刑を復活させなければ著しく正義に反するとは考えられず、刑訴法 411 条を適用すべきものとは認められない。

▶▶▶ **解　説**

1　訴追裁量権の逸脱と公訴権濫用論

　かつては、公訴提起の判断は自由裁量であり、さらには行政機関としての判断であるから、三権分立の理念により司法審査には馴染まないと考えられてきた。しかし、起訴猶予にすべき事件を起訴すれば訴訟条件を欠くという主張が現れ、訴追が被告人の権利を制約することも考えると、法治国である以上は検察官も適切な裁量をすべきであり、裁量権を逸脱していないか司法的コントロールに服すべきものとする見解が一定の支持を得るようになった。

　【基本判例 2】は、水俣病認定患者である X が、被害の補償を求めるため他の患者らとともに水俣病公害を惹起したとされる会社の社長らとの直接交渉を求めて同社に赴いた際、来社を阻止しようとした従業員らに暴行を加えて負傷させた事件につき、①検察官は、現行法制の下では、公訴の提起をするかしないかについて広範な裁量権を認められているのであって、公訴の提起が検察官の裁量権の逸脱によるものであったからといって直ちに無効となるものでないことは明らかであるとした。そして、②裁量権の行使については種々の考慮事項が刑訴法に列挙されていること（刑訴法 248 条）、検察官は公益の代表者として公訴権を行使すべきものとされていること（検察庁法 4 条）、さらに、刑訴法上の権限は公共の福祉の維持と個人の基本的人権の保障とを全うしつつ誠実にこれを行使すべく濫用にわたってはならないものとされていること（刑訴法 1 条、刑訴規則 1 条 2 項）などを挙げて、訴追裁量権の逸脱が公訴の提起を無効ならしめる場合は、原則としてあり得ないとしたのである。このように、公訴権の行使に際しての、検察官の大きな権限が確認された。

2　判例の具体的基準

　ただ、最高裁も、検察官の裁量権の逸脱が公訴の提起を無効ならしめる場合のありうることを否定することはできないとし、例示ではあるが公訴の提起

263

自体が職務犯罪を構成するような極限的な場合には、公訴権の濫用による公訴棄却などが認められるとしたのである。公訴権濫用論を「理論的」には承認したものの、それは「職務犯罪を構成するような場合」に限られるという形で、要件を厳しく絞った。実質的には、公訴権濫用論は、刑法における期待可能性論などと同様、「非常救済手段」として機能すべきものと考えられているといえよう。

　ただこの事件では、第1審判決がXを有罪としながらも執行猶予付きの罰金刑（求刑は懲役刑）としたのに対し、原審判決は、公訴権濫用である（犯行の可罰性が微弱であり、公訴提起が偏頗・不公平であるなど）として公訴棄却の判決を言い渡していた。最高裁は、犯行そのものの態様は必ずしも軽微なものとはいえず、当然に検察官の公訴提起を不当とすることはできないことや、審判の対象とされていない他の被疑事件についての公訴権の発動の当否を軽々に論定することは許されず、それとの対比などを理由にして公訴提起が著しく不当であったとすることはできないなどとして、公訴棄却の判断は失当であったとしながらも、第1審判決を復活させなければ著しく正義に反するものともいえないとして、上告を棄却した。実質的結論の妥当性を考慮したものといえよう[1]。

1) その後の判例としては、最判昭和56年6月26日（刑集35-4-426）がある。町長選挙で当選したA町長派の運動員であった被告人Xが、選挙終了後、「現金3万円の供与を受けた」などの事実につき起訴されたところ、弁護人が、A町長らが社会的名士であることから、積極的な捜査がされず、証拠も十分存在するのに不起訴とされたのに、Xだけが起訴されたのは、法の下の平等に反する公訴権の濫用にあたると主張した事案である。第1審は、この主張を斥け、ほぼ公訴事実どおりの事実を認定し、Xに罰金12万円の有罪判決を言い渡した。これに対し原審は、①本件捜査にあたったB警察署は、供与・饗応の実行行為者との共謀によりXと対向的な共犯関係に立つ疑いの強いA町長を、合理的理由がないのに不当に有利に扱い、Xに対する捜査は、A町長に対するそれと比較して不当に不利益なもので憲法14条に違反し、②このような差別的捜査に基づいて対向的共犯の一方のみが起訴され他方が刑事訴追を免れている場合には、Xに対する公訴提起を含む検察段階の措置に不当な差別や裁量権の逸脱がなくても、当該公訴提起は憲法31条に違反するから、③刑訴法338条4号を準用ないし類推適用すべきであるとして第1審を破棄し、本件公訴を棄却した。

　検察官の上告に対し、最高裁は、公訴棄却とした原判決を破棄したが、その理由は、Xに対して、①検察段階では不当差別や裁量権の逸脱がなかったこと、②警察段階でも違法・不当な捜査がなかったのであるから、公訴提起の効力に問題はないとするものであった。

3　最近の公訴権の運用について

　起訴に充分なだけの客観的嫌疑があるときは、訴訟条件が具備する限り必ず起訴すべきものとする考え方を起訴法定主義という。起訴法定主義は、訴追者の恣意的な裁量を排除し、特に政治的影響等によって刑事司法が左右されるのを阻止できる点で優れている。しかし、犯罪の情状や犯人の事情などを考慮せず、必ず起訴しなければならないものとすることは、過酷になりかねず、刑事政策的にも妥当性を欠くとされ、わが国では、明治末期以来、実際上の運用として起訴便宜主義が行われ、旧刑訴法279条によって明文でこれを規定し、現行法がそれを受け継ぐことになった。

　全犯罪の起訴率（検察庁に送致される人員のうち公判または略式命令の請求をされた者の割合）は、刑事訴訟の歴史の中で大きく揺れ動いてきたが、現在は40％以下である（図1）。

　ただ、刑法犯についてみると、昭和から平成に変わる時期に、起訴率は70％から20％以下に急減する（図2）。もっとも、交通関係の業務上過失致死傷事件（現在の自動車運転過失致死傷事件）の起訴率が低下した影響が圧倒的であり、それ以外の刑法犯の起訴率は50％以上（もっとも、窃盗罪に罰金刑が設けられたため、略式が増えたことにより、起訴率が維持されていることにも注意しなければならない）を維持していた。

　ただ、最近の起訴率をよく見ると、凶悪犯までもが著しく減少してしまったことに気付く（図3）。これは、異様なことのように思われる。そして不起訴の理由の中に、「嫌疑不十分」が目立つのである。

　【基本判例1】、【基本判例2】で見たように、公訴の判断は、基本的に検察に委ねられている。ただ、

第 37 講　公訴権の適切な行使

最近これだけ大きく統計データが変化するということは、「政策・方針の変更」が推察される。日本の刑事司法は、裁判員裁判も含め、比較的には、安定的に運用されているように思われるが、この起訴率の急変は、大きな問題をもたらしかねない危険を含むように思われる。

図1　明治15年以来の全犯罪起訴率の推移

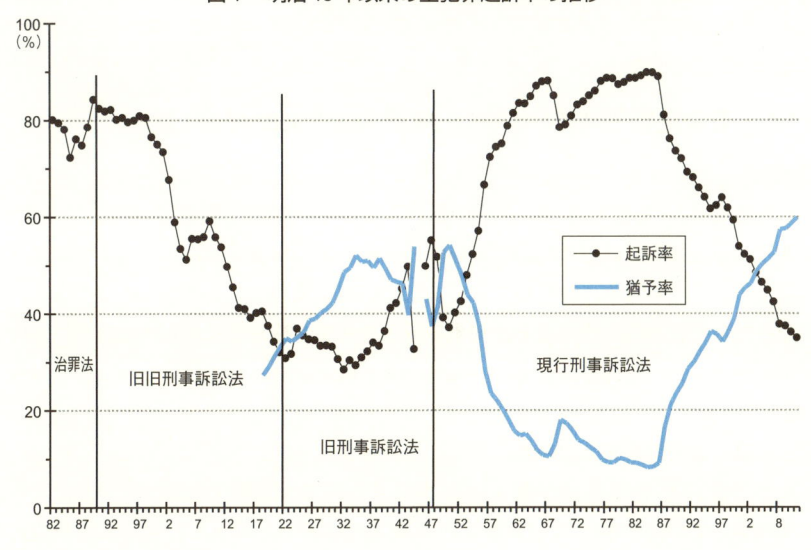

図2　戦後起訴率の変化

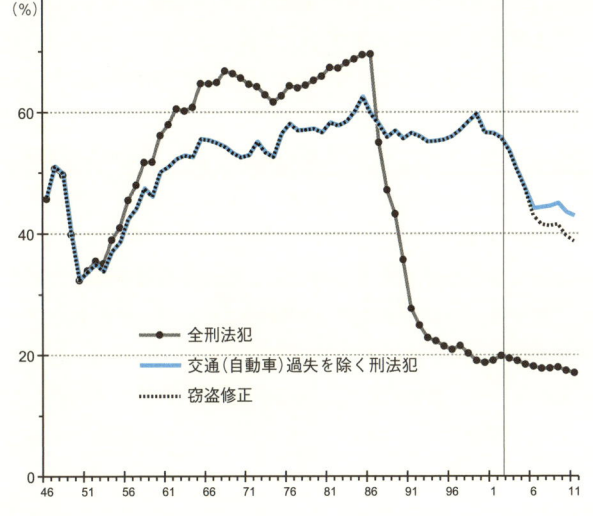

図3　最近の起訴率の急落

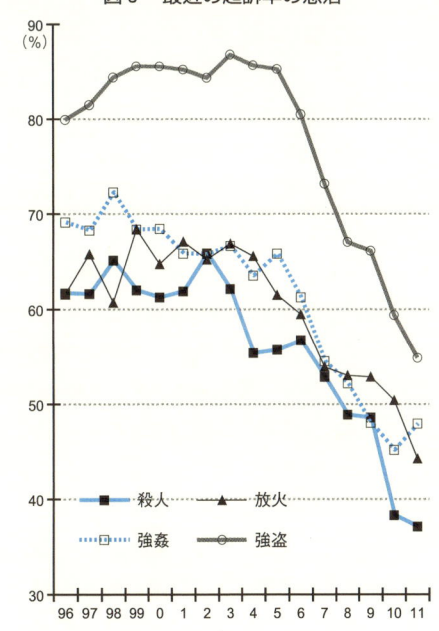

265

第 38 講　重大な捜査の違法性があるとされた最近の判例

> **論点**
> ▶ 証拠を排除した下級審判例と違法収集証拠排除の基準。

【基本判例1】　東京地判平成 24 年 2 月 27 日（判タ 1381 号 251 頁）

事実の概要

　本件公訴事実は、「被告人 X は、法定の除外事由がないのに、平成 23 年 5 月上旬頃から同月 13 日までの間に、東京都内又はその周辺において、覚せい剤であるフェニルメチルアミノプロパン又はその塩類若干量を自己の身体に摂取し、もって覚せい剤を使用した」というものである。争点は、X の尿およびその鑑定書は、令状主義を没却する違法な所持品検査等で得られた資料に基づいて取得された強制採尿令状によって得られたものであり、違法収集証拠として排除されなければならないか否かであった。

　東京地裁は、以下の事実を認めた。

　(1) X が平成 23 年 5 月 13 日午後 4 時 25 分ころ、M 交番前路上を歩いていたところ、同交番の見張所内で勤務していた警察官 A は、警察官 B および警察官 C に、X に対して職務質問をするよう指示した。B および C は、M 交番前で、X に対して、質問はせずに所持品検査への協力を求め、X はこれに応じた。さらに、B および C は、交番前から立ち去ろうとした X を引き止めて、M 交番内の相談室（幅 170 cm、奥行き 210 cm）に入るよう求め、同室内において、X を上記 3 名の警察官が取り囲んだ。

　(2) X は、相談室内において、A らから靴と靴下を脱ぐよう求められ応じた。X は、針のない注射器と水溶液の入った容器が入ったポーチを筒状に小さくまるめてパンツ内側の肛門付近に隠し入れていたところ、警察官に着衣の上から股間付近を触られそうになったため、その場にしゃがみ込んだ。B と C は、X の両脇に手を差し込んで X を立たせた。X は、A から求められたので、ベルトを外し、ズボンの前のボタンを外して開くようにして警察官 3 名にパンツを見せた。X は、ボタンを閉めようとしたが、B と C が X の腕をつかんだため、閉められずズボンが脱げそうになった。そこで、X は、ズボンがずり落ちないようにしゃがんだり身をよじったりしたものの、B と C から両腕をつかまれたまま立たされたため、ズボンが膝の辺りまで下がり、パンツが丸見えの状態になった。その状態で、いずれかの警察官が、パンツの上からポーチが隠されていた X の股間に触れ、「あるぞ。出せ」と言って、X に対し、隠しているものを出すよう求めた。そのため、X は、同日午後 4 時 36 分ころ、パンツの中から自らポーチを取り出して A に差し出し、警察官らによって、ポーチの中から水溶液入り容器と針のない注射器が取り出された。

　(3) A は、同日、令状請求のための疎明資料として、「同交番内において被疑者 X に対して、所持品を自分で出すように求めたところ、X は『実は入っています』等と言ってパンツ内から、同日午後 4 時 36 分、針のない注射器と水溶液入りの目薬の容器を取り出し、本職らに差し出した」などと記載された取扱状況報告書を作成した。

　この取扱状況報告書およびその内容を引用して作成された捜査報告等が疎明資料とされて、東京簡易裁判所裁判官に対し、X の身体に対する捜索差押許可状（強制採尿令状）が請求され、同日これが発付された。

東京地裁は、尿の鑑定書は違法収集証拠であって証拠能力を認めることができず、その他本件公訴事実を認めるに足りる証拠がないとして、Xに無罪を言い渡した。

判旨

東京地裁は、Xに対する所持品検査の適法性、およびそれが鑑定書等の証拠能力に与える影響について以下のように判示した。

「交番前を歩いていたXに対し、いきなり所持品検査への協力を求め、狭い相談室内において3名の警察官で取り囲むなど、拒否の余地がないかのような状況に置いた上で、靴や靴下を脱ぐよう求め、さらには、ベルトを外してズボンの中まで見せるよう求め、これに応じてズボンの中を見せたXの両手をつかんで、ボタンを閉めさせないという有形力を行使し、Xの意思に反して下着丸見えの状態にした上で、Xの承諾もないままに、パンツの上からXの肛門付近に触れるという警察官らによる一連の行為は、個人のプライバシーに対する配慮を欠いた著しく不適切なもので、実質的には無令状でXの身体に対する捜索を実施したに等しいというべきである。

そして、このような態様で所持品検査を行うことが必要とされるような差し迫った状況は一切認められず、また、ポーチが発見される以前の時点では、Xに対して何らかの令状が取得できるほどに嫌疑が高まっていたとも認められないことに照らすと、AらがXに対して行った所持品検査は、職務質問に付随する所持品検査として許容される範囲を明らかに逸脱した違法なものというべきである。

さらに、Aは、このような所持品検査の実態を全く記載することなく、違法な所持品検査によって提出されたポーチ内に入れられていた水溶液入り容器と針のない注射器を、あたかもXが自発的に提出したかのように記載した取扱状況報告書を作成して、強制採尿令状請求のための疎明資料とした。しかも、Xに対する所持品検査に関わったAら3名の警察官は、そろって、当公判廷において真実に反する供述をして、Xに対して行われた所持品検査の実態を隠蔽しようとした。このことは、同警察官らが、自分たちの行為の違法性を十分に認識していたことを示すものであり、この点も加味すれば、本件所持品検査の違法の程度は、令状主義の精神を潜脱し、没却するような重大なものというべきである。

関係証拠によれば、Xからの採尿手続自体は、適法に発付された強制採尿令状に基づき、適正に行われたものと認められる。しかしながら、同強制採尿令状は、上記のとおり、令状主義の精神を潜脱し、没却する程度に違法な所持品検査によって知り得た事実（水溶液入り容器及び針のない注射器の存在）を端緒として発付されているというだけでなく、違法な所持品検査の実態を殊更に隠した取扱状況報告書等を疎明資料とする令状請求によって、所持品検査の適法性についての司法審査を免れたまま発付されたものである。同令状に基づいて採取された尿及びその鑑定書等の証拠に証拠能力を認めることは、将来の違法捜査抑制の観点からも、司法の廉潔性確保の観点からも相当でないというべきである」。

▶▶▶ 解 説

1 証拠収集の際の留意点

最近、下級審判例において、覚せい剤自己使用罪の証拠としての尿の鑑定書の証拠能力を否定したものが目立つ（【基本判例1】、【基本判例2】）。薬物事犯は、まさに切迫した状況の下で、速やかに証拠の収集を行わなければならない場合が多いが、捜査は違法なものであってはならない。いかに薬物根絶が重要であっても、適法な捜査の範囲内で行われなければならない。【基本判例1】の実質的な争点は、次の警察側の主張が認められるか否かであった。

「相談室内において、BがXの承諾を得てXの身体を着衣の上から触っていたが、下腹部辺りに手が触れそうになるとXがしゃがみ込み、警察官らが

立つように促すと、Xが立ち上がるということが2、3回繰り返された。そのうち、Xが観念した様子で、下腹部周辺から自らポーチを取り出し、Aに差し出した。その過程で下着が全て見えた状態になったことはなかった」。

この供述の信用性が認められれば、捜査は違法とはいえず、まして証拠排除されることはなかったのである。しかし、これらの供述は、①ポーチ提出に至る経緯に関する供述内容自体が不自然で曖昧であり、警察官は、裁判所から不自然さを指摘されても、その不自然極まりない供述を維持しており、②同僚警察官Dの供述とA、B、Cの供述に矛盾するところがあること、③ポーチ提出直前におけるXの発言（「お尻の穴まで見せなきゃいけないんですか」と尋ねたことなど）は作り話として作出できるようなものではなく信用性が高いが、それとこれら供述は整合しないこと、④凶器等の危険物を所持しているのではないかと疑うべき事情もないのに、いきなり所持品検査を始めた理由についての警察官らの説明は著しく合理性に欠けること等を根拠に、東京地裁から「到底信用することができ」ないとされたのである。東京地裁の判示には、捜査機関として、反省すべき点が多く含まれているといえよう。

さらに、立証活動における警察官の供述に関し、東京地裁が、「なお、検察官は、Xの供述は信用できないとして縷々主張するが、Xの供述が信用できないからといって、警察官証人らの供述の信用性が高まるわけではない。また、Xの供述に信用し難い部分があることは検察官主張のとおりだとしても、前述した諸点に鑑みれば、ことポーチ提出に至る経緯に関する限り、警察官証人らの供述よりはXの供述のほうがはるかに真実に近いというべきである」と判示していることも、重視すべきである。「被疑者・被告人供述が虚偽を含む」と推認させること以上に、「信用性を裁判所に認めてもらえるだけの供述」を行うための証拠収集活動を、しっかりと行わなければならないのである。

2 所持品検査の違法性

本判決は、覚せい剤を自己使用したとして起訴されたXに対し、Xの尿の鑑定書は違法収集証拠であって証拠能力を認めることができず、その他本件公訴事実を認めるに足りる証拠もないとして、無罪を言い渡したものである。

Xの主張を前提とする限り、①交番前を歩いていたXに対し、いきなり所持品検査への協力を求め、②狭い相談室内で3名の警察官が取り囲み、靴や靴下、ズボンの中まで見せるよう求め、③ズボンの中を見せたXの両手をつかんで、ボタンを閉めさせないという有形力を行使し、Xの意思に反して下着丸見えの状態にした上で、④Xの承諾もないままに、パンツの上からXの肛門付近に触れたという行為は、実質的に無令状でXの身体に対する捜索を実施したに等しい「侵害性」があるといわざるを得ない。一方、薬物事犯が問題となっているとはいえ、ポーチが発見される以前の時点では、嫌疑も、令状を求めうる程度に高まっていたとはいえないので、職務質問に付随する所持品検査として許容される範囲を明らかに逸脱した違法なものといわざるを得ない。

問題は、その違法性が、その後に得られる鑑定書などの証拠能力を否定する程度のものであるか否かである。

3 違法収集証拠の排除

最判昭和53年9月7日（刑集32-6-1672）が、証拠物は押収手続が違法であっても、その存在・形状等に関する価値に変わりのないことなどからすると、その押収手続に違法があるとして直ちにその証拠能力を否定することは相当でないとしつつ、「証拠物の押収等の手続に、憲法35条及びこれを受けた刑訴法218条1項等の所期する令状主義の精神を没却するような重大な違法があり、これを証拠として許容することが、将来における違法な捜査の抑制の見地からして相当でないと認められる場合においては、その証拠能力は否定されるものと解すべきである」と判示して以来、日本の刑事実務でも、違法収集証拠排除の法理は定着したといえよう。

違法収集証拠排除に関する最高裁の判例は、覚せい剤事犯に関するものに集中しているが、それらの多くの事案では、捜査手続に違法があるとしながらも、重大な違法とは認めず、証拠能力を肯定している。すなわち、最判昭和61年4月25日（刑集40-3-215）は被告人宅への立入り、任意同行および採尿手

続につき、最決昭和63年9月16日（刑集42-7-1051）は任意同行、所持品検査、差押え手続および採尿手続につき、最決平成6年9月16日（→第36講【基本判例2】）は職務質問の現場に長時間留め置いた措置につき、最決平成7年5月30日（刑集49-5-703）は所持品検査、現行犯逮捕および採尿手続につき、最決平成15年5月26日（→第35講【基本判例1】）は所持品検査につき、いずれも、それらの手続が違法であったとしながら、重大な違法とはいえないとして、証拠排除を認めなかった。これらの判例では、緊急逮捕等が可能であった事案で違法が相対的に軽い点や、令状主義潜脱の意図がなかった点、強制力が用いられていない点などが重視されている。

このような中で、最判平成15年2月14日（→第34講【基本判例2】）が、被疑者の逮捕手続の違法と警察官がこれを糊塗しようとして虚偽の証言をしたことなどに表れた警察官の態度を総合的に考慮し、逮捕手続の違法の程度は令状主義の精神を没却するような重大なものであり、採取された尿の鑑定書の証拠能力は否定されるとしたのである。判例の流れを見ると、「内容虚偽の捜査報告書」等の法軽視の態度が重大な意味を有していたと考えられる。たしかに、このような警察官の態度が、令状主義の精神を没却するようなものであると判断されたことを直視しなければならない。それは、国民の捜査機関への信頼を最も損なう事実なのである。

4　本件事案の特徴

【基本判例1】において、証拠を排除した最も主要な根拠も、警察官が捜査報告書に、所持品検査の実態を記載せず、強制採尿令状請求の疎明資料に、Xが自発的にポーチの在中物を提出したかのような記載をし、警察官3名がそろって真実に反する証言をしたと認定した点にある。そして、警察官らは、自分たちの行為の違法性を十分に認識していたのであり、そこに見られる「違法性の程度」は、令状主義の精神を潜脱し、没却するような重大なものであると判断したといえよう。

①警察官Aが、所持品検査の実態を全く記載することなく、②違法な所持品検査によって提出されたポーチ内の水溶液入り容器や注射器を、Xが自発的に提出したかのように記載した取扱状況報告書を作成して、強制採尿令状請求のための疎明資料としたとされ、③Xに対する所持品検査に関わった警察官は、当公判廷において真実に反する供述をして、所持品検査の実態を隠蔽しようとしたと認定されたのである。

証拠排除の範囲は、司法に対する国民の信頼の確保の観点と違法捜査の抑止の観点から、採証手続の違法性の程度に加え抑止効果等を総合的に考慮して判断しなければならない。具体的には、①違反した法規の重大性、②違反の態様の悪辣性、③被告人の利益を直接侵害した程度、④捜査官の法軽視の態度の強弱、⑤当該捜査方法が将来繰り返される確率、⑥当該事案の重大性とその証拠構造における当該証拠の重要性、⑦手続の違法と証拠収集との因果性の程度などが考慮される（池田＝前田・刑事訴訟法講義484頁参照）。

「違法の重大性」と「違法捜査の抑制」との関係については、実際の訴訟においては、両者をそれぞれ別個に判断することは困難であり、証拠を排除すべき重大な違法に該当するか否かを判断すれば、それがそのまま違法捜査の抑制の観点からの判断となることが多い。ただ、その意味での「重大な違法」か否かの判断にとって、警察官の「法軽視」、さらには「意図的法令無視」と見えるものが、決定的に重要なのである。そして、「刑事司法の廉潔性」の要請は、今後一層強まっていくことは疑いない。

【基本判例2】　東京地判平成23年3月30日（判タ1356号237頁・判時2114号131頁）

事実の概要

【基本判例2】の罪となるべき事実は、被告人X女は、法定の除外事由がないのに、平成21年8月中旬ころから同年9月5日までの間に、東京都内またはその周辺において、覚せい剤であるフェニルメチルアミノプロパンまたはその塩類若干量を自己の身体に摂取し、もって覚せい剤を使用したとい

うものである。

　弁護人はXに対する採尿手続に重大な違法があるとして、尿の鑑定書の証拠能力を争い、東京地裁は、弁護人の違法性に関する主張を一部採用し、その鑑定書の証拠能力を否定した（東京地決平成23・3・15判タ1356-247）。そして、【基本判例2】は、Xは覚せい剤を使用した事実を公判終盤に自白したが、本判決は、Xの尿の鑑定にかかる証拠が存在しないことから、自白の補強証拠が十分ではないとして、無罪を言い渡したのである。

　東京地裁の証拠決定によれば、本件採尿手続は以下のとおりである。

　(1)　Xは、平成21年9月5日午後9時40分ころ、東京都T区内の路上で警察官から職務質問を受けた。所持品検査の結果、Xのハンドバッグ内から覚せい剤結晶が付着したアトマイザー（香水入れ）が発見され、午後10時31分、Xは覚せい剤所持の事実によって現行犯逮捕された。

　(2)　Xは、職務質問のときや警察車両でI警察署に向かうときに、「トイレに行かせてほしい」などと言ったが、警察官はトイレに行かせる措置をとらなかった。現場から約5分でI署に到着すると、Xは、警察官に支えられてトイレに向かったが、トイレの洗面台の前に座り込み、失禁をしてしまった。午後11時20分に引致の手続がとられ、翌6日の午前0時40分までXはG警察官から弁解録取などの取調べを受けた。その後、Xは、別の警察官から尿の提出を求められたが、そのときはいったん採尿容器に尿を入れたものの、流して捨ててしまった。

　(3)　Xは、午前2時35分から大学病院で湿疹の診察を受け、感染性ではないので留置可能であると診断されて（同病院での検温では37.5度）、午前3時半ころまでにI署に戻った。I署には女性の留置施設がなかったため、Xは午前9時30分に別の留置施設に収容されることになっており、病院から戻った後も警察官の監視のもと取調室で待機させられて、床に横たわるなどしていた。そうしたところ、午前6時30分ころから、F警察官がXに対し尿の任意提出の説得を始め、2時間くらいしてXは自ら排尿し、午前8時57分にその尿の任意提出の手続がとられた。

　弁護人は、本件採尿手続につき、(a)現場およびI署に向かう車中でXをトイレに行かせず、(b)I署のトイレでも尿を提出しない限り排尿させないという対応をとって、Xに失禁をさせ、(c)その後、体調不良のXを取調室に違法に留め置いて一睡もさせず、トイレに行きたければ尿を提出するように追い詰めたことにより、令状なくしてXに尿の提出を強制したものであると主張した。

判旨

　東京地決平成23年3月15日は、(a)につき、職務質問時には威圧的な態度や有形力の行使によってXを違法にトイレに行かせなかったものではなく、逮捕からI署までの間にトイレに行かせなかった措置も違法とは認められないとした。そして(b)についても、警察官が失禁前のXに尿の提出を促した疑いはあるが、尿を提出しなければ排尿させないと言って迫ったとは認められず、違法と評価すべき点はないとした。

　しかし、(c)に関しては、警察官の措置に関し次のように判示した。

　「ア　弁解録取及びそれに続く取調べにおいて、G警察官は、尿を提出しなければトイレに行かせないという趣旨の発言を交えて、強く尿の提出を求めた。それは、一度失禁したXに対し、再び失禁することになるという心理的圧迫を与えて尿の提出を迫ったものであり、違法である。

　イ　病院から戻ったXは、発熱、疲労、眠気等でかなり体調が悪く、警察官らも概ねそれを認識していた。Xは、警察側の事情で別の留置施設に午前9時30分に収容されることになったために、取調室に5時間余り待機させられたが、その間、警察官らはXの体調不良に対して何の配慮もしなかった。そのため、Xは腰縄をつけられた状態で床に横たわったりし、途中からはF警察官の説得のために横になる

こともできなかった。本来であれば、Xは病院から戻った時点で留置施設の居室に入って休息、就寝することができたのであり、警察官らは、その時点でXに休息、就寝の機会を与えるべきであった。まして、当時のXは体調不良であり、長椅子や毛布を与えて横にならせるなど、より一層、適切な措置をとるべきであった。したがって、Xを上記のように取調室に待機させた取扱いは非常に不適切であり、広い意味で違法である。

ウ さらに、F警察官による説得は2時間にわたり、Xの体調不良を増悪させるものであった。Xの当時の判断力にも疑問がある。F警察官が、カテーテルで体を傷めるのではなく、自ら尿を出すようにと言って説得した点は、強制採尿令状の発付を当然の前提としており、令状審査を先取りしたものであった。F警察官の説得は、それ自体、違法な捜査手続である。

そして、本証拠決定は、警察官らは、上記アイウの違法な捜査手続及び取扱いによる影響の累積によって、Xをして、自己の意思に基づいて尿の提出に応じるかどうか判断することを著しく困難にして、これを承諾させたものであると認め、一連の捜査過程には令状主義の精神を没却する重大な違法があり、違法捜査抑制の見地からも、尿の鑑定書の証拠能力を否定すべきである」としたのである。

それを踏まえて、【基本判例2】は、「Xは、第22回公判期日までは、上記期間に自己の意思に基づいて覚せい剤を使用したことを認める供述をしていなかったが、同期日の被告人質問において、平成21年6月ころから覚せい剤を自己使用しており、上記期間に最後に使用したときも自己の意思で注射して使用した、それは多分9月5日（現行犯逮捕当日）の前の日とかで、池袋の漫画喫茶みたいなところで使った気がすると供述した。

この自白を除くそれ以外の証拠、ないしそれによって認められる事実としては、本件逮捕当時、Xの両腕に多数の注射痕が存在したこと、Xがストローと自己の血液が付着した注射器を隠し持っていたこと（ただし、それらに覚せい剤が付着していたという鑑定等の証拠はない。）、Xは覚せい剤が付着したビニール袋2袋と判示覚せい剤が入った本件アトマイザーを所持していたこと、H〔Xの現行犯逮捕時に車を運転していた者〕は9月5日にXから覚せい剤をもらって使用したと供述し、同人の尿の簡易検査の結果、覚せい剤の陽性反応が認められたことなどが存在する。これらは、上記の期間、Xが覚せい剤を取り扱っていたことを示すものであり、その限度で上記自己使用に係る自白の真実性を裏付けるものではある。

しかし、**当裁判所は、Xの体内に覚せい剤が摂取されたことを直接立証するXの尿の鑑定書につき、平成23年3月15日付け証拠決定により、尿の採取手続に重大な違法があるとして、検察官の同鑑定書の取調べ請求を却下した**（その理由は同日付け決定書のとおり。なお、同鑑定の結果に言及した鑑定人Aの証言も証拠から排除した。）。そうすると、Xが上記の期間に現実に自己の体内に何らかの異物を摂取したかどうか（例えば、Xの注射痕についても、その生成の時期は不明である。）、仮に何らかの**異物を摂取したとして、それが覚せい剤であったかどうかについて、上記自白の真実性を保障するに足りる補強証拠は存在しない**というべきである。検察官は、Xの上記自白のほか、Xの尿の鑑定結果以外の上記証拠関係等（他にXの携帯電話のメールも援用する。）により証明十分であると主張するが採用できない」として、自己使用の公訴事実については犯罪の証明がないとしたのである。

▶▶▶▶ 解　説

1　情況証拠と覚せい剤所持の認識

【基本判例2】では、事実の概要に示した公訴事実に加えて、「被告人Xは、みだりに、平成21年9月5日、東京都T区路上に停車中の自動車内において、覚せい剤である塩酸フェニルメチルアミノプロパンの結晶約0.014 gを所持した」という公訴事実も掲げられていたことに注意しなければならない。そして、東京地裁は、所持の客観的状況その他の情況証拠を総合して、Xには覚せい剤所持の故意が

あったと認め、懲役1年2月の実刑を言い渡しているのである。

Xは、覚せい剤を所持していた事実は認めているが、自己の所持品の中に本件覚せい剤があったことは知らなかったとして、その故意を否認したが、東京地裁は、Xには本件覚せい剤の入った本件アトマイザーを、それと知って所持する動機や契機があったと認められ、このような客観的状況から、Xは覚せい剤の入った本件アトマイザーが本件小物入れないし本件ハンドバッグの中に存在することを知っていたか、それ以前にその存在を認識したという事実が相当程度推認されるとし、Xの覚せい剤使用、入手、所持の状況やXと覚せい剤使用者、取扱者との交際によれば、Xには本件覚せい剤の入った本件アトマイザーを、それと知って所持する動機や契機があったと認められるとし、第三者がそのような本件アトマイザーを意識的または無意識的にXの所持品の中に混入させたことをうかがわせる事情は存在しない点も挙げて、これらの点を総合すると、Xには本件覚せい剤を所持していることの故意があったと認められるとしたのである。情況証拠によって薬物所持の故意を立証していく上で参考になるものである。

2　【基本判例2】の事案の特徴

ただ、覚せい剤使用罪の成立が認められなかった点も、薬物捜査の視点からは、重く受け止められなければならない。

まず、【基本判例2】では、採尿手続に先行する覚せい剤所持による現行犯逮捕の適法性には争いがない。捜査官は適法な身柄拘束のもと、適法に得られた嫌疑に基づいて尿の提出を求めたのである。

そして、採尿手続に関しても、東京地裁は、職務質問時から逮捕（そしてI署までの移動）の間にトイレに行かせなかった措置は、違法にトイレに行かせなかったものではないと認定し、I署においても、尿を提出しなければ排尿させないと言って迫ったとは認められないので、違法な点は認められないとしたのである。

しかし、①弁解録取およびそれに続く取調べにおいて、「尿を提出しなければトイレに行かせない」という趣旨の発言を交えて、強く尿の提出を求めた行為は、一度失禁しているXに心理的圧迫を与えて尿の提出を迫ったもので違法であり、②Xの体調の悪化を概ね認識していながら、取調室に5時間余り待機させ、その間、体調不良に対して何の配慮もしなかった点は、非常に不適切であり、広い意味で違法であるとした。そして、③Fによる説得は2時間にわたり、Xの体調不良を増悪させるものであり、強制採尿令状の発付を当然の前提として説得した面もあり、それ自体、違法な捜査手続であるとした。その上で①〜③の違法・不適切な捜査手続および取扱いによる影響の累積によって、「自己の意思に基づいて尿の提出に応じるかどうか判断することを著しく困難にして、これを承諾させたもの」と認定して、一連の捜査過程には令状主義の精神を没却する重大な違法があり、違法捜査抑制の見地からも、尿の鑑定書の証拠能力を否定したのである。

3　証拠を排除するだけの違法性と国民の視線

このように、一連の捜査過程に違法性が存在する場合、その違法性は、その結果得られた尿の鑑定書の証拠能力を否定するだけの「違法性」なのかが問題となる。

この点で念頭に置かねばならないのが、最決平成21年9月28日（→第34講【基本判例1】）である。捜査機関が、薬物に関する捜査目的を達成するため、荷送人や荷受人の承諾を得ることなく、これに外部からエックス線を照射して内容物の射影を観察した点に関し、「プライバシー等を大きく侵害するものであるから、検証としての性質を有する強制処分に当たるものと解される。そして、本件エックス線検査については検証許可状の発付を得ることが可能だったのであって、検証許可状によることなくこれを行った本件エックス線検査は、違法であるといわざるを得ない」としつつも、「本件エックス線検査が行われた当時、本件会社関係者に対する宅配便を利用した覚せい剤譲受け事犯の嫌疑が高まっており、更に事案を解明するためには本件エックス線検査を行う実質的必要性があったこと、警察官らは、荷物そのものを現実に占有し管理している宅配便業者の承諾を得た上で本件エックス線検査を実施し、その際、検査の対象を限定する配慮もしていたのであっ

第38講　重大な捜査の違法性があるとされた最近の判例

て、令状主義に関する諸規定を潜脱する意図があったとはいえないこと、本件覚せい剤等は、司法審査を経て発付された各捜索差押許可状に基づく捜索において発見されたものであり、その発付に当たっては、本件エックス線検査の結果以外の証拠も資料として提供されたものとうかがわれることなどの諸事情にかんがみれば、本件覚せい剤等は、本件エックス線検査と上記の関連性を有するとしても、その証拠収集過程に重大な違法があるとまではいえず、その他、これらの証拠の重要性等諸般の事情を総合すると、その証拠能力を肯定することができる」としたのである。

【基本判例2】は、【基本判例1】のように、正面から違法捜査の「隠蔽」の疑いが問題となったわけではない。執拗に尿の任意提出を迫ってはいるが、そのこと自体が「令状主義の精神の無視」とまではいえない。犯罪の重大性と一定の嫌疑の高まりも認められる。

そうすると、【基本判例2】では、職務質問に始まる一連の捜査において自由な排尿を許さずに、執拗に尿の提出を迫ったことが、「Xの自由な意思決定を著しく困難にして、尿の提出を承諾させたもの」であると認め、任意採尿手続自体に重大な違法があるとして証拠を排除したことになるように思われる。

このような事実が、決して軽くはない違法であることは認めるとしても、「将来の違法捜査抑制の観点、司法の廉潔性確保の観点」から、絶対に排除すべき程度のものとまでは言い切れないようにも見える。

ただ、そうだとしても、【基本判例2】に示された判断は、警察にとって非常に重い問題提起であると受け止めるべきである。

まず、①被告人が女性であった点である。尿の提出の際に、女性であることが、あまりに考慮されていないこと、そして女性用の留置施設が準備されていなかったために、病院から戻った後も長時間取調室で待機させられ、床に横たわるなどせざるを得なかった点は、軽視できない。現在のような留置施設の運用状況であれば、女性のための施設を適正に配置することを急ぐべきである。警察活動の中で、より一層の「女性の視点の重視」が必要であるように思われる。

②次に、体調不良の被逮捕者に対しての処遇として適切であったのかという点である。被逮捕者といえども、その「人権を尊重しつつ、これらの者の状況に応じた適切な処遇」（刑事収容施設法1条参照）が行われるべきであることは明らかである。たしかに「体調不良の見極め」は容易でない面もある。しかし、警察活動が国民の信頼を得るためには、警察における「人道の重視」も必須である。

客観的事実としてみると、午後9時40分ころに職務質問を開始し、午後10時半ころに適正に現行犯逮捕をしたものの、病院に行ったこともあるが、翌朝午前6時30分ころから、2時間にわたり、体調の悪い者に警察官が尿の任意提出の説得をしている。

たしかに、捜査官としては、薬物使用者は罪を逃れるために「ありとあらゆる努力」をすることを念頭に置いて取り調べなければならない。ただ、その際にも常に、「国民一般の視線」を意識しておく必要があるのである。

第39講　届出義務と黙秘権

> **論点**
> ▶医師法21条にいう死体の「検案」の意義。
> ▶業務上過失致死等の罪責を問われるおそれと、医師法21条の届出義務。
> ▶呼気検査を拒んだ者を処罰する道路交通法の規定は憲法38条1項に違反しないか。

【基本判例1】　最3小判平成16年4月13日（刑集58巻4号247頁・判タ1153号95頁）

事実の概要

　被告人Xは、都立H病院の院長であった。患者Vは、関節リウマチを発症し、H病院に入院して、平成11年2月10日、整形外科のA医師による左中指滑膜切除手術を受けた。手術は成功し、術後の経過も順調であったが、手術の翌日、看護師YとZが点滴器具を使用して抗生剤を静脈注射した後、血液が凝固するのを防止するため、引き続き血液凝固防止剤であるヘパリンナトリウム生理食塩水を点滴器具を使用して同患者に注入するべきところ、消毒液をVに点滴して投与し急性肺塞栓症による右室不全により死亡させた（看護師Y・Zには業務上過失致死罪の共同正犯が成立している）。

　Vの死亡した翌日の2月12日午前8時ころ、Aは院長室に赴き、事実関係を報告し、さらにYから薬物取り違えの状況説明がなされた。その結果病院として、Vの事故の件について、警察に届け出ることを決定した。Vの病理解剖の所見は、90％以上の確率で事故死であるというものであった。

　ただ病院は、監督官庁である東京都衛生局病院事業部の職員が来てから直接その話を聞いて決めることとし、それまで警察への届け出は保留することに決定した。その結果、医師法21条に定めた24時間以内の所轄警察署への届出を行わなかった。

　検察官は、XをA医師らとの共謀による医師法21条違反罪として起訴した。なお、Xが警察に届け出たのは、死亡後11日経ってからであった。また、Vの死因を病死とする死亡診断書を作成、交付した事実につき、Xは、A医師らとの共謀による、虚偽有印公文書作成、同行使罪でも起訴された。

　第1審は、Xは、他の医師らと共謀して、医師法21条違反の罪を犯したものと認めるのが相当であるとし、原審も、届出義務が生じたとして、第1審の結論を維持した。

　これに対して、弁護人は、死体を検案して異状を認めた医師は、その死因等につき診療行為における業務上過失致死等の罪責を問われるおそれがある場合にも、異状死体に関する医師法21条の届出義務を負うとするのは、憲法38条1項に違反するなどと主張して上告した。

判　旨

　最高裁は、上告理由にあたらないとした上で、職権で次のように判示した。「医師法21条にいう死体の『検案』とは、医師が死因等を判定するために死体の外表を検査することをいい、当該死体が自己の診療していた患者のものであるか否かを問わないと解するのが相当であり、これと同旨の原判断は正当として是認できる」。

　そして、医師法21条の適用につき憲法38条1項違反をいう点については、「本件届出義務は、警察官が犯罪捜査の端緒を得ることを容易にするほか、場合によっては、警察官が緊急に被害の拡大防止措置を講ずるなどして社会防衛を図ることを可能にするという役割をも担った行政手続上の義務と解され

る。そして、異状死体は、人の死亡を伴う重い犯罪にかかわる可能性があるものであるから、上記のいずれの役割においても本件届出義務の公益上の必要性は高いというべきである。他方、憲法38条1項の法意は、何人も自己が刑事上の責任を問われるおそれのある事項について供述を強要されないことを保障したものと解されるところ（最大判昭和32・2・20刑集11-2-802参照）、本件届出義務は、医師が、死体を検案して死因等に異状があると認めたときは、そのことを警察署に届け出るものであって、これにより、届出人と死体とのかかわり等、犯罪行為を構成する事項の供述までも強制されるものではない。また、医師免許は、人の生命を直接左右する診療行為を行う資格を付与するとともに、それに伴う社会的責務を課するものである。このような**本件届出義務の性質、内容・程度及び医師という資格の特質と、本件届出義務に関する前記のような公益上の高度の必要性に照らすと、医師が、同義務の履行により、捜査機関に対し自己の犯罪が発覚する端緒を与えることにもなり得るなどの点で、一定の不利益を負う可能性があっても、それは、医師免許に付随する合理的根拠のある負担として許容されるものというべきである」**とし、死体を検案して異状を認めた医師が業務上過失致死等の罪責を問われるおそれがある場合にも、本件届出義務を負うとすることは、憲法38条1項に違反するものではないとした。

▶▶▶ 解　説

1　医師の届け出義務と医療過誤

【基本判例1】の事案は、消毒薬と生理食塩水の取り違えという典型的医療過誤の事犯であり、刑事過失が認められることに、全く異論の余地はない。

問題は、Xの異状死の届出義務の問題である。最近、医師の間でも、その点に関する【基本判例1】の判示内容の解釈が論じられているようである（日本医事新報4625号（2012）1頁）。たしかに警察の現場にとって非常に重要な内容なので、本講で取り上げて議論を整理しておきたい。医師法21条の届出は、捜査の端緒として非常に重要なものである。国民一般も変死者密葬罪（刑法192条）や、軽犯罪法1条19号により、変死体の死因を究明することによる警察の刑事事件解明への協力が期待・要請されているが、医師の異状死の届出義務は、格段に重要な意味を有する。

2　検案の意義——外表検査とは何か

最高裁は、医師法21条にいう死体の「検案」とは、「医師が、死亡した者が診療中の患者であったか否かを問わず、死因を判定するためにその死体の外表を検査すること」という東京高裁（原審）の判断を、そのまま確定させた。本件の「検案の意義」をめぐる争点は「診療中の患者であった場合も含むか」であったが（後述3）、その前提としての「死因を判定するための死体の外表検査」の意義を確認しておく必要がある。

【基本判例1】では、第1審が「液の取り違いの可能性を認識しつつ、被害者の死亡を確認した時点（人工呼吸等の蘇生措置を止めVの死亡を確認した11日午前10時44分）」を、報告義務の生じる起算点としたのに対し、原審は「死亡を確認した時点では死体の着衣に覆われていない外表を見たにとどまるから、異状を認めたとは断定できず、後の病理解剖に立ち会った機会に、死体の異状を認めた」と認定した。

医師法21条は、医師が死体を検案して異状があると認めたときは24時間以内に所轄警察署に届け出なければならないのであるが、さらに変死者または変死の疑いのある死体があるときは警察署長はすみやかに警察本部長にその旨報告するとともに、その死体所在地を管轄する地方検察庁または区検察庁の検察官に死体発見の日時、場所、状況等所定事項を通知しなければならず（国家公安委員会規則第3号、検視規則3条）、この通知をうけた検察官が検視を行う（刑訴法229条1項）。このような制度の構造からすると、医師法21条の「死体の異状」とは、単に死因についての病理学的な異状をいうのではなく、死体に関する法医学的な異状と解すべきであり、したがって死体自体から認識できる何らかの異状な症状ないし痕跡が存する場合だけでなく、死体が発見さ

れるに至ったいきさつ、死体発見場所、状況、身許、性別等諸般の事情を考慮して死体に関し異状を認めた場合を含む。医師法が医師に対し所轄警察署への届出義務を課したのは、死体が純然たる病死（自然死）であり、かつ死亡にいたる経過についても何ら異状が認められない場合は別として、死体の発見（存在）は応々にして犯罪と結びつく場合があるので、何らかの異状が認められる場合には、犯罪の捜査を担当する所轄警察署に届出させ、捜査官をして死体検視の要否を決定させるためのものであるといわねばならないのである（東京地八王子支判昭和44・3・27刑月1-3-313）。【基本判例1】はもとより、第1審や原審も、そのことは当然の前提としている。

重大な過誤等の存在を推認させる情報を認識しつつも、「外表」に何らの異状が認められない場合、「常に届出義務がない」とするのは誤りなのである。ただ、「外表」だけからではないにせよ、届出を義務づけるだけの「異状の認識」は必要である。【基本判例1】は、病理解剖を行い、病理解剖に立ち会った機会に、死体の異状を認めたものと認定した。

3 診療中の患者に対する検案

【基本判例1】において、弁護側が無罪であるとする理由は、そもそも、医師法21条の「検案」というのは、医師が、当該死体に死後初めて接して検分することをいうのであって、本件担当医Aの検分のように、生前に患者であった者について死後検分することは、同条の「検案」にあたらないというものであった。たしかにかつては、「検案」とは、自ら診療中でない者について、死後初めてその者の死因、死期などの死亡の事実について医学的に確認することであり、診療中の患者が死亡した場合でも、それが全く別個の原因（たとえば、交通事故など）によるときは、検案すべきこととされてきた（小松進「医師法」『注解特別刑法5-1 医事・薬事編(1)〔第2版〕』（青林書院・1992）110頁）。しかし、【基本判例1】は、原審が、「診療中の患者であった場合も含む」としたのを、そのまま是認する形で、検案の解釈を修正した。そして、その実質理由として原審は、医療過誤の事案等では、それが診療中の傷病以外の原因で死亡したといえるかどうか判断に迷う場合がかなり存在することを挙げたのである。たしかに、医師法21条

の立法趣旨が、司法警察による犯罪の発見や証拠保全を容易にする目的があるとする以上、犯罪行為の被害者が、重傷を負って病院に搬送された際、医師が少しでも治療行為を行ってから死亡した場合には、届出義務が生じないという結論は、不合理だと思われる。そして、法解釈としても、条文上の文言や立法者の意思などによる限り、診療中の患者を除かなければならない積極的理由はない。

たしかに、「死体検案書」と「死亡診断書」の使い分けに関する厚生省の昭和24年通知（昭和24年4月14日医発第385号）は、旧医師法時代からの「死体検案書」「死亡診断書」の使い分けに関する一般的な解説書の見解、すなわち「死体検案書」は、原則として、診療中の患者以外の者が死亡した場合に作成されるもので、「検案」の用語もそのような死体に対するものとする見解に沿ったものとなっていた。しかし、この使い分けは、書面の形式的な体裁のみに関するものであって[1]、判例は、これを本件届出義務の前提となる「検案」の解釈にまで及ぼすべき必然性、合理性を疑問視したのである（芦澤政治・ジュリスト1278号（2004）132頁参照）。

最高裁は、「異状死」であれば、すべて届け出ることが必要だと解しており、第1審判決のように、「診療中の入院患者であっても診療中の傷病以外の原因で死亡した疑いのある異状が認められるとき」に限定しているわけではない。届出義務の前提である「異状」性は、法医学的な意味での異状性と解される（前掲東京地八王子支判昭和44・3・27）。死体以外の情報を加えて初めて「異状」性が疑われるような場合には、その情報取得が、たまたま死体検分終了前であったか否かで、届出義務が発生するか否かが左右されることになってはならないのである。

[1] 死体検案書と死亡診断書の各定型書式は、表題が異なるだけで、記載事項は全く同一のものとなっている。

4 異状死の届出と自己負罪拒否特権

弁護側はさらに、担当医は看護師の点滴ミスについて、自らも監督者等として業務上過失致死等の刑事責任を負うおそれのある立場にあったのであり、このような者にも警察への届出義務を課すこと

は、憲法38条1項の保障する自己負罪拒否特権を侵害することになると主張する。たしかに、医師が死亡した患者について、診療行為における業務上過失致死等の罪責を問われるおそれがある場合にも、医師法21条の異状死体の届出義務を負うとすると、憲法38条1項の自己負罪拒否特権を侵害しないかが問題となる。しかし、これまで警察やその他の行政機関に対する各種の届出・報告義務等と憲法38条1項との関係については多数の判例があり、いずれも合憲とされてきた（最大判昭和37・5・2刑集16-5-495→【基本判例2】解説3参照）。

これに対し、交通事故の報告義務と対比した場合、本件届出義務は、①前者が交通安全の保持等を目的とするのに対し、後者は犯罪捜査の端緒を得ることを目的とする点で、②前者が事故発生の日時・場所等のみを申告対象とするのに対し、後者には異状死に至った経過の説明を含むと解すべき点で、いずれも事情が異なる。

たしかに、①これまで、届出義務の基礎には、司法警察目的があると説明されるのが一般であったが、【基本判例1】は、「警察官が緊急に被害の拡大防止措置を講ずるなどして社会防衛を図ることを可能にするという役割をも担った行政手続上の義務と解される」として、本件届出義務が行政警察目的をも有しているとした点に注目する必要がある。

また、②届出義務の届け出るべき内容については、「本件届出義務は、医師が、死体を検案して死因等に異状があると認めたときは、そのことを警察署に届け出るものであって、これにより、届出人と死体とのかかわり等、犯罪行為を構成する事項の供述までも強制されるものではない」とし、犯罪行為を構成する事項の供述までは義務づけられていないと判示した。

もっとも、届け出るべき内容についてそのような解釈をしても、犯罪の「結果」たる死体の存在等を警察に届け出ることは、捜査機関に対し自己の犯罪が発覚する端緒を与えうるものであり、届出人が一定の不利益を負う可能性は否定し難い（芦澤・前掲135頁）。

この点につき、本判決は、①本件届出義務には、司法警察・行政警察の両目的があることに加え、人の死亡を伴う重い犯罪にかかわる可能性があるから、本件届出義務の公益上の必要性が高いことと、②医師の職務の特殊性、すなわち、医師免許が、人の生命を直接左右する診療行為を行う資格を付与し、それに伴う社会的責務を課すものであるから、医師という資格に必然的に伴う一定の責務があることを指摘した。

そして、以上のような本件届出義務の(1)法的性質と(2)公益上の高度の必要性とを総合考慮すれば、届出人が一定の不利益を負う可能性があることも、「医師免許に付随する合理的根拠のある負担として許容される」としたのである。一定の有資格者に限った報告義務という点で、最判昭和29年7月16日（刑集8-7-1151）、最大判昭和31年7月18日（刑集10-7-1173）、最判昭和37年5月4日（刑集16-5-510）などの判例に共通するが、最判昭和29年7月16日、最大判昭和31年7月18日のような、免許取得の際に自己負罪拒否特権の事前放棄があったとする「事前放棄の理論」は採用していないことにも注意を要する（芦澤・前掲135頁参照）。

【基本判例2】　最1小判平成9年1月30日（刑集51巻1号335頁・判タ931号131頁）

事実の概要

被告人Xは、酒気帯びおよび無免許運転で検挙された際、Xが酒気を帯びて普通貨物自動車を運転するおそれがあると認めた警察官から、身体に保有しているアルコールの程度について調査するため、政令で定める方法で行う呼気の検査に応ずるよう求められたのにこれを拒んだ呼気検査拒否罪（道交法67条2項、同120条1項11号〔当時〕）で起訴され、有罪とされた。

弁護人は、道交法67条2項の規定による警察官の呼気検査を拒んだ者を処罰する同法120条1項11号は、自己に不利益な事実を供述すべきことを強要するものであり、憲法38条1項に違反するとして上告した。

判 旨

最高裁は、以下のように判示して、上告を棄却した。「弁護人の上告趣意は、道路交通法67条2項の規定による警察官の呼気検査を拒んだ者を処罰する同法120条1項11号の規定が憲法38条1項に違反するというものである。しかしながら、憲法38条1項は、刑事上責任を問われるおそれのある事項について供述を強要されないことを保障したものと解すべきところ、右検査は、酒気を帯びて車両等を運転することの防止を目的として運転者らから呼気を採取してアルコール保有の程度を調査するものであって、その供述を得ようとするものではないから、右検査を拒んだ者を処罰する右道路交通法の規定は、憲法38条1項に違反するものではない。このことは、当裁判所の判例（最大判昭和32・2・20刑集11-2-802、最大判昭和47・11・22刑集26-9-554）の趣旨に徴して明らかである」。

▶▶▶ 解 説

1 届出・報告義務等と黙秘権

【基本判例1】で問題となったような、警察やその他の行政機関に対する各種の届出・報告義務等と憲法38条1項との関係については、戦後、最高裁の多数の判例の蓄積があり、これらについて合憲性の限界を確認しておく必要がある。

憲法38条1項は、「何人も、自己に不利益な供述を強要されない」として、いわゆる自己負罪拒否特権を保障し、刑訴法311条1項は、その趣旨に沿って、「被告人は、終始沈黙し、又は個々の質問に対し、供述を拒むことができる」と規定している。この権利は、憲法の保障する権利より広いものであり、黙秘権（供述拒否権）と呼ばれる。刑訴法には、被疑者にその権利を認める明文はないが、被告人と同様の権利が認められていると解される（198条2項）。

黙秘権は、歴史的経験から導かれたもので、基本的には被疑者・被告人の供述の自由（任意性）を保障するために認められたものとされる（池田＝前田・刑事訴訟法講義40頁参照）。このような考え方は、英米の刑事裁判の歴史の中で生まれてきたものであり、憲法38条1項もアメリカ法の強い影響を受けて設けられたことは疑いがない。たとえ実際に罪を犯した者であっても、自分が有罪になる供述をなすべき義務を法律で負わせることは人格を尊重する上から許されないとして、供述の自由を保障したのである（自己負罪の拒否）。

また、戦後の刑事訴訟法解釈において、「当事者主義」を拡大することが是とされる流れの中で、一方当事者である被告人に供述の義務を課すのは望ましくないという考え方が強まっていった。対等であるはずの検察側の取調べの客体になってしまうとするのである。そして、被告人になっていく被疑者にも黙秘権を保障しておくことは、当事者主義の構造に適うものと考えられた（弾劾的捜査観）。

黙秘権を実効性のあるものとするためには、捜査官らが被疑者を取り調べる前に、その権利のあることを告知する必要がある（198条2項）。黙秘権を付与する意味は、刑罰その他の制裁で供述を強要させない点にある。それゆえ、黙秘したということ自体を有罪の証拠にすることも許されないことになる（不利益推認の禁止）。これを許せば、供述を強要するのと同じことになるからである。また、黙秘権を侵害して得られた証拠資料は、適法な証拠としては使用できない場合がある。

2 黙秘権と氏名

黙秘権が及ぶのは供述に限られる。戦後初期に、被疑者・被告人の住所、氏名等にまで黙秘権が及ぶかが激しく争われたが、最大判昭和32年2月20日（刑集11-2-802）は、「及ばない」とした。

現行犯逮捕された被告人らは、私選弁護人を選任したが、その選任届は、氏名を明らかにしないで、監房番号とか容貌体格によって自己を表示して捺印したものに弁護人が署名捺印して提出したものであった。第1審裁判所は、このような弁護人選任届を不適法として却下し、国選弁護人を選任して公判

期日を開こうとしたので、被告人らは自己の氏名を開示して、その署名押印をした弁護人選任届を提出した。この弁護人選任届を「刑訴規17条、18条に違反する」として却下したことの適法性が争われたが、最高裁は「いわゆる黙秘権を規定した憲法38条1項の法文では、単に『何人も自己に不利益な供述を強要されない。』とあるに過ぎないけれど、その法意は、何人も自己が刑事上の責任を問われる虞ある事項について供述を強要されないことを保障したものと解すべきで……、氏名のごときは、原則としてここにいわゆる不利益な事項に該当するものではない。そして、本件では、論旨主張にかかる事実関係によってもただその氏名を黙秘してなされた弁護人選任届が却下されたためその選任の必要上その氏名を開示するに至ったというに止まり、その開示が強要されたものであることを認むべき証跡は記録上存在しない」としたのである。

もっとも学説では、少なくとも刑訴法上は黙秘権があるとする見解が有力であった。たしかに、氏名を供述することが犯人であることを認めるのと同視できるような場合には、黙秘権の保障が及ぶと解する余地があるように思われる。しかし、弁護人選任届のように、被疑者と弁護人の連署が形式的要件とされている場合に、被疑者の署名がないとして選任届の効力を否定することになったからといって、直ちに黙秘権を侵害したことにはならない。

本件判決も、被疑者の氏名は原則として不利益な事項に該当せず、憲法38条1項の保障する権利の対象ではないとした。さらに、弁護人選任届が却下され、結局その氏名を開示するに至ったというだけでは、供述を強要されたとはいえないのである。

3　道交法上の報告義務と黙秘権

その後、警察やその他の行政機関に対する種々の届出・報告義務等と憲法38条1項との関係が問題とされてきた。まず、麻薬取扱者に課せられる、麻薬の譲受け、譲渡についての記帳義務が、黙秘権に触れるかが問題となった（最判昭和29・7・16刑集8-7-1151、最大判昭和31・7・18刑集10-7-1173）。次いで、不法入国者にも課せられる外国人登録義務と黙秘権の関係が激しく争われた（最大判昭和31・12・26刑集10-12-1769、最判昭和56・11・26刑集35-8-896）。

そして、法人の確定申告義務と黙秘権の関係（最判昭和35・8・4刑集14-10-1342）、古物商に課せられる取引に関する記帳義務（最判昭和37・5・4刑集16-5-510）、所得税の納税義務者が収税官吏からの検査、質問に応ずる義務と黙秘権（最大判昭和47・11・22刑集26-9-554）、覚せい剤の密輸入者にも課せられる税関での申告義務と黙秘権（最判昭和54・5・10刑集33-4-275）が、争われたが、これらの義務は、すべて合憲とされた。

そのような流れの中で、警察実務にとって最も重要な意味を持ったのは、自動車運転者に課せられる交通事故の報告義務は黙秘権と抵触しないとした最大判昭和37年5月2日（刑集16-5-495）であった。

被告人は、無免許かつ酒気を帯びて自動車を運転し、自車をA運転の自転車に追突させて、Aを死亡させたが、その際、被害者を救護し、所轄警察職員に届け出てその指示を受ける等法令に定められた必要な措置を講じなかったとして、重過失致死と道路交通取締法違反で有罪とされ、原審もこれを是認した。これに対して、被告人側は、道路交通取締法施行令（以下、施行令）67条2項〔当時〕掲記の「事故の内容」には刑事責任を問われるおそれのある事項も含まれるから、同項中その報告義務を定める部分は、自己に不利益な供述を強要するものであって、憲法38条1項に違反し無効であるなどと主張して上告したところ、最高裁は以下のように判示した。

「道路交通取締法（以下法と略称する）は、道路における危険防止及びその他交通の安全を図ることを目的とするものであり、法24条1項は、その目的を達成するため、車馬又は軌道車の交通に因り人の殺傷等、事故の発生した場合において右交通機関の操縦者又は乗務員その他の従業者の講ずべき必要な措置に関する事項を命令の定めるところに委任し、その委任に基づき、同法施行令（以下令と略称する）67条は、これ等操縦者、乗務員その他の従業者に対し、その1項において、右の場合直ちに被害者の救護又は道路における危険防止その他交通の安全を図るため、必要な措置を講じ、警察官が現場にいるときは、その指示を受くべきことを命じ、その2項において、前項の措置を終った際警察官が現場にいないときは、直ちに事故の内容及び前項の規定により講じた措置を当該事故の発生地を管轄する警察署の警察官に報告し、かつその後の行動につき警察官の指示を

受くべきことを命じているものであり、要するに、交通事故発生の場合において、右操縦者、乗務員その他の従業者の講ずべき応急措置を定めているに過ぎない。法の目的に鑑みるときは、令同条は、警察署をして、速に、交通事故の発生を知り、被害者の救護、交通秩序の回復につき適切な措置を執らしめ、以って道路における危険とこれによる被害の増大とを防止し、交通の安全を図る等のため必要かつ合理的な規定として是認せられねばならない。しかも、同条2項掲記の『事故の内容』とは、その発生した日時、場所、死傷者の数及び負傷の程度並に物の損壊及びその程度等、交通事故の態様に関する事項を指すものと解すべきである。したがって、右操縦者、乗務員その他の従業者は、警察官が交通事故に対する前叙の処理をなすにつき必要な限度においてのみ、右報告義務を負担するのであって、それ以上、所論の如くに、刑事責任を問われる虞のある事故の原因その他の事項までも右報告義務ある事項中に含まれるものとは、解せられない。……したがって、令67条2項により前叙の報告を命ずることは、憲法38条1項にいう自己に不利益な供述の強要に当らない」。

この判決以降、①行政上の必要性や合理性が高く、②報告内容が、刑事上の不利益事実にわたらないように限定され、③仮に不利益事実にあたっても、憲法38条1項が禁止するのは、その供述が直ちに刑事責任に問われる事実に関するものであるから、それにあたらない事実の報告を求めるものであれば、合憲であるとする考え方が定着していく[1]。

1) なお、昭和35年施行の現行道路交通法72条1項後段は、報告すべき事項を「当該交通事故が発生した日時及び場所、当該交通事故における死傷者の数及び負傷者の負傷の程度並びに損壊した物及びその損壊の程度、当該交通事故に係る車両等の積載物並びに当該交通事故について講じた措置」に限定している。

4 呼気検査と黙秘権

交通警察にとって、呼気検査は決定的に重要なものである。ただ、呼気検査は、警察官が酒気帯び運転行為を中止させるなどし、道路交通の危険を防止するという行政上の目的から出たもので、直接には行政手続である。しかし、呼気検査の結果、酒気帯び運転に該当するアルコール濃度が検出された場合、ほぼ例外なく酒気帯び運転罪の捜査に移行し、当該検知結果が刑事手続の証拠として使用されることになる。

自然呼気の強制採取は、強制採血や強制採尿とは異なり、身体に対する侵襲がないので、必要性と緊急性を考慮しつつ、相当と認められる限度で任意処分として行うことができる（福井地判昭和56・6・10刑月13-6＝7-461参照）。ただ、昭和45年の道交法改正により、呼気検査を拒んだ者に対する罰則規定が設けられ、法定刑も徐々に引き上げられてきた（道交法67条3項、118条の2〔3月以下の懲役または50万円以下の罰金〕）。そのため、飲酒運転をしている者は、呼気検査に応ずれば酒気帯び運転罪の端緒となり、拒否すれば呼気検査拒否罪で処罰されるということになる。

そこで、【基本判例2】の弁護人は、呼気検査拒否罪は、自己の犯罪を明らかにするよう間接的に強制する効果を持つから、「自己に不利益な供述を強要されない」とする憲法38条1項の黙秘権の保障に反し無効であると主張した。

純然たる刑事手続でなくても、実質上、刑事責任追及の資料収集に直接結びつく作用を一般的に有する手続には、憲法38条1項の保障が及ぶ（最大判昭47・11・22刑集26-9-554）。そこで、【基本判例2】のような呼気の採取も、憲法38条1項にいう「不利益な供述」に含まれるのかが争われることになる。たしかに、憲法38条1項の保障する黙秘権を「自己の犯罪発覚の端緒となる不利益な情報を提供することを拒否する権利」と広く解することも可能である。しかし、戦後日本の判例の蓄積の中で、黙秘権の対象を「供述」に限るとする考え方が定着した。【基本判例2】も、憲法38条1項の及ぶ事項は、何らかの意味での「供述」といえるものでなければならず、「呼気を風船に吹き込ませること」は身体の「呼気」という物的・非供述的証拠を採取するもので、供述を得ようとするものではないとして、呼気検査拒否罪は憲法38条1項に違反しないとしたのである。

第 40 講　サイバー犯罪に関する法改正と捜査方法

> **論点**
> ▶電磁的記録媒体の捜索差押えの現場で、内容を確認せずに差し押さえることの可否。
> ▶刑事訴訟法平成 23 年法第 74 号改正による、デジタルデータに関する捜査の手法。

【基本判例１】　最２小決平成 10 年５月１日（刑集 52 巻４号 275 頁・判タ 976 号 146 頁）

事実の概要

　埼玉県警は、オウム真理教のアジトで、被疑者 X により使用されている普通貨物自動車につき、いわゆる「NOX 規制法」による規制対象地域外のナンバーとするべく、使用の本拠地につき虚偽の記載をした申請書を提出して、自動車登録ファイルに不実の記録をさせ、これを備え付けさせたという電磁的公正証書原本不実記録、同供用の嫌疑を裏付ける資料を得た。そこで、捜索場所を同アジトの建物等とし、差し押さえるべき物を組織的犯行であることを明らかにするための磁気記録テープ、MO、FD、パソコン一式等や、本件に関係のある自動車の登録に関する書類等とする捜索差押許可状の発付を求めた。そして、発付された同許可状に基づき、パソコン１台、FD 合計 108 枚等を差し押さえた。その際、警察は、オウム真理教において、コンピュータを起動させる際に、記録情報を瞬時に消去するソフトが開発されているとの情報を得ていたため、本件捜索差押えの現場で FD 等の内容を確認することなく、それらを包括的に差し押さえた。この差押処分につき、X がその取消しを求めた。

　原審である浦和地裁は、「磁気記録媒体に記録された情報自体には可視性、可読性がないから、本件被疑事実と無関係な情報について、磁気記録媒体自体の外見から除外することは不可能であり、……コンピューターの操作について被処分者の任意の協力が必ずしも期待できないことも考えれば、捜査目的を達成するため、本件被疑事実についての情報等が記録、保存されている蓋然性が高いと認められる磁気記録媒体それ自体を差し押さえることに違法な点は存しない」とした。

　X 側は、捜索差押えの現場で内容を確認することなく差し押さえた本件差押処分は、一般的探索的な捜索差押えであり、差し押さえられた FD の中には何も記録されていないものもあるから、X らの任意の協力の申し出を聞き入れずに無差別的に差し押さえたことは、憲法 35 条に違反するなどと主張して、抗告した。

決定要旨

　最高裁は、以下のように判示して抗告を棄却した。「本件は、自動車登録ファイルに自動車の使用の本拠地について不実の記録をさせ、これを備え付けさせたという電磁的公正証書原本不実記録、同供用被疑事実に関して発付された捜索差押許可状に基づき、司法警察職員が申立人からパソコン１台、フロッピーディスク合計 108 枚等を差し押さえた処分等の取消しが求められている事案である。原決定の認定及び記録によれば、右許可状には、差し押さえるべき物を『組織的犯行であることを明らかにするための磁気記録テープ、光磁気ディスク、フロッピーディスク、パソコン一式』等とする旨の記載があるところ、差し押さえられたパソコン、フロッピーディスク等は、本件の組織的背景及び組織的関与を裏付ける情報が記録されている蓋然性が高いと認められた上、申立人らが記録された情報を瞬時に消去するコンピューターソフトを開発しているとの情報もあったことから、捜索差押えの現場で内容を確認する

ことなく差し押さえられたものである。
　令状により差し押さえようとするパソコン、フロッピーディスク等の中に被疑事実に関する情報が記録されている蓋然性が認められる場合において、そのような情報が実際に記録されているかをその場で確認していたのでは記録された情報を損壊される危険があるときは、内容を確認することなしに右パソコン、フロッピーディスク等を差し押さえることが許されるものと解される。したがって、前記のような事実関係の認められる本件において、差押え処分を是認した原決定は正当である」。

▶▶▶ 解　説

1　刑事訴訟法改正

　コンピュータシステムの飛躍的な発展・普及により、従来は文書という形式で記録・保存されていた情報が、FD（フロッピーディスク）、HD（ハードディスク）、CD-ROM、DVD 等の電磁的記録媒体等に記録・保存されることが多くなって久しい。HD 等は大量の情報を保存することができる上、文書類のようには可視性・可読性がなく、情報の処理・加工・消去等が容易であることなどから、文書類の差押えとは異なる種々の問題が生じてくる。

　平成 23 年の刑事法改正は、それに対応するものであった。その中心部分は、①電磁的記録を保管する者等に命じて必要な電磁的記録を記録媒体に記録・印刷させた上、当該記録媒体を差し押さえる記録命令付差押えを新設し（99 条の 2）、②電磁的記録に係る記録媒体への差押状の執行として、記録媒体に記録された電磁的記録を他の記録媒体に複写・印刷し（させ）、または移転し（させ）た上、当該他の記録媒体を差し押さえることを認め（110 条の 2）、③電気通信回線で接続しているコンピュータなどからの、電磁的記録の差押えを可能とし（218 条 2 項）、④電磁的記録に関する差押状または捜索状の執行をする者は、処分を受ける者に対し、電子計算機の操作その他の必要な協力を求めることができることになり（111 条の 2）、⑤検察官、検察事務官または司法警察員は、差押えまたは記録命令付差押えをするため必要があるときは、プロバイダーなどに対し、業務上記録しているログ等のうち必要なものを特定し、30 日を超えない期間を定めて、これを消去しないよう、書面で求めることができるようになった（197 条 3 項）。

2　差押対象電磁的記録の特定

　捜索差押処分を執行する際、警察官は、捜索の現場で差押対象物件の発見に努めることになるが、そのために必要であれば、開錠、開封等の処分をすることができる（222 条 1 項の準用する 111 条 1 項）。ある物件が外形上は差押対象物件に該当するとしても、その内容を確認しなければ当該事件との関連が明確でない場合や、差押えの必要性の有無を判断できない場合である。

　記録媒体の容量が大きくなり、その中には多種の膨大な電磁的記録が蔵置されている場合が多く、内容を確認することなく全体を差し押さえることに伴う不利益は大きい。一方、HD 等の電磁的記録媒体の場合には、その内容を外から確認することは難しく、被疑事実との関連性を判断することは困難である。これまでも、電磁的記録物の場合には、その場で内容をディスプレイに表示させて確認することや、プリントアウトさせて確認することなどが、捜索差押えのための必要な処分（222 条 1 項の準用する 111 条 1 項）として許されることは認められてきた。

　たしかに、証拠を収集するには、差し押さえるべき内容をできる限り特定して限定すべきであろう。特に、被処分者が被疑者と関係のない第三者であり、HD 等自体を差し押さえられたのでは業務に支障が生じる場合や、必要な情報部分が HD 等に記録された情報のごく一部にとどまる場合には、必要な情報部分についてのみそのような方法によるべきである。ただ、その場合には、通常、被処分者の任意の協力を必要とする。そこで、平成 23 年の改正で 111 条の 2 が設けられ、差し押さえるべき物が電磁的記録に係る記録媒体であるときは、差押状または捜索状の執行をする者は、処分を受ける者に対し、電子

計算機の操作その他の必要な協力を求めることができることになった（公判廷で差押えまたは捜索をする場合、検証（142条）、警察官などが行う差押え、捜索または検証にも、当然準用される（222条1項））。

処分を受ける者が協力を拒む場合が、これまでも当然存在してきた。捜査官らがその場で確認することが不能の場合もあった。そこでこれまで、HD等の内部に、情報が記録されている蓋然性が高く、その証拠の価値が高い場合には、法改正後も、内容を確認せずに全体を差し押さえることを許容し、速やかに内容を確認させて不要なものを還付させる（222条1項の準用する123条1項）という取扱いを是認せざるを得ないとされてきた。それを、裁判所が正面から認めたのが、【基本判例1】なのである。

さらに、その場で操作を依頼したりすると情報を損壊されるおそれがあるなどの事情により捜査の目的が達せられないときには、HD等自体を差し押さえる方法が許容されざるを得ない。被処分者に、ディスプレイに表示したりプリントアウトするための電算機の操作を行わせると、記録されている情報を消去される危険がある場合は、容易に想定される。まさに、【基本判例1】の場合には、「オウム真理教が、コンピュータを起動させる際にそこに記録されている情報を瞬時に消去するソフトを開発した」との情報を得ていたのである。

もっとも、その際には、HD等自体を差し押さえることによって被処分者が受ける不利益のほか、HD等自体を差し押さえることの証拠方法としての必要性、検証等を他の方法によることの困難性等の事情を考慮する必要がある（なお、FDの差押処分を取り消した裁判例として、東京地決平成10・2・27判時1637-152）。

本決定は、FD等の中に被疑事実に関する情報が記録されている蓋然性が認められる場合において、そのような情報が実際に記録されているかを捜索差押えの現場で確認していたのでは、記録された情報を損壊される危険があるなどの事情があるときは、内容を確認せずに上記FD等を差し押さえることが許される旨の判断を示したものである[1]。この趣旨は、平成23年の刑訴法改正後も規範として活きている。協力要請をした以上は、その物を差し押さえられなくなるわけではないことはもとより、次に述べる記録命令付差押令状は、それを執行する際に記録の破壊のおそれがない場合にのみ機能するのである。

1) 電磁的記録に関し、内容を確認せずに差し押さえることが許されるとした判例として、大阪高判平成3年11月6日（判タ796-264）が存在する。中核派の活動拠点を捜索し、FDの内容が被疑事実と関連するか否かを確認することなく、その場にあった全部のFDを差し押さえた事案であり、「その場に存在するFDの一部に被疑事実に関連する記載が含まれていると疑うに足りる合理的な理由があり、かつ、捜索差押の現場で被疑事実との関連性がないものを選別することが容易でなく、選別に長時間を費やす間に、被押収者側から罪証隠滅をされる虞れがあるようなときには、全部のFDを包括的に差し押さえることもやむを得ない措置として許容される」として、【基本判例1】と同様の判断を示した。

3　電磁的記録の差押え方法の変化

コンピュータシステムの飛躍的な発展・普及により、従来は文書という形式で記録されていた情報が、パソコンのHD等の中に記録される場合が多くなってきている。そのため、事件に関連する情報を記録したHD等を差し押さえる必要が生じる場合がある。HD等は大量の情報を保存することができ、可視性・可読性がなく、情報の処理・加工等が容易で罪証隠滅のおそれも高いので、文書類の差押えとは、自ずと異なる対応が要請されているのである。ところが、その特性に合わせた捜査方法に関する規定は全く存在してこなかった。

ようやく成立した平成23年刑訴法改正により、電磁的記録捜査に関し、記録命令付差押えが新設され、差押方法に変更が加えられた。これは、電磁的記録を保管する者その他電磁的記録を利用する権限を有する者に命じて必要な電磁的記録を記録媒体に記録させ、または印刷させた上、当該記録媒体を差し押さえることである。そして、差し押さえるべき電子計算機とランで接続されている記録媒体に蔵置されている電磁的記録については、当該電子計算機を操作して、必要な電磁的記録を当該電子計算機あるいは他の記録媒体に複写した上、当該電子計算機または記録媒体を差し押さえることができることになった[2]（99条の2、110条の2、111条の2、218条2項参照）。

改正前は、電磁的記録に係る記録媒体そのものを差し押さえることが前提となっていたが、ネットワークが高度に発展し、さらにはクラウドコンピューティングの時代を迎え、「コンピュータそのものの差押え」は意味を失う部分が出てきていた。たとえば、電磁的記録が記録されている記録媒体を特定することが困難である場合、電磁的記録が複数の記録媒体に分散して保管されている場合等、必要な証拠収集ができなくなりつつあった。そこで、記録命令付差押えが新設されたが、同時に、電磁的記録に関する差押えの執行方法にも新たなものが追加されたのである。大型のサーバーの差押えのような場合、検察官が自ら、電磁的記録をコピーした記録媒体、プリントアウトした紙媒体を差し押さえることが可能となった。「移転」とは、警察の記録媒体にコピーしたのち、差押え対象のサーバーなどから消去することである。

もちろん、現在でも、令状を得て、電磁的記録に関連する差押えは行われており、その役割は重要であるが、差し押さえられる側の負担が過重なものとなっている面がある。多くの関係者は、当該記録媒体を提出することに協力すると考えられ、そのような場合、電磁的記録が記録されている記録媒体自体を特定して差し押さえなくても、必要な電磁的記録のみを取得すれば十分な場合がほとんどである。そこで、記録命令付差押令状が新設され（99条の2）、111条の2が設けられたのである。

現代のコンピュータ技術の革新のスピードは著しい。最新のシステムは極めて複雑であり、その操作には種々の専門的な知識等が必要であるため、電磁的記録を記録媒体に記録する操作も、警察官が行うよりも、システム管理者等に行わせる方が効率的であり、システムの安全の視点からも望ましい。そのこともあって、新制度が作られたといえよう。ただ、警察の側でも、技術革新には対応していかねばならない。現在、電磁的記録に係る記録媒体の差押え等を行うにあたり、コンピュータ・システムの構成、システムを構成する個々の電子計算機の役割・機能や操作方法、セキュリティーの解除方法、差し押さえるべき記録媒体や必要な電磁的記録が記録されているファイルの特定方法等について、技術的、専門的な知識が警察に完全に備わっているとはいえない。その意味で、電磁的記録の差押えを自力執行することが困難であるため法改正がなされたことは否定できない。しかし、オウム真理教関連の事案である【基本判例1】のようなケースも、今後十分考えられる。警察外の「専門的知識を有する者」に完全に依存することは危険であることも十分認識しておく必要がある。むしろ、サイバーに関する警察力の増強が、急務であるといってもよい。また、たまたま特定できた一部のデータだけでは捜査の目的が達成できない場合もある。記録命令付差押えや、電磁的記録に係る記録媒体の差押えの執行方法は、その意義は小さくないものの、電磁的記録媒体そのものの差押えの必要性は残らざるを得ず、その運用の指針として、【基本判例1】は重要な意味を持つ[3]。

2）　差押えの対象を特定・明示すべきであるとする観点から、差押状または差押許可状に、差し押さえるべき電子計算機に電気通信回線で接続している記録媒体であって、その電磁的記録を複写すべきものの範囲を記載しなければならないこととしている（218条2項）。

3）　197条3項の保全要請も非常に重要である。ログは、電磁的記録捜査にとって最も根幹をなすものであり、その保存は、不正アクセス禁止法の立法時以来（というよりはそれ以前からの）警察の主張するところであった。その意味で、197条は一歩前進である。ただ、「必要な電磁的記録を特定した上で行う要請」にもかかわらず、30日（延長して60日）は、あまりに短期間といえよう。

第41講　訴因変更の要否

> 論点
> ▶単独犯の訴因で起訴された被告人に共謀共同正犯者が存在するとしても、訴因どおりに犯罪事実を認定することが許されるか。
> ▶現住建造物等放火事件につき、訴因と異なる放火方法を認定することは許されるか。

【基本判例1】　最3小決平成21年7月21日（刑集63巻6号762頁・判タ1335号82頁）

事実の概要

　被告人Xは原動機付自転車を窃取した窃盗3件、通行人からかばん等をひったくり窃取した窃盗3件、不正に入手した他人名義のキャッシュカードを用いて現金自動預払機から現金を窃取した窃盗1件、同様に現金を窃取しようとしたがその目的を遂げなかった窃盗未遂1件につき、いずれもXの単独犯として起訴された。

　Xは第1審公判で公訴事実を認め、第1審判決は訴因どおりの事実を認定したが、Xは、原審において、第1審で取り調べたXの供述調書に現れている事実を援用して、このうち4件の窃盗については、Xが実行行為の全部を1人で行ったものの、他に共謀共同正犯がおり、Xは単独犯ではないから、第1審判決には事実誤認がある旨主張した。

　原判決は、第1審で取り調べた証拠により、このうち2件の窃盗について、Xが実行行為の全部を1人で行ったことおよび他に実行行為を行っていない共謀共同正犯者が存在することが認められるとし、第1審裁判所としては共謀共同正犯者との共謀を認定することは可能であったとしたが、このような場合、検察官がXを単独犯として起訴した以上は、その訴因の範囲内で単独犯と認定することは許されるとして、第1審判決に事実誤認はないとした。

決定要旨

　上告棄却。「所論は、Xが実行行為の全部を1人で行っていても、他に共謀共同正犯者が存在する以上は、Xに対しては共同正犯を認定すべきであり、原判決には事実誤認があると主張する。そこで検討するに、検察官において共謀共同正犯者の存在に言及することなく、**被告人が当該犯罪を行ったとの訴因**で公訴を提起した場合において、**被告人1人の行為により犯罪構成要件のすべてが満たされたと認められるとき**は、他に**共謀共同正犯者が存在するとしてもその犯罪の成否は左右されない**から、裁判所は訴因どおりに犯罪事実を認定することが許されると解するのが相当である。したがって、第1審判決に事実誤認はないとした原判断は、是認することができる」。

▶▶▶解　説

1　罪となるべき事実の特定

　有罪を言い渡すには、罪となるべき事実（さらに、証拠の標目および法令の適用）を示す必要がある。罪となるべき事実とは、客観的構成要件に該当する具体的事実、主観的構成要件要素（故意・過失）の存在、未遂および共犯にあたる事実などである。これらの事実は、日時・場所・方法等を示すことによって特

定された具体的なものでなければならない。

　既判力の範囲を明らかにする必要があるため、罪となるべき事実は、他の行為から区別できる程度に特定される必要がある。また、特定の刑罰法令による犯罪を構成することを明らかにする必要があるため、当該法令を適用する事実上の根拠を確認できる程度に明らかにしなければならない（最判昭和24・2・10刑集3-2-155）。ただ、たとえば殺人未遂罪の犯罪行為を判示するに際して、有形力を行使して被害者を屋上から落下させた旨を判示したにとどまり、落下させた手段・方法がそれ以上に具体的に摘示されていなくても、足りる（最決昭和58・5・6刑集37-4-375参照）。他の犯罪事実との識別が可能なものであれば、日時・場所・方法等によって「幅のある概括的な認定」しかできない場合であっても、有罪を言い渡すことはできるのである。

2　択一的認定と訴因の変更

　その際、問題になるのが**択一的認定**であった。「事実が甲または乙のいずれであるかは確定できないが、そのいずれかであることは確実で、他の可能性が存在しない」という択一的関係がある場合には、基本的に、①同一構成要件内の事実（犯行の手段・方法等）については比較的ゆるやかに罪となるべき事実の認定を認め、②異なる構成要件にわたる事実に関しては、いわゆる**秘められた択一的認定**（たとえば、窃盗と盗品等譲受けのいずれか確定できないときに、犯情の軽い盗品等譲受罪を認定すること）が許されることのあるのは別として、明示的な択一的認定は許されない[1]とするのが、判例の考え方であるとされてきた（東京高判平成4・10・14高刑集45-3-66）。

　【基本判例1】は、窃盗罪の単独犯の訴因で起訴されたが、公判廷での審理の中で共謀共同正犯者が存在する可能性が明らかになった場合に、なお訴因どおりに犯罪事実を認定することが許されるとしたものである。論点は、このような場合に訴因変更をする必要があるかという点であるが、罪となるべき事実が、どの程度**概括的**なものでありうるのかという問題と表裏の関係にある。

　そして、東京高判平成4年10月14日の事案は、**【基本判例1】**が扱ったような、単独犯と共同正犯との齟齬の場合であった。**【基本判例1】**は択一的関係の事案ではないが、両者は関連しているのである。そして東京高判平成4年10月14日は、上記の①と②の**中間に位置**するものとした上で、犯情が軽く、被告人に利益と認められる共同正犯の事実を基礎に量刑を行って科刑したものと解されるのであれば「単独犯か共同正犯かのいずれかを実行した」という択一的な認定は許されるとした[2]。その前提には、当初の訴因を変更しなくても、有罪を言い渡しうるという考え方が存在する。

　そして、**最決平成13年4月11日**（刑集55-3-127）は、たとえば、殺人罪の共同正犯において実行行為者の認定が「X又はYあるいはその両名」という択一的なものであっても、その事件がXとYの2名の共謀による犯行であるときは、共謀共同正犯の法理によって、実行行為を担当した者も担当しなかった者もいずれも共同正犯として処罰されることになるから、殺人罪の罪となるべき事実の判示として不十分とはいえないと判示した。

1) A事実とB事実が構成要件を異にしていても、両者の間に包摂関係がある場合（たとえば、殺人と傷害致死の場合）は、「疑わしきは被告人の利益に」の原則により、いわゆる縮小認定として、軽い事実の限度で認定すべきことになる。問題となるのは、構成要件を異にするA事実とB事実が包摂関係にもないという場合であり、択一的認定は新たな構成要件を作り出す結果となるので、許されないものと解される。

2) 東京高判平成4年10月14日は、問題となった択一的認定を「その実質においては、同一の犯罪構成要件に当たる行為態様に関する択一的認定に類似」し、かつ、「『罪となるべき事実』の基本的な法的評価に差異を来しこれを不明確にするおそれがない」とし、また、裁判所が実質上「強盗の共同正犯か単独犯のいずれかである」との心証しか得ていないのに、「罪となるべき事実」においては、強盗の共同正犯の事実を判示、認定せよというのは、いささか無理を強いるきらいがある（この点でも、事実上の縮小認定に近い殺人と重過失致死の事例等とは、事案を異にすると思われる）。なお、現にそのような判示をした場合、強盗の共犯者とされるYに対し「共謀の証明がない」として無罪判決が言い渡されたときは、両判決の事実認定に実質上何らの矛盾がないにもかかわらず、あたかもその間に矛盾があるかのような観を呈することを避けられない。これらの点を考えると、本件のような場合においては、判決の「罪となるべき事実」として、裁判所が現に行った択一的な事実認定をそ

のまま判示する方が、明確性において優るとも考えられる。なお、このような判示を許容しても、量刑が犯情の軽い強盗の共同正犯の事実を基礎に行われる限り、被告人に実質的な不利益を及ぼすおそれがないことは、いうまでもないと判示した。

3 訴因の同一性の判断基準

現行刑事訴訟法の下では、訴因の存否をめぐって当事者の攻防・防御が行われる。その意味で、訴因外の認定は許容されない。しかし、訴訟経済も軽視はできず、訴因事実と認定事実との間で極軽微な齟齬が生じた程度で、当事者にとって予測不可能なこととまではいえない場合には、訴因変更が必須であるとするべきではない。問題は、訴因事実と認定事実との食い違いがどの程度になれば訴因変更が必要になるかである。

この基準として、訴因の同一性という概念が用いられることがある。ただ、訴因の理解についてどのような考え方を採用するとしても、訴因が審判対象の範囲を画定する機能と被告人の防御の保障のための機能を併せ有することには争いがないから、訴因事実と認定事実との間で訴因の同一性が欠けても、必ずしも審判対象の範囲を動かす必要はなく、実質的に被告人の防御に差し支えがない場合には、訴因変更の必要はない。

現在、実務上は、「訴因とは構成要件に該当する具体的犯罪事実そのものである」と考えられている（具体的事実記載説。池田＝前田・刑事訴訟法講義235頁参照）。すなわち、訴因の拘束力は具体的事実の点にこそ求められるべきであるから、法律構成に変化がなくても、具体的事実が変われば、訴因変更が必要であり、逆に、法律構成が異なっても、具体的事実が変わらなければ、基本的に訴因変更の必要はない。訴因の同一性は、具体的事実の記載の同一性と解されているのである。

問題はどの程度の事実の変化があれば訴因変更が必要となるかである。審判対象の範囲の画定と被告人の防御という観点を考慮しつつ、社会的・法律的意味合いを異にするだけの事実の変化があったかどうかを実質的に考察しなければならない。まず、①同一の構成要件内の事実の変更でも、審判対象の範囲の異同、防御権の保障の観点から訴因変更の必要が生じることはありうるが、②同一行為についての法的評価が変わるにすぎないような場合は、構成要件が異なったり、共犯形式が異なっても、訴因変更は不要である。ただ、構成要件が異なるような事実の変化があれば、実質的観点から訴因変更の要否が判断されることになる。ここで重要なのが、縮小認定の理論である。当初の訴因に包摂されているような場合には、「大は小を兼ねる」の原則により、訴因変更は不要であると解される。

4 共同正犯と訴因の同一性

訴因を明示するために犯罪の日時・場所・方法等が記載されるが、これらの事項のうち、審判対象の範囲を画定するのに不可欠なものは、被告人の防御にとっても重要な事項であるから、その変更には訴因変更手続を必要とする。ただ、そのずれが小さく、被告人の防御に不利益を及ぼすおそれのないようなものであれば、訴因変更の必要はない。たとえば、犯行の日時・場所の小さな齟齬は、原則として被告人の防御にも影響がなく、訴因の同一性を害さないものと考えられる。なお、結果については、訴因より小さいものを認定するのであれば、訴因変更の必要はないといえよう（「大は小を兼ねる」の原則→【基本判例2】解説2参照）。他方、犯行の動機や計画の経緯などのように、審判対象の範囲の画定にとって本質的とはいえない事項については、訴因変更手続を必要とせず、不意打ち防止のための何らかの措置（釈明等）をとれば足りるものと考えられる。

たとえば、共同正犯の訴因において、共謀共同正犯か実行共同正犯か、そして共謀共同正犯の場合の共謀の日時・場所・内容はどうかについては、それが訴因の明示に必須の事項ではない。判例は、訴因の記載は他の犯罪事実をも加味して、識別・特定できれば足りるとしている。

ただ、それらの点が被告人の防御にとって重要な場合も少なくないため、弁護側が釈明を求めた場合には、争点の明確化等の見地から検察官において釈明することが望ましい。前掲最決平成13年4月11日も、殺人罪の共同正犯の事案について、実行行為者の明示は訴因の記載として不可欠のものではないとしながらも、実行行為者が誰であるかは一般的に被告人の防御にとって重要な事項であるから、争点

の明確化などのため、検察官において実行行為者を明示するのが望ましいとしているのである。そこで、検察官が訴因において実行行為者を明示した場合に、それと異なる実行行為者を認定するには訴因変更が必要になるかが問題となる。最決平成13年4月11日は、殺人罪の共同正犯の訴因において実行行為者が被告人と明示されていたが、訴因変更手続を経ることなく実行行為者が共犯者または被告人あるいはその両名であると択一的に認定した事案について、実行行為者が誰であるかは一般的に被告人の防御にとって重要な事項であるから、訴因において実行行為者が明示された場合にそれと実質的に異なる認定をするには、原則として訴因変更手続を要するものの、そもそも実行行為者の明示は訴因の記載として不可欠な事項ではないから、少なくとも、被告人に不意打ちを与えるものではなく、かつ、認定が訴因と比べて被告人にとってより不利益であるとはいえない場合には、訴因変更手続を経なくても違法ではないとした。審判対象の範囲の画定に不可欠ではない事項であっても、被告人の防御にとって重要なものであれば、訴因に明示された以上は原則として訴因変更を経る必要が生じることになるが、事項によっては不意打ち防止のための措置で足りることもあろう。

5　単独犯か共同正犯か
──【基本判例1】の意義

　単独犯の訴因で共同正犯を認定する場合や、逆に共同正犯の訴因で単独犯を認定する場合も、認定すべき犯罪構成要件に訴因を超えるものがなく、被告人の犯行への関与の程度を軽くする方向のものであれば、縮小認定の考え方が妥当するため、訴因変更の必要はないといえよう。

　【基本判例1】は、訴因が単独犯の事案について、Xが実行行為の全部を1人で行っていて、Xの行為だけで犯罪構成要件のすべてを満たしている場合には、他に共謀共同正犯者が存在するとしても犯罪の成否が左右されるものではないから、共謀共同正犯者の存否を認定する必要はなく、訴因どおり単独犯として認定することが許されるとしたのである。訴追裁量権を有する検察官が単独犯として起訴しており、そのとおり認定できるのであるから、他の関与者の存否やその関与の程度は、量刑事情として審理・判断されるにとどまることになる。

　これと異なり、他の関与者が実行行為の一部を行っているような場合には、共同正犯を認定することになるが、それが被告人の犯行への関与の程度を軽くする態様のものであれば、訴因変更が必要とされない場合があることに注意を要する。たとえば、最判昭和34年7月24日（刑集13-8-1150）は、単独犯による覚せい剤不法所持の訴因に対し、訴因変更の手続を経ることなく共犯者Kとの共同所持による覚せい剤不法所持を認定することも、被告人に不当な不意打ちを加え、防御権の行使に不利益を与えるおそれはないので、違法ではないとしている。しかし、被告人が実行行為には関与しておらず共謀共同正犯として責任を問われるような態様を認定する場合には、被告人が関与していないのが実行行為の全部ではなく一部であるとしても、その部分については共同正犯者の行為を介して被告人の責任を認めることになり、単独犯の訴因には含まれていなかった共同正犯者との共謀という事実の認定が不可欠であって、単なる縮小認定とはいえないから、訴因変更が必要となるのである。

　他方、共同正犯の訴因で単独犯を認定する場合も、実行行為や結果の範囲に変動がなく、訴因の一部を認定するものであれば、訴因変更の必要はないが（傷害の共同正犯の訴因で暴行の単独犯を認定した事案に関する最決昭和30・10・19刑集9-11-2268参照）、その範囲に変動があったり、被告人の犯行への関与の程度が重くなったりする場合は、訴因変更が必要になる。

第41講　訴因変更の要否

【基本判例2】　最2小決平成24年2月29日（刑集66巻4号589頁・判タ1373号151頁）

事実の概要

　本件事案の公訴事実の要旨は、「被告人Xは、借金苦等からガス自殺をしようとして、平成20年12月27日午後6時10分頃から同日午後7時30分頃までの間、長崎市内に所在するAらが現に住居に使用する木造スレート葺2階建ての当時のX方（総床面積約88.2㎡）1階台所において、戸を閉めて同台所を密閉させた上、同台所に設置されたガス元栓とグリル付ガステーブルを接続しているガスホースを取り外し、同元栓を開栓して可燃性混合気体であるP13A都市ガスを流出させて同台所に同ガスを充満させたが、同ガスに一酸化炭素が含まれておらず自殺できなかったため、同台所に充満した同ガスに引火、爆発させて焼死しようと企て、同日午後7時30分頃、同ガスに引火させれば爆発し、同被告人方が焼損するとともにその周辺の居宅に延焼し得ることを認識しながら、本件ガスコンロの点火スイッチを作動させて点火し、同ガスに引火、爆発させて火を放ち、よって、上記Aらが現に住居に使用する同X方を全焼させて焼損させるとともに、Bらが現に住居として使用する木造スレート葺2階建て居宅（総床面積約84.93㎡）の軒桁等約8.6㎡等を焼損させた」というものである。

　第1審判決は、Xが上記ガスに引火、爆発させた方法について、訴因の範囲内で、Xが点火スイッチを頭部で押し込み、作動させて点火したと認定した。しかし、原判決は、このようなXの行為を認定することはできないとして第1審判決を破棄し、訴因変更手続を経ずに、上記ガスに引火、爆発させた方法を特定することなく、Xが「何らかの方法により」上記ガスに引火、爆発させたと認定した。

　弁護側は、原判決が訴因変更手続を経ずに上記ガスに引火、爆発させた方法について訴因と異なる認定をしたことは違法である等と主張して上告した。

決定要旨

　上告棄却。「Xが上記ガスに引火、爆発させた方法は、本件現住建造物等放火罪の実行行為の内容をなすものであって、一般的にXの防御にとって重要な事項であるから、判決において訴因と実質的に異なる認定をするには、原則として、訴因変更手続を要するが、例外的に、**被告人の防御の具体的な状況等の審理の経過に照らし、被告人に不意打ちを与えず、かつ、判決で認定される事実が訴因に記載された事実と比べて被告人にとってより不利益であるとはいえない場合には、訴因変更手続を経ることなく訴因と異なる実行行為を認定することも違法ではない**と解される（最3小決平成13・4・11刑集55-3-127参照）」。

　「第1審及び原審において、検察官は、上記ガスに引火、爆発した原因が本件ガスコンロの点火スイッチの作動による点火にあるとした上で、Xが同スイッチを作動させて点火し、上記ガスに引火、爆発させたと主張し、これに対してXは、故意に同スイッチを作動させて点火したことはなく、また、上記ガスに引火、爆発した原因は、上記台所に置かれていた冷蔵庫の部品から出る火花その他の火源にある可能性があると主張していた。そして、検察官は、上記ガスに引火、爆発した原因が同スイッチを作動させた行為以外の行為であるとした場合のXの刑事責任に関する予備的な主張は行っておらず、裁判所も、そのような行為の具体的可能性やその場合のXの刑事責任の有無、内容に関し、求釈明や証拠調べにおける発問等はしていなかったものである。このような審理の経過に照らせば、原判決が、同スイッチを作動させた行為以外の行為により引火、爆発させた具体的可能性等について何ら審理することなく**『何らかの方法により』引火、爆発させたと認定したことは、引火、爆発させた行為についての本件審理における攻防の範囲を越えて無限定な認定をした点において被告人に不意打ちを与えるものといわざるを得ない**。そうすると、原判決が**訴因変更手続を経ずに上記認定をしたことには違法**があるものといわざるを得ない」とした。

しかし、「訴因と原判決の認定事実を比較すると、犯行の日時、場所、目的物、生じた焼損の結果において同一である上、放火の実行行為についても、上記所に充満したガスに引火、爆発させて火を放ったという点では同一であって、同ガスに引火、爆発させた方法が異なるにすぎない。そして、引火、爆発時にＸが１人で台所にいたことは明らかであることからすれば、引火、爆発させた方法が、本件ガスコンロの点火スイッチを作動させて点火する方法である場合とそれをも含め具体的に想定し得る『何らかの方法』である場合とで、Ｘの防御は相当程度共通し、上記訴因の下で現実に行われた防御と著しく異なってくることはないものと認められるから、原判決の認定がＸに与えた防御上の不利益の程度は大きいとまではいえない。のみならず、原判決はＸが意図的な行為により引火、爆発させたと認定している一方、本件ガスコンロの点火スイッチの作動以外の着火原因の存在を特にうかがわせるような証拠は見当たらないことからすれば、訴因の範囲内で実行行為を認定することも可能であったと認められるから、原審において更に審理を尽くさせる必要性が高いともいえない。また、原判決の刑の量定も是認することができる。そうすると、上記の違法をもって、いまだ原判決を破棄しなければ著しく正義に反するものとは認められない」。

▶▶▶ 解　説

1　訴因の同一性の具体的判断
　　　──日時の齟齬

　訴因を明示するために犯罪の日時・場所・方法等が記載されるが、これらの事項のうち、審判対象の範囲を画定するのに不可欠なものは、被告人の防御にとっても重要な事項であるから、その変更には訴因変更手続を必要とする。もっとも、その齟齬が小さく、被告人の防御に不利益を及ぼすおそれのないようなものであれば、訴因変更の必要はない。たとえば、犯行の日時・場所の小さな齟齬は、原則として被告人の防御にも影響がなく、訴因の同一性を害さないものと考えられている。また、結果については、訴因より小さいものを認定するのであれば、訴因変更の必要はないといえよう（前述「大は小を兼ねる」の原則）。他方、犯行の動機や計画の経緯などのように、審判対象の範囲の画定にとって本質的とはいえない事項については、訴因変更手続を必要とせず、不意打ち防止のための何らかの措置（釈明等）をとれば足りるものと考えられる。
　この点に関連して注意しておかなければならない判例が、最決平成23年12月19日（刑集65-9-1661）である。少年事件に関する同決定は、保護処分決定で認定された「平成13年9月16日」には非行事実の存在が認められないが、これと異なる「平成13年9月9日」に同一内容の非行事実が認められ、両事実に事実の同一性が認められる場合には、少年法27条の2第2項により保護処分を取り消さなければならないときにはあたらないとしたのである。そして、事実の同一性がある範囲内で保護処分決定と異なる非行事実を認定するには、申立人に防御の機会を与える必要があるが、本件においては、第1審が、審判期日で申立人にその事実の要旨を告げて陳述を聴いた上、さらにその日のアリバイ立証を含めて反証をさせるなど、十分に防御の機会を与えており、審判手続に違法はないとした。

2　【基本判例2】の意義

　【基本判例2】は、現住建造物等放火事件につき、訴因変更手続を経ることなく訴因と異なる放火方法を認定したことを違法とした。スイッチを作動させた行為以外の行為により引火、爆発させた具体的可能性等について何ら審理することなく「何らかの方法により」引火、爆発させたと認定したことは、本件審理における攻防の範囲を越えて無限定な認定をした点においてＸに不意打ちを与えるものといわざるを得ず、原判決は訴因変更手続を踏むべきだったとしたのである。訴因変更をしなかった原審の手続を違法なものと評価した点で、重要な意義を有する判例である。
　ただ、①犯行の日時、場所、目的物、生じた焼損

の結果において同一である上、放火の実行行為についても、充満したガスを爆発させたという点では同一であって、引火、爆発させた方法が異なるにすぎず、②爆発時にXが1人で台所にいたことは明らかであることから、点火スイッチを作動させて点火したという訴因と、それも含め具体的に想定しうる「何らかの方法」という訴因とで、防御は相当程度共通するので、原判決の認定がXに与えた防御上の不利益の程度は大きいとまではいえず、③原判決は、意図的な行為により引火、爆発させたと認定している一方、点火スイッチの作動以外の着火原因の存在を特にうかがわせるような証拠は見当たらないことから、訴因の範囲内で実行行為を認定することも可能であったと認められるから、原審においてさらに審理を尽くさせる必要性が高いともいえないし、原判決の刑の量定も是認することができるので、いまだ原判決を破棄しなければ著しく正義に反するものとは認められないとしたのである。

3　防御の利益の具体的判断

最判昭和26年6月15日（刑集5-7-1277）は、訴因変更制度の意義は、「裁判所が勝手に、訴因又は罰条を異にした事実を認定することに因って、被告人に不当な不意打を加え、その防禦権の行使を徒労に終らしめることを防止するに在るから、かかる虞れのない場合、例えば、強盗の起訴に対し恐喝を認定する場合の如く、裁判所がその態様及び限度において訴因たる事実よりもいわば縮少された事実を認定するについては、敢えて訴因罰条の変更手続を経る必要がないものと解する」と判示している。

そして、この被告人の防御に不利益を及ぼすおそれの有無は、基本的には、具体的な訴訟の経過を離れて、訴因事実と認定事実とを比較し、訴因変更を経ないことが抽象的・一般的に被告人の防御に不利益を来たすか否かの観点から行われるが、個々の事件における被告人の防御等の具体的な審理の経過を考慮することも、補充的に必要となる。たとえば、窃盗の共同正犯の訴因で審理を進めたところ、被告人が訴因事実を否認して積極的に幇助事実を主張し、窃盗幇助にすぎないと弁解しているようなときには、訴因変更しなくても窃盗幇助の防御に実質的な不利益を及ぼすおそれがないとされる（最判昭和29・1・21刑集8-1-71）。

もとより、被告人の弁解どおり認定すれば常に訴因変更の必要がなくなるというわけではない。収賄の共同正犯の訴因につき、被告人がそれを否定し、弁護人がむしろ贈賄の共犯であると主張していた事案において、判例は、「収賄と贈賄とは、犯罪構成要件を異にするばかりでなく、一方は賄賂の収受であり、他方は賄賂の供与であって、行為の態様が全く相反する犯罪であるから、収賄の犯行に加功したという訴因に対し、訴因罰条の変更手続を履まずに、贈賄の犯行に加功したという事実を認定することは、被告人に不当な不意打を加え、その防禦に実質的な不利益を与える虞がある」とした（最判昭和36・6・13刑集15-6-961）。構成要件を異にする場合には、審判対象の範囲の異同を生じさせることも少なくないから、具体的防御の観点のみでは訴因変更の必要性を否定できない。

4　破棄すべきほどではない違法

千葉裁判官の反対意見は、原審は、「何らかの方法により引火、爆発させた」と認定しているが、検察官に対して、これまで具体的な着火方法として主張している「頭を使った点火スイッチの作動」以外の着火方法の追加主張や、従前の主張の変更（たとえば、点火スイッチを作動させて着火させたとだけ主張し、作動させた具体的方法は限定しない等）等があるか否かについて、あらかじめ求釈明や証拠調べにおける発問等を行い、その対応に応じて的確な争点の設定をした上で審理を進めるべきであったというべきであるとした上で[1]、原判決を破棄し、原審に差し戻すべきであるとした。

「刑事訴訟手続における審理の基本構造は、訴因を基に検察官と弁護人とが攻撃防御を尽くし、適正な手続に基づいて審理を尽くすというものであるから、訴因の変更の要否についての手続的な過誤は、それが、被告人に不意打ちを与えるものとして、違法とされ、訴因変更手続を経るべきであるとされた以上は、この過誤は刑事裁判における手続的正義に反する重大なものというべきであり、被告人の納得も得られないところである。さらに、前記のとおり、被告人の防御方法、内容が変わり得るものである以上、適正な手続に従った十分な防御がされたという

こともできない」とするのである。

しかし、一方で、多数意見の、本件ガスに「引火、爆発させた方法が、本件ガスコンロの点火スイッチを作動させて点火する方法である場合とそれをも含め具体的に想定し得る『何らかの方法』である場合とで、被告人の防御は相当程度共通し、上記訴因の下で現実に行われた防御と著しく異なってくることはない」という主張、そして、防御上の不利益は大きいとまではいえず、訴因の範囲内での実行行為を認定することも可能であり、原審でさらに審理を尽くさせる実質的な必要性が高いといえるかには疑問があり、訴訟経済や当事者の負担の点からすると、多数意見も理解できないことはないとしている。ただ、訴因を対象として攻撃防御を尽くすという刑事裁判の手続的正義の観点からすると「著しく正義に反するもの」と評価すべきであるとするのである。

<u>破棄すべき程度の違法性の有無</u>は、①犯行の日時、場所、目的物、結果等が、訴因と認定事実でどの程度食い違うかに加え、②訴因変更していたらどのような防御が可能なのか（防御上の不利益の程度）、③元の訴因の範囲内で犯罪を認定することも可能であったか否か、④破棄し原審においてさらに審理を尽くさせる必要性の程度（訴訟経済）、⑤原判決の刑の量定等を総合判断して決められる。その際には、「訴因制度」の抽象的な意義もさることながら、事実的・具体的・個別的事情も重要な意味を持つ。さらにいえば、「刑事裁判における手続的正義」の内容も、事実的・具体的・個別的事情と無関係ではあり得ないのである。

1）　なお、反対意見も「本件においては、多数意見が指摘するとおり、本件ガスコンロの点火スイッチの作動以外の着火原因の存在を特にうかがわせるような証拠は見当たらないのであるから、点火スイッチを作動させてガスに着火させたという訴因のままの実行行為を認定することが十分に可能であったと思われ、そうであれば、あえて具体的な作動方法を特定しないことにしてそれを前提に審理をすることが十分に考えられるところである」としている。

第42講　故意と共謀の認定

> **論点**
> ▶ 覚せい剤を密輸入した事件について、被告人の故意を認めたが共謀を認めずに無罪とした1審判決を、高裁が覆すことの当否。
> ▶ 「論理則、経験則等に照らして不合理」であるか否かの判断。
> ▶ 尿中から覚せい剤成分が検出されたにもかかわらず、覚せい罪摂取の認識が欠けるとされた例。

【基本判例1】　最3小決平成25年4月16日（刑集67巻4号549頁・判タ1390号158頁）

事実の概要

犯罪事実の要旨は、「被告人Xは、氏名不詳者らと共謀の上、営利の目的で、覚せい剤を日本国内に輸入しようと計画し、氏名不詳者において、平成22年9月、メキシコ国内の国際貨物会社の営業所において、覚せい剤を隠匿した段ボール箱2箱を航空貨物として、東京都内の上記会社の保税蔵置場留めX宛てに発送し、航空機に積み込ませ、成田空港に到着させた上、機外に搬出させて覚せい剤合計約5967.99gを日本国内に持ち込み、さらに、上記保税蔵置場に到着させ、東京税関検査場における税関職員の検査を受けさせたが、税関職員により本件覚せい剤を発見されたため、本件貨物を受け取ることができなかった」というものである（覚せい剤取締法違反（覚せい剤営利目的輸入罪）および関税法違反（禁制品輸入未遂罪）の罪）。

Xは、本件貨物の日本への発送に先立ってメキシコから日本に入国し、本件貨物が到着した旨の連絡を受けて上記会社の営業所に出向き、警察によって本件覚せい剤を無害な物と入れ替えられた段ボール箱2箱を引き取ってホテルに戻って開封したところを、令状による警察官の捜索を受け、本件貨物を発見されて逮捕された。

Xは、第1審および原審の公判において、犯罪組織関係者から脅されて日本に渡航して貨物を受け取るように指示され、貨物の中身が覚せい剤であるかもしれないと思いながら、航空券、2000米ドル等を提供されて来日し、本件貨物を受け取った旨供述したが、覚せい剤輸入の故意および共謀はないと主張した。

第1審（裁判員裁判）は、以下のとおり判示して、覚せい剤輸入の故意は認められるが共謀は認められないとして無罪の言渡しをした。すなわち、Xが、来日に際して犯罪組織関係者から資金提供を受けていること、来日前後に犯罪組織関係者と電子メール等で連絡を取り合い来日後に犯罪組織関係者と思われる人物らと接触していたことなどの検察官の主張に係る事実全体を総合して考えても、故意および共謀を推認させるには足りないとした。ただし、Xは、公判廷で、「メキシコにおいて、犯罪組織関係者に脅され、日本に行って貨物を受け取るように指示された際、貨物の中身は覚せい剤かもしれないと思った」旨供述し、覚せい剤である可能性を認識していたと自白しており、この自白は自然で信用できるから、覚せい剤輸入の故意は認められるとしたのである。しかしながら、Xの供述その他の証拠の内容にも、Xと共犯者の意思の連絡を推認させる点は見当たらず、両者が共同して覚せい剤を輸入するという意思を通じ合っていたことが常識に照らして間違いないとはいえないから、共謀についてはなお疑いが残るとしたのである。これに対し、検察官が控訴した。

原判決は、第1審判決の事実認定に関し、覚せい剤輸入の故意を認定しながら、覚せい剤輸入についての暗黙の了解があったことを裏付ける客観的事情等を適切に考察することなく、共謀の成立を否定したのは、経験則に照らし、明らかに不合理であり、事実誤認があるとして第1審判決を破棄して自判し、Xを懲役12年および罰金600万円に処し、覚せい剤を没収した。これに対し、Xが上告した。

決定要旨

上告棄却。最高裁は、最判平成24年2月13日（刑集66-4-482）を援用して、「控訴審が第1審判決に事実誤認があるというためには、第1審判決の事実認定が論理則、経験則等に照らして不合理であることを具体的に示すことが必要である」とした上で、「原判決は、本件においては、Xと犯罪組織関係者との間の貨物受取の依頼及び引受けの状況に関する事実が、覚せい剤輸入の故意及び共謀を相当程度推認させるものであり、Xの公判供述にも照らすと、Xは、犯罪組織が覚せい剤を輸入しようとしているかもしれないとの認識を持ち、犯罪組織の意図を察知したものといえると評価し、Xの公判廷における自白に基づいて覚せい剤の可能性の認識を認めた第1審判決の認定を結論において是認する。他方、覚せい剤の可能性についてのXの認識、貨物の受取の依頼及び引受けの各事実が認められるにもかかわらず、第1審判決が、覚せい剤輸入の故意を認定しながら、客観的事情等を適切に考察することなく共謀の成立を否定した点を経験則に照らし不合理であると指摘している。

Xが犯罪組織関係者の指示を受けて日本に入国し、覚せい剤が隠匿された輸入貨物を受け取ったという本件において、Xは、輸入貨物に覚せい剤が隠匿されている可能性を認識しながら、犯罪組織関係者から輸入貨物の受取を依頼され、これを引き受け、覚せい剤輸入における重要な行為をして、これに加担することになったということができるのであるから、犯罪組織関係者と共同して覚せい剤を輸入するという意思を暗黙のうちに通じ合っていたものと推認されるのであって、特段の事情がない限り、覚せい剤輸入の故意だけでなく共謀をも認定するのが相当である。原判決は、これと同旨を具体的に述べて暗黙の了解を推認した上、本件においては、上記の趣旨での特段の事情が認められず、むしろ覚せい剤輸入についての暗黙の了解があったことを裏付けるような両者の信頼関係に係る事情がみられるにもかかわらず、第1審判決が共謀の成立を否定したのは不合理であると判断したもので、その判断は正当として是認できる。

以上によれば、原判決は、第1審判決の事実認定が経験則に照らして不合理であることを具体的に示して事実誤認があると判断したものといえるから、原判決に刑訴法382条の解釈適用の誤りはなく、原判決の認定に事実誤認はない」。

▶▶▶ 解 説

1 事後審性と事実認定における論理則・経験則

最判平成24年2月13日（刑集66-4-482）は、裁判員裁判制度定着後の第1審と控訴審との関係について、1つの方向性を示した（→第49講【基本判例1】）。

すなわち、裁判員裁判により直接主義・口頭主義が徹底され、裁判員の心証形成の素材が、法廷の中で扱われたものに限られていくなかで、控訴審の事後審性を強調し、事実誤認とは、第1審判決の事実認定が論理則、経験則等に照らして不合理であることを具体的に示すことが必要であるとしたのである。そして、変化の方向性を、白木勇裁判官補足意見は、「論理則、経験則等に照らして不合理なものでない限り、許容範囲内のものと考える姿勢を持つこ

とが重要であることを指摘しておきたい」として、「分かりやすく」示している。裁判員裁判の認定は、それまでの職業裁判官における第1審の認定以上に、尊重されなければならないということになった。

しかし、裁判員裁判であっても「論理則、経験則等に照らして不合理」であれば、上訴審は原審を覆しうる。問題は、「不合理の程度」なのである。

【基本判例1】は、その「覆しうる」例を示した。と同時に、「裁判員裁判時代に、控訴審の機能が非常に希薄なものとなるのではないか」という漠然とした不安を、かなりの部分払拭するものとなったように思われる。

最判平成24年2月13日も、薬物の認識に関する多数の間接事実が存在していることを前提に、それらの事実があっても「当然に分かっていたはずであるとまではいえない」とか、「直ちに分かっていたはずであるとまではいえない」としていることを確認しておかねばならない。最高裁も、そこで示された間接事実では「違法薬物の認識が欠ける」と明示的に断定していたわけではない。そして、そこで示された間接証拠のみで、合理的な疑いを容れない程度の薬物の認識の立証がなされたと、裁判員が評価することも可能であったとすらいいうるのである。現に、同事件の高裁の裁判官は、そのような評価をしたわけである。最高裁も、高裁の判断が「論理則・経験則に照らして不合理である」としたわけではない。ただ、「1審の判断は、『許容し得ないほどには不合理ではない』とすべきだった」としたといえよう。

もとより、「正しい解釈」を追求する作業に慣れてきた裁判官にとっては、「どちらが正しいか」という視点を捨て、「正しくはないが著しく不合理とまではいえない」とすることにはかなり抵抗があることも、十分理解できる。ただ、「許容し得ないほどには不合理ではないか否か」の判断も、幅があるのであり、重要な判断なのである。そして、「論理則・経験則そのもの」は、裁判員裁判の導入によっても、基本的には動いていないはずである。そのことを【基本判例1】は確認した。

2　故意と共謀

最高裁は【基本判例1】において、原審判決はまさに、裁判員裁判の事実認定が経験則に照らして不合理であることを具体的に示して事実誤認があると判断した例であるとしたのである。

第1審は、①来日に際して犯罪組織関係者から資金提供を受けた事実、②来日前後に犯罪組織関係者と電子メール等で連絡を取り合った事実、③来日後に犯罪組織関係者と思われる人物らと接触していた事実を認めた上で、それらを総合して考えても、故意および共謀を推認させるには足りないとしたのである。ただし、Xが公判廷で、覚せい剤である可能性を認識していたと自白しているので、覚せい剤輸入の故意は認められるとした。しかしXと共犯者の意思の連絡を推認させる事実が示されていない以上、共同して覚せい剤を輸入するという意思を通じ合っていたという共謀の存在については、なお疑いが残るとしたのである。

これに対して、原審は、覚せい剤輸入の故意を持つに至ったのは、犯罪組織関係者から日本へ行って貨物を受け取るように依頼をされ、犯罪組織が覚せい剤を輸入しようとしているのかもしれないなどとその意図を察知しながら、その依頼を引き受けたからにほかならない以上、Xは、特段の事情がない限り、犯罪組織関係者と暗黙のうちに意思を通じたものであって、共謀が成立したと認めるべきだとしたのである。

より、具体的には、東京高裁は、「第1審判決が覚せい剤輸入の故意が認められるとしながら、①本件貨物の受取に関し、犯罪組織関係者の費用負担により日本に渡航し、②連絡用のパソコン、航空券、2000米ドルを受け取っているのであり、③来日前後に犯罪組織関係者と連絡を取り合っていること、④応答要領を準備して貨物会社に連絡を入れ、⑤犯罪組織関係者から本件貨物の内容物の形状について伝えられており、⑥犯罪組織関係者の了解の下で覚せい剤の入っていた本件貨物を開封したとみられることなどの客観的事情が存在する。それに加えて、Xが覚せい剤の可能性の認識を認めていることも勘案すると、Xは犯罪組織関係者の覚せい剤輸入の意図を察知しながら依頼を引き受けたと認められ、犯罪組織関係者も、Xが意図を察知することを予測し得る状況で依頼をしており、両者の間に覚せい剤輸入につき暗黙の了解があったと推認できる」としたのである。そして、「上記のような客観的事情がある

にもかかわらず、これらを適切に考察することなくXと犯罪組織関係者との共謀を否定した点は、経験則に照らし、明らかに不合理であり、是認することができない」と判示した。

最高裁は、この判断を、ほぼそのまま肯定したといえよう。そして、特に、「第1審判決が、覚せい剤輸入の故意を認定しながら、客観的事情等を適切に考察することなく共謀の成立を否定した点」を経験則に照らし不合理であるものとして重視しているように思われる。

本件において、最高裁が示した論理則・経験則に則った事実認定とは、「①犯罪組織関係者の指示を受けて日本に入国し、覚せい剤が隠匿された輸入貨物を受け取ったという事実が認定されれば、②輸入貨物に覚せい剤が隠匿されている可能性を認識しながら、犯罪組織関係者から輸入貨物の受取りを依頼され、これを引き受け、覚せい剤輸入における重要な行為をして、これに加担することになったということが推認され、③犯罪組織関係者と共同して覚せい剤を輸入するという意思を暗黙のうちに通じ合っていたものと推認されるので、④特段の事情がない限り、覚せい剤輸入の故意だけでなく共謀をも認定できる」ということになる[1]。

1) この点に関連して、寺田逸郎裁判官の補足意見は、「本件犯行における共謀関係を検討するに当たって重視しなければならないのは、本件の起訴対象である2つの犯罪のいずれにおいても、Xが犯罪の成否にとって不可欠の重要な役割を担ってメキシコから渡来したということである」と強調している。

3 共謀の認定

【基本判例1】では、意思の連絡などによる関与者相互の結びつきが共謀関係というレベルに達しているかどうかを関係諸事実から立証できるかどうかが問題となった（共謀の認定については、第12講参照）。

共謀は、それにより相手にどの程度強い心理的因果性を与えたか（意思の疎通の程度）という点に加えて、共謀者と実行者の関係（共謀における「主従関係」）、犯行動機、正犯者意思の明確度と強度、犯罪結果（利益）の帰属関係、実行行為以外の関与の内容などを考慮して認定される。実行行為後の事情も参考にされる。

たとえば、最決昭和57年7月16日（→第12講【基本判例1】）は、一方的な主従関係や支配関係はないのに、大麻密輸行為にまったく関与していないXが共同正犯とされたのは、資金提供を行ったというに止まらず、X自身が大麻を入手したいと考えていたこと、大麻の一部をもらい受ける約束のもとに大金を提供し犯行の遂行に積極的であったことが挙げられる。大麻密輸入の計画をもちかけてきたYに、実行犯役を捜して引き合わせているという事情もある。最高裁は、このような事情を総合して、「大麻密輸入の謀議を遂げた」として共同正犯性を認めたのである。

最決平成15年5月1日（→第12講【基本判例2】）は「スワットらに対してけん銃等を携行して警護するように直接指示を下さなくても、スワットらが自発的にXを警護するために本件けん銃等を所持していることを確定的に認識しながら、それを当然のこととして受け入れて認容していたものであり、そのことをスワットらも承知していた」とし、意思の連絡が事実の概要に示された程度のものであれば、共謀共同正犯の主観面を基礎づけうるとしている。黙示の意思表示であるといっても、本件意思連絡の内容であれば共謀共同正犯の実質として要求される「相互利用・補充関係」を基礎づけるのに十分な内容であるとされたわけである。

共謀共同正犯は、通常は、犯罪の確定的故意を前提に、強い主観的結びつきを根拠として共同正犯性を認める。しかし、確定的な認識は必須ではない。実際に廃棄物処理にあたる者らが不法投棄することを確定的に認識していたわけではないものの、不法投棄に及ぶ可能性を強く認識しながら、それでもやむを得ないと考えてその処理を委託した場合、委託者は廃棄物の不法投棄について、未必の故意による共謀共同正犯の責任を負うのである（最決平成19・11・14刑集61-8-757）。

【基本判例1】において、大谷剛彦裁判官は、「共謀共同正犯における『共謀』の意義については、『共謀』をもって犯罪実行者と同等の刑責を負わせることになるところから、法律実務家の間でも、明示的な意思の合致を要するかどうか、確定的な認識を要するかどうか、積極的な加担の意図を要するかどうか等について、長らく議論がされてきたところである」と指摘される。と同時に、「第1審が、『共謀』

の認定において、仮に、暗黙の了解ではない謀議のごとき強い意思の合致を求め（因みに第1審判決は黙示的な意思連絡について触れるところはない）、それ故に共謀の認定に合理的な疑いが残るとするのであれば、それが法令解釈、法令適用の誤りとみるか事実認定の誤りとみるかはともかく、判決破棄の検討対象にならざるを得ない」と判示した。

そして、「裁判員に法的な概念を説明するのは、裁判官（長）の役目である（裁判員法66条5項）。裁判員に対し、適切な説明を行って職責を十分に果たすよう配慮する趣旨においても、法的概念についての共通の理解と認識に向けて、一層の研究と裁判官（長）の説明努力が期待されるところである」と指摘している。

4 薬物事犯の特色

【基本判例1】で、ある意味で最も注目すべきは、大谷裁判官の補足意見中の、以下の記述であるように思われる。

「Xの故意も共謀も主観的な認識に関わる事実であるが、覚せい剤密輸入事犯においてこれが争われる事案では、その認定は、犯罪組織とXとの関係、Xへの依頼の状況、依頼の内容、Xの引受け状況、Xの関与態様等の客観的事実からの推認という方法によらざるを得ず、その推認は、論理則、経験則を用いての合理的な推論によって行われることになる。犯罪組織による薬物等の密輸入は、一般社会生活とは馴染みのない事象であり、……一般的な論理則、経験則の適用や、合理的な推論にも、少なからず困難を伴うことになろう」。

裁判員裁判により、より国民の常識に近い結論が導かれることになることは望ましいことであるが、裁判員裁判における「一般社会生活から離れた事象である薬物輸入事犯」の処理に際しては、論理則、経験則の適用や、合理的な推論に関して、一定の知見を有する裁判官の説示が重要な意味を持つように思われる。そのような犯罪に関する「常識」を無視した、通常の社会生活上の事象における論理則、経験則の類推適用は、不当な結論に繋がる危険がある。

裁判員に対し、薬物犯罪のような事案に特徴的な論理則、経験則等について適切な説明を行い共通の理解と認識を得るための努力を行うことも、裁判官（長）の重要な役目であるといえよう。

【基本判例2】 東京地判平成24年4月26日（判タ1386号376頁）

事実の概要

公訴事実は、「被告人Xは、法定の除外事由がないのに、平成23年3月下旬頃から同年4月10日までの間に、東京都内、新潟県内又はその周辺において、覚せい剤であるフェニルメチルアミノプロパン又はその塩類若干量を自己の身体に摂取し、もって覚せい剤を使用した」というものである。

平成23年4月10日、Xが、職務質問を受けた際提出した尿から15日、覚せい剤であるフェニルメチルアミノプロパンが検出されたことが認められ、この点について争いはなく、Xがその覚せい剤を故意に身体に摂取したか否かのみが争われた。

判旨

東京地裁は、以下のように判示して、故意を認定できないとして無罪を言い渡した。

「覚せい剤が厳しく取り締まられている禁制品であって、通常の社会生活の過程で体内に摂取されることはあり得ないことからすると、Xの尿中から覚せい剤成分が検出された場合、特段の事情がない限り、その検出が可能な期間内に、Xが覚せい剤をそれと認識して身体に摂取した事実を推認することができる。そこで、本件において、推認を妨げる特段の事情、すなわち、推認により故意を認めることに合理的疑いを挟む程度の事情があるかという点が問題になる。

この点、本件では、Xの妻であるAが、自分が覚せい剤を飲んで使用した残りを更に飲むつもりで、Xに気付かれないように、自分の缶酎ハイに入れて、その後眠ってしまった間に、Xがそれを知らずに

飲んでしまったと思う旨証言し、Xもその日にそれとは知らずにAの飲み残しのものを飲んだことがある旨供述しているので、このAの証言から検討することにする。

A証言の要旨は、次のとおりである。

私は、8日の午後8時頃、X及び子供と一緒に宿泊していたホテルから外出した際、黒人男性から声をかけられ、覚せい剤かもしれないと思われる錠剤を購入した。1度に全部を飲むと死ぬかもしれないと思い怖かったので、駅のトイレで前記錠剤をペットボトルの底で割り、そのうちの4分の3をその場で飲み、残りは、ホテルに持ち帰った。ホテルに戻った後、Xと飲酒し、Xに気付かれないように前記錠剤の残りを自分の缶酎ハイに入れたが、その後寝てしまい、目が覚めた時には前記缶酎ハイが空になっており、Xが飲んでしまったと思った。

10日にXが警察官に職務質問をされた際、Xとの待ち合わせでその場に赴いた私も一緒に交番に行くことになった。そして、同日、私は、覚せい剤使用の事実で逮捕され、Xは逮捕されなかった。私は、Xが逮捕されることはないだろうと思っていたので、警察官に対しては、最初、前記缶酎ハイの件は言わず、購入した覚せい剤の錠剤1錠を私が一気に全部飲んだと供述していた。ただ、Xがもしかして逮捕されたらどうしようという不安はあったので、自分の覚せい剤使用事件の弁護人であるB弁護士には、接見の際、前記缶酎ハイの件を話したところ、B弁護士からは、時期が来たら警察に話すようにというアドバイスを受けた。

その後、Xが逮捕されたことを聞いたので、警察に対しても正直に話をしようと思い、本当のことを話すことにした。

そこで、A証言の信用性について検討する。Aは、同人の覚せい剤使用事件の捜査段階（ただし、捜査官に対してはXの逮捕後）や公判段階でも、購入した覚せい剤の錠剤を割って4分の3を飲み、残りをホテルに持ち帰って缶酎ハイに入れたところ、Xがこれを知らずに飲んだと思う旨供述していたのであり、前記証言は、基本的な部分で、これと同一であって、一貫性がある。また、その証言内容は、相応の合理性があり（前記缶酎ハイの件を、Xが逮捕される前は、自分の事件の弁護人にのみ打ち明け、Xが逮捕された後は、警察官に話をしたという点も理解可能である。）、十分な具体性もある上、①証人となったB弁護士が、Aが逮捕された翌日である11日午後7時45分頃に初めてAに接見した際、Aから、覚せい剤の錠剤で自分が使用した残りをホテルへ持ち帰って缶酎ハイの中に入れたが、それをXが知らずに飲んでしまったかもしれないと打ち明けられた旨明確に証言していること、②Xの尿の鑑定を行った警視庁科学捜査研究所薬物研究員（C）が、Aが証言しているような経緯とXが10日に提出した尿から検出された覚せい剤の濃さとの間に矛盾はない旨証言していることなどによって裏付けられている」。

「以上によれば、本件故意の推認については、推認を妨げる特段の事情があり、Xを有罪と認めることには合理的疑いが残る。したがって、本件公訴事実については、犯罪の証明がないことになるから、刑事訴訟法336条によりXに対し無罪の言渡しをする」。

▶▶▶ 解　説

1　故意の立証

被疑者の供述がますます得にくくなる中で、とりわけ否認の多い薬物犯罪の立件に関し、本件は参考になる点を含んでいる。尿中から覚せい剤が検出されて、その鑑定結果などが証拠採用されても、無罪となる場合があるのである。

本判決は、覚せい剤の自己使用事犯で、Xの尿中から覚せい剤が検出されていたが、Xが、覚せい剤入りの飲み物をそれと知らずに飲んだ合理的疑いがあるとして無罪としたものである。被疑者の尿中から覚せい剤が検出されながら、無罪とされるケースの主要なものは、被疑者の尿鑑定書が違法収集証拠ないし、違法捜査に関連して得られたものとして証

拠排除される場合である。

2　覚せい罪使用の故意を欠く場合

　違法薬物である覚せい剤は、通常の社会生活の中で体内に摂取されることはあり得ないし、わが国での市販薬に含まれてもおらず、体内で生成されることもないから、被疑者の尿中から覚せい剤の成分が検出されたという事実が証明できれば、それのみで覚せい剤使用の故意は推認される。もちろん、推認である以上、それを覆す特段の事情があれば、それにより故意の存在に対する合理的疑いが生じる。
　特段の事情が認められた具体例として、東京地判平成9年7月3日（判時1618-152）は、覚せい剤を含有するナチュラルエクスタシーと称するカプセルをえん下して使用したとの事案につき、客観的状況からすると被告人が同カプセルに覚せい剤成分が含まれているであろうことを認識しながらあえてえん下したとの未必の故意があったとまでは認められないとして、無罪が言い渡されたというものである。
　被告人は、過去に多数回の毒物および劇物取締法違反や覚せい剤取締法違反等、薬物の鑑定を経ているであろう罪で起訴された経験を有するが、すでに警察に提出していたカプセルに覚せい剤が含まれていたら、被告人に対してなんらかの捜査をするべく捜査機関が接触をとってくるであろうと考えることもあり得ないとはいえないので、被告人が本件当時、本件カプセルに覚せい剤は入っていなかったがために、被告人にはなんの連絡もないと信じるに至ることも合理性がないとはいえないとし、「疑わしきは被告人の利益にとの刑事訴訟法の原則からすれば、被告人が、本件のカプセルに相当程度の蓋然性で覚せい剤成分が含まれているであろうことを認識しながらあえて本件錠剤をえん下した、すなわち被告人に未必の故意があったとまでは認められない」と判示している。
　さらに、東京高判平成14年7月15日（判時1822-156）は、覚せい剤自己使用の公訴事実について、勤務していたソープランドでの接客中、男性客から自己の意に反して覚せい剤を注射されたとの被告人の弁解は、関係証拠と対比してもあながち排斥することができず、被告人が自己の意思によって覚せい剤を体内に摂取した旨認定するには合理的な疑いを差し挟む余地が多分にあるから、被告人を有罪とした原判決には事実誤認があるとして破棄し、被告人に無罪を言い渡した。

3　【基本判例2】の特徴

　【基本判例2】では、Xが、覚せい剤を自己の意思で摂取したことはないと述べ、Xの妻Aが、自分が入手した覚せい剤の飲み残しを缶酎ハイに入れておいたところ、Xがそれを知らずに飲んでしまったと思ったと証言している。そして、Aは、自分が覚せい剤使用事犯で逮捕された直後（Xが逮捕されるかどうか不明である段階）に、このことを接見に来た自分の当時の弁護人であった弁護士にも告げていると証言していることから、同弁護士の証人尋問が行われている。また、Aの証言がXの尿中の覚せい剤濃度等と矛盾しないかという点について科学捜査研究所薬物研究員の証人尋問も行われている。本判決は、以上を踏まえ、妻の証言は、Xも妻の飲み残しのものを飲んだことがあると供述していることと併せ、本件故意の推認に対する合理的疑いが残るとしたのである。
　Aがわざわざ、自分の事件の弁護人に対し、あらかじめXをかばうための工作として、作り話で缶酎ハイの話をしていたとみるのは不自然であるということが、東京地裁の無罪の判断に重要な意味を持ったように思われる。

第43講　犯行再現写真の使用方法と証拠能力

> **論点**
> ▶証人から被害状況等に関する具体的な供述が十分にされた後に、証人がその写真の内容を実質的に引用しながら証言した場合の、証言と写真の証拠能力。
> ▶被害者・被疑者に被害・犯行状況を再現させた結果を記録した実況見分調書等で、実質上の要証事実が再現されたとおりの犯罪事実の存在であると解される書証の証拠能力。

【基本判例1】　最1小決平成23年9月14日（刑集65巻6号949頁・判タ1364号90頁）

事実の概要

　本件は、電車内における痴漢行為に関する事案で、訴訟の経過等は、以下のとおりである。

　第1審の期日間整理手続において、検察官は、立証趣旨を「被害の再現状況等」とする捜査報告書および立証趣旨を「被害再現状況等」とする実況見分調書の証拠調べを請求したが、弁護人は、いずれも証拠とすることに同意しないとした。検察官は、これを受けて立証趣旨を「被害者立会による犯行再現時の写真について」とする捜査報告書2通の証拠調べを請求したが、弁護人は、これらの証拠についても証拠とすることに同意しないとし、さらに上記捜査報告書2通に添付された写真の証拠請求の意向に対しても、弁護人は、再現写真は供述証拠であるから、証拠物とすることには反対であり、証人尋問において示すことも同意できない旨の意見を述べた。

　第1審第3回公判期日において、被害者の証人尋問が実施され、検察官は、痴漢被害の具体的状況、痴漢犯人を捕まえた際の具体的状況、犯人と被告人の同一性等について尋問を行い、動作を交えた証言を得た後、被害状況等を明確にするために必要であるとして、捜査段階で撮影していた被害再現写真を示して尋問することの許可を求めた。弁護人は、写真によって証言のどの部分が明確になるかということが分かるように尋問することを求めたが、写真を示すこと自体には反対せず、裁判官は、再現写真を示して被害者尋問を行うことを許可した。そこで、検察官は、被害再現写真を示しながら、個々の場面ごとにそれらの写真が被害者の証言した被害状況等を再現したものであるかを問う尋問を行い、その結果、被害者は、被害の状況等について具体的に述べた各供述内容は、再現写真のとおりである旨の供述をした。

　公判期日終了後、裁判所は、尋問に用いられた写真の写しを被害者証人尋問調書の末尾に添付したが、添付することに同意するかどうかを当事者に明示的に確認しておらず、その後もこれらの写真は証拠として採用されていない。

　第1審判決は、主として被害者の証言により、被告人の電車内での強制わいせつ行為を認定した。これに対し、原判決は、本件被害再現写真は、供述を明確にするにとどまらず、犯行当時の状況に関して、独自の証明力を持つものであり、独立した証拠として扱うかどうかを明確にすることなく、これを漫然と調書に添付することは、当該写真の証拠としての位置付けに疑義を招くおそれがあって相当ではないとした上で、第1審判決が写真を独立の証拠として扱い、実質判断に用いたというような事情は認められず、また、被害者供述は、上記写真の調書添付に左右されずに、十分信用に値するものであるから、第1審の措置に、判決に影響を及ぼすような訴訟手続の法令違反はないと判断した。

　弁護側は、検察官が示した被害再現写真は伝聞法則の例外の要件を具備せず、証拠として採用す

ことができない証拠であって、このような写真を尋問に用いて記録の一部とすることは、伝聞証拠について厳格な要件を定めていることを潜脱する違法な措置であり、これが事実認定に影響を及ぼすことは明らかであると主張して上告した。

決定要旨

上告棄却。「本件において、検察官は、証人（被害者）から被害状況等に関する具体的な供述が十分にされた後に、その供述を明確化するために証人が過去に被害状況等を再現した被害再現写真を示そうとしており、示す予定の被害再現写真の内容は既にされた供述と同趣旨のものであったと認められ、これらの事情によれば、被害再現写真を示すことは供述内容を視覚的に明確化するためであって、証人に不当な影響を与えるものであったとはいえないから、第1審裁判所が、刑訴規則199条の12を根拠に被害再現写真を示して尋問することを許可したことに違法はない。

また、本件証人は、供述の明確化のために被害再現写真を示されたところ、被害状況等に関し具体的に証言した内容がその被害再現写真のとおりである旨供述しており、その証言経過や証言内容によれば、証人に示した被害再現写真を参照することは、証人の証言内容を的確に把握するために資するところが大きいというべきであるから、第1審裁判所が、証言の経過、内容を明らかにするため、証人に示した写真を刑訴規則49条に基づいて証人尋問調書に添付したことは適切な措置であったというべきである。この措置は、訴訟記録に添付された被害再現写真を独立した証拠として扱う趣旨のものではないから、この措置を決するに当たり、当事者の同意が必要であるとはいえない。

そして、本件において証人に示した被害再現写真は、独立した証拠として採用されたものではないから、証言内容を離れて写真自体から事実認定を行うことはできないが、本件証人は証人尋問中に示された被害再現写真の内容を実質的に引用しながら上記のとおり証言しているのであって、引用された限度において被害再現写真の内容は証言の一部となっていると認められるから、そのような証言全体を事実認定の用に供することができるというべきである。このことは、被害再現写真を独立した供述証拠として取り扱うものではないから、伝聞証拠に関する刑訴法の規定を潜脱するものではない。

以上によれば、本件において被害再現写真を示して尋問を行うことを許可し、その写真を訴訟記録に添付した上で、被害再現写真の内容がその一部となっている証言を事実認定の用に供した第1審の訴訟手続は正当であるから、伝聞法則に関する法令違反の論旨を採用しなかった原判決は結論において是認できる」。

▶▶▶ 解　説

1　痴漢事件の立証の特徴

【基本判例1】で、問題となった痴漢事件では、捜査の側には、挙証に困難が伴う。客観的証拠が少なく、供述、とりわけ被害者の供述が重要な位置を占めざるを得ない。さらに犯罪事実の認定が微妙であり、最判平成21年4月14日（→第47講【基本判例2】参照）も、「本件のような満員電車内の痴漢事件においては、被害事実や犯人の特定について物的証拠等の客観的証拠が得られにくく、被害者の供述が唯一の証拠である場合も多い上、被害者の思い込みその他により被害申告がされて犯人と特定された場合、その者が有効な防御を行うことが容易ではないという特質が認められることから、これらの点を考慮した上で特に慎重な判断をすることが求められる」としている[1]。

そこで、捜査機関としては、被害者の記憶を確実なものとしつつ、供述の信用性を高めるべく、たとえば、所轄の警察署内等において、被害者と犯人役の女性警察官が、具体的に被害者が電車内で犯人か

ら痴漢の被害を受けた状況を再現し、これを別の警察官が見分して、写真撮影することが行われている。しかし、その写真が、そのまま証拠となるわけではないことはいうまでもない。

1) そして最判平成21年4月14日は、①捜査段階から一貫して犯行を否認しており、②公訴事実を基礎づける証拠は、被害者の供述があるのみであって、③被告人に、前科、前歴はなく、この種の犯行を行うような性向をうかがわせる事情も記録上は見当たらないとして、「被害者の供述の信用性判断は特に慎重に行う必要がある」とし、「痴漢被害に関する供述の信用性についても疑いをいれる余地がある」とし、無罪を言い渡したのである。この信用性の評価については、反対意見も存在し、その評価は微妙である（→第47講【基本判例2】解説2参照）。

2 尋問の際の再現写真の使われ方

痴漢事件などにおいては、被害者に対する公判廷での尋問が非常に重要な意味を持つ。一方、性的犯罪の被害者に対する弁護士の尋問は、しばしば指摘されるように、直接的に侵害を受けた被害者の「傷口に塩を擦りこむ」が如き側面もあり、被害者が供述しやすいように、できる限りの工夫がなされなければならない。また、供述内容が、表現をぼかして曖昧なものとなる懸念もある。その意味で、公判廷において、再現写真を用いて、尋問を行うことは非常に有用なことである。

尋問に際しての再現写真の利用に関しては、刑訴規則199条の12第1項が、「訴訟関係人は、証人の供述を明確にするため必要があるときは、裁判長の許可を受けて、図面、写真、模型、装置等を利用して尋問することができる」と定めている。ただし、同条2項において、199条の10第2項が準用され、「書面又は物が証拠調を終ったものでないときは、あらかじめ、相手方にこれを閲覧する機会を与えなければならない」とされている。このように、被害者の供述を明確にするため必要があるときは、写真を利用して尋問することができるが、あくまで裁判長の許可を受けて行わなければならないのである。さらに重要なのは、現場再現写真の利用が、「供述を明確にするため必要があるとき」でなければならない。それを超えて、実質的に「痴漢が行われたことを示すために用いる写真」であれば、供述証拠として、証拠法則に従わなければならない。

3 写真を示して尋問すること

本件では、「被害再現状況」を立証趣旨とする捜査報告書・実況見分調書、「被害者立会による犯行再現時の写真について」とする捜査報告書の証拠調べを請求したが、同意が得られなかった。上記捜査報告書・実況見分調書に添付された写真についても弁護人は、「写真は供述証拠である」とした。

犯行そのものを、言語によるものではないにせよ、説明する写真（さらにそれを含む実況見分調書）は、刑訴法326条の同意が得られない以上、証拠能力を有するためには、321条3項の要件に加えて刑訴法321条1項3号の要件を充たす必要がある。同号は「公判廷で供述することができないこと」が要件となっており、本件では、伝聞の例外にはなり得ないことになる。

そこで、本件では、公判期日の被害者の証人尋問のなかで、被害状況や犯人を捕まえた際の具体的状況、犯人と被告人の同一性等について尋問を行って証言を得た後に、被害状況等を明確にするために必要であるとして、捜査段階で撮影していた被害再現写真を示して尋問することの許可を求めた。これに対し弁護人が、「証言のどの部分が明確になるかということが分かるように尋問すること」を求めたものの、写真を示すこと自体には反対しなかったので、裁判官は写真の使用を許可した。

ここで重要なのは、被害再現写真を示しながら検察官が尋問を行ったが、被害の状況等について具体的に述べた各供述内容が再現写真のとおりである旨を確認したにすぎないという点である。

最高裁は、この点を重視して、証人から被害状況等に関する具体的な供述が十分にされた後に、その供述を明確化するために被害再現写真を示して尋問することを許可した裁判所の措置は適法であるとしたのである。このような事情を前提にすれば、被害再現写真を示すことは供述内容を視覚的に明確化するためであって、証人に不当な影響を与えるものであったとはいえないから、裁判所の許可は違法でないとされたのである。

4 尋問に際して示した写真を調書に添付すること

問題は、このような形で尋問に用いられた写真の写しを、被害者証人尋問調書の末尾に添付する措置をとった点である。添付することについての同意を弁護士に明示的に確認してはいなかった。しかし、第1審は、主として被害者の証言により、被告人の電車内での強制わいせつ行為を認定したのである。

刑訴規則49条は、「調書には、書面、写真その他裁判所又は裁判官が適当と認めるものを引用し、訴訟記録に添附して、これを調書の一部とすることができる」と定めている。その意味で、調書に写真を添付することが認められる場合がある。しかし、原審判決は、本件被害再現写真が、供述を明確化するにとどまらず、犯行当時の状況に関して独自の証明力を持つ以上、独立した証拠として扱うかどうかを明確にすることなく、調書に添付することは、相当ではないとしたのである。ただ、写真を実質判断に用いたというような事情がなく、被害者供述も、写真の調書添付に影響されず十分信用性があるとし、判決に影響を及ぼす手続の法令違反はないとした。

最高裁は、①供述の明確化のために写真が示され、具体的に証言した内容がその写真のとおりである旨供述しており、②再現写真を参照することは、証人の証言内容を的確に把握するために資するところが大きいから、③証人に示した写真を刑訴規則49条に基づいて証人尋問調書に添付したことは適切な措置であったとした。そして、本件措置は、訴訟記録に添付された被害再現写真を独立した証拠として扱う趣旨のものではないから、当事者の同意は必要ないとしたのである。

5 写真の内容を実質的に引用した証言による事実認定

本件において証人に示した被害再現写真は、独立した証拠として採用されたものではないから、証言内容を離れて写真自体から事実認定を行うことはできないことはいうまでもない。それでは、本件被害者のように、証人尋問中に示された再現写真の内容を実質的に引用しながら証言した場合、その証言は事実認定に使えるのであろうか。この点最高裁は「引用された限度において被害再現写真の内容は証言の一部となっていると認められるから、そのような証言全体を事実認定の用に供することができる」と判示した。本件のような事実関係の下では、被害再現写真を独立した供述証拠として取り扱うものではないから、伝聞証拠に関する刑訴法の規定を潜脱するものとは評価されないとしたのである。

本判決の示した最も重要な点は、具体的な供述が十分にされた後に、その供述を明確化するために被害再現写真を示して尋問することを許可し、その写真を訴訟記録に添付した上で、写真の内容がその一部となっている証言を事実認定の用に供しても、伝聞法則に関する法令違反にはならないという点なのである。

【基本判例2】 最2小決平成17年9月27日（刑集59巻7号753頁・判タ1192号182頁）

事実の概要

本件も、被告人が、電車内で隣に座った女性の臀部を触るなどした痴漢行為に関する事案である（大阪府公衆に著しく迷惑をかける暴力的不良行為等の防止に関する条例違反）。そして、捜査段階において本件条例違反事件について被告人が被疑者として犯行状況を再現した結果を警察官が記録した写真撮影報告書と、被害者が被害状況を再現した結果を警察官が記録した実況見分調書の証拠能力が争われた。最高裁は、記録から、以下の事実が認められるとした。

(1) 本件の第1審公判において、検察官は、第1審判決判示第1の事実に関し、立証趣旨を「被害再現状況」とする実況見分調書および立証趣旨を「犯行再現状況」とする写真撮影報告書の証拠調べを請求した。

(2) 本件実況見分調書は、被害者と犯人役の女性警察官により痴漢の被害を受けた状況を再現し、

これを別の警察官が見分し、写真撮影するなどして記録したものである。同調書には、被害者の説明に沿って被害者と犯人役警察官の姿勢・動作等を順次撮影した写真12葉が、各説明文付きで添付されている。うち写真8葉の説明文には、被害者の被害状況についての供述が録取されている。

本件写真撮影報告書は、警察署の取調室内において、並べて置いた2脚のパイプいすの一方に被告人が、他方に被害者役の男性警察官が座り、被告人が犯行状況を再現し、これを別の警察官が写真撮影するなどして、記録したものである。同調書には、被告人の説明に沿って被告人と被害者役警察官の姿勢・動作等を順次撮影した写真10葉が、各説明文付きで添付されている。うち写真6葉の説明文には、被告人の犯行状況についての供述が録取されている。

(3) 弁護人は、本件実況見分調書および本件写真撮影報告書について、いずれも証拠とすることに不同意との意見を述べ、両書証の共通の作成者である警察官の証人尋問が実施された。同証人尋問終了後、検察官は、本件両書証につき、いずれも「刑訴法321条3項により取り調べられたい」旨の意見を述べ、これに対し弁護人はいずれも「異議あり」と述べたが、裁判所は、これらを証拠として採用して取り調べた。

第1審判決は、本件両書証をいずれも証拠の標目欄に掲げており、これらを有罪認定の証拠にしたと認められる。また、原判決は、事実誤認の控訴趣意に対し、「証拠によれば、1審判決第1の事実を優に認めることができる」と判示しており、前記控訴趣意に関し本件両書証も含めた証拠を判断の資料にした。

これに対して、弁護人が本件両書証を証拠採用し、取り調べたのは違法であるなどとして上告した。

決定要旨

上告棄却。最高裁は、上記認定事実によれば、「本件両書証は、捜査官が、被害者や被疑者の供述内容を明確にすることを主たる目的にして、これらの者に被害・犯行状況について再現させた結果を記録したものと認められ、立証趣旨が『被害再現状』、『犯行再現状況』とされていても、実質においては、再現されたとおりの犯罪事実の存在が要証事実になるものと解される。このような内容の実況見分調書や写真撮影報告書等の証拠能力については、刑訴法326条の同意が得られない場合には、同法321条3項所定の要件を満たす必要があることはもとより、再現者の供述の録取部分及び写真については、再現者が被告人以外の者である場合には同法321条1項2号ないし3号所定の、被告人である場合には同法322条1項所定の要件を満たす必要があるというべきである。もっとも、写真については、撮影、現像等の記録の過程が機械的操作によってなされることから前記各要件のうち再現者の署名押印は不要と解される。

本件両書証は、いずれも刑訴法321条3項所定の要件は満たしているものの、各再現者の供述録取部分については、いずれも再現者の署名押印を欠くため、その余の要件を検討するまでもなく証拠能力を有しない。また、本件写真撮影報告書中の写真は、記録上被告人が任意に犯行再現を行ったと認められるから、証拠能力を有するが、本件実況見分調書中の写真は、署名押印を除く刑訴法321条1項3号所定の要件を満たしていないから、証拠能力を有しない。

そうすると、第1審裁判所の訴訟手続には、上記の証拠能力を欠く部分を含む本件両書証の全体を証拠として採用し、これを有罪認定の証拠としたという点に違法があり、原裁判所の訴訟手続には、そのような証拠を事実誤認の控訴趣意についての判断資料にしたという点に違法があることになる。

しかし、本件については、前記の証拠能力を欠く部分を除いても、その余の証拠によって第1審判決判示第1の事実を優に認めることができるから、前記違法は、判決の結論に影響を及ぼすものではない」と判示した。

▶▶▶ 解　説

1　犯行再現実況見分調書

　本件で問題となった書証は、一般に犯行・被害再現状況報告書といわれるものである。

　警察実務において、これらの報告書、すなわち捜査段階で被疑者に犯行状況を動作で再現させ、その経過と結果を捜査機関がまとめた犯行再現実況見分調書（あるいは、同様の写真撮影報告書等）が重要な意味を持っていることは、いうまでもないことである。

　犯行再現実況見分調書は、被疑者の再現した被害者との位置関係や体勢等を立証するものとしては、実況見分調書の性質を有する。しかしながら、同時に、犯行状況を立証するための証拠としても用いるのであるから、被疑者の自白としての性質も有している（いわゆる「現場供述」にあたる場合）。その場合に、証拠能力を有するためには、同意がないとすれば、実況見分調書としての321条3項の要件と、自白としての322条1項の要件（すなわち、任意に犯行再現を行ったこと）とを充たす必要がある。

2　実況見分調書と伝聞法則

　捜査機関が強制処分として行う検証（刑訴法218条、220条1項2号）の結果を記載した書面のみでなく、任意処分として行う検証の結果を記載した書面、いわゆる実況見分調書も、書面の性質としては検証調書と変わらないから、321条3項所定の書面に含まれる（最判昭和35・9・8刑集14-11-1437）。これに対しては、検証は令状に従って行うから正確なのであって、本項は強制処分としての検証に限るという批判も存在する（平野龍一『刑事訴訟法』（有斐閣・1958）216頁）。もし任意処分も含めれば、私人の記録した書面も同様に扱わなければならなくなるはずで、不合理だともする。しかし、記載内容の正確性は令状に従って行われることによって担保されるわけではないこと、同じ捜査機関が職務として作成した検証調書と実況見分調書とで取扱いを異にすべき理由は見出し難いことなどを考えると、両者を同一に扱うのは決して不合理ではない。

　問題は、実況見分における立会人の説明にあたるものに、指示説明（現場指示）と呼ばれるものと現場供述の二種類があるとされている点である。

　現場指示というのは、見分すべき対象を特定するための立会人の指示である。「自分が立っていたのはこの地点である」と指さす行為である。検証等の趣旨（事件との関連性）を示す限度で証拠能力が認められるにすぎないから、指示説明の内容の真実性を証明する証拠として用いることはできない。これに対し、現場指示を超えた立会人の事件に関する説明を現場供述ということが多い。たとえば、「その地点から見ていて、事故を起こした自動車は急に加速した」というようなもので、検証等の際に事件に関する供述をしたにすぎないから、内容の真実性を証明する供述証拠として用いるためには、刑訴法321条3項の要件に加えて、同条1項3号の要件を充たす必要がある。

　両者の区別は、立証趣旨から形式的に判別されるものではない。たとえば、「見分状況」が立証趣旨であると限定しさえすれば、見分者がそのような供述を五感の作用で感得・録取したという限度では、実況見分の結果を記載したものとして321条3項で証拠能力を認めてもよいとするわけにはいかない。

　本件で問題となった犯行再現実況見分調書は、警察署内で、警察官を相手に、被疑者、被害者が犯行、被害の状況の再現を行ったものであり、立証趣旨が「犯行再現状況」とされてはいたものの、実質においては、再現したとおりの犯罪事実の存在が直接の立証対象事項になっているものとみるべきである。そうだとすれば、再現者の説明部分も現場供述にあたる。【基本判例2】が、本件書証は、立証趣旨が「被害再現状況」、「犯行再現状況」とされていても、実質においては、再現されたとおりの犯罪事実の存在が要証事実になるものと解されるとし、本件犯行再現実況見分調書の説明部分については、321条3項の要件のみでは足りず、同条1項の要件が必要であるとしたのは妥当である。

　証拠能力は、基本的には、当事者の設定した立証趣旨を基に判断されるが、それを前提にすると証拠価値の評価を誤るような場合には、例外的に裁判所において実質的な要証事実を考慮する必要があるのである[1]。

　本件書証は、警察署内で警察官を相手に、被疑者、

被害者が犯行・被害の状況を再現したもので、犯行態様の物理的可能性等を吟味検討するという要素を含むものではないから、その立証趣旨は「犯行再現状況」等とされていたものの、その実質は、再現どおりの犯罪事実の存在が直接の立証事項であるとするほかないものであった。それゆえ、再現者の説明部分や再現行為を撮影した写真は「現場供述（供述写真）」にあたる。

1）　最高裁は、【基本判例2】の要旨として、「捜査官が被害者や被疑者に被害・犯行状況を再現させた結果を記録した実況見分調書等で、実質上の要証事実が再現されたとおりの犯罪事実の存在であると解される書証が刑訴法326条の同意を得ずに証拠能力を具備するためには、同法321条3項所定の要件が満たされるほか、再現者の供述録取部分については、再現者が被告人以外の者である場合には同法321条1項2号ないし3号所定の要件が、再現者が被告人である場合には同法322条1項所定の要件が、写真部分については、署名押印の要件を除き供述録取部分と同様の要件が満たされる必要がある」としている。

本決定は、このような判断を示した上で、第1審裁判所の訴訟手続には、証拠能力を欠く部分を含む本件両書証の全体を証拠として採用し、有罪認定の証拠としたという点に、原裁判所の訴訟手続には、そのような証拠を事実誤認の控訴趣意についての判断資料にしたという点に違法があるが、本件については、前記の証拠能力を欠く部分を除いても、その余の証拠によって本件条例違反事件の事実を優に認めることができるから、前記違法は、判決の結論に影響を及ぼすものではない旨の判断をしたものである。

3　写真の証拠能力

犯行が現に行われている状況そのものを撮影した現場写真は非供述証拠であるが（最決昭和59・12・21刑集38-12-3071）、実況見分調書等に添付された写真は、本体部分と一体化して本体部分の証拠能力に従う。

しかし、立証の直接の対象が再現されたとおりの犯罪事実の存在と認められるような犯行・被害再現状況報告書の再現写真は、通常の実況見分調書添付写真とは、その取扱いを別異に考える必要がある。上述のように、本件の再現状況報告書では、再現行為は、言葉に代えて動作によって犯行態様がどのようなものであったかを説明するものにすぎず、実質において現場供述とみられるからである。

したがって、そのような再現行為を撮影した供述証拠としての写真は、やはり、供述者（再現者）が被告人以外の者である場合には321条1項2号ないし3号所定の要件が、再現者が被告人である場合には、322条1項所定の要件が必要となる。

322条1項（または321条1項3号）に該当するためには、供述者の署名・押印が必要となるが、写真の部分は、撮影、現像等の記録の過程が機械的操作によってなされるので署名・押印は不要である。だが、その余の供述録取部分等については、署名・押印がなければ要件を充たさないことになる。

第44講　刑事訴訟法321条1項の「供述不能」の解釈

> **論点**
> ▶退去強制によって出国した者の検察官に対する供述調書の証拠能力。
> ▶共犯者とされる証人が証言を拒絶したとしても、いわゆる供述不能にあたらない場合。

【基本判例1】　最3小判平成7年6月20日（刑集49巻6号741頁・判タ890号80頁）

事実の概要

売春クラブの経営者XとマネージャーY・Zは、共謀の上、タイ人女性14名、日本人女性1名の計15名を自己の管理する場所に居住させ、これに売春させることを業としたとして、売春防止法12条の管理売春で起訴された。本事件の参考人であるタイ人女性らは、入管法に基づく退去強制手続により身柄を大阪入国管理局に収容されているときに検察官から取調べを受け、検察官面前調書が作成された後、その当日ないし7日後までの間に順次タイ国へ強制送還された。

第1審において検察官は、タイ人女性ら13名の検察官面前調書につき、刑訴法321条1項2号前段の「国外にいるため公判準備若しくは公判期日において供述することができないとき」にあたるとして証拠請求したところ、大阪地裁はこれを採用して事実認定の証拠とし、控訴審において大阪高裁もこれを肯定した。

弁護人は、第1審以来、上記のタイ人女性の検察官面前調書の証拠能力を争い、「公判時には証人たる外国人は出国していて国内にいないことが予想されるときは、検察官は、被告人の反対尋問権を確保するために第1回公判前に弁護人の立会いの下での証拠保全としての証人尋問を請求する義務があると解すべきであり、検察官がこの義務を怠ったときは、検察官面前調書は321条1項2号前段による証拠能力を取得しない」などと主張して上告した。

判旨

最高裁は、上告を棄却し、職権で以下のように判示した。

「刑訴法321条1項2号前段は、検察官面前調書について、その供述者が国外にいるため公判準備又は公判期日に供述することができないときは、これを証拠とすることができると規定し、右規定に該当すれば、証拠能力を付与すべきものとしている。しかし、右規定が同法320条の伝聞証拠禁止の例外を定めたものであり、憲法37条2項が被告人に証人審問権を保障している趣旨にもかんがみると、検察官面前調書が作成され証拠請求されるに至った事情や、供述者が国外にいることになった事由のいかんによっては、その検察官面前調書を常に右規定により証拠能力があるものとして事実認定の証拠とすることができるとすることには疑問の余地がある」。

「本件の場合、供述者らが国外にいることになった事由は退去強制によるものであるところ、退去強制は、出入国の公正な管理という行政目的を達成するために、入国管理当局が出入国管理及び難民認定法に基づき一定の要件の下に外国人を強制的に国外に退去させる行政処分であるが、同じく国家機関である検察官において当該外国人がいずれ国外に退去させられ公判準備又は公判期日に供述することができなくなることを認識しながら殊更そのような事態を利用しようとした場合はもちろん、裁判官又は裁判所が当該外国人について証人尋問の決定をしているにもかかわらず強制送還が行われた場合など、当該外国人の検察官面前調書を証拠請求することが手続的正義の観点から公正さを欠くと認められる

> **とき**は、これを**事実認定の証拠とすることが許容されないこともあり得る**といわなければならない」。
> 　「これを本件についてみるに、検察官において供述者らが強制送還され将来公判準備又は公判期日に供述することができなくなるような事態を殊更利用しようとしたとは認められず、また、本件では、前記13名のタイ国女性と同時期に収容されていた同国女性1名（同じく被告人らの下で就労していた者）について、弁護人の証拠保全請求に基づき裁判官が証人尋問の決定をし、その尋問が行われているのであり、前記13名のタイ国女性のうち弁護人から証拠保全請求があった1名については、右請求時に既に強制送還されており、他の12名の女性については、証拠保全の請求がないまま強制送還されたというのであるから、本件検察官面前調書を証拠請求することが手続的正義の観点から公正さを欠くとは認められないのであって、これを事実認定の証拠とすることは許容されないものとはいえない」とし、検察官面前調書を刑訴法321条1項2号前段に該当する書面として、その証拠能力を認め、これを証拠として採用した第1審の措置を是認した原判断は、結論において正当であるとした。

▶▶▶ 解　説

1　供述不能

　誤審の可能性を排除するためには、伝聞証拠を一切排除するのが望ましいということになりそうだが、(1)伝聞証拠であるからといって常に虚偽であるとは限らないのは当然である。その上、(2)証人の直接の尋問が時間的・経済的に大きな負担となることは否定できない。証人にとっても法廷に出ることが負担となることは少なくない。特に、(3)証人の記憶が弱まったり、証人が行方不明、死亡といった事態も十分ありうるから、伝聞証拠を証拠とせざるを得ない場合が存在する。それゆえ、伝聞証拠の禁止は、**合理的な例外を認めるやわらかな原則**なのである。たとえ伝聞証拠であっても使用しなければならない必要性を勘案し、排除すべき証拠の範囲を確定する必要がある。そこで刑訴法は、321条以下に詳細な例外を規定している。

　321条1項2号前段は、「供述者が……国外にいるため公判準備若しくは公判期日において供述することができないとき」には、その**検察官面前調書**を証拠にできる旨を規定している。検察官面前調書は、供述者の死亡等による供述不能の場合には、それのみで証拠能力が認められる（321条1項2号前段）。特に信用できる状況の存在は要件とされておらず、この点では裁判官面前調書と類似の扱いがされている。

　321条1項2号前段については、供述不能というだけで反対尋問の権利を奪うものであって憲法37条2項に違反するおそれがあり、違憲の疑いを避けるためには信用性の情況的保障の要件を補充する必要があるとする見解も有力に主張されたが、判例は、一貫して合憲性を認めている。たとえば、検察官面前調書につき、「証人が外国旅行中であって、これに対する反対尋問の機会を被告人に与えることができない場合であっても、その証人の検察官に対する供述録取書を証拠に採用することは憲法37条2項の規定に違反しない」としている（最判昭和36・3・9刑集15-3-500）。

　法文上、供述者が国外にいることになった事由に限定はなく、また、検察官面前調書については**特信情況**の存在は要件とされていないので、「国外にいる」という事由が退去強制による場合も、形式的には常にこの規定に該当することになる。

2　手続的正義の観点

　しかし、訴追側が不当に供述不能の状態を作出したような場合は、供述不能の状態となっても証拠能力を否定される場合が考えられる。321条1項2号の規定は320条の伝聞証拠禁止の例外を定めたもので、また、憲法37条2項が被告人の証人審問権を保障している趣旨をも実質的に考慮すると、検察側が不当に供述不能の状態を作出したような場合には、当該調書の証拠請求が、**手続的正義の観点から公正さを欠く**と認められる場合がありうるのである。

　そこで、【基本判例1】は、「退去強制によって出

国した者の検察官に対する供述調書については、検察官において供述者がいずれ国外に退去させられ公判準備又は公判期日に供述することができなくなることを認識しながら殊更そのような事態を利用しようとした場合や、裁判官又は裁判所がその供述者について証人尋問の決定をしているにもかかわらず強制送還が行われた場合など、その供述調書を刑訴法321条1項2号前段書面として証拠請求することが手続的正義の観点から公正さを欠くと認められるときは、これを事実認定の証拠とすることが許容されないこともある」と判示している。

そして、退去強制との関係で手続的正義を欠く場合として、①検察官において供述者の国外退去という事態をことさら利用しようとした場合、②裁判官・裁判所によって供述者についての証人尋問の決定がなされたにもかかわらずあえて強制送還が行われた場合を挙げている。

①の場合に、検察官面前調書が証拠として許容されないことに異論はないであろう。これに対し、②の場合には、入国管理当局による退去強制義務の執行と、適正な刑事裁判の実現との調整を図る必要が生ずる。その際の基準として、(ア)証拠保全としての証人請求を重視し、尋問決定があった場合に期待される当該尋問の実施に向けた関係者の協議等を排して強制送還が行われた場合に証拠能力が否定されるとする見解と、(イ)刑事手続と退去強制手続は別個の手続であり、証人尋問決定があっても当該外国人に在留資格が与えられるわけではなく、出国の自由の保障等の理由から、証人尋問決定のあった当該外国人について通常の退去強制手続によって送還された場合ではなく、虚偽の情報を裁判所に伝える等、ことさら公判期日を引き延ばしその間に送還を行うなど、検察官の違法・不当な行為により証人尋問が実施できないといった極端な場合に限るとする見解とがある。

3 最近の判例の動き

【基本判例1】の「手続的正義の観点から公正さを欠くといえるか」に関し、東京高判平成21年12月1日（判タ1324-277）は、退去強制により出国した者の刑訴法227条1項に基づく証人尋問調書および検察官に対する供述調書が321条1項1号および2号に基づき証拠能力が認められるかが争われた事案に関し、検察官が、①供述者の証人尋問の際に弁護人の立会いに異議を申し立てたこと、②供述者を起訴せずに釈放したこと、③供述者の釈放を弁護人に通知しなかったことについて検討し、①については、227条1項による証人尋問は捜査に資するために行われるものであって、弁護人に立会権があるわけではないから、検察官の異議申立が格別不当なものとはいえない、②については、「運び屋」を不起訴にした理由に関する検察官の供述の信用性には問題がなくはないし、「運び屋」が捜査協力者であることについて記録化、証拠化されていない点についての捜査関係者の説明は必ずしも十分説得的ではないが、本件が背景に国際的犯罪組織の関与があることが明らかな事案であって捜査の密行性が重視されること等からすると、捜査当局が「運び屋」を起訴することなく釈放したことも不当とはいえず、③については、弁護人が「運び屋」に対する尋問の機会があると考えたのは無理からぬところがあるが、検察官において「運び屋」を釈放して入管当局に引き渡したことを弁護人に通知しなければならないとする根拠はないこと等から、検察官において、供述者が国外退去させられ、被告人の公判手続において供述することができなくなるという事態を不当に利用しようとしたものとはいえないと判断して、証人尋問調書および検察官調書の証拠能力を認めた[1]。

同様に、【基本判例1】の趣旨を踏まえつつ検察官調書等の証拠能力を認めた下級審裁判例として、東京高判平成7年6月29日（高刑集48-2-137）、大阪地判平成7年9月22日（判タ901-277）、東京高判平成8年6月20日（判時1594-150）、東京高判平成20年10月16日（高刑集61-4-1）がある。判例は、国外退去と供述不能に関する「手続的正義」の内容に関し、基本的には、虚偽の情報を裁判所に伝える等、ことさら公判期日を引き延ばしその間に送還を行うなど、検察官の違法・不当な行為により証人尋問が実施できないといった極端な場合に限るとする見解を採用しているといってよいように思われる。

1) なお、本判決は、本件各調書の証拠能力は認めたものの、上記のような経緯によって反対尋問を経ていないから、その信用性について十分検討すべきであるとして、事実誤認の主張に対して慎重に対応している。この点は、平成16年の法改正で要件が緩和さ

れた刑訴法 227 条による証人尋問のあり方と 321 条 1 項 1 号の裁判官面前調書の証拠能力ないし信用性についての考え方の整合性が議論されていく可能性がある（判タ 1324-277 の解説）。

【基本判例 2】 東京高判平成 22 年 5 月 27 日（高刑集 63 巻 1 号 8 頁・判タ 1341 号 250 頁）

事実の概要

　A は、平成 21 年 5 月 19 日の原審第 4 回公判期日に検察官請求の、立証趣旨を「殺人及び死体遺棄の共謀の状況、犯行状況等」とする証人として出廷し、宣誓した上で、被告人と友人関係にあること、被害者の遺体が群馬県内に埋められていたのは知っていること、検察官調書については、内容に納得して署名指印したものもあるが、流されて署名指印したものもあることなど、ごく一部の尋問に答えたものの、本件に関しては、殺人には関与していないとだけ述べ、その余の大半の尋問に対して、自らも本件の共犯者として別に起訴され刑事裁判が係属中で殺人につき否認しているので、ここでの証言が自己の裁判で不利益に使われたくない、などとして証言を拒絶した。しかし、他方で A は、この場で証言することができないのは被害者の遺族に申し訳ないと思っているが、現状としては、証言を拒否するとか、遺族も来ているし、話したい気持ちもあるとか、自分自身も証言した方がいい内容もあると思うが、弁護人と協議した結果、証言を拒否することになったのでとか、私には判断することができないので拒否するとか、などとも証言している。そして、自らの弁護人が許せば証言する用意があるかどうかは、弁護人と実際に相談してみないと分からないが、基本的には弁護人の指示に従おうと思っている、としている。

　このように、本件に関する尋問の大半について、A が証言を拒絶したため、検察官は、同じ原審第 4 回公判期日において、前記の各検察官調書を刑訴法 321 条 1 項 2 号前段の書面として請求した。原審は、同年 5 月 29 日の原審第 6 回公判期日において、これらを採用した。

　弁護側は、原審および原判決は、A の各検察官調書を 321 条 1 項 2 号前段の要件を満たすとして採用し、有罪認定の用に供しているが、証人が証言を拒絶した場合に同号前段の供述不能に当たる場合があるにしても、その証言拒絶は一時的なものでは足りず、相当な期間内に翻意して証言する可能性が認められるときには、同号の要件を満たしているとはいえない上、前記の各検察官調書には信用性の情況的保障も認められないのに、A が自身の公判が終わっていないので証言を差し控えたい旨述べて証言を拒絶し、自身の公判が終了した後に証言する意思がある旨を明確にしていないから、同号前段の要件を満たすとした原判決は、その解釈適用を誤ったもので、判決に影響を及ぼすことが明らかな訴訟手続の法令違反がある、と争った。

判　旨

　破棄差戻。「刑訴法 321 条 1 項 2 号前段に供述者が公判準備若しくは公判期日において供述することのできないときとしてその事由を掲記しているのは、その供述者を裁判所において証人として尋問することを妨げるべき障害事由を示したもので、これと同様又はそれ以上の事由の存する場合において検察官調書に証拠能力を認めることを妨げるものではないから、証人が証言を拒絶した場合にも、同号前段によりその検察官調書を採用することができる（最大判昭和 27・4・9 刑集 6-4-584）。しかし、同②号前段の供述不能の要件は、証人尋問が不可能又は困難なため例外的に伝聞証拠を用いる必要性を基礎付けるものであるから、一時的な供述不能では足りず、その状態が相当程度継続して存続しなければならないと解される。証人が証言を拒絶した場合についてみると、その証言拒絶の決意が固く、期日を改めたり、尋問場所や方法を配慮したりしても、翻意して証言する見通しが少ないときに、供述不能の要件を

満たすといえる。もちろん、期日を改め、期間を置けば証言が得られる見込みがあるとしても、他方で迅速な裁判の要請も考慮する必要があり、**事案の内容、証人の重要性、審理計画に与える影響、証言拒絶の理由及び態度等を総合考慮して、供述不能といえるかを判断するべき**である。

以上を前提に本件についてみると、Aは、自らの刑事裁判が係属中であり、弁護人と相談した結果、現時点では証言を拒絶したい、としているにすぎず、他方で、被害者の遺族の立場を考えると、自分としては証言したいという気持ちがあるとまで述べているのであって、自らの刑事裁判の審理が進み、弁護人の了解が得られれば、合理的な期間内に証言拒絶の理由は解消し、証言する見込みが高かったと認められる。現に、被告人の弁護人作成の平成21年5月21日付け「証拠に対する意見書」によれば、原審第4回公判期日の終了後、被告人の弁護人が、Aの弁護人に対し、同年7月8日に予定されているA自身の被告人質問が終了した後は、被告人の公判において、Aに証言拒絶をさせずに、尋問に応じさせてほしい、と依頼したところ、Aの弁護人から、弁護団で協議するが、十分に検討に値する提案である、と前向きな返答があった、というのである（これに対して、検察官は何ら反論、反証をしていない。）。なお、原判決は、A自身の公判が終了した後に証言する意思がある旨を明確にしていないことを供述不能の理由の1つとしている。しかし、供述不能に関する立証責任は検察官にあるのであって、Aの証言意思、裏返せば**証言拒絶意思が明確でないというならば、その点について立証を促すべき**である。

原審は、本件を公判前整理手続に付し、あらかじめ争点及び証拠を整理した上、第8回公判前整理手続期日で審理予定を定め、平成21年4月22日から同年6月19日までの間に合計7回の公判期日を指定している。しかし、第6回公判前整理手続調書によると、検察官は、同期日において、Aの取調べ状況等に関する捜査報告書及びAとその弁護人との接見状況等に関する回答書を請求したのは、Aが全く証言しない可能性を考慮してのことである旨釈明している。原審においても、この時点でAの証言拒絶を想定し得たはずである。そうであれば、検察官に対して、**Aの証言拒絶が見込まれる理由につき求釈明し、Aの審理予定を確認するなどした上、Aが証言を拒絶する可能性が低い時期を見極めて、柔軟に対応することができるような審理予定を定めるべきであった**のに、原審はそのような措置を講じることなく、審理予定を定めている。

本件が殺人、死体遺棄という**重大事案**であること、被告人が**犯行を全面的に否認している**こと、Aは共犯者とされる**極めて重要な証人**であることなどを考え併せると、このような公判前整理手続の経過がありながら、Aが前記のような理由で**一時的に証言を拒絶したからといって、直ちに前記の各検察官調書を刑訴法321条1項2号前段により採用し、有罪認定の用に供した原審及び原判決には訴訟手続の法令違反がある**」。

▶▶▶▶ **解　説**

1　証言拒否と供述不能

伝聞法則の例外を定めた321条1項各号に共通する要件として、【基本判例1】で扱った国外にいることに加え、供述者の死亡、精神・身体の故障、所在不明により、公判準備または公判期日における供述が不能であることが挙げられている。

これらの事由は、例外的に伝聞証拠を用いる必要性を基礎づけるものであるから、死亡以外の要件は一定程度継続していなければならない。一時的な心身の故障や所在不明は含まれず、期日を変更するなどの方法により、供述者の喚問をできる限り図らなければならない。心身の故障の場合も、その証人の重要性や訴訟の進行状況等によって異なるが、ある程度の期間待てば回復の見込みがある場合は該当しないであろう。もちろん、他方で迅速裁判の要請も考慮する必要はある。所在不明は、失踪した場合に限定されるわけではないが、単に連絡がつかないというだけでは足りない。

【基本判例2】で問題となった証言拒絶等に関し

ては、(ア)供述を利用できないことを法が容認していることなどを理由に、供述不能の事由をこれらの場合にまで拡張することに批判的な見解や、(イ)これらの場合には2号後段の場合と同様に、信用性の情況的保障を必要とする見解もある。

しかし、これらの場合も、公判廷の供述が得られない点では、死亡、所在不明等の事由と異なるところはないと考えられる。また、書面を証拠としても、証言拒否権や黙秘権を侵したことにはならない。やはり、これらの場合も供述不能にあたると解すべきである。最大判昭和27年4月9日（刑集6-4-584）は、「裁判所に証人として喚問されながらその証言を拒絶した場合にあっては、検察官の面前における同人の供述につき被告人に反対尋問の機会を与え得ないことは右規定にいわゆる供述者の死亡した場合と何等選ぶところはない」として、証言を拒絶した者の検察官に対する供述調書を証拠とすることを妨げないとする[1]。

1） 証人が記憶喪失を理由に証言を拒んだ場合も、供述不能に該当する（最決昭和29・7・29刑集8-7-1217）。ただ、記憶喪失の場合には、その原因や程度が様々である。病的な記憶喪失でまったく供述が得られない場合や、年月の経過で記憶の大部分が失われたような場合は、供述不能にあたる。しかし、一部分について記憶があいまいなため尋問者の期待する供述が得られないにすぎないような場合は、記憶喚起のために誘導尋問をすることなども可能なのであるから、供述不能と即断するべきではない。証人が記憶喪失を理由に証言を拒んだとしても、供述を渋っているにすぎないことも少なくないから、慎重な取扱いが必要である。

2　最決昭和44年12月4日

最決昭和44年12月4日（刑集23-12-1546）は、「衆議院議員総選挙に際し、立候補者Aの選挙運動者であるBから選挙運動を依頼され、その報酬として供与されるものであることを知りながら、Bから現金5万円の供与を受けた」旨の公訴事実によって起訴された被告人Xが、公判廷において公訴事実を否認し、Bが証人として調べられた事案に関し、「証人が公判期日に証言を拒んだときは、刑訴法321条1項1号前段にいう公判期日において供述することができないときにあたるものと解すべきである」としている。

Bは、前記選挙に関し、Xを含むD党E地区県議団の構成員に1人5万円の割合で合計50万円の現金を供与することを他2名と共謀したこと、A候補の実質上の出納責任者であるCからこの現金を受領したこと等は認めたが、供与の具体的な相手、態様、趣旨等については証言を拒絶した。そこで、裁判所は、検察官の請求に基づき、「名古屋地裁豊橋支部裁判官Fの証人Bに対する尋問調書」および「Bの検察官に対する供述調書」を採用して証拠調べをしたが、その供述内容は、いずれも、公訴事実記載のとおりXに現金5万円を供与したというものであった。しかし、第1審は、Bの供述中、供与のあった点については十分信用できるけれども、その日時場所については疑わしく、他にこれを特定するに足りる証拠がないとして、無罪の判決をしたのに対し、検察官が控訴し、控訴審はさらに事実の取調べを行い、証拠の取捨選択の誤りによる事実誤認を理由に第1審判決を破棄自判し、前記Bに対する尋問調書等を証拠として公訴事実どおりの事実を認定していた。

3　【基本判例2】の意義

【基本判例2】は、証人（共犯者）が、自らの刑事裁判が係属中である等の理由で証言を拒絶した事案に関し、①合理的な期間内に証言拒絶の理由が解消し証言する見込みが高かったと認められ、②原審公判前整理手続の時点で証言拒絶を想定し得たにもかかわらず、検察官に対して求釈明し、証言を拒絶する可能性が低い時期を見極めてこれに柔軟に対応できる審理予定を定めていなかったこと、③被告人が犯行を全面的に否認している重大事案で同証人の証言が極めて重要であること等を考え併せると、供述不能にあたるとして証拠採用し、有罪認定の用に供した原審および原判決には訴訟手続の法令違反があるとしている。

証人が証言を拒絶した場合にも、321条1項2号前段により、その検察官調書の証拠能力を認めることができることは、前述のように最高裁の判例として確立している。しかし、証言拒絶の意思がどの程度強固でなければならないのか、あるいは、どの程度その状態が継続しなければならないのかについて

は、必ずしも明確でない。学説上は、供述不能一般に関する議論においてではあるが、一時的な供述不能では足りず、その状態が一定程度継続していなければならないとするものが有力であり、事件の性質、証人の重要性、供述不能の事由・期間などを考慮し、許される程度の訴訟遅延にとどまるときは、証人の尋問を行うようにすべきであろう。

【基本判例2】の前提として、東京高判昭和63年11月10日（判タ693-246）が重要である。東京高裁は、事実上の証言拒否にあっても、①その供述拒否の決意が堅く、翻意して尋問に応ずることはないものと判断される場合には、②当該供述拒否が立証者側の証人との通謀あるいは証人に対する教唆等により作為的に行われたことを疑わせる事情がない以上、③証拠能力を付与するに妨げないとして、証言を拒否した証人の検察官面前調書を採用することを許容した。

【基本判例2】も、このような考え方をより具体化し、どの程度の証言拒絶があれば供述不能の要件を満たすのかにつき具体的な判断を示した事例として、また、321条1項2号前段による採用が違法とされた数少ない事例として、重要な意味を持つといえよう。

また、注目すべきなのは、原審の公判前整理手続の経過も考慮し、供述不能の要件を判断している点である。すなわち、【基本判例2】は、原審において、公判前整理手続の段階でAの証言拒絶が予想し得たのであるから、同人が証言拒絶する可能性が低い時期を見極めて、柔軟に対応することができるような審理予定を定めるべきであった、と指摘している。定着した裁判員裁判における公判前整理手続のあり方について、重要な課題が示されたといえよう。

第45講　自白の任意性と自白獲得方法の違法性

> **論点**
> ▶長時間の取調べが任意捜査として許容される限度を逸脱したものといえるか。
> ▶その結果得られた自白に、証拠能力は認められるか。
> ▶長時間の取調べの結果得られた自白の証拠能力の有無の判断を、違法収集証拠排除法則を用いて行うことは合理的か。

【基本判例1】　最3小決平成1年7月4日（刑集43巻7号581頁・判タ708号71頁）

事実の概要

(1) 昭和58年2月1日午後8時48分ころ、被害者Aの居室が約10日間にわたり施錠されたままでAの所在も不明である旨のAの妹からの訴え出に基づき、警察官がA方に赴きAが殺害されているのを発見した。警察官は、Aが1か月ほど前まで被告人Xと同棲して親密な関係にあった旨聞き込んだので、XからAの生前の生活状況や交遊関係を中心に事情を聴取するため、X方に赴いて任意同行を求め同日午後11時過ぎに警察署に同行した。

(2) 同日午後11時半過ぎころから本格的な取調べに入り、Xが協力を約したので、夜を徹して取調べを行い、その間、Xの承諾を得てポリグラフ検査を受けさせたり、Xの行動について一応の裏付け捜査をしたりしたが、翌2日午前9時半過ぎころに至り、Xは、A方でAを殺害しその金品を持ち出した事実について自白を始めた。

(3) そこで、警察官は、約1時間にわたって取調べを続けたうえ、犯行の概要を記載した上申書を作成するよう求め、Xは、殺害するまでの経緯、犯行の動機、方法、犯行後の行動等を詳細に記載した全文6枚半に及ぶ上申書を午後2時ころ書き上げた。

(4) ところが、上申書の記載およびこの間のXの供述が、警察に判明していた客観的事実とは異なるもので、殺害時に同女の金品を強取する意思の有無が曖昧だったので、取調べを続けたところ、「郵便貯金も欲しかったので殺害した」ということを認める供述をするに至ったので、さらに上申書を作成するよう求め、これに応じたXは、午後4時ころから約1時間にわたって、「私がAを殺した本当の気持」と題する上申書を書いた。

(5) その後警察官は、逮捕状請求の準備に入り、上記2通の上申書をも疎明資料に加え、午後7時50分当時のXの自白内容に即した強盗殺人と窃盗の罪名で逮捕状を請求し、逮捕状の発付を得たうえ、午後9時25分Xを逮捕し、その後間もなく当日のXに対する取調べを終え、同月3日午後2時30分に検察官送致の手続がとられ、同日勾留請求がなされ、同月4日午前11時23分勾留状が執行された。

(6) Xは、勾留質問の際に強盗の意思はなかったと弁解した以外は、終始強盗の意思を有していたことを認める供述をし、一方、同月7日の取調べにおいて、郵便貯金の払戻しの時期やA殺害の方法につき説明を訂正し、公訴事実に沿う自白を維持し、同月22日、本件につき強盗致死等の罪名で勾留中起訴された。

第1審判決は、捜査段階の自白の任意性、信用性を肯定し、強盗致死罪等の成立を認めてXに無期懲役を言い渡し、原判決も、本件取調べの適法性を肯定して第1審判決を是認した。

第45講　自白の任意性と自白獲得方法の違法性

決定要旨

上告棄却。「任意捜査の一環としての被疑者に対する取調べは、事案の性質、被疑者に対する容疑の程度、被疑者の態度等諸般の事情を勘案して、社会通念上相当と認められる方法ないし態様及び限度において、許容されるものである（最決昭和59・2・29刑集38-3-479参照）。

右の見地から本件任意取調べの適否について勘案するのに、本件任意取調べは、Ｘに一睡もさせずに徹夜で行われ、更にＸが一応の自白をした後もほぼ半日にわたり継続してなされたものであって、一般的に、このような長時間にわたる被疑者に対する取調べは、たとえ任意捜査としてなされるものであっても、被疑者の心身に多大の苦痛、疲労を与えるものであるから、特段の事情がない限り、容易にこれを是認できるものではなく、ことに本件においては、ＸがＡを殺害したことを認める自白をした段階で速やかに必要な裏付け捜査をしたうえ逮捕手続をとって取調べを中断するなど他にとりうる方途もあったと考えられるのであるから、その適法性を肯認するには慎重を期さなければならない。そして、もし本件取調べがＸの供述の任意性に疑いを生じさせるようなものであったときには、その取調べを違法とし、その間になされた自白の証拠能力を否定すべきものである。

そこで、本件任意取調べについて更に検討するのに、次のような特殊な事情のあったことはこれを認めなければならない。すなわち、前述のとおり、警察官は、Ａの生前の生活状況等をよく知る参考人としてＸから事情を聴取するため本件取調べを始めたものであり、冒頭Ｘから進んで取調べを願う旨の承諾を得ていた。

また、ＸがＡを殺害した旨の自白を始めたのは、翌朝午前9時半過ぎころであり、その後取調べが長時間に及んだのも、警察官において、逮捕に必要な資料を得る意図のもとに強盗の犯意について自白を強要するため取調べを続け、あるいは逮捕の際の時間制限を免れる意図のもとに任意取調べを装って取調べを続けた結果ではなく、それまでの捜査により既に逮捕に必要な資料はこれを得ていたものの、殺人と窃盗に及んだ旨のＸの自白が客観的状況と照応せず、虚偽を含んでいると判断されたため、真相は強盗殺人ではないかとの容疑を抱いて取調べを続けた結果であると認められる。

さらに、本件の任意の取調べを通じて、Ｘが取調べを拒否して帰宅しようとしたり、休息させてほしいと申し出た形跡はなく、本件の任意の取調べ及びその後の取調べにおいて、警察官の追及を受けながらなお前記郵便貯金の払戻時期など重要な点につき虚偽の供述や弁解を続けるなどの態度を示しており、所論がいうように当時Ｘが風邪や眠気のため意識がもうろうとしていたなどの状態にあったものとは認め難い。

以上の事情に加え、本件事案の性質、重大性を総合勘案すると、本件取調べは、社会通念上任意捜査として許容される限度を逸脱したものであったとまでは断ずることができず、その際になされたＸの自白の任意性に疑いを生じさせるようなものであったとも認められない」。

▶▶▶ 解　説

1　自白法則と排除法則

本講では、自白の任意性の判断と違法収集証拠排除について、判例の考え方を整理する。実質的問題は、「任意性を欠く」と考えるのか「違法収集証拠として排除するか」にあるのではなく、どの程度の「重大な違法な取調べ」により得られた自白を排除するかなのである。

憲法38条2項は、「強制、拷問若しくは脅迫による自白又は不当に長く抑留若しくは拘禁された後の自白は、これを証拠とすることができない」と規定し、刑訴法319条1項は、この憲法の規定と同一内容の自白のほか、「その他任意にされたものでない疑のある自白」についても、証拠とすることができ

ない旨規定している。排除法則が認められる前から、任意性のない自白が証拠とならない実質的な根拠に関しては、3つの考え方が対立してきた。

　自白法則、すなわち任意性を欠く自白の証拠能力が否定される根拠に関しては、「強制、拷問等によって得られた任意性のない自白は虚偽内容を含む可能性が高く信用性が低いので証拠にならない」とする虚偽排除説と、「供述の自由を中心とする被告人の人権を保障するため、強制、拷問等によって得られた任意性のない自白は証拠とならない」とする人権擁護説が対立してきた。そして、1960年代から違法排除説が有力化する。憲法38条2項、刑訴法319条1項は、自白採取の過程に違法がある場合にその自白を排除する趣旨を示したものであるとする考え方である。アメリカの判例理論を参考に、「自白の領域で実質的に排除法則を日本において先取りする」ものであったといえよう。

　しかし、刑訴法319条（憲法38条2項）の解釈論として、「任意性」の概念から切り離された違法手段一般を問題とすることには無理があった。現在でも、判例の319条解釈は、基本的に虚偽排除説と人権擁護説を組み合わせたものなのである[1]。任意性の有無は、虚偽排除の観点と人権擁護の観点を総合して具体的に判断されなければならない。

　一方、違法収集証拠の排除という一般原則が定着した現在、それと別に自白法則の中で証拠収集の違法性を論じる現実的要請は少なくなった。また、重大な違法を伴う取調べで得られた自白は、たとえ任意性は認められたとしても、なお違法収集証拠として排除される余地は残されている（図②）。その点については、【基本判例2】で検討したい。

2　任意性の具体的判断——基本類型

　強制によって得られた自白は、任意性のない典型例である。刑訴法319条1項の強制、拷問、脅迫とは、肉体的または精神的な苦痛を与える強制行為のすべてを含む表現である。強制行為と自白との間に因果関係の全くない場合には証拠能力は否定されないが、強制、拷問、脅迫が加えられて得られた自白であると認められる以上、その自白が真実であると判明しても、証拠となし得ない（虚偽排除以外の考慮が含まれているのである）。

　不当に長く抑留または拘禁された後の自白も、任意性のない自白の典型とされる。抑留は短期間、拘禁は長期間の拘束を意味する。虚偽排除説の視点からは、虚偽の自白をしてでも釈放を求めたいと思うような苦痛を与えるほど長い拘束後の自白は排除されることになる。それは、人権擁護説の観点からの、「供述の自由を侵す程度に長いこと」と事実上重なる。不当に長いか否かは、犯罪の罪質、重大性、勾留の必要性などの客観的事情に加えて、年齢、性格、健康状態など被疑者固有の事情を総合して、具体的な事件ごとに判断されるべきである。不当に長い拘束と自白との間にも、因果関係が必要である。たとえば、被告人が当初から一貫して自白している場合には、因果関係は否定される。釈放後相当日数を経過して自白した場合も、因果関係は否定される（最大判昭和23・7・29刑集2-9-1076）。なお、抑留、拘禁自体に憲法違反など重大な違法がある場合には、その間に得られた自白は、任意性を疑わせる強制行為等が存在しなくても、違法収集証拠として、証拠能力が否定される[2]。

2) その他任意性に疑いのある自白に関する判例として、最判昭和38年9月13日（刑集17-8-1703）は、手錠をかけたままの取調べによる自白について「反証のない限りその供述の任意性につき一応の疑いをさしはさむべきである」としている（ただし、結論としては任意性が認められた）。また、糧食の差入れが禁止されている間の自白についても、特段の事情のない限り、任意性に疑いを生じさせるものとしている（最判昭和32・5・31刑集11-5-1579）。

　自白すれば起訴猶予にする、あるいは釈放するなど利益な処分の約束をし、その結果被疑者が自白した場合も排除される（最判昭和41・7・1刑集20-6-537）。

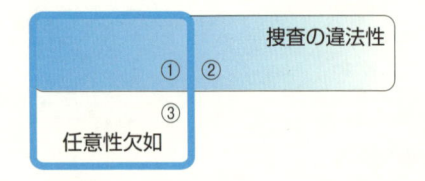

1) 下級審の中には、任意性に全く疑いがない自白であっても排除を認める議論がなかったわけではない。たとえば、別件逮捕の違法を理由とする金沢地七尾支判昭和44年6月3日（判タ237-272）、東京地判昭和45年2月26日（判タ249-89）等である。これらが、違法排除説を支えていったという面がある。

最大判昭和45年11月25日（刑集24-12-1670）は、いわゆる切り違え尋問という偽計によって自白を得た事案につき、「もしも偽計によって被疑者が心理的強制を受け、その結果虚偽の自白が誘発されるおそれのある場合には、右の自白はその任意性に疑いがある」と明示した。

弁護人との接見交通権が不当に制限された状況下での自白についても問題となるが、常に任意性に疑いが生じるものとはいえない。たとえば、最決平成1年1月23日（判タ689-276）は、検察官が一部の弁護人との接見を不当に制限したものの、他の弁護人との接見の直後に自白した事案について、任意性を肯定している。もっとも、接見制限の程度が被告人の弁護人選任権の重大な侵害にあたるような場合には、違法収集証拠排除の見地から、その間になされた自白の証拠能力が吟味されなければならない。

3　任意捜査によって得られた自白と任意性

【基本判例1】では、第1審・原審を通じ、自白の証拠能力そのものよりは、逮捕前の任意取調べの適法性が最も重要な争点となった。被告人への取調べ時間は、食事時に2、30分程度の休憩をはさみ、合計約22時間に及んでいる。そこで、取調べが任意捜査として許容される限度を超えているのではないかが問題とされた。この点、最決昭和59年2月29日（刑集38-3-479）は、「任意捜査の一環としての被疑者取調べは、強制手段によることができないというだけでなく、事案の性質、被疑者に対する容疑の程度、被疑者の態度等諸般の事情を勘案して、社会通念上相当と認められる方法ないし態様及び限度において許容される」との規範を示した上、本人が自ら、どこかに泊めて欲しい旨の答申書を提出するなど取調べに任意に応じていること等の具体的状況のもとでは、5日間連続の取調べであっても、任意捜査の限界を超えた違法なものとはいえないとしている。

それに対し【基本判例1】も、本件のような長時間の取調べは、特段の事情のない限り、容易に是認できるものではないこと、本件においてはXがAの殺害を自白した段階で速やかに逮捕手続をとって取調べを中断するなど他にとりうる方途もあったこと、したがって本件取調べの適法性を肯認するには慎重を期すべきであることを指摘している。その上で、取調べが参考人からの事情聴取として開始され、冒頭本人から進んで取調べを願う旨の積極的な承諾があったこと、また、Xの当初の自白が、単純殺人か強盗殺人かという重大事犯の成否に関する部分に虚偽を含んでいると判断され、事案の真相を解明するために取調べが継続されたこと、さらには取調べを通じてXが帰宅や休息の申出をした形跡がないことなど、Xの側および捜査側に特殊な事情のあったことを指摘し、結局、本件取調べはいまだ任意捜査として許容される限度を超えたものとはいえず、その間になされた自白の任意性に疑いを生じさせるようなものであったとも認められないとした。最終的には、具体的事情を含めた総合判断なのである。

判例は、「任意の取調べの違法性」が重大なものとはいえないので、任意捜査の限界を超えないとして、自白の任意性を認めた。しかし、それは「自白の任意性」が取調べの違法性の程度によって決定されるとしたものではない。このような取調べによって得られた自白は、虚偽内容を含む可能性が必ずしも高くなく、供述の自由を中心とする被告人の人権侵害の程度も重大ではないということであり、その前提として、あくまでも「任意捜査により得られた自白」の枠を超えていないとしたのである。

【基本判例2】　東京高判平成14年9月4日（判時1808号144頁）

事実の概要

東京高裁の認定した事実は次のとおりである。

(1) 被告人X（フィリピン国籍）が、平成9年11月10日午前8時30分ころ、病院に駆け込んで救助を求めたため、病院関係者らがXの案内で被害者A方に赴いたところ、一見して死亡していると分かるAを発見したことが端緒になって、本件殺人事件の捜査が開始された。現場の室内の状況や死体損傷状況等にかんがみ、犯人はAに何らかの関係を有する周辺者の可能性が高いと判断した警察官

らは、現場近くの自動車内でXから簡単に事情を聴取した後、同日午前9時50分ころ、重要参考人としてさらに詳しく事情聴取（取調べ）するためXを警察署に任意同行した。

(2) 警察官は、同月10日以降17日までXを参考人として取り調べた。17日夕刻、Xの着衣にAと同じ型の血痕が付着している内容の鑑定結果がもたらされたため、Xに対する嫌疑が濃厚となり、翌日からは、警察官は、Xを参考人から被疑者に切り替えて取り調べ始めた。Xは、翌19日午後になって、本件犯行を認めて上申書を作成した。Xは、同日午後9時32分通常逮捕され、翌20日検察官に送致され、同月21日勾留され、勾留延長を経て同年12月10日本件殺人罪で起訴された。Xは、検察官送致になった11月20日、検察官の弁解録取に対し自白して自白調書が作成されたが、同日のうちに否認に転じて否認調書が作成され、翌日の裁判官の勾留質問でも否認したものの、同月24日に再び自白し、その後は再び否認に転じている。

(3) 警察は、11月10日の任意同行以降、警察署において連日朝から夜までXを取り調べたが、夜間はXを帰宅させず、最初の2日間はXの長女が入院していた病院に、同女の退院に伴いこれに次ぐ2日間は警察が手配した警察官宿舎の婦警用の空室に、その後の5日間は松戸市内のビジネスホテルにXをそれぞれ宿泊させた。Xからは宿泊斡旋要望の書面などは出されていない。

原審は、Xの上申書および検察官調書について、自白法則を問題とした上で任意性を肯定し、次いで、違法収集証拠排除の一般原則を検討した。そして、採取手続に違法があったものの、違法は重大なものではないとして、証拠能力を認めた。これに対して、Xは、本件逮捕前の捜査は9泊10日もの宿泊を伴う取調べをした実質的な強制捜査であり、その違法の程度も重大であるとして、控訴した。

判　旨

東京高裁は次のように判示した上で、情況証拠からXを犯人と断定することができるとして、原審を破棄し、有罪判決を下した。

「Xは、参考人として警察署に任意同行されて以来、警察の影響下から一度も解放されることなく連続して9泊もの宿泊を余儀なくされた上、10日間にもわたり警察官から厳重に監視され、ほぼ外界と隔絶された状態で1日の休みもなく連日長時間の取調べに応じざるを得ない状況に置かれたのであって、事実上の身柄拘束に近い状況にあったこと、そのためXは、心身に多大の苦痛を受けたこと、Xは、上申書を書いた理由について、ずっと取調べを受けていて精神的に参ってしまった、朝から夜まで取調べが続き、殺したんだろうと言い続けられ、耐えられなかった、自分の家に帰してもらえず、電話などすべて駄目で、これ以上何もできないと思ったなどと供述していること、……Xは少なくとも3日目以降の宿泊については自ら望んだものではないこと、また、宿泊場所については、警察はXに宿泊できる可能性のある友人がいることを把握したのに、真摯な検討を怠り、警察側の用意した宿泊先を指示した事情があること、厳重な監視については、捜査側はXに自殺のおそれがあったと説明するが、仮にそのおそれがあったとしても、任意捜査における取調べにおいて本件の程度まで徹底して自由を制約する必要性があるかは疑問であること等の事情を指摘することができるのであって、他方、本件は殺人という重大事件であり、前記のように重要参考人としてXから事情を緊急、詳細に聴取する必要性が極めて強く、また、通訳を介しての取調べであったため時間を要したこと、Xは自宅に帰れない事情があったことなどの点を考慮するとしても、**本件の捜査方法は社会通念に照らしてあまりにも行き過ぎであり、任意捜査の方法としてやむを得なかったものとはいえず、任意捜査として許容される限界を越えた違法なものであるというべき**」とし、本件自白も、違法な捜査手続により獲得された証拠ということになるとした。

そして、「**自白を内容とする供述証拠についても、証拠物の場合と同様、違法収集証拠排除法則を採用できない理由はないから、手続の違法が重大であり、これを証拠とすることが違法捜査抑制の見地から**

第45講　自白の任意性と自白獲得方法の違法性

相当でない場合には、証拠能力を否定すべきであると考える。また、本件においては、憲法38条2項、刑訴法319条1項にいう自白法則の適用の問題（任意性の判断）もあるが、本件のように手続過程の違法が問題とされる場合には、強制、拷問の有無等の取調方法自体における違法の有無、程度等を個別、具体的に判断（相当な困難を伴う）するのに先行して、違法収集証拠排除法則の適用の可否を検討し、違法の有無・程度、排除の是非を考える方が、判断基準として明確で妥当であると思われる」とし、「本件がいかに殺人という重大事件であってXから詳細に事情聴取（取調べ）する必要性が高かったにしても、上記指摘の事情からすれば、事実上の身柄拘束にも近い9泊の宿泊を伴った連続10日間の取調べは明らかに行き過ぎであって、違法は重大であり、違法捜査抑制の見地からしても証拠能力を付与するのは相当ではない。本件証拠の証拠能力は否定されるべきであり、収集手続に違法を認めながら重大でないとして証拠能力を認めた原判決は、証拠能力の判断を誤ったものであるといわざるを得ない」とした。

▶▶▶▶ 解　説

1　違法収集証拠排除と自白法則

供述証拠については、憲法38条2項や刑訴法319条1項により、拷問や長期の拘禁の後の自白などが証拠から排除されていることから、違法収集証拠というときは、主に非供述証拠を念頭に置くことが多かった。しかし、【基本判例2】のように、実務上も、供述証拠に排除法則を適用することが認められてきている。

ただ、特に証拠物の場合、収集手続に違法があっても、その証拠の証明力自体には変わりがない。したがって、実体的真実発見のためにはこれを証拠とすることを認める一方、捜査機関の違法については、民事上、行政上の責任を追及することによって救済を図るべきであると考えることも不可能ではない。しかも、違法な手続によって収集された証拠物の証拠能力を否定する明文の規定は存在しない。しかしながら、拷問等の違法な手続によって収集された自白については、その証拠能力が否定されている。そして、違法捜査を抑止するためには、事後的な救済措置のみでは実効性に乏しく、違法収集証拠の排除による方が、大きな効果を期待できる場合がある。そこで、違法収集証拠については、適正手続の保障や令状主義の精神をないがしろにする重大な違法があり、排除することによって将来の違法捜査を抑止することが必要と認められる場合に排除すべきものとされている。

ただ判例は、当初、「押収物は押収手続が違法であっても物其自体の性質、形状に変異を来す筈がないから其形状等に関する証拠たる価値に変りはない」として（最判昭和24・12・12裁判集刑15-349）、排除法則に消極的であった。しかし、現行刑訴法施行後約30年を経て、最判昭和53年9月7日（刑集32-6-1672）が違法収集証拠排除の原則を認めるに至った。しかしその後単純に証拠排除の範囲が拡大したわけではなく、判例が真実発見の視点を放逐したものではないことも、確認しておかなければならない。

2　自白法則と排除法則

供述証拠を収集する手続に違法がある場合については、特にそれが自白であるときは、違法な手続で得られた場合は、任意性に影響することになるので、任意性に疑いがあるという理由で証拠能力が否定される。第三者の供述でも、任意性を欠けば、証拠能力が否定されることになる。そこで、任意性にまでは影響しないものの、それを収集する手続に違法がある場合について、どのように考えるかが問題となる。そこでは、主として被疑者の供述が問題となるが、違法な身柄拘束中に取り調べられた供述のほか、黙秘権を告知せずに得た供述、弁護人との接見交通権を制限して得た供述などが問題となる。そこにおいても、違法の重大性とその違法が供述に及ぼす影響の程度等が検討されなければならない。

【基本判例2】は、①自白を内容とする供述証拠についても、違法収集証拠排除法則を採用できない理由はないから、手続の違法が重大であり、これを証拠とすることが違法捜査抑制の見地から相当でない

場合には、証拠能力を否定すべきであり、②本件のように手続過程の違法が問題とされる場合には、強制、拷問の有無等の取調方法自体における違法の有無、程度等を個別、具体的に判断する任意性の判断に先行して、違法収集証拠排除法則の適用の可否を検討する方が、判断基準が明確で妥当であるとした。

しかし、自白の任意性の具体的判断と、違法収集証拠排除の具体的基準で、後者が質的に明確であるとはいえないように思われる。【基本判例2】は、違法収集証拠排除の基準に関しては、①殺人という重大事件であって事情聴取の必要性が高かったが、②事実上の身柄拘束にも近い9泊の宿泊を伴った連続10日間の取調べの違法は重大であり、③違法捜査抑制の見地からしても証拠能力を付与するのは相当ではないとしたのである。事件の重大性・嫌疑の程度と、取調べによる被疑者の人権侵害性の程度の比較衡量は、さほど容易なことではない。

違法収集証拠排除法則の方が、「取調べの違法性」のみで証拠を排除しうるという趣旨であれば、それは必ずしも妥当ではない。事案の重大性・嫌疑の濃さ、被疑者の態度などの具体的事情は、考慮されざるを得ない。もちろん、任意性は否定できないが違法収集証拠として排除しうるものは存在しうるであろう。しかし、その判断の困難性は、大差ないというべきであるように思われる。

令状主義（憲法33条）に違反した場合のような、重大な違法がある場合には、違法な拘束中に得られた供述の証拠能力は、原則として否定されるべきである。身柄拘束が違法であれば、その間になされた供述にも影響を及ぼすのは当然であり、影響力の点では証拠物の場合よりも一般的に強いといえるからである。しかし、違法な身柄拘束中に作成された供述調書であるとしても、それのみによって直ちに排除すべき違法があるとはいえない（最判昭和27・11・25刑集6-10-1245）。たとえば、違法な別件逮捕に基づく勾留中における供述であっても、裁判官による勾留質問における供述が記録された勾留質問調書は、証拠能力が認められる（最判昭和58・7・12刑集37-6-791）。裁判官による勾留質問の手続は捜査とは異なった独立のものであり、公正な立場にある裁判官の質問に対する供述であれば、身柄拘束の違法性の影響は遮断されると考えられるからである。このように、供述証拠についても、違法収集証拠排除

法則と基本的には同様に考えることができる。その意味では、任意性の判断と同様に、違法な取調べが供述内容に因果性をもって影響したか否か（その危険性を有していたか否か）も重要である。

3　判例の排除法則の基本構造

最判昭和53年9月7日（刑集32-6-1672）は、違法に収集された証拠物の証拠能力については、刑訴法の解釈に委ねられており、刑訴法1条の見地からの検討を要するとした上、「刑罰法令を適正に適用実現し、公の秩序を維持することは、刑事訴訟の重要な任務であり、そのためには事案の真相をできる限り明らかにすることが必要であることはいうまでもないところ、証拠物は押収手続が違法であっても、物それ自体の性質・形状に変異をきたすことはなく、その存在・形状等に関する価値に変りのないことなど証拠物の証拠としての性格にかんがみると、その押収手続に違法があるとして直ちにその証拠能力を否定することは、事案の真相の究明に資するゆえんではなく、相当でないというべきである。しかし、他面において、事案の真相の究明も、個人の基本的人権の保障を全うしつつ、適正な手続のもとでされなければならないものであり、ことに憲法35条が、憲法33条の場合及び令状による場合を除き、住居の不可侵、捜索及び押収を受けることのない権利を保障し、これを受けて刑訴法が捜索及び押収等につき厳格な規定を設けていること、また、憲法31条が法の適正な手続を保障していること等にかんがみると、証拠物の押収等の手続に、憲法35条及びこれを受けた刑訴法218条1項等の所期する令状主義の精神を没却するような重大な違法があり、これを証拠として許容することが、将来における違法な捜査の抑制の見地からして相当でないと認められる場合においては、その証拠能力は否定されるものと解すべきである」と判示している。

判例は、端的に手続の違法の有無のみを基準として排除する絶対的排除説を採用していない。学説においても、司法に対する国民の信頼の確保の観点と違法捜査の抑止の観点から採証手続の違法性の程度や抑止効果等を総合的に考慮して判断する相対的排除説がかなり有力である。

4　排除の具体的基準

問題は、証拠の収集手続にどの程度の違法があれば証拠能力を否定すべきかにある。それは、他面では、いかなる事情が抑止効果を必要とするかである。違法の程度が軽微である場合、たとえば、捜索差押許可状によって押収したが令状の記載に明白な誤記があったという程度の形式的違法にとどまるのであれば、押収物については証拠能力を認めるべきである（最判昭和27・2・21刑集6-2-266参照）。これに対し、証拠物の押収手続に令状主義の精神を没却するような重大な違法があり、これを証拠として許容することが将来における違法な捜査の抑制の見地からして相当でないと認められる場合においては、その証拠能力は否定されるべきである。

言い換えれば、違法収集証拠を用いることにより、被疑者・被告人の人権を侵害し、刑事司法システムの公正さや正義を疑わせるおそれの程度と、その証拠を排除することにより、真実発見の利益を放棄し、刑事司法システムの運用コストを増大させる程度との比較衡量判断なのである。

具体的には、捜査官が①当該事案の重大性とその証拠構造における当該証拠の重要性、②違反した法規の重大性、③違反の態様の悪辣性、④被告人の利益を直接侵害した程度、⑤捜査官の法軽視の態度の強弱、⑥当該捜査方法が将来繰り返される確率、⑦手続の違法と証拠収集との因果性の程度などが考慮されなければならない。

最判平成15年2月14日（→第34講【基本判例2】）は、被疑者の逮捕手続の違法と警察官がこれを糊塗しようとして虚偽の証言をしたことなどに表れた警察官の態度を総合的に考慮し、逮捕手続の違法の程度は令状主義の精神を没却するような重大なものであり、採取された尿の鑑定書の証拠能力は否定されるとしている。捜査官の令状主義潜脱の意図が顕著であった場合には、違法捜査抑止の必要性が高まることになると考えられる。最判平成15年2月14日の事案では、逮捕状の呈示がなく、逮捕状の緊急執行もされていない違法があり、これを糊塗するため、警察官が逮捕状に虚偽事項を記入し、公判廷において事実と反する証言をするなどの事情が存在する。最高裁が唯一証拠を排除した違法捜査事案は、捜査官の法軽視の態度が明確なものであったのである。

基本的には、捜査方法に重大な違法があればそれを抑止する必要性が高く、しかも捜査官の法軽視の態度が顕在化していると考えられるので、違法捜査抑止の政策的な必要性も高い。もっとも、違法の程度が重大とまではいえなくても、その捜査手法が頻繁に行われているとみられる場合には、それを抑止するために証拠が排除されることになろう。また、捜査官の令状主義潜脱の意図が顕在化している場合にも、そのような捜査手法を抑止する必要性が高いから、証拠排除が認められるのである。これらとは逆に、違法捜査をした捜査官が善意であった場合、すなわち意図せずに許容限度を超えてしまったために手続が違法となったような場合には、その違法性の程度にもよるが、排除されないことが多くなるものと考えられる[3]。

3)　違法収集証拠に基づいて収集された証拠の証拠能力について、「違法捜査によって収集された証拠に基づいて発見された証拠（派生的証拠）も排除される」とする毒樹の果実論なども主張されているが、ここでも実質的解釈論が必要である。いかなる範囲の派生的証拠が排除されるかは、当初の証拠収集方法の違法の程度と両証拠間の関連性の強弱によって判断されるべきである。当初の違法が重大であれば、その影響力は強く、派生的証拠との間に何らかの関連性がある程度でも派生的証拠を排除すべきことになり、逆に、当初の違法が軽度のものであれば、派生的証拠との間の関連性が強くても、証拠能力が認められる場合があることになる。また、①派生的証拠を得る際に被疑者の同意があった場合、②原証拠と派生的証拠との間に他の適法に得られた証拠が介在する場合、③原証拠によらなくてもそれと同一内容を証明しうる他の適法な証拠が存在する場合、④派生的証拠が当初の違法捜査とは独立した捜査活動から得られた場合などは、違法に収集された原証拠との関連性が否定されるため、証拠能力を認めることができる（たとえば前掲最判平成15・2・14。なお最判昭和58・7・12刑集37-6-791）。

第46講　黙秘権の不告知と供述の証拠能力

> **論点**
> ▶ 立件を視野に入れて捜査対象としながら、黙秘権を告げず、参考人として事情聴取して得られた調書を、有罪認定の証拠として用いることができるか。
> ▶ 黙秘権・弁護人選任権の告知がないまま行われた取調べにより得られた供述調書の任意性の有無。

【基本判例1】　東京高判平成22年11月1日（判タ1367号251頁）

事実の概要

　被告人Xは、消防士にあこがれていたが、消防士になることはあきらめ、配管工をしながら、平成21年1月から、O消防団第7分団の団員となっていた。

　同消防団第7分団の受持ち区域で、夜間、連続放火が発生するようになり、警察は夜間の警戒をしていたが、6月3日、T警察署は、O消防団の団長から、所属の消防団員であるXの挙動に不審な点があり、Xが放火の犯人である可能性がある旨の情報を得た。そこで、警察がXについて調査をすると、①Xは、第1回目の放火、すなわち、5月23日にK地区内で発生した火災において初期消火者として記録されていること、②同日から発生していた連続放火は、いずれもXの住居、元住居、Xの通学していた中学校などXにかかわりのある場所の近くで発生しており、Xが地理的に詳しく、土地勘のある場所で連続放火が発生していること、また、③6月3日の夜、警戒に当たっていた警察官は、消防団の服装を着用して、1人で自転車に乗るなどしてK地区内を徘徊している男を見かけて職務質問をしたところ、その男がXであり、消防団に確認すると、単独で消防団の服装を着用させて警戒させるようなことはないなどの事実が判明した。そこで、警察は、Xを連続放火犯人の容疑者の1人として、6月4日の夜から、Xの尾行を開始した。そして、Xを尾行中、Xを見失ったときに、放火が発生するということが判明した。

　6月12日午後10時40分ころ、K地区のゴミ置場での火災が発生した。この日の夜、Xが本件ゴミ置場の近くにある自動販売機に缶コーヒーを1人で買いに行き、それから帰ってきて、団員達が缶コーヒーを飲み始めたときに、本件ゴミ置場での火災発生を知らせてきた。缶コーヒーを買いに行った際のXの行動を確認するなどし、また、消防団員などから事情聴取した内容、そして、放火現場付近の防犯ビデオの解析をするなどして検討すると、火災の第1発見者が放火現場付近に来る前は、時間的にみてXとおぼしき男以外は写っていなかったので、Xがこの放火（原判示第3）を敢行した疑いが高まった。そこで、警察では、6月17日にこの放火の事実について通常逮捕状の発付を得た上、18日、Xに任意同行を求め、同日午前8時54分から、Xに対する任意の取調べを開始し、Xにこの事実について確認したところ、一度否認したものの、「本当にやっていないのか」などと確認されると、5分か6分ぐらいで、犯行を認めた。そこで、警察官Fは、Xに紙を渡して、やったことを自分の言葉で書くように言ったところ、Xは「わたしがやった事」と題する上申書を書いた。さらに警察官Fは、Xから、具体的に何件か放火したところを上申書に書いてもらい、K地区内において連続して発生していた放火の疑いがある火災の犯人はXに間違いないと確認できたことから、すでに発付されていた逮捕状を示し、同日午前9時47分、Xを通常逮捕した。結局、Xは、同日中に、K地区内において連続して発生していた放火の疑いがある火災のうちの8件を認める上申書8枚、10件ほど放火した旨を認

第46講　黙秘権の不告知と供述の証拠能力

める全体的な内容の上申書1枚および犯行に用いたライターについての上申書1枚を作成した。

　その後、Xは、弁護人と接見した後、6月20日の勾留質問において、最後の放火の事実について「事実は身に覚えがありません」と述べたことがあったものの、その後、「事実は身に覚えがありません」と勾留質問において述べたのは、その意味が理解できないまま述べたのであり、自分がやったことに間違いはない旨訂正し、その後は、K地区内において5月28日に発生した放火のみについて一貫して否認しているほかは、連続10件の放火につき、自らが敢行したものであることを認めた。そして、放火の動機も含め、放火の事実について具体的に供述をして、Xの検察官調書、警察官調書、上申書が作成された。

　しかし、Xは、本件が家庭裁判所に送致されると、本件各事実を否認し、アリバイも主張するようになり、本件が検察官送致され、公判請求がされた後、原審公判廷においても、本件各事実を否認した。

　このような証拠関係の下で、原審は、Xが、「捜査官に対する捜査段階での供述を変遷させて否認するに至った理由について納得の行く説明がされていない」として、「Xの捜査段階での自白は信用することができる」ので、放火罪の成立を認めた原判決に事実誤認はないと判示した。

　これに対し、弁護側は、本件の警察官調書が、Xが逮捕される6月18日以前の6月13日に参考人として事情聴取を受けて作成されたものであり、「缶コーヒーを買いに行った時と帰ってきた時には、誰とも会っていません」などという供述があり、Xに不利益な事実の承認を内容とするものであって、任意になされたものではないから、証拠能力が認められないのに、これを証拠として取り調べたのは、事実誤認を招くことになる等と争って控訴した。

判　旨

　東京高裁は、以下のように判示して控訴を棄却した。

　「検討するに、Xの警察官調書は、原判示第3の放火事件が発生した6月12日の翌日に、同事件の捜査のために、Xを参考人として事情聴取をして作成された供述録取書であるが、捜査機関は、連続放火犯人の容疑者の1人として6月4日からXの尾行をしていたのであり、Xを6月13日に参考人として事情聴取した際、原判示第3の放火事件についてXの立件を視野に入れてXを捜査対象としていたとみざるを得ないが、この警察官調書については、捜査機関が、Xに黙秘権を告げず、参考人として事情聴取し、しかも放火発生時のXの行動などに関して、Xに不利益な事実の承認を録取した書面を作成したものであるから、この警察官調書は、**黙秘権を実質的に侵害して作成した違法があるといわざるを得ず、Xに不利益な事実の承認があるからといって、これを刑訴法322条1項により証拠として採用して取り調べ、Xの有罪認定の証拠として用いることは、許されないといわなければならない**。したがって、弁護人から不同意、任意性を争うとの証拠意見が述べられているこの警察官調書について、検察官からの刑訴法322条1項による取調べ請求に対し、弁護人が異議がないと述べても、原審が、これを証拠として採用して取り調べ、原判決の（証拠の標目）欄に掲げて、原判示第3の事実について、Xの有罪認定の証拠として用いたのは違法であるといわなければならない。しかし、この違法は判決に影響を及ぼすほどの違法ではなく、この警察官調書だけを証拠から排除すれば足りるというべきである。そして、この警察官調書を除いた関係各証拠によれば、原判示第3の事実を認めることができ、前記認定を左右するものではない」。

▶▶▶ 解　説

1　可視化論と供述の証拠能力

　【基本判例1】は、警察が連続放火犯人の容疑者の1人としてXの尾行を継続していた中で、建造物等以外放火事件が発生し、その翌日にXを参考人として作成された供述録取書（警察官調書）の証拠能力が争われた判例である。黙秘権を告げずに事情聴取して作成した供述録取書であり、原審においては、検察官が証拠として請求し、弁護人は不同意、任意性を争うとの証拠意見を述べ、検察官は刑訴法322条1項によりこの取調べを請求し、これに対し、弁護人が異議がないと述べ、原審は、同条項によりこれを証拠として採用して取り調べ、原判決の（証拠の標目）欄に掲げて、Xの有罪認定の証拠として用いられたが、控訴審は、本件警察官調書は、黙秘権を実質的に侵害して作成した違法があるといわざるを得ず、これを刑訴法322条1項により証拠として採用して取り調べ、Xの有罪認定の証拠として用いることは許されないとしたのである。

　裁判所の側からの「取調べの可視化論」の実質的根拠は、書証（供述調書）と公判廷での供述に齟齬が生じた場合の取扱いにあったといっても過言ではない（吉丸眞「録音・録画記録制度について(上)(下)」判時1913号16頁、914号19頁（以上2006））。調書の任意性の評価の問題である。自白の任意性の立証に関し、取調捜査官の供述と法廷での被告人の供述とが対立し「水掛け論」の様相を呈した場合、職業裁判官ですら、自白強制等の外部的事情の存否の認定は困難だと強く意識されてきた。裁判員の場合にはその作業は、一層困難になる。そこで、裁判所のかなりの部分が、取調状況を録音・録画して任意性の判断を容易にすべきだと考えたのである。

　ただ、録音・録画の制度が導入されてもされなくても、任意性の評価の問題は残る。そしてそれは、自白以外の供述証拠にも及ぶのである。【基本判例1】は参考人の供述が問題となった。自白と異なり、参考人に対しては、あらかじめ供述拒否権を告げる必要はないはずである。しかし、東京高裁は、被告人に不利益な事実の承認を録取した警察官調書は、黙秘権を実質的に侵害して作成した違法があるといわざるを得ず、被告人に不利益な事実の承認がある

からといって、有罪認定の証拠として用いることは、許されないといわなければならないとした。

　逆にいえば、可視化の要請は、徐々に自白からその外側にまで拡がっていくことに留意しておかねばならないのである。

2　参考人の取調べと供述拒否権の告知

　【基本判例1】では、重要な容疑者としてマークしていたXに対し、参考人として事情聴取して得られた供述録取書の証拠能力が問題となった。もとより、警察官は、犯罪の捜査をするについて必要があるときは、被疑者以外の者（いわゆる参考人）の取調べをすることができる（刑訴法223条1項）。この取調べには、刑訴法223条2項で198条2項が準用されていないことから、参考人に対し、あらかじめ供述拒否権を告げる必要はないとされている（最判昭和25・6・13刑集4-6-995）。ただ、被告人が参考人として黙秘権が告知されずに取り調べられて作成された供述録取書でも、証拠として採用することができるかが問題となりうるのである。

　自白と実質的に連続的な関係にあることの多い「他人の被疑事件について参考人として取り調べられた供述調書」を自己の被告事件の証拠とすることができるかについては、現行刑事訴訟法成立時から争われてきたが、基本的には「その供述の内容が自己の被疑事件と必然的関連性を有する事項であってもそれが任意に為されかつその内容について真実性を認められる以上、所論のように被疑者取り調べに関する刑訴法第198条第2項を準用して所謂供述拒否権の告知がなかったとの一事をもって該供述調書が違法調書として証拠能力がなく若しくは信用すべき情況を欠如すると為すことはできない」とされてきた（東京高判昭和26・3・14高裁刑判特21-43。さらに、東京高判昭和26・6・20高裁刑判特21-119参照）。

　そして、最判昭和27年3月27日（刑集6-3-520）は、黙秘権の告知を欠く供述録取書の証拠能力について、被疑者の弁解録取手続に際しては黙秘権の告知をする必要はないとした上で、黙秘権を告知せずにした弁解録取手続により作成された弁解録取書であっても、被告人の供述を録取した書面と認められ、

かつ、刑訴法322条の要件を具備するかまたは同法326条の同意がありさえすれば証拠とすることができるとした。

そうだとすると、【基本判例1】の事案でも、本件警察官調書につき、Xに対して黙秘権を告げずに取調べをして作成した警察官調書であるというだけの理由で、直ちにその証拠能力を否定すべきではないことになるように思われる。

3 黙秘権の実質的侵害の有無

実質的に重要なのは、形式上参考人としての事情聴取といっても、立件を視野に入れて被告人を捜査対象にしていたとみざるを得ない場合に、警察官として、「参考人としての事情聴取にすぎない」ということを根拠に、Xに黙秘権を告げずに、Xに不利益な事実の承認を録取した本件警察官調書を作成してよいのかという点である。

6月17日に原判示第3の事実について通常逮捕状の発付を得た上、6月18日、XにT警察署への任意同行を求め、同日午前8時54分から、警察官Fが、Xに対する任意の取調べを開始した。この取調べ経過については、警察官Fが、Xに対し、原判示第3の事実について確認したところ、Xは、一度否認したものの、同警察官から「本当にやっていないのか」などと確認されると、5分か6分ぐらいで、原判示第3の犯行を認めた。そこで、警察官Fは、Xに紙を渡して、やったことを自分の言葉で書くように言ったところ、Xは「わたしがやった事」と題する上申書を書き、警察官Fは、同上申書の記載により、Xに交際相手がいることや、交際相手とけんかをしたことから、自分が捕まっていなくなった方がいいなどと思って放火をしたことを、初めて知った。その後、警察官Fは、Xに対し、ほかにやった放火があるかを尋ねたところ、Xは、少し黙り込んだ後、すぐに他に10件くらいある旨を話したことから、Xに、その旨を紙に書いてもらうこととし、Xは「わたしのやった事」と題する上申書を提出している。

警察が、連続放火犯人の容疑者の1人として、1週間以上にわたり、Xの尾行をしている中で、公訴事実の1つである建造物等以外放火被告事件が発生したことから、その翌日に、同事件の捜査のために、Xを参考人として事情を聴取しているのであり、これらの「参考人として取り調べるに至った経緯」、特に、捜査機関がXを他人の被疑事件について参考人として取調べをしたものではなく、捜査機関が、取調べの対象とされた被疑事件につき、すでにXを捜査対象としていたにもかかわらず、Xを同被疑事件の参考人として、黙秘権を告げずに、取り調べたと評価しうる点が重要である。そのような例外的事情がある場合には、その取調べにより得られた警察官調書には、黙秘権を実質的に侵害して作成したものと評価され、これの証拠能力が否定される可能性があるのである。取調べ担当者は、このことを十分に認識しておく必要がある。

【基本判例2】 浦和地判平成3年3月25日（判タ760号261頁）

事実の概要

被告人Xは、「Xは、Aと共謀の上、Bから覚せい剤約1gを代金2万円で譲り受けた」という事実で起訴されたが、Xは、公判廷で、「Aに頼まれて、Aを覚せい剤を密売しているB方へ案内し事実上両名を引き合わせ、その後の覚せい剤の取引現場にも同席したこと」を認めたが、本件取引はAとBの間で行われたもので自分は関与しておらず、Aを案内する際にもAの覚せい剤譲受けの意図を知らなかったので、Aと譲受けを共謀したこともない旨を弁解した。

本件で争われた点は複数に及ぶが、Xの供述調書に関して、以下のような事情があった。U署の捜査員（Hら）は、Xを本件覚せい剤譲受けの被疑事実に関して通常逮捕後、直ちに身柄をU署に押送し、同署に到着後直ちにXから弁解を聴取して弁解録取書を作成するとともに、事実関係に関する簡単な供述調書を作成し、またその前後の時点で、Xから尿の任意提出を受けた。

翌日に検察官に身柄を送致されたXは、検察官の弁解聴取に対し、譲受けの事実を否定する陳述を

し、その直後の勾留質問でも、同旨の陳述をした。その後、Hおよび保安課警察官Oは、都合4日にわたりXを取り調べて、本件の譲受けの事実関係に関して計17枚の供述調書を作成し、また、U地検の検察官も都合2日わたり計25枚の供述調書を作成した。

弁護人は、Xの捜査段階における警察官に対する供述調書は、①黙秘権や弁護人選任権の告知がないまま、②威嚇、暴行、脅迫、不当な差別待遇のもとに、③捜査官の創作により読み聞かせもされずに作成されたものであり、また、検察官に対する供述調書も、警察官による不当・違法な圧力の影響を遮断する努力を怠った状態のまま、Xの反論を無視するなどして作成されたものであって、いずれも任意性がないことが明らかであると主張した。

なお、本件では、捜査機関が、これまで再々検挙したXがその都度実刑判決を免れてしまったことに切歯扼腕し、2度目の執行猶予判決の直後からXの検挙に執念を燃やして逮捕するに至ったが、しかし、Xから再度にわたって提出された尿からは、結局覚せい剤反応が得られず、本件採尿・鑑定嘱託の事実を隠ぺいしようとし、採尿関係の手続書類を破棄・隠匿した上、公判段階における検察官からの照会に対しても虚偽の報告をしたなどの事情があったと認定された。

判　旨

浦和地裁は、「本件捜査・公判の過程には、弁護人も指摘するとおり、なり振り構わず、何が何でも今回はXを起訴・有罪・実刑に追い込まないではおかないという捜査官の執念及びそれの具体化としての捜査官の違法・不当な捜査遂行行為、更には公判廷における偽証と疑われてもやむを得ない首肯し難い証言などを容易に看取することができるのであって、右の点は、Xと捜査官の供述が対立する場面においては、捜査官側の供述の信用性を大きく減殺する事情として働くものというべきである」と認定した上で、黙秘権の不告知に関して以下のように判示して、自白の任意性を否定した。「確かに、**黙秘権の告知がなかったからといって、そのことから直ちに、その後の被疑者の供述の全ての任意性が否定されることにはならないが**、被疑者の黙秘権は、憲法38条1項に由来する刑事訴訟法上の基本的、かつ、重要な権利であるから（同法198条2項）、これを無視するような取調べが許されないことも当然である。そして、刑訴法は、捜査官による被疑者の取調べの必要と被疑者の右権利の保障の調和を図るため（すなわち、取調べによる心理的圧迫から被疑者を解放するとともに、取調官に対しても、これによって、取調べが行きすぎにならないよう自省・自戒させるため）、黙秘権告知を取調官に義務づけたのであって、一般に、右告知が取調べの機会を異にする毎に必要であると解されているのは、そのためである。従って、本件におけるように、**警察官による黙秘権告知が、取調べ期間中一度もされなかったと疑われる事案においては、右黙秘権不告知の事実は、取調べにあたる警察官に、被疑者の黙秘権を尊重しようとする基本的態度がなかったことを象徴するものとして、また、黙秘権告知を受けることによる被疑者の心理的圧迫の解放がなかったことを推認させる事情として、供述の任意性判断に重大な影響を及ぼすもの**といわなければならず、右のような観点からすれば、本件において、Xが、検察官や裁判官からは黙秘権の告知を受けていることとか、これまでに刑事裁判を受けた経験があり黙秘権の存在を知っていたと認められることなどは、右の結論にさして重大な影響を与えないというべきである」。そして、その他の不適切な取調べの事実を挙げた上で、「Xの警察官に対する各供述調書は、……いずれもその**任意性に疑いがある**というべきである」としたのである。

▶▶▶ 解　説

1　黙秘権の重要性

　弁護人選任権とならんで、黙秘権（自己負罪拒否特権）が、被疑者の防御権として重要であることは、いうまでもないことである。黙秘権は、憲法38条1項に由来するものであるが、黙秘権を実効性のあるものとするためには、捜査官らが被疑者を取り調べる前に、その権利のあることを告知する必要がある（刑訴法198条2項）。そのため、黙秘権を侵害して得られた証拠資料は、「適法な証拠」として使用できないものとすべきであり、証拠能力を否定することも考えられる。自白に関しては、刑訴法319条が存在するので、任意性が吟味されることになろう。自白の任意性に関する違法排除説を採用すれば、捜査官側の態度や取調べ方法などに重大な違法があれば、自白の証拠能力が否定されることになる。【基本判例2】の「取調べにあたる警察官に、被疑者の黙秘権を尊重しようとする基本的態度がなかったことを象徴するもの」、「黙秘権告知を受けることによる被疑者の心理的圧迫の解放がなかったことを推認させる事情として、供述の任意性判断に重大な影響を及ぼすもの」という判示からは、違法排除説的な考え方がうかがわれる。ただ、本件の捜査官側の違法・不当な言動とされたものは、後述するように、Xの意思を制圧するほど強力なものであったとは言いづらい。

　ただ、【基本判例2】も、後述の「黙秘権の不告知が直ちに自白の任意性を失わせるものとはいえない」という判例（最判昭和25・11・21刑集4-11-2359等）に変更を加えたわけではない。また、基本的には「虚偽排除と人権擁護とを併せて考える任意性説的立場」である判例の流れを、正面から否定したともいい切れないであろう。判文で引用したように「捜査機関がXの検挙に執念を燃やしていたという本件に固有の事情」を重視し、「黙秘権不告知の事実は、取調べにあたる警察官に、被疑者の黙秘権を尊重しようとする基本的態度がなかったことを象徴するものとして、また、黙秘権告知を受けることによる被疑者の心理的圧迫の解放がなかったことを推認させる」として自白の任意性を否定したとも解しうるのである。

2　黙秘権の不告知と取調べの違法性

　刑訴法321条以下の伝聞例外の規定の中で、刑事警察官にとって322条が身近なものといってよいはずである。その1項は、「被告人の供述を録取した書面で被告人の署名若しくは押印のあるものは、その供述が被告人に不利益な事実の承認を内容とするものであるとき、……これを証拠とすることができる」と定めている。この「被告人の供述を録取した書面」には、被疑者の司法警察員、司法巡査に対する供述調書が含まれるとされる。黙秘権の不告知の取調べによって得た自白調書の証拠能力については、最判昭和25年11月21日（刑集4-11-2359）以来、<u>黙秘権の告知を欠いても証拠採用できるとしてきた</u>といってよい。ただ、同判決は、「憲法第38条は、裁判所が被告人を訊問するに当り予め被告人にいわゆる黙秘の権利あることを告知理解させなければならない手続上の義務を規定したものではなく、従ってかような手続をとらないで訊問したからとて、その手続は違憲とは言い得ず、刑訴応急措置法第10条に違反するものでない」とし、「この理は捜査官の聴取書作成についても異なるところがない」ので、「原審並びに検察事務官がその取調に際し被告人に黙秘権のあることを告知しなかったからとて所論のような違法はなく、またこれらの取調に基く被告人の供述が任意性を欠くものと速断することもできない」としていることに注意しなければならない（さらに、最判昭和28・4・14刑集7-4-841参照）。黙秘権の事前の告知は、あくまでも黙秘権の保障を実効的なものとするための制度であって、憲法の保障する黙秘権の内容には含まれず、その告知を欠いても直ちに黙秘権の侵害とはならないとされているのである。

3　黙秘権の不告知と任意性

　ただ、【基本判例2】は、「黙秘権告知を受けることによる被疑者の心理的圧迫の解放がなかったことを推認させる事情として、供述の任意性判断に重大な影響を及ぼすものといわなければならない」とした。

　一般に、自白の任意性判断に関する虚偽排除説や

人権擁護説は、取調過程で、捜査官側に違法・不当な言動があったとしても、自白の任意性に疑いを生じさせると認められない限りその証拠能力は否定されないとする。黙秘権不告知等から直ちに自白の証拠能力を否定するのではなく、そのような事情も含め、被疑者の取調過程における一切の事情を総合して、任意性の有無を判断しようとするといってよい。たしかに、捜査官が、黙秘権不告知だけでなく、被疑者に供述義務があるものと誤信させて供述を得た場合には、黙秘権侵害にあたることには異論がないであろう（大阪高判昭和53・1・24判時895-122参照）。

これに対し、違法排除説は、強制等の違法行為が被疑者の意思決定の自由に与えた影響を問題とすることなく、捜査官側の態度・取調方法等の違法性そのものを問題とし、それが重大である場合に自白の証拠能力を否定することにより、自白採取過程の適法性を担保しようとするものである。【基本判例2】の事案では、すでに刑事裁判を2度も経験し、黙秘権や弁護人選任権を十分に知っていたとみられる上、本件で逮捕・勾留された当初、検察官や勾留裁判官からこれらの権利告知を受けていたことからすると、虚偽排除説や人権擁護説の立場からは、自白調書等の任意性を否定することには困難な面があることは否めない。それゆえ、浦和地裁が違法排除説的な考え方を強く意識したものであるとも考えられるのである。

しかし、浦和地裁の判旨の重点は、警察官が黙秘権・弁護人選任権を告知しないこと以上に、多くの違法・不当な取調方法の存在を前提に「取調べの際に黙秘権等を無視してでも自白を採取しようという捜査官側の意図ないし態度」を推認し、「それにより被疑者側が心理的圧迫を受ける」と認定したことにあると見るべきであろう。捜査官の黙秘権・弁護人選任権の不告知のみを理由として、自白調書等の証拠能力を否定したものではないことだけは明らかである。問題は、任意性説的な任意性判断に依拠する以上、捜査官側の違法・不当な取調行為から心理的圧迫が生じ、その結果として供述の任意性に疑いが生じたということについて、「生じていなかった」と訴追側が立証しなければならないほど、「黙秘権等を無視してでも自白を採取しようという捜査官側の意図ないし態度」が、任意性の欠如を推認させる事情といえるかという点にあるといえよう。

第47講　犯罪事実の証明

> **論点**
> ▶ 有罪認定に要する立証の程度としての「合理的な疑いを差し挟む余地がない」の意義。
> ▶ 有罪認定に要する立証の程度は、直接証拠による場合と情況証拠による場合とで異なるか。
> ▶ 上告審における事実誤認の主張に関する審査のあり方。

【基本判例1】　最1小決平成19年10月16日（刑集61巻7号677頁・判タ1253号118頁）

事実の概要

被告人Xが、妻の実母Aらを殺害する目的で、トリアセトントリパーオキサイド（以下「TATP」という）相当量に、点火ヒーター、乾電池等を使用した起爆装置を接続してケースに収納し、定形外郵便封筒内に入れた爆発物1個を製造した上、A宛に投函し、情を知らない郵便配達員をしてこれをT市内のA方に配達させ、Aをして同封筒から同ケースを引き出させてこれを爆発させ、もって、爆発物を使用するとともに、Aらを殺害しようとしたが、Aを含む3名の者に重軽傷を負わせたにとどまり殺害するに至らなかったとして、爆発物取締罰則違反、殺人未遂に問われた。

第1審判決は、①Xは、本件爆発物の爆発事件が発生する8日ほど前までに、自宅のパソコンからインターネットを利用して、TATPを含む爆発性物質の生成方法や起爆装置の製造方法等を記載したサイトにアクセスし、閲覧しており、実際にプラスチックケースに入った爆発性物質を取り扱っていた事実も推認できること、②Xは、本件爆発事件発生前に、本件爆発物に使われたとみられる分量のTATPを生成しうるアセトン等を購入していたほか、本件爆発物に使用された起爆装置の起爆薬など多数の構成部品と同種または類似の物を新たに購入し、あるいは以前から入手しており、X方からは、TATPの成分が付着した金属粉末も発見されていること、③本件爆発物を収納した封筒にちょう付されていた24枚の切手中9枚は、本件爆発事件発生の前日、N郵便局に設置された自動販売機から発行・発売されたものであるところ、X方から発見押収された切手3枚は、上記切手9枚の発行・発売の2分後に、同じ自動販売機から発行・発売されたものであること、④同封筒にちょう付されていた差出人を示す紙片は、クレジットカード会社のホームページのT支店の地図付き案内ページをカラープリンターでラベルシートに印刷して作成されたものであるところ、Xは、本件爆発事件発生の6日前に上記ホームページを閲覧していた上、X方からは上記印刷が可能なカラープリンターおよび同種ラベルシートが発見されていること、⑤同封筒は、本件爆発事件発生の前日の一定の時間帯にM郵便局管内の投入口が比較的大きい郵便ポストに投函されたものとみられるが、Xは、上記の時間帯に、同郵便局管内の同封筒が投函可能な郵便ポストの設置されている場所へ行っていることなどを総合すれば、Xが本件爆発物を製造し、A宛に郵送したと認められるとした上で、本件爆発物の威力に関するXの認識や、本件爆発事件の発生当時、Xには、妻との離婚訴訟をめぐって同女の実母であるAらに対し殺意を抱きうる事情があったことなどに照らせば、Xには、Aに対する確定的な殺意および本件爆発事件で負傷したその余の2名の者に対する未必的な殺意が認められるとした。そして、原判決も、第1審判決の上記判断を是認した。

弁護人は、Xが購入したアセトン等を他の使途に費消した可能性や、上記封筒にちょう付されてい

329

た切手中、少なくとも10枚をXが購入し得なかった可能性等を指摘して、原判決は、反対事実の存在の可能性を許さないほどの確実性がないにもかかわらず、Xの犯人性を認定したなどと争った。

決定要旨

上告棄却。「刑事裁判における有罪の認定に当たっては、合理的な疑いを差し挟む余地のない程度の立証が必要である。ここに合理的な疑いを差し挟む余地がないというのは、反対事実が存在する疑いを全く残さない場合をいうものではなく、抽象的な可能性としては反対事実が存在するとの疑いをいれる余地があっても、健全な社会常識に照らして、その疑いに合理性がないと一般的に判断される場合には、有罪認定を可能とする趣旨である。そして、このことは、直接証拠によって事実認定をすべき場合と、情況証拠によって事実認定をすべき場合とで、何ら異なるところはないというべきである。

本件は、専ら情況証拠により事実認定をすべき事案であるが、原判決が是認する第1審判決は、前記の各情況証拠を総合して、Xが本件を行ったことにつき、合理的な疑いを差し挟む余地のない程度に証明されたと判断したものであり、同判断は正当であると認められる」。

▶▶▶ 解 説

1 刑事裁判における立証

被告人に刑罰を科するには、無罪なのではないかという「合理的な疑い」が残ってはならない。犯人であることが確実でなければならないと表現することもできる。「確実」とは、自然科学的な意味での「100％の証明」ということではない。刑事裁判は、被告人が犯罪を犯したかどうかという過去の事実を証明しようというもので、裁判官も、裁判員も、その場面を直接見聞きすることは不可能である。一切の推論や評価を排除して、客観的・具体的事実のみによる100％の証明を要求すると非常に不合理なことになってしまう。和歌山カレー毒物混入事件もそのような立証はできていない。証拠や証言で「犯罪を犯したことは間違いない」と判断することができる場合はあるはずで、裁判官・裁判員は、真っ黒なもののみを有罪にするのではない。白と黒の中間の「灰色」の部分について、合理的に考えて有罪にしてよいか否かを判断するのである。

裁判での事実認定のやり方も、日常生活での事実認定のやり方と基本的に同じであるが、刑事裁判では、有罪の場合には刑罰を科すことになるので、それだけ慎重な判断が求められている。疑わしい場合は、被告人の利益になるように考えなければならない。別の言い方をすれば、裁判官・裁判員に「合理的な疑い」が残らない程度に被告人が有罪だと証明されない限り、被告人は無罪とされる。

最判平成21年4月21日（→第18講【基本判例1】）は、一貫して犯行を否定しているにもかかわらず、被告人が和歌山カレー毒物混入事件の犯人と認められるとし、死刑を言い渡した。被告人が毒を混入したところの目撃証言などの直接的証拠はないにもかかわらず、「①カレーに混入されたものと組成上の特徴を同じくする亜砒酸が、被告人の自宅等から発見されていること、②被告人の頭髪からも高濃度の砒素が検出されており、その付着状況から被告人が亜砒酸等を取り扱っていたと推認できること、③当日、被告人のみがカレーの入った鍋に亜砒酸をひそかに混入する機会を有しており、その際、被告人が調理済みのカレーの入った鍋のふたを開けるなどの不審な挙動をしていたことも目撃されていることなどを総合することによって、合理的な疑いを差し挟む余地のない程度に証明されていると認められる」旨判示している。ここに、死刑すら認めうる「合理的な疑いを差し挟む余地のない程度の証明」を基礎づける証拠の具体的内容が示されている。

本講では、4つの判例を具体的に分析することにより、有罪を導くのに必要な証拠の具体的イメージを、学ぶことにする。

2 「疑わしきは被告人の利益に」の意味

　和歌山カレー毒物混入事件の認定の土台となったのが、【基本判例1】の判旨である。合理的な疑いを差し挟む余地がないというのは、反対事実が存在する疑いを全く残さない場合をいうのではなく、抽象的な可能性としては反対事実が存在するとの疑いがあっても、健全な社会常識に照らして、その疑いに合理性がないと一般的に判断されればよい。そしてまさに、健全な社会常識に照らして、その疑いに合理性がないと一般的に判断される場合か否かという判断に、裁判員が関与することになったのである。

　裁判員制度が始まる前、「裁判員の仕事は自分には無理ではないか」と考える人も多かった。その漠然とした不安を突き詰めると、その核にあるのが「事実認定に責任を負うこと」「合理的な疑いを入れない程度を判断すること」なのである。しかし、この事実認定を行うにあたっては、専門的な法的知識・技術などは、ほとんど必要ない。今の時代を生きる日本人の常識が求められている。「合理的な疑いを超える証明」とは、「常識に照らして、事実はこうだったであろうと納得できるだけの証明」のことである。常識的にみて、もっともな疑問が残る場合には、被告人を有罪にすることはできないし、「疑問」が常識的にみて、もっともだとはいえない場合には、有罪だと判断してよいのである。

　被告人が有罪であることに合理的な疑いが残るか否かの判断は、様々な証拠を総合して判断される。有罪を基礎づける方向と逆の証拠が出てきても、無罪にしなければならないわけではない。この点は、捜査の段階でも類似したことが存在する。複数の、しかも必ずしも同一の方向を向いていない情報を総合して判断する作業が重要であり、それが「法的判断」の核心部分なのである。ただ、その作業には、法律学的知識は重要ではないのである。

　そして、【基本判例1】の事実の概要に示された①～⑤の証拠が採用されれば、現在の裁判システムにおいては、「合理的な疑い」は残らないのである。

3 「証明」に関する判例の考え方

　最高裁の考える「刑事裁判における証明」は、一貫している。「元来訴訟上の証明は、自然科学者の用いるような実験に基くいわゆる論理的証明ではなくして、いわゆる歴史的証明である。論理的証明は『真実』そのものを目標とするに反し、歴史的証明は『真実の高度な蓋然性』をもって満足する。言いかえれば、通常人なら誰でも疑を差挟まない程度に真実らしいとの確信を得ることで証明ができたとするものである。だから論理的証明に対しては当時の科学の水準においては反証というものを容れる余地は存し得ないが、歴史的証明である訴訟上の証明に対しては通常反証の余地が残されている」（最判昭和23・8・5刑集2-9-1123。松尾浩也監修『条解刑事訴訟法〔第4版〕』（弘文堂・2009）927頁以下参照）。

　【基本判例1】は、そのことを確認するとともに、その理は「専ら情況証拠によって有罪を立証する場合」にも妥当することを明示した。【基本判例1】の事案では、Xは、捜査・公判を通じて本件犯行を否認しており、目撃証言等も全くなかったにもかかわらず、第1審・原審判決は、専ら情況証拠に基づいて、Xをその犯人と認めて無期懲役を言い渡し、最高裁もその判断を維持した。

　「疑わしきは被告人の利益に」の原則は、目撃供述、被告人本人の自白等といった直接証拠による事実認定と、情況証拠のみによる場合、直接証拠と情況証拠を総合考慮して事実認定を行う場合とで、異なるわけではない。いずれの場合にも、「合理的な疑いを容れない程度」の証明が必要なのである。

　【基本判例1】の上告趣意書において弁護人は、最判昭和48年12月13日（判時725-104）を引用して、判例違反を主張した。同判例は、住宅兼店舗に夫とともに居住していた被告人（妻）が、自宅に放火したという現住建造物等放火の事案であったが、第1審が無罪を言い渡した。これに対し原審が犯行と被告人との結び付きを認めて有罪にしたところ、最高裁が原審の事実認定には不合理な点があるとして、「疑わしきは被告人の利益に」の原則により、無罪の自判をしたものであった。そして、最判昭和48年は、犯罪の証明に必要な「高度の蓋然性」は、反対事実の存在の可能性を否定するものではないが、「反対事実の存在の可能性を許さないほどの確実性を志向した上での『犯罪の証明は十分』であるという確信的な判断に基づくものでなければならない。この理は、本件の場合のように、もっぱら情況証拠による間接事実から推論して、犯罪事実を認定する場合に

おいては、より一層強調されなければならない」とした上で、①本件放火の態様が起訴状にいう犯行の動機にそぐわないものがある上に、②原判決が挙示する間接事実は、これを総合しても被告人の犯罪事実を認定するには、なお、相当程度の疑問の余地が残されているとし、「起訴にかかる犯罪事実と被告人との結びつきは、いまだ十分であるとすることはできず、被告人を本件放火の犯人と断定する推断の過程には合理性を欠くものがあるといわなければならない」と判示したのである。

この判示からは、「情況証拠のみによる認定の場合には、より高度の蓋然性が要求される」という命題が導かれるようにも見えるが、そうではない[1]。最高裁の趣旨は、個々の情況証拠・間接事実が高度に確実なものとはなっておらず、それらを組み合わせても合理的な疑いを容れない程度に証明されてはいないということであり、直接証拠の場合であれば十分な蓋然性が認められるのに、間接証拠であるか

ら、無罪であるとしたわけではない。ただ、読み方によっては、「昭和48年判例が、情況証拠による立証の場合には、直接証拠に基づく立証より高度な証明が必要とされている」とする余地があったので、【基本判例1】が明確にそのような余地を否定した意義は大きい。

1) 最判昭和48年が、「『疑わしきは被告人の利益に』という原則は、刑事裁判における鉄則であることはいうまでもないが、事実認定の困難な問題の解決について、決断力を欠き安易な懐疑に逃避するようなことがあれば、それは、この原則の濫用であるといわなければならない。そして、このことは、情況証拠によって要証事実を推断する場合でも、なんら異なるところがない。けだし、情況証拠によって要証事実を推断する場合に、いささか疑惑が残るとして犯罪の証明がないとするならば、情況証拠による犯罪事実の認定は、およそ、不可能といわなければならないからである」ともしていることを見落としてはならない。

【基本判例2】 最3小判平成21年4月14日（刑集63巻4号331頁・判タ1303号95頁）

事実の概要

本件公訴事実の要旨は、「被告人Xは、平成18年4月18日午前7時56分ころから同日午前8時3分ころまでの間、東京都世田谷区内の小田急電鉄株式会社成城学園前駅から下北沢駅に至るまでの間を走行中の電車内において、乗客である当時17歳の女性に対し、パンティの中に左手を差し入れその陰部を手指でもてあそぶなどし、もって強いてわいせつな行為をした」というものである。

第1審判決は、上記のとおりの被害を受けたとするA女の供述[1]に信用性を認め、公訴事実と同旨の犯罪事実を認定して、Xを懲役1年10月に処し、Xからの控訴に対し、原判決も、第1審判決の事実認定を是認して、控訴を棄却した。

1) Aの供述は以下のようなものであった。「読売ランド前から乗車した後、左側ドア付近に立っていると、生田を発車してすぐに、私と向かい合わせに立っていたXが、私の頭越しに、かばんを無理やり網棚に載せた。そこまで無理に上げる必要はないんじゃないかと思った。その後、私とXは、お互いの左半身がくっつくような感じで立っていた。向ヶ丘遊園を出てから痴漢に遭い、スカートの上から体を触られた後、スカートの中に手を入れられ、下着の上から陰部を触られた。登戸に着く少し前に、その手は抜かれたが、登戸を出ると、成城学園前に着く直前まで、下着の前の方から手を入れられ、陰部を直接触られた。触られている感覚から、犯人は正面にいるXと思ったが、されている行為を見るのが嫌だったので、目で見て確認はしなかった。成城学園前に着いてドアが開き、駅のホーム上に押し出された。Xがまだいたらドアを替えようと思ったが、Xを見失って迷っているうち、ドアが閉まりそうになったので、再び、同じドアから乗った。乗る直前に、Xがいるのに気付いたが、後ろから押し込まれる感じで、またXと向かい合う状態になった。私が、少しでも避けようと思って体の向きを変えたため、私の左肩がXの体の中心にくっつくような形になった。成城学園前を出ると、今度は、スカートの中に手を入れられ、右の太ももを触られた。私は、いったん電車の外に出たのにまたするなんて許せない、捕まえたり、警察に行ったときに説明できるようにするため、しっかり見ておかなければいけないと思い、その状況を確認した。すると、スカートのすそが持ち上がっている部分に腕が入っており、ひじ、肩、顔と順番に見ていき、Xの左手で触られていることが分

第 47 講　犯罪事実の証明

かった。その後、Ｘは、下着のわきから手を入れて陰部を触り、さらに、その手を抜いて、今度は、下着の前の方から手を入れて陰部を触ってきた。その間、再び、お互いの左半身がくっつくような感じになっていた。私が、下北沢に着く直前、Ｘのネクタイをつかんだのと同じころ、Ｘは、私の体を触るのを止めた」。

判　旨

　最高裁は、原判決を破棄し、被告人に無罪を言い渡した。
　まず、上告審が法律審である以上、原判決の認定が論理則、経験則等に照らして不合理といえるかどうかの観点から審理すべきであるが、「本件のような満員電車内の痴漢事件においては、被害事実や犯人の特定について物的証拠等の客観的証拠が得られにくく、被害者の供述が唯一の証拠である場合も多い上、被害者の思い込みその他により被害申告がされて犯人と特定された場合、その者が有効な防御を行うことが容易ではないという特質が認められることから、これらの点を考慮した上で特に慎重な判断をすることが求められる」として、「Ｘは、捜査段階から一貫して犯行を否認しており、本件公訴事実を基礎付ける証拠としては、Ａの供述があるのみであって、物的証拠等の客観的証拠は存しない（被告人の手指に付着していた繊維の鑑定が行われたが、Ａの下着に由来するものであるかどうかは不明であった。）。Ｘは、本件当時 60 歳であったが、前科、前歴はなく、この種の犯行を行うような性向をうかがわせる事情も記録上は見当たらない。したがって、Ａの供述の信用性判断は特に慎重に行う必要があるのであるが、(1)Ａが述べる痴漢被害は、相当に執ようかつ強度なものであるにもかかわらず、Ａは、車内で積極的な回避行動を執っていないこと、(2)そのこととＡのしたＸに対する積極的な糾弾行為とは必ずしもそぐわないように思われること、また、(3)Ａが、成城学園前駅でいったん下車しながら、車両を替えることなく、再びＸのそばに乗車しているのは不自然であることなどを勘案すると、同駅までにＡが受けたという痴漢被害に関する供述の信用性にはなお疑いをいれる余地がある。そうすると、その後にＡが受けたという公訴事実記載の痴漢被害に関する供述の信用性についても疑いをいれる余地がある」とし、Ｘが公訴事実記載の犯行を行ったと断定するについては、なお合理的な疑いが残り、強制わいせつ罪の成立を認めた第 1 審判決および原判決には重大な事実誤認があるとし、自判してＸに対し無罪の言い渡した。

▶▶▶▶ 解　説

1　被害者の供述の信用性

　裁判員裁判の制度が定着する中、情況証拠による事実認定の手がかりの具体化が要請されるが、より問題となるのは、やはり、供述の信用性の評価である（本件の事案は、裁判員裁判の対象事件ではないが）。
　本件では、(1)相当に執拗かつ強度な痴漢被害を訴えるにもかかわらず回避行動をとっていないこと、(2)そのこととＸに対する積極的な糾弾行為とはそぐわないように思われること、(3)成城学園前駅でいったん下車しながら、再びＸのそばに乗車しているのは不自然であることを理由に、供述の信用性が否定された。
　本判決には、2 人の裁判官が反対意見を書いており、まさに限界的な事例であったことがわかる。多数意見と反対意見のいずれに説得力があるかを、よく考えていただきたい。

2　反対意見

　堀籠幸男裁判官の反対意見は、まず、上訴審の審査は、証人や被告人の供述を直接的に見聞して行うものではなく、特に最高裁判所では書面のみを通じて行うものであるから、その供述の信用性についての判断は、経験則や論理則に違反しているか、またはこれに準ずる程度に明らかに不合理と認められるかどうかの観点から行うべきものであるとし、①Ａは弁護人の厳しい反対尋問にも耐え、その供述は詳

細・具体的で追真的であり、不自然、不合理な点はなく、②多数意見は、被害事実の存在自体が疑問であるとするが、Ａが殊更虚偽の被害事実を申し立てる動機をうかがわせるような事情は、記録を精査してみても全く存しないと指摘する。

そして、多数意見が指摘する、(1)Ａが車内で積極的な回避行動をとっていない点に関しては、朝の通勤・通学時における小田急線の激しい混雑の程度考えると、立っている乗客は、その場で身をよじる程度の動きしかできないのであり、身動き困難な超満員電車の中で被害に遭った場合、これを避けることは困難であり、また、羞恥心などから、我慢していることは十分にあり得ることであるとする。

そして、(2)回避行動をとらなかったＡが、Ｘのネクタイをつかむという積極的な行動に出たことも、執拗に被害を受けて我慢の限界に達し、犯人を捕らえるため次の停車駅近くになったときに、反撃的行為に出ることは十分にあり得るとする。

また、(3)Ａが成城学園前駅でいったん下車しながら、再びＸのそばに乗車した点は、乗降のためプラットホームに押し出され、他のドアから乗車することも考えたが、犯人の姿を見失ったので、迷っているうちに、ドアが閉まりそうになったため、再び同じドアから電車に入ったところ、たまたま同じ位置のところに押し戻された旨の供述は、朝の混雑状態を勘案すれば、必ずしも不自然ではないとする。

他方、Ｘの供述については、(1)検察官の取調べに対し、自己の供述に反する客観的証拠の存在を察知して供述を変遷させたことをうかがわせるものがあり、(2)Ｘは、電車内の自分の近くにいた人については、具体的に供述しているのに、Ａのことについては、ほとんど記憶がないと供述しているのは不自然であるとし、原判決は、以上のような証拠関係を総合的に検討し、Ａの供述に信用性があると判断したものであり、原判決の認定には、論理則や経験則に反するところはなく、また、これに準ずる程度に不合理といえるところもなく、原判決には事実誤認はないとした（田原睦夫裁判官の反対意見もほぼ同旨といえよう）。

3 補足意見

これに対し那須弘平裁判官補足意見は、次のとおりである。

(1) 混雑した電車の中での痴漢とされる犯罪行為は、単純かつ類型的な態様のものが多く、犯行の痕跡も残らないため、十代後半の女性等がその気になれば、法廷において「具体的で詳細」な体裁を具えた供述をすることはさほど困難でもないのに対し、弁護人が反対尋問で供述の矛盾を突き虚偽を暴き出したり、裁判官が、虚偽・錯覚ないし誇張の存否を嗅ぎ分けることは容易なことではなく、事実誤認を生じさせる要素が潜んでいる。

(2) 被害者が公判で供述する場合、虚偽の被害申出をしたことが明らかになれば、法的責任を追及されることにもなるので、被害者が公判で被害事実を自ら覆す供述をすることはなく、検察官は公判を維持するため矛盾のない供述が得られるように被害者との入念な打ち合わせに努めるので、公判での供述は外見上「詳細かつ具体的」、「迫真的」で、「不自然・不合理な点がない」ものとなりやすい。

(3) 痴漢事件について冤罪が真摯に争われている場合については、たとえ被害者女性の供述が「詳細かつ具体的」、「迫真的」で、弁護人の反対尋問を経てもなお「不自然・不合理な点がない」かのように見えるときであっても、供述を補強する証拠ないし間接事実の存否に特別な注意を払う必要がある。

Ａの供述は、「詳細かつ具体的」等の一般的・抽象的性質は具えているものの、これを超えて特別に信用性を強める方向の内容を含まず、他にこれといった補強する証拠等もないし、多数意見に示された供述の信用性に積極的に疑いを容れるべき事実が複数存在する以上、有罪であることに対する「合理的な疑い」を生じさせるものであるといわざるを得ず、「疑わしきは被告人の利益に」の原則を適用して、無罪の判断をすべきであるとする。

そして、少なくとも本件のように合議体における複数の裁判官がＡの供述の信用性に疑いをもち、しかもその疑いが単なる直感や感想を超えて論理的に筋の通った明確な言葉によって表示されている場合には、有罪に必要な「合理的な疑いを超えた証明」は、なおなされていないものとして処理されることが望ましいという意見を述べた。

4　合理的な疑い

　本件に、裁判における「判断の構造」がわかりやすく示されている。那須裁判官補足意見にもあるように、「合理的な疑いを超えた証明」の原理を具体的にどのように適用するかについての考え方の違いに行き着くといえよう。同裁判官の書かれたとおり「冤罪で国民を処罰するのは国家による人権侵害の最たるものであり、これを防止することは刑事裁判における最重要課題の1つである。刑事裁判の鉄則ともいわれる『疑わしきは被告人の利益に』の原則も、有罪判断に必要とされる『合理的な疑いを超えた証明』の基準の理論も、突き詰めれば冤罪防止のためのものであると考えられる」。ただ、本件のような被害者の供述の存在を前にして、2人の最高裁判事が「有罪と認めてよい」と判断したのである。

　本件では、公訴事実にあたる痴漢犯罪をめぐり、被害を受けたとされる女性（以下「A」という）が被告人Xを犯人であると指摘するもののこれを補強する客観的証拠がないに等しく、他方でXが冤罪を主張するもののやはりこれを補強する客観的証拠に乏しいという証拠状況の下で、第1審および原審の裁判官は有罪・無罪の選択を迫られ、上告審でも裁判官の意見が2つに分かれている。その相違は、これも那須裁判官が述べておられるように、各裁判官の歩んできた人生体験の中で培ってきたものの見方、考え方、価値観に由来するともいえよう。「合理的な疑いを超えた証明」の原理を具体的にどのように適用するかについて、刑事訴訟法の「理論」から、どちらが絶対に正しいとはいえないのである。

　ただ、補足意見のように「冤罪防止」を強調すれば、非常に小さな「疑い」でも「合理的」なものとなってしまう。虚偽の痴漢被害を申告する特段の動機の存在をうかがわせるような証拠は存しなくても、女子高校生が具体的で詳細な被害を創作する可能性は否定し得ないということになる。しかし、本件Xの供述の不自然さなども勘案すれば、「疑いは合理的程度を超えていない」とすることも、十分可能である。「ものの見方、考え方、価値観が異なる者」の結論が対立する場合でも、いずれの説明が説得力があるかを可能な限り追求すべきなのである。

【基本判例3】　最3小判平成22年4月27日（刑集64巻3号233頁・判タ1326号137頁）

事実の概要

　被告人Xは、平成14年4月14日午後3時30分ころから同日午後9時40分ころまでの間に、マンション3階のB方において、妻C（当時28歳）に対し、殺意をもって、ナイロン製ひもでその頸部を絞め付け窒息死させて殺害し、B・Cの長男D（当時1歳）に対し、殺意をもって、同所浴室の浴槽内の水中にその身体を溺没させるなどして溺死させて殺害し、マンションに放火しようとB方6畳間において、新聞紙、衣類等にライターで火をつけ、その火を同室の壁面、天井等に燃え移らせ、同マンションを焼損した。

　Xは、Bが子供のころにその実母Eと婚姻し、養父としてBを育て、同居するEとともに、B家族との交流があったが、本件事件当時はB家族と必ずしも良好な関係にはなく、B家族が平成14年2月末に本件マンションに転居した際には、その住所を知らされなかった。

　第1審判決は、Xの犯人性を推認させるいくつかの間接事実が証拠上認定できるとした上、Xが本件犯行を犯したことについて合理的な疑いを容れない程度に証明がなされているとし、Xを無期懲役に処した。原判決も、第1審判決の判断がおおむね正当であるとしつつ、検察官の量刑不当の主張には理由があるとして、第1審判決を破棄し、第1審判決が認定した罪となるべき事実を前提に、Xに死刑を言い渡した。

判　旨

　破棄差戻し。最高裁はXの上告に対し「第1審の事実認定に関する判断及びその事実認定を維持した原審の判断は、いずれも是認することができない。すなわち、刑事裁判における有罪の認定に当たっては、合理的な疑いを差し挟む余地のない程度の立証が必要であるところ、情況証拠によって事実認定をすべき場合であっても、直接証拠によって事実認定をする場合と比べて立証の程度に差があるわけではないが（最決平成19・10・16刑集61-7-677【基本判例1】参照）、**直接証拠がないのであるから、情況証拠によって認められる間接事実中に、Xが犯人でないとしたならば合理的に説明することができない（あるいは、少なくとも説明が極めて困難である）事実関係が含まれていることを要するものというべきである。**ところが、本件において認定された間接事実は、以下のとおり、この点を満たすものとは認められず、第1審及び原審において十分な審理が尽くされたとはいい難い」とした。

　第1審判決による間接事実からの推認は、Xが本件事件当日に本件マンションに赴いたという事実を最も大きな根拠とし、その理由の中心は、灰皿内に遺留されていたたばこの吸い殻に付着した唾液中の細胞のDNA型がXの血液のそれと一致したという事実からの推認であるとし、この推認について、Xは自らが使用していた携帯灰皿をC夫婦に渡したことがあり、Cがその携帯灰皿の中に入っていた本件吸い殻を本件灰皿内に捨てた可能性がある旨の反論の成り立つ可能性があると認定した。原審が、ビニール製携帯灰皿に入れられた吸い殻は通常押しつぶされた上で灰がまんべんなく付着して汚れるのであるが、本件吸い殻にはそのような形跡等がなく、もみ消さないで火のついたまま灰皿などに捨てられてフィルターの部分で自然に消火したものと認められ、フィルターに唾液が付着して濡れた状態で灰皿の中に落ち込んだ吸い殻であれば、翌日採取されてもこのような茶色く変色した状態となるのは自然であるで、携帯灰皿を経由して捨てられたことはないとしたのに対し、「ビニール製携帯灰皿に入れられた吸い殻が、常に原判決の説示するような形状になるといえるのか疑問がある上、そもそも本件吸い殻が経由する可能性があった携帯灰皿がビニール製のものであったと限定できる証拠状況でもない。また、変色の点は、本件事件から1か月半余が経過してなされた唾液鑑定の際の写真によれば、本件吸い殻のフィルター部全体が変色しているのであり、これが唾液によるものと考えるのは極めて不自然といわざるを得ない」とした。そして本件吸い殻は、本件事件の翌日に採取されたものであり、「当時撮影された写真において既に茶色っぽく変色していることがうかがわれ、水に濡れるなどの状況がなければ短期間でこのような変色は生じないと考えられるところ、本件灰皿内から本件吸い殻を採取した警察官Fは、本件灰皿内が濡れていたかどうかについて記憶はないが、写真を見る限り湿っているようには見えない旨証言しているから、この変色は、本件吸い殻が捨てられた時期が本件事件当日よりもかなり以前のことであった可能性を示すものとさえいえるところである」とし、本件吸い殻が携帯灰皿を経由して捨てられたものであるとの可能性を否定した原審の判断は、不合理であるとして、Xが本件事件当日に本件マンションに赴いたという事実は認定することができないとした。

　多数意見は、さらに、仮にXが本件事件当日に本件マンションに赴いた事実が認められたとしても、認定されている他の間接事実を加えることによって、Xが犯人でないとしたならば合理的に説明できない事実関係が存在するとまでいえるかどうかにも疑問があるとし、「例えば、Cを殺害する動機については、Cに対して怒りを爆発させてもおかしくない状況があったというにすぎないものであり、これは殺人の犯行動機として積極的に用いることのできるようなものではない。また、Xが本件事件当日に携帯電話の電源を切っていたことも、他方で本件殺害行為が突発的な犯行であるとされていることに照らせば、それがなぜXの犯行を推認することのできる事情となるのか十分納得できる説明がされているとはいい難い。その他の点を含め、第1審判決が掲げる間接事実のみでXを有罪と認定することは、著しく困難であるといわざるを得ない」とし、「第1審判決及び原判決を破棄しなければ著しく正義に反するものと認められる」としたのである。

▶▶▶ 解　説

1　本判例の意義

【基本判例3】は、間接証拠による立証に関し「直接証拠がないのであるから、情況証拠によって認められる間接事実中に、Xが犯人でないとしたならば合理的に説明することができない（あるいは、少なくとも説明が極めて困難である）事実関係が含まれていることを要するものというべきである」と判示した。

この判示部分の読み方に関しては、堀籠幸男裁判官の反対意見が重要である。裁判官は、一個の間接事実中に「被告人が犯人でないとしたならば合理的に説明することができない事実関係」が含まれていることを要する趣旨であれば、明らかに誤りであるとされる。「なぜなら、その一個の間接事実があれば十分であり、他方、それがなければ認定することができないことを意味し、複数の間接事実を総合して認定することを否定する趣旨であると解されかねないからである。そうであるとすれば、複数の間接事実、特に多数の間接事実を総合して被告人が犯人であると認定する場合には、『被告人が犯人でないとしたならば合理的に説明することができない事実関係』があるとは、まさしく被告人が犯人であることが合理的疑いを容れない程度に立証された場合と同意義になるように思われる。そうすると、このような概念をあえて定立することの必要性はないように思われる」とされる。

この指摘は、多数意見も異存のないところではないかと考えられる。本件判示は、情況証拠からの有罪認定に際しての何らかの新たな判断方法ないし基準を示したものではないであろう。少なくとも、多数意見が「決め手となる一個の事実の存在を要件とすることを求めるものではない」ということは、明らかである。複数の間接事実による立証を認める以上は、多数の事実を総合判断した評価としてそうなることを前提としているからである。

本判決も最決平成19年10月16日を引用して、「情況証拠によって事実認定をすべき場合であっても、直接証拠によって事実認定をする場合と比べて立証の程度に差があるわけではない」と判示しており、有力な間接事実を積み重ね、犯人性を推認していくという事実認定の手法それ自体を否定する趣旨のものではないであろう。事実認定判断の際の視点の置き方について注意を喚起しようとしたものではないかと考えられる。

2　「合理的な疑い」の具体的内容

ただ問題は、有力な間接事実を積み重ねることによって犯人性を推認することの具体的中身である。堀籠裁判官は、「情況証拠によって認められる間接事実中に、Xが犯人でないとしたならば合理的に説明することができない（あるいは、少なくとも説明が極めて困難である）事実関係が含まれているか否か」というテストは、「間接事実からの認定につき、一部実務家が提唱していた概念と同一内容のもの」で、「合理的疑いを容れない程度の立証とは何かを説明するためのもの」であろうが、このような事実認定の手法が裁判員裁判の場合にも適用されることは相当ではないと批判された。

たしかに、「犯人でないとしたならば合理的に説明することができない（少なくとも説明が極めて困難である）事実関係が含まれているか否か」という基準が一人歩きすると、裁判員の事実認定の傾向を勘案すれば、「相当でない」という指摘も説得性を有する。

このテストについて、【基本判例3】の判例タイムズ誌の解説は、「上記説示が前提としているところの反対の場面、すなわち、『被告人が犯人でないとしても合理的に説明ができる事実関係しか存在しない』という場面を想定すれば、それは、他に犯人が存在する可能性があるということであるから、そのような事実関係しか存在しないならば被告人を有罪と認定することができないのは当然である」とコメントしている（判タ1326号138頁）。そして、「ややもすれば、『被告人が犯人であるとすればこれらの情況証拠が合理的に説明ができる』ということのみで有罪の心証を固めてしまうおそれがあることに対し、上記のような観点から警鐘を鳴らそうとしたものと理解されるところである」と指摘する。

たしかに「被告人が犯人であるとすればこれらの情況証拠が合理的に説明ができる」ということのみ

で、有罪を導くことは誤りである。ただ、そのことを強調しすぎると、一個の間接事実中に「被告人が犯人でないとしたならば合理的に説明することができない事実関係が含まれていることを要する」ということに近づいていく。「被告人が犯人であるとすればこれらの情況証拠が合理的に説明ができる」という事実関係がかなり重なり合えば、合理的な疑いを容れない程度に至りうるはずである。

3　Xが現場に行った可能性について

　それでは、本件は合理的な疑いを容れない程度に立証されているのか。多数意見と反対意見を比較検討することにより、警察官として採証活動を行う際の重要な視点が見えてくるように思われる。
　多数意見は、「Xの携帯灰皿からCがその中に入っていた本件吸い殻を本件灰皿内に捨てた可能性がある」と認定した。原審の、ビニール製携帯灰皿に入れられていた形跡がないし、吸い殻が茶色く変色している点から唾液が付着して濡れた状態で灰皿の中に落ち込んだ吸い殻と見るのが自然というべきであるという認定に対し、多数意見は、ビニール製携帯灰皿に入れられた吸い殻が常に原判決の説示するような形状になるといえるのか疑問がある上、そもそも本件吸い殻が経由する可能性があった携帯灰皿がビニール製のものであったと限定できる証拠状況でもないし、事件から1か月半余が経過してなされた唾液鑑定の際の写真によれば本件吸い殻のフィルター部全体が変色しているのであり、これが唾液によるものと考えるのは極めて不自然で、当時撮影された写真においてすでに茶っぽく変色していることから、この変色は本件吸い殻が捨てられた時期が本件事件当日よりもかなり以前のことであった可能性を示すものとさえいえるとした。
　これに対し堀籠幸男裁判官の反対意見は、多数意見が「Xの吸い殻が携帯灰皿に入れられたまま被害者宅に残されておりこれをCが階段の灰皿に捨てた可能性を否定することができない」とする主たる根拠として、本件吸い殻が変色している点を挙げるが、「本件吸い殻は、押収後、捜査機関が保管していたものであるから、その間に吸い殻が変色する原因となる物質が付加されたとは考えがたいところであり……変色が顕著であることの理由は、多数意見は

何ら触れていないが、時間的経過の結果生じたものという理由以外には考えられない」とする。仮にCにより捨てられたものと仮定すると、CがX方を最後に訪れたのは、平成14年2月20日ころであるから、Xが本件吸い殻にかかるたばこを吸ったのは、それ以前であり、本件吸い殻は、Xが吸ってから写真A撮影時まで少なくとも2か月弱経過していたことになる。それなのに写真Aの程度にしか変色が見られないというのはいかにも不自然というほかないと指摘するのである。
　そして、本件吸い殻が灰皿に捨てられた後に、水等が灰皿に入れられたり風雨に曝されたりした場合には、その灰皿にあった他の吸い殻にも影響を及ぼすはずだが、写真Aによると他の吸い殻は全体として白っぽく、この灰皿に水等が入れられたり、また風雨に曝されたと認められるような形跡は全くない。本件吸い殻が水等に漬けられたことがあったとすれば、それは、捨てられた後に水等に漬かったり、風雨に曝されたと考えるよりも、本件たばこを吸った人がたばこを消すために行ったものと考えるのが、写真A等の状況に合致するとし、本件吸い殻が写真Bの吸い殻のように顕著に変色したのは、たばこの火を水等に漬けて消したため、たばこの成分がフィルターの部分に浸透し、時間の経過によって乾燥してフィルターの紙が変色したためと考えるのが自然であるとするのである。
　そして、吸い殻が携帯灰皿に入れられた場合、吸い殻の周囲に灰が付くのが通常であり、押しつぶされたようになるはずであるが、本件吸い殻にはそのような形跡はないとして、直接階段の灰皿内に捨てられたという推論が補強されるとする。そして、XはおよそΟ本件マンションに立ち入ったことがないと主張している本件の場合においては、Xが本件吸い殻にかかるたばこを吸ったのは、犯行当日であると推認することができるとする。
　そして、当日4時間以上にわたって、Xが当時使用していた自動車と同種、同色の自動車がマンションから約100mの地点に駐車されており、X自身捜査段階において同地点に駐車したことを認め、さらに事件当日午後3時過ぎないし午後3時半ころまでの間に本件マンションから約80mにあるバッティングセンターにおいて、Xによく似た人物が目撃されており、事件当日、Xがマンション近辺にいたこ

4 被告人の犯人性について

多数意見は、Ｘが本件事件当日に本件マンションに赴いた事実が認められたとしても、Ｃに対して怒りを爆発させてもおかしくない状況があったというだけでは、犯行動機として不十分であり、また、Ｘが本件事件当日に携帯電話の電源を切っていたことも、他方で本件殺害行為が突発的な犯行であるとされていることに照らせば、Ｘの犯行を推認することのできる事情とはいえないなどとしている。

これに対し、堀籠裁判官は、Ｘが息子の妻Ｃに対し性交渉を迫るなどの行為に及んでいたことが証拠上認められるとし、Ｘには性的な面では、異常な行動に出る性癖があるとし、本件当日も、ＸはＣに対する性的関心もあって、Ｃのところに赴いたことは十分に考えられると指摘する。そして、このような行動は妻に対する背信的行為となるから、Ｃに会おうとした時点から携帯電話の電源を切るという行動にでることは自然であり、電源を再度入れたのが犯行が終わって間もない時刻であることを考えれば、単なる偶然の一致として説明するのは相当でない。ＸはＣに会い、同女との間のやり取りや同女のささいな言動など、何らかの事情をきっかけとして、Ｃに対して怒りを爆発させて殺害したと推認することは不自然とはいえないとする。

また、Ｃは、警戒心が強く普段鍵をかけていたにもかかわらず、Ｃが鍵を内から開けたと考えられることから、鍵を開けた相手方は、Ｃの顔見知りの人であると推認することは相当性を欠くものとはいえないとする。

また、Ｘは、15日午前7時10〜30分に弟に電話して事件を知ったとしているが、その後所在不明の時間もあり、その行動は極めて不自然といわざるを得ない。Ｘは事件直後に指にけがを負った状態になっているが、傷の原因についてＥが聞いたものとＸの供述に若干の食い違いもある。そして、Ｘの妻Ｅは、Ｘが事件直後から大きく変貌し、ピリピリした状態にあったと言い、その後Ｘが犯人ではないかと確信するに至った根拠についても詳細で説得力のあるものであるとするのである。

5 総合的評価の意味

たしかに、一個の間接事実だけで被告人が犯人であると推認できるような事情は存在しない。まさにぎりぎりの事案であったといえよう。その意味で、最高裁での評価の対立は、警察の採証活動が、ぎりぎりの場面でどのような意味を持つことになるかを、わかりやすい形で示している。参考になる点が非常に多いのである。

本件は、第1審に差し戻された。大阪地判平成24年3月15日（裁判所webサイト）は、情況証拠から認められる間接事実の中にＸが犯人でないとすれば合理的に説明できない（あるいは、少なくとも説明が極めて困難である）事実関係が存在するというには疑問が残るとし、無罪を言い渡している。

【基本判例4】　最2小判平成21年9月25日（判タ1310号123頁・判時2061号153頁）

事実の概要

指定暴力団員である被告人Ｘは、ゴルフ場利用を拒否されたことなどから、ゴルフ場支配人Ｆ（当時67歳）を襲撃して報復しようと企てた他の組員Ｙらと順次共謀の上、Ｙにおいて、平成12年10月22日午前2時ころ、Ｆ方6畳寝室のサッシ2枚引き戸のガラス1枚および障子戸1枚を所携の金づちでたたき割るなどして損壊した上、ＸおよびＹにおいて、同所からＦ方6畳寝室内に故なく侵入し、Ｘが、Ｆに対し、同人が死亡するかもしれないことを認識しながらあえて、所携の短刀様の刃物で、その左胸部を1回突き刺したが、同人に約1か月間の入院加療を要する心臓刺創、左肺刺傷による左血胸の傷害を負わせたにとどまり、同人を死亡させるに至らなかったという事案である。

ただ、公訴事実はＹが単独でＦを短刀で刺したことを前提とするもので、Ｙが単独でＦ方に侵入し同人を短刀で刺したと認定されて懲役12年が言い渡された。ところが、Ｙは、控訴審において、Ｆ

方にはXとYとが赴いて共に寝室内に侵入し、XがFを短刀で刺した旨の供述をするに至り、Yに対する控訴審判決は実行者をXとは断定しなかったものの、おおむねこの供述に沿った事実認定をして第1審判決を破棄し、Yを懲役11年に処した（平成15年9月2日上告棄却）。

Yの上記新たな供述に基づいて、Xが平成15年3月本件事実により逮捕勾留され、同年4月6日起訴されたが、Xは、捜査公判を通じ一貫してその関与を否認した。第1審裁判所は、Yを証人尋問したが、Xとの共同犯行である旨の供述を維持し、第1審裁判所は、本件犯行等につき有罪と認定して、Xを懲役15年に処し、原審もその判断を維持した。

本件の証拠関係の概要は、①Fは、捜査段階において、犯人が複数であることを前提とするような供述には及んでおらず、Yが供述を翻す以前の平成13年12月に死亡した。②他の共犯者の供述からは、Xが被害者方に臨場して本件に関与したなどといった供述は、捜査公判を通じて得られていない。③F方寝室内や庭に残された足跡こんには、犯人が複数人であると確定できるようなものは存在しない。④Xと本件とを結びつける証拠は、Yの新供述があるだけで、本件の犯人が単独であるか複数であるかについても、これを確定するに足りる客観的証拠や供述は存在しない。

しかし、原判決は、①Yの新供述は、非常に具体的で迫真性があり、②本件は組織的犯行と推認され、YがFの襲撃を2度失敗していることからすれば、XがYの襲撃を見届けるために現場に行ったとの供述は十分合理的であり、③Yが真相を暴露するようになった理由は、Xが約束を違えてYやその家族の面倒を見なかったからであり、Yが会長あてに不満の手紙を出したことは関係証拠上明白であり、Xが犯人であることを隠す代償としてXが約束したと考えられ、④Yのした供述は、J会関係者から報復を受ける危険性があり、自己の責任軽減のためとはいえ、真実に反してまでXを巻き込む供述をするとは考え難いとして、その信用性を認めた。

判旨

Xの上告を受けて、最高裁は原判決を破棄し、福岡高等裁判所に差し戻した。最高裁は、下見に行った際のXの発言のくだりなどは経験していなければ容易に供述し難いもののように思われ、報復ということも考えればY新供述の信用性はこれを肯認できるようにも考えられるとしつつ、「本件のように、供述者が犯行に関与していることは明らかであるものの、複数犯か単独犯か、また、同人の関与の程度がどのようなものか客観的に明確となっていない場合において、取り分け、新たな供述が同人に対する第1審判決後控訴審段階に至ってからされ始めたというような経過があるときには、**供述者が自己の刑責を軽くしようと他の者を共犯者として引き入れ、その者に犯行の主たる役割を押し付けるためにそのような供述に及んでいるおそれも否定できないから、その供述内容の信用性を慎重に検討する必要がある**」とした。

そして、複数犯であったことに関し裏付けを全く欠いているばかりではなく、Y新供述は、それら証拠と整合しない部分も存在するとして、①現場の足跡こんに、Y以外の足跡こんと特定されたものはなく、②共犯者B、C、Dは、いずれもXはもとより複数の犯人がF方に臨場して本件に関与したなどとは全く供述していないし、③Fも本件犯人が複数であることを前提とするような供述に及んでいない事実を挙げる。

さらに、控訴審に至ってからそのような供述を始めた理由に関しても、本件はJ会幹部らがゴルフ場利用を拒否されたことに対する報復として、同会K組組長に次ぐ地位にあったBの主導で行われた犯行でありYは当初からBの指示を受けて犯行を行ったことを供述しているのであって、なにゆえにBよりもK組において低い地位にあるXの関与のみを捜査当局に秘匿しなければならなかったのか疑問が残るとした。

そして、新供述の内容の疑問として、「Y は、B から短刀は持ち帰るように命じられており、X が現場に短刀を捨てているかもしれないと思ったから」という F 方に短刀を取りに戻った理由は、X と Y は犯行後直ちに現場を立ち去り、Y は X からは短刀を捨てたか否かさえ聞いていないというのであるから不可解であるとする。

以上を踏まえて最高裁は、「Y 新供述についての以上のような多くの疑問点について、それぞれ一応の説明を加えることも不可能ではないが、いずれも、Y 新供述が信用できることを前提とするものであるか、そのような説明も可能であるとの域を出るものではなく、合理的疑いを容れる余地が残り、公訴事実の認定を根拠付ける証拠としての信用性には疑問があるといわざるを得ない」とし、原判決には、いまだ審理を尽くさず、証拠の価値判断を誤り、ひいては重大な事実誤認をした疑いが顕著であり、これが判決に影響を及ぼすことは明らかであるとして、原審に差し戻した。

▶▶▶ 解　説

1　合理的な疑い

本判決では共犯者の供述の信用性が問題となった。そして、本判決も、【基本判例 1】と類似した問題点を含んでいる。供述者が自己の刑責を軽くしようと他の者を共犯者として引き入れるために虚偽の供述を行うことは、希なことではない。そして、本件では、犯行に関与したことは明らかな Y が、控訴審段階においてはじめてそのような供述を行ったのであり、多数意見の判示の通り、その供述内容の信用性を慎重に検討する必要がある。ただ、問題は、信用性の具体的評価の内容である。

多数意見は、Y 新供述について疑問点を挙げ、「それぞれ一応の説明を加えることも不可能ではないが、いずれも、Y 新供述が信用できることを前提とするものであるか、そのような説明も可能であるとの域を出るものではな」いとして、合理的疑いを容れる余地が残るとしたのである。

多数意見の挙げた疑問点は、①複数犯であったことの裏付けが欠けるし、足跡こん、被害者・共犯者の供述と整合しない部分が存在し、とりわけ、被害者の供述に関し、光源がテレビからのものだけであるとはいえ、被害者方 6 畳間に 2 人の者が入っていれば、室内の広さからいってこれに気がつくのが通常であるのに、これに気づいた旨の供述がない点を指摘している。なお、この点に関連して、F の見た犯人の被り物が何であったかも問題とされた（詳細は、多数意見および反対意見参照）。②Y が当初から X との共同犯行を供述していたものではなく、自身の控訴審に至ってからそのような供述を始めたという経過の説明に疑問があり、③X が短刀を捨てているかもしれないと思って F 方にひとりで取りに戻りこれを発見したとしていることなどは不自然であるとするものである。

2　疑問点は説明が可能か？

古田佑紀裁判官反対意見は、上告審においては、証人の供述の信用性を認めることが経験則に反し、自由心証主義の限界を逸脱する場合でなければ、事実審の判断に介入すべきではないとの原則を確認した上で、多数意見が疑問点としてあげる諸点は、明らかに不自然というべきものはなく、合理的な理解が十分に可能なものであるとする。

①多数意見が、遺留足跡に Y の足跡と異なるものは特定されないとする点については、「新供述の信用性を直ちに疑わせる事情とはならないことは明らか」であり、②「被害者が X の存在に気が付くはずなのに、そのような供述はない」という点に関しても、被害者の位置、姿勢などからして Y に気がつかなかったことはありうると指摘するのである。そして、③Y がかぶっていた青色スキー帽をストッキングと誤認した可能性については、ベージュ色のストッキングで覆面していたとする点は一貫しており、青系統の色をベージュと誤認する可能性は低いし、テレビと犯人の距離は 1 m 程度で、誤認の可能性は極めて低いとする。④共犯者らが、実行犯が複数であることを一切供述していないという点につい

ては、暴力団組織の人間関係などからXの関与を述べないのは当然であるとしている。

3　控訴審段階で新供述を行った理由

　今井功裁判官補足意見も強調するように、Yは、本件発生の約9か月後に逮捕されたのであるが、逮捕当初から、被害者方に侵入し、被害者を短刀で刺したのは、自分1人であると供述し、自らの第1審公判においてもこの供述を維持し、有罪判決を受けて控訴し、控訴審に至って初めてXと2人で被害者を襲撃したとの新供述をするに至っている。
　そして、YはXからそれほどの金銭的援助を受けていたわけではないのに、Xが口止めの代償として約束していた金銭的援助を実行しないことを理由に、控訴審に至ってXの関与を供述したというのはあまりに不自然にも見える。そして、当初からBのことは供述しながら、Bより地位の低いXのことを秘匿する理由には疑問が残る。
　この点、古田裁判官は、「Y新供述を全体としてみると、単にXの関与についての口止めの代償としてXが独自に金銭の援助をしてくれなかったことを理由としているのではなく、YとしてはK組から相応の報酬を受けることが当然であると思っていたところ、これがかなえられないことに不満があり、自分のために動いてくれると考えていたXが期待していたような対応をしてくれなかったことが理由であるとするものと認められる。Yとしては、Xの関与を言わないでいればXが自分の要求にこたえる取り計らいをしてくれるものと強く期待することは極めて自然である。Bについては、携帯電話の発信記録などからその関与を否定することは困難であり、Bが逮捕されれば、当時、Yにとっては頼りにできる者はXのみであったと認められる。Xの地位はBより低かったとは認められるが、いずれも幹部クラスの地位にあってその地位に顕著な差があったとはいえない。これらの事情からすれば、YがBのことは述べながらXの関与を述べないでいたことに不自然さはない」と説明するのである。また、「Yは、Xが胸を刺したために殺人未遂事件として処罰されることとなり、かつ予想より刑が重かったとして不満を抱いていることがうかがわれる。YのXに対する執ようともいえる金銭等の要求は、これらの点を前提とすればよく理解できる。そうすると、Yにおいて、Xをもはやあてにすることはできないと考えた時に至って、真相を明らかにする気になることには、なんら不合理な点はない」とも付け加える。
　この他にも争いになった点があるが、暴力団の組織内において、虚偽の供述をして幹部の者に実行犯の罪を負わせることは、それに関する苛烈な報復が予想される以上、よほどの理由がない限り考えにくい。そのような理由が見当たらないのだとすれば、供述は基本的に信用できると解すべきように思われる。多数意見も認めるように、Yの新供述には経験していなければ容易に供述し難いものも含まれているのだとすれば、反対意見にも十分な説得性があるように思われる。

第 48 講　同種前科による証明

> **論点**
> ▶犯罪の客観的要素が他の証拠によって認められる事案では、主観的要素（故意）を、被告人の同種前科の内容によって認定してもよいか。
> ▶前科証拠を被告人と犯人の同一性の証明に用いる場合の証拠能力。

【基本判例1】　最3小決昭和41年11月22日（刑集20巻9号1035頁・判タ200号135頁）

事実の概要

　被告人Xは、生活費に窮した結果、社会福祉のための募金名下に寄付金を集めて生活費に充当しようと企て、昭和40年3月ころから8月ころまでの間、前後202回にわたり、銀行・会社等を訪れ、各社において、社員らに対し、真実社会福祉事業に使用する意思も能力もないのに、身寄りのない老人に対する福祉促進趣意書と題する書面を呈示した上、恵まれない人の援護をしているので寄付を願う旨の虚偽の説明を行って相手を欺き、福祉事業に使用されるものと誤信させて合計20万1,500円を交付させたという事案である。

　Xは、上記の金員は、Xの宗教活動のための資金に充てる布施として受け取ったものであると主張し、その犯意を否認したが、第1審は、上記事実を認定して、詐欺罪の成立を認めた。

　弁護人は、控訴趣意中で、本件金員はXの社会福祉のためにする宗教活動に要する費用に充てる布施として受け取ったもので、Xに詐欺の故意はないと、あらためて主張したが、原審は、「被告人自身昭和38年9月19日神戸地方裁判所尼崎支部で本件と同様手段による詐欺罪に因り懲役刑に処せられ現在なおその刑執行猶予期間中の身であり、本件行為もその態様に照し詐欺罪を構成するものであることの認識があったと思われる」とし、Xが、犯行直前ころには収入の道が全く途絶えて食費にも事欠く状態になっていたなど、当時のXの生活状態等に照らし動機も首肯できることや、実在しない「社会福祉援護会」の名称を用いたり、寄付金と称して金員を受け取りながら社会福祉のための活動は全く行わず、社会福祉施設に寄付することもなくすべて自己の生活費等に費消していることなどの事情も認定した上、上記主張を排斥した（ただし、量刑不当により破棄自判）。

　これに対し、弁護人は、有罪の証明として、被告人が行った他の犯罪を証拠とすることは、たとえそれが同一性質のものであったとしても許容されないと解すべきであるなどとし、原判決は採証法則に違反するとともに大審院の判例に違反する旨主張した。

決定要旨

　最高裁は、弁護人の上告趣意は、判例違反をいうが、所論引用の判例は、すべて事案を異にし本件に適切でなく、その余は、単なる訴訟法違反の主張であるとして上告を棄却した。そして、括弧内で「犯罪の客観的要素が他の証拠によって認められる本件事案の下において、Xの詐欺の故意の如き犯罪の主観的要素を、Xの同種前科の内容によって認定した原判決に所論の違法は認められない」と判示した。

▶▶▶ 解　説

1　悪性格の証拠

　裁判における事実認定作業は、当事者が、犯罪事実や犯罪の成立を否定する事実などを証明しようとして提出した証拠につき、その証明力を評価することが中心となる。証拠が事実についての心証を形成させる力を証明力（証拠価値）というのである。証明力は、その有無のみでなく程度が問題となる。そして、証拠の証明力は、証拠と事実との間の関連性の大きさを示す狭義の証明力（関連性）の問題と、その証拠がどの程度信用できるのかという信用性に分けて考えることができる。

　ある程度の証明力（自然的関連性）があっても、誤った心証を形成させるおそれが強い場合には法律的関連性が否定される。その多くの部分を伝聞法則、自白の任意性等の証拠能力の問題としてとらえられるが、それ以外で法的関連性が否定される代表例が悪性格の証拠の法理、すなわち被告人が犯人であることを証明するために、被告人の悪性格、とりわけ同種前科や類似した犯罪事実を示す証拠を提出することは、原則として許されないという考え方である。これらの証拠が裁判所に不当な偏見を与え、事実認定を誤らせるおそれがあるためである。証拠法則は、基本的に英米の証拠法を淵源とするとの理解が、実務でも有力であった。ただ、戦前の判例において、すでにこの問題の実質は、議論されていたのである。

　陪審制度を採用する英米においては、「過去に同種の行為を行った事実がある」ということを証拠として吟味すれば、陪審員に不当な偏見を与えて事実を誤認する危険性があるので、被告人の権利を保護するために証拠採用を認めないとしたのである。さらに、被告人がかつて犯した他の犯罪事実（前科または余罪）の証拠を提出することは、それが起訴事実と同種または類似の犯罪であっても、被告人にとって反駁が困難になる場合がかなり想定され、不当な不意打ちにもなりかねず、類似といっても別件である以上、争点が複雑化し混乱するというデメリットがあるとも指摘されている。

　特に、悪性格証拠の場合、他の犯罪事実を犯していることから「犯罪行為を行う悪性格」があることが推認され、その悪性格から公訴事実を被告人が行ったことが推認されるという判断過程が混入する危険がある。このような考え方は、陪審員には不当な影響力を与えることになると考えられたといえよう。「犯罪行為の実行→悪性格→当該犯罪実行」というのは、その証明力が低い場合が多いのである。

2　最高裁の法律的関連性判断

　ただ、陪審裁判をわずかしか経験したことのなかった第二次世界大戦前の日本においても、被告人の悪性格や同種前科を公訴事実認定の証拠とすることができるかどうかという問題は、証拠の法律的関連性（自然的関連性はあるが、証明力を誤らせるおそれがあるかどうか）の問題として議論されてきた。そして、この考え方は、職業裁判官による裁判を前提とする場合においても妥当し、わが国の刑訴法上も、原則としてこれを否定すべきであるとされてきた。大判大正7年5月24日（刑録24-647）は、原判決が、強盗、暴行・傷害等の前科を内容とする被告人の公判供述や前科調書を採用し、傷害罪認定の証拠として援用したのを、採証法則に違反し許されないとして原判決を破棄した。この考え方は、その後のいくつかの大審院判例で踏襲され（大判昭和2・9・3新聞2750-9、大判昭和14・3・25判決全集6-14-43）、最高裁においても、必ずしも英米の証拠法の一部という形ではなく、採用されてきたといえよう。たとえば、最大判昭和27年3月5日（刑集6-3-351）は、「詐欺罪の公訴事実の記載について、その冒頭に『被告人は詐欺罪によりすでに2度処罰を受けたものであるが』と記載することは、公訴犯罪事実につき裁判官に予断を生ぜしめるおそれのある事項にあたり、これによってすでに生じた違法性は、その性質上もはや治癒することができない」としている（さらに最判昭和28・5・12刑集7-5-981も参照）。

　逆に、量刑の資料としては、これも無制限ではないが、前科、同種犯罪の事実の証拠を提出することは許されよう。さらに、弁護側が、「被告人が悪性格を欠くこと」を主張した場合には、その反論として同種犯罪の事実の証拠を提出することが許されることは当然である。同様に、被告人自身が犯罪を実行していないことなどを立証するために、証人となっ

て証言した場合には、証言の信用性を弾劾する証拠として、悪性格の証拠を提出することができる。

3　3つの例外

　反対尋問を経ていない供述証拠（伝聞証拠）は原則として証拠になり得ない。供述証拠は、人間が、ある出来事を五官を通して知覚し、これを記憶し、さらにこれを表現することによって、裁判所に体験内容を報告するものであり、知覚・記憶・表現のそれぞれの段階で誤りが混入する危険があり、人間の記憶に頼らない非供述証拠とは異なっている。また、供述内容の正確性を評価する上では、事実認定をする裁判所が供述者の態度等を直接観察することも重要であるが、伝聞証拠は、このような作業を経ていない。

　そこで、真実の発見のためには伝聞証拠を一切排除するのが望ましいということになりそうだが、①伝聞証拠であるからといって常に虚偽であるとは限らず、②証人の直接の尋問は時間的・経済的に大きな負担であり、③証人の記憶が弱まったり、証人が行方不明、死亡といった事態も十分ありうるから、伝聞証拠の禁止は、合理的な例外を認めざるを得ないのである。

　このことと類似して、同種前科や類似した犯罪事実を過去に実行したことを示す証拠を提出することを許容すべき例外的場合が考えられる。前述のような危険性が存在するのになお許されるのは、そのデメリットを上回る相当な理由、すなわち、(ｱ)前科や常習性が構成要件の一部となっていたり、前科の存在や内容が公訴事実と密接不可分に関連している場合のように、証拠を吟味する必要性・必然性が存在する場合、(ｲ)特殊な手口による同種前科の存在により犯人と被告人の同一性を証明する場合など、証明力が特に高く証拠の価値が大きい場合（後述水戸地下妻支判平成 4・2・27 判時 1413-35 参照）、そして、【基本判例1】で問題となった、(ｳ)故意や知情のような主観的要素を証明する上で、特に必要な場合である。これらの例外が許されるか否かは、証拠の証明力の高さと必要性と比較して、その証拠により公訴事実を認定しても事実認定を誤る危険性が少ないか否かによる。

4　同種前科・類似した余罪と故意の認定

　【基本判例1】は、詐欺罪の故意について、「客観的要素が他の証拠によって認められる本件事案の下において」との留保付きながら、同種前科により認定できるとした。

　犯人が否認している場合、故意の有無は、客観的な情況証拠を総合して判断することになる。たとえば殺意の有無は、凶器の形状、用い方などが重要な意味を持つ。一般的にいえば犯行態様、当時の客観的状況等を総合して推認するほかないのである。

　【基本判例1】の場合、①食費にも事欠く状態にあり、②実在しない「社会福祉援護会」の名称を用い、③福祉のための募金名下に、短期間に多数回の行為を行い、④福祉促進趣意書と題する書面を呈示しているにもかかわらず、社会福祉事業に全く使用していないことが認められているので、詐欺の故意は強く推認されよう。【基本判例1】の意義を、「主観的事情の立証のためには、同種前科・類似した余罪を証拠とすることができる」という命題を示したものとするのは、明らかに誤りである。Xが、「宗教活動の布施」として受け取ったなどと主張していることもあり、検察側としては、同種態様の詐欺の前科によって、同種行為が処罰の対象になることは十分認識していたはずであることを示そうとし、裁判所もそれを認めたものと思われる。

　なお、前科ではない同種犯罪行為が公訴事実認定のために用いられた事例も少なくない（【基本判例1】と同様の詐欺罪の故意を否認している場合に、同種の犯行累行の事実を被告人の心情性行が詐欺的であるという補強証拠として立証することを許容した例として、東京高判昭和 24・12・3 高刑集 2-3-286 がある）。もっとも、同種余罪を公訴事実の認定に用いる場合には、有罪が確定している前科による立証の場合とは違って、余罪の認定には慎重な検討が必要である。

【基本判例2】 最2小判平成24年9月7日（刑集66巻9号907頁・判タ1382号85頁）

事実の概要

　被告人Xに対する本件公訴事実は、平成21年9月8日午前6時30分頃から同日午前11時50分頃までの間、金品窃取の目的で、東京都K区B荘C号室D方縁側掃き出し窓のガラスを割り、クレセント錠を解錠して侵入した上、現金1000円およびカップ麺1個を窃取し、B荘C号室内にあった石油ストーブ内の灯油を同室内のカーペット上に撒布した上、何らかの方法で点火して火を放ち、同室内の床面等に燃え移らせ、よって、現に人が住居に使用しているB荘C号室の一部を焼損（焼損面積約1.1m²）したという住居侵入、窃盗、現住建造物等放火の事実および北海道K市内における住居侵入および窃盗の事実からなるものである。Xは、第1審の公判前整理手続において、放火については行っていないと主張した。

　Xは、平成3年4月7日から平成4年5月10日までの間に15件の窃盗を、同年3月29日から同年6月13日までの間に11件の現住建造物等放火（未遂を含む）を行ったなどの罪により、平成6年4月13日、懲役8月および懲役15年（前刑放火を全て含む）に処せられた前科を有する。

　検察官は、公判前整理手続において、Xは欲するような金品が得られなかったことに立腹して放火に及ぶという前刑放火と同様の動機に基づいて本件放火に及んだものであり、かつ、前刑放火と本件放火はいずれも特殊な手段方法でなされたものであると主張し、この事実を証明するため、上記前科に係る判決書謄本、前刑放火に関するXの供述調書謄本15通、前刑放火の動機等に関するXの供述調書1通、本件放火の現場の状況およびその犯行の特殊性等に関する警察官証人1名の取調べを請求した。

　第1審裁判所は、前刑判決書謄本を情状の立証に限定して採用したものの、本件放火の事実を立証するための証拠として本件前科証拠は全て「関連性なし」として却下し、また、上記警察官証人を「必要性なし」として却下し、Xが本件放火の犯人であると認定するにはなお合理的な疑問が残るとして、本件住居侵入および本件窃盗ならびにK市における事件についてのみ有罪とした。

　これに対し、原判決は、本件前科証拠のうち、前刑判決書謄本の取調べ請求を却下した第1審裁判所の措置、ならびに上記前科の捜査段階で作成されたXの供述調書謄本15通および本件捜査段階で作成された前刑放火の動機等に関するXの供述調書1通について、本件放火との関連性がある部分を特定しないまま、そのすべてを却下した第1審裁判所の措置には、判決に影響を及ぼすことが明らかな訴訟手続の法令違反があるとして、第1審判決を破棄し、事件を東京地方裁判所に差し戻した。

　原審の東京高裁は、前刑放火11件の動機は、いずれも窃盗を試みて欲するような金品が得られなかったことに対する腹立ちを解消することにあり、上記11件のうち10件は、いずれも侵入した居室内において、また残り1件は、侵入しようとした住居に向けて放火したものであり、うち7件は、犯行現場付近にあったストーブ内の灯油を撒布したもので、Xには、このような放火に至る契機、手段、方法において上記のような特徴的な行動傾向が固着化していたものと認められるとした。そしてXは、本件放火と接着した時間帯に放火場所である居室に侵入して窃盗を行ったことを認めているところ、その窃取した金品がXを満足させるものではなかったと思料され、前刑放火と同様の犯行に至る契機があると認められる上、犯行の手段方法も共通しており、いずれも特徴的な類似性があると認められ、Xが本件放火の犯人であることを証明する証拠として関連性があるとしたのである。Xが、本件放火と接着した時間帯に放火場所である居室に侵入して窃盗を行ったことが認められる本件では、第1審が証拠採用しなかった違法は判決に影響を及ぼすことが明らかな訴訟手続の法令違反にあたるとした。

第 48 講　同種前科による証明

判　旨

　これに対し、最高裁は、以下のように判示して、原判決を破棄した。
　「(1)　前科も1つの事実であり、前科証拠は、一般的には犯罪事実について、様々な面で証拠としての価値（自然的関連性）を有している。反面、前科、特に同種前科については、Xの犯罪性向といった実証的根拠の乏しい人格評価につながりやすく、そのために事実認定を誤らせるおそれがあり、また、これを回避し、同種前科の証明力を合理的な推論の範囲に限定するため、当事者が前科の内容に立ち入った攻撃防御を行う必要が生じるなど、その取調べに付随して争点が拡散するおそれもある。したがって、前科証拠は、単に証拠としての価値があるかどうか、言い換えれば自然的関連性があるかどうかのみによって証拠能力の有無が決せられるものではなく、前科証拠によって証明しようとする事実について、実証的根拠の乏しい人格評価によって誤った事実認定に至るおそれがないと認められるときに初めて証拠とすることが許されると解するべきである。本件のように、前科証拠をXと犯人の同一性の証明に用いる場合についていうならば、前科に係る犯罪事実が顕著な特徴を有し、かつ、それが起訴に係る犯罪事実と相当程度類似することから、**それ自体で両者の犯人が同一であることを合理的に推認させるようなもの**であって、初めて証拠として採用できるものというべきである。
　前刑放火は、原判決の指摘するとおり、11件全てが窃盗を試みて欲するような金品が得られなかったことに対する鬱憤を解消するためになされたものであること、うち10件は侵入した室内において、残り1件は侵入しようとした居室に向けてなされたものであるが、いずれも灯油を撒布して行われたものであることなどが認められる。本件放火の態様は、室内で石油ストーブの灯油をカーペットに撒布して火を放ったという犯行である。原判決は、これらの事実に加え、Xが本件放火の最大でも5時間20分という時間内に上記の放火現場に侵入し、500円硬貨2枚とカップ麺1個を窃取したことを認めていることからすれば、上記の各前科と同様の状況に置かれたXが、同様の動機のもとに放火の意思を生じ、上記のとおりの手段、方法で犯行に及んだものと推認することができるので、関連性を認めるに十分であるという。しかしながら、**窃盗の目的で住居に侵入し、期待したほどの財物が窃取できなかったために放火に及ぶということが、放火の動機として特に際だった特徴を有するものとはいえない**し、また、侵入した居室内に石油ストーブの灯油を撒いて火を放つという態様もさほど特殊なものとはいえず、これらの類似点が持つ、本件放火の犯行がXによるものであると推認させる力は、さほど強いものとは考えられない。
　原判決は、上記のとおり、窃盗から放火の犯行に至る契機の点及び放火の態様の点について、前刑放火における行動傾向が固着化していると判示している。固着化しているという認定がいかなる事態を指しているのか必ずしも明らかではないが、単に前刑放火と本件放火との間に強い類似性があるというにとどまらず、他に選択の余地がないほどに強固に習慣化していること、あるいはXの性格の中に根付いていることを指したものではないかと解され、その結果前刑放火と本件放火がともにXによるものと推認できると述べるもののようである。しかし、単に反復累行しているという事実をもってそのように認定することができないことは明らかであり、以下に述べる事実に照らしても、Xがこのような強固な犯罪傾向を有していると認めることはできず、実証的根拠の乏しい人格評価による認定というほかない。
　すなわち、前刑放火は、間に服役期間を挟み、いずれも本件放火の17年前の犯行であって、Xがその間前刑当時と同様の犯罪傾向を有していたと推認することには疑問があるといわなければならない。加えて、Xは、本件放火の前後の約1か月間に合計31件の窃盗に及んだ旨上申している。上申の内容はいずれも具体的であるが、これらの窃盗については、公訴も提起されていない上、その中にはXが十分な金品を得ていないとみられるものが多数あるにもかかわらず、これらの窃盗と接着した時間、場所で放火があったという事実はうかがわれず、本件についてのみXの放火の犯罪傾向が発現したと解するこ

とは困難である。
　(2)　上記のとおり、Xは、本件放火に近接した時点に、その現場で窃盗に及び、十分な金品を得るに至らなかったという点において、前刑放火の際と類似した状況にあり、また、放火の態様にも類似性はあるが、本件前科証拠を本件放火の犯人がXであることの立証に用いることは、帰するところ、前刑放火の事実からXに対して放火を行う犯罪性向があるという人格的評価を加え、これをもとにXが本件放火に及んだという合理性に乏しい推論をすることに等しく、このような立証は許されないものというほかはない。
　したがって、本件放火の犯罪事実を立証するための本件前科証拠の取調べ請求を全て却下した第1審裁判所の措置は正当であり、これについて判決に影響を及ぼすことが明らかな訴訟手続の法令違反に当たるとした原判断には刑訴法379条の解釈適用を誤った違法がある。この違法が判決に影響を及ぼすことは明らかであり、原判決を破棄しなければ著しく正義に反するものと認められる」。

▶▶▶　解　説

1　本判決の意義

　【基本判例2】は、放火の犯人性を認定する上で、類似の犯行の前科を証拠として取り調べた原審の判断を違法としたものである。
　【基本判例1】で検討した、同種前科・類似犯行事実を示す証拠について法的関連性を認めるべき例外としては、㈠前科や常習性が構成要件の一部となっていたり、前科の存在や内容が公訴事実と密接不可分に関連している場合（証拠を取り調べる必要性・必然性が高い場合）、㈡特殊な手口による同種前科で同一性を証明する上で特に証拠価値が高い場合、そして【基本判例1】で問題となった、㈢故意や知情のような主観的要素を証明する上で、特に必要な場合が該当する。【基本判例2】は㈡の類型が問題となった。ただ、【基本判例1】も、実質的には㈡の類型とも関連するのである。
　そして、【基本判例2】の原審（東京高判平成23・3・29判タ1354-250）は、前科の現住建造物等放火と本件現住建造物等放火との間に、犯行に至る契機、犯行の手段方法において、いずれも特徴的な類似性があると認められる本件事実関係の下では、前科の現住建造物等放火関係の各証拠のうち、犯行に至る契機、犯行の手段方法に関するものは、本件現住建造物等放火の犯人の同一性を立証するための証拠として関連性があると認められると判示したのである。この判断自体は、従来の判例の流れからいって、妥当なものようにも思われたが、最高裁は、その結論を覆したのである。

2　最高裁の法的関連性判断

　最高裁は、①前科証拠は、証拠としての価値（自然的関連性）を有しているが、②実証的根拠の乏しい人格評価につながりやすく、事実認定を誤らせるおそれがあり、③取調べに付随して争点が拡散するおそれもある。したがって、④前科証拠は、単に自然的関連性があるかどうかではなく、実証的根拠の乏しい人格評価によって誤った事実認定に至るおそれがないと認められるときに初めて証拠とすることが許されると解するべきであるとした上で、⑤前科証拠をXと犯人の同一性の証明に用いる場合についていうならば、前科に係る犯罪事実が顕著な特徴を有し、かつ、それが起訴に係る犯罪事実と相当程度類似することから、それ自体で両者の犯人が同一であることを合理的に推認させるようなものであって、初めて証拠として採用できるものというべきであるとしたのである。
　この判断は、前記㈡類型について法的関連性を認める基準として、「それ自体で両者の犯人が同一であることを合理的に推認させるようなもの」という厳しい要件を要求したものであって、実質基準を厳格化したもののように思われる。
　証拠採用する必要性・証明力の大きさと、この種の証拠がもたらす誤った事実認定の危険性の比較衡量という基本構造には変わりがないものの、【基本

【判例2】には「前科、特に同種前科は、Xの犯罪性向といった実証的根拠の乏しい人格評価につながりやすく、事実認定を誤らせるおそれがある」という点の重視という価値判断が見られる。このような発想は、特に陪審員を前提とした英米法系で強調されてきたところであり、裁判員裁判の導入とも整合性を有するといえよう。

ただ、従来の考え方も、英米法を援用しつつ職業裁判官を念頭にこの原理は考えられてきた。「類似事実証拠排除の原則は、陪審裁判を前提とする英米において古くから認められてきたものであるが、本来、人間が陥りやすい事実誤認の危険を回避し、被告人の権利を保護することを究極の目的とするものであるから、陪審裁判に特有の問題ではなく、職業裁判官による裁判を前提とする場合においても、原則的に妥当する」（岡田雄一『刑事訴訟法判例百選〔第7版〕』（有斐閣・1998）136-7頁）とされている。

【基本判例2】の事案は、第1審の裁判員裁判で放火については無罪とされたものを、高裁が覆している。その際に、採用すべき証拠の範囲について、最高裁は、裁判員の存在をより重視する方向で、つまり「事実認定を誤らせるおそれのある証拠」を広く排除する方向での判断を示したようにも見えるのである。もちろん、職業裁判官による裁判を前提とする場合においても妥当すると考えられてきた原則なのではある。

3　手口の類似した前科・同種事案の証拠としての取扱い

【基本判例1】において検討したように、(イ)特殊な手口による同種前科の存在により犯人と被告人の同一性を証明する場合など、証明力が特に高く証拠の価値が大きい場合には、法的関連性が認められうると考えられてきた。具体的な判断例としては、高松高判昭和30年10月11日（高裁刑集特2-21-1103）が、強盗致死事件の公判で、犯行前日にも同じ被害者に対して殺人未遂を犯していた事実を立証することは、強盗致死罪の犯意、特にその計画性の立証のために（さらに情状に関し）許されるとし、静岡地判昭和40年4月22日（下刑集7-4-623）は、列車内で連続的に発生した2件の集団スリ事件の前者の犯行を立証するため、後者の犯行を情況証拠として用いる

ことができるとした。

平成に入っての下級審判例を見ても、東京地判平成6年3月31日（判タ849-165）は、いわゆるロス疑惑銃撃事件において、同一被害者に対する殺人未遂が、起訴された殺人既遂と目的（保険金取得目的）が共通し手口なども類似しているとして、前者に関連性を認めた。そして、水戸地下妻支判平成4年2月27日（判時1413-35）が、前科である強姦の手口と類似していることを根拠に2件の強姦致傷の犯人と認定し、大阪高判平成17年6月28日（判タ1192-186）が、いわゆる和歌山カレー毒物混入事件において、被告人の周辺で複数の者が急性砒素中毒を発症した事実の立証は、関連性があるとしている。さらに、広島地福山支判平成18年8月2日（判タ1235-345）は、被告人が事実関係を認めている強姦および強姦致傷の態様と類似していることをも根拠にして、別個の強姦の犯人と認定し、東京高判平成21年12月21日（高検速報3414号）は、被告人が犯人と認められる2件の放火の態様および前科である器物損壊の態様を根拠として、器物損壊罪の犯人性を認めた。

もとより、これらの下級審判例は、「手口や犯行の類似性による立証の一般的な適否及びそれが許容される基準など」を具体的に説示するものではない。被告人が犯人であることを示す他の有力な証拠が存在していた事案であることを確認しておく必要がある。その意味で、犯行態様の類似性の点は、決定的な間接事実として扱われたわけではない。ただ、これらの前科・類似事実を公判廷で取り調べることは許容されたのである。ここでは、証拠の証明力の高さと必要性を勘案して、前科などを証拠として採用することが事実認定を誤る危険性その他のデメリットが重大なものか否かの慎重な認定が行われてきた。

4　規範の具体的あてはめ

この点、【基本判例2】では、Xが住居侵入および窃盗は認めたが、窃盗と同じ場所で、それに引き続く時間帯に行われた現住建造物等放火については、その犯人であることを争った。検察官は、公判前整理手続において、放火の犯人性を示す間接事実の1つとして、Xが短期間に繰り返して行った11件の放火の前科があり、前刑放火と本件放火の各態様が

同じであるとし、原審東京高裁も、前刑放火と本件放火の間には、犯行の手段方法に類似性がある上、欲するような金品が得られなかったことが放火の契機になった点においても類似性があり、手段方法および窃盗から放火の犯行に至る契機の行動傾向が固着化しており、その類似性をより特徴的なものにしているから、前科に関する証拠は、犯人との同一性の立証に関連性が認められるとしたのである。

これに対して最高裁は、【基本判例2】の事案は、放火に近接した時点に、その現場で窃盗に及び、十分な金品を得るに至らなかったという点において、前刑放火の際と類似した状況にあり、また、放火の態様にも類似性はあるとしつつ、「本件前科証拠を本件放火の犯人がXであることの立証に用いることは、帰するところ、前刑放火の事実からXに対して放火を行う犯罪性向があるという人格的評価を加え、これをもとにXが本件放火に及んだという合理性に乏しい推論をすることに等しく、このような立証は許されない」としたのである。

同種の前科による犯人との同一性の立証が例外的に許されるのは、誤った心証を形成させるおそれのない場合に限られるとされているが、そのおそれがあっても立証を許すべき相当な事情があれば、許容される。そのような意味での相当な事情とは、漠然とした特定の犯罪を行うという傾向にとどまらず、合理的に犯人であることを推認させる事実が立証される場合であり、前科と公訴事実の間に犯人であることを推認させる程度に高度の類似性がある場合といいうるであろう（伊藤雅人「類似事実による立証について」植村立郎判事退官記念『現代刑事法の諸問題(1)』（立花書房・2011）372頁）。「前科から特定の犯罪を行う傾向があると認められる」だけで犯人との同一性を肯定するような心証が形成されるおそれは、排除されなければならない。原審東京高裁が、「前刑放火の犯人と本件放火の犯人が同一である蓋然性を合理的に推認させるということができるから、その同一性を立証するための証拠として、関連性がある」と結論づけているのもそのような趣旨を含むものであろう。

一方【基本判例2】の最高裁が用いる、「前科に係る犯罪事実が顕著な特徴を有し、かつ、それが起訴に係る犯罪事実と相当程度類似することから、それ自体で両者の犯人が同一であることを合理的に推認させるようなもの」という基準も、「それ自体で」という部分をどれだけ強く読むかにもよるが、同じ方向で考えているようにも見えるのである。しかし、同じ事実を前提に、類似の規範をあてはめたところ、原審は、放火にいたる行動傾向が固着化し類似性をより特徴的なものにしているから前科に関する証拠は同一性の立証に関連性が認められるとしたのに対し、最高裁は「放火を行う犯罪性向があるという人格的評価を加え、これをもとにXが本件放火に及んだという合理性に乏しい推論をすることに等しい」と断じ、結論は全く逆のものとなったのである。

5　それ自体で両者の同一性を合理的に推認させるもの

その点を、少し細かく分析する必要があろう。原審の判断において最も重要な判示は、①前刑放火の大半（10件）と本件放火は、侵入した居室内において灯油を撒布して行われたというもので、類似性が認められ、②前刑放火においては、そのような手段方法が繰り返され、その行動傾向が固着化していると認められ、本件放火との間の犯行の手段方法についての類似性をより特徴的なものにしており、さらに、③本件放火と接着した時間帯に犯行場所で窃盗を行い、Xが満足できないものしか得られなかった、その腹いせにXが本件放火に及んだ可能性が考えられる。そうすると、④前刑放火と本件放火とは、放火の犯行に至る契機の点においても、類似性があると認められるとしている部分である。

これに対し最高裁は、①「窃盗の目的で住居に侵入し、期待したほどの財物が窃取できなかったために放火に及ぶということが、放火の動機として特に際だった特徴を有するものとはいえない」とし、②「侵入した居室内に石油ストーブの灯油を撒いて火を放つという態様もさほど特殊なものとはいえず」、③原審が「前刑放火における行動傾向が固着化している」と判示している点について、単に反復累行しているという事実をもって「性格の中に根付いている」と認定することができないことは明らかとした。その具体的根拠として、「前刑放火は、間に服役期間を挟み、いずれも本件放火の17年前の犯行であって、Xがその間前刑当時と同様の犯罪傾向を有していたと推認することには疑問がある」とし、④本件

放火の前後の約1か月間に計31件の窃盗に及んだ旨上申しており、その中には十分な金品を得ていないとみられるものが多数含まれている可能性があるが、窃盗と接着した時間、場所で放火があった事実はうかがわれず、本件についてのみ放火の犯罪傾向が発現したと解することは困難だとする。

本書でこれまで検討してきたように、裁判所が従うべき「事実認定における論理則・経験則」によるとしても、結論が微妙となる場合は多い（特に、第47講、第49講参照）。東京高裁と最高裁の判断の差を導いた、「窃盗の目的で住居に侵入し期待したほどの財物が窃取できなかった場合に、居室内のストーブの灯油を撒いて火を放つ」という行動がどの程度特殊なものといえるのかは、放火の動機などに関する刑事統計などを分析しても、現在のところ、明確な結論を導き得ない。ただ、放火事案に携わってきた警察官に聞いてみると、めぼしいものがなかったので腹いせに火をつける類型はかなり特徴的なもののようである。

前刑は17年前のものであることから、犯罪傾向は維持されないのではないかという点も、その間、刑務所に収容されていたのであり、社会復帰後、すぐに同種の窃盗の実行を繰り返していることを見ると、逆の結論も導きうる。なお、本件で出所後多数の窃盗が実行され、満足のいく財物を得られなかった場合も多い可能性があるのに、放火事犯が発生していないということも、放火犯罪傾向が発現したとはいえないと解することの論拠として重視されている。ただ、原審も、そのような傾向があるというだけで「満足のいくものが得られなければ放火する」としているわけではない。「『傾向』が、本件と同時期の窃盗事案において、現実に発現しなかった可能性が高い以上、本件（放火）の認定において『傾向』の有無を検討すべきではない」とするのは、必ずしも合理的ではない。

最高裁は、「単に反復累行しているという事実をもって犯人が同一であることを認定することができないことは明らかである」とするが、単に放火を繰り返したのではなく、窃盗後に得られた財物への不満から特定の態様の放火を繰り返していたのであり、本件でも現に火災が発生し、Xが放火しうる時間帯にその場に所在し得たことに加えて、得られた財物が十分なものでなかった場合に、犯人が同一であることを合理的に推認させるものといえるかが問題なのである。前科による故意の存在の立証に関し、「同様の行為が複数回生じたことを立証することによって、その行為が故意によるものであることを立証できるという『偶然の理論』が適用されるので、同種前科によって故意を立証することは許されるとの説明がなされている。これは、……他の犯罪事実から公訴事実に関する主観的な要素を直接に推認しているのであり、しかも、その推認における証明力は悪性格を介在させた推認の場合のような不確実なものとは異なり、経験則、論理則に基づく合理的な推認であるということができ、証拠の証明力が高く、事実認定を誤る危険の低い場合に当たるので、これを禁ずる理由はない」という指摘もある（秋吉淳一郎『刑事訴訟法判例百選〔第8版〕』（有斐閣・2005）135頁）。犯人の同一性の問題と故意の認定の問題は別であるが、ある程度特殊性のある同様の行為が複数回生じたことは、それなりの推認を可能とするのである。

【基本判例2】では、当初から、弁護人から「裁判員裁判であり、関連性ないし取調べの必要性が認められるか否かを厳格に判断するべきである」との主張が強くなされた。それに対し、原審は、裁判員裁判の対象事件とそうでない事件で異なるところはないと判断しているように思われる。東京高裁は、その理由として、前科の犯人と当該事件の犯人が同一である蓋然性を合理的に推認させると認められる証拠は、適正な事実認定に資することはあっても、それを阻害することはないとしている。もちろん最高裁も、そのこと自体を否定したわけではない。ただ、「同一である蓋然性を合理的に推認させると認められる証拠」をやや狭めに解した背後には、裁判員裁判制度の存在があるのかも知れない。

第49講　控訴審と上告審の判断のあり方
——専門性と国民の意識の調整

> **論 点**
> ▶ 裁判員裁判制度の下で、控訴審の事実誤認の審査は、どのように行われるべきか。

【基本判例1】　最1小判平成24年2月13日（刑集66巻4号482頁・判タ1368号69頁）

事実の概要

　本件公訴事実の要旨は、被告人Xは、クアラルンプール国際空港において、成田国際空港行きの航空機に搭乗する際、覚せい剤998.79gをビニール袋3袋に小分けした上、缶3個にそれぞれ収納し、これらをボストンバッグに隠して航空機に積み込ませ、同日、成田国際空港において覚せい剤の輸入行為を行い、さらに申告しないで税関検査場を通過して輸入しようとしたが、職員に覚せい剤を発見されたため、その目的を遂げなかったというものである。最高裁が、原判決の認定および記録によりまとめた事実関係は以下のとおりである。

　(1)　Xは、平成21年11月1日、クアラルンプール国際空港から成田国際空港行きの航空機に搭乗し、本件バッグを機内預託手荷物として預け、航空機に積み込ませた。Xは、成田国際空港に到着した後、本件バッグを受領し、これを携帯して成田税関支署の職員による税関検査を受けた。

　(2)　Xは、携帯品・別送品申告書の「他人から預かった物」を申告する欄に「いいえ」と記載し、税関職員から覚せい剤などの持込禁止物件の写真を示されてそれらを持っているかどうかを尋ねられた際もこれを否定した。

　(3)　税関職員は、Xの所持品のうち、まず免税袋を検査し、チョコレート2缶とたばこのカートンが入っていることを確認したが、特に不審な点は発見されず、引き続き、本件バッグの検査を行い、チョコレート3缶や黒色ビニールの包みが入っていることを確認した。税関職員は、先に検査した免税袋に入っていたチョコレート缶と比べると、本件チョコレート缶は、同程度の大きさであるのに明らかに重いと感じ、免税袋に入っていたチョコレート缶と本件チョコレート缶を持ち比べ、重さの違いからチョコレート以外の何かが入っているのではないかと考えたため、Xに本件チョコレート缶についてエックス線検査を行うことの了解を求めた（なお、本件チョコレート缶は、横27cm、縦20cm、高さ4cmの同種の平らな缶であり、各缶の蓋と本体の缶の周囲が粘着セロハンテープで留められていた。各缶の裏面には380gのチョコレートが入っている旨が表示されているが、約350gの覚せい剤がチョコレートのトレーの下に隠匿されていたため、缶の重量を合わせると約1,056gから約1,071gであった）。

　Xは、直ちに検査を承諾し、本件チョコレート缶に対するエックス線検査が行われた。なお、エックス線検査は、検査室の外にあるエックス線検査装置で行われ、Xは検査室で待っていたため、エックス線検査には立ち会っていない。

　(4)　税関職員は、エックス線検査を行い、本件チョコレート缶の底の部分にいずれも黒い影が映し出されたことを確認し、検査室に戻り、Xに対し、エックス線検査の結果については伝えずにXがこれらのチョコレート缶を自分で購入したのかどうかを尋ねたところ、Xは、「ああそれは、きのう向こうで人からもらったものだよ」と返答した。

　税関職員は、Xに対し、当初は預り物やもらい物がないと申告したのではないかと尋ねたが、Xから返答はなく、「それではどのような人にもらったのか、日本人ですか」と質問したところ、Xは、「イ

第 49 講　控訴審と上告審の判断のあり方

ラン人らしき人です」と答えた。これらの問答の後、税関職員は、X に荷物に関する確認票を作成させた上で、X にどれが預かってきたものであるのかを尋ね、X は、本件チョコレート缶、黒色ビニールの包み、菓子数点を申告した。

　税関職員は、X に黒色ビニールの包みを開けるよう求めたが、X が企業秘密の書類だからと答えてこれを拒否したため、本件チョコレート缶について、「エックス線検査をした結果、底の部分に影がありますので確認させていただきたい」とエックス線検査の結果を説明した上で、缶を開けることの承諾を求めた。X が承諾したので、税関職員が X の面前で缶を開けたところ、本件チョコレート缶 3 缶全部から白色結晶が発見された。

　(5)　税関職員は、X に対し、「これはなんだと思うか」と白色結晶について質問したところ、X は、「薬かな、麻薬って粉だよね、何だろうね、見た目から覚せい剤じゃねえの」と答えた。税関職員は、再び黒色ビニールの包みについて X に開披を求め、その同意を得てこれを開けると、中には名義人の異なる 5 通の外国の旅券が入っており、そのうち 3 通は偽造旅券であった。その後、税関職員は、白色結晶の検査をして覚せい剤であることを確認し、X を逮捕した。

　(6)　X は、逮捕された直後は、本件チョコレート缶について、マレーシアで知らない外国人から日本に持って行くように頼まれたと述べていたが、その後は、日本国内にいるナスールという人物から、30 万円の報酬を約束され、航空運賃等を負担してもらった上で偽造旅券を日本に密輸することを依頼され、マレーシアでジミーという人物から旅券を受け取った際にナスールへの土産として本件チョコレート缶を持って行くよう頼まれたと述べるようになり、次いで、日本で旧知のカラミ・ダボットから X が送金を受けていることについて説明を求められた後に、ナスールから頼まれたのではなく、カラミ・ダボットに頼まれ、ジミーから偽造旅券を受け取り、ダボットに渡した上でナスールに渡すことが予定されていた旨述べた。なお、本件当時、カラミ・ダボットは、本件とは別の覚せい剤輸入事件の共犯者として大阪地方裁判所に起訴され、第 1 審で無罪判決を受けた後、検察官控訴により大阪高等裁判所で審理を受けている状況にあった。X は、こうした訴訟経緯をカラミ・ダボットから聞かされていた。

　本件については、裁判員の参加する合議体が審理し、第 1 審は、X には缶の中に覚せい剤を含む違法薬物が隠されていることの認識が認められず、犯罪の証明がないとして無罪を言い渡したが、原審は、第 1 審判決に事実誤認があるとしてこれを破棄し、有罪を言い渡した。これに対し、X が上告した。

判　旨

　破棄自判。最高裁は、X を無罪とした第 1 審判決に論理則、経験則等に照らして不合理な点があるとはいえず、第 1 審判決の事実誤認を主張する検察官の控訴も理由がないことに帰するから、この際、当審において自判するのが相当であるとし、刑訴法 411 条 1 号により原判決を破棄し、同法 413 条ただし書、414 条、396 条により検察官の控訴を棄却した。

　「刑訴法は控訴審の性格を原則として事後審としており、控訴審は、第 1 審と同じ立場で事件そのものを審理するのではなく、当事者の訴訟活動を基礎として形成された第 1 審判決を対象とし、これに事後的な審査を加えるべきものである。第 1 審において、直接主義・口頭主義の原則が採られ、争点に関する証人を直接調べ、その際の証言態度等も踏まえて供述の信用性が判断され、それらを総合して事実認定が行われることが予定されていることに鑑みると、控訴審における事実誤認の審査は、第 1 審判決が行った証拠の信用性評価や証拠の総合判断が論理則、経験則等に照らして不合理といえるかという観点から行うべきものであって、刑訴法 382 条の事実誤認とは、第 1 審判決の事実認定が論理則、経験則

353

等に照らして不合理であることをいうものと解するのが相当である。したがって、控訴審が第1審判決に事実誤認があるというためには、第1審判決の事実認定が論理則、経験則等に照らして不合理であることを具体的に示すことが必要であるというべきである。このことは、裁判員制度の導入を契機として、第1審において直接主義・口頭主義が徹底された状況においては、より強く妥当する」とし、「第1審判決に論理則、経験則等に照らして不合理な点があることを具体的に示さなければ、事実誤認があるということはできない」とした。

そして、原判決が、①本件チョコレート缶の所持に至る経緯についての供述を二転三転させ、②現行犯逮捕された際、偽造旅券について言及することもなく、動揺することもなく素直に逮捕に応じ、③覚せい剤の密輸に関与していないという弁解を裏付けるために、カラミ・ダボットに事情を聞いてほしい旨の申出をした形跡がないことなどから、Ｘの弁解には信用性がなく、さらに④容易に粘着セロハンテープを剥がして開封し、内容物を確認できたにもかかわらず、内容物に不安を感じたというのに、開封せずに缶の外見を確認しただけで不安が払拭されたなどとするＸの弁解は信用することができないとした点について以下のように判示した。

まず、①については、「原判決が指摘するとおり、Ｘの供述には変遷があり、このことは一般にＸの供述の信用性を大きく減殺する事情であるといえる」としつつ、偽造旅券の運び屋となることを頼まれて、偽造旅券を受け取る際に、本件チョコレート缶を預かったという弁解を排斥しうるか否かは、上記のような変遷状況のほか、本件における他の具体的な諸事情をも加味した上で、総合的に判定されるべきものと考えられるとした。

上記②については、「原判決が指摘する被告人の逮捕時の言動等は、逮捕の際に積極的に弁解せず、抵抗や驚きも示さなかったというものであるが、この言動は、Ｘに違法薬物の認識がなかったとしても、必ずしも説明のつかない事実であるとはいえない」とした。

上記③については、本件とは別の覚せい剤輸入事件の共犯者として起訴されていた人物から依頼されてマレーシアに渡航して結果的に覚せい剤を持ち込んでいるという本件の経過は、「Ｘが故意に覚せい剤の輸入に関わったと疑わせる事情であり、Ｘがこのような事情を意図的に隠していたことをもって、Ｘが故意に覚せい剤の輸入に関与したことを裏付ける方向の事情とみた原判断も、理解できないわけではない」としつつ、そのような者からの依頼であることを明らかにすることが自己の利益にならないと考えてもおかしくない状況にあり、積極的に明らかにしなかったことは、違法薬物の認識がなかったとしても、相応の説明ができる事実といえるとした。

上記④について、「原判決は、Ｘが本件チョコレート缶に違法薬物が隠されているのではないかという不安を感じたのに、内容物を確認することもなく、外見から見て安心し、不安が払拭されたというのは不自然不合理であると指摘している。しかし、Ｘは本件チョコレート缶を他人への土産として預かったもので、チョコレート缶を自由に開封できる立場ではなかったというのであり、また、Ｘは、本件チョコレート缶を受領する際に、違法薬物が混入されているのではないかという一抹の不安を覚えたにすぎず、本件チョコレート缶は税関職員が見ても外見上異常がなかったのであって、本件チョコレート缶について開封した形跡がなかったことから不安が払拭されたとする点が、およそ不自然不合理であるということはできない」として、「税関検査時に実際に偽造旅券を所持していたことや、その際、偽造旅券は隠そうとしたのに、覚せい剤の入った本件チョコレート缶の検査には直ちに応じているなどの客観的事実関係に一応沿うものであり、その旨を指摘して上記弁解は排斥できないとした第1審判決のような評価も可能である」としたのである。

さらに、原判決が、チョコレートのトレーの下に覚せい剤を隠して一見発見できないように隠匿して手荷物として持ち込んだことを、違法薬物の認識を裏付けるものと評価しなかった第1審判決の判示は是認できないとした点に関しては、「本件チョコレート缶への覚せい剤の隠匿にＸが関与したことを示す直接証拠はなく、Ｘはチョコレート缶を土産として預かったと弁解しているから、他の証拠関係のい

かんによっては、この間接事実は、Xに違法薬物の認識がなかったとしても説明できる事実といえ」るとした。そして、原判決が携帯品・別送品申告書に預り物はない旨申告したことや、本件チョコレート缶から発見された白色結晶についてのXの態度を違法薬物の認識を裏付けるものと評価しなかった第1審判決の判示は是認できないとした点についても、「当時本件チョコレート缶だけではなく偽造旅券も預かっていたのであるから、この申告状況は偽造旅券を隠すためのものとも考えられ、その旨の第1審判決の判断が不合理なものとはいえない。また、白色結晶が発見された段階で、その白色結晶が覚せい剤であることを認めるかのような言動をすることは、Xに覚せい剤の認識があったことを示す方向の事情といい得るものではあるが、Xはその直前に検査の過程で覚せい剤の写真を見せられていたことも踏まえると、この言動はXに覚せい剤の認識がなかったとしても説明できる事実といえ、その旨の第1審判決の判断も不合理なものとはいえない」と判示したのである。

さらに、原判決が、渡航費用について、覚せい剤輸入事件で裁判中のカラミ・ダボットからXの口座に振り込まれた資金が使用されている点についても、「Xが偽造旅券の密輸を依頼されたもので覚せい剤の密輸を依頼されていないと供述し、実際に偽造旅券が発見されるなどその弁解に一定の裏付けがあるから、カラミ・ダボットから報酬を約束されるなどして依頼を受けたという事実は、偽造旅券の密輸を依頼されていた旨のXの弁解とも両立し得るものである」とした。

そして、Xが違法薬物が隠されているかもしれないと思ったのに本件チョコレート缶を開封しなかったことも「違法薬物の認識がなかったとしても説明できる事実」であるとして、「原判決は、間接事実がXの違法薬物の認識を推認するに足りず、Xの弁解が排斥できないとしてXを無罪とした第1審判決について、論理則、経験則等に照らして不合理な点があることを十分に示したものとは評価することができない。そうすると、第1審判決に事実誤認があるとした原判断には刑訴法382条の解釈適用を誤った違法があり、この違法が判決に影響を及ぼすことは明らかであって、原判決を破棄しなければ著しく正義に反するものと認められる」と判示した。

▶▶▶▶ 解　説

1　裁判員裁判と高裁の役割
──事後審性の徹底

【基本判例1】の第1の意義は、「控訴審は、第1審判決に事後的な審査を加えるべきもの」と明示し、「事実誤認とは、第1審判決の事実認定が論理則、経験則等に照らして不合理であることをいうものと解するのが相当である」とした点にあることは疑いない。

控訴審の判断構造に関し、「事後審」であるということをどこまで徹底するかは、裁判所内部でも、そして裁判員裁判が始まった以降においても、完全に統一がとれてきたわけではない。その意味で、本判決が、高等裁判所に与える影響は非常に大きなものがある。

この方向性は、裁判員裁判制度導入時には、実は制度的に織り込まれていたといわざるを得ないのである（「裁判員裁判における第一審の判決書及び控訴審の在り方」司法研究報告書61輯2号（2009）92頁以下参照）。

まず、国民の視点、感覚、健全な社会常識を注入するために加わった裁判員と裁判官とで下した判断を、職業裁判官のみの高等裁判所において覆すには「相当な理由」が必要なことは明らかである。高裁としては、「国民の視点、感覚、健全な社会常識などが反映された結果をできる限り尊重しつつ審査に当たる」といわざるを得ない。

「通常、第1審より経験を積んだ裁判官で構成されること多い控訴審の方が、事実認定力等でも優れている」という考え方は、高裁が、上級審裁判所として地裁の判断を破ることがあるということと連関して、暗黙の前提とされてきた。しかし、裁判員制度の下では、少なくとも、「控訴審の裁判官が得た心証の方が、通常、裁判員裁判のそれより正しい場合

が多い」というようなことは、少なくとも正面からはいえなくなっていたのである。

より事実的には、裁判員裁判では、公判前整理手続において的確な争点および証拠の整理がされることを前提として、その審理は直接主義・口頭主義が徹底され、裁判員の心証形成の素材が、法廷の中で扱われたものに限られていく。「事実認定の資料」が、第1審と控訴審の間で、大きく異なってこざるを得ないのである。その結果、控訴審は、事後審でしかあり得なくなるという方向性は、制度導入時から存在していたのである。

そして、裁判員制度の下での裁判の骨格は、論告において示される検察官の主張を、弁護人の弁論をも十分に考慮した上で、裁判員から見ても合理的な疑いを容れない程度にまで立証されているかどうかを判断するという形に純化していく強い力が働いている。従来の、「日本型の裁判」において想定されてきた、「裁判により事案の真相を究明する」という発想は、一歩退かざるを得なくなる。

2 「真実」の幅の拡大——日本の裁判の変質

裁判員裁判の定着による事後審性の徹底は、刑事司法を、じわじわとではあるが、根底から動かしていくことになる。それは、裁判員裁判制度を導入した以上、必然に近いものであったが、この実質的変化の兆しを、本判決は、かなり分かりやすい形で、特に、裁判官に向かって示しているのである。そして、さらに一歩踏み込んだ説明をしているのが白木勇裁判官の補足意見なのである。

白木裁判官は、「これまで、刑事控訴審の審査の実務は、控訴審が事後審であることを意識しながらも、記録に基づき、事実認定について、あるいは量刑についても、まず自らの心証を形成し、それと第1審判決の認定、量刑を比較し、そこに差異があれば自らの心証に従って第1審判決の認定、量刑を変更する場合が多かったように思われる。これは本来の事後審査とはかなり異なったものであるが、控訴審に対して第1審判決の見直しを求める当事者の意向にも合致するところがあって、定着してきたといえよう。

この手法は、控訴審が自ら形成した心証を重視するものであり、いきおいピン・ポイントの事実認定、量刑審査を優先する方向になりやすい。もっとも、このような手法を採りつつ、自らの心証とは異なる第1審判決の認定、量刑であっても、ある程度の差異は許容範囲内のものとして是認する柔軟な運用もなかったわけではないが、それが大勢であったとはいい難いように思われる。原審は、その判文に鑑みると、上記のような手法に従って本件の審査を行ったようにも解される。

しかし、裁判員制度の施行後は、そのような判断手法は改める必要がある。例えば、裁判員の加わった裁判体が行う量刑について、許容範囲の幅を認めない判断を求めることはそもそも無理を強いることになるであろう。事実認定についても同様であり、裁判員の様々な視点や感覚を反映させた判断となることが予定されている。そこで、裁判員裁判においては、ある程度の幅を持った認定、量刑が許容されるべきことになるのであり、そのことの了解なしには裁判員制度は成り立たないのではなかろうか。裁判員制度の下では、控訴審は、裁判員の加わった第1審の判断をできる限り尊重すべきであるといわれるのは、このような理由からでもあると思われる。

本判決が、控訴審の事後審性を重視し、控訴審の事実誤認の審査については、第1審判決が行った証拠の信用性評価や証拠の総合判断が論理則、経験則等に照らして不合理といえるかという観点から行うべきものであるとしているところは誠にそのとおりであるが、私は、第1審の判断が、論理則、経験則等に照らして不合理なものでない限り、許容範囲内のものと考える姿勢を持つことが重要であることを指摘しておきたい」。

3 上訴審の事実認定のあり方

たしかに、【基本判例1】は、裁判員裁判の結論を控訴審で覆す際の「謙抑性」の問題であり、裁判員の行った裁判結果を覆すことと、最高裁が原審の「事実認定」を覆すことは、別個の問題ともいえる。しかし、裁判員裁判の事実認定を維持した控訴審判断に関して、最高裁は「事実認定について、自らの心証を形成し、それと控訴審の認定を比較し、そこに差異があれば自らの心証に従って控訴審の判断を破棄すること」には、慎重にならざるを得ないように思われる。そもそも、【基本判例1】の、多数意見、

補足意見によれば、「ピン・ポイント」で正しい答えを求めるのではなく、許容しうる範囲に結論が収まっていない場合にはじめて、判断を覆すことになるように思われる（有罪を無罪とする場合と、逆の場合で、微妙な差異は考えられるが）。

【基本判例1】の登場により、「上訴審は、自ら事件について心証を形成するのではなく、原判決の認定に論理則違反や経験則違反がないか又はこれに準ずる程度に不合理な判断をしていないかを審理するものである」という最判平成21年4月14日（→第47講【基本判例2】）における堀籠裁判官の指摘は、より確定的なものとなった。そして、「基本的に法律審である最高裁判所が事実誤認の主張に関し審査を行う場合には、その審査は、控訴審以上に徹底した事後審査でなければならない。最高裁判所の審査は、書面審査により行うものであるから、原判決に事実誤認があるというためには、原判決の判断が論理則や経験則に反するか又はこれに準ずる程度にその判断が不合理であると明らかに認められる場合でなければならない」という点も、より重みを増すことになったのである。

4　本件の最高裁の「事実認定」

ただ、理論上は、いかに裁判員裁判であっても「論理則、経験則等に照らして不合理」であれば、上訴審は原審を覆しうる。

問題は、その幅なのである。【基本判例1】の控訴審判決も、それが第1審としての判断であれば、十分合理性が認められるともいえよう。最高裁も、あくまで、「第1審が、論理則、経験則等に照らして不合理な点があることを十分に示したものとは評価することができない」としたまでなのである。

最高裁は、第1審判決の「Xの覚せい剤の認識」の認定を以下のようにまとめている。①本件チョコレート缶を自分で本件バッグに入れて手荷物として日本に持ち込んだという間接事実については、直ちに本件チョコレート缶に違法薬物が隠されている事実が分かっていたはずであるとまではいえないとし、②Xが30万円の報酬を約束され、航空運賃等を負担してもらった上で、関係者に渡すために本件チョコレート缶を持ち帰っているという間接事実についても、偽造旅券の密輸を依頼されたと主張し、現に偽造旅券を所持していたこともあり、委託物が違法薬物であると当然に分かったはずであるとまではいえないとし、③本件チョコレート缶が不自然に重いという間接事実については、チョコレート缶を他の缶と持ち比べる機会はなく、重量感からチョコレート以外の物が隠されていると気付くはずであるとはいえないとしている。

さらに、④Xの税関検査時の言動に関し、(ア)税関検査の際に預り物はないと嘘をついたことについては、厳密な税関検査を受けることを煩わしく思って嘘をつくことはありうるし、偽造旅券を所持していたことから嘘をついたとも考えられるとし、(イ)エックス線検査結果を知らされる前に、税関職員に対し他人から本件チョコレート缶をもらったと述べたことについては、Xは本件チョコレート缶を受け取った際に一旦はその中に違法薬物が隠されているのではないかという一抹の不安を感じ、その後、外見上異常がないことを確認して不安が払拭されたというのであり、エックス線検査を行っている状況に置かれた際に、再度不安を抱いて預り物であると正直に申告しようと考えたというのも十分に理解でき、このような言動により、違法薬物の存在を知っていたとまで断言することはできないとし、(ウ)本件覚せい剤が発見された際等にXに狼狽していた様子がうかがわれなかったことについては、動揺していることが表情等にどのように表れるかは人によって大きく異なり、この間接事実から直ちにXが最初から違法薬物の存在を知っていたとまではいえないとし、(エ)発見された白色結晶について税関職員がXに質問したところ、「見た目から覚せい剤じゃねえの」と発言していることが間接事実として主張されたが、それ以前の調査の過程で覚せい剤のカラー写真を見せられていたことを指摘し、この間接事実から、本件覚せい剤の存在を最初から知っていたとはいえないとしている。

また、⑤覚せい剤輸入事件で裁判中の者から高額の報酬と渡航費用を負担してもらうなどして依頼を受けていたことや、⑥Xの言い分が不自然であることも間接事実として主張された。第1審判決は、⑤の点については、違法薬物が入っているかもしれないと考えていたことをうかがわせる事実といえると判示しつつ、本件チョコレート缶の中に違法薬物が入っているとは考えていなかったと述べるXの弁

解について、本件チョコレート缶は外見上異常がなかったこと、Xは、偽造旅券等の入った黒色ビニールの包みを税関職員等の目に付きにくい本件バッグの底の方に入れていたにもかかわらず、本件チョコレート缶は目に付きやすい本件バッグの最上部に横並びで収納していたこと、Xは、税関検査の際に上記の黒色ビニールの包みを開けるよう求められた際には拒絶したにもかかわらず、本件チョコレート缶のエックス線検査や開披検査を求められるや、直ちにこれを承諾したことなどを指摘し、弁解が信用できないとはいえないとしたと整理している。

ただ、最高裁も、「第1審判決は、これらの間接事実を個別に検討するのみで、間接事実を総合することによってXの違法薬物の認識が認められるかどうかについて明示していない」としていることに注意しなければならない。しかし、その指摘をした直後に「各間接事実がXの違法薬物の認識を証明する力が弱いことを示していることに照らすと、これらを総合してもなお違法薬物の認識があったと推認するに足りないと判断したものと解される」とし、「したがって、本件においては、上記のような判断を示してXを無罪とした第1審判決に論理則、経験則等に照らして不合理な点があることを具体的に示さなければ、事実誤認があるということはできない」としたのである。

ただ、最高裁も、多数の間接事実が存在し、それらの事実があっても「当然に分かっていたはずであるとまではいえない」とか、「直ちに分かっていたはずであるとまではいえない」としているのであって、「違法薬物の認識を証明する力が弱い」と明示的に認定していたわけではない。それらが多数重なれば、間接証拠のみで、合理的な疑いを容れない程度の立証がなされたと、裁判員が評価することも可能である。そして、高裁の裁判官も、そのような評価をしたのである。最高裁も、それが「論理則・経験則に照らして不合理である」としたわけではない。

【基本判例1】は、裁判員裁判を導入したことの本当の重みを、特に法律家に、突きつけている。高裁の判断は、「どちらが正しいか」ではなく、「許容し得ないほどずれてしまっているか」に変容していくのである。その方向にどこまで進んでいくかは、今後の国民の評価にかかっている。

第50講　控訴審の審判の対象——本位的訴因と予備的訴因

> **論点**
> ▶共同正犯は認定できないが、予備的訴因とされた幇助犯は認定できるとした第1審判決に対し、控訴審が職権により本位的訴因である共同正犯の有罪の自判をすることは許されるか。
> ▶一部を無罪とした第1審判決につき、被告人だけが控訴を申し立てた場合、控訴審が、職権調査によって、起訴事実の全部につき有罪とすることは許されるか。

【基本判例1】　最1小決平成25年3月5日（刑集67巻3号267頁・判タ1389号120頁）

事実の概要

公訴事実の要旨は、「被告人Xが、Aと共謀の上、平成22年5月8日、新潟県M市内の甲組組事務所2階において、賭博場を開張し、賭客らをして、金銭を賭けて麻雀賭博をさせ、同人らから寺銭として金銭を徴収し、もって賭博場を開張して利益を図った」という賭博開張図利の共同正犯の訴因によるものであったが、検察官は、第1審公判において、要旨「Xは、甲組組長であるが、Aが、平成22年5月8日、新潟県M市内の甲組組事務所2階において、賭博場を開張し、賭客らをして、金銭を賭けて麻雀賭博をさせ、同人らから寺銭として金銭を徴収し、賭博場を開張して利益を図った際、その情を知りながら、Aが同所を麻雀賭博場として利用することを容認し、もって同人の前記犯行を容易にさせてこれを幇助した」という賭博開張図利の幇助犯の予備的訴因の追加請求をし、第1審裁判所もこれを許可した。

第1審判決は、本位的訴因については、X自身が主宰者として本件賭博場を開張したとは認められず、また、Aを主宰者とする賭博開張図利の共謀共同正犯の成否について検討しても、Xには同罪の正犯意思を認め難く、Aとの共謀も認定できないとして、賭博開張図利の共同正犯は成立しないとした上、予備的訴因である賭博開張図利の幇助犯の成立を認め、Xを懲役10月、5年間執行猶予に処した。

これに対し、Xのみが控訴を申し立てたところ、原判決は、理由不備や訴訟手続の法令違反、法令適用の誤りをいうXの控訴趣意を排斥する一方、記録上認められる事実を総合勘案すれば、甲組の組長であるXが、配下のAと共謀して、甲組の組ぐるみで本件賭博開張図利を敢行したものと認められ、XとAとの賭博開張図利の共同正犯を認定するのが相当であるから、Xに賭博開張図利の幇助犯が成立するとした第1審判決には判決に影響を及ぼす事実を誤認した違法があり、破棄を免れないとして、第1審判決を破棄した上、本位的訴因である賭博開張図利の共同正犯を認定してXを有罪とし、第1審判決と同じ刑を言い渡した。

決定要旨

上告棄却。最高裁は、原判決が本位的訴因である賭博開張図利の共同正犯を認定したことの当否につき職権で判断し、以下のように判示した。

「本件のように、第1審判決の理由中で、本位的訴因とされた賭博開張図利の共同正犯は認定できないが、予備的訴因とされた賭博開張図利の幇助犯は認定できるという判断が示されたにもかかわらず、

同判決に対して検察官が控訴の申立てをしなかった場合には、検察官は、その時点で本位的訴因である共同正犯の訴因につき訴訟追行を断念したとみるべきであって、本位的訴因は、原審当時既に当事者間においては攻防の対象から外されていたものと解するのが相当である（最大決昭和46・3・24刑集25-2-293【基本判例2】、最判昭和47・3・9刑集26-2-102参照）。そうすると、原審としては、本位的訴因については、これを排斥した第1審裁判所の判断を前提とするほかなく、職権により本位的訴因について調査を加えて有罪の自判をしたことは、職権の発動として許される限度を超えたものであり、違法というほかない。したがって、原判決には法令違反があり、この違法が判決に影響を及ぼすことも明らかである。
　もっとも、原判決が理由不備や訴訟手続の法令違反、法令適用の誤りをいうXの控訴趣意を排斥した点には何ら違法はない上、記録によれば、賭博開張図利の幇助犯を認定してXを懲役10月、5年間執行猶予に処した第1審判決には、Xが控訴趣意において主張する事実誤認や量刑不当があるとは認められない。他方、原判決は、第1審判決と同一の刑をXに言い渡している。そうすると、原判決には上記の違法があるものの、原判決を破棄しなくてもいまだ著しく正義に反するものとは認められない」。

▶▶▶ 解　説

1　裁判員時代の控訴審

　裁判員裁判の定着とともに、控訴審の性格、「法曹（専門家）と国民の関係」の枠組が変化してきていることは、間違いない。そこで最も大きな圧力がかかってきているのが、法曹の専門性の実質的中心を担ってきた「高等裁判所」であるように思われる。

　たしかに、国民の視点や感覚と法曹の専門性とが、日々行われている裁判員裁判の中で、常に交流することによって、相互に影響を与えつつ、判例として紡ぎ出される「規範」を徐々に変化させている。ただ、実務法曹は、理論を重視する学説と比較すれば、国民の意識を汲み上げる努力を積み上げてきた。裁判員裁判という、刑事法にとって非常に大きな変更を選択した以上、様々な「変化」はやむを得ないが、これまで定着してきた刑事裁判システムとの整合性をできる限り保ちつつ、制度に軋みが生じないようにすることが必要である。

　そのような目で見てみると、最近、高裁判例を覆す最高裁判例が目立つ。「原審としては、本位的訴因については、これを排斥した第1審裁判所の判断を前提とするほかなく、職権により本位的訴因について調査を加えて有罪の自判をしたことは、職権の発動として許される限度を超えたものであり、違法というほかない」と断じた【基本判例1】も、そのひとつである。ただ、ここで示された判断は、従来までの最高裁の流れ、さらには控訴審との関係を変えるものではないように思われる。

2　控訴審の審理の構造

　控訴審は、第1審判決の当否を事実上および法律上の問題にわたって事後的に審査する事実審・事後審である。原則として、第1審の証拠により第1審判決の言渡しの時点を基準として審査を行うことになり、控訴趣意書には訴訟記録および原審で取り調べられた証拠に現れている事実を援用することが必要であって、それ以外の事実の援用は例外的にしか認められない。もっとも、第1審判決後の事情であっても、刑の廃止・変更および大赦等、量刑に影響を及ぼすべき事情については考慮することができるのである。

　訴訟手続の法令違反、事実誤認または量刑不当を主張するときには、控訴趣意書に、訴訟記録および原裁判所において取り調べられた証拠に現れている事実であって、これらの事由があることを信じるに足りるものを援用しなければならない。もっとも、事実誤認または量刑不当の主張の場合には、やむを得ない事由によって第1審の弁論終結前に取調べ請求することができなかった証拠によって証明できる事実であって控訴理由があることを信じるに足りるものは、訴訟記録および原裁判所において取り調べられた証拠に現れていない事実であっても、援用することができる。

控訴裁判所は、控訴趣意書に含まれた事実は必ず調査しなければならず、また、控訴趣意書に含まれていないものであっても、控訴理由となりうる事項については、職権で調査することができる。控訴審の性格を考えると、当事者が審査の対象を設定するのが原則であるから、職権調査は義務的なものではないが、第1審判決自体から法令適用の誤りが明白な場合や、訴訟記録から当然に重大な手続違反が判明するような場合には、例外的に、職権で調査する義務があるといえよう。

3 控訴審の職権調査の限界

審判の対象の設定が原則として当事者に委ねられていることや、控訴審の事後審査が当事者の主張する控訴趣意を中心として行われること、職権調査は補充的・後見的なものであることなどを考えると、当事者の攻撃防御の対象からはずされた事実については、それが控訴審に係属しているとしても、職権調査の限界を超えるものと解される。たとえば、科刑上一罪の関係にあるA罪につき有罪、B罪につき無罪とした第1審判決に対し、被告人のみが控訴した場合、B罪も控訴審に係属するものの、当事者の攻防の対象からははずれているから、控訴審がB罪について職権で調査し有罪の自判をすることは許されない（最大決昭和46・3・24【基本判例2】、最判昭和47・3・9刑集26-2-102）。これに対し、両立しない事実が択一的訴因として主張されているような場合には、第1審裁判所が認定しなかった訴因も攻撃防御の対象からはずれることはない。たとえば、単一の交通事故における過失の態様について本位的訴因と予備的訴因が構成された場合には、第1審が予備的訴因を認定し、被告人のみが控訴したときであっても、本位的訴因は攻撃防御の対象からはずれない（最決平1・5・1刑集43-5-323）[1]。

それに対して、本位的訴因が公職選挙法における供与、予備的訴因が同法における交付である場合（両訴因の犯罪事実とも理論上は成立しうる場合）や、本位的訴因が殺人、予備的訴因が重過失致死というように相互が大小の関係にある場合など、検察官の訴因構成上の裁量権に基づき訴因が構成された場合には、平成1年決定を前提にしても（後述【基本判例2】解説3参照）、当事者の攻撃防御の対象からはずれた以上は、控訴審において職権調査の対象とはならないとすることは十分可能である。

【基本判例1】では、「第1審判決の理由中で、本位的訴因とされた賭博開張図利の共同正犯は認定できないが、予備的訴因とされた賭博開張図利の幇助犯は認定できるという判断が示されたにもかかわらず、同判決に対して検察官が控訴の申立てをしなかった場合には、検察官は、その時点で本位的訴因である共同正犯の訴因につき訴訟追行を断念したとみるべきであって、本位的訴因は、原審当時既に当事者間においては攻防の対象から外されていたものと解するのが相当である」とされた。

本位的訴因が認定できるにもかかわらず、検察官があえて控訴の申立てをしなかった以上、検察官は本位的訴因につき訴訟追行を断念したという点を重視して「攻防の対象」からはずれているとした判断は、最高裁の近時の判例の枠内に収まるものなのである。

この判断を、より立体的に評価する意味でも、この問題のリーディングケースとされる【基本判例2】と、それ以降の判例を検討することにしたい。

1） なお、一罪の範囲を超えていた事例であるが、最判平成16年2月16日（刑集58-2-133）は、第1審判決が起訴事実(A)を理由中で無罪とし、その事実とは併合罪の関係にある事実(B)を認定して有罪とし、被告人のみが控訴した事案について、控訴審が刑訴法378条3号前段および後段によって破棄するにあたって、A事実を職権調査の対象とし、これを有罪とする余地があるとして差し戻し、あるいは有罪の自判をすることは、職権発動の限界を超えるもので許されないとしている。

第3編 刑事訴訟法

【基本判例2】 最大決昭和46年3月24日（刑集25巻2号293頁・判タ260号163頁）

事実の概要

　新島に防衛庁がミサイル試射場を設置することになったため、これに反対する左翼オルグ団、賛成する右翼団体等が多数同島に赴き、対立している中で発生した事件である。昭和36年3月17日夜、島内の路上で右翼と左翼との間にささいなことから喧嘩が起り、それが原因で右翼の側が左翼団体の本部となっていた民家に殴り込みをかけ、学生の1人に負傷させて引きあげたところ、これを知った左翼側が、集団で右翼の宿舎に押しかけ、同所で投石し窓ガラスをこわしたりし、右翼の者3名に負傷させたという事案で、左翼側の行動につき、数名の者が、共謀による住居侵入、暴力行為等処罰に関する法律1条違反（多衆の威力を示し、共同しての脅迫、暴行、器物損壊）、傷害として起訴された。

　第1審判決は、上記のうち住居侵入ならびに暴力行為等処罰に関する法律違反の一部（多衆の威力を示してした脅迫）については、被告人Xらを有罪としたが、暴力行為処罰法違反のその余の部分（多衆の威力を示し、共同してした暴行、器物損壊）ならびに傷害については、被告人らに犯罪の証明がないとし、ただ、暴力行為処罰法違反（暴行、器物損壊）の点は前記有罪であるところの同法違反（脅迫）と包括一罪の関係にあるとして起訴され、また、上記暴力行為処罰法違反（暴行、器物損壊）ならびに傷害は上記住居侵入と刑法54条1項後段の手段、結果の関係にあるものとして起訴されたのであるから、これらの点については主文において特に無罪の言渡しをしないとした。

　検察官は控訴しなかったが、Xらは、有罪部分も犯罪を構成しない旨主張して控訴した。控訴審判決は、「Xらの無罪を主張する本件各控訴は、その理由がないから、刑訴法396条によりこれを棄却し、同法392条2項による職権調査の結果原判決には判決に影響を及ぼすことの明らかな事実誤認があるので、同法397条1項、382条により原判決を破棄し、同法400条但書により自判する」として、公訴事実の全部についてXらを有罪とし、各被告人に対し第1審判決と同じ刑を言い渡した。

決定要旨

　上告棄却。「現行刑訴法においては、いわゆる当事者主義が基本原則とされ、職権主義はその補充的、後見的なものとされているのである。当事者主義の現われとして、現行法は訴因制度をとり、検察官が公訴を提起するには、公訴事実を記載した起訴状を裁判所に提出しなければならず、公訴事実は訴因を明示してこれを記載しなければならないこととし、この訴因につき、当事者の攻撃防禦をなさしめるものとしている。裁判所は、右の訴因が実体にそぐわないとみられる場合であっても、原則としては訴因変更を促がし或いはこれを命ずべき義務を負うものではなく（最判昭和33・5・20刑集12-7-1416参照）、反面、検察官が訴因変更を請求した場合には、従来の訴因について有罪の言渡をなし得る場合であっても、その訴因変更を許さなければならず（最判昭和42・8・31刑集21-7-879参照）、また、訴因変更を要する場合にこれを変更しないで訴因と異なる事実を認定し有罪とすることはできないのである。このように、審判の対象設定を原則として当事者の手に委ね、被告人に対する不意打を防止し、当事者の公正な訴訟活動を期待した第1審の訴訟構造のうえに立って、刑訴法はさらに控訴審の性格を原則として事後審たるべきものとしている。すなわち、控訴審は、第1審と同じ立場で事件そのものを審理するのではなく、前記のような当事者の訴訟活動を基礎として形成された第1審判決を対象とし、これに事後的な審査を加えるべきものなのである。そして、その事後審査も当事者の申し立てた控訴趣意を中心としてこれをなすのが建前であって、職権調査はあくまで補充的なものとして理解されなければならない。けだし、前記の第1審における当事者主義と職権主義との関係は、控訴審においても同様に考えられるべきだからである。

　これを本件についてみるに、本件公訴事実中第1審判決において有罪とされた部分と無罪とされた部

分とは牽連犯ないし包括一罪を構成するものであるにしても、その各部分は、それぞれ一個の犯罪構成要件を充足し得るものであり、訴因としても独立し得たものなのである。そして、右のうち無罪とされた部分については、被告人から不服を申し立てる利益がなく、検察官からの控訴申立もないのであるから、当事者間においては攻防の対象からはずされたものとみることができる。このような部分について、それが理論上は控訴審に移審係属しているからといって、事後審たる控訴審が職権により調査を加え有罪の自判をすることは、被告人控訴だけの場合刑訴法402条により第1審判決の刑より重い刑を言い渡されないことが被告人に保障されているとはいっても、被告人に対し不意打を与えることであるから、前記のような現行刑事訴訟の基本構造、ことに現行控訴審の性格にかんがみるときは、職権の発動として許される限度をこえたものであって、違法なものといわなければならない」。

▶▶▶ 解　説

1　控訴審における当事者主義・職権主義の均衡

【基本判例2】の実質的意義は、戦後実務上にも対立が残されていた訴因についての基本的対立について、①訴因が実体にそぐわないとみられる場合であっても、原則としては訴因変更を促しあるいはこれを命ずべき義務を負うものではなく、②検察官が訴因変更を請求した場合には、従来の訴因について有罪の言渡しをなしうる場合であっても、その訴因変更を許さなければならず（最判昭和42・8・31刑集21-7-879参照）、審判の対象設定を原則として当事者の手に委ね、被告人に対する不意打ちを防止し、当事者の公正な訴訟活動を期待するという考え方を確認し、強調した点であった。

そして、そのような第1審の訴訟構造の理解の上に立って、③控訴審の性格を原則として事後審たるべきものということを確認したのである。すなわち、控訴審は、第1審と同じ立場で事件そのものを審理するのではなく、前記のような当事者の訴訟活動を基礎として形成された第1審判決を対象とし、これに事後的な審査を加えるべきものとしたのである。そして、その事後審査も当事者の申し立てた控訴趣意を中心としてこれをなすのが建前であって、職権調査はあくまで補充的なものとして理解されなければならないとしたのである。その前提には、前記の第1審における当事者主義と職権主義との関係は、控訴審においても当然に妥当すべきであるという判断がある。

しかし、この点については、当時、議論が激しく分かれていたのである。下村三郎裁判官、村上朝一裁判官は、「本件公訴事実は、そのすべてが控訴審においても審理の対象となるのであり、したがって、控訴審の職権調査の対象にもなるといわなければならない」と主張した。そして、「多数意見は、原判決の措置を違法とする理由として、まず、現行法における当事者主義と職権主義との関係、当事者主義の現われとしての訴因制度、控訴審の事後審たる性格等を一般的に述べている。右の一般論については、われわれとしても、あえて異論を唱えるものではない。ただ、いわゆる実体的真実を究明し適正な裁判の実現をはかるべきことは、刑事裁判の生命ともいうべきものであるから（刑訴法1条参照）、その点からすれば、裁判所の職権主義的な権能は、たとえそれが当事者主義の補充的なものと考えられるにしても、必要に応じ適切に運用されるべきであり、その権能行使の範囲をいたずらに狭小なものと解すべきではないと考える。そして、このことは、刑訴法392条2項により控訴審の権能とされている職権調査についても、同様であるといわなければならない」とした。

当時の学説の考え方からすれば、むしろ原判決の措置は当然適法とみるべきことと考えられていたとされる（平野龍一『刑事訴訟法』（有斐閣・1958）317頁参照）。

そのことを最もわかりやすい言葉で表現したのが、関連事案に関する最判昭和47年3月9日（刑集26-2-102）の岸盛一裁判官の意見であった。「私は、新島ミサイル事件決定【基本判例2】の多数意見について、ここで深くたちいることをひかえるが、右

多数意見は、現行刑訴法の当事者主義化を強調するあまり、『刑事訴訟法の民事訴訟法化』の限界を超えて刑事訴訟に民訴法の当事者処分権主義を導入したものとして反対の意見をもつものである」。しかし、刑事訴訟法の基本構造に関する理解が、この時期に大きくカーブを切ったのである。

2 攻防対象論

【基本判例2】において、最高裁大法廷は、①牽連犯または包括一罪として起訴された事実の一部を有罪とし、その余について無罪の判決をした判決に対し、②被告人だけが控訴を申し立てた場合については、③控訴審が、職権調査によって、事実誤認ありとし、これを破棄自判して、起訴事実の全部につき有罪とすることは、職権の発動として許される限度を超えるものであって、違法であるとしたのである。控訴審の裁判所は、控訴趣意書に含まれていないものであっても、控訴理由となりうる事項については、職権で調査することができる（392条2項）。控訴審の性格を考えると、当事者が審査の対象を設定するのが原則であるから、職権調査は義務的なものではないが、原判決自体から法令適用の誤りが明白な場合や、訴訟記録から当然に重大な手続違反が判明するような場合には、例外的に、調査義務が認められよう。【基本判例2】は、上記①②の事情が存する場合には、控訴審が無罪部分を職権調査して有罪に変更することは許されないと判示したのである。

審判の対象の設定が原則として当事者に委ねられていることや、控訴審の事後審査が当事者の主張する控訴趣意を中心にして行われること、さらには職権調査は補充的・後見的なものであることなどを考えれば、控訴審の職権調査権限が制約を受け、当事者の攻撃防御の対象からはずされた事実については、一罪の一部である以上それが控訴審に移審係属するとしても、職権調査の限界を超えるものと解すべきことになる。当事者の攻防の対象となったか否かが重視されるのである。

ただ、このような、攻防対象論からは、たとえば、検察官が本位的訴因（窃盗）と予備的訴因（横領）を主張し、両訴因が両立し得ない関係にある場合において、第1審が窃盗の訴因を排斥して横領の訴因を有罪とし、これに被告人のみが控訴した場合は、検察官が第1審判決に対し控訴を申し立てないのは、予備的訴因につき有罪なら、あえて本位的訴因で処罰を求めなくてもよいとする意向であって、予備的訴因が成立しない場合にまで本位的訴因による処罰を断念する意思とみるのは不自然であるから、1審裁判所が認定しなかった訴因が攻撃防御の対象から外れることはないと解される。それゆえ、控訴審が、予備的訴因どおりの犯罪事実を認定した第1審判決は事実誤認であると判断した場合には、本位的訴因について職権調査できることになる。

3 最決平成1年5月1日の射程

【基本判例2】以降、攻防対象論は定着していった（最判昭和47・3・9刑集26-2-102）。そして、最決平成1年5月1日（刑集43-5-323）が「攻防の射程」を限界づける判断を示したのである。

公訴事実は、「被告人は、昭和54年1月31日午後4時20分ころ、業務として大型貨物自動車を運転し、千葉県船橋市内の交通整理の行われている交差点を習志野市方面から船橋市宮本方面に向かい進行中、交通渋滞のため同交差点出口に設けられている横断歩道の直前に停止した後発進するにあたり、同交差点の対面信号機の表示に注意するとともに、自車直前の横断歩道を横断する者の有無及び動静に留意し、その安全を確認して発進すべき業務上の注意義務があるのにこれを怠り、前車の動きに気をとられ右信号機の表示に注意せず、かつ、横断者の有無等その安全確認不十分のまま漫然時速約2、3kmで発進した過失により、右横断歩道を信号に従い右から左に横断中のA（当時7年）運転の自転車に気がつかず、同車に自車左前部を衝突転倒させたうえ、その右腕を左後輪で轢過し、よって同人に加療約1年8か月間を要し、肩関節部より前腕中央部に至るケロイド形成等の後遺症を伴う右上腕骨骨折等の傷害を負わせたものである」というものであった。検察官は、第1次第1審の途中で、上記公訴事実中、「発進するにあたり、」の次から「轢過し」までの部分を、「自車の周辺を注視し、歩行者、自転車等の有無及び動静に留意し、その安全を確認して発進すべき業務上の注意義務があるのにこれを怠り、自転車等の有無等その安全確認不十分のまま漫然時速約2、3kmで発進した過失により、自車左方にいたA

(当時7年）運転の自転車に気づかず、同車に自車左側部を衝突転倒させ、その右腕を左後輪で轢過し」とする旨の訴因の予備的追加請求をし、第7回公判において上記請求が許可された。

　第1次第1審裁判所は、起訴状の公訴事実として記載された本位的訴因を排斥し、予備的訴因に沿う過失を認定して被告人を有罪とした。それに対して被告人のみが控訴を申し立てたところ、第1次控訴審裁判所は、被告人に過失があったとするには第1審で取り調べた証拠による限り合理的な疑いが残るとして、第1審判決を破棄し事件を原裁判所に差し戻した。そして、第2次第1審の公判において、検察官は、本位的訴因および予備的訴因のいずれも維持する旨釈明したところ、第2次第1審裁判所は、本位的訴因に沿う過失を認定して被告人を有罪とし、原審裁判所もこれを支持した。

　最高裁は「本件の場合、本位的訴因の犯罪事実も予備的訴因の犯罪事実も同一の被害者に対する同一の交通事故に係るものであり、過失の態様についての証拠関係上本位的訴因と予備的訴因とが構成されたと認められるから、予備的訴因に沿う事実を認定した第1審判決に対し被告人のみが控訴したからといって、検察官が本位的訴因の訴訟追行を断念して、本位的訴因が当事者間の攻撃防禦の対象から外れたとみる余地はない。したがって、第2次第1審裁判所が本位的訴因について審理、判決した点に違法はな」いとしたのである。

　どのような場合に控訴審の職権調査が禁止されるのか、攻防対象論が適用されるのかに関し、最決平成1年5月1日は、単一の交通事故における過失の態様について本位的訴因と予備的訴因が構成された場合には、第1審が予備的訴因を認定し、被告人のみが控訴したときであっても、本位的訴因は攻撃防御の対象からはずれないとしたのである。

　同判決は、前述の、①本位的訴因が窃盗、予備的訴因が横領というように、両訴因の犯罪事実のいずれか一方しか成立し得ず、検察官の訴因構成上の裁量権に基づき訴因が構成されたとはいえない場合には、職権調査が可能だとしたことになる。控訴審裁判所は、当事者主義の原理に従い、本位的訴因については職権調査をすることができないとする立場も、理論的には可能であるが、判例はそこまで当事者主義を徹底すべきではないと考えているのである。

　そして、残された問題が、【基本判例1】のような事例だったのである。理論的には、【基本判例1】のような考え方も十分成り立ちうる。しかし、裁判員裁判制度定着後に、「職権主義的」な控訴審運営の方向に舵を切ることは、若干無理があるようにも思われるのである。

判 例 索 引

（太字は、本書に【基本判例】として掲載されているもの）

明 治

大判 明43・5・31 刑録16-995 …………………… 190
大判 明43・6・17 刑録16-1210 ………………… 191
大判 明44・4・17 刑録17-601 …………………… 180
大判 明45・6・20 刑録18-896 …………………… 135

大 正

大判 大1・10・31 刑録18-1313 ………………… 215
大判 大2・9・30 刑録19-899 ……………………… 92
朝鮮高等法院 大3・8・13 朝高録2-248 ……… 190
大判 大4・5・21 刑録21-663 …………………… 175
大判 大4・5・21 刑録21-670 …………………… 149
大判 大7・4・24 刑録24-392 ……………………… 92
大判 大7・5・24 刑録24-647 …………………… 344
大判 大8・4・2 刑録25-375 …………………… 175
大判 大13・4・23 刑集3-353 ……………………… 92
大判 大14・9・18 刑集4-533 ……………………… 92

昭和2〜18年

大判 昭2・9・3 新聞 2750-9 …………………… 344
大決 昭3・12・21 刑集7-772 …………………… 199
大判 昭6・5・8 刑集10-205 ……………… 190,191
大判 昭8・2・15 刑集12-126 …………………… 199
大判 昭8・6・5 刑集12-736 …………………… 135
大判 昭8・9・6 刑集12-1593 …………………… 135
大判 昭9・4・26 刑集13-527 ……………………… 92
大判 昭13・11・18 刑集17-839 ……………………… 98
大判 昭13・12・23 刑集17-980 …………………… 203
大判 昭14・3・25 判決全集 6-14-43 …………… 344
大判 昭18・3・24 新聞 4845-5 …………………… 92

昭和23〜29年

最判 昭23・4・17 刑集2-4-399 …………………… 8
最大判 昭23・6・9 刑集2-7-658 ……………… 261
最大判 昭23・7・29 刑集2-9-1076 …………… 316
最判 昭23・8・5 刑集2-9-1123 ………………… 331
最大判 昭23・12・22 刑集2-14-1853 ………… 261
最判 昭24・2・10 刑集3-2-155 ………………… 286
最判 昭24・3・12 刑集3-3-293 ………………… 261
最判 昭24・4・5 刑集3-4-421 …………………… 66
最判 昭24・4・26 刑集3-5-637 ………………… 180
最判 昭24・5・21 刑集3-6-858 ………………… 187
最判 昭24・7・23 刑集3-8-1373 ……………… 203
最判 昭24・10・1 刑集3-10-1629 ……………… 114
東京高判 昭24・12・3 高刑集2-3-286 ………… 345

最判 昭24・12・12 裁判集刑15-349 ……… 242,319
最判 昭25・3・31 刑集4-3-469 ………… 25,26,28,30
最判 昭25・6・13 刑集4-6-995 ………………… 324
最判 昭25・7・6 刑集4-7-1178 ………………… 123
最判 昭25・10・6 刑集4-10-1936 ………………… 93
最判 昭25・11・21 刑集4-11-2359 …………… 327
最判 昭25・12・12 刑集4-12-2543 …………… 182
最判 昭26・1・30 刑集5-1-117 ………………… 226
東京高判 昭26・3・14 高裁刑判特21-43 …… 324
最判 昭26・6・15 刑集5-7-1277 ……………… 291
東京高判 昭26・6・20 高裁刑判特21-119 …… 324
最大判 昭26・7・18 刑集5-8-1491 ……… 175,176
最判 昭26・9・4 刑集5-10-1860 ………………… 93
最判 昭26・9・25 裁判集刑53-313 …………… 135
最判 昭27・2・21 刑集6-2-266 ………………… 321
最大判 昭27・3・5 刑集6-3-351 ……………… 344
最判 昭27・3・27 刑集6-3-520 ………………… 324
最大判 昭27・4・9 刑集6-4-584 …………… 310,312
東京高判 昭27・5・13 高裁刑判特34-21 …… 227
最判 昭27・6・6 刑集6-6-795 ………………… 135
最判 昭27・11・25 刑集6-10-1245 …………… 320
最判 昭28・4・14 刑集7-4-841 ………………… 327
最判 昭28・5・12 刑集7-5-981 ………………… 344
札幌高判 昭28・6・30 高刑集6-7-859 ………… 99
最判 昭29・1・21 刑集8-1-71 ………………… 291
最判 昭29・7・16 刑集8-7-1151 …………… 277,279
最決 昭29・7・29 刑集8-7-1217 ……………… 312

昭和30〜39年

最決 昭30・10・4 刑集9-11-2150 …………… 227
高松高判 昭30・10・11 高裁刑裁特 2-21-1103 …… 349
最決 昭30・10・19 刑集9-11-2268 …………… 288
最決 昭31・3・6 裁判集刑112-601 …………… 222
東京高判 昭31・3・31 東高時報7-4-136 …… 227
最判 昭31・5・24 刑集10-5-734 ………………… 96
最大判 昭31・7・18 刑集10-7-1173 ………… 277,279
東京地判 昭31・7・27 判時83-27 ……………… 137
最判 昭31・8・3 刑集10-8-1202 ……………… 203
最決 昭31・9・25 刑集10-9-1382 …………… 236
最大判 昭31・12・26 刑集10-12-1769 ……… 279
最大判 昭32・2・20 刑集11-2-802 ………… 275,278
仙台高判 昭32・4・18 高刑集10-6-491 ……… 136
最判 昭32・5・31 刑集11-5-1579 …………… 316
最判 昭32・7・23 刑集11-7-2018 …………… 203
最判 昭32・9・13 刑集11-9-2263 ………… 190,191

最判 昭32・9・27 刑集11-9-2384·················· 222, 226
最大判 昭32・11・27 刑集11-12-3113················ 91
最決 昭33・2・11 刑集12-2-168····················· 73
最判 昭33・5・20 刑集12-7-1416···················· 362
最大判 昭33・5・28 刑集12-8-1718··················· 82
仙台高判 昭33・12・9 高裁刑裁特5-12-502········· 226
広島高判 昭33・12・24 高刑集11-10-701············ 136
最判 昭34・2・5 刑集13-1-1························ 58
大阪高判 昭34・2・17 下刑集1-2-305··············· 227
広島高判 昭34・2・27 高刑集12-1-36················ 99
最判 昭34・5・7 刑集13-5-641····················· 161
最判 昭34・7・24 刑集13-8-1150···················· 288
東京地判 昭34・8・29 判例集未登載················· 29
最決 昭34・9・28 刑集13-11-2993··················· 198
東京高判 昭34・10・19 東高時報10-10-396··········· 228
東京高判 昭34・12・7 高刑集12-10-980·············· 99
最大判 昭35・1・27 刑集14-1-33···················· 13
最決 昭35・4・15 刑集14-5-591····················· 25
大阪高判 昭35・6・7 高刑集13-4-358··············· 137
最決 昭35・7・18 刑集14-9-1189···················· 127
最判 昭35・8・4 刑集14-10-1342···················· 279
最判 昭35・9・8 刑集14-11-1437···················· 305
高松高判 昭35・9・20 高刑集13-7-523·············· 227
最判 昭35・11・18 刑集14-13-1713··················· 176
最決 昭35・12・13 刑集14-13-1929··················· 226
名古屋高判 昭35・12・26 高刑集13-10-781·········· 190
最決 昭36・1・25 刑集15-1-266····················· 25
最判 昭36・3・9 刑集15-3-500····················· 308
盛岡地一関支判 昭36・3・15 下刑集3-3=4-252········ 67
最判 昭36・6・13 刑集15-6-961····················· 291
最決 昭36・6・14 刑集15-6-974····················· 236
最決 昭36・11・21 刑集15-10-1731··················· 26
札幌高判 昭36・12・25 高刑集14-10-681············ 187
最決 昭37・2・22 刑集16-2-190····················· 93
秋田地大館支判 昭37・4・12 下刑集4-3=4-300········ 55
最大判 昭37・5・2 刑集16-5-495·············· 277, 279
最判 昭37・5・4 刑集16-5-510················ 277, 279
東京高判 昭37・8・7 東高時報13-8-207············ 190
最大判 昭37・11・28 刑集16-11-1633················· 202
最判 昭38・3・15 刑集17-2-23······················ 18
水戸地土浦支判 昭38・6・13 下刑集5-5=6-570······ 137
最判 昭38・9・13 刑集17-8-1703···················· 316
最判 昭38・10・17 刑集17-10-1795··················· 81
東京高判 昭38・11・27 東高時報14-11-186·········· 100
名古屋高判 昭38・12・5 下刑集5-11=12-1080········ 102

昭和40〜49年

静岡地判 昭40・4・22 下刑集7-4-623··············· 349
最決 昭40・9・16 刑集19-6-679····················· 127
名古屋高金沢支判 昭40・10・14 高刑集18-6-691····· 137

最判 昭41・7・1 刑集20-6-537····················· 316
最決 昭41・7・7 刑集20-6-554······················ 70
最判 昭41・7・21 刑集20-6-696················ 260, 261
最大判 昭41・10・26 刑集20-8-901··················· 18
最決 昭41・11・22 刑集20-9-1035················ 343
最大判 昭41・11・30 刑集20-9-1076················· 176
最判 昭42・8・31 刑集21-7-879··············· 362, 363
仙台高判 昭42・10・17 高刑集20-5-699············· 261
東京高判 昭42・12・6 高検速報1637················ 227
大阪地判 昭42・12・16 判タ221-234················ 136
新潟地高田支判 昭43・8・7 下刑集10-8-845········· 55
東京高判 昭43・10・28 判時546-96················· 261
仙台高判 昭44・2・18 判時561-87·················· 260
東京高判 昭44・3・26 東高時報20-3-45············· 228
東京地八王子支判 昭44・3・27 刑月1-3-313········· 276
最大判 昭44・4・2 刑集23-5-305···················· 18
最大判 昭44・4・2 刑集23-5-685···················· 18
盛岡地判 昭44・4・16 刑月1-4-434················· 149
金沢地七尾支判 昭44・6・3 判タ237-272············ 316
最大判 昭44・6・25 刑集23-7-975·············· 161, 162
広島高判 昭44・7・29 判タ237-257················· 261
最決 昭44・9・11 刑集23-9-1100··················· 236
最決 昭44・12・4 刑集23-12-1546·················· 312
最判 昭44・12・4 刑集23-12-1573··················· 63
最判 昭44・12・5 刑集23-12-1583·················· 260
最判 昭44・12・24 刑集23-12-1625················· 239
東京地判 昭45・2・26 判タ249-89·················· 316
最判 昭45・5・29 刑集24-5-223···················· 261
大阪高判 昭45・7・6 刑月2-7-709················· 227
岐阜地判 昭45・10・15 判タ255-229·················· 25
大阪高判 昭45・10・27 判タ259-310················· 99
最大判 昭45・11・25 刑集24-12-1670················ 317
東京地判 昭46・1・23 判時620-14·················· 172
大阪高判 昭46・3・2 刑裁資料229-160·············· 227
東京地判 昭46・3・19 刑月3-3-444················· 145
最大決 昭46・3・24 刑集25-2-293·········· 360, 361, 362
最判 昭46・6・17 刑集25-4-567··········· 22, 25, 26, 28
高松高判 昭46・11・9 判タ275-291·················· 92
最判 昭47・3・9 刑集26-2-102········· 360, 361, 363, 364
最大決 昭47・7・1 刑集26-6-355·················· 236
最大判 昭47・11・22 刑集26-9-554·········· 278, 279, 280
東京高判 昭47・12・22 判タ298-442················ 100
東京高判 昭48・3・26 高刑集26-1-85··············· 103
最大判 昭48・4・25 刑集27-4-547············ 13, 17, 18
最決 昭48・9・20 刑集27-8-1395··················· 236
最決 昭48・10・8 刑集27-9-1415··················· 236
最判 昭48・12・13 判時725-104···················· 331
東京高判 昭49・5・10 東高時報25-5-37············· 136
福岡高判 昭49・5・20 刑月6-5-561················· 100
最決 昭49・7・5 刑集28-5-194······················ 25

福岡地判 昭49・8・26 刑月6-8-918·················· 145
最大判 昭49・11・6 刑集28-9-393················ 16, 20

昭和50〜59年

最大判 昭50・9・10 刑集29-8-489··············· 12, 20
最決 昭50・11・28 刑集29-10-983··················· 65
最決 昭51・3・16 刑集30-2-187············· 239, 255
札幌高判 昭51・3・18 高刑集29-1-78················ 41
最大判 昭51・5・21 刑集30-5-615················· 180
最大判 昭51・5・21 刑集30-5-1178················· 18
横浜地川崎支判 昭51・11・25 判時842-127······· 123
名古屋高金沢支判 昭52・1・27 判時852-126······ 214
最大判 昭52・5・4 刑集31-3-182··················· 18
広島地判 昭52・7・13 判時880-111················ 137
大阪高判 昭52・11・22 判時885-174················· 29
大阪高判 昭53・1・24 判時895-122················ 328
広島高判 昭53・1・24 判時895-126················ 137
札幌高判 昭53・3・28 刑月10-3-221················· 55
最決 昭53・5・22 刑集32-3-427··················· 180
最決 昭53・5・31 刑集32-3-457··················· 170
最決 昭53・6・20 刑集32-4-670··················· 248
最決 昭53・6・29 刑集32-4-816··················· 180
最判 昭53・9・7 刑集32-6-1672··········· 241, 242, 250,
268, 319, 320
最決 昭53・9・22 刑集32-6-1774················· 257
広島高判 昭53・9・29 刑月10-9=10-1231··········· 214
大津地判 昭53・12・26 判時924-145················ 123
最決 昭54・1・10 刑集33-1-1····················· 180
最決 昭54・5・10 刑集33-4-275··················· 279
最決 昭54・5・30 刑集33-4-324··················· 215
東京地判 昭54・8・10 判時943-122················ 135
東京地判 昭55・4・14 判時967-136················ 172
最決 昭55・10・23 刑集34-5-300·················· 258
最決 昭55・10・27 刑集34-5-322·················· 180
最決 昭55・12・17 刑集34-7-672·················· 262
福井地判 昭56・6・10 刑月13-6=7-461············ 280
最判 昭56・6・26 刑集35-4-426··················· 264
最決 昭56・7・14 刑集35-5-497··················· 202
横浜地判 昭56・7・17 判時1011-142················· 99
東京高判 昭56・7・27 刑月13-6=7-453··············· 27
大阪高判 昭56・10・20 判タ456-182················· 55
最決 昭56・11・26 刑集35-8-896·················· 279
大阪地判 昭57・7・9 判タ486-183················· 190
東京高判 昭57・7・13 判時1082-141················ 102
最決 昭57・7・16 刑集36-6-695·············· 81, 296
最決 昭58・3・11 刑集37-2-54····················· 93
最判 昭58・5・6 刑集37-4-375··················· 286
最判 昭58・7・8 刑集37-6-609··················· 129
最判 昭58・7・12 刑集37-6-791············· 320, 321
最決 昭58・9・13 裁判集刑232-95············· 72, 73

最決 昭58・9・21 刑集37-7-1070·················· 126
東京高判 昭58・10・20 高刑集36-3-285············ 239
最決 昭58・11・24 刑集37-9-1538·················· 214
最決 昭59・2・29 刑集38-3-479············· 315, 317
最決 昭59・5・8 刑集38-7-2621·················· 180
鹿児島地判 昭59・5・31 判タ531-251·············· 136
最決 昭59・7・3 刑集38-8-2783··············· 72, 73
東京高判 昭59・10・4 判タ550-292················ 137
東京高判 昭59・10・29 判時1151-160··············· 199
大阪高判 昭59・11・28 判タ555-344················ 191
最判 昭59・12・18 刑集38-12-3206················ 156
最決 昭59・12・21 刑集38-12-3071················ 306

昭和60〜63年

横浜地判 昭60・2・8 判タ553-251················ 136
東京高判 昭60・5・9 刑月17-5=6-519············· 200
最決 昭60・7・3 判時1173-151··················· 127
最決 昭60・9・12 刑集39-6-275···················· 65
最大判 昭60・10・23 刑集39-6-413············· 13, 21
静岡地浜松支判 昭60・11・29 判時1176-60··········· 55
東京高判 昭60・12・10 判タ617-172················ 151
札幌地判 昭61・4・11 高刑集42-1-52·············· 150
最判 昭61・4・25 刑集40-3-215·········· 242, 258, 268
最決 昭62・3・12 刑集41-2-140·············· 175, 176
最決 昭62・3・26 刑集41-2-182···················· 70
大阪高判 昭62・7・10 判タ652-254················ 103
東京高判 昭62・12・21 判時1270-159··············· 137
最決 昭63・1・19 刑集42-1-1····················· 151
東京高判 昭63・4・1 判タ681-228················ 239
最決 昭63・9・16 刑集42-7-1051········· 242, 258, 269
大阪地判 昭63・10・7 判時1295-151··············· 206
東京地判 昭63・10・26 判タ690-245················ 149
東京高判 昭63・11・10 判タ693-246················ 313
横浜地川崎支判 昭63・12・14 判タ691-160·········· 189

平成1〜9年

最決 平1・1・23 判タ689-276···················· 317
東京高判 平1・2・27 高刑集42-1-87··············· 189
最決 平1・3・10 刑集43-3-188··················· 180
最決 平1・5・1 刑集43-5-323·············· 361, 364
最決 平1・5・1 刑集43-5-405··················· 127
最決 平1・7・4 刑集43-7-581··················· 314
最決 平1・7・7 刑集43-7-607··················· 187
最判 平1・11・13 刑集43-10-823··················· 63
最決 平1・12・15 刑集43-13-879················· 151
東京高判 平2・8・29 判時1374-136················ 258
最決 平2・11・20 刑集44-8-837···················· 28
東京高判 平2・12・10 判タ752-246················ 116
東京高判 平3・3・12 判時1385-129················ 258
大阪高判 平3・3・22 判タ824-83··················· 54

浦和地判 平3・3・25 判タ760-261 ………………… 325	東京高判 平11・1・29 判時1683-153 ……………… 111
最決 平3・4・5 刑集45-4-171 ………………… 206,215	水戸地判 平11・7・8 判時1689-155 ……………… 136
大阪地判 平3・4・24 判タ763-284 ………………… 67	浦和地判 平11・9・29 判タ1056-281 ……………… 191
最決 平3・7・16 刑集45-6-201 …………………… 258	富山地判 平11・11・25 判タ1050-278 ……………… 58
大阪高判 平3・11・6 判タ796-264 ………………… 283	最決 平12・2・17 刑集54-2-38 ……………… 176,179
大阪地判 平3・12・2 判時1411-128 ……………… 223	札幌高判 平12・3・16 判タ1044-263 ……………… 111
東京高判 平3・12・26 判タ787-272 ……………… 200	福岡高判 平12・5・9 判タ1056-277 ……………… 135
水戸地下妻支判 平4・2・27 判時1413-35 …… 345,349	大阪高判 平12・6・2 判タ1066-285 ………………… 70
最大判 平4・7・1 民集46-5-437 …………………… 20	最決 平12・12・20 刑集54-9-1095 ………………… 45
東京高判 平4・10・14 高刑集45-3-66 …………… 286	東京地判 平12・12・27 判時1771-168 ……………… 41
最決 平4・11・27 刑集46-8-623 ………………… 176	東京高判 平13・2・20 判時1756-162 ………………… 2
東京高判 平5・2・1 判時1476-163 ……………… 158	東京地判 平13・3・7 判タ1085-306 ……………… 171
津地判 平5・4・28 判タ819-201 ………………… 58	大阪地判 平13・3・14 判時1746-159 ………………… 88
東京高判 平5・6・29 高刑集46-2-189 ……… 206,207	最決 平13・4・11 刑集55-3-127 ………………… 286
最決 平5・10・29 刑集47-8-98 …………………… 204	富山地判 平13・4・19 判タ1081-291 ……………… 135
最決 平5・11・25 刑集47-9-242 …………………… 48	大阪高判 平13・6・21 判タ1085-292 ……………… 108
仙台高判 平6・3・31 判時1513-175 ……………… 158	最決 平13・7・16 刑集55-5-317 ………………… 224
東京地判 平6・3・31 判タ849-165 ……………… 349	最判 平13・7・19 刑集55-5-371 ………………… 199
東京高判 平6・5・31 判タ888-246 ………………… 58	東京地判 平13・8・30 判時1771-156 ……………… 40
最決 平6・7・19 刑集48-5-190 …………………… 187	東京高判 平13・9・12 東高時報52-1=12-47 …… 137
東京高判 平6・8・4 判タ881-288 ………………… 216	東京高判 平13・9・19 判時1809-153 ……………… 70
最決 平6・9・16 刑集48-6-420 …………… 242,256,269	最決 平13・10・25 刑集55-6-519 ………………… 124
最決 平7・5・30 刑集49-5-703 …………… 242,250,269	東京高判 平14・3・13 東高時報53-1=12-31 …… 99
最判 平7・6・20 刑集49-6-741 ………………… 307	宇都宮地真岡支判 平14・3・13 判タ1088-301 …… 145
東京高判 平7・6・29 高刑集48-2-137 …………… 309	最決 平14・7・1 刑集56-6-265 ………………… 226
大阪地判 平7・9・22 判タ901-277 ……………… 309	東京高判 平14・7・15 判時1822-156 ……………… 299
東京地判 平7・10・9 判タ922-292 ………… 99,102,103	名古屋高判 平14・8・29 判時1831-158 …………… 100
大阪地判 平7・11・9 判タ920-255 ……………… 126	東京高判 平14・9・4 判時1808-144 ……………… 317
東京高判 平8・4・16 判タ912-255 ……………… 131	横浜地判 平14・9・5 判タ1140-280 ……………… 177
東京地判 平8・4・22 判タ929-266 ……………… 223	最決 平14・10・21 刑集56-8-670 ………………… 200
広島高岡山支判 平8・5・22 高刑集49-2-246 …… 215	東京地判 平14・10・24 判タ1135-305 ……………… 70
東京高判 平8・6・20 判時1594-150 ……………… 309	東京地八王子支判 平14・10・29 判タ1118-299 …… 145
大阪地判 平8・7・8 判タ960-293 ………………… 216	広島高判 平14・11・5 判時1819-158 ……………… 178
東京高判 平8・12・4 判タ950-241 ………………… 63	東京高判 平14・11・21 判時1823-156 …………… 66,67
名古屋地判 平9・1・10 判時1627-158 …………… 206	東京高判 平14・11・28 判タ1119-274 …………… 145
最判 平9・1・30 刑集51-1-335 ………………… 277	和歌山地判 平14・12・11 判タ1122-464 ………… 128
最判 平9・6・16 刑集51-5-435 …………………… 58	大津地判 平15・1・31 判タ1134-311 ……………… 191
東京地判 平9・7・3 判時1618-152 ……………… 299	最判 平15・2・14 刑集57-2-121 ………… 240,269,321
大阪地判 平9・8・20 判タ995-286 …………… 99,100	広島地判 平15・3・12 判タ1150-302 ……………… 41
東京地判 平9・9・5 判タ982-298 ………………… 58	最決 平15・5・1 刑集57-5-507 ……………… 85,296
大阪地判 平9・9・22 判タ997-293 ……………… 200	東京高判 平15・5・19 家月56-2-171 ……………… 31
京都地判 平9・9・24 判時1638-160 ……………… 223	最決 平15・5・26 刑集57-5-620 ………… 243,244,269
千葉地判 平9・12・2 判時1636-160 ………………… 63	千葉地松戸支判 平15・10・6 判タ1155-304 …… 145
岡山地判 平9・12・15 判タ972-280 ……………… 222	名古屋高判 平15・10・15 裁判所webサイト …… 110
	東京家判 平15・11・14 家月57-7-51 …………… 228
## 平成10~19年	札幌地判 平15・11・27 判タ1159-292 …………… 147
東京地決 平10・2・27 判時1637-152 …………… 283	最決 平16・2・9 刑集58-2-89 …………………… 200
東京地判 平10・3・2 判タ984-284 ………………… 70	最判 平16・2・16 刑集58-2-133 ………………… 361
最決 平10・5・1 刑集52-4-275 ………………… 281	大阪高判 平16・2・24 判時1881-140 ……………… 88
最決 平10・7・10 刑集52-5-297 …………………… 20	最決 平16・3・22 刑集58-3-187 …………………… 5

奈良地判　平16・4・9　判時1854-160 ･････････････････････ 135
最判　平16・4・13　刑集58-4-247 ･････････････････････ 274
東京高判　平16・4・15　判時1890-158 ････････････････････ 142
東京地判　平16・4・20　判時1877-154 ････････････････････ 135
静岡家判　平16・5・6　判時1883-158 ･････････････････････ 32
最　判　平16・6・15　判タ1160-109 ･･････････････････････ 131
最　判　平16・7・7　刑集58-5-309 ･･･････････････････････ 198
最　判　平16・10・13　判タ1174-258 ･･････････････････････ 131
最　決　平16・10・19　刑集58-7-645 ･･････････････････････ 142
大阪地判　平16・11・17　判タ1166-114 ･････････････････････ 137
東京高判　平16・12・15　東高時報55-1=12-113 ･･･････････････ 140
名古屋高判　平16・12・16　高検速報710 ････････････････････ 145
最　決　平17・3・29　刑集59-2-54 ･･･････････････････････ 135
最　判　平17・4・7　判タ1181-187 ･･･････････････････････ 131
神戸地判　平17・4・26　判タ1238-343 ･････････････････････ 192
札幌高判　平17・5・17　高検速報155 ･･････････････････････ 213
大阪高判　平17・6・28　判タ1192-186 ････････････････････ 128, 349
最　決　平17・7・4　刑集59-6-403 ･･･････････････････････ 107
札幌高判　平17・9・8　高検速報157 ･･････････････････････ 140
最　決　平17・9・27　刑集59-7-753 ･･･････････････････････ 303
東京高判　平17・11・1　東高時報56-1=12-75 ･････････････ 99, 101
名古屋高判　平17・11・7　高検速報716-292 ･･････････････････ 111
最　決　平17・11・15　刑集59-9-1558 ･･････････････････････ 41
最　決　平17・11・29　裁判集刑288-543 ･･････････････････ 86, 88
最　決　平18・2・14　刑集60-2-165 ･･･････････････････････ 205
最　決　平18・3・14　刑集60-3-363 ･･･････････････････････ 140
東京地判　平18・6・15　判例集未登載 ･･････････････････････ 41
最　判　平18・6・20　判タ1213-89 ････････････････････････ 131
広島地福山支判　平18・8・2　判タ1235-345 ････････････････ 349
最　決　平18・8・30　刑集60-6-479 ･･･････････････････････ 184
静岡地判　平18・8・31　判タ1223-306 ･････････････････････ 142
東京高判　平18・9・12　高検速報3286 ･････････････････････ 140
高松高判　平18・10・24　裁判所webサイト ････････････････ 140
東京高判　平18・11・21　東高時報57-1=12-69 ･････････････ 196
仙台高秋田支判　平19・2・8　判タ1236-104 ･････････････････ 185
名古屋高判　平19・2・16　判タ1247-342 ･････････････････････ 6
最　決　平19・3・26　刑集61-2-131 ･･･････････････････････ 38
佐賀地判　平19・5・8　判タ1248-344 ･････････････････････ 141
最　決　平19・7・2　刑集61-5-379 ･･･････････････････････ 158
最　決　平19・7・10　刑集61-5-405 ･･･････････････････････ 199
最　決　平19・7・17　刑集61-5-521 ･･･････････････････････ 200
神戸地判　平19・8・28　判例集未登載 ･････････････････････ 196
最　判　平19・9・18　刑集61-6-601 ･･･････････････････････ 19
最　決　平19・10・16　刑集61-7-677 ･･･････････････････ 329, 336
最　決　平19・11・14　刑集61-8-757 ･･････････････････････ 296
名古屋高判　平19・11・19　高検速報728 ･･･････････････････ 140
名古屋高判　平19・12・25　高検速報729 ･･･････････････････ 140

平成20〜25年

最　決　平20・2・18　刑集62-2-37 ･･･････････････････････ 182

最　決　平20・2・20　判タ1265-162 ･･･････････････････････ 131
広島高判　平20・2・27　高検速報2 ･･･････････････････････ 140
最　判　平20・2・29　判タ1265-154 ･･･････････････････････ 131
最　決　平20・3・4　刑集62-3-85 ･･･････････････････････ 220
最　判　平20・4・11　刑集62-5-1217 ･･････････････････････ 157
最　決　平20・4・15　刑集62-5-1398 ･･････････････････ 239, 254
最　判　平20・4・25　刑集62-5-1559 ･･････････････････････ 72, 75
最　決　平20・5・20　刑集62-6-1786 ･･･････････････････････ 65
広島高判　平20・5・27　高検速報7 ･･･････････････････････ 141
仙台地判　平20・6・3　裁判所webサイト ･････････････････ 22
最　決　平20・6・25　刑集62-6-1859 ･･･････････････････････ 56
東京高判　平20・7・18　判タ1306-311 ･････････････････････ 217
東京高判　平20・9・8　判タ1303-309 ･････････････････････ 100
最　決　平20・9・29　刑集62-9-1281 ･･････････････････････ 130
東京高判　平20・10・6　判タ1309-292 ･････････････････････ 104
最　決　平20・10・16　刑集62-9-2797 ･･････････････････････ 138
東京高判　平20・10・16　高刑集61-4-1 ･････････････････････ 309
東京地判　平20・10・27　判タ1299-313 ･････････････････････ 68
最　決　平21・1・14　判タ1295-188 ･･･････････････････････ 131
最　決　平21・2・24　刑集63-2-1 ････････････････････････ 59
東京高判　平21・3・12　高刑集62-1-21 ･･････････････････････ 174
最　判　平21・4・14　刑集63-4-331 ･･･････････････ 301, 332, 357
最　判　平21・4・21　判タ1297-127 ･･･････････････････ 128, 330
大阪地判　平21・5・21　裁判所webサイト
　　事件番号平21(わ)457-〔1〕 ･････････････････････････ 173
大阪地判　平21・5・21　裁判所webサイト
　　事件番号平21(わ)457-〔2〕 ･････････････････････････ 173
東京高判　平21・5・25　判タ1318-269 ･･････････････････････ 77
最　決　平21・6・29　刑集63-5-461 ･･･････････････････････ 198
東京高判　平21・7・1　判タ1314-302 ･････････････････････ 252
最　判　平21・7・16　刑集63-6-711 ････････････････････････ 60
最　決　平21・7・21　刑集63-6-762 ･･･････････････････････ 285
名古屋地判　平21・8・10　裁判所webサイト ･････････････････ 139
最　判　平21・9・25　判タ1310-123 ･･･････････････････････ 339
最　決　平21・9・28　刑集63-7-868 ･･････････････････ 237, 254, 272
最　決　平21・10・19　判タ1311-82 ････････････････････････ 87
東京高判　平21・11・16　判タ1337-280 ･････････････････････ 193
最　決　平21・11・30　刑集63-9-1765 ･････････････････････ 155
東京高判　平21・12・1　判タ1324-277 ･････････････････････ 309
最　決　平21・12・7　刑集63-11-2641 ･･･････････････････････ 50
最　決　平21・12・8　刑集63-11-2829 ････････････････････････ 71
東京高判　平21・12・21　高検速報3414 ･････････････････････ 349
最　決　平22・3・15　刑集64-2-1 ･･･････････････････････ 160
最　決　平22・3・17　刑集64-2-111 ･･･････････････････････ 201
東京高判　平22・3・29　判タ1340-105 ･･････････････････････ 16
最　判　平22・4・8　民集64-3-676 ･･･････････････････････ 166
最　判　平22・4・13　民集64-3-758 ･･･････････････････････ 163
最　判　平22・4・27　刑集64-3-233 ･･･････････････････････ 335
東京地判　平22・5・11　判タ1328-241 ･･････････････････････ 51
東京高判　平22・5・27　高刑集63-1-8 ･･･････････････････････ 310

最決 平22・5・31 判タ1385-126 …………… 94	最決 平24・1・30 刑集66-1-36 …………… 134
東京高判 平22・6・9 判タ1353-252 …………… 135	最決 平24・2・8 刑集66-4-200 …………… 42
最決 平22・7・29 刑集64-5-829 …………… 197	松山地判 平24・2・9 判タ1378-251 …………… 119
最決 平22・10・26 刑集64-7-1019 …………… 34	最決 平24・2・13 刑集66-4-405 …………… 168
東京高判 平22・11・1 判タ1367-251 …………… 322	最判 平24・2・13 刑集66-4-482 …………… 294, 352
最決 平23・1・26 刑集65-1-1 …………… 90	東京地判 平24・2・27 判タ1381-251 …………… 266
東京地決 平23・3・15 判タ1356-247 …………… 270	最決 平24・2・29 刑集66-4-589 …………… 289
東京高判 平23・3・29 判タ1354-250 …………… 348	大阪地判 平24・3・15 裁判所webサイト …………… 339
東京地判 平23・3・30 判タ1356-237 …………… 269	東京地判 平24・4・26 判タ1386-376 …………… 297
最大決 平23・5・31 刑集65-4-373 …………… 235	東京地判 平24・6・25 判タ1384-363 …………… 208
大阪地判 平23・7・22 判タ1359-251 …………… 64	最判 平24・9・7 刑集66-9-907 …………… 346
最決 平23・8・24 刑集65-5-889 …………… 225	最決 平24・11・6 刑集66-11-1281 …………… 97
最決 平23・9・14 刑集65-6-949 …………… 300	最判 平24・12・7 刑集66-12-1337 …………… 14
最決 平23・10・31 刑集65-7-1138 …………… 143	最判 平24・12・7 刑集66-12-1722 …………… 10
最大判 平23・11・16 刑集65-8-1285 …………… 230	最決 平25・3・5 刑集67-3-267 …………… 359
最決 平23・12・19 刑集65-9-1380 …………… 112	最決 平25・4・16 刑集67-4-549 …………… 293
最決 平23・12・19 刑集65-9-1661 …………… 290	最決 平25・6・18 刑集67-5-653 …………… 259
神戸地判 平24・1・11 裁判所webサイト …………… 45	

前田雅英（まえだ　まさひで）
1949年　東京に生まれる
1972年　東京大学法学部卒業
現　在　首都大学東京法科大学院教授
主　著　『可罰的違法性論の研究』（東京大学出版会、1982）
　　　　『現代社会と実質的犯罪論』（東京大学出版会、1992）
　　　　『刑法の基礎　総論』（有斐閣、1993）
　　　　『Lesson 刑法 37』（立花書房、1997）
　　　　『刑法入門講義』（成文堂、2000）
　　　　『裁判員のための刑事法入門』（東京大学出版会、2009）
　　　　『刑法総論講義〔第5版〕』（東京大学出版会、2011）
　　　　『刑法各論講義〔第5版〕』（東京大学出版会、2011）
　　　　『刑事訴訟法講義〔第4版〕』（共著・東京大学出版会、2012）
　　　　『ケースブック刑法〔第4版〕』（共編・弘文堂、2012）
　　　　『ケースブック刑事訴訟法〔第3版〕』（共編・弘文堂、2012）
　　　　『条解刑法〔第3版〕』（共編・弘文堂、2013）
　　　　『刑事訴訟実務の基礎〔第2版〕』（編・弘文堂、2013）
　　　　『最新重要判例 250 刑法〔第9版〕』（弘文堂、2013）
　　　　『刑事訴訟法判例ノート〔第2版〕』（共著・弘文堂、2014）

刑事法最新判例分析

2014（平成26）年4月15日　初版1刷発行

著　者　前田　雅英
発行者　鯉渕　友南
発行所　株式会社　弘文堂　　101-0062　東京都千代田区神田駿河台1の7
　　　　　　　　　　　　　　TEL 03(3294)4801　　振替 00120-6-53909
　　　　　　　　　　　　　　　　　http://www.koubundou.co.jp

装　丁　松村大輔
印　刷　三報社印刷
製　本　井上製本所

© 2014　Masahide Maeda. Printed in Japan

〈(社)出版者著作権管理機構　委託出版物〉
本書の無断複写は著作権法上での例外を除き禁じられています。複写される場合は、そのつど事前に、(社)出版者著作権管理機構（電話 03-3513-6969、FAX 03-3513-6979、e-mail : info@jcopy.or.jp）の許諾を得てください。
また本書を代行業者等の第三者に依頼してスキャンやデジタル化することは、たとえ個人や家庭内での利用であっても一切認められておりません。

ISBN978-4-335-35593-6

最新重要判例250刑法［第9版］
前田雅英＝著
単独著者が一貫した視点から262の重要判例を選び、コンパクトな解説を付すことで、統一的な理解ができるよう工夫された判例解説の決定版。「生きた刑法」が学べる、受験生・学生の必読書。2500円

刑事訴訟法判例ノート［第2版］
前田雅英・星周一郎＝著
最新の重要判例が有する客観的意義を一貫した視点で解説。1判例を2頁でコンパクトに整理し、判旨の重要部分がひと目でわかるよう工夫された、試験に必要な情報を提供する判例ガイド。2800円

ケースブック刑法［第4版］
笠井治・前田雅英＝編
法科大学院における刑法の講義・演習に、刑事訴訟法の視点も取り入れた判例教材。様々な論点を盛り込んだ設例を各講の冒頭に掲げ、「問題を解く力」を養うために段階的な設問を付した演習書。4300円

ケースブック刑事訴訟法［第3版］
笠井治・前田雅英＝編
法科大学院で学ぶべき刑事訴訟法のスタンダード。各テーマごとに問題と重要判例・関連判例を整理。実体法や実務へも目配りしつつ、設問を基礎から応用へと段階的に並べた演習書兼判例教材。4300円

刑事訴訟実務の基礎［第2版］
前田雅英＝編
最新の刑事裁判の流れにそって、刑事訴訟実務に必要な知識が修得できる。事件記録を収めた「記録篇」と、事実と理論を架橋したわかりやすい記述の「解説篇」の2冊組。予備試験対策にも最適。3300円

＊定価(税抜)は、2014年4月現在のものです。